Enquête sur l'agent Hernu

ouvrages de JEAN-MARIE PONTAUT

La Grande Cible (avec François Caviglioli, Mercure de France, 1972).
Le Secret des écoutes téléphoniques (Presses de la Cité, 1978).
L'Attentat. Le juge Bruguière accuse la Libye (Fayard, 1992).

en collaboration avec JACQUES DEROGY

Enquête sur les « Affaires » d'un septennat (Robert Laffont, 1981).
Enquête sur les mystères de Marseille (Robert Laffont, 1984).
Enquête sur trois secrets d'État (Robert Laffont, 1986).
Enquête sur un Carrefour dangereux (Fayard, 1987).
Enquête sur les ripoux de la Côte (Fayard, 1991).
Investigation Passion : Enquête sur 30 ans d'affaires (Fayard, 1993).

en collaboration avec FRANCIS SZPINER

L'État hors la loi (Fayard, 1989).

en collaboration avec DOMINIQUE PRIEUR

Agent secrète (Fayard, 1995).

en collaboration avec JÉRÔME DUPUIS

Les Oreilles du Président (Fayard, 1996).

Jean-Marie
Pontaut

Jérôme
Dupuis

Enquête sur l'agent Hernu

Fayard

Prologue

« C'est étrange comme les affaires sortent ou ne sortent pas dans la presse... Certaines, sans grande importance, sont montées en épingle, tandis que d'autres, beaucoup plus graves, ne sont jamais portées à la connaissance du public. Par exemple, personne n'a jamais raconté comment Charles Hernu, à une certaine époque, avait été un espion des pays de l'Est... »

Dans les déjeuners, il est des phrases qu'il ne faut pas manquer. Celle-ci, prononcée placidement à l'heure du café, nous fit d'emblée sursauter.

Sous l'élégante tonnelle de *La Closerie des lilas*, boulevard du Montparnasse, notre repas avec ce haut fonctionnaire avait ressemblé jusque-là à maintes autres rencontres entre deux journalistes et un de leurs amis informateurs. Par cette belle journée de mai 1996, la conversation avait roulé, au gré de l'actualité, sur l'enlèvement des moines de Tibéhirine en Algérie, sur les derniers développements de l'affaire des HLM de la Ville de Paris, sur les débuts d'acteur de Bernard Tapie, enfin sur les sempiternelles rumeurs de mutation de hauts magistrats par le nouveau garde des Sceaux, Jacques Toubon. Puis, soudain, cette confidence ahurissante sur Charles Hernu.

Pris de court, nous parvenons mal à dissimuler notre surprise, teintée d'incrédulité :

– L'ancien ministre de la Défense de François Mitterrand, un agent de l'Est ? ! C'est vrai que Hernu était réputé traîner derrière lui pas mal de casseroles, mais de là à prétendre que...

– Vous ne savez pas tout... Heureusement, d'ailleurs ! réplique malicieusement notre interlocuteur. Ce que je vous ai dit est la pure vérité : il y a quelques années, la DST[1] a appris de source sûre que Charles Hernu avait transmis des informations aux services de l'Est en pleine guerre froide.

– A-t-on des preuves ?

– Oui, oui... Il existe un dossier contenant des documents et même, je crois, des précisions chiffrées sur certaines remises d'argent.

– Mais pourquoi l'affaire n'est-elle jamais sortie ?

– Très sensible. Trop sensible !... Je ne sais pas exactement ce qui s'est passé sur le plan poli-

1. Direction de la surveillance du territoire : le contre-espionnage français, dépendant du ministère de l'Intérieur.

tique. Ce qui est sûr, c'est que la gauche puis la droite ont préféré l'étouffer. Vous connaissez comme moi le courage des élus quand l'un des leurs est en cause... La DST a pourtant fait son travail. Je sais qu'elle a enquêté. Si vous voulez en savoir plus long, vous n'avez qu'à faire comme elle. Renseignez-vous, fouillez ! conclut notre convive, énigmatique et apparemment bien décidé à ne pas nous en dire davantage.

Par la suite, nos efforts pour le ramener sur le sujet se heurteront à des esquives polies mais fermes, du style : « Je ne sais rien de plus... »

Dès notre retour à *L'Express* – le journal se trouve alors à deux pas de l'Étoile –, nous nous engouffrons dans le bureau de Denis Jeambar, directeur de la rédaction. Nous lui rapportons l'étonnante conversation que nous venons d'avoir. Denis est lui aussi très surpris. Sans nous demander, bien sûr, de préciser son identité, il nous interroge sur la fiabilité de notre interlocuteur de *La Closerie des lilas*. Nous avons pu l'éprouver par le passé : c'est un informateur on ne peut plus crédible ; le poste éminent qu'il occupe lui donne accès, de surcroît, à des informations sensibles. Nous entretenons avec lui des relations amicales. Il n'a aucune raison de mentir ou de nous lancer sur une fausse piste.

Aussi excité que nous par cette incroyable révélation, Denis nous recommande d'abord la plus grande discrétion. À nous d'obtenir confirmation de l'information auprès de nos sources habituelles, tout en évitant à tout prix que l'affaire s'ébruite... La quadrature du cercle, comme d'habitude ! Mais nous ne soupçonnons pas encore l'ampleur des difficultés qui nous attendent.

La première personne que nous rencontrons, un ancien des « services », nous met en garde :

« J'ai en effet entendu parler de cette affaire. Je n'ai guère de précisions, mais je sais de source sûre qu'elle est vraie. Attention, vous vous attaquez là à un tabou : les relations des hommes politiques français avec les services de l'Est sont un sujet qu'aucun pouvoir n'a voulu aborder. Le contre-espionnage n'a jamais obtenu le "feu vert" pour enquêter là-dessus. Bonne chance ! »

Forts de cet « encouragement » d'un des hommes les mieux au fait des questions de renseignement en France, nous poursuivons discrètement nos rencontres. Policiers, hauts fonctionnaires, hommes politiques, officiers des services spéciaux : nous rencontrons une poignée de gens de confiance qui auraient pu être amenés à entendre parler du dossier Hernu. Notre « tuyau » étant sûr, nous pensons alors benoîtement que nous finirons bien par avoir communication de ce fameux dossier. Mais, au fur et à mesure que notre enquête progresse, force nous est de constater qu'un très petit nombre de personnes sont vraiment au courant. Et que le mur du silence est apparemment sans faille : la poignée de ceux qui savent, s'ils confirment l'information du bout des lèvres, se refusent à aller plus loin. Les hommes des services secrets sont, par nature, peu enclins à se confier à la presse. Par goût ou par devoir, les très rares « politiques » qui connaissent l'histoire ont choisi de se taire.

Enfin nous frappons à la bonne porte. L'une de nos sources consent à nous en dire un peu plus. C'est dans un coin discret du bar d'un grand hôtel parisien proche de la Concorde que nous rencontrons cet homme qui a exercé et exerce encore de hautes fonctions. Nous ne pouvons évidemment révéler son identité ni ses activités. Mais, sans conteste, il est le véritable déclencheur de l'« affaire Hernu ». Contrairement à tout ce qui pourra être dit ou imaginé plus tard, son but n'est ni de nous manipuler ni de faire un « coup ». Il a tout simplement la certitude que cette affaire est vraie, et il pense que les Français ont le droit d'en être informés. Lui-même n'aurait sans doute pas pris les devants, mais, puisque nous sommes déjà au courant, il a décidé de lever un coin du voile. Qu'il en soit ici remercié.

Surpris que nous soyons informés de ce qu'il considérait jusque-là comme un secret d'État, il croit que nous en savons beaucoup plus que ce n'est le cas en réalité. Lors d'un second rendez-vous, il ne vient pas les mains vides : il nous lâche un nom et nous glisse un document. Le nom est celui de Mihaïl Caraman ; le document, une synthèse de la DST.

– C'est en 1992, explique-t-il, que le chef des services de renseignements de Bucarest a fait des révélations à la DST. D'après les documents d'époque qu'il a apportés, Charles Hernu a travaillé pour plusieurs services de l'Est entre 1953 et 1963. Il leur a surtout livré des informations relatives à la vie politique française, et a reçu régulièrement en échange de l'argent pour son usage personnel et pour ses campagnes électorales. Ces documents sont on ne peut plus précis.

– Serait-il possible de les lire ou de les consulter ?

– Non. Ils sont entre les mains de la DST, qui refusera très probablement de les montrer, et même de confirmer leur existence.

– Alors, comment en savoir davantage ?

– Je ne sais pas. La meilleure solution serait peut-être que vous rencontriez l'homme qui a apporté ce dossier à la France. Il peut accepter de vous rencontrer, car il envisage de rédiger un livre. Lorsqu'il est venu à Paris, il a confié qu'il hésitait à publier ses Mémoires. Il cherchait même une plume pour les mettre en forme. Vous verrez, c'est un personnage assez extraordinaire...

Ménageant ses effets, notre interlocuteur a gardé le meilleur pour la fin. Il sort de sa serviette une note de la DST :

– Ceci est un résumé de l'affaire. Bien sûr, je ne vous ai rien donné, murmure-t-il tout en nous glissant le document. Si vous voulez en savoir plus long, essayez d'aller voir Mihaïl Caraman, l'ancien chef des services secrets roumains. C'est lui, l'homme clé du dossier Hernu. Il a longtemps travaillé en France. Il doit maintenant se trouver en poste au ministère des Affaires étrangères à Bucarest. Vous parviendrez bien à trouver son numéro de téléphone...

Caraman... Ce nom évoque confusément pour nous une vieille histoire d'espionnage qui a ébranlé l'OTAN dans les années soixante. Un petit tour à la documentation de *L'Express* nous permet d'apprendre que cet officier roumain a quitté la France en 1969 après onze ans de service actif dans la « diplomatie » – en fait, surtout dans l'espionnage. Reste à retrouver sa trace...

Après plusieurs tentatives infructueuses au téléphone avec des correspondants du ministère des Affaires étrangères à Bucarest qui ne parlent que le roumain, un responsable finit par nous indiquer que Caraman est à la retraite, et, après quelques recherches, nous fournit ses coordonnées. Pour déjouer d'éventuelles « écoutes » qui n'ont peut-être pas toutes disparu avec la chute des Ceausescu, nous décidons de ne pas prononcer le nom de Charles Hernu au téléphone, mais d'invoquer le prétexte d'un projet de livre pour entamer le dialogue avec le Roumain. Nous n'avons aucune idée de l'accueil que va nous réserver cet « homme de l'ombre » rodé par quarante ans d'activités secrètes.

Premier appel : son épouse décroche et répond dans un excellent français. Un peu étonnée, elle nous suggère de rappeler le soir même. À 20 h 30, émus, nous entendons enfin la voix de Mihaïl Caraman, l'homme qui a révélé l'affaire Hernu aux autorités françaises. Une voix plutôt jeune, qui s'exprime elle aussi dans un parfait français teinté d'un brin d'accent chantant roumain.

Nous attaquons avec prudence :

– Nous sommes journalistes à *L'Express*, à Paris. Nous nous intéressons aux affaires de renseignement dans la France des années soixante. Nous envisageons d'en faire un livre et aimerions vous rencontrer à Bucarest.

– Vous savez, je n'ai pas l'habitude de rencontrer les journalistes et je ne sais pas très bien ce que je pourrais vous apprendre aujourd'hui. Pourtant, c'est vrai, je connais bien le sujet. J'envisage peut-être d'écrire un jour quelque chose là-dessus. Mais ça tombe mal : ici, en Roumanie, nous sommes en pleine période électorale. Ne pourriez-vous pas venir un peu plus tard, dans un mois ou deux ?

Pas question ! Nous pensons qu'à trop attendre l'affaire risque de s'ébruiter. Nous nous faisons donc plus explicites :

– En fait, nous travaillons sur un dossier précis et souhaiterions en parler assez rapidement avec vous.

Mihaïl, nous n'allons pas tarder à nous en apercevoir, est un homme qui comprend vite. Nous le sentons inquiet, mais aussi curieux, comme s'il flairait le but véritable de notre appel. Mais le nom de Hernu n'est à aucun moment prononcé. Devant notre insistance, il finit par lâcher à contrecœur :

– D'accord, venez. Mais rappelez-moi demain à la même heure pour me préciser la date de votre arrivée.

Dès le lendemain matin, nous réservons un vol pour le mercredi 16 octobre. Le soir même, nous rappelons comme convenu. D'emblée, Caraman nous surprend :

– Très intéressant, votre article sur les attentats à Paris et sur Khaled Kelkal, dans le numéro de *L'Express* de cette semaine...

Façon élégante de nous signifier qu'il n'a pas perdu ses réflexes professionnels et a tenu à vérifier que nous travaillons bien à *L'Express*.

Nous lui annonçons notre venue à Bucarest pour le 18 :

– Allez directement à votre hôtel et appelez-moi aussitôt.

Nous raccrochons, soulagés mais quelque peu angoissés : comment va se passer notre face-à-face avec l'énigmatique monsieur Caraman ?

I
Le James Bond roumain

L'hôtel Intercontinental de Bucarest est un pur joyau de l'architecture des démocraties populaires. Le palace pour étrangers de la capitale roumaine est une haute tour de béton ornée de balcons qui dominent l'artère principale. À l'époque où Ceausescu régnait sur la Roumanie, toutes les chambres étaient « sonorisées » et les garçons appointés par la Securitate, la redoutable police politique du régime. Dès notre arrivée dans ce décor de guerre froide, nous suivons à la lettre les instructions de Caraman : nous l'appelons chez lui. Il nous donne son adresse, dans le quartier des ambassades, et nous demande de le rejoindre sans attendre. Cette célérité peut permettre de déjouer d'éventuelles filatures.

Le taxi nous conduit à deux pas du ministère des Affaires étrangères, dans un quartier où subsistent encore de belles villas et des hôtels particuliers du début du siècle. Dans l'une de ces rues, au pied d'un immeuble banal, un homme d'une soixantaine d'années guette notre arrivée. Ce qui frappe d'emblée chez Caraman, c'est sa prestance, sa stature. Très chaleureux, il nous entraîne dans un appartement au salon décoré de meubles anciens, de tableaux, qui contraste avec la façade mal entretenue de l'immeuble.

Mihaïl Caraman est bel homme : traits fins, épaisse chevelure grisonnante, sourire charmeur, accent chantant. Seuls ses yeux gris et leur regard acéré laissent deviner la dureté qui peut d'un coup transformer ce visage. Un homme habitué à séduire, mais aussi à punir. On le sent capable de jouer avec subtilité de tous les registres. Pour nous accueillir, il choisit la convivialité. Seule incongruité : un téléviseur allumé que personne ne regarde mais dont le son baigne en permanence notre conversation. D'abord gênés par ce bruit de fond, nous avons tôt fait de réaliser qu'il est uniquement destiné, comme dans les romans d'espionnage les plus convenus, à couvrir nos voix et à brouiller tout enregistrement éventuel. Un vieux truc qu'utilisent les officiers des « services » du monde entier et qui reste apparemment en vigueur à Bucarest. Tandis que nous conversons sur l'infiltration soviétique en Occident, la télévision diffuse un épisode d'« Hélène et les garçons » en roumain, des clips musicaux, et même une séquence de viol dans quelque feuilleton latino-américain... Mihaïl Caraman n'y prête pas attention.

– Vous savez, je repense souvent à mes années parisiennes, commence-t-il non sans nostalgie.

J'ai passé chez vous les onze plus belles années de ma vie. C'est également là que j'ai connu mes plus grands succès professionnels.

L'œil se brouillerait presque et on serait à deux doigts de s'attendrir si l'on ne se rappelait que son « métier » a surtout consisté à amener des Français – parfois par le charme ou la conviction, parfois par le chantage ou la menace, souvent par les deux – à trahir leur pays. Au retraité jovial assis sur son canapé à Bucarest se substitue peu à peu l'image du « jeune loup » formé à l'école des Jeunesses communistes et des services spéciaux roumains, qui débarque à Paris un jour de décembre 1958 pour s'apprêter à monter l'un des réseaux d'espionnage les plus efficaces de tout l'après-guerre.

Encore aujourd'hui, l'œil du général Caraman s'allume à l'évocation de ces années dont il nous parle avec émotion, allant jusqu'à exhumer d'un mystérieux tiroir un rapport ultraconfidentiel de l'OTAN qu'il a gardé en souvenir. Nous l'écoutons certes avec attention, mais nous ne pensons qu'à Hernu. Chacun guette l'instant où l'autre lancera le nom de l'ancien ministre dans la conversation. Caraman prend son temps. Nous aussi. En attendant, nous parcourons avec lui la carrière qui l'a conduit jusqu'à la direction suprême des services roumains.

Quel itinéraire ! À tout juste trente ans, ce natif de Moldavie, aux confins de l'Union soviétique et de la Roumanie, est nommé à l'ambassade qui fait rêver les diplomates les plus chevronnés de son pays : Paris. Le succès va lui assurer une longévité peu commune dans la capitale française. Son réseau se révélera l'un des modèles du genre. En onze ans, de 1958 à 1969, près de trois cents personnes vont être fichées, testées, enfin recrutées par ses soins. Les secrets les plus sensibles de l'OTAN, dispositif militaire de l'Occident face au pacte de Varsovie, vont alors tomber entre ses mains.

Il n'est encore officiellement que simple conseiller économique – en réalité, officier de renseignements – lorsqu'il jette son dévolu sur sa première proie, en 1960. C'est au cours d'un cocktail à l'hôtel de ville de Paris que, accompagnant son ambassadeur, le conseiller Caraman est présenté à un certain Robert Van de Wielhe. Ce personnage mondain passe avec aisance d'un groupe à l'autre et semble connaître la plupart des invités. Son désir de paraître et de briller saute aux yeux. Caraman saisit instantanément le parti qu'il peut tirer de cette faiblesse. Son intérêt est décuplé lorsqu'il apprend que Van de Wielhe est documentaliste au bureau d'ordres de l'OTAN (dont le siège se trouve alors à Paris[1]). Cet organisme central approvisionne en documentation les secrétaires et interprètes qui tra-

1. Il sera transféré à Bruxelles en 1967, après que le général de Gaulle aura décidé de faire sortir la France du commandement intégré de l'organisation.

vaillent pour le compte des pays membres de l'Alliance. Il voit donc passer des dossiers qui, selon la classification traditionnelle, vont de « Diffusion restreinte » à « Très secret » et même « Cosmic » – le plus haut degré de confidentialité au sein de l'Alliance. Une aubaine, pour un espion venu de l'Est ! Les deux hommes, qui ont sympathisé, décident de se revoir. Le Roumain tend délicatement ses rets.

Pendant cinq mois, Caraman observe sa cible pour en déceler toutes les failles. Il ne tarde pas à découvrir que ce fils de famille, entré à l'OTAN en 1952, présente des tendances homosexuelles. Tout en s'efforçant d'en tirer parti – probablement avec films à l'appui –, le « conseiller d'ambassade » entreprend de séduire intellectuellement celui qu'à l'intention de ses supérieurs il a surnommé « Nina »... Il met alors au point un argumentaire qu'il ne cessera de perfectionner. Les Roumains, latins et francophiles, sont au pacte de Varsovie ce que les Français sont vis-à-vis de l'OTAN : une nation de puissance moyenne qui préfère l'indépendance à l'impérialisme du grand frère soviétique. Le vrai danger pour la paix, assure-t-il, serait que les deux Grands se fassent la guerre par petits pays interposés. Seule l'information mutuelle permettra de préserver l'équilibre des forces et la coexistence pacifique : en remettant des documents de l'OTAN, Van de Wielhe ne trahirait donc pas, mais œuvrerait au contraire à la paix mondiale. Noble tâche !

Dans un premier temps, Caraman déploie son charme. Convaincu, le fonctionnaire de l'OTAN lui remet des rapports anodins sur l'aviation civile. Le Roumain monte alors d'un cran et réclame des documents classifiés qui le poseraient aux yeux de ses supérieurs à Bucarest. Van de Wielhe mord à l'hameçon et, geste fatal, accepte 2 000 francs en retour. Dès lors, l'emprise de Caraman ne se relâchera plus. Et le pseudo-diplomate se montrera de plus en plus gourmand. En tout, le documentaliste de l'Alliance lui remettra soixante dossiers, dont seize classés « Cosmic », détaillant le budget militaire des pays membres, le système d'alarme de l'OTAN, la logistique pour temps de paix et de guerre, etc. En échange de ses services, il reçoit de plus en plus d'argent. La nasse se referme.

Mais, au bout d'un an, le haut fonctionnaire, épuisé, « craque ». Pour échapper à l'emprise du Roumain, Van de Wielhe ne voit d'autre solution que de démissionner. C'est alors que Caraman montre son autre visage, intraitable et sans pitié : il exige du documentaliste de l'OTAN qu'il troque sa liberté contre une activité d'« agent recruteur » en faveur de Bucarest. À lui, en somme, de rabattre d'autres agents dans les filets de Caraman.

Activité qui lui sera fatale. Après plusieurs autres contacts réussis, il signale au Roumain une collègue et amie documentaliste travaillant à l'OTAN. Prétexte tout trouvé : elle cherche à vendre un tableau. Peu après, un séduisant « monsieur Michel », qui ressemble comme deux gouttes de vodka à Mihaïl Caraman, se présente un soir au domicile de la jeune femme. Au terme de plusieurs visites, monsieur Michel finit par acquérir le tableau, et surtout par se glisser dans le lit de la jeune femme. Technique très prisée par le beau Roumain, qui ne se départit pas pour autant de ses réflexes professionnels. Prudent, il demeure ensuite en retrait et envoie Van de Wielhe proposer à la jeune femme de gagner un peu plus d'argent en travaillant pour les services de l'Est. Mais celle-ci, qui n'est pas disposée à trahir, le dénonce dès le lendemain à la DST. Van de Wielhe est arrêté et condamné à un an de prison avec sursis. Peine légère, car le contre-espionnage français ignore encore, à l'époque, l'ampleur de la trahison du documentaliste de l'OTAN, tout comme la jeune femme ne sait rien de la nature exacte des liens entre Van de Wielhe et Caraman. Le boulet passe tout près. Le Roumain est aperçu une fois par la DST en compagnie de Van de Wielhe, dans un café de Saint-Germain-des-Prés. Mais il n'est pas inquiété, faute de preuves.

Loin de le freiner, l'arrestation de cette précieuse source dont il n'a plus besoin augmente son ardeur à recruter. Mais l'ampleur du réseau qu'il a tissé au sein de l'OTAN l'empêche désormais d'assurer seul le traitement des informations récoltées. Il réclame et obtient le renfort d'une douzaine d'officiers. Promu premier conseiller de l'ambassade, le lieutenant-colonel Caraman va dès lors conduire d'une main de fer sa petite troupe. Il faudra encore six ans à la DST pour démanteler ce qu'elle baptisera le « réseau Thermidor ».

Flanqué de son second, le capitaine Dan Iacobescu – qui sera plus tard à l'origine de la chute du réseau –, Caraman édicte à l'intention de ses hommes les quatre règles auxquelles ils doivent impérativement se plier au cours de leur séjour à Paris. Bref bréviaire de l'espionnage dont Pierre Accoce et Daniel Pouget ont livré naguère les grandes lignes dans leur excellent ouvrage sur *Le Réseau Caraman*[1] :

> « 1°) Rendre compte quotidiennement des gens que vous rencontrez, avec l'analyse de leurs trains de vie, leur comportement, leur profession, leurs faiblesses éventuelles, leur religion et leurs opinions, la composition de leurs familles : ils pourraient élargir l'éventail de nos "objectifs SR" [Service de Renseignement].
>
> « 2°) Ne jamais téléphoner à un manipulé ou bien à un futur manipulé depuis l'ambassade. Utiliser les taxiphones des gares ou des stations de métro, voire ceux des grands cafés – les bars

1. Fayard, 1972.

ou les restaurants en vogue sont parfois sur table d'écoutes, procédé largement utilisé en France. Ne jamais recourir au téléphone personnel.

« 3°) Pour prendre contact avec un agent, utiliser de préférence la voie postale. Un pneumatique au ton anodin, par exemple, qui fixe le jour et l'heure de la rencontre. L'entrevue se déroulera toujours 24 heures avant ou après la date indiquée sur le pli. Précaution élémentaire. Il suffit de préciser le "délai de sauvegarde" au manipulé lors du rendez-vous précédent.

« 4°) Ne jamais quitter l'ambassade pour retrouver un agent sans alerter au préalable le service de sécurité. Chaque officier traitant en mission sera précédé et suivi par nos gens afin que soit déjouée toute filature éventuelle de la part du contre-espionnage français. La sécurité de l'ambassade assurera également la protection du lieu de rencontre. C'est aux hommes de ce service qu'il appartiendra exclusivement de juger sur place si l'entrevue décidée avec le manipulé reste ou non possible. Toute initiative en ce domaine sera interdite aux traitants. »

Et gare à ceux qui ne respecteraient pas ces règles de fer ! Trente ans plus tard, devant nous, Mihaïl Caraman se souvient encore d'avoir piégé l'un de ses hommes qui avait enfreint ses consignes :

– Je n'hésitais pas à vérifier moi-même sur le terrain si mes officiers rencontraient bien les agents sur lesquels ils rédigeaient des rapports.

J'ai ainsi pris en flagrant délit un employé de l'ambassade qui trichait sur les sommes qu'il était censé remettre à ses traitants. Je l'ai renvoyé dare-dare à Bucarest !

Fort de ces principes, son réseau s'étend. L'incontournable Van de Wielhe lui a signalé un « cas » intéressant : Francis Roussilhe, lui aussi documentaliste à l'OTAN et ancien attaché de sécurité à l'Alliance atlantique. Homme d'autant plus insoupçonnable que, quelques années auparavant, il avait dénoncé les menées d'un journaliste italien lié aux services tchèques. Caraman applique à la lettre les règles qu'il a édictées : après l'amateur d'art, voici venu le négociant en foie gras... Ayant appris que Roussilhe, originaire du Quercy, arrondissait ses fins de mois en fournissant en cette denrée les familles de collègues de l'OTAN, monsieur Michel, « négociant grec », lui propose, en novembre 1962, d'en acheter d'importantes quantités. Roussilhe, ravi, accepte naïvement, d'autant plus que les commandes augmentent régulièrement, allant parfois jusqu'à des lots de 100 000 francs ! Le fonctionnaire, qui a toujours rêvé d'acheter une maison et des terres dans son Quercy natal, voit là une aubaine providentielle. Une seule chose l'étonne : les rencontres avec monsieur Michel ont toujours lieu dans les arrière-salles de cafés.

Alors qu'il manifeste sa surprise, en avril 1962, Caraman joue son va-tout : il lui avoue qu'en réalité il n'est pas négociant grec, mais diplomate à l'ambassade de Roumanie ; mais il a eu peur de perdre son amitié en lui révélant sa véritable profession, et, surtout, de compromettre son ami, fonctionnaire à l'OTAN. Ému par cet accès de sincérité – et par les commandes qui continuent de pleuvoir –, François Roussilhe se rapproche un peu plus de son ami roumain. Le rusé Caraman attend l'été : en août, le documentaliste de l'OTAN, qui a envoyé femme et enfants dans le Quercy, se laisse inviter dans un grand restaurant parisien. À la fin d'un repas bien arrosé, son ami diplomate lui fait part de son embarras :

– Je viens bêtement d'accepter de rédiger une note pour mon pays sur les techniques françaises de conservation des aliments. Je n'y connais rien et ne sais comment faire...

Heureux hasard, Roussilhe a vu passer un dossier sur ce sujet, quelques jours auparavant, au bureau d'ordres de l'OTAN. Il pourrait sans difficulté en fournir un double à son ami Michel. En guise de remerciement, le Roumain insiste pour lui remettre 250 francs. L'homme de l'OTAN se cabre. Déployant toute la palette de son charme, Caraman explique que cette somme lui a été allouée pour se procurer la documentation nécessaire à son étude. Or, le montant en a déjà été débité par la très scrupuleuse comptabilité de l'ambassade, confie-t-il avec embarras. Pas question pour lui de la restituer ni de faire du bénéfice sur le dos de Roussilhe. « Ah ! la bureaucratie de l'Est... »

– Acceptez cela comme une marque de mon amitié, conclut-il en lui glissant les quelques billets.

Un cas d'école. Ce genre de petites sommes entretiennent l'amitié. Surtout, elles vous enfoncent dans un piège dont vous ne trouvez plus jamais l'issue.

Prudent, Caraman ne revient pas à la charge immédiatement. Mais il a senti que Roussilhe était ferré et que son besoin d'argent et de reconnaissance sociale le rendait vulnérable. En octobre, il sort le grand jeu : la carte internationale. À nouveau il fait vibrer la corde d'une Roumanie qui essaie de desserrer l'étau imposé par le grand frère soviétique :

– Bucarest me demande comment réagirait l'OTAN en cas de soulèvement dans mon pays. L'Alliance nous aiderait-elle, ou bien nous laisserait-elle choir comme la Hongrie en 1956 ?

Là encore, quelle chance ! Il existe justement un rapport à ce sujet à l'OTAN. Mais, cette fois-ci, il est classé *Confidentiel*. Roussilhe saute le pas : il en sort un double dans sa serviette, que ses anciens collègues de la sécurité n'ouvrent jamais. Dès lors, c'est l'engrenage : il tombe sous le joug du Roumain, qui se montre de plus en plus généreux, allant même – technique assez courante – jusqu'à le mensualiser : 700 francs, puis 3 000, enfin 5 000 par mois. Pour éviter que le train de vie de sa « source » ne change par trop brutalement, Caraman le paie en napoléons-or, monnaie commode à épargner et qui fait rêver le natif du Quercy. Bientôt, il pourra enfin s'offrir, pour 80 000 francs, une maison entre deux rivières à truites.

Tout cela ne va pas sans contrepartie. Caraman devient de plus en plus exigeant. Tout y passe : les comptes rendus des comités militaires de l'OTAN, classés « Cosmic », le bilan et les synthèses concernant toutes les bases militaires de l'Alliance, les plans de défense de l'organisation. Roussilhe puise en outre dans le fichier des principaux officiers supérieurs et hauts fonctionnaires. Pour accélérer la cadence de ses livraisons, Caraman lui offre deux appareils photo Minox dotés chacun de magasins de 100 poses. Parfois, Roussilhe se contente de se cacher derrière une pile de livres placés sur son bureau pour prendre les précieux clichés !... Il remet ensuite les documents à la sortie de la station de métro Quatre-Septembre, parfois à un autre point de la ligne 3 Pont de Levallois-Gallieni.

Changement d'adresse en septembre 1967 : Roussilhe suit l'OTAN, dont le siège est transféré à Bruxelles. Ses proches le trouvent alors changé, tendu, secret. Il subit les pressions de Caraman, qui se montre de plus en plus dur et exigeant. À chacun de ses retours à Paris, un magazine déposé quelques instants auparavant dans sa boîte aux lettres lui indique, grâce à un code, le lieu de rendez-vous – Champs-Élysées, Trocadéro... – où l'attend l'intraitable Caraman.

De son côté, l'officier roumain est parti six heures avant le moment convenu, afin de déjouer toute filature éventuelle. Les livraisons portent sur les documents les plus secrets de l'OTAN : des milliers de pages où s'étalent tous les plans militaires de l'organisation. Roussilhe, de plus en plus pressuré, en est à réclamer un passeport pour se mettre au vert en Amérique du Sud. Par prudence, Mihaïl Caraman décide alors de transférer sa source à l'un de ses hommes, Dan Iomescu. En fait, Roussilhe est au bout du rouleau.

Mais, déjà, Caraman a jeté son dévolu sur d'autres proies. Lui et ses hommes « lèvent » deux diplomates du Quai d'Orsay : l'un, énarque en poste à Washington, l'autre, rejeton d'une vieille famille française, chiffreur au ministère. Appliquant les méthodes du chef de réseau, un faux fonctionnaire (mais véritable officier) roumain en poste à l'UNESCO drague une employée du ministère des Finances. Après l'avoir séduite, il explique que, faute de livrer des informations à ses supérieurs, il risque d'être renvoyé à Bucarest. La jeune femme tombe dans le piège et lui remet, par amour, les derniers rapports des Finances sur les relations économiques entre la France et... l'Union soviétique ! Un document qui a bien fait rire Caraman. L'« amoureux » aura dû expliquer à sa dulcinée qu'il préférait les rapports concernant l'Occident...

Une autre proie, femme de lettres française, succombe pareillement au charme de plusieurs lieutenants de Caraman : cinq d'entre eux se relaient sur une période de huit ans pour recueillir ses précieuses confidences à propos du Tout-Paris politique qu'elle fréquente... Un jour, elle présente même un colonel à la retraite à ses amis roumains. Gloire de la Seconde Guerre mondiale, au-dessus de tout soupçon, Charles de Jurquet de La Salle d'Anfreville, ancien de Saint-Cyr, pilote de chasse, s'est engagé à moins de trente ans dans l'escadrille Normandie-Niémen, ce qui lui a valu les félicitations du général de Gaulle. Puis, ce sera l'Indochine, les troupes d'occupation en Allemagne. En 1961, un accident aérien l'a obligé à prendre une retraite anticipée. Sensible aux sirènes de l'Est, un peu trop désœuvré, il mord à l'hameçon idéologique de la fraternité entre la France et la Roumanie... et livre des informations politiques recueillies auprès d'amis parlementaires. À ses anciens camarades aviateurs reconvertis dans le privé, il soutire des « tuyaux » sur l'équipement des derniers avions français, et va jusqu'à photocopier un dossier entier après avoir simulé un malaise pour rester seul dans un bureau. La paix ne vaut-elle pas cette petite comédie ?...

La copieuse production du colonel a tôt fait de susciter l'intérêt du grand frère soviétique. Car, malgré les grands discours sur la singularité de la Roumanie au sein du bloc de l'Est, Moscou tire toujours les ficelles dans l'ombre. Dans le secteur particulièrement sensible du renseignement, les Russes utilisent sans ménagement les services des pays satellites. Le KGB et le GRU (la branche militaire) suivent donc de près les progrès de l'équipe Caraman. Dès qu'un agent devient intéressant, les services soviétiques le prennent directement en main ou bien le traitent en parallèle. C'est ce qui va se passer avec le colonel de La Salle, manipulé à la fois par l'adjoint de Caraman, Dan Iacobescu, et par un officier du GRU en poste à Paris, Vladimir Arkhipov.

On le verra bientôt, ce sera également le sort réservé à Charles Hernu.

Jamais le contrôle des Soviétiques ne se relâche sur les services secrets roumains. Ion Pacepa, ancien homme de confiance de la famille Ceausescu, chargé du renseignement et grand rival de Caraman, le reconnaîtra dans son best-seller *Horizons rouges*[1], publié après son passage à l'Ouest en 1978 :

> « Conformément à la division des tâches, Moscou attribua aux services secrets roumains la France comme terrain d'action [...]. Les résultats de l'antenne parisienne et de Mihaïl Caraman dépassèrent toutes les espérances. Au cours de cette période, l'antenne parisienne réussit à recruter deux agents bien placés au sein du

1. Presses de la Cité, 1988.

quartier général de l'OTAN, qui fournirent à la Roumanie des dizaines de milliers de documents militaires occidentaux de première importance. Ces documents étaient acheminés de Bucarest à Moscou par avions militaires et payés par le Kremlin en pièces d'or. Un employé du Chiffre, également recruté, fournit la clé de décodage utilisée par les Français, qui fut elle aussi envoyée directement à Moscou. »

– On leur expédiait toute la production, se souvient Caraman avec un brin d'amertume. Je sais qu'ils l'attendaient chaque fois impatiemment et qu'ils ont ainsi tout su sur leur ennemi numéro un, l'OTAN ; mais ils jouaient les blasés et c'est à peine s'ils nous remerciaient...

Grâce à cette moisson exceptionnelle qui alimente régulièrement Moscou, le Roumain est au faîte de sa gloire en 1968. En mai, ahuri par les « événements », il arpente, incrédule, les artères du Quartier latin alors aux mains des étudiants. Il comprend mal cette pseudo-révolution sans morts et sans répression. Mais une étonnante mission l'attend alors : lui, le maître espion qui pille méthodiquement les secrets de la France, est chargé par son gouvernement d'organiser le voyage officiel du général de Gaulle en Roumanie ! Le chef de l'État français s'y rend alors que les événements de Mai embrasent les rues de Paris. Caraman est jugé l'homme de la situation : il accompagnera partout la délégation française, à quelques pas du Général. Il ne s'absentera que quelques heures, le temps d'aller rendre visite à sa mère gravement malade. Informé on ne sait comment, de Gaulle le prendra à part, à son retour à Bucarest, pour lui demander des nouvelles de la santé de sa mère et souhaiter à celle-ci un prompt rétablissement.

À l'évocation de ce souvenir, Mihaïl Caraman, ému, se lève de son sofa et nous tend une photo en noir et blanc, encadrée : on le distingue, jeune et le cheveu noir, en queue de pie, serrant la main du Général dans un salon de l'Élysée lors de la cérémonie d'accréditation du nouvel ambassadeur de Roumanie à Paris.

Un an plus tard, tout va basculer, et le Roumain tout perdre. À la mi-juillet 1969, son adjoint, Dan Iacobescu, accompagné de son épouse et de son enfant, se présente à l'ambassade de Grande-Bretagne à Paris, rue du Faubourg-Saint-Honoré. Le bras droit de Mihaïl Caraman a décidé de ne pas rentrer à Bucarest où il est rappelé. Il demande l'asile politique aux Anglais. En échange, il se dit prêt à tout leur raconter sur les activités d'espionnage de la Roumanie. Iacobescu et sa famille traversent discrètement la Manche et s'installent en Écosse, où l'agent est longuement « débriefé » par les hommes du contre-espionnage britannique. Ce n'est que le 20 juillet 1969 que les Français sont informés et confraternellement invités par leurs collègues anglais à venir interroger le transfuge.

Trois commissaires de la DST se rendent alors dans les Highlands. Ils en reviendront avec leurs serviettes bourrées d'informations et surtout de noms d'agents. Comme l'écrira le commissaire de la DST Jean-Paul Mauriat :

> « Cette affaire est, en France, depuis la Seconde Guerre mondiale, l'une de celles où se manifestent le plus évidemment la détermination d'un service de renseignements étranger, la sûreté de ses moyens et l'ampleur de son plan de recherche. Toutes les personnes impliquées dans l'affaire roumaine, qu'elles soient ou non devenues des agents par la suite, furent sélectionnées en fonction des postes qu'elles occupaient et des possibilités qu'elles offraient – selon le résultat d'enquêtes préalables – sur le plan du recrutement. »

Il ne reste plus au contre-espionnage français qu'à cueillir discrètement les agents « éventés » du réseau Caraman. L'hécatombe est complète. Le 8 août, François Roussilhe, de retour de Bruxelles, est attendu au Bourget par les hommes de la DST au pied de la Caravelle. Le chiffreur du Quai d'Orsay, la femme de lettres, l'employée du ministère des Finances et même un gardien de la paix de la police parisienne (qui avait vendu pour 3 000 francs l'organigramme de la préfecture de police), tous sont entendus dans les bureaux du contre-espionnage, rue des

Saussaies. Jugés par la Cour de sûreté de l'État quelques mois plus tard, certains seront lourdement condamnés : Van de Wielhe à huit ans de prison, Roussilhe à vingt ans de détention criminelle ; d'autres à des peines de sursis. Le diplomate de bonne famille passera à travers les mailles du filet.

L'un d'eux, pourtant, ne va pas supporter le déshonneur. Interpellé le 4 août 1969, confondu par les policiers malgré ses dénégations, le colonel de La Salle passe aux aveux au bout de plusieurs jours d'interrogatoire. Après avoir signé sa déposition, il est curieusement ramené dans son appartement, au dixième et dernier étage d'une tour d'Ivry-sur-Seine. Le contre-espionnage français espère sans doute que ses correspondants roumains vont montrer le bout de leur nez. En vain. Le 8 août, une équipe de la DST se rend à Ivry pour le récupérer. Avant de quitter son chez-soi pour une cellule de la Santé, le colonel propose un rafraîchissement aux policiers, qui refusent. Mais, fatale erreur, ils le laissent pénétrer dans sa cuisine. La porte claque d'un coup. Les inspecteurs comprennent, mais trop tard : le colonel a plongé de la fenêtre du dixième étage « à la façon d'un parachutiste qui s'élance dans le vide », dira un témoin.

La mort du colonel sonne le glas du réseau Caraman. L'affaire n'est pas ébruitée, pour ne pas nuire aux bonnes relations franco-roumaines. Tout au long du mois d'août, un à un, les hommes du réseau Thermidor, « grillés » mais protégés par l'immunité diplomatique, reprennent discrètement le chemin de Bucarest. Le dernier à partir est Mihaïl Caraman lui-même, qui met ainsi un point final à onze années d'activités intenses au cœur de la ville que les Roumains considèrent comme la plus belle du monde. Mais ce redoutable agent emporte avec lui quelques lourds secrets sur notre pays.

Il s'en souviendra, vingt-trois ans plus tard, lorsqu'il remettra pour la première fois les pieds à Paris. Entre ces deux séjours, le mur de Berlin sera tombé, l'URSS sera devenue la Russie, Helena et Nicolae Ceausescu auront été fusillés au terme d'une révolution-éclair. L'heure d'étonner et de séduire ses anciens collègues et adversaires lui paraîtra enfin venue.

II

« Après Pelat, Hernu... »

– Et puis, il y a l'affaire du ministre...

Enfin, le mot est lâché ! Depuis bientôt trois heures, dans le salon de Bucarest progressivement envahi par l'obscurité, chacun attend que l'autre fasse le premier pas. Nous avons eu le temps d'évoquer longuement la carrière parisienne de notre hôte, les succès puis la chute de son réseau, la mort des Ceausescu, les prochaines élections en Roumanie. C'est Caraman qui a fini par prendre prudemment l'initiative en évoquant l'« affaire du ministre ». Nous ne doutons pas un seul instant qu'il fait allusion à Charles Hernu. L'instant est crucial : va-t-il confirmer ce que nous avons appris à Paris et nous expliquer ce qui s'est exactement passé à l'époque ? Nous prenons la balle au bond :

– En effet, nous sommes bien venus vous parler de Charles Hernu, de ses rapports avec les services roumains et de votre voyage à Paris en 1992.

Caraman accuse le coup :

– Je ne sais pas comment vous avez été mis au courant. Au téléphone, je me suis bien douté que vous vouliez me parler de cela. C'est pourquoi vous étiez si pressés. Je pensais pourtant que cet épisode resterait à jamais secret, sauf si je me décidais un jour à écrire mes Mémoires. Vous savez, tout ceci est très délicat, très confidentiel...

Ces premières phrases sonnent déjà comme un début de confirmation. Hors du cercle étroit du renseignement, l'homme clé de l'affaire reconnaît pour la première fois la réalité de cette incroyable histoire. Mais il demeure encore sur la défensive. Pour le mettre en confiance, nous lâchons quelques bribes de ce que nous savons : les contacts avec Hernu, son pseudonyme roumain, les remises d'argent... Réalisant que nous avons eu connaissance du dossier, Caraman se détend un peu. Nous voyons alors cet homme, visiblement orgueilleux, osciller entre son habitude du secret et la fierté d'avoir réussi un tel coup.

– Vous savez, commence-t-il, quand mon service a repéré Hernu à Paris, il n'était qu'un politicien prometteur. Il se vantait de connaître énormément de monde. C'était un homme bavard et très vulnérable. Il nous intéressait surtout pour l'avenir.

– Comment l'avez-vous recruté ?

– C'est plus compliqué que cela. Il est difficile d'en parler en détail. Nous avions beaucoup de contacts de ce genre à l'époque...

Nous sentons que, passé l'effet de surprise, Caraman se reprend. Il s'en tient à nouveau à des généralités. À nous, cette fois, de le surprendre : nous lui tendons un double de la synthèse de la DST qui résume les grandes lignes du dossier. L'ancien officier des services secrets chausse ses lunettes et entreprend de lire très minutieusement, en professionnel. Tantôt il hoche la tête ; à d'autres moments, il paraît agacé. Enfin, lorsqu'il lève les yeux, son visage a changé. Ses traits se sont durcis, son regard flamboie de colère et d'incompréhension :

– Comment est-il possible que des journalistes aient entre leurs mains de tels documents ? Ce sont des renseignements destinés aux professionnels. Vous ne vous rendez pas compte, vous ne pouvez pas vous promener dans Bucarest avec ce genre de papiers ! Même à l'hôtel Intercontinental, cela peut se révéler très dangereux pour vous...

Le ton est redevenu celui du colonel commandant ses hommes. Nous restons pantois devant cette métamorphose. Toute trace de civilité a disparu.

– Est-ce la DST qui vous envoie ? Pourquoi ne m'ont-ils rien dit de votre arrivée ?

Après cinquante ans passés au service d'un État totalitaire, Caraman n'arrive visiblement pas à concevoir qu'il existe des journalistes indépendants qui ne sont pas mandatés par leur gouvernement. Son premier réflexe est de songer à une manœuvre des services français. Comprenant le malentendu, nous lui expliquons qu'en France, comme il a pu s'en rendre compte, la presse n'obéit nullement aux services de renseignements.

– Nous avons obtenu ces informations par nos propres moyens et, si nous sommes ici, c'est tout simplement pour les vérifier avant de les publier. Notre seul employeur, c'est *L'Express*...

Caraman se radoucit quelque peu. Il paraît à demi convaincu. Enfin, d'un ton un peu solennel, tenant la note dans une main et nous fixant droit dans les yeux, il lâche :

– Tout ce qui est écrit là est vrai, totalement vrai. Mais on ne vous a pas fourni les clés qui permettent de comprendre ce qui s'est exactement passé. Et puis, on ne peut pas tout dire... Bon, je suis en mesure de vous expliquer certaines choses... Mais, tout d'abord, insiste-t-il fermement, il faut détruire cette note...

Nous acceptons d'autant plus facilement que nous possédons plusieurs doubles à Paris et que notre interlocuteur en fait manifestement une question de principe. Une fois le papier brûlé, le Roumain recouvre une part de sa faconde. À la cinquième heure d'entretien, le dialogue reprend donc presque normalement. Nous admirons au passage l'agilité de cet homme robuste de près de soixante-dix ans, qui, dans un français parfait, fait alterner confidences, colère et cordialité.

– Afin que vous compreniez mieux comment la France est entrée en possession de ces papiers concernant Hernu, il faut que je vous raconte en deux mots ce qui m'est arrivé après mon retour forcé en Roumanie, en 1969. J'ai d'abord été mis quelque peu à l'écart dans un service situé hors de Bucarest. C'est votre confrère de *L'Express*, Pierre Accoce, qui a involontairement mis fin à ma traversée du désert en publiant son livre, *Le Réseau Caraman*, en 1972. Nicolae Ceausescu en a eu un exemplaire entre les mains et s'est enquis de ce que je devenais. On m'a alors nommé à l'École de formation des futurs officiers de renseignements. J'ai ensuite repris du service au sein de la Centrale, avec des hauts et des bas, au gré des intrigues et des folies du *Conducator*. Fin 1989, j'ai pris part à la révolution qui l'a renversé et Petre Roman, le nouveau Premier ministre, m'a nommé responsable du Service de renseignement extérieur (SRE).

C'est alors le grand retour de Mihaïl Caraman. La Roumanie est encore sous le choc de la liberté recouvrée. Comme les autres pays de l'Est, elle s'ouvre à l'Occident pour échapper à l'emprise russe. Les services de renseignements se rapprochent eux aussi de leurs anciens adversaires. Dans l'euphorie du retour à la démocratie, une entraide technique, politique et économique se développe entre la France et la Roumanie. Les « services » n'y échappent pas.

Début 1992, Raymond Nart, numéro deux de la DST, qui a derrière lui trente ans de lutte acharnée contre le KGB, et le général Philippe Rondot, conseiller spécial du contre-espionnage français et autrefois en poste en Roumanie, rendent visite à Caraman à Bucarest. « Vous avez été un adversaire terrible mais loyal », lui déclare d'emblée Raymond Nart. Un compliment auquel le nouveau patron des services roumains se montre très sensible. D'autant plus que les gens de la DST ne sont pas venus les mains vides : le contre-espionnage français va fournir une assistance technique aux Roumains. Selon Caraman, les hommes de la DST lui livrent de surcroît une « information opérationnelle » de toute première importance concernant son pays. Évidemment, ces rencontres se déroulent en toute confidentialité. Le contact est si bon qu'on décide de se revoir à l'automne, cette fois à Paris. Au grand bonheur de Caraman, qui pensait ne jamais remettre les pieds dans la ville de ses exploits.

Mais, entre-temps, la violente marche des mineurs sur Bucarest fait chuter Petre Roman. Caraman est contraint – du moins officiellement – de quitter la direction du SRE. Cela ne l'empêche cependant pas, avec l'accord des nouveaux responsables, de s'envoler comme convenu pour Paris, en octobre 1992, muni d'un passeport diplomatique. Plusieurs fax officiels des services secrets roumains annoncent son arrivée à la DST. Le contre-espionnage français fait bien les choses : Caraman est invité dans les meilleurs restaurants, on lui présente la fine fleur de la DST, où l'on est ravi de rencontrer l'espion mythique ; suprême attention, ce grand amateur d'art chinois découvre un soir dans sa chambre d'hôtel les précieux livres d'art qu'il a feuilletés le jour même chez quelques libraires spécialisés en compagnie de ses anges gardiens. Il est même reçu chaleureusement par le grand patron du service, le préfet Jacques Fournet.

De son côté, lui aussi a réservé une surprise à ses hôtes si chaleureux. Une sorte de marque de confiance que l'on s'échange entre professionnels. Il s'agit d'un dossier composé de pièces datant de l'époque où il sévissait à Paris : des rapports sur le financement de partis d'extrême gauche par les pays de l'Est, mais, surtout, une épaisse chemise barrée du nom de Charles Hernu, renfermant des documents. Que contient-elle ? Des notes extrêmement précises évoquant son recrutement, ses rencontres, des comptes rendus d'entretiens, des versements d'argent, et enfin une pièce essentielle : un long rapport du KGB récapitulant la « carrière » de Charles Hernu au service de l'Est. C'est essentiellement à partir de cette synthèse du KGB que nous allons suivre les différentes étapes de la vie mouvementée de l'agent Hernu (voir *annexe 2*).

Les hommes du contre-espionnage français sont sidérés. Le dossier Caraman constitue une véritable bombe politique alors que François Mitterrand occupe toujours l'Élysée.

– Je crois que cela leur a causé un choc, sourit encore aujourd'hui Mihaïl Caraman en se remémorant leur réaction. Je sais qu'ils ont procédé à quelques vérifications, lesquelles ont confirmé l'authenticité de mes documents. J'ai même appris, alors que j'étais encore à Paris, que M. Fournet était aussitôt allé informer François Mitterrand de l'existence de ce dossier.

Nous sursautons. Ainsi, le président Mitterrand a été mis au courant ?

Nous apprendrons plus tard par des proches de l'ancien chef de l'État que sa première réaction aura été de soupirer : « Après Pelat, Hernu... » Repris par sa méfiance viscérale envers les services spéciaux, le président se serait d'abord assuré qu'il ne s'agissait pas d'une manipulation des services de l'Est. Mais, devant la conviction du contre-espionnage français, il aurait ensuite évoqué, encore abasourdi, quelques souvenirs sur son incorrigible ami, puis conclu fermement : « Charles Hernu n'est plus là pour se défendre. Nous n'allons pas refaire l'histoire. Considérez, monsieur le directeur, qu'il s'agit là d'un secret d'État. » En clair : enfermez ce lourd dossier dans un coffre et qu'on n'en parle plus !

Seuls une poignée d'initiés, au sommet de l'État et à la tête du contre-espionnage, partageront ce lourd secret et auront eu connaissance de la réaction du président. Il restera préservé à l'arrivée d'Édouard Balladur à Matignon et de Charles Pasqua à l'Intérieur après que l'un et l'autre en auront été informés à leur tour.

Comment un tel secret a-t-il pu être sauvegardé aussi longtemps ? Et surtout, quelles extraordinaires révélations renferme la fameuse chemise apportée par Mihaïl Caraman à Paris ?

III

Charles le Bulgare

C'est le 13 mars 1953, dans un appartement situé à deux pas du lycée de Vanves, en banlieue parisienne, que le chemin du jeune Charles Hernu croise pour la première fois celui d'un espion de l'Est. Ce jour-là, lors d'un dîner en petit comité organisé par un collègue de travail, le jeune espoir de la politique rencontre un diplomate bulgare qui se présente sous le nom de Vinogradov. Il s'agit en fait de Raïko Nikolov, troisième secrétaire de l'ambassade de Bulgarie à Paris, officiellement responsable du service de presse, en réalité officier de renseignements. Le courant passe immédiatement avec le volubile Charles Hernu. Ravi de ce dîner, Nikolov, toujours à l'affût de nouvelles recrues, rédige à l'attention de ses supérieurs une note prometteuse (qu'on retrouvera dans le dossier que Caraman livrera à la France en 1992) :

> « Lors de cette première rencontre, il a donné l'impression d'un homme qui dispose d'un très

> large cercle de relations dans les sphères politiques (Daladier, Herriot, Mendès France, Guy Mollet). Au cours des discussions, il s'est prononcé pour la paix, a critiqué la politique extérieure de la France et n'était pas d'accord avec les mesures de répression contre le Parti communiste français. Il abordait avec plaisir divers thèmes politiques, affichait sa compétence dans plusieurs domaines, se montrait confiant dans la victoire du socialisme en France. »

Apparemment séduit, l'espion bulgare a bien cerné le personnage, ses qualités et ses défauts. Dans les mois qui suivent, il va s'appliquer à attirer Hernu dans ses filets, mais surtout à le mieux connaître.

Il est vrai que l'homme vaut le détour. Ce fils d'un gendarme franc-maçon et anticlérical et d'une mère très pratiquante, né en 1923, a seize ans lorsque éclate la Seconde Guerre mondiale. Il se retrouve à Lyon après avoir abandonné ses études avec pour tout diplôme le certificat d'études. Suit alors une période trouble, à l'image de l'époque, sur laquelle Charles Hernu ne s'est jamais vraiment expliqué. Maître dans l'art de raconter sa vie sous un jour favorable, quitte à prendre certaines libertés avec les faits, il se présentera longtemps comme un ancien résistant. La réalité est quelque peu différente : après un passage par les Chantiers de jeunesse mis en place par le maréchal Pétain, le jeune homme disparaît dans la nature pour, expliquera-t-il, échapper au STO... En fait, on le retrouve au début de 1944 délégué départemental pour l'Isère du ministère de l'Information de Vichy, ce qui lui vaut d'être arrêté à la Libération, puis détenu pendant deux mois à Grenoble, du 12 octobre au 24 décembre de la même année. Grâce à son père, il aurait pu échanger sa libération contre un engagement dans la gendarmerie nationale, où il devient sergent à compter du 1er mars 1945, sous le numéro 469.

Cette « erreur de jeunesse », comme l'écrit son biographe Jean Guisnel[1], « empoisonnera à des degrés divers toute la carrière politique de Charles Hernu ». Elle resurgira à diverses époques au gré de ses campagnes électorales. Elle lui vaudra même d'être giflé publiquement par un résistant lors d'une cérémonie au mont Valérien, le 18 juin 1957. Elle alimentera enfin un article tonitruant de *L'Idiot international* en 1989. Mais, comme dans le cas de François Mitterrand, ces accusations, souvent excessives, nourries par l'extrême droite, ne nuiront pas réellement à son ascension politique. Comme il en a été pour l'ancien président de la République, c'est sa personnalité et une formidable capacité à s'intégrer dans les réseaux les plus

1. *Charles Hernu ou la République au cœur*, Fayard, 1993.

divers qui vont lui permettre de faire son entrée dans l'univers du pouvoir.

C'est étrangement dans le quotidien communiste de Lyon *Le Patriote* qu'il refait surface, en septembre 1945. Grâce aux relations de son père et à l'intervention d'un ami, il y écrit des articles pendant quelques mois. Certes, il n'adhérera jamais au PCF, mais ce compagnonnage forcé peut étonner. Les communistes étaient-ils alors au courant du faux pas du jeune Hernu aux derniers temps de la guerre ? Ont-ils pu – eux ou leurs amis de l'Est – s'en servir contre lui ultérieurement ? On verra que, dans les années cinquante, un haut dignitaire de l'ambassade d'URSS à Paris y fera référence dans un rapport confidentiel destiné à Moscou.

Mais, bien vite, Hernu se rapproche de la mouvance radicale chère à son père et aux francs-maçons. C'est là qu'il va prospérer. Dès 1946, il adhère au Parti radical, qui règne sur la région lyonnaise, dominée par la grande figure du maire de la capitale des Gaules, Édouard Herriot. Grâce à son abattage, Hernu est élu dès l'année suivante vice-président des Jeunesses radicales du département du Rhône. Il écrit régulièrement dans le journal *Le Populaire*.

Lyon est néanmoins une ville trop petite pour cet ambitieux. La même année, il débarque à Paris, où il va rapidement évoluer à son aise parmi la nébuleuse radicale. Comme il le fera plus tard avec François Mitterrand, il se choisit alors une « locomotive » politique : Pierre Mendès France, qui incarne l'aile la plus dynamique du vieux parti valoisien[1]. Alors âgé de trente ans, Hernu et quelques-uns de ses amis vont se servir du vieux parti de Clemenceau, Herriot et Daladier comme d'un tremplin pour leurs ambitions. Le futur ministre de la Défense fait alors feu de tout bois : tantôt journaliste, tantôt organisateur, tantôt orateur, il brasse une incroyable quantité d'informations et tente de rencontrer tout ce qui compte à Paris. C'est cette agitation fébrile qui fera son succès.

Il manque encore à cet homme qui, comme l'écrit Jean Guisnel, « est une agence de presse à lui tout seul », une véritable tribune politique à son service. Ce sera le club des Jacobins, créé le 7 décembre 1951, lointain avatar du club révolutionnaire et qui va abriter les « jeunes-turcs » du Parti radical. Ce club de réflexion, laïc et républicain, organise des colloques et publie un journal *(Le Jacobin)* que dirige Charles Hernu. Mais c'est surtout une plate-forme pour obtenir l'investiture du Parti radical aux futures élections. On y retrouve de nombreux francs-maçons. Hernu lui-même, toujours en quête de nouveaux réseaux, adhère en 1950 à la Grande Loge de France. Cet engagement l'accompagnera toute sa vie.

---

1. Appelé ainsi à cause de la place de Valois, où était installé son siège.

L'homme est par ailleurs bon vivant, amoureux des plaisirs de l'existence, grand amateur de conquêtes féminines. En 1950, il a déjà divorcé deux fois et compte quatre fils – dont il semble ne s'être jamais beaucoup occupé, selon le témoignage de l'un d'eux, Patrice. D'après celui-ci, les trois derniers fils ne découvriront d'ailleurs que vingt ans plus tard l'existence de leur demi-frère aîné[1]... Toute la vie de Charles Hernu sera au demeurant rythmée – ou perturbée – par ses relations tumultueuses avec les femmes.

Une autre obsession va marquer sa vie : le manque chronique de liquidités. Sans fortune familiale, astreint à verser de multiples pensions alimentaires, il passera la plus grande partie de son existence à courir après l'argent. Ses amis sont unanimes : pas un qui n'ait dû, un jour ou l'autre, porter la main à son portefeuille pour secourir Charles. Sophie Coignard et Marie-Thérèse Guichard racontent même[2] que quelques frères francs-maçons avaient ironiquement créé une « fraternelle des créanciers de Charles Hernu » qui compta jusqu'à une douzaine de membres ! L'avocat Paul Lombard, venu exceptionnellement prendre la parole à un meeting du candidat Hernu à Châteauroux dans les années soixante, se souvient encore en souriant qu'il dut

1. Jean Guisnel, *op. cit.*, pp. 90-91 et p. 375.

2. *Les Bonnes Fréquentations. Histoire secrète des réseaux de la République*, Grasset, 1997.

non seulement payer sa chambre d'hôtel, mais surtout régler les frais du buffet et du dîner qui avaient suivi, cependant que le principal intéressé s'éclipsait fort opportunément...

Officiellement, en effet, Charles Hernu n'est qu'un très modeste fonctionnaire censé travailler au Centre national du commerce extérieur (CNCE), avenue d'Iéna, à Paris. Introduit dans cet important organisme qui dépend du ministère du Commerce par deux notables lyonnais, le futur ministre y œuvre comme documentaliste à l'assiduité élastique. Il y restera néanmoins jusqu'en 1965. Mais ce ne sont certainement pas ses modestes émoluments qui lui permettront de financer ses campagnes.

C'est dans les bureaux du CNCE qu'un proche des Soviétiques remarque ce jeune homme actif et ambitieux. C'est ce même collègue qui organise le fameux dîner de mars 1953 au cours duquel Charles Hernu croise pour la première fois le Bulgare Raïko Nikolov, alias Vinogradov. D'après le dossier remis par Caraman à la DST et où Hernu apparaît sous le pseudonyme d'« André », « *la veille de la rencontre, le camarade Vinogradov a reçu un coup de fil d'un dénommé Schlawer (fonctionnaire au ministère du Commerce) qui lui a annoncé qu'il avait invité André à dîner, de qui on peut espérer certaines informations* ».

Qui se cache derrière le pseudonyme du très accueillant « Schlawer » ? Les services secrets français croient l'avoir identifié : il s'agit, selon eux, d'Alexandre Kojève, personnalité aux multiples facettes, à la fois philosophe de renom et haut fonctionnaire au ministère du Commerce extérieur. Ce grand intellectuel, neveu du peintre Kandinsky, a quitté la Russie en 1920 pour s'installer à Berlin, puis à Paris, où il s'est imposé comme un spécialiste réputé de Hegel. Raymond Aron, Jacques Lacan, Raymond Queneau ont suivi avec passion son séminaire consacré au philosophe allemand. Mais cet esprit original embrasse une tout autre carrière au lendemain de la Seconde Guerre mondiale : coopté par ses amis Olivier Wormser et Robert Marjolin, il devient conseiller à la Direction des relations économiques extérieures (DREE). Il participe à ce titre à toutes les grandes négociations de l'après-guerre, du plan Marshall au GATT en passant par les accords d'Évian. C'est à cette époque qu'il se lie aussi avec un jeune économiste qui prépare sa thèse : Raymond Barre.

Kojève, homme de grande culture, entretient savamment le flou sur ses opinions politiques. Tout en participant à la reconstruction de l'économie libérale en Europe et dans le monde, il se dit officiellement « marxiste de droite » et proche de l'URSS stalinienne. Ses amis voient là avant tout un jeu intellectuel. « Ce qui m'intéressait beaucoup chez Alexandre Kojève, c'était son côté mystérieux, énigmatique », confie à son sujet Raymond Barre en 1990 à Dominique Auffret, auteur d'un essai consacré au philosophe. Les services de renseignements français voient plutôt en lui un agent d'influence de l'Est. En ce mois de mars 1953, au moment où il organise la rencontre entre son jeune collègue du Commerce extérieur, Charles Hernu, et Raïko Nikolov, Kojève est encore sous le coup de la mort toute récente de Joseph Staline. « C'est comme si j'avais perdu un père », avoue-t-il à une amie.

Ce dîner du 13 mars marque en tout cas le début de l'intérêt des services de l'Est pour le futur ministre français de la Défense nationale.

Le jeune « diplomate-espion » bulgare Raïko Nikolov est arrivé à Paris deux ans plus tôt. Il est tout juste âgé de vingt-cinq ans, célibataire et ambitieux. Paré du titre de troisième conseiller à l'ambassade de son pays, il consacre en fait une grande partie de son temps à glaner des informations pour les services bulgares. Au cours du dîner chez Kojève, il est impressionné par l'étendue des contacts politiques de Hernu. Son instinct de chasseur détecte aussi chez le personnage les failles dans lesquelles il pourrait s'engouffrer : le besoin de paraître et de parler, une certaine absence de scrupules, et par-dessus tout une volonté farouche de jouer un rôle important. Mais, il le sent aussi, le jeune jacobin, roublard et inconstant, ne doit pas être si facile à « tenir ».

Il convient donc de s'assurer de sa fiabilité. Ne serait-il pas capable d'aller trouver le contre-espionnage français pour dénoncer son interlocuteur sur un coup de tête ? Un épisode va rapidement rassurer Nikolov : quelques mois plus tard, en octobre 1953, devenu proche du couple, « Vinogradov » accompagne Charles Hernu et sa compagne pour une excursion dans les environs de Paris. Sur le chemin du retour, poursuit le Bulgare qui rend compte de chaque rendez-vous à ses supérieurs, ils s'arrêtent dans un restaurant. À l'issue du repas, ils retrouvent la portière de leur voiture fracturée et plusieurs objets appartenant au Français et à son amie ont été dérobés. La jeune femme fait un esclandre. Un agent de police, arrivé sur les lieux, dresse un procès-verbal sur lequel figure le numéro d'immatriculation de la voiture et le nom des passagers. Un incident dont se serait sûrement bien passé le pseudo-diplomate, qui craint toujours d'être victime d'une machination à la mode des pays de l'Est, mais qui ne semble pas inquiéter le moins du monde Charles Hernu. « *Au contraire*, poursuit le rapport dans lequel celui-ci figure sous le pseudonyme d'André, *au lieu de manifester une certaine peur du fait que la police avait connaissance de ses relations avec un Bulgare, André a resserré ses liens amicaux avec Vinogradov.* »

Un bon point pour le Français, d'autant plus que le Bulgare et lui n'ont plus jamais reparlé de cet incident, souligne encore le rapport. Ce souci du détail montre en tout cas à quel point l'espion de Sofia investit sur André...

Maintenant que Charles Hernu a prouvé qu'il ne répugnait pas à fréquenter un diplomate de l'Est en pleine guerre froide, les Bulgares vont lui demander de menus services : des informations apparemment anodines sur la vie politique française et les dessous de la vie parlementaire, des portraits de « ténors » qu'il rencontre régulièrement, etc. Sans doute flatté, Hernu se prête au jeu, même s'il ne fait parfois que répéter des informations que l'on trouve aussi dans les journaux. Il est aux premières loges : depuis le 7 juin 1954, l'homme qu'il soutient de toute son énergie, Pierre Mendès France, est à Matignon. Puisées aux meilleures sources, ses informations présentent pour les Bulgares un intérêt accru. D'autant plus que, de toute évidence, Hernu se prépare à se présenter aux prochaines élections législatives. Recruter un jeune député – qui sait, un futur ministre ? – ne déplairait sans doute pas aux supérieurs hiérarchiques de l'ambitieux Nikolov. Mais, pour cela, il faut le « tenir ». Comment ? En utilisant une vieille recette qui a fait ses preuves : l'argent.

Il n'a en effet pas échappé à Nikolov que Charles Hernu tire en permanence le diable par la queue et qu'il consacre une bonne partie de son temps, de ses forces et de son ingéniosité à collecter des fonds : pour ses femmes, pour ses réunions, pour son journal... Car ce panier percé n'aime rien tant que dépenser. Il adore offrir des cadeaux à ses maîtresses, et, à chacune de ses réunions publiques, il met un point d'honneur à ce que le buffet réservé aux journalistes soit toujours excellemment approvisionné. Nikolov, qui poursuit son travail de fourmi, va jusqu'à se renseigner sur son salaire au CNCE : à peine 800 francs par mois, indique-t-il dans un rapport. Une misère, pour le flamboyant radical qui n'arrive même pas à payer son loyer ! Justement, l'ami Vinogradov lui propose un jour de l'aider à régler son terme en lui avançant une petite somme. Puis, Charles l'alimentant toujours en informations destinées à mieux comprendre la vie politique française, pourquoi ne pas lui verser tous les mois une modeste « pige », comme à un journaliste ? D'abord, dès 1954, 250 francs, puis 400, puis 500 francs – ce qui représente tout de même plus de la moitié de son salaire mensuel. L'agent Hernu – nom de code : André – est né.

Du coup, le Bulgare va se montrer un peu plus exigeant. Puisqu'il connaît tant de monde dans les milieux les plus divers, ne pourrait-il pas, de temps à autre, lui présenter quelques-uns de ses amis qui ne seraient pas effarouchés à l'idée de rencontrer un diplomate de l'Est ? Le jeune-turc radical ne s'en offusque pas et joue bien volontiers les poissons-pilotes. « *André continue de rencontrer le camarade Vinogradov,* consigne le rapport apporté en 1992 par Caraman à la DST, *et lui présente des députés et d'autres personnalités de premier plan, sans préciser, dans certains cas, qui est le camarade Vinogradov.* » Une petite cachotterie qui prouve que Charles Hernu a tout à fait conscience des véritables intentions de Nikolov : recruter de nouveaux agents.

Un ancien dirigeant de l'aéronautique française, Bernard du Boucheron, raconte comment son ami Hernu l'a ainsi quasiment jeté, un beau jour, dans les bras d'un étrange diplomate bulgare :

« Vers le milieu des années cinquante, parallèlement à mes activités professionnelles au sein de la CNCASO, future Aérospatiale, j'appartenais à un groupe de jeunes-turcs réunis autour de Mendès France. J'écrivais même une rubrique dans le journal du club des Jacobins dont il m'est arrivé de faire la mise en page. C'est dans ce contexte que j'ai rencontré Charles Hernu, qui est devenu un ami que je tutoyais. Dans le cadre de je ne sais plus quelle mondanité, il me présente un diplomate bulgare. Hernu lui indique que je travaille dans l'aviation. À l'époque, j'étais, je crois, adjoint à la direction des prototypes, dont l'essentiel des activités portait sur des marchés militaires. Peu après, le diplomate bulgare m'a invité à déjeuner à *La Rôtisserie périgourdine*, un restaurant alors réputé, quai des Grands-Augustins. Durant le déjeuner, il a essayé de me faire parler des activités militaires de l'entreprise, et notamment de ses sous-traitances pour les avions de combat Dassault. Il était très gentil, mais ses intentions étaient claires... J'ai naturellement noyé le poisson dans de courtoises banalités et éludé toutes ses questions. Il a apparemment compris, puisqu'il n'est jamais revenu à la charge. Rétrospectivement, je suis stupéfié par ma naïveté, alors que je suis pourtant d'un naturel plutôt méfiant. C'est cette naïveté qui m'a empêché de m'interroger sur les motivations de Hernu et d'aller raconter toute cette histoire à la DST. Il est remarquable que le simple truchement de Hernu ait incité le "diplomate" à prendre le risque d'une telle approche, et, sans doute, d'une tentative de recrutement. »

Un cas d'école. Impossible de savoir aujourd'hui s'il fut isolé ou si d'autres fréquentations de Charles Hernu mordirent alors à l'hameçon...

Les élections législatives anticipées auront lieu en janvier 1956. Hernu s'y prépare. Malgré le départ de Pierre Mendès France de Matignon, en février 1955, le futur candidat à la députation comble de plus en plus son « traitant » Nikolov. « *En 1955, au moment où André a posé sa candidature aux élections législatives, ses possibilités opérationnelles sont devenues plus larges, et ses relations avec le camarade Vinogradov se sont renforcées* », observe le rapport.

Reste à conquérir ce premier mandat national dont le jeune jacobin rêve depuis des années. Il jette son dévolu sur le 6e secteur de la Seine (Aubervilliers, Montreuil, Vincennes), en plein cœur de la fameuse « ceinture rouge » de la capitale. Il prône d'ailleurs avec ardeur l'union électorale avec le Parti communiste. « Je m'interdis toute attaque contre les candidats de gauche », déclare-t-il. Il est vrai que le patron local du PCF n'est autre que le tout-puissant Jacques Duclos. Ironie de l'histoire : il retrouve également face à lui une liste conduite par Georges Beauchamps, un ami de François Mitterrand, investi par le parti auquel ce dernier appartient à l'époque, l'UDSR.

La campagne est très brève – un mois – mais coûteuse. Hernu, qui en a l'habitude, n'a pas son pareil pour puiser à toutes les caisses : celle du Parti radical ; celle de sa généreuse compagne de l'époque, Marie-Louise Baure, qui ne regarde pas à la dépense ; et même celle d'une future altesse royale, le prince Moulay Hassan, ami des Jacobins, plus connu aujourd'hui sous le nom de Hassan II, roi du Maroc. Cette manne électorale, relate Jean Guisnel, fut jugée à l'époque considérable et même « disproportionnée » par ses collègues jacobins qui en eurent connaissance. Le candidat fait bien les choses : un repas pour telle maison de retraite, des affiches supplémentaires, des transports et des repas pour les militants parisiens, des « petits gars » pour décoller les affiches de Georges Beauchamps... Son frère Roger en a témoigné : « Charles sortait beaucoup, il allait partout, et quand il était à Saint-Denis, il fallait tenir des réunions, payer... » Les affiches et le programme du candidat se résument à cet unique slogan : « Voter Hernu, c'est voter Mendès France ».

Miracle ! Le soutien de l'ancien président du Conseil et l'investiture radicale lui permettent de l'emporter. Neuf députés mendésistes sont élus dans le seul département de la Seine. Le 2 janvier 1956, Charles Hernu est donc député. Il s'en est fallu de peu qu'à trente-deux ans il ne soit le benjamin de l'Assemblée. C'est un certain Jean-Marie Le Pen, vingt-huit ans, qui le coiffe sur le poteau. Nul doute que, ce soir-là, à deux pas du pont de l'Alma, dans les locaux de l'ambassade de Bulgarie à Paris, on sable le champagne ! Le poulain de Raïko Nikolov va faire son entrée à l'Assemblée nationale. Les choses sérieuses vont pouvoir commencer...

Mais le député Hernu, auréolé de son nouveau prestige, n'est plus tout à fait le même homme. Du moins au début... Cela fait si longtemps qu'il attend cette consécration ! Il court toute la journée des couloirs du Palais-Bourbon à des conciliabules autour de Pierre Mendès France pour la formation du nouveau gouvernement. Surtout, il plonge d'emblée dans le bain algérien, qui constitue le problème numéro un de la France depuis deux ans. Une semaine après son élection, le voici déjà à Alger, à la surprise même des jacobins locaux qui l'ont invité. C'est là qu'il apprendra que le leader de la SFIO, Guy Mollet, a été préféré à Pierre Mendès France pour la présidence du Conseil. Sur les bancs de l'Assemblée, avec la jeune garde radicale – composée notamment de Léon Hovnanian, de Jean de Lipkovski et même de... Robert Hersant ! –, Hernu retrouve des gens aussi divers que Jean-Marie Le Pen, Valéry Giscard d'Estaing, Roland Dumas. François Mitterrand, lui, est nommé ministre de la France d'outre-mer. Hernu choisit de siéger à la commission des Affaires étrangères.

Une nouvelle vie paraît commencer. En ce début de 1956, le parlementaire hyperactif semble bien décidé à prendre ses distances avec son mentor bulgare. Débute alors une phase classique de « rébellion » de l'« agent » qui tente de se soustraire aux exigences de son « traitant ». Tous les officiers de renseignements du monde connaissent ce moment où la victime prise dans leurs rets souhaite reconquérir sa liberté. « *Il commence à être en retard aux rendez-vous et à ne plus fournir d'informations intéressantes* – note cliniquement le rapport –, *prétextant qu'il ne pouvait plus se procurer les données nécessaires* [...]. *Il évite les rencontres avec le camarade Vinogradov, qu'il repousse à une date indéfinie...* »

Il existe plusieurs moyens de reprendre en main un agent qui s'éloigne : les Bulgares, qui connaissent bien leur André, vont exploiter le principal point faible de Hernu. « *Après son élection à l'Assemblée nationale,* commente sobrement le rapport, *on lui a remis régulièrement 1 000, et, à plusieurs reprises, 1 500 francs.* » Une augmentation substantielle qui mettra une sourdine à ses velléités d'indépendance. « *André prenait toujours l'argent avec plaisir,* note cyniquement le rapport, *mais, chaque fois, il tenait à souligner qu'il ne travaillait pas pour l'argent et qu'il transmettait des informations uniquement en raison de ses convictions politiques et à condition que celles-ci ne nuisent pas aux intérêts de son pays et ne constituent pas un acte de trahison.* » Autre grand classique... Dans cette schizophrénie qui est le propre de presque tous les agents, Hernu – peut-être pour se rassurer lui-même – ne se considère toujours pas comme un espion. Entre aider par idéologie des amis de l'Est et avoir le sentiment de trahir son pays, il existe un énorme fossé psychologique. Charles Hernu semble ne pas vouloir s'avouer qu'il est en passe de le franchir. Mais n'est-il pas déjà trop tard ? C'est toute l'ambiguïté de ce dangereux compagnonnage avec les services de l'Est. Les Bulgares ne s'y trompent pas : « *Par son attitude, André faisait comprendre qu'il ne voulait pas devenir agent secret et qu'il appréciait la collaboration dans certaines limites* », confirme le rapport. Mais quelles limites ?

Charles Hernu lui-même semble avoir du mal à les fixer. Dans le même temps où il prétend vouloir prendre ses distances avec ses amis bulgares, on découvre dans les rapports que ses contributions changent de nature pour devenir plus intéressantes. Et, avec cette inconscience ou cette désinvolture qui n'appartiennent qu'à lui, il se livre même à ses activités devant témoins. Raïko Nikolov fait ainsi part avec un brin de surprise à ses supérieurs d'une rencontre au cours de laquelle « *André s'est présenté, accompagné de sa secrétaire qui se nomme Mme L., l'épouse d'un fabricant de savons* [...]. *Le camarade Vinogradov en a déduit que la nommée L. était au courant des rencontres avec André, que ce dernier ne considérait pas comme nécessaire de lui cacher cette relation* », constate non sans étonnement le rapport.

D'autant plus que ce rendez-vous n'est pas anodin. Il constitue même l'un des épisodes les plus graves que l'on puisse reprocher à Charles Hernu à cette époque. Cette fois, le député ne se contente pas de rapporter les derniers potins de l'Assemblée ou de se lancer dans de brillantes analyses politiques. En cette période de guerre froide marquée par l'écrasement de l'insurrection hongroise par les chars russes, il livre tout bonnement des télégrammes du Quai d'Orsay. Le rapport du KGB indique qu'« André a présenté à Vinogradov certains télégrammes chiffrés du ministère des Affaires étrangères ». Comment ces télégrammes confidentiels sont-ils parvenus entre les mains de Charles Hernu ? Le rapport révèle le nom de sa source : « *André a déclaré avoir au ministère des Affaires étrangères un ami nommé Georges Égal, qui lui montrait parfois certains documents.* »

Qui est cet homme dont Charles Hernu livre imprudemment le nom aux Bulgares ? Ancien étudiant de chinois aux Langues orientales, engagé à vingt ans dans les Forces françaises libres, Georges Égal, futur militant radical, né la même année que Charles Hernu, a choisi la carrière diplomatique. En poste à Singapour, puis à Rabat au début des années cinquante, il réintègre le ministère en 1955. Jusqu'en 1957, il s'occupera de l'information de la presse. Parallèlement, il ne cache pas ses engagements à gauche : membre du club des Jacobins, il créera plus tard la première section CFDT du Quai d'Orsay. Il finira sa carrière – un temps freinée par ce militantisme – comme ambassadeur en Suisse et recevra des mains de François Mitterrand, en 1983, la croix d'officier de la Légion d'honneur.

Aujourd'hui à la retraite, cet ancien diplomate aux fausses allures de Henry Fonda ne conteste pas vraiment les faits, mais pense que Charles Hernu en a peut-être exagéré l'importance :

« J'ai été effectivement très proche de lui jusqu'à sa mort, confie-t-il. J'ai connu plusieurs de ses femmes. Comme beaucoup de gens, je l'ai aidé financièrement pendant une longue partie de sa vie. Au club des Jacobins où nous nous retrouvions, nous évoquions avec passion la situation internationale : le conflit algérien, Budapest, la crise de Suez... À cette époque, il faut bien le dire, nous étions plus proches des Soviétiques que de l'impérialisme des Américains. Nous pensions que les idéaux communistes allaient peut-être triompher. Charles était député, membre de la commission des Affaires étrangères à l'Assemblée ; je lui montrais parfois des documents du Quai pour alimenter sa réflexion. »

Georges Égal justifie son attitude par le fait que, selon lui, les télégrammes qui circulent au ministère n'ont rien de vraiment secret : « Vous savez, au Quai d'Orsay, les vrais secrets sont très rares ! minimise-t-il. Et puis, Charles Hernu n'a-t-il pas avancé mon nom pour se prévaloir, auprès des services de l'Est, d'un contact valorisant ? »

Bien qu'empreints d'une prudence toute diplomatique, ces propos n'en confirment pas moins aujourd'hui ce qui figurait dans le rapport bulgare de l'époque : le contenu de certains télégrammes chiffrés est bien parvenu aux services du gouvernement de Sofia par l'intermédiaire de Charles Hernu. Quelle était leur importance réelle ? L'argument selon lequel rien n'est jamais tout à fait secret constitue, on le sait, le fonds de commerce de tous les services secrets du monde. Les officiers de renseignements l'utilisent pour rassurer leurs sources, et ces dernières pour se disculper elles-mêmes. Autre figure classique de l'espionnage, à laquelle Hernu n'a pas échappé.

Le député a maintenant prouvé qu'il pouvait fournir des renseignements appréciables. Les Soviétiques l'ont bien compris. Le temps est donc venu, pour Charles le Bulgare, de passer en d'autres mains.

IV
Hernu au pays des Soviets

Les « traitants », en effet, ne sont pas éternels. En novembre 1956, Raïko Nikolov est rappelé dans son pays après six ans de bons et loyaux services à Paris. Lui qui avait si bien su gagner la confiance de Hernu vogue à présent vers d'autres cieux tourmentés. Quarante ans plus tard, rattrapé par cette histoire, il ne pourra pas nier avoir connu le futur ministre de la Défense de François Mitterrand, mais se drapera dans sa dignité de diplomate outragé. Ce témoin capital, recruteur de Charles Hernu, livre en novembre 1996 sa propre version des faits :

> « À mon arrivée à Paris, j'avais vingt-cinq ans, raconte-t-il au *Figaro*. J'étais célibataire et je disposais de pas mal de temps. À l'occasion des cocktails et des réceptions, on me présentait des politiques et des intellectuels. C'est comme ça que j'ai connu Charles Hernu. Il était président du club des Jacobins. Plus tard, il est devenu député sur la liste du Parti radical. J'avais de la

> sympathie et de l'estime pour lui. À cette époque de la guerre froide, quand l'Europe était divisée en deux blocs antagonistes, il prenait position en France pour une politique étrangère indépendante. C'était un patriote. Il estimait qu'il fallait jeter des ponts entre l'Est et l'Ouest pour éviter un éventuel conflit nucléaire. En fait, ses idées se rapprochaient de celles du général de Gaulle. »

C'est précisément toute la stratégie des pays de l'Est en France que d'exploiter cette ambition d'incarner une « troisième voie » entre les deux blocs... Mais, naturellement, s'offusque Nikolov, jamais, au grand jamais il n'a été question entre eux de relations pouvant relever de l'espionnage :

> « Mes contacts avec lui étaient normaux et ne dépassaient pas le cadre des obligations convenues et officielles d'un diplomate. Je ne lui ai jamais demandé d'informations considérées comme secrètes, je ne lui ai pas versé d'argent pour cela. Au cours de nos conversations, il a été question des événements en cours en France et dans le monde. Nous avons discuté de la Bulgarie, de l'URSS, de littérature, d'art, de notre passé et de notre histoire. D'après mes souvenirs, je dirais qu'il n'était pas riche. C'était un homme de plume mais, plus tard, en tant que député, il était assez bien payé. »

Lorsqu'on l'interroge sur les liens qui pouvaient exister, à l'époque, entre diplomates et services secrets au sein d'une même ambassade, l'ancien troisième conseiller Nikolov se fait plus prudent :

> « Dans tous les pays, durant la guerre froide et la confrontation Est-Ouest, il y avait des interactions entre les ministères des Affaires étrangères et les services spéciaux. En ces temps-là, tout diplomate de l'Est comme de l'Ouest était amené à avoir des contacts avec des gens des services spéciaux de son pays et à donner des éclaircissements sur telle ou telle question. Cela ne veut pour autant pas dire que tous les diplomates faisaient de l'espionnage et que tous les gens qu'ils rencontraient étaient leurs agents. »

Quand à son pseudonyme de « Vinogradov », il l'écarte d'un revers de main :

> « C'est décidément une grande comédie ! Quel diplomate bulgare pouvait choisir un pseudonyme et, qui plus est, un pseudonyme russe ? Cela fera hurler de rire tous ceux qui liront de telles affirmations. Un diplomate est tenu de se présenter de façon légitime. »

Ces déclarations ont sans doute fait beaucoup moins rire la CIA et les grands services occidentaux, qui ont dû estimer que Raïko Nikolov ne manquait pas de souffle ! Peu après son départ de Paris, en effet, le diplomate bulgare devint premier secrétaire à l'ambassade de Bulgarie à

Washington en 1959. Une sacrée promotion. Mais sa carrière américaine se termine plus vite que prévu : l'honorable diplomate est pris la main dans le sac par les autorités américaines en pleine activité d'espionnage. Selon un mémorandum secret du département d'État daté du 19 janvier 1962, Nikolov a, « *sous un faux nom, rencontré à plusieurs reprises un citoyen américain d'origine bulgare bien introduit à la Maison-Blanche. M. Nikolov a demandé à cette personne d'user de ses contacts pour obtenir des informations politiques et militaires. Il a utilisé la menace et l'a fait chanter pour la forcer à coopérer avec lui.* » Le 4 janvier, l'ambassadeur de Bulgarie à Washington, le docteur Voutov, est informé par les autorités américaines que le premier conseiller Nikolov a neuf jours pour quitter les États-Unis. Passé cette date, il sera déclaré *persona non grata* et purement et simplement expulsé (voir annexe n° 3). Légèrement agacé, l'auteur du rapport ajoute : « *Le jour même où le docteur Voutov était informé de cette affaire, M. Nikolov se trouvait à New York en train d'essayer d'obtenir une nouvelle rencontre avec sa source, la menaçant à nouveau.* » Le 13 janvier 1962, l'ancien « traitant » de Charles Hernu rentre à Sofia.

Bien que demeurée secrète, l'affaire a entraîné quelques jours plus tard une riposte des Bulgares, qui, en guise de représailles, ont expulsé un fonctionnaire de l'ambassade américaine à Sofia. Il faudra à Nikolov un séjour comme conseiller culturel dans une capitale amie, à Prague, pour se faire oublier avant de décrocher, en 1968, le poste d'ambassadeur au Koweït. Cet homme, porté par le sens de l'histoire, se retrouvera par un malheureux hasard ambassadeur à Rome lorsque aura lieu la tentative d'attentat perpétrée contre le pape Jean-Paul II. Beaucoup, à l'époque, verront en effet, derrière l'acte criminel du Turc Ali Agça, la main des services secrets bulgares.

Tel est donc l'homme qui a manipulé durant plusieurs années le futur ministre de la Défense de François Mitterrand. Son successeur à Paris n'a apparemment pas la même stature. C'est pourtant à lui qu'est confiée la difficile mission de « traiter » André au moment même où le député, on l'a vu, aurait besoin d'être « tenu » d'une main de fer. Au bout de six mois, les hommes de Sofia se rendent à l'évidence : leur nouvel officier n'est pas parvenu à nouer des relations d'intimité avec Charles Hernu. Que faire ? Pas question de laisser filer un agent à l'avenir si prometteur au moment où l'« investissement » commence à devenir rentable. Sofia, qui, comme toujours, en a référé à Moscou, prend alors une décision lourde de conséquences. Le destin de Charles Hernu va un peu plus basculer. Toujours selon le dossier remis à la DST,

> « après le départ du camarade Vinogradov, André a été confié à un autre officier opérationnel bulgare. Comme celui-ci ne parvenait pas à

> gagner la confiance d'André, qui risquait ainsi d'être perdu, et comme nos amis bulgares ne pouvaient pas envoyer à Paris un autre officier, il a été décidé de transmettre ce cas au service de renseignements soviétique. »

La conclusion du rapport tombe, tranchante : « *Le 20 juin 1957, la résidence soviétique à Paris a pris en charge le cas Hernu.* »

La « résidence », dans le jargon de l'espionnage, est le siège des officiers de renseignements en poste à l'étranger. En clair, l'agent Hernu est monté d'un cran : il a désormais le « privilège » d'être traité directement par le KGB. Comme le colonel de La Salle, pris en charge par le réseau Caraman, avait été ensuite récupéré par le renseignement militaire soviétique (GRU), Charles Hernu intéresse désormais suffisamment la Centrale de Moscou pour que celle-ci ait décidé de s'en occuper elle-même. Une consécration, en quelque sorte.

Les rapports entre l'idéologie communiste et Charles Hernu n'ont jamais été des plus simples. Sa position vis-à-vis de l'URSS, non plus. Il a toujours montré en ce domaine une attitude fluctuante, passant d'un extrême à l'autre, tantôt proche, voire « compagnon de route », tantôt, surtout vers la fin de sa vie, d'une hostilité irréductible. Dans les années cinquante, certains radicaux dénoncent plutôt sa trop grande proximité avec les positions soviétiques. À l'époque, de fait, Hernu est l'inlassable partisan d'une alliance électorale allant des communistes aux radicaux au sein d'un vaste front populaire et républicain. Une attitude qui déplaît au plus haut point à un petit groupe de radicaux classés à droite, conduits par Jean-Paul David, patron d'une officine proaméricaine spécialisée dans la dénonciation des crimes et méfaits communistes, Paix et Liberté. Ceux-ci dénoncent son prosoviétisme. Dans une tribune du *Jacobin* de janvier 1954, où l'on retrouve son style de tribun, Charles Hernu riposte violemment :

> « Il est grand temps de dénoncer les accouplements étranges du radicalisme et du socialisme avec le pire conservatisme. Il ne s'agit pas, bien sûr, de dénoncer en soi le radicalisme et le socialisme qui ont encore et pour longtemps, nous l'espérons, leur place dans la nation, mais de dénoncer ces véritables "cinquièmes colonnes" grassement stipendiées par certains groupements américains qui se sont infiltrés dans certains partis démocratiques et menacent d'y faire la loi. »

Les attaques de Paix et Liberté contre leur protégé André n'ont évidemment pas échappé aux Bulgares. Vont-elles l'éloigner d'eux ? Non. Le rapport souligne avec plaisir qu'« *en dépit des accusations des adeptes de Jean-Paul David déclarant qu'André était un agent soviétique, ce dernier continue à rencontrer le camarade Vinogradov* »... Ouf !

Déjà, en 1952, Charles Hernu n'a pas hésité à siéger à la même tribune que les communistes lors du très prosoviétique congrès pour la Paix qui s'est tenu à Vienne, en Autriche. Au sein de la délégation française, il a côtoyé Frédéric Joliot-Curie, membre du PCF, et Jean-Paul Sartre, très proche compagnon de route des communistes à l'époque. Quatre ans plus tard, au début de mai 1956, il franchit le rideau de fer : avec une délégation de radicaux et quelques personnalités comme Emmanuel d'Astier de La Vigerie[1] ou l'avocat Henri Torrès, il se rend à Moscou. Trois heures durant, les Français y rencontrent le nouveau maître du Kremlin, Nikita Khrouchtchev. Hernu est manifestement séduit par ce voyage au pays des Soviets.

À son retour, il signe avec son ami Alain Gourdon[2] un article confus et plutôt bienveillant dans *France-Observateur :*

1. Élu « progressiste », compagnon de route, ce grand résistant créa après la guerre le premier *Libération*.

2. À l'époque collaborateur de la revue mensuelle des « mendésistes », *Les Cahiers de la République*, aux côtés d'intellectuels comme l'historien Claude Nicollet ou le juriste Pierre Avril, Alain Gourdon sera, quelque trente-cinq années plus tard, un éphémère administrateur général de la Bibliothèque nationale avant de reprendre sa robe d'avocat.

« Il ne faudrait pas croire que la déstalinisation soit un phénomène décidé au sommet. Aussi autoritaire qu'il soit, un gouvernement doit toujours tenir compte de son opinion publique. Or, le courant populaire tendait à une certaine libéralisation [...]. Les petits faits empruntés à la vie de tous les jours attestent le changement de climat : le citoyen qui traverse en dehors des clous répond au sergent de ville qui l'admoneste que ce n'est pas pour rien qu'on a fait la Révolution. »

Et, plus loin :

« On nous dira que nous sommes les innocentes victimes de l'"offensive à la confiture". À cela, nous répondons par les considérations que nous a livrées M. Khrouchtchev : "Que nos mots d'ordre de paix et de coexistence pacifique soient sincères ou non, vous ne pouvez nier qu'en ce qui concerne l'Armée rouge, ses mots d'ordre soient absolument incompatibles avec une préparation psychologique efficace à la guerre et à la victoire militaire." La sincérité de ce propos nous a paru confirmée par le réalisme avec lequel le Premier secrétaire du Parti a abordé certains problèmes et nous a donné la preuve que la fidélité aux enseignements de Lénine n'effaçait pas le souvenir de la Grande Catherine. En définitive, n'est-ce pas cela, le saut en dehors du stalinisme : le refus de plus en plus accentué d'un conformisme ânonnant et le rappel de cette phrase de Lénine, qui a particuliè-

> rement réjoui les radicaux que nous sommes : "Mieux vaut un bon idéaliste qu'un mauvais marxiste" ? »

Voilà un discours qui ne témoigne pas vraiment d'un anticommunisme primaire.

Seul incident étrange de ce voyage : un soir, la délégation française s'aperçoit que Charles Hernu a disparu. Tous s'interrogent. Emmanuel d'Astier de La Vigerie indique qu'il l'a juste aperçu alors qu'il s'engouffrait dans un taxi, devant l'hôtel Moskva, où réside la délégation française. Personne n'a été prévenu de son départ. Les délégués sont inquiets de cette disparition dans la nuit moscovite. A-t-il été arrêté par la milice ? Enlevé par le KGB ? Dans les années cinquante, les étrangers, surveillés à chaque instant, n'ont pas le loisir de se promener librement à travers la capitale soviétique. Ce n'est que vers 4 heures du matin que Charles Hernu réapparaît, hilare, avec cette seule excuse à la bouche (que l'on retrouvera dans l'article de *France-Observateur*) : « À Moscou, les prostituées racolent en taxi ! »

Incorrigible Hernu !

Cette escapade égrillarde laisse plutôt perplexes les spécialistes du renseignement. « Pour un responsable de service, confie l'un d'eux, la seule façon de pouvoir rencontrer personnellement un agent, c'est à l'occasion d'une visite de ce dernier dans le pays traitant. » Le KGB a-t-il profité des circonstances pour « briefer » directement son « agent » ? Seules les archives encore archiverrouillées à Moscou contiennent la réponse.

De fait, le docteur Léon Hovnanian, autre jeune député radical très proche de Charles Hernu, qui fit lui aussi un voyage en URSS au cours de cette même année 1956, a remarqué combien le KGB s'intéressait à eux : « À mon retour à Paris, confie-t-il, j'ai été contacté à deux reprises par un "diplomate" soviétique qui a clairement essayé de me recruter. Je n'ai évidemment pas donné suite. »

Même après la répression sanglante de Budapest, six mois plus tard, Charles Hernu aura une attitude nuancée. À la tribune de l'Assemblée, il déclare :

> « L'immixtion violente de l'URSS dans les affaires intérieures de la Hongrie, la répression féroce de la révolte par les chars soviétiques s'expliquent peut-être par des considérations stratégiques, idéologiques ou de haute politique. Il ne devrait toutefois se trouver aucun Français – fût-il communiste – pour essayer de les justifier. »

Malgré cette dernière phrase, il ne se montre dans aucune manifestation contre l'intervention soviétique en Hongrie. Avec ses amis bulgares, il est encore plus nuancé, comme en témoigne le rapport :

> « Pendant les événements de Hongrie, André se prononçait pour l'envoi en République populaire de forces de police internationale de l'ONU. Il critiquait sévèrement la position du Parti communiste français face à la crise hongroise, mais, dans le même temps, n'approuvait pas l'attitude de la réaction à l'égard des communistes. »

Anti- ou prosoviétique ? Où se situe officiellement Charles Hernu sur l'échiquier politique en cette année 1957 ? Chose extraordinaire, les Américains se posent alors la même question. Preuve qu'à l'époque Charles Hernu est en passe de devenir un personnage qui compte – et qui, surtout, intrigue – dans les milieux politiques français. Services secrets de l'Est et ambassade américaine à Paris ont les yeux rivés sur ce jeune-turc radical qui évolue déjà avec brio dans les milieux de la IVe République. Les premiers ont tôt fait de réaliser le parti qu'ils peuvent en tirer en le recrutant ; la seconde, justement, s'inquiète de ses liens avec les « rouges ».

Une très longue note de synthèse « confidentielle » adressée le 20 mai 1957 par le conseiller John K. Emmerson au département d'État à Washington (communiqué n° 2174 du service étranger) a en effet l'objet suivant : *Notes biogra-*

phiques concernant Charles Hernu, Léon Hovnanian et Pierre Naudet, membres de l'aile gauche du Parti radical-socialiste. Des trois, Hernu est le plus dynamique ; ses activités ont reçu une attention considérable. » Cette note, travail assez exceptionnel pour une ambassade étrangère sur une personnalité française en vue, brosse un portrait politique de Charles Hernu et fait état de conversations au cours de réceptions ou de rencontres avec des fonctionnaires américains. Cette étude mérite qu'on s'y arrête et qu'on en cite d'assez larges extraits ; on ne soupçonne pas, en effet, la minutie avec laquelle les diplomates américains dissèquent la vie politique de notre pays et ses principaux acteurs, de gauche comme de droite. Elle permet aussi et surtout de mieux situer Hernu par rapport aux communistes.

Après un bref survol biographique, la note américaine de 1957 rapporte d'abord une anecdote – vraie ou fausse ? – souvent racontée par Charles Hernu en personne :

> « En 1940, juste après la capitulation de la France, alors âgé de 17 ans, il cherche à rejoindre l'Espagne. À un fonctionnaire de l'ambassade, il a raconté comment lui et un ami avaient rencontré le consul américain à Lyon, dans l'espoir d'obtenir son aide. D'après Hernu, celui-ci les reçut et bavarda avec eux pendant une demi-heure, tout en s'arrangeant pour aler-

ter la police. Selon le diplomate, Hernu garde un souvenir amer de cet épisode. . »

L'analyse se fait ensuite plus politique. Le conseiller américain tente de mieux cerner ce groupe de jeunes-turcs radicaux et le rôle de leader qu'y tient Charles Hernu :

« Proche collaborateur de Mendès France, il se situe plus à gauche que ce dernier, dans la mouvance des "jeunes-turcs" dont l'ambition est de dynamiser le Parti radical. Le 22 juin 1955, il écrit dans *Le Jacobin* : "Il sera nécessaire de combler le fossé creusé durant notre génération par des politiciens stériles. L'avenir de ce pays nous appartient... Nous voulons un gouvernement fort, stable, et qui repose sur le peuple tout entier, un peuple capable de s'exprimer démocratiquement, ce qui n'est pas le cas aujourd'hui." Hernu se considère comme le porte-parole des jeunes Français. Il a confié à un fonctionnaire de l'ambassade qu'il existait en politique une grande différence entre la nouvelle et l'ancienne garde. Les jeunes radicaux et lui auraient davantage en commun avec les jeunes communistes ou certains députés poujadistes comme Le Pen qu'avec nombre d'anciens cadres de leur propre parti : pour lui, le vrai combat est celui de la jeunesse, et, dans ce combat, il distingue trois forces : les communistes, les poujadistes et les "jeunes-turcs" de Mendès. Il pense que seul ce dernier est capable de ramener la paix en Algérie. »

Le rapport s'attarde ensuite sur les positions antieuropéennes de Charles Hernu. Point crucial pour les Américains. On ne peut dire, en effet, qu'il se montre un européen et un atlantiste convaincu :

> « Il est contre toute forme d'intégration européenne – poursuit la note –, y compris Euratom et le Marché commun. À un fonctionnaire de l'ambassade il a confié qu'un débat à l'Assemblée sur l'intégration européenne serait une perte de temps. Hernu a voté contre Euratom en juillet 1956, contre le Marché commun le 23 juillet 1955, et contre le traité franco-allemand sur la Sarre. Au cours d'une rencontre entre jeunes mendésistes et quelques fonctionnaires de l'ambassade, il a confié à l'un d'eux que faire de l'OTAN une force d'aide économique serait une erreur et serait jugé comme une nouvelle démonstration de l'impérialisme américain ou une extension de l'aspect militaire de celui-ci. Un fonctionnaire de l'ambassade qui a rencontré Hernu quelques semaines plus tard a eu le sentiment que les députés et ses jeunes amis ne jugeaient pas l'OTAN – ni d'ailleurs aucune autre de nos alliances – comme durable ou même digne d'être prise au sérieux. »

Toujours dans son rapport du 20 mai 1957, le conseiller Emmerson étudie alors à la loupe les relations de Hernu avec les pays de l'Est, ses voyages dans les bagages de compagnons de route du PCF et ses déclarations subséquentes. Une analyse du plus haut intérêt quand on songe que Charles Hernu est sur le point, un mois plus tard, de passer des mains des Bulgares à celles des Soviétiques – ce que semblent apparemment ignorer les Américains. En revanche, ceux-ci ne doutent pas de l'attrait qu'exerce sur lui l'idéologie soviétique :

> « Convaincu depuis longtemps qu'un meilleur dialogue Est-Ouest est possible, Hernu a participé à plusieurs congrès du Mouvement de la Paix, parrainé par les communistes. Il a justifié sa présence au congrès pour la Paix, réuni à Vienne, en écrivant : "On m'a invité personnellement au Congrès des Peuples, à Vienne, et j'ai accepté. J'y suis allé de bonne foi, ni naïf ni complice, en pensant que le dialogue ne pouvait qu'être utile à nos peuples. Radical je suis parti, radical je suis revenu, avec la seule conviction qu'une meilleure entente entre nos peuples est possible." Il a fait partie des orateurs au congrès de Budapest ; à son retour, il a raconté dans une conférence de presse les conversations émouvantes qu'il a eues avec les délégués vietnamiens présents. Selon *L'Humanité* du 6 octobre 1953, il aurait alors signé un appel en faveur de l'ouverture de pourparlers de paix en Indochine. En décembre 1953, le même journal évoque la signature par Hernu d'un appel contre le réarmement de l'Allemagne. En mai 1954, il participe à Berlin à la réunion du Conseil pour la

paix dans le monde. En avril 1956, il fait partie d'un groupe de parlementaires français qui se rend à Moscou à l'invitation de délégués soviétiques du Mouvement de la Paix. Au cours d'une conférence de presse réunie sur place, Hernu aurait déclaré, au nom de la délégation, être désormais "convaincu de la sincérité des aspirations pacifiques du peuple et du gouvernement soviétiques", et promis de "renforcer la lutte pour la paix, une fois rentré en France". »

Mais ce sont surtout les déclarations de Hernu à son retour de Moscou qui intéressent les Américains. Pas moins de deux fonctionnaires de l'ambassade se relaient, lors d'une réception au club des Jacobins, pour « prendre la température ». En pleine guerre froide, ils y font de bien étranges rencontres :

« Deux jours après son retour, Hernu, lors de cette réception, déclare à un premier fonctionnaire de l'ambassade qu'il a pu voyager en toute liberté en Union soviétique. Il a eu également l'occasion de s'entretenir longuement, et sur des sujets très variés, avec les leaders soviétiques qui lui ont répondu, d'après lui, en toute sincérité. Il a ajouté qu'il était convaincu que les Soviétiques ne voulaient pas la guerre et que le désarmement devait être désormais la priorité des priorités. »

Un autre fonctionnaire de l'ambassade, arrivé

à cette réception un peu plus tard, constate que, l'alcool aidant, l'atmosphère se fait plus détendue. Hernu lui réserve d'ailleurs un accueil « jovial ». Et une petite surprise :

> « Il lui a présenté des secrétaires d'ambassade soviétique, bulgare et roumain en leur donnant du "vos chers collègues..." Puis Hernu s'est éloigné en souriant, faisant remarquer à son entourage avec quel brio il avait réussi à rapprocher l'Est et l'Ouest... »

Une scène digne de John Le Carré, au cours de laquelle Hernu étale plus que jamais son audace ou son inconscience : présenter à un fonctionnaire de l'ambassade américaine trois « diplomates » des trois pays de l'Est qui sont censés l'avoir successivement enrôlé comme « agent » ! Quel aplomb !

Le rapport poursuit :

> « Le fonctionnaire ajoute que Hernu lui a ensuite tenu un discours sur l'incapacité des Américains à comprendre les changements de mentalité survenus en Union soviétique. D'après lui, les Américains vivent sur des préjugés obsolètes. "Pourquoi ne pourrait-on pas résoudre les problèmes de politique internationale avec la même insouciance que l'on boit une coupe de champagne ?" a-t-il demandé. Le champagne étant le langage commun de cette soirée, la

France pourrait en effet servir de truchement entre les États-Unis et l'URSS... »

Vient enfin le verdict des Américains, mélange nuancé et pertinent de portrait psychologique et de jugement politique. On ne peut d'ailleurs qu'être frappé par la finesse de leurs conclusions. Pro- ou anticommuniste ?

« Un fonctionnaire décrit Charles Hernu comme un homme intelligent et complexe. Est-il cryptocommuniste, comme beaucoup le pensent, y compris dans les rangs sociaux-démocrates ? Difficile à savoir. Lui-même se définit certes comme un anticommuniste. Toutefois, en mars 1956, il a expliqué qu'une telle prise de position serait politiquement dangereuse pour son image et se solderait pour lui par un échec électoral. S'il veut garder son mandat, il doit adopter une position plus nuancée. Il parle comme un anticommuniste, mais les solutions politiques qu'il préconise sont toujours très proches de celles du PC. En mai 1956, tout en reconnaissant ne pas être expert en terminologie, un fonctionnaire de l'ambassade estime pouvoir définir Hernu comme un "compagnon de route". Un autre, tout en créditant Hernu d'un certain charme naturel et d'une intelligence évidente, le décrit comme un individu superficiel ; un homme d'extrême gauche qui, s'il n'est pas cryptocommuniste, n'en est pas loin. Il pense que Hernu, qui se considère lui-même comme un leader, ne demeurera pas longtemps un personnage

> relégué au second plan : combien de temps Hernu restera-t-il fidèle à Mendès France ? La question reste ouverte. »

Bien vu : à peine quelques années plus tard, Charles Hernu se placera définitivement dans le sillage du deuxième « grand homme » de sa vie, François Mitterrand...

Mais les Américains ne savent pas tout. Pas plus que le contre-espionnage français, la CIA ne se doute apparemment de la véritable nature des liens entre Charles Hernu et les pays de l'Est. Ils sont loin d'imaginer qu'en ces premiers mois de 1957 le futur ministre français de la Défense, au plus secret de sa vie, joue une partie serrée : il n'est plus tout à fait un « agent » bulgare, et le KGB s'apprête à le recruter. L'officier bulgare qui a pris le relais de Raïko Nikolov n'a pas réussi, on l'a vu, à gagner sa confiance. Son voyage à Moscou, sa rencontre avec Khrouchtchev – peut-être aussi avec d'autres interlocuteurs –, son élection à l'Assemblée nationale, tout cela a accru à ses yeux son propre prestige. Pourquoi, dès lors, ne pas avoir affaire directement au « Dieu » du Kremlin plutôt qu'à ses « saints » des pays satellites ?

L'un des documents remis en 1992 à la DST par Mihaïl Caraman précise même que Charles Hernu aurait été loin d'être hostile à ce remplacement des Bulgares par les hommes de Moscou.

Il est vrai que les services secrets des « petits frères » avaient notamment pour fonction de recruter pour le compte du KGB. La Centrale soviétique n'avait plus ensuite qu'à sélectionner les meilleurs...

V

L'argent du KGB

Moscou. Au cœur de la forteresse du KGB, place Dzerjinski, une armée d'officiers centralisent et exploitent des renseignements venus du monde entier. Parmi eux, les hommes de la 11e section de la Première Direction principale sont plus particulièrement chargés de répartir les tâches entre les services spéciaux des pays satellites. De même que la politique générale de ces États est orientée, voire dirigée, plus ou moins directement depuis Moscou, de même leurs services de renseignements travaillent évidemment eux aussi sous l'étroite tutelle du grand frère. Pas une information digne d'intérêt, pas une « source » productive et, surtout, pas un agent prometteur n'échappent à la vigilance de ses zélés contrôleurs. Une toile d'araignée internationale où, au gré des déplacements ou des opportunités, la même proie peut passer d'un service à l'autre. On ne discute pas une décision émanant de Moscou. Tant pis pour les vanités nationales : le KGB a toujours le dernier mot ! Ce centralisme « démocratique » d'un genre particulier permet également d'éviter que les officiers de deux pays différents ne se marchent sur les pieds en « traitant » le même agent.

Charles Hernu ne sera pas le premier Français à en faire l'expérience. À la même époque, en 1959, Jean-Marie A., représentant d'Air France à Prague, va lui aussi passer entre les mains de plusieurs services du pacte de Varsovie. Un cas d'école relaté par John Barron[1] et Thierry Wolton[2]. Cet élégant célibataire de trente-sept ans s'ennuyait ferme au bar du Palace Hôtel de Prague, où il avait pris ses quartiers. Très vite, le complaisant barman, Bohumil Pavliček, qui émarge naturellement à la redoutable Statni Tajna Bezpecnost (STB), les services secrets de son pays, lui présente la charmante Alena. Mais la jeune femme ne tarde pas à signaler à ses supérieurs que le responsable d'Air France s'intéresse plus aux messieurs qu'aux dames. Qu'importe : le barman lui fait alors rencontrer René, un jeune Tchèque, professeur de français, qui « pige » lui aussi à la STB. Les caméras et micros des services enregistreront pendant près d'un an les ébats de Jean-Marie avec René et des amis de tous âges...

Mais – catastrophe ! – un matin d'hiver, le professeur tchèque débarque, affolé : il aurait été abordé par un homme qui possède des photos

1. *KGB*, Elsevier, 1975.
2. *Le KGB en France*, Grasset, 1985.

terriblement compromettantes de leurs rencontres. Cet homme réclame de l'argent pour garder le silence. Jean-Marie A. lui remet 1 000 couronnes pour tenter de calmer le maître chanteur. Huit jours plus tard, c'est la police qui se présente chez lui : elle prétend avoir arrêté une bande de maîtres chanteurs, et lui glisse les fameuses photos sous le nez. « Vous ne bénéficiez pas de l'immunité diplomatique, ajoutent perfidement les policiers. Or, ici comme chez vous, les relations sexuelles avec des mineurs sont passibles de lourdes peines. Évidemment, si vous vous montrez coopératif... » C'est ainsi que, pris au piège, le représentant d'Air France devient un agent de la STB. Il rapporte ce qu'il sait de la vie de l'ambassade et fournit des informations intéressantes sur certains passagers de la compagnie.

En juin 1962, Jean-Marie A. est muté à Bucarest. Dès son arrivée, son officier traitant de Prague débarque chez lui, accompagné d'un collègue roumain. « Mon ami Stefanescu », précise-t-il. Le salarié d'Air France passe ainsi aux mains des services secrets de Bucarest. Enfin, en janvier 1965, monté en grade, il est envoyé à Phnom Penh, au Cambodge, où il épouse une secrétaire de l'ambassade de France. À l'autre bout de la planète, il espère cette fois être hors des griffes des « services », qu'ils soient tchèques ou roumains. Mais, lors d'une réception à l'ambassade de Yougoslavie, l'attaché de presse de l'ambassade d'URSS s'approche de lui et lui murmure, les yeux dans les yeux : « Prague, 1959 ! » Le piège se referme. Cette fois, c'est le KGB qui exige des informations sur les Américains.

Mais l'activité fébrile de Jean-Marie A., sans doute surexploité par les Soviétiques, finit par attirer l'attention des services de l'ambassade de France. Il est rappelé à Paris sous un faux prétexte en février 1966. Il avoue tout à la DST. Dans la foulée, le Tchèque Bohumil Pavliček, venu relancer sa recrue en France, est arrêté à l'hôtel George V où il participe à un concours international... de barmen ! La Cour de sûreté de l'État condamnera le Français – qui aura successivement travaillé pour les Tchèques, les Roumains et les Soviétiques – à sept ans de prison, et le barman pragois à trois ans.

Mais le passage d'un service secret à un autre reste une figure délicate dans le monde du renseignement. Le cas de Jean-Marie A., « tenu » pour une grave affaire de mœurs, est extrême. Ses « traitants » n'avaient pas à prendre de gants pour le manipuler. Tout autre est évidemment le cas de Charles Hernu. À l'origine de son « transfert » au KGB, un mauvais contact avec son nouveau « correspondant » bulgare, dépourvu du savoir-faire de son prédécesseur, Nikolov. Pourtant, il s'écoule encore huit longs mois – de novembre 1956 à juin 1957 – entre le départ de l'« ami » Nikolov et la prise en main directe par les services soviétiques. Que se passe-t-il au cours de cette période charnière ?

Le dossier remis par Caraman à la DST en 1992 ne livrant aucun renseignement sur ce point, nous cherchons donc à savoir quelles sont les relations de Charles Hernu avec les Russes durant ces quelques mois. Un ami journaliste nous suggère de nous intéresser aux archives du ministère des Affaires étrangères russe (MID), qui – contrairement à celles du KGB – sont accessibles depuis peu. Selon lui, il devrait être possible d'avoir accès aux comptes rendus des entretiens de diplomates soviétiques à Paris avec des personnalités politiques. Et si Charles Hernu était du nombre ?

Nous demandons alors à la correspondante de *L'Express* à Moscou, Alla Chevelkina, d'aller au MID se renseigner. Grâce à sa persévérance et à sa bonne connaissance des rouages de l'administration moscovite, Alla exhume des documents jusque-là inédits : plusieurs longues conversations d'époque avec Hernu, classées « Secret », intégralement retranscrites (quatre avec un conseiller de l'ambassade, une avec l'ambassadeur lui-même, et une dernière, enfin, plus brève et plus récente). D'autres existent peut-être, mais, pour l'heure, ne sont pas déclassifiées. Comme Alla, nous sommes étonnés par l'intérêt que les Soviétiques portent à Charles Hernu au cours de cette période, et stupéfiés par les confidences de ce dernier aux diplomates.

Autre surprise : les quatre conversations avec le conseiller de l'ambassade d'URSS à Paris, Vladimir Ivanovitch Erofeïev, s'intercalent exactement entre le départ du Bulgare Nikolov et le recrutement par le KGB. Datées des 19 janvier, 24 avril, 13 et 24 mai 1957, elles n'ont pas été précédées et ne seront suivies d'aucune autre. Comme si, par l'intermédiaire d'un diplomate officiel, la Centrale avait voulu tester le jeune député, prendre la mesure de son importance, jauger sa résistance...

Certes, ces conversations relèvent du travail classique d'un diplomate en poste à l'étranger rencontrant une personnalité locale. Plus étonnant, en revanche, est le climat de confiance qui s'établit entre Charles Hernu et un diplomate de l'ambassade soviétique à Paris en pleine guerre froide. Nous sommes quelques mois à peine après les événements de Hongrie qui ont dessillé les yeux de bien des compagnons de route et même de militants du Parti communiste. Rien ne force le député, membre de la commission des Affaires étrangères à l'Assemblée, à se présenter régulièrement à l'ambassade de la rue de Grenelle pour frapper à la porte du conseiller Vladimir Erofeïev.

Ce diplomate habile et accueillant a débuté sa carrière en Suède durant la Seconde Guerre mondiale et a été durant dix ans un des assistants du ministre des Affaires étrangères de Staline, Viatcheslav Molotov. À trente-cinq ans, le 19 août

1955, il a été nommé conseiller à l'ambassade d'URSS à Paris. Jusqu'au 24 juin 1959, date de son départ, il est considéré comme un bon connaisseur de la vie politique et intellectuelle française. Il lui arrive de fréquenter, entre autres, Yves Montand, le cinéaste Claude Autant-Lara, Léo Hamon[1], Emmanuel d'Astier de La Vigerie. Comme le voulait la règle, Erofeïev rédigeait un compte rendu détaillé de toutes ses conversations à l'intention du MID, à Moscou. Preuve de leur importance, celles avec le député radical Hernu étaient toutes adressées au successeur de Molotov à la tête de la diplomatie soviétique, Andreï Gromyko en personne. Ironie de l'histoire, l'immuable ministre des Affaires étrangères d'URSS sera encore en poste lorsque Charles Hernu deviendra ministre de la Défense du gouvernement d'union de la gauche en 1981 !

Que retient Vladimir Erofeïev de ses longs déjeuners avec le député jacobin ? Essentiellement ses analyses sur la guerre en Algérie et sur les menées américaines autour du pétrole saharien ; ses informations sur la politique intérieure française ; enfin, sa position par rapport au bloc soviétique quelques mois après la tragédie de Budapest.

Le jeune parlementaire franchit parfois allègrement la « ligne jaune », notamment lors d'un déjeuner à *La Rôtisserie périgourdine*, le 24 avril

1. Gaulliste de gauche, éminent juriste.

1957[1], dont Erofeïev rend fidèlement compte à ses supérieurs :

> « Hernu m'a déclaré qu'aujourd'hui, en France, 1 180 000 personnes sont sous les drapeaux. Le gouvernement cache soigneusement ce chiffre. Les faits sont tels, continue Hernu, qu'un adulte français sur quatorze se trouve sous les drapeaux ou directement lié au service armé. Les forces armées de la France, en pourcentage de la population, dépassent celles des États-Unis et de l'URSS. La guerre en Algérie extermine les meilleurs cadres de l'armée. En Algérie, en un an, l'équivalent d'une promotion annuelle des officiers de Saint-Cyr est tué... De plus, Hernu a ajouté que les efforts militaires de la France durent depuis dix-sept ans (la guerre contre l'Allemagne, puis l'Indochine, puis l'Algérie), ce qui pèse lourd sur la situation financière du pays. Actuellement, le gouvernement cherche les possibilités d'économiser 250 milliards de francs et étudie la limitation des effectifs des forces armées à 150 000 hommes, ce qui provoque une opposition acharnée de la part de Robert Lacoste (ministre résident en Algérie) et du ministre de la Défense nationale, Bourgès-Maunoury. »

Ces confidences faites au représentant d'un pays, l'URSS, qui soutient officiellement la lutte

1. Archives du MID, Fonds 0136, numéro d'inventaire 47, dossier n° 273, feuillets 131 à 136.

du FLN en Algérie sur le plan diplomatique et qui lui fournit en sous-main des armes, excèdent largement les limites d'un banal tour d'horizon politique. Même si certains de ces chiffres – que « le gouvernement cache » – figuraient dans divers journaux français d'opposition, les tenir de la bouche d'un parlementaire, membre de la commission des Affaires étrangères de l'Assemblée, leur confère un tout autre poids. Entre une information anonyme publiée par la presse et la parole d'un député au cœur de l'action politique, il y a une marge que les diplomates soviétiques savent apprécier.

Au demeurant, Charles Hernu n'hésite pas à faire état de confidences privées émanant de responsables gouvernementaux. Ainsi, toujours lors de cette conversation du 24 avril 1957, à propos de deux sujets – le coût de la guerre d'Algérie et, surtout, le rôle des Américains dans le conflit –, il cite ses sources à Erofeïev :

> « Le secrétaire d'État au Budget, Jean Filippi, lui a dit que le gouvernement français ne s'attendait pas à une guerre aussi longue en Algérie, rapporte le diplomate. C'est pourquoi il se trouve au bord de la faillite financière. L'épuisement des réserves du pays en devises et en or s'explique par des achats massifs de pétrole américain et surtout par la guerre. »

Puis, plus loin :

> « Pour trouver une issue, le gouvernement

réclame une aide financière aux États-Unis, mais, comme a déclaré le nouvel ambassadeur américain à Paris au cours d'une conversation avec Mendès France, les États-Unis refusent catégoriquement de financer la guerre en Algérie et exigent l'arrêt des hostilités. Les Américains posent comme condition la création de bases militaires américaines "autonomes" en Algérie, à l'instar de ce qui existe au Maroc, où on dénombre déjà sept grandes bases américaines. Ce qui devrait leur permettre de récupérer, *via* l'Algérie, le pétrole du Sahara... Il est déjà prouvé par certains documents – a indiqué Hernu – que les États-Unis ont obtenu des concessions pour l'extraction du pétrole du Sahara lors du voyage aux États-Unis de Guy Mollet et d'Antoine Pinay. En échange, les Américains soutiendront la France à l'ONU au cours de la discussion sur le problème algérien. Certains leaders du Front algérien de libération nationale, en particulier Ben Bella, ont proposé aux Américains des droits sur l'extraction du pétrole au Sahara en échange de leur soutien matériel et financier... »

Le détail d'un entretien privé entre Pierre Mendès France et l'ambassadeur des États-Unis, puissance ennemie numéro un, le conseiller soviétique Erofeïev n'en perd pas une miette ! D'autant que cette confidence vient compléter un premier entretien du 19 janvier 1957[1] au cours duquel Hernu avait déjà expliqué :

« Le départ de la France d'Algérie donnerait aux Américains des bases militaires comme celle de Casablanca, qui menaceraient non seulement l'URSS, mais aussi la France... »

Autre sujet qui doit passionner le diplomate : le rôle des communistes français dans l'armée et accessoirement à l'Assemblée. Toujours à la date du 19 janvier, il note :

« Hernu a fait remarquer que, ces derniers temps, dans l'armée française, en Algérie, les officiers soupçonnés de sympathies pour les communistes (parmi lesquels tous les officiers ayant participé à la Résistance, ou tout simplement de tendance libérale) ont été complètement remplacés par des éléments réactionnaires. Les officiers "communistes" ont été rappelés d'Algérie et regroupés dans un régiment spécial stationné en France et placé sous surveillance. Hernu a raconté que la droite a échoué à obtenir l'interdiction du Parti communiste par l'Assemblée, mais continue à œuvrer en ce sens. Actuellement, les Indépendants ont préparé et présenté en commission à l'Assemblée

1. Journal d'Erofeïev V.I., exemplaire n° 3. Archives du MID, Fonds 0136, numéro d'inventaire 47, dossier n° 273, feuillets 105 à 108.

nationale une proposition de loi portant sur l'interdiction faite aux communistes d'occuper des emplois publics. »

Pour démontrer à quel point les radicaux sont opposés à la guerre, Hernu aborde la question sensible du recours à la torture par l'armée, un an avant que le livre de Henri Alleg, *La Question*[1], ne fasse scandale :

> « Commentant le refus de Robert Lacoste de laisser entrer en Algérie une délégation du Parti radical, Hernu a déclaré qu'il existe des documents, ordres et circulaires autorisant les autorités militaires françaises à éliminer physiquement les "insurgés" algériens prisonniers, sans aucune forme de procès. C'est ce que les radicaux voulaient vérifier sur place, et qui a fait peur à Lacoste. »

Mais le spécialiste russe suit également avec beaucoup d'intérêt les péripéties de la vie politique intérieure française. Pour définir sa propre attitude à l'égard de Paris au cours de cette période de grande instabilité, le ministre Andreï Gromyko a besoin de se tenir informé, *via* l'ambassade parisienne, de l'évolution des rapports

1. Publié aux Éditions de Minuit. Alleg était directeur d'*Alger républicain*. Cf. également, à l'époque, le livre du feuilletonniste littéraire du *Monde*, Pierre-Henri Simon, *Contre la torture* (Seuil).

de forces au sein de la IVe République. Le député radical en livre quelques clés, ainsi que le rapporte Vladimir Erofeïev :

> « Hernu pense que le gouvernement de Guy Mollet va tomber grâce aux efforts de la droite [...]. Au sein de la droite, il y a un fort mécontentement contre le gouvernement Mollet à cause des difficultés financières, de la hausse des impôts, etc. Même au sein du parti bourgeois de droite MRP, le plus proche de Guy Mollet, on entend ces dernières semaines des appréciations très négatives à l'encontre du gouvernement [...]. Puisque aucun gouvernement, dans les conditions actuelles, ne peut avoir la majorité parlementaire sans l'accord des socialistes, le parti d'extrême droite des Indépendants a l'intention de réclamer, à l'automne, la dissolution du Parlement et l'organisation d'élections anticipées. Ils comptent voir augmenter, dans le nouveau Parlement, le nombre de leurs députés jusqu'à 150, et pouvoir constituer de cette façon une majorité. »

Du coup, au cours d'une autre conversation, le 13 mai 1957[1], Charles Hernu raconte

> « comment le mécontentement face à la politique du gouvernement et la montée des forces

1. Archives du MID, Fonds 0136, numéro d'inventaire 47, dossier n° 273, feuillets 157 et 158.

> fascistes en France poussent toute l'aile gauche du Parti radical au rapprochement avec le PCF. Entre autres, lui-même, avec l'accord de la direction du Parti radical, a accepté l'invitation du PCF à participer à l'inauguration d'une foire organisée par le PCF dans la banlieue parisienne, à Montreuil, et à intervenir au cours de cette manifestation. »

Parfois, Hernu semble même voler au-devant des désirs de son interlocuteur soviétique. On peut aisément imaginer l'intérêt des gens du KGB qui doivent lire par-dessus l'épaule de Vladimir Erofeïev certaines confidences alléchantes du député radical sur l'aide financière américaine aux partis politiques français. Le conseiller de l'ambassade rapporte le 24 avril 1957 :

> « Hernu m'a informé que les services secrets américains en France (leur bureau se trouve 81, boulevard Haussmann) qui, à l'époque, finançaient dans une certaine mesure l'activité du Parti radical, ont aujourd'hui renoncé à soutenir Mendès France et accordent une "aide" matérielle uniquement aux "radicaux scissionnistes" de droite. Hernu a également ajouté que les Américains financent largement le Parti socialiste français à travers les syndicats "libres" américains[1], ainsi que certaines personnalités poli-

1. L'AFL-CIO était en effet réputée venir substantiellement en aide au syndicat FO et au parti de Guy Mollet.

> tiques : Émile Roche[1] (du Conseil économique), le poujadiste Dides[2], etc. »

Les Soviétiques doivent même se croire au paradis à la lecture du compte rendu d'une rencontre datée du 24 mai 1957[3]. Cette fois, Charles Hernu a amené des amis : son collègue Léon Hovnanian, député et maire de Saint-Gratien, et deux intimes, membres du bureau du Parti radical, Pierre-André Falcoz[4] et Harris Puisais (dont nous reparlerons au chapitre x). De nouvelles relations qui ne peuvent que ravir l'insatiable conseiller Erofeïev. Le déjeuner a lieu dans un discret appartement parisien. Principal sujet de la conversation rapportée par le conseiller soviétique : le rôle politique de François Mitterrand.

> « Les radicaux considèrent comme probable que le nouveau gouvernement soit formé par Mitterrand (UDSR). Selon eux, Mitterrand est

---

1. De tendance radicale, il fut longtemps le président du Conseil économique et social.

2. Le commissaire Dides, élu poujadiste, joua un rôle important dans l'« affaire des fuites ». Cf. Georgette Elgey, *Histoire de la IVe République*, troisième partie, « La République des tourmentes », tome premier, Fayard, 1992.

3. Archives du MID, Fonds 0136, numéro d'inventaire 47, dossier n° 273, feuillets 184 à 190.

4. Animateur de l'« école des cadres » du parti mendésiste, on retrouvera longtemps après son nom mêlé à l'affaire Luchaire. Cf. *infra*.

assez proche de Mendès France, qui accepterait dans son cabinet le poste de ministre des Finances, ainsi que du socialiste Defferre, ministre de la France d'outre-mer. Il arriverait à la paix en Algérie, ce qui permettrait de résoudre certaines questions financières urgentes. Mitterrand destituerait Lacoste du poste de ministre résident en Algérie. Ils ont noté que Mitterrand, qui était ministre de la Justice dans le gouvernement de Guy Mollet, se prononçait catégoriquement contre Lacoste à propos des tortures et des atrocités en Algérie. »

Mais les pronostics radicaux sont un peu en avance sur l'histoire : François Mitterrand, futur hôte de l'Élysée, ne sera jamais celui de Matignon.

Hernu et ses amis font ensuite assaut d'amabilités à propos de la nouvelle politique menée par l'URSS :

« Les radicaux mendésistes ont approuvé chaleureusement le message de N.I. Boulganine[1] à Guy Mollet. Ils affirment que ce document a attiré l'attention de l'opinion française par le caractère concret des propositions exposées et par son ton bienveillant. L'un de mes interlocuteurs, Harris Puisais, lié aux services de la télévision française, a dit que l'on attendait en France avec beaucoup d'intérêt l'intervention de

1. Alors Président de l'État soviétique.

> Nikita S. Khrouchtchev, qui sera retransmise à la télévision américaine et française. À la fin de cette rencontre, les radicaux mendésistes ont exprimé le souhait qu'une délégation du Parti radical français soit invitée en URSS aux mois d'août-septembre de cette année. D'après eux, une telle invitation, adressée au bureau du Parti radical, pourrait être chaleureusement soutenue par certains radicaux, et la délégation, probablement conduite par Édouard Daladier[1], qui doit remplacer Mendès France au poste de vice-président du parti, serait composée de personnalités en vue de ce parti. Le séjour de la délégation pourrait revêtir un caractère politique, et mes interlocuteurs ont dit qu'ils se réjouiraient si cette invitation émanait du comité central du PCUS. »

Si ces conversations avec Erofeïev constituaient une sorte de test avant recrutement par le KGB, nul doute que Charles Hernu a passé l'examen haut la main !

« Je suis diplomate de métier depuis cinquante ans et j'ai toujours agi publiquement et ouvertement », a protesté le conseiller soviétique dans *Les Nouvelles de Moscou*, niant ce rôle de

1. L'ancien président du Conseil de l'époque de Munich, surnommé « le taureau du Vaucluse », est devenu, après la mort d'Édouard Herriot, le vétéran du parti autour duquel s'élaborent les fameuses « motions de synthèse » dans les congrès.

poisson pilote qu'on lui prête dans l'affaire Hernu. Mais, on le sait, surtout durant la guerre froide, la frontière entre la mission de diplomate et le rôle d'officier de renseignements était parfois ténue. Dans le système soviétique, les diplomates en poste à l'Ouest étaient obligatoirement membres du tout-puissant Parti communiste, lequel contrôlait à son tour le KGB. Par ailleurs, dans la machinerie totalitaire, tout diplomate rencontrant un homme politique, un journaliste ou toute autre personnalité locale devait alerter le résident du KGB au sein de l'ambassade.

Auteur de *La France sous influence*[1], Thierry Wolton montre à quel point Erofeïev était un excellent connaisseur de la vie politico-culturelle de notre pays. Mais, parallèlement à ses activités diplomatiques, il lui est arrivé d'être en contact avec des agents français recrutés par le KGB. Ce fut le cas d'André Labarthe, membre depuis 1935 des services soviétiques, qui demeura longtemps une importante source d'informations pour Moscou. Ancien ministre du Gouvernement provisoire d'Alger en 1943, compagnon du général de Gaulle, responsable des magazines *Constellation* et *Science et Vie*, André Labarthe a avoué à la DST ses liens avec le KGB avant de mourir en 1967.

Dans une lettre au *Monde*, Vladimir Erofeïev, tout en réfutant à nouveau le rôle qui lui est prêté

1. Grasset, 1997.

dans l'affaire Hernu, reconnaît pourtant quelques pratiques inusuelles pour un diplomate :

> « J'ai, il est vrai, accompagné quelquefois mon ambassadeur, alors qu'il se rendait au siège du Parti communiste français, pour y remettre une mallette contenant les subsides que Moscou lui faisait parvenir. Mais mon activité "secrète" s'est arrêtée là. J'ai d'ailleurs été rappelé en URSS en 1959 à la suite d'un conflit d'intérêts entre ma fonction de diplomate et le KGB. »

Après ces longues et étonnantes conversations avec le conseiller Erofeïev, le 20 juin 1957, on l'a vu, Charles Hernu est donc pris en charge par la résidence du KGB à Paris, alors dirigée par Mikhaïl Stepanovitch Tsymbal, alias « Rogov ». La « résidence » est l'endroit le plus protégé des ambassades soviétiques, le lieu où exercent les espions du KGB en poste. À l'époque, celle de Paris déborde d'activités, l'ennemi militaire numéro un du pacte de Varsovie, l'OTAN, ayant son siège principal dans la capitale française. C'est déjà l'objectif prioritaire et obsessionnel des services spéciaux de l'ensemble des pays satellites, mais le KGB n'est pas en reste. Deux redoutables lieutenants de Tsymbal, Alexeï Trichine et Vassili Vlassov, ont recruté deux gros poissons : un économiste canadien, Hugh-George Hambleton, fonctionnaire de l'Alliance atlantique, et Georges Pâques, ancien condisciple de Georges Pompidou à Normale Sup, lui aussi fonctionnaire de l'OTAN. Grâce à eux, les Soviétiques sont informés au jour le jour des activités de l'organisation.

Mais la Centrale soviétique s'intéresse à tout et à tous, et le jeune député Charles Hernu semble promis à un brillant avenir. D'autant plus qu'il ressort du dossier remis à la DST en 1992 par Mihaïl Caraman qu'en une occasion au moins le futur ministre de la Défense aurait remis « *des documents de l'OTAN aux services de l'Est* ». Lors de sa première rencontre avec son « traitant » soviétique, Hernu, poursuit le rapport, « *a affirmé qu'il allait continuer avec plaisir à apporter son aide au camp soviétique* ». Mais, se refusant toujours à se considérer lui-même comme un agent, il pose, avant de s'engager, deux conditions énumérées dans le rapport :

> « 1) Sur le plan parlementaire, il a l'intention de garder sa liberté d'action, c'est-à-dire d'adopter dans les débats la position qu'il jugera nécessaire.
>
> « 2) Il souhaite nous prévenir qu'il ne faut pas compter sur lui pour être en mesure de transmettre régulièrement des matériels OTAN. »

Des conditions qui en disent long sur l'emprise que les Soviétiques exercent déjà sur lui. Pour qu'un député français en vienne à revendiquer sa

« liberté d'action » dans les débats parlementaires, il faut qu'il se sente fort engagé vis-à-vis de ses « amis » de l'Est. Certes, ajoutent les Soviétiques, qui dressent plus loin un portrait psychologique de leur jeune recrue, celui-ci est « imprévisible ». Engagé dans mille aventures, courant d'une estrade radicale à une réunion philosophique franc-maçonne, d'une conquête féminine à un débat parlementaire, Hernu se rend-il compte, au milieu de ce maelström, de la gravité du pacte qu'il vient de conclure ?

Mais il y a l'argent, le nerf de la guerre. L'homme est toujours en quête de subsides. La chose n'a évidemment pas échappé aux Soviétiques. Comme les Bulgares, ils vont donc jouer sur cette corde sensible et lui verser « *périodiquement* » de 1 000 à 1 500 francs (soit plus que son salaire mensuel au Centre national du commerce extérieur).

En échange, les Soviétiques lui demandent des renseignements sur certains « ténors » politiques français qu'il fréquente. Depuis qu'il est député, Charles Hernu est l'étoile montante de l'aile gauche radicale. L'impression qu'il produit sur le jeune avocat André Soulier, lors du congrès du Parti radical réuni à Lyon en 1956, en dit long[1] :

---

1. Cf. Jean Guisnel, *op. cit.*, p. 128. André Soulier deviendra ultérieurement maire adjoint UDF de la capitale des Gaules.

« Quand je l'ai vu arriver dans la travée de gauche de la Bourse du travail, tout seul avec sa serviette, en costume bleu clair, avec son nœud papillon, il m'a frappé. Il est mince, il est grand, il est jeune, il est beau. Il émane de sa personne une sorte de puissance physique qui doit séduire et bouleverser les femmes. Le magnétisme n'est corrigé que par un timbre un peu haut. On mesure les ravages qu'aurait provoqués une voix grave... »

Un débat houleux fait alors s'entredéchirer la gauche et la droite du Parti radical, ceux qui soutiennent la guerre poursuivie par Guy Mollet en Algérie et ceux qui, comme Hernu et Mendès France, s'y opposent. Les Soviétiques demandent justement au jeune député de leur dessiner un portrait de la haute et vieille figure du parti valoisien, Édouard Daladier. Cela lui est d'autant plus facile que Hernu a été désigné à la fin de 1956 par Pierre Mendès France pour mettre de l'ordre, en compagnie justement de Daladier, d'Henri Caillavet[1] et de Félix Gaillard[2], au sein du groupe radical au Parlement. Il s'agit notam-

1. Devenu sénateur, il brillera sous la Ve République par de très nombreux rapports sur les médias, l'évolution des mœurs, etc.

2. Le plus jeune président du Conseil de la IVe République, promis à un brillant avenir ; il périt accidentellement, noyé, en 1970.

ment de définir, pour les votes, des règles qui, une fois adoptées, ne seront jamais appliquées...

Autre personnage qui intéresse beaucoup ses amis de la « résidence » soviétique : Edgar Faure. Hernu, qui les renseigne à son sujet, doit probablement brosser un portrait peu flatteur de ce jeune hiérarque de l'aile droite du Parti radical qui combat ouvertement Pierre Mendès France, son rival de toujours au sein du parti.

Il éclaire également la lanterne des Soviétiques sur un personnage qui sera amené à jouer plus tard un très grand rôle dans sa vie : François Mitterrand.

Mais voici qu'un cataclysme politique va stopper net la fulgurante carrière politique de Charles Hernu : le retour au pouvoir du général de Gaulle. À la suite des événements du 13 mai 1958 à Alger, l'ancien chef de la France libre est plébiscité par les émeutiers, puis par les députés, enfin par le peuple français. Hernu, lui, refuse de voter la confiance au Général : en dépit de certaines amitiés parmi les gaullistes de gauche (Louis Vallon, Jean de Lipkowski, Philippe Dechartre), le radical n'acceptera jamais ce qu'il considère comme un coup d'État légal. Ce qui le rapproche alors de François Mitterrand, autre adversaire irréductible du fondateur de la Ve République.

En ce mois de mai troublé, Hernu, qui craint les excès des « ultras » ou un coup de force des parachutistes, prend quasiment le maquis. Il se place d'abord sous la protection d'un ami policier, Dominique Pierrini. Étrange protection, au demeurant : ce « secrétaire de police » à la DST (le contre-espionnage français) ne partage pas, c'est le moins qu'on puisse dire, les convictions du « jacobin ». Cet activiste, ancien d'Indochine, soupçonné d'appartenir à un réseau d'extrême droite, arrêté un peu plus tard alors qu'il transporte plusieurs kilos de plastic destinés à perpétrer des attentats, sera condamné à neuf ans de prison par la Cour de sûreté de l'État. Charles Hernu s'occupera de lui et de sa famille durant sa détention. Ultime paradoxe : devenu ministre de la Défense, il fera obtenir la Légion d'honneur à son ami, lequel se sera recyclé entre-temps dans le journalisme. Mais, en ce mois de mai 1958, le policier du contre-espionnage ne se doute certainement pas qu'il héberge un protégé des Soviétiques...

Autre ami qui le met quelque temps à l'abri d'hypothétiques représailles des « ultras » : Pierre Marion. Ce polytechnicien dirige alors l'aéroport du Bourget, qui se trouve dans la circonscription de Hernu. Francs-maçons, aimant tous deux beaucoup les femmes, les deux hommes ont rapidement sympathisé. Toujours fidèle en amitié, le ministre de la Défense de François Mitterrand fera de Pierre Marion le patron de la DGSE (l'espionnage français, anciennement baptisé DGRA, puis SDECE, ou plus couramment surnommé « la Piscine ») au lendemain de la victoire de mai 1981...

Mais la grande affaire, en cette fin de 1958, ce sont les nouvelles élections législatives, suite à la dissolution de l'Assemblée prononcée par le général de Gaulle. Charles Hernu se présente à Noisy-le-Sec, dans la banlieue nord-est de Paris. Or les règles du jeu ont changé : le vote aura lieu cette fois au scrutin uninominal à deux tours. Autrement dit, contrairement à l'élection de 1956, les électeurs ne se détermineront plus pour une liste présentée par un parti, mais pour un candidat. Charles Hernu, qui sent le danger mais a pris goût au statut de parlementaire, va s'investir totalement dans la campagne.

C'est précisément à quelques semaines de cette échéance électorale, le 9 octobre 1958, qu'il déjeune avec le très célèbre ambassadeur d'URSS à Paris, Sergueï Vinogradov. Seul le premier secrétaire de l'ambassade, Youri M. Pavlov, assiste à la rencontre. Le compte rendu de cette conversation sera jugé suffisamment important pour être là encore porté à la connaissance d'Andreï Gromyko en personne. Mais, cette fois, au bas du document, à la rubrique « destinataire », le nom du numéro un de la diplomatie soviétique est noté à la main. Cet ajout manuscrit était réservé aux communications secrètes : ainsi les dactylos de l'ambassade parisienne qui tapaient le compte rendu ne connaissaient-elles pas le nom du destinataire. Pratique courante pour les documents confidentiels et exceptionnels : sur un total de plusieurs dizaines de rapports envoyés par l'ambassadeur Sergueï Vinogradov à Moscou en cette année 1958, seuls deux autres – concernant le directeur de l'UNESCO et Jacques Chaban-Delmas – auront eu le privilège d'être eux aussi adressés directement à Gromyko (voir annexe n° 4).

En lisant le compte rendu de cet entretien du 9 octobre 1958, on comprend mieux pourquoi l'ambassadeur l'expédie au ministre lui-même. Deux des propos de Charles Hernu frappent à juste titre le perspicace Vinogradov. Il note d'abord :

> « Hernu a parlé de l'activité de Jacques Soustelle (ministre de l'Information du général de Gaulle). Il lui attribue toutes sortes de provocations politiques et le considère comme un dirigeant de type fasciste, qui utilise toutes les méthodes possibles (chantage, menaces, provocations). Hernu a dit que Soustelle possède des dossiers sur presque toutes les personnalités politiques : il a commencé à les rassembler pendant la Seconde Guerre mondiale, quand il dirigeait le service de renseignements de De Gaulle. En utilisant ces dossiers, Soustelle fait chanter certaines personnes, en particulier le radical Naudet[1] et Hernu lui-même. »

1. Élu du Front républicain aux législatives du 2 janvier 1956, il faisait partie des « jeunes-turcs » mendésistes.

L'ambassadeur fait manifestement allusion ici aux mois troubles de la fin de la guerre et à l'arrestation de Charles Hernu en 1944. Mais comment est-il au courant ? Les services de l'ambassade et le KGB le savent-ils déjà ? Où est-ce Hernu lui-même qui en a spontanément parlé ? Cette dernière hypothèse paraît bien peu probable, tant le futur ministre mettra d'énergie à cacher cet épisode qui le hantera au plus profond de lui-même durant toute sa carrière politique. Les spécialistes de l'espionnage savent comment les services secrets du monde entier ont exploité ce genre de faille après 1945. Le KGB s'en est-il servi avec Hernu ? En tout cas, la remarque de l'ambassadeur est pour le moins troublante...

Mais ce qui préoccupe plus immédiatement le député Hernu, au cours de ce déjeuner, ce sont les élections de novembre 1958. Après avoir évoqué la manière dont le pouvoir a modifié le découpage des circonscriptions pour empêcher au maximum les communistes d'entrer à l'Assemblée, il fait à l'ambassadeur une suggestion proprement extravagante :

> « À la fin de la conversation, Hernu a proposé d'organiser, comme il l'a dit lui-même, "en terrain neutre", une rencontre entre dirigeants de la gauche tels que Mendès France, Daniel

Mayer, Édouard Depreux[1] et les camarades Thorez et Duclos, pour se répartir les circonscriptions entre candidats des forces de gauche et éviter la concurrence entre eux. Sous l'expression "terrain neutre", Hernu pensait à l'ambassade d'une démocratie populaire. »

Proposition si irréaliste, en pleine période de guerre froide, que l'avisé Vinogradov ne peut que ramener poliment son interlocuteur à la raison :

« Je lui ai répondu que l'organisation d'une telle rencontre était une affaire purement intérieure et que nous ne pouvions pas nous en mêler. Je lui ai dit que, si une telle rencontre devait avoir lieu, il serait plus raisonnable que ses participants éventuels se mettent d'accord entre eux.

« Hernu s'est rangé à mon avis, rappelant une fois de plus que l'organisation de cette rencontre à la veille de la campagne électorale est une nécessité vitale pour toutes les forces de gauche. »

C'est le KGB qui va finalement, à sa manière, apporter son « soutien » à la campagne d'« André ».

Ses protecteurs soviétiques ont en effet tout intérêt à prolonger la carrière de ce jeune député

1. Mayer et Depreux étaient des chefs de file de l'aile gauche de la SFIO, hostiles à Guy Mollet. Ils deviendront des figures dirigeantes du PSU (Parti socialiste unifié).

si coopératif. Selon le dossier remis par Caraman à la DST en 1992, le KGB lui octroie alors une « prime » exceptionnelle de 30 000 francs pour sa campagne. Somme considérable, à l'époque, pour une élection législative et pour un homme toujours aux abois. D'ordinaire, le KGB préfère en effet verser régulièrement de petites sommes qui créent un sentiment de dépendance chez ses agents, sans modifier notablement leur train de vie, ce qui pourrait attirer l'attention. Il réserve les sommes importantes à des occasions exceptionnelles ou pour récompenser des collaborateurs de très haut niveau. Si la « résidence » parisienne a pris la décision d'investir 30 000 francs sur Charles Hernu, c'est donc qu'elle attend beaucoup de lui. C'est évidemment aussi un moyen de resserrer d'un cran supplémentaire l'étau autour du candidat.

Son programme de campagne, tel que le rapporte Jean Guisnel dans sa biographie, est très œcuménique : il propose pêle-mêle le droit au logement (financé par un impôt sur le bénéfice des entreprises travaillant pour la défense), l'augmentation des retraites, le maintien d'une valeur constante de la monnaie, l'alignement des horaires scolaires sur les horaires de travail des femmes, la recherche d'un cessez-le-feu en Algérie, sans oublier le prolongement du métro... jusqu'à Romainville ! Une profession de foi qu'il résumera en un slogan lapidaire sur ses affiches et sur des cartes postales qui vont inonder les boîtes aux lettres de Noisy-le-Sec : « Votez Hernu, vous serez défendus ! »

Malgré ce programme mirobolant, malgré l'aide des Russes, c'est la Berezina : Hernu ne recueille que 5,3 % des voix !

Il est balayé du Parlement. Ses amis Mendès France et Mitterrand subissent le même sort. À l'amertume de la défaite s'ajoute la déception des Soviétiques, qui s'étonnent de voir un poulain si bien pourvu réaliser un si piètre score. Mais ce sont les aléas de la démocratie à l'occidentale...

Hernu n'est pas homme à se laisser abattre. Il lui faut rebondir. Après avoir navigué dans plusieurs formations situées entre radicalisme et socialisme, mais toutes opposées à la politique du général de Gaulle, il finit par atterrir au tout nouveau Parti socialiste unifié (PSU). Comme d'habitude, il multiplie les initiatives : un livre édité à compte d'auteur, l'organisation de colloques juridiques, la participation à des meetings qui rassemblent déjà la gauche mitterrandienne... À l'époque du putsch des généraux d'Alger et de l'appel vibrant à la résistance lancé sur les ondes par le Premier ministre Michel Debré, Hernu, casque militaire vissé sur la tête et mitraillette au poing, sillonne Paris en Jeep.

À force de dénoncer les activistes de l'Algérie française, il va devenir une de leurs cibles de prédilection. Dans la nuit du 26 au 27 juillet 1961, une bombe déposée dans la cage d'ascenseur de son immeuble, rue de Ponthieu, à deux pas des

Champs-Élysées, explose, faisant d'importants dégâts. Hernu l'a échappé belle : il revenait d'une réunion du club des Jacobins et se trouvait alors à proximité de son domicile... Il avait pourtant été averti, précisément par son vieil ami Pierrini (de la DST), proche des activistes, qu'il figurait sur une liste noire. Le policier, qui disposait même, semble-t-il, de l'identité des personnes qui allaient être plastiquées cette nuit-là, l'avait fait prévenir par un collaborateur de Sylvain Floirat, patron de Matra et d'Europe 1. Hernu, on l'a vu, lui en sera reconnaissant toute sa vie.

Conséquence inattendue de cet épisode franco-français : les relations de Charles Hernu avec ses « traitants » soviétiques vont se trouver momentanément interrompues. Le ministère de l'Intérieur place en effet une protection policière autour des cibles de l'OAS, ce qui ne favorise pas les rendez-vous discrets avec des officiers du KGB ! Le dossier remis par Mihaïl Caraman à la France en 1992 comprend un savoureux compte rendu d'un contact entre Charles Hernu et l'un de ses traitants soviétiques, au cours duquel le futur ministre de la Défense lui demande de suspendre leurs relations.

Mais, les actions de l'OAS s'estompant avec la fin de la guerre d'Algérie, sa protection est levée, à l'instar de centaines d'autres. Revoilà le virevoltant Charles Hernu libre de ses mouvements. C'est le moment que choisit un autre service de l'Est pour entrer en scène...

VI

Quand les Roumains s'en mêlent

Bucarest, octobre 1996. Le jour décline dans le salon de Mihaïl Caraman. Nous nous sommes depuis longtemps habitués au fond sonore distillé par la télévision. Cela fait maintenant près de cinq heures que nous sommes face à l'ancien patron des services secrets roumains. Il réagit toujours à la note de la DST concernant Charles Hernu. Après la stupeur, l'indignation, la colère, il accepte enfin de lever un coin du voile :

– Évidemment, j'aurais préféré garder cela pour mon livre... Mais je ne sais pas si je l'écrirai un jour...

– Est-ce que Hernu a vraiment été un agent roumain ? hasardons-nous, profitant de l'ouverture.

– C'est plus compliqué que cela... Pour nous, il était en quelque sorte en période d'essai. Mais ce sont *les autres* qui s'en occupaient, et nous avons dû nous retirer.

« Les autres », nous le comprendrons rapidement, ce sont les Russes, que Caraman semble encore redouter aujourd'hui. Au passage, il se défend d'ailleurs d'avoir été leur sous-marin, comme certains l'en accusent :

– Vous savez, je suis né en Moldavie, une région qui a été annexée de force par les Soviétiques à la fin de la guerre... Nous n'en avons pas gardé un très bon souvenir. D'ailleurs, je ne parle même pas le russe !

Nous sentons bien que l'évocation du rôle joué par les Soviétiques dans l'affaire Hernu le gêne. Vieux réflexes de prudence vis-à-vis d'un grand frère autrefois si puissant ? Nous n'en saurons pas plus ce soir-là. Il nous propose de nous revoir le lendemain. Plus épuisés que lui, affamés – nous n'avons rien avalé depuis l'aube –, nous acceptons sans déplaisir.

Il nous raccompagne en voiture à proximité de l'hôtel Intercontinental. Au volant, nous le sentons mélancolique, après cette longue évocation de sa vie à Paris. Il est visiblement partagé entre son envie de confier ses « exploits » passés et cette culture du silence qui est ancrée en lui. Difficile d'être un maître espion à la retraite...

Notre seconde rencontre paraît tout droit tirée d'un chapitre de *L'espion qui venait du froid*. Renouant avec les habitudes du métier, Mihaïl Caraman nous a donné rendez-vous le lendemain matin sur la contre-allée d'une grande artère de Bucarest. À peine sommes-nous arrivés sur place que, comme dans les classiques de l'espionnage, il surgit de nulle part : long manteau de cuir noir, casquette de tweed, et surtout grosses chaussettes de « pro » : il fait moins trois degrés à Bucarest. Pendant deux heures, nous allons arpenter ces grandes allées au milieu du bruit des Lada et des poids lourds. C'est là qu'il va nous livrer les quelques clés permettant de comprendre l'histoire du dossier Hernu remis à la France en 1992. Ensuite, de retour à Paris, fort de ces éléments, nous reverrons nos informateurs. Ils nous aideront à combler encore quelques lacunes afin de reconstituer la genèse de cette extraordinaire affaire.

C'est en octobre 1962 qu'au cours d'un cocktail l'attaché de presse de l'ambassade de Roumanie à Paris rencontre Charles Hernu. Lui aussi cerne assez rapidement la personnalité de l'ancien député, tout juste reparti en campagne pour les législatives de 1962. Charles de Gaulle vient de dissoudre l'Assemblé à la suite de la chute du gouvernement Debré, et l'ancien jeune-turc, marqué par son échec dans la banlieue parisienne, décide de tenter sa chance à Lyon. Les Soviétiques porteront-ils à nouveau la main au portefeuille ? Rien ne l'indique dans le dossier remis à la France en 1992. On sait seulement qu'à l'époque Hernu est plus que jamais démuni. Il a quitté la riche compagne qui est réputée l'avoir aidé lors de ses deux dernières campagnes, Marie-Louise Baure. « Il aura beau affirmer que cinquante de ses amis ont versé chacun 20 000 francs pour la campagne, il est plus vraisemblable que l'apport d'un industriel lyonnais a été décisif. Ce dernier, PDG des firmes Le Bon Sucre et des apéritifs A. Berger et Cie, nanti de moyens déjà considérables, n'est autre que François de Grossouvre, qui s'est rapproché de François Mitterrand après avoir fréquenté Mendès France[1]. » Hypothèse plausible. À moins que d'autres Russes n'aient encore volé au secours de leur poulain ?...

L'attaché de presse de l'ambassade de Roumanie a lui aussi un bon contact avec ce jeune politicien prolixe et bien informé. À tel point que, le 14 décembre 1962, il dresse un premier bilan de ses relations avec Hernu à l'intention de son supérieur hiérarchique, Mihaïl Caraman. Cette note, qui figure dans le dossier remis à la France en 1992, est ce que l'on nomme dans le jargon de l'espionnage un « tableau de fournitures ». En fait, il s'agit ni plus ni moins que d'une proposition de recrutement. L'officier roumain y retrace la carrière politique de Charles Hernu et évoque le parti que l'ambassade pourrait tirer du personnage.

Après les Bulgares et les Russes, donc, les Roumains ! Ce ballet d'officiers de l'Est tournant autour du futur ministre de la Défense peut paraître étrange. Mais il ne faut pas oublier qu'à

1. Jean Guisnel, *op. cit.*, p. 305.

l'époque – tous les spécialistes du KGB s'accordent sur ce point – la France est l'un des terrains de chasse privilégiés des Soviétiques et de leurs satellites. Outre le fait que l'OTAN a son siège à Paris, la politique d'indépendance du général de Gaulle vis-à-vis des États-Unis favorise la pénétration des services secrets de l'Est. Les Roumains, francophiles et « latins », ont particulièrement investi sur la France. C'est d'ailleurs l'une des missions que leur ont confiées les Soviétiques dans le partage des tâches entre services. Caraman et ses lieutenants y excelleront. Pour toutes les raisons déjà évoquées, Hernu constitue donc une cible tentante pour les officiers fureteurs. Tout les attire en lui : son franc-parler, son inconscience, son absence de vergogne, ses ennuis d'argent chroniques...

Le 8 mars 1963, soit trois mois après le premier rapport roumain, un deuxième compte rendu adressé à la Centrale roumaine fait état d'une rencontre qui s'est déroulée le 19 février entre Charles Hernu et un officier de la Securitate. Pour la première fois, il y est désigné par le nom de code que lui ont attribué les hommes de Mihaïl Caraman : « Dinu », prénom très répandu à Bucarest. Le rapport indique également que, comme l'exige la règle, l'officier a effectué avant la rencontre le traditionnel parcours de sécurité destiné à déjouer d'éventuelles filatures du contre-espionnage français. Apparemment, le contact est bon. Le Roumain estime que ce personnage haut en couleur peut les informer de façon utile sur les dessous de la vie politique française et, éventuellement, leur présenter diverses personnalités.

– Il était dans une phase de prérecrutement, nous résume aujourd'hui Mihaïl Caraman. Même si les éléments qu'il nous communiquait étaient assez inégaux... Je me souviens d'avoir noté une fois au bas d'un compte rendu d'entretien : « Information politique dénuée d'intérêt ».

Mais, avant de passer à l'étape suivante – c'est-à-dire le recrutement en bonne et due forme –, les Roumains, conformément aux obligations de tous les pays satellites énoncées par la Première Direction générale du KGB, doivent en référer à Moscou. Cette sorte de « foire aux espions » est le passage obligé pour tout recrutement d'agent. Les demandes, ultraconfidentielles, suivent un parcours bien balisé : fin février 1963, Mihaïl Caraman communique à la Centrale roumaine à Bucarest le rapport concernant Charles Hernu. Celui-ci est alors transmis au résident du KGB en Roumanie, installé à l'ambassade d'URSS à Bucarest, lequel l'expédie à son tour à Moscou.

La réponse rapide du KGB est sans appel : ne touchez pas à Hernu ! Un ordre catégorique et, surtout, formidablement étayé par un long rapport en date du 29 mars, récapitulant le traitement de Charles Hernu depuis son recrutement en 1953 par un officier bulgare jusqu'à l'attentat commis par l'OAS à son domicile en 1961.

Cette injonction du KGB revient à Caraman par la voie hiérarchique. Le 6 mai 1963, l'ambassade de Roumanie à Paris reçoit de sa Centrale un long rapport (n° 136/CS) frappé du sceau « *Strictement secret. Exemplaire unique. Note concernant le cas Hernu* », daté du 18 avril (voir annexe n° 2). Cette note de six pages en roumain constitue le cœur du dossier Hernu. Comme le veut la règle, le véritable nom de l'agent est ajouté de manière manuscrite au dernier moment, de sorte que les dactylos ne puissent connaître son identité. Le nom de Hernu apparaît ainsi dès la première ligne en lettres capitales. De même, les noms du club des Jacobins et du journal *Le Jacobin*, qui permettraient de l'identifier aisément, sont également des ajouts manuscrits. On retrouve dans cette longue note les noms de Schlawer (alias Alexandre Kojève), du camarade Vinogradov (alias Raïko Nikolov), de la secrétaire de Hernu (Mme L.), du diplomate Georges Égal, mais aussi le détail des sommes touchées par Hernu et la liste des informations qu'il a communiquées.

Cette note est accompagnée d'un message enjoignant à Caraman de « *remettre de bon gré* » le dossier Hernu au KGB et de cesser toute relation avec lui. L'ordre est clair et sans appel.

– Nous avons donc cessé toute relation avec lui, assure-t-il aujourd'hui. Je ne sais pas ce qui s'est passé ensuite entre Hernu et les Russes...

Le dossier remis à la DST en 1992 ne le dit pas non plus. Charles Hernu a-t-il rompu définitivement avec les Soviétiques en 1963, ou bien a-t-il continué de collaborer avec eux ? (Voir chapitre x).

En tout cas, le réseau Caraman n'a pas cessé pour autant de s'intéresser, à l'époque, au financement des partis politiques français. À preuve, cette note datée du 22 mai 1963 sur le financement du PSU (et qui fait partie du dossier récupéré par la France en 1992). Elle détaille l'aide apportée à cette formation par les ambassades de Yougoslavie et surtout d'Albanie :

> « Dès sa création par Claude Bourdet et Daniel Mayer, le PSU a été en relation avec l'ambassade yougoslave et subventionné par elle. Ce financement a commencé dès la fin de 1962. Les relations entre l'ambassadeur yougoslave et les deux précités continuent. »

La note s'attarde ensuite sur l'aide albanaise :

> « Au mois de février dernier, l'ambassadeur d'Albanie à Paris a contacté la direction du PSU à travers Jean Poperen et en particulier Édouard Depreux, secrétaire général du PSU. Après quoi, une série de rencontres ont eu lieu aux heures des repas dans différents restaurants. Le résultat de ces discussions a été la conclusion d'un

accord aux termes duquel l'ambassade albanaise allait aider financièrement le PSU.

« La source a ajouté que le PSU a obtenu environ 10 000 francs nouveaux, et les Albanais ont promis que l'aide allait devenir plus substantielle. En échange, la direction du PSU, à travers Poperen, va organiser la séparation du PSU d'avec le PCF, et l'exclusion des proches de ce parti. De même, Poperen, qui est financé de manière distincte par l'ambassade albanaise, va rester en relation avec des éléments encore membres du PCF, mais hostiles à Maurice Thorez[1].

« Poperen a assuré aux Albanais qu'il existe au PCF un groupe qui s'oppose à la direction actuelle du Parti. D'après notre source, Poperen s'est félicité de cette opération et désire que notre source s'associe à sa combinaison, mais celle-ci a refusé. »

La mystérieuse « source » ne sera jamais identifiée.

Six ans plus tard, en 1969, Caraman quitte la France à la suite de la chute de son réseau. Et oublie « Dinu »...

---

1. Tirana a alors rompu avec Moscou et s'apprête à s'aligner sur Pékin. D'où la volonté d'inciter le PSU à couper les ponts avec les « révisionnistes » du PCF. À noter que Jean Poperen comptait dans les rangs de ce dernier son propre frère, Claude Poperen.

Survient le 10 mai 1981. Le maître espion tombe alors des nues :

– Vous savez, dans mon métier, on a l'habitude de regarder de près la composition des gouvernements étrangers et des cabinets ministériels, pour le cas où on repérerait une « connaissance »... Quand j'ai vu le nom de Charles Hernu au ministère de la Défense, j'ai été stupéfié que l'homme que nous avions connu se soit hissé à un tel poste !

L'histoire des liaisons dangereuses de Charles Hernu avec les services de l'Est remontera alors jusqu'au plus haut niveau de l'État roumain (voir chapitre VIII). Caraman, lui, ne reviendra aux affaires qu'en 1990, lorsqu'il sera nommé à la tête des services secrets de son pays. S'ensuivra, deux ans plus tard, le fameux voyage à Paris au cours duquel, protégé par son passeport diplomatique, il livrera le dossier Hernu à ses anciens ennemis – devenus amis – de la DST.

Les spécialistes du contre-espionnage français soumettent alors cette liasse de documents à un premier examen serré. Le dossier contient une cinquantaine de feuillets. Sur la page de garde figure de nom de Dinu, la date d'avril 1963, et de nombreuses mentions et ratures manuscrites. Viennent ensuite une dizaine de documents bruts : trois concernent le financement du PSU, les autres, Charles Hernu. Il s'agit de rapports ou de comptes rendus de contacts. La plupart portent le nom ou le paraphe de chaque responsable roumain en poste à Paris ou à Bucarest. On y trouve la signature de Caraman (authentifiée par une expertise graphologique de la DST) et celles de deux autres responsables parisiens, Ion Budisteanu et Mihaïl Ilie. Certains d'entre eux sont destinés au chef du département « Monde occidental » à Bucarest, Georges Pelé. Là encore, certains passages de ces documents sont manuscrits. Presque tous sont annotés ou raturés à la main.

L'expertise confirme que le dossier est conforme à ce que la DST sait des activités de l'espionnage roumain dans les années soixante. Les précisions apportées par Mihaïl Caraman lui-même en 1992 lors de ses longs entretiens avec les hommes du contre-espionnage français complètent cette analyse.

Du coup, l'affaire paraît suffisamment grave pour que le préfet Fournet, directeur de la DST, proche de François Mitterrand, demande d'urgence audience au président de la République...

VII
L'affaire Hernu

« Nous n'allons pas refaire l'histoire. Considérez qu'il s'agit là d'un secret d'État... »

L'ordre de François Mitterrand est net. Le dossier Hernu que le directeur du contre-espionnage, Jacques Fournet, est venu lui montrer ce jour-là doit retourner dans un coffre de la DST pour ne plus en sortir. Verrouillé, bouclé !

Cette consigne de silence présidentielle sera scrupuleusement respectée pendant quatre ans, en dépit de plusieurs alternances politiques. Seules quelques très rares personnes seront mises dans la confidence : l'état-major de la DST, Pierre Bérégovoy, à l'époque Premier ministre, puis, après mars 1993, Édouard Balladur – qui a déclaré n'en avoir « pas gardé souvenir » – et le ministre de l'Intérieur, Charles Pasqua. Enfin, après l'élection présidentielle de 1995, Jean-Louis Debré, Alain Juppé et Jacques Chirac. Pendant ces quatre longues années, le lourd secret restera enfoui au cœur de l'appareil d'État.

Jusqu'à ce jour de mai 1996 où, sous la tonnelle de *La Closerie des lilas*, un homme du sérail rompt devant nous le silence. Certes, ce ne sont que quelques phrases prononcées au cours d'un déjeuner. Mais le nom de Hernu est lâché. Il nous faudra six mois d'enquête avant de publier dans *L'Express* le récit détaillé de cette incroyable histoire. Six mois de rencontres, de rendez-vous plus ou moins clandestins, de plongées dans les archives, de voyages à l'Est. Mais aussi combien de portes fermées, de refus polis, de responsables muets ! Six mois avant d'éprouver le sentiment non pas d'avoir épuisé toutes les pistes – ce n'est jamais le cas – mais d'avoir reconstitué le plus complètement possible l'histoire du dossier livré par Caraman.

En ce mois d'octobre 1996, nous dressons le bilan de notre enquête. Nous sommes maintenant certains de l'existence de ce dossier. Nous connaissons la genèse de son arrivée à Paris et une grande partie de son contenu – nous avons même certains doubles en main. Nous avons retrouvé plusieurs personnes citées dans les documents roumains et qui ont effectivement été en relation avec Charles Hernu. Enfin, l'authenticité des documents, nous le savons, a été confirmée par la DST après un examen sérieux. Difficile, en l'état, d'aller plus loin, estimons-nous. L'heure de la décision est donc venue : faut-il publier ?

À *L'Express*, le plus grand secret a été aussi préservé. Seuls sont au courant le directeur de la rédaction, Denis Jeambar, ses deux adjoints, le chef du service politique, et, bien sûr, les membres du service Investigations. Tous, nous avons bien conscience qu'il s'agit d'une affaire très particulière qui ne repose pas, comme dans la plupart des autres cas, sur une enquête policière ou sur une instruction judiciaire. Elle touche le monde de l'espionnage, mystérieux par nature.

– Et si c'était une manipulation ? s'interroge une dernière fois Denis Jeambar.

Nous y avons évidemment songé. Aussi examinons-nous ensemble une nouvelle fois toutes les hypothèses.

Une intoxication des services secrets de l'Est ? Dans ce cas, deux auteurs possibles : les Roumains ou les Russes.

Les Roumains ? Mihaïl Caraman, patron du renseignement à Bucarest, a pu confectionner un faux dossier pour donner des gages de bonne volonté à l'Ouest et tirer un trait définitif sur son encombrant passé. Un « paquet-cadeau » de poids, censé rester dans le secret des confidences échangées entre professionnels. Caraman aurait ainsi voulu frapper un grand coup afin de réintégrer la communauté occidentale du renseignement et de « bluffer » ses anciens ennemis. Et quoi de plus valorisant que d'avoir manipulé, même si c'est dans les années cinquante, un futur ministre de la Défense de la cinquième puissance mondiale ?

Mais ce coup aurait été terriblement risqué. En professionnel chevronné du renseignement, Caraman ne peut ignorer que le premier réflexe de la DST va être d'examiner à la loupe chaque élément du dossier, et ce avec d'autant plus d'ardeur que ce recrutement lui a échappé à l'époque. Nul doute que le contre-espionnage français va se montrer particulièrement sourcilleux. Et si la DST parvient à démontrer qu'il s'agit d'un faux, alors le nouveau patron des services roumains aura obtenu l'effet inverse de celui qu'il recherchait : il sera décrédibilisé, « grillé » à tout jamais, pour avoir tenté de tromper ses nouveaux « amis ».

Le contenu du dossier infirme au surplus l'hypothèse selon laquelle Caraman se serait livré à un montage. Où le Roumain serait-il allé puiser tous les éléments qui le composent et qui – on l'a dit – vont être vérifiés un à un par le contre-espionnage français ? Si le dossier ne repose pas sur d'authentiques documents d'époque, comment a-t-on pu connaître avec autant de précision certains détails de la vie personnelle de Charles Hernu ? Certes, Caraman a pu reconstituer, à l'aide d'archives, sa carrière politique : le club des Jacobins, ses candidatures aux élections législatives, ses relations au sein des divers partis... En revanche, certains noms qui apparaissent dans le dossier n'étaient connus que de Hernu lui-même et de ses intimes.

C'est le cas, par exemple, de Georges Égal, dont le rapport du KGB précise qu'il a fourni des télégrammes diplomatiques au jeune élu radical, lequel les a ensuite montrés aux Bulgares. Qui est Georges Égal ? nous sommes-nous déjà demandé en compulsant le dossier. Son nom ne figure dans aucune des archives d'époque que nous avons pu consulter. Pas même dans la biographie exhaustive de près de six cents pages que Jean Guisnel a consacrée en 1993 à Charles Hernu. Georges Égal n'est jamais apparu sur le devant de la scène politique. Pour le retrouver, nous avons dû consulter un annuaire du Quai d'Orsay. Nous y avons découvert qu'entre deux postes à l'étranger il se trouvait bien à Paris entre 1955 et 1957. Nous avons alors pris contact avec cet ancien ambassadeur en Suisse, aujourd'hui à la retraite. Fort aimablement, le diplomate nous a confirmé ses liens avec Hernu (voir chapitre III), dont il partageait les opinions politiques, et surtout a reconnu à mots couverts qu'il ne lui cachait pas certains documents émanant du Quai d'Orsay. Des documents dont la teneur, bien sûr, ne lui semblait pas relever du secret d'État. Comment, quarante ans plus tard, Caraman aurait-il pu connaître les liens étroits qui unissaient Charles Hernu et Georges Égal ? Surtout, comment aurait-il pu connaître l'existence et le « prêt » de ces télégrammes diplomatiques ?

Il en va de même pour d'autres détails du dossier : le nom de la secrétaire de Charles Hernu, Mme L., qui a assisté à une rencontre avec Vinogradov ; le rôle particulier de Jean-Paul David, ce radical de droite si hostile au « mendésisme », à l'époque à la tête de l'officine anticommuniste Paix et Liberté ; l'incident de la voiture cambriolée lors d'une escapade amicale avec le Bulgare, en octobre 1953...

Bref, ou Caraman est un faussaire de génie, ou les documents rassemblés sont authentiques.

– Et si c'était un coup du KGB ? lance Christophe Barbier, le chef du service politique.

Cette hypothèse machiavélique supposerait que Mihaïl Caraman ait toujours été un sous-marin des Russes et que ceux-ci l'aient utilisé pour une mission de désinformation en direction de la France. Dans quel but, en 1992 ? Porter atteinte aux bonnes relations entre Paris et Bucarest et empêcher, du coup, la Roumanie d'adhérer à l'OTAN, les Russes ne tenant pas à ce que ce pays intègre une alliance militaire qui leur est défavorable ?

Ce schéma se heurte aux mêmes objections relatives au contenu du dossier. Sans compter que les documents concernent une période largement antérieure – près de vingt ans – à la prise de responsabilités ministérielles de Charles Hernu, alors qu'un tel montage, si montage il y a eu, aurait plutôt dû porter sur la période où il commandait aux armées françaises. De surcroît, en 1992, moins de trois ans après la chute de Ceausescu, l'adhésion de la Roumanie à l'Alliance atlantique paraissait encore relever d'un avenir hautement improbable. Les Américains rejetteront d'ailleurs encore l'idée de cette adhésion en 1997, évidemment pour de tout autres raisons.

Surtout, dans le monde de la désinformation, organiser une « intox » de cette nature n'a de sens que si son contenu est rendu public par quelque fuite habilement distillée. Or, de 1992 à 1996, on l'a vu, ce fut le silence complet. Et nous sommes malgré tout assez bien placés pour savoir que ce n'est pas le KGB ou l'un de ses affidés qui nous a glissé l'information à l'oreille...

– Bon, d'accord pour les Roumains et les Russes. Mais peut-on tout à fait exclure une manipulation franco-française dirigée contre la gauche ? demande un autre participant à la réunion.

Là encore, elle supposerait la complicité de Caraman. Or l'idée que l'ex-patron des services secrets roumains se soit prêté à une opération de politique intérieure française paraît saugrenue. Et puis, par qui aurait-elle été commanditée ? Dans quel but ? Mystère. Charles Hernu, disparu en 1990, n'est plus l'enjeu d'aucun combat politique en 1992, et encore moins en 1996.

Reste une dernière question : *L'Express* lui-même n'a-t-il pas été manipulé pour « sortir » l'affaire et discréditer ainsi la gauche ?

Nous qui savons comment l'information nous est parvenue, et surtout le type de difficultés auxquelles nous nous sommes heurtés avant de publier notre enquête, l'excluons tout à fait. Mais supposons... En mai 1996, lorsque nous obtenons le tout premier « tuyau » sur l'affaire Hernu, aucun scrutin majeur n'est en vue, à l'époque, avant 1998. François Mitterrand a également disparu, et on ne saurait dire que le PS de Lionel Jospin se réclame vraiment de la mémoire du ministre de l'affaire Greenpeace ! On ne voit pas, en définitive, le profit politique que l'on pourrait tirer d'une pareille révélation à ce moment-là.

Au terme de cet ultime examen, nous en arrivons à la conclusion que, même en matière d'espionnage, la vérité est parfois l'explication la plus simple. Denis Jeambar décide donc de publier l'article et de l'annoncer en une sous le titre : « Charles Hernu était un agent de l'Est... », accompagné, toujours en une, de cette importante précision : « ... avant d'être ministre de la Défense de François Mitterrand ».

L'article lui-même est précédé d'un éditorial du directeur de la rédaction :

> « "Dire la vérité est utile à celui à qui on la dit, écrivait Pascal dans ses *Pensées*, mais désavantageux à ceux qui la disent, parce qu'ils se font haïr." La tentation est grande de renoncer à servir la vérité et de battre en retraite quand on sait qu'elle déclenchera des polémiques, alimentera des rancœurs et dérangera une histoire que l'on croyait déjà écrite. Mais, quand il en va des principes, peut-on, doit-on se taire ? Évidemment, non [...].
>
> « Charles Hernu, dira-t-on, écrivit des notes politiques sans livrer de lourds secrets ; mais

c'est ignorer le contexte historique dans lequel ces faits s'inscrivent : le monde était alors divisé en deux blocs antagonistes et installé dans une guerre froide qui transformait la moindre collaboration d'un camp avec l'autre en véritable trahison. L'affaire Hernu ouvre, en outre, de troublantes spéculations : soucieuse de préserver son indépendance entre Moscou et Washington, la France n'a-t-elle pas été, à cette époque, un champ de manœuvre privilégié pour l'espionnage soviétique ? Notre pays n'a-t-il pas été le ventre mou de l'Occident ?

« C'est une attitude bien française que celle ainsi dénoncée par François Mauriac dans son *Bloc-Notes*, en 1958 : “À quoi bon compter et recompter le linge sale si vous savez d'avance qu'il ne peut y avoir de lessive et qu'il n'y en aura pas ?”

« [...] La publication de ce dossier rompt évidemment avec une tradition bien française : le pouvoir n'a jamais exploré les placards sombres de son passé, il ne veut d'une histoire qu'avec un “H” majuscule. Pour préserver la grandeur et l'unité de la République, le déshonneur reste toujours en coulisses et les scandales, étouffés. Jamais les affaires qui impliquent les sommets de l'État ne trouvent chez nous d'issue [...]. »

Le journal est en kiosque le 30 octobre 1996. À force d'avoir baigné depuis des mois dans cette histoire, nous avons sous-estimé l'effet de surprise que va provoquer sa une. Tous les journaux télévisés, toutes les radios reprennent nos informations. Le lendemain, les grands quotidiens français, mais aussi bulgares, russes et roumains, titrent sur Hernu. La presse internationale se fait largement l'écho de l'affaire. L'opinion est stupéfaite. Dans sa rubrique « Télévision » du *Monde*, Agathe Logeart est celle qui traduit le mieux ce sentiment :

> « Il est des soirs où mieux vaut regarder les journaux télévisés assis. On ne le sait pas encore quand retentit la musique de lancement des "20 heures", mais une nouvelle, une grosse, une énorme, une incroyable nouvelle nous attend, tapie au premier rang des titres qui vont nous être lus d'une voix apparemment neutre. Une de ces nouvelles qui scient les jarrets, coupent le souffle. [...] Charles Hernu aurait été un agent des services secrets de l'Est aux plus beaux jours de la guerre froide. Bulgares, Roumains, Soviétiques auraient été ses honorables correspondants. Le processus est classique, que l'on connaît par cœur pour avoir eu quelques faiblesses pour les romans de John Le Carré. On sait bien comment s'opère, d'un côté comme de l'autre, l'approche de cibles qui pourraient s'avérer prometteuses. Un contact discret, des discussions en apparence anodines, puis, assez vite plus pressantes, viennent les demandes de renseignements. Par faiblesse ou intérêt, la cible, bientôt, si elle succombe, se retrouve ligotée,

piégée, à la merci de ceux qui, habilement, l'ont entortillée dans leur toile.

[...] Mais Charles Hernu, tout de même ! Le grognard de François Mitterrand, qui portait sa fidélité en bandoulière comme une ordonnance son uniforme ! Charles Hernu, qui faisait tellement corps avec cette armée dont il fut le ministre ! Mais Charles Hernu, certes aussi, l'homme de Greenpeace, des aveux contraints et bien tardifs sur cette expédition barbouzarde et honteuse ! Un espion, un agent : vous nous en direz tant... Et jusqu'où, jusqu'à quelle date ? Espion un jour, espion toujours ? Et si lui, pourquoi pas d'autres ?... »

Le lendemain, *Le Monde* titre sur quatre colonnes à la une : « Le contre-espionnage français est convaincu que Charles Hernu a été un agent de l'Est ». Dans le même numéro, interrogé par le quotidien, l'ancien directeur de la DST de 1990 à 1993, Jacques Fournet, confirme l'existence du dossier :

« À l'automne 1992, un responsable des services de renseignement roumains est venu à Paris pour remettre le dossier dont *L'Express* rend aujourd'hui compte. J'ai alors prévenu le président Mitterrand, qui a été surpris. Il m'a demandé de vérifier si les documents étaient authentiques. Après vérifications, j'ai indiqué au Président que les documents émanaient bien des services de renseignement de l'Est, mais qu'il

> n'était pas possible de dire si leur contenu était exact. Considérant qu'il n'y avait pas de preuve matérielle de ces faits et que Charles Hernu ne pouvait plus se défendre, François Mitterrand m'a indiqué qu'il n'était pas question de réécrire l'Histoire. Le Président a ajouté qu'il convenait de classer ce rapport en "secret défense" et de le laisser sous le boisseau. »

Témoignage capital. Il confirme plusieurs points importants : un dossier Hernu a bel et bien été remis par la Roumanie à la France en 1992 ; une expertise de la DST a jugé les documents « authentiques » ; suffisamment, en tout cas, pour que son directeur estime nécessaire de les porter à la connaissance du chef de l'État. Si Jacques Fournet ajoute qu'il ne peut garantir à cent pour cent l'exactitude de la teneur du dossier, en privé, en revanche, les spécialistes de la DST qui ont eu à connaître le dossier ne montrent pas cette circonspection : ils ont la conviction que les informations rassemblées dans le dossier remis par Mihaïl Caraman sont vraies.

Mais, après la stupeur, vient l'heure des polémiques. Elle s'ouvre avec la réaction quasi instantanée de Patrice Hernu, le deuxième des quatre fils de l'ancien ministre de la Défense. Né en 1948 – il avait donc cinq ans au moment où débute l'affaire –, cet administrateur à l'INSEE, qui est aussi conseiller général du Val-de-Marne sous l'étiquette « Génération Écologie », vient de rallier les rangs de l'UDF[1]. Dès le premier jour, sa religion est faite :

> « Je dénonce un montage aux coutures grossières. J'assure que le dossier est clairement vide et je souhaite la vérité, rien que la vérité, et j'ai l'intention de faire appel au chef de l'État, car il serait invraisemblable que les plus hautes autorités n'entreprennent pas les recherches qui s'imposent. »

Bien décidé à exiger la levée du secret défense, Patrice Hernu demande donc un rendez-vous à Jacques Chirac. Le 4 novembre, il est reçu trois quarts d'heure par Bernard Landrieu, directeur de cabinet du président de la République. Le préfet Landrieu a en fait écouté les doléances du fils de Charles Hernu sans prendre à aucun moment parti. Au demeurant, la présidence de la République se gardera bien de publier le moindre communiqué à l'issue de cet entretien. À sa sortie, Patrice Hernu, qui semble avoir quelque peu changé d'avis, confie curieusement au *Figaro* qu'« aucune décision n'est prise concernant la levée du secret défense, mais qu'il ne voit pas l'intérêt de lever le secret d'un dossier qui ne

1. Candidat aux législatives de 1997 dans l'ancien fief de son père, à Villeurbanne, sous la bannière UDF, il a été battu par son adversaire socialiste.

contient rien ». Pour lui, « il n'y a plus d'affaire Hernu, mais une affaire *L'Express* ». Il annonce donc qu'il va porter plainte contre nous. Et il conclut :

> « Ma conviction personnelle est qu'il y a un complot contre mon père qui date de l'affaire Greenpeace, et peut-être même d'avant... »

L'Élysée a donc choisi de se taire. Pourtant, d'après nos informations, les premières intentions de Jacques Chirac étaient tout autres. Dès la révélation de l'affaire, plusieurs personnalités politiques – notamment Simone Veil et Jacques Baumel, vice-président de la commission de la Défense à l'Assemblée – ont réclamé la création d'une commission d'enquête. Jacques Chirac s'y est dit lui aussi plutôt favorable. Il a même envisagé de mettre sur pied une commission indépendante et d'en confier la présidence à une personnalité incontestable, Pierre Drai, ancien premier président de la Cour de cassation. Mais, alerté, le ministre de l'Intérieur, Jean-Louis Debré, a foncé voir le président pour l'en dissuader. Sans doute après avoir consulté le rigide patron de la DST, Philippe Parant, il lui a fait valoir que cette décision créerait un fâcheux précédent et que les dossiers des services secrets ne devaient jamais, sous aucun prétexte, être étalés sur la place publique. Chirac s'est laissé convaincre. Du coup, l'idée de commission a été abandonnée.

Restent les parlementaires. Eux aussi ont un pouvoir d'investigation. Le député UDF de Pontoise, Philippe Houillon, choqué par l'affaire, demande la création d'une commission d'enquête parlementaire. La consigne tombe alors au sein du groupe RPR : ne pas s'associer à cette initiative. Il ne se trouvera donc pas un seul gaulliste pour le soutenir – pas même Jacques Baumel, qui était pourtant l'un des premiers à l'avoir demandée ! Une poignée de députés UDF s'obstinera néanmoins à réclamer sa création. Mais, le 15 janvier 1997, ultime dérobade, un communiqué de la commission de la Défense de l'Assemblée nationale constate laconiquement :

> « En l'absence de candidat, la Commission n'a pas désigné de Rapporteur sur la proposition de résolution (n° 3098) tendant à créer une Commission d'enquête sur les activités passées de Charles Hernu, ancien ministre de la Défense, et le cas échéant de toute autre personnalité française qui serait révélée à cette occasion, ainsi que sur leurs conséquences, au regard des affirmations selon lesquelles il aurait été au moins à une certaine époque un agent des pays de l'Est. »

Sur les soixante-douze membres de la commission, pas un seul n'a donc souhaité être le rapporteur d'une « commission Hernu ». Belle unanimité pour ne pas savoir ! Belle volonté d'aveuglement collectif. À moins que la perspective de devoir enquêter également, comme le proposait Philippe Houillon, sur « toute autre personnalité française » qui aurait pu se trouver dans le même cas que Hernu ait refroidi l'ardeur des élus...

Pour la classe politique, le dossier Hernu doit donc rester un secret d'État enfoui dans le coffre-fort qu'il n'aurait jamais dû quitter. Comment expliquer cette frilosité ? Par-delà même le clivage gauche-droite, aucun parti ne souhaite apparemment ressusciter les fantômes de la guerre froide. On sait qu'à l'époque les services secrets de l'Est comme ceux des États-Unis ont tenté de recruter à tout va. Les Anglais ont payé un lourd tribut à cette guerre de l'ombre, en particulier avec les « cinq espions de Cambridge[1] » ; les Allemands de l'Ouest ont découvert quant à eux une « taupe », le conseiller Günter Guillaume, dans l'entourage immédiat du chancelier Brandt, qui fut contraint de démissionner ; en France, en revanche, toutes relations entre hommes politiques et services secrets étrangers demeurent taboues. Attitude d'autant plus déconcertante que la France gaulliste, on le sait,

1. L'affaire la plus fameuse fut celle de Burgess et McLean.

a constitué une cible de choix pour le KGB et ses satellites.

Et qu'importe si l'opinion publique souhaite le contraire ! Un sondage publié par *Le Journal du dimanche* quatre jours après les révélations de *L'Express* indique en effet que si 44 % des Français croient Hernu innocent, contre 36 % qui l'imaginent coupable, 51 % (contre 41 %) pensent que François Mitterrand a eu tort de classer le dossier « secret d'État ». Surtout, 58 % (contre 37 %) estiment qu'il s'agit là d'une affaire « grave, ou très grave ».

Les Français s'étonnent qu'un dossier circonstancié concernant un ancien ministre de la Défense se trouve entre les mains du contre-espionnage, et que les dirigeants politiques refusent à son sujet tout débat public. Une vieille habitude que déplore l'éditorialiste du journal, Alain Genestar :

> « Les Français ne crient pas haro sur Charles Hernu, mais ils condamnent ceux qui ont décidé de se taire et, se taisant, de leur mentir par omission.
>
> « La raison d'État, quand elle se veut protectrice des puissants, est perçue comme une attitude méprisante qui creuse davantage le fossé entre les citoyens et les élites. La réhabilitation des politiques passe donc par un respect de leur interlocuteur : le peuple.

> « Raison d'État ? Raison du peuple ? Si l'État peut avoir des raisons de se taire, le peuple n'a jamais tort d'exiger de savoir.
>
> « Le débat sur l'opportunité de remuer le passé d'un personnage public est l'exemple même du faux débat, habituel en France, pays de fausses pudeurs qui étend le secret d'État à la protection des gouvernants. Certains, à droite comme à gauche, se scandalisent de cette plongée dans les années troubles de Charles Hernu ; or c'est la non-plongée qui serait scandaleuse, le refus de dire et d'écrire ce que l'on sait ou croit savoir. »

Mais rien n'y fera : le débat public sera tronqué. Les personnes qui savent sont condamnées au silence d'État. Ceux qui parlent, en revanche, ne connaissent rien ou pas grand-chose au dossier. Député UDF de Cherbourg, l'ancien patron de la DST (entre 1982 et 1985) Yves Bonnet monte ainsi violemment au créneau pour défendre l'ancien ministre de la Défense, dont il était fort proche à l'époque. Curieux comportement de la part de l'ex-responsable d'un service de renseignements qui, en l'occurrence, n'en possédait aucun sur cette affaire. Mais l'ancien haut fonctionnaire a sans doute gardé en mémoire les petits déjeuners bimensuels du mardi matin au cours desquels il évoquait en tête à tête avec Charles Hernu toutes les affaires en cours (voir chapitre x)... Comment reconnaître qu'on a pu se tromper sur un homme ? Yves Bonnet aurait certes pu se renseigner auprès des responsables de la DST qui lui ont succédé et qui connaissaient, eux, le dossier Hernu. Ceux-ci l'auraient sans doute utilement éclairé. Mais le député Bonnet a tiré plus vite que son ombre. Après une seconde évocation de l'affaire dans *L'Express*, on n'a plus entendu sa voix dans les médias.

Mais le cas le plus extraordinaire est celui de l'amiral Lacoste, ancien patron de la DGSE, qui affirme dans *Valeurs actuelles* qu'« une manœuvre d'intoxication semble tout à fait plausible », et, surtout, « qu'il faudrait poursuivre et juger ceux qui sont à l'origine de multiples fuites dans les journaux au détriment du crédit des services d'État et de l'image de notre pays ». Déclaration plutôt cocasse, venant de l'homme qui fut directement responsable, sous l'autorité de Charles Hernu, du retentissant fiasco de l'opération Greenpeace, qui, elle, a porté durablement atteinte à l'image de la France. *Magister dixit...*

Nous retrouvons quelques-uns de ces contradicteurs, le 3 novembre 1996, à l'émission télévisée « Polémiques », à laquelle Michèle Cotta nous a conviés pour débattre en direct du cas Hernu. On nous installe sur le plateau. À notre gauche, Patrice Hernu et Yves Bonnet. À notre droite, un inconnu à l'œil sombre, en chemise noire. Michèle Cotta a à peine le temps de présenter le thème du débat, que Patrice Hernu l'interrompt :

– Moi, je m'appelle Patrice Hernu. C'est mon vrai nom, dit-il en brandissant sa carte d'identité. Est-ce que ce monsieur peut en dire autant ? ajoute-t-il en désignant l'inconnu en chemise noire.

Sur le plateau, tout le monde est interloqué. Le mystérieux invité n'a pas le temps de répondre. Patrice Hernu enchaîne :

– Pourquoi ne portez-vous pas sur vos papiers d'identité votre vrai nom, Matteï Haiducu ?

Nous découvrons alors avec stupeur que notre voisin n'est autre que Haiducu, cet ancien officier roumain qui a été mêlé à l'affaire Tanase[1] en 1982. Expédié en France par Ceausescu afin d'éliminer cet opposant à son régime, Haiducu avait préféré tout avouer et se rendre à la DST.

– Je porte en effet le nom de Forrestier depuis que j'ai obtenu la nationalité française, explique-t-il. Et si j'ai dû changer de nom, c'est parce que Ceausescu risquait de me faire assassiner...

Il se lance ensuite dans une explication confuse d'où il ressort qu'il aurait eu en main une fiche au nom de Hernu lorsqu'il travaillait pour la Securitate, à Paris, dans les années soixante-dix.

Après cette scène qui s'apparente à un contrôle d'identité, c'est au tour de l'ancien patron de la DST, Yves Bonnet, de nous prendre à partie :

1. Voir chapitre suivant.

– Maintenant, vous allez nous dire d'où viennent vos informations, et qui vous les a données ! assène-t-il en tapant du poing sur la table.

L'interrogatoire continue sur ce ton. Assez décontenancés par le tour « policier » que prend l'émission, nous réitérons nos explications, qui ne convainquent apparemment ni Patrice Hernu ni le préfet Bonnet. Cette passe d'armes reflète assez exactement le niveau affligeant du débat provoqué à Paris par cette affaire.

Réactions également plutôt vives de l'autre côté de l'ex-rideau de fer. Les diplomates de l'Est qui avaient croisé Charles Hernu à l'époque clament en chœur leur innocence. Raïko Nikolov et Vladimir Erofeïev, tous deux à la retraite, s'indignent, devant les caméras de télévision, que l'on ait pu porter atteinte à leur dignité de diplomates. Mikhaïl Gorbatchev en personne, interrogé lors d'un voyage à Lyon, estime que l'affaire Hernu n'est qu'une « fable ». De mémoire de spécialiste, il est vrai, on a rarement vu un responsable de services secrets ou un officier traitant reconnaître publiquement qu'il avait manipulé un agent à l'étranger ! Encore moins un ancien chef d'État de l'URSS ! Ce genre d'attitude n'est pas non plus dans les mœurs de l'ex-KGB. Aujourd'hui encore, malgré toutes les idées reçues, ses archives sont toujours verrouillées à quadruple tour...

Seuls certains faits avérés semblent tempérer peu à peu la vertueuse indignation des anciens fonctionnaires de l'Est. Après les révélations sur son expulsion des États-Unis en 1962, suite à une affaire d'espionnage, M. Nikolov s'abstient de tout nouveau commentaire. Quant à Vladimir Erofeïev, il apprécie peu la publication des comptes rendus de ses entretiens en tête à tête avec Charles Hernu ; il va jusqu'à s'en plaindre vigoureusement auprès du service des archives du ministère russe des Affaires étrangères. Au point que l'ambassadeur de France à Moscou se voit convoquer, dans les premiers jours de février 1997, par les autorités de Moscou qui lui font part de l'irritation qu'a suscitée la publication de ces documents dans les colonnes de *L'Express*. Cette démarche a même fait l'objet d'un télégramme diplomatique adressé au Quai d'Orsay.

En Roumanie aussi, l'affaire fait grand bruit. À une semaine d'élections générales d'une importance cruciale, six ans après la chute des Ceausescu, le dossier Hernu suscite un ample débat national. Certains croient y voir une nouvelle fois la main de Moscou, soucieux d'empêcher Bucarest d'adhérer à l'OTAN ; d'autres, une manœuvre visant à entacher les bonnes relations entre la France et leur pays. Les vieilles rivalités entre anciens et nouveaux responsables des services secrets rendent la situation encore plus confuse.

L'homme pivot de ce dossier, Mihaïl Caraman, proche de l'ancien Premier ministre Petre

Roman, qui pourrait revenir au pouvoir, se trouve dans une position délicate. Il est déjà rare, surtout dans les anciens pays de l'Est, que de telles affaires s'étalent à la une des journaux. Mais, au plus fort de la campagne électorale, cette histoire ancienne risque d'être exploitée contre lui ou ses amis. Caraman décide donc de se taire. Verrouillant sa porte, il part se mettre au vert dans la petite maison qu'il possède, dans les montagnes proches de Bucarest. Mais il ne dément pas les informations publiées en France. Pendant trois semaines, malgré un ou deux messages laissés sur son répondeur, nous n'aurons pas la moindre nouvelle de lui.

C'est lui qui finit par renouer le contact. Même s'il prend la précaution de ne pas se nommer au téléphone, nous reconnaissons instantanément sa voix :

– Vous ne m'avez pas vraiment rendu service en sortant cette histoire, attaque-t-il. Ici, en Roumanie, ça a provoqué une tempête. J'ai décidé de ne rien dire, mais là, c'est trop : les déclarations de Pacepa sont scandaleuses !

Nous aussi, nous avons lu la longue interview que le général Ion Pacepa, ancien conseiller personnel de Ceausescu, passé à l'Ouest en 1978, a accordée à *L'Événement du jeudi*, dans laquelle il accuse ni plus ni moins Caraman d'avoir livré un faux.

– Je ne peux pas laisser dire une chose pareille, poursuit l'ancien chef des services roumains, en colère. Il faut que vous sachiez pourquoi Pacepa ment.

– Le plus simple serait peut-être que nous revenions vous voir. Nous aussi, depuis la parution de notre article, nous avons des questions à vous poser...

Mihaïl Caraman hésite. Nous insistons. Il finit par accepter, mais, toujours imprégné du sens de la hiérarchie communiste, il ajoute :

– D'accord, venez. Mais ne vous vexez pas, je souhaiterais parler aussi avec votre chef, le patron du journal : M. Jeambar. Pourrait-il vous accompagner ?

Nous annonçons la nouvelle à Denis, ravi à la perspective de rencontrer ce témoin capital. Mais, avant de nous envoler une nouvelle fois pour Bucarest, nous nous penchons sur les déclarations de Pacepa. L'ancien conseiller de la famille Ceausescu, auteur d'un best-seller, *Horizons rouges*, dans lequel il dépeint les aspects ubuesques du régime roumain, vit aujourd'hui sous une identité d'emprunt. Une opération chirurgicale a rendu son visage méconnaissable. Pour raisons de sécurité, il ne rencontre donc aucun journaliste, et c'est par écrit, par l'intermédiaire de son éditeur, qu'il a répondu à *L'Événement du jeudi*.

« Je ne peux pas résoudre le mystère qui entoure la collaboration supposée de M. Hernu avec les services d'espionnage bulgare, roumain et soviétique », pose en préalable Pacepa. Il explique ensuite que, jusqu'à son passage à l'Ouest, il n'a jamais été informé d'une « quelconque relation entre Charles Hernu et les Roumains », ce qui l'étonne, vu sa position à la tête des services secrets et auprès de Nicolae Ceausescu. « J'en conclus que M. Hernu n'était alors ni un agent actif, ni une recrue potentielle, quoique cela n'exclue pas la possibilité qu'il ait eu des contacts avec le service dans le passé. » Ion Pacepa en déduit que le dossier Hernu est un faux fabriqué par le KGB, qui « aurait, en 1992, entamé une subtile campagne de réhabilitation de son image à l'Ouest en faisant passer des personnalités occidentales connues et décédées pour d'anciens agents de l'URSS ». Caraman, prétend-il, est et a toujours été un agent à la solde des Soviétiques.

À la mi-décembre, nous retrouvons, accompagnés cette fois de Denis Jeambar, le paisible quartier de Bucarest où habite Caraman. Les retrouvailles commencent mal : avant même de proférer le moindre mot, il sort nos sacs de voyage du salon et les remise dans le couloir. En revenant, il nous lance :

– Je suis sûr que vous avez enregistré toute notre conversation, la première fois. À chaque fois que vous alliez aux toilettes, c'était pour changer les bandes !...

Nos éclats de rire et nos exclamations ahuries le rassurent et le détendent à la fois.

– Vous savez, reprend l'ancien chef des services secrets roumains, c'est une habitude, ici. Ils avaient même truffé ma maison de micros. Regardez, ici, à l'emplacement de ce plafonnier...

La conversation peut commencer.

Il nous explique longuement ses relations conflictuelles avec le général Pacepa, dont il fut le grand rival. Une plongée édifiante et souvent terrifiante dans l'univers dément du pouvoir roumain sous Nicolae Ceausescu :

– Pacepa m'a toujours détesté. J'ai été en partie à l'origine de sa trahison et de sa fuite à l'étranger. C'est d'ailleurs moi qui l'ai remplacé à la tête des services secrets en 1978. Pacepa n'a jamais été un véritable professionnel du renseignement. Il s'occupait surtout des informations de nature scientifique. Il était devenu l'homme de confiance du couple Ceausescu et remplissait toutes sortes de missions pour eux. Comment voulez-vous qu'il ait été au courant du très bref épisode parisien entre Charles Hernu et les Roumains, entre novembre 1962 et mars 1963 ? Pour nous, Hernu n'a été qu'un *pré-agent*. Aujourd'hui, Pacepa souhaite faire oublier ses liens intimes avec les Ceausescu, parce qu'il rêve de rentrer en Roumanie afin de reprendre du service. Et, pour lui, je suis un gêneur...

Toujours sur bruit de fond de télévision, nous évoquons les derniers rebondissements de l'affaire Hernu, tant en France qu'en Roumanie.

Denis lui annonce que nous allons sans doute bientôt consacrer un nouvel article à l'affaire. Cette perspective ne semble guère enchanter notre hôte. Nous nous quittons néanmoins dans une atmosphère plus détendue qu'à notre arrivée.

Le 16 janvier 1997, *L'Express* titre en effet : « Les documents. Ce que Hernu racontait aux Russes ». Nous publions la quasi-intégralité des comptes rendus de conversations entre Vladimir Erofeïev et le futur ministre de la Défense, des extraits du rapport du KGB ainsi que le mémorandum du département d'État américain sur l'expulsion de Nikolov. La publication de ces documents semble éteindre la controverse. Seule la famille Hernu réclame la saisie du journal à la veille de sa publication. Mais le juge des référés rejette cette requête au nom de la préservation de la liberté de la presse.

La famille Hernu persévère. Elle pouvait difficilement nous poursuivre au pénal pour « atteinte à la mémoire d'un mort », la loi stipulant qu'une telle procédure n'est possible que s'il y a eu volonté de porter atteinte à la considération des héritiers. Elle a préféré nous attaquer au civil pour « faute », notion juridique on ne peut plus floue, mais qui permet de réclamer des dommages et intérêts. Dans son assignation, elle réclame la bagatelle de 30 millions de francs. Du jamais vu à la première chambre civile. Conseillés par nos avocats Mes Landry et Szpiner, nous faisons parvenir au tribunal le double de toutes les pièces en notre possession.

Arrive le 22 janvier, jour de la première audience. Coup de théâtre : Mes Lewish et Gourdon, les défenseurs de la famille Hernu, annoncent qu'ils viennent de porter plainte au pénal contre nous pour « faux et usage de faux ». Ils assurent que les documents russes et roumains que nous avons communiqués sont des faux. Cette démarche, comme le stipule la loi, bloque provisoirement la procédure civile. Le 26 mars, la première chambre civile du tribunal de grande instance de Paris ordonne donc en bonne logique un « sursis à statuer ». Il est de règle, en effet, que le « pénal tienne le civil en état ». Autrement dit, la justice pénale devra se prononcer sur les documents produits par *L'Express* avant que l'affaire ne soit réexaminée au civil.

Une deuxième audience est prévue pour le 12 mai 1997. Nouveau pas en arrière de deux des fils de Charles Hernu : ils annoncent ce jour-là aux magistrats qu'ils abandonnent les poursuites pénales, se réservant la possibilité de déposer plus tard une hypothétique plainte avec constitution de partie civile.

Dans cette hypothèse, si un juge vient à être désigné, la vérité historique sera sans doute difficile à établir, car le magistrat risque fort de se heurter à la sacro-sainte barrière du secret défense. Une notion bien commode pour ne pas s'interroger sur ce qui est advenu après 1963.

L'agent Hernu a-t-il pu échapper aux griffes du KGB ? Ou sa participation a-t-elle continué, et sous quelle forme ? Cette question, touchant l'ancien ministre de la Défense d'une des plus grandes puissances militaires de la planète, peut-elle rester sans réponse ? En effet, les tribulations de Charles Hernu n'ont pas brutalement tourné court en 1963. Loin de là !...

L'affaire va secrètement rebondir, après 1981, quand le dictateur roumain prendra connaissance de la « note sur le cas Hernu ». Une autre pièce, capitale et accablante, du dossier apporté à Paris par Mihaïl Caraman...

VIII

La Securitate informe Ceausescu

Le 1er septembre 1982, le dossier Hernu atterrit sur le bureau du *Conducator* roumain, Nicolae Ceausescu. Exhumé des archives dans le plus grand secret, ce dossier récapitule les états de services de l'« agent Hernu ». Le dictateur est alors au faîte de sa puissance et au comble de sa mégalomanie, au point d'avoir tenté de faire assassiner quelques jours plus tôt, à Paris, un écrivain roumain en exil, Virgil Tanase. Mais le contre-espionnage français a éventé l'affaire et, au terme d'un rocambolesque feuilleton sur lequel nous reviendrons, Ceausescu fait désormais figure d'accusé devant la communauté internationale. Panique au sein de l'appareil d'État à Bucarest ! Il faut à tout prix trouver des armes pour riposter contre Paris. La Securitate rédige alors à l'intention de Ceausescu deux notes ultraconfidentielles.

La première est entièrement consacrée à Charles Hernu. Longue de sept feuillets, datée « 01.09.1982 » et portant l'étonnant numéro 00069427, elle est précédée des mentions « *Strictement secret* », « *De la plus haute importance* » et « *Exemplaire unique* ». Outre des passages soulignés et des noms en majuscules, elle est rédigée en gros caractères très lisibles (voir annexe n° 1). Lorsque nous avons eu cette pièce inédite en main, cette singularité nous a frappés d'emblée. Notre fidèle traductrice du roumain – qu'elle soit ici remerciée pour sa disponibilité et pour sa gentillesse ! – nous a aussitôt fourni l'explication : Ceausescu, qui était myope mais refusait par vanité de porter des lunettes, exigeait que les notes qui lui étaient soumises fussent rédigées en très gros caractères. Une particularité bien connue des Roumains : lorsqu'il montait à la tribune pour l'un de ces discours-fleuves dont étaient coutumiers les ex-dirigeants de l'Est, Nicolae Ceausescu tenait à la main une monstrueuse liasse de feuillets, d'autant plus imposante que chaque page ne contenait en général que quelques lignes de texte !

Que découvre le numéro un roumain, ce 1er septembre 1982 ? La première partie de la note récapitule la « carrière » de l'« agent Hernu » et ses relations compliquées avec les Bulgares et les Soviétiques. On imagine aisément la stupeur du dictateur à la lecture de ce document qui relate, entre autres, comment celui qui est alors ministre de la Défense au sein du gouvernement français remettait au KGB, moyennant finances, des notes concernant l'OTAN ! Le début ne laisse d'ailleurs place à aucune ambiguïté :

> « Nous détenons des informations dont il résulte que Charles Hernu, l'actuel ministre de la Défense français, ancien haut fonctionnaire au ministère du Commerce extérieur français et président du club des Jacobins, a été pris en charge par la résidence soviétique de Paris sous le nom de code "ANDRÉ" à la date du 20 juin 1957, comme en témoigne la Xérocopie [photocopie] de l'original de la note des conseillers soviétiques qui se trouvaient dans notre pays à cette époque.
>
> « Selon les documents en notre possession, Charles Hernu a été, à l'origine, en relation avec les organes de renseignements bulgares, de mars 1953 à juin 1957, par l'intermédiaire du diplomate Vinogradov, en poste en France.
>
> « À cette époque, Charles Hernu était non seulement haut fonctionnaire au ministère du Commerce extérieur et président du club des Jacobins, mais il exerçait aussi la fonction de rédacteur en chef du journal *Le Jacobin* et était membre de la Ligue maçonnique *[sic]*. À ce titre, il avait des liens étroits avec des personnalités politiques de premier plan de l'époque, dont les anciens présidents du Conseil Édouard Daladier, Pierre Mendès France et Guy Mollet, mais aussi avec des personnalités d'avenir comme

François Mitterrand, Gaston Defferre, actuel ministre de l'Intérieur, Claude Cheysson, actuel ministre des Relations extérieures, ainsi que d'autres personnalités moins marquantes d'aujourd'hui. »

Le document confirme ensuite un élément inscrit en filigrane dans la longue note des Soviétiques consacrée à Charles Hernu : c'est bien la qualité de ses réseaux politiques qui a attiré l'attention du KGB. La Centrale de Moscou va d'ailleurs en tirer largement parti, ainsi que le précise la note remise à Ceausescu, qui fourmille de détails, dont certains sur des faits on ne peut plus compromettants :

> « Le service de renseignements soviétique, ayant entrevu les perspectives d'ascension politique de Charles Hernu, l'a repris aux Bulgares. Charles Hernu a alors fourni au service de renseignements soviétique des informations et des documents secrets concernant la politique intérieure et extérieure de la France, divers matériaux élaborés dans le cadre de l'OTAN, ainsi que des informations concernant le potentiel militaire français et les moyens techniques dont disposait l'armée (notamment concernant, à cette époque, l'Algérie).
>
> « Il résulte des documents en notre possession qu'en échange les Soviétiques lui ont accordé mensuellement des sommes variant entre 1 000 et 1 500 francs (son salaire à cette époque étant

de 800 francs). De plus, au mois de novembre 1958, le service de renseignements soviétique [KGB] a accordé à Charles Hernu la somme de 30 000 francs pour soutenir sa candidature aux élections législatives. »

La note affirme donc que Charles Hernu ne se serait pas contenté de livrer des informations sur la vie politique française, mais aurait aussi communiqué des documents sur l'OTAN et sur l'armée française, ce qui explique sans doute les sommes relativement importantes que lui verse alors le KGB.

Autre révélation contenue dans la note rédigée à l'intention de Nicolae Ceausescu : les services roumains se sont intéressés à Charles Hernu après sa nomination au ministère de la Défense en 1981, comme l'atteste l'étonnante précision suivante :

> « Charles Hernu a cultivé et entretenu en permanence des relations avec François Mitterrand, avec le frère de celui-ci, le général Jacques Mitterrand, président de la Société nationale de l'industrie aérospatiale, avec Gaston Defferre, ministre de l'Intérieur, Claude Cheysson, actuel ministre des Relations extérieures, qui a une grande influence sur lui. Il a aussi associé en coulisses d'autres personnalités politiques françaises, comme Gaston Defferre, à des manœuvres politiques, ainsi qu'à la formation de l'actuelle équipe gouvernementale française

> (informations obtenues après l'élection présidentielle de 1981). »

Ces informations recueillies « après 1981 » ont une curieuse tendance à surestimer le rôle de Charles Hernu dans la formation du gouvernement d'union de la gauche. Affirmer par exemple que Gaston Defferre devait sa nomination à l'ancien député radical traduit une méconnaissance certaine des rapports de forces au sein de la nouvelle équipe gouvernementale présidée par Pierre Mauroy. Il est indiscutable que l'ancien maire de Marseille avait la préséance sur Charles Hernu.

En revanche, dans le domaine du renseignement et de l'espionnage, les précisions apportées à Ceausescu correspondent bien à la réalité :

> « À la suite de manœuvres de Hernu, François Mitterrand a été obligé de nommer au poste de directeur général des services d'espionnage Pierre Marion, vieil ami de Hernu. Il faut noter qu'après sa nomination à ce poste Pierre Marion, avec l'accord de Hernu, a procédé à une série de changements à l'état-major du SDECE. »

Forte personnalité contestée au sein des « services », Pierre Marion a en effet opéré de nombreux bouleversements au sein de ce qui allait bientôt devenir la DGSE. Il a d'abord écarté les collaborateurs directs de son flamboyant prédécesseur, Alexandre de Marenches : René Dalmas, Yves Beccuau et Michel Roussin, son directeur de cabinet (lequel deviendra douze ans plus tard ministre de la Coopération dans le gouvernement d'Édouard Balladur). Autre responsable clé, le directeur du renseignement à la division recherches, le général René Crignola, est également remercié. Au total, plus de cinquante agents – permanents ou honorables correspondants – quittent la maison. Certains sont même « démissionnés » pour manquement au service[1].

En conclusion, l'auteur de la note ultrasecrète à Ceausescu confirme que les Soviétiques ont bien ordonné aux Roumains, en 1963, de cesser toute relation avec Charles Hernu. Mais il ajoute une précision de taille : le grand frère a tenu à dissimuler ce « transfert » aux services secrets des pays satellites. Ce passage du rapport mérite que l'on s'y attarde. En effet, on y découvre quel destin le KGB entend réserver à l'« agent Hernu ». On y a aussi une idée des arcanes du monde du renseignement au sein du pacte de Varsovie. En réalité, le KGB n'hésitait pas, pour brouiller les cartes, à mentir aux services secrets « amis ». Un stratagème qui ne trompe pas l'auteur de la note (vraisemblablement Mihaïl Caraman) :

1. Voir à ce sujet *La Piscine*, de Roger Faligot et Pascal Krop, Seuil, 1985.

> « Après que les organes de sécurité roumains sont entrés en possession d'informations détaillées sur Hernu, les organes du KGB ont fait croire en avril 1963, pour se couvrir, qu'"ANDRÉ" avait été abandonné. Cette version a été diffusée afin que les services de renseignements des pays socialistes ignorent qu'"André" continuait de collaborer avec les organes du KGB. »

Une conclusion en forme de mise en garde : le cas Hernu est difficile à manipuler ; les Roumains ne savent pas trop si les liens avec les Soviétiques ont été maintenus ; enfin, en dépit des divergences officielles entre Moscou et Bucarest, Nicolae Ceausescu n'ignore pas qu'il faut se montrer prudent – notamment en matière de renseignement.

Cette note, on l'a vu, ne surgit pas par l'effet du hasard en ce mois de septembre 1982. Depuis qu'il a vu le nom de Charles Hernu figurer sur la liste du gouvernement français nommé en mai 1981, Mihaïl Caraman, alors écarté de la direction du Renseignement roumain, a tenté à plusieurs reprises d'alerter la direction du contre-espionnage sur ce cas extraordinaire. En vain. Il est vrai qu'à l'exception de quelques officiers gravitant autour de Caraman, en poste à l'ambassade de Roumanie à Paris dans les années soixante, aucun responsable des services secrets roumains n'a eu vraiment connaissance des quelques mois de « flirt » entre Charles Hernu et leur pays. Le dossier dort dans les archives et bien peu en ont gardé un souvenir précis.

Il faut donc l'affaire Tanase et un rocambolesque « vrai-faux » enlèvement de l'écrivain pour faire réapparaître ledit dossier. En 1982, dans sa folie paranoïaque, Ceausescu décide, on l'a vu, de faire assassiner plusieurs de ses opposants en exil à l'étranger – en particulier les écrivains Paul Goma et Virgil Tanase, réfugiés en France. Ordre est donc donné à un officier « dormant » des services roumains, installé en France depuis 1975, de passer à l'action.

C'est le fameux « Haiducu-Forrestier », que nous rencontrerons quelques années plus tard sur le plateau de l'émission de Michèle Cotta, « Polémiques », qui est chargé de liquider les deux écrivains. Mais l'espion roumain renâcle, et, refusant de se transformer en tueur, va tout confesser à la DST avant de se placer sous sa protection. En échange, il demande que sa mère et son frère soient « exfiltrés » de Roumanie.

La DST, qui « débriefe » longuement l'officier roumain, voudrait en profiter pour « retourner » un haut responsable des services secrets de Bucarest, le général Plesita. Pour couvrir Haiducu sans éveiller les soupçons en Roumanie, le contre-espionnage français organise donc un faux enlèvement de l'écrivain Virgil Tanase, tout ce qu'il y a de consentant. Haiducu fait croire à ses supérieurs que ce sont des truands à sa solde qui ont monté l'opération. Le 9 juin, François Mitterrand, lors d'une conférence de presse, entre à son tour dans le jeu : « S'il était démontré, hypothèse tragique, que M. Tanase a disparu pour ne pas réapparaître, cela entamerait sérieusement la nature des relations entre la Roumanie et la France... », déclare-t-il en parfaite connaissance de cause. Le juge d'instruction saisi de l'affaire de l'enlèvement, Jean-Louis Debré, n'apprendra lui-même la vérité que plus tard. Le général Plesita ne passera pas à l'Ouest, mais le « vrai-faux » enlèvement de Virgil Tanase aura cependant permis de sauver la vie des deux dissidents roumains.

À la fin de l'été, la presse commence à flairer le subterfuge. Le 31 août, Tanase réapparaît publiquement aux côtés de Haiducu pour une conférence de presse spectaculaire au cours de laquelle toute l'opération est dévoilée. L'affaire jette un froid glacial sur les relations entre Paris et Bucarest. Accusé d'avoir envoyé des tueurs dans la capitale française dans le but d'y éliminer des opposants politiques en exil, Ceausescu, acculé, cherche un moyen de riposter.

C'est ainsi que, par un étrange ricochet historique, le dossier Hernu est remonté à la surface à Bucarest. Et, au lendemain de la réapparition de Virgil Tanase à Paris, la fameuse note récapitulative sur l'agent Hernu atterrit sur le bureau de Nicolae Ceausescu.

Mais comment utiliser une telle « bombe » politique ? Plusieurs hypothèses s'offrent aux Roumains : une « fuite » dans la presse occidentale, qui placerait Charles Hernu dans une situation intenable ? Ou faire discrètement passer le message au plus haut niveau de l'État français ? Mais c'est sans compter avec une inconnue de taille : Bucarest, on l'a vu, ignore ce qu'il est advenu des relations entre Charles Hernu et le KGB après 1963. Une telle manœuvre dans le dos des Soviétiques pourrait entraîner de terribles représailles...

Y a-t-il eu en 1982 un contact entre Bucarest et Moscou, ou entre Bucarest et Paris ? Mystère.

Mihaïl Caraman, lui, croit savoir :

– « Réactiver » un homme que nous n'avions eu entre les mains que l'espace de quelques mois, vingt ans plus tôt, aurait été une opération trop hasardeuse, assure-t-il. Même si une tentative de contact fut un instant envisagée, *via* la Suisse, l'idée fut apparemment abandonnée par le service. Mais je ne sais pas ce qu'ont fait les Soviétiques...

Pour répliquer à l'affaire Tanase, les services roumains ont cependant d'autres atouts dans leur manche. Outre le dossier Hernu exhumé des archives, la Securitate rédige un second rapport. Long de cinq pages, daté du 31 août 1982, il recense de manière détaillée l'activité des services de renseignements français à l'encontre de la Roumanie. La Securitate y évoque le nom d'un certain nombre de Français qu'elle soupçonne de se livrer à des activités d'espionnage sur le sol roumain. Elle relate également deux tentatives de recrutement de citoyens roumains par des officiers français à Paris. Document caractéristique des services de l'Est, mêlant faits précis et expression d'une certaine paranoïa, ce rapport, apporté à la France par Caraman en 1992 – en échange d'informations sur la Roumanie – a sans nul doute dû intéresser les hommes de la DST qui en ont pris connaissance. Il concerne en effet directement leurs activités et celles des autres services de renseignements français.

Le style politico-policier de la Securitate est un modèle de langue de bois des pays de l'Est. Le titre et le prologue annoncent déjà la couleur :

> « NOTE CONCERNANT LA DIVERSIFICATION DES ACTIVITÉS HOSTILES AUX INTÉRÊTS DE L'ÉTAT ROUMAIN ENTREPRISES PAR LES ORGANES DE RENSEIGNEMENTS ET LE CONTRE-ESPIONNAGE FRANÇAIS PAR L'INTERMÉDIAIRE DE L'AMBASSADE DE FRANCE À BUCAREST :
>
> « Des informations sûres obtenues par les organes de la Securitate attestent qu'en 1981 les services secrets français ont engagé une série d'actions hostiles à notre pays, actions auxquelles ont participé des diplomates, des journalistes, des lecteurs d'université et des coopérants français venus en assistance technique. Leurs agissements visent principalement à

recueillir des informations, à développer une propagande hostile et à se livrer à des provocations et à des opérations de désinformation de l'opinion publique par la publication, avec la complicité de journalistes, d'informations fausses sur la situation économique de notre pays... »

Suit l'exposé d'un certain nombre de cas précis.

Le dossier fait ainsi état de « *mesures de contrôle et de neutralisation* » prises à l'encontre de l'attaché militaire à l'ambassade de France à Bucarest, le lieutenant-colonel Serge L. : « *Connu pour son goût intense pour le renseignement militaire, il a été surpris à deux reprises en flagrant délit, aux mois de mars et août 1982, alors qu'il photographiait et collectait des renseignements dans le périmètre des unités militaires de Craiova ainsi que dans une zone interdite de la province de Maramures.* »

Plus compromettant encore : « *On a trouvé sur lui un carnet avec des notes codées contenant des informations qu'il avait rassemblées au cours de ses nombreux déplacements dans différentes régions, notamment à Galatzi.* » À l'occasion d'une rencontre culturelle franco-roumaine à l'Université de cette dernière ville, Serge L. aurait recueilli auprès d'étudiants et d'enseignants des « *informations destinées à dénigrer la Roumanie* ».

Pis : « *Il a collecté des informations de nature politico-sociale sur l'état de la population et l'attitude vis-à-vis de la direction du Parti. Il a également invité les étudiants à écouter les radios étrangères qui déploient une activité hostile à la Roumanie, ainsi qu'à leur fournir des renseignements, notamment à Radio Free-Europe.* »

Cette radio, largement financée par les États-Unis, émettait à destination des pays de l'Est : foncièrement anticommuniste, elle était l'une des rares sources d'informations sur l'Occident de l'autre côté du rideau de fer – mais aussi la bête noire de Ceausescu. Selon des documents découverts récemment, le dictateur roumain aurait été le commanditaire d'un attentat visant la station de Radio Free-Europe à Munich, qui fit, le 21 février 1981, huit blessés et 12 millions de francs de dégâts matériels. Cet attentat, commis par le « groupe Carlos », recruté par un responsable de la Securitate, le colonel Nitescu, prouve les liens existant à l'époque entre le célèbre terroriste et les autorités de Bucarest.

Mais les services secrets roumains ne s'intéressent pas qu'aux « professionnels » du renseignement comme le lieutenant-colonel Serge L. Soucieux avant tout de trouver une riposte à l'affaire Tanase, il leur faut à tout prix leur « quota » d'espions français, quitte à leur imputer parfois des activités pour le moins surprenantes. C'est que ces pseudo-« espions » doivent avant tout pouvoir servir de « monnaie d'échange ». Les

Roumains surveillent ainsi étroitement de jeunes universitaires français venus donner des cours de langue dans les universités du pays – ce que l'on appelle les « lecteurs ». Deux d'entre eux font même l'objet de mesures d'expulsion.

Ainsi, Patrice M., lecteur d'un institut d'enseignement, aurait, poursuit le rapport, « *transmis à quelques étudiants et enseignants des publications à caractère anticommuniste, dénigrant notre pays, ainsi que de la propagande à contenu fasciste (des marches et des hymnes hitlériens). Grâce aux mesures prises au mois de juin de cette année [1982], celui-ci a fait l'objet d'une enquête, a reconnu les faits dont il était coupable, et a demandé que l'ambassade ne soit pas informée, pour ne pas compromettre sa carrière.* » Ce qui n'empêche pas la Securitate d'affirmer qu'elle « *détient des informations selon lesquelles les autorités françaises n'enverront plus ce lecteur en poste à l'étranger...* »

Un second lecteur aurait « *tenté de monter un réseau d'espionnage et a réussi à recruter une étudiante qui lui a livré de nombreuses informations écrites et verbales concernant différents domaines politiques et sociaux de notre pays. Mais, grâce à notre intervention* – se félicite la Securitate –, *les informations recueillies et d'autres documents au contenu hostile ont été récupérés, empêchant qu'ils soient utilisés contre la Roumanie. Au vu des éléments de preuves, le lecteur a reconnu les faits. Les autorités françaises, informées de notre enquête, l'ont rappelé en avril de cette année.* »

L'activité des journalistes français est, elle aussi, forcément suspecte. Ainsi, deux journalistes de l'Agence France-Presse accrédités à Bucarest, dont Jean F., sont, péché mortel, en relation avec Radio Free-Europe et avec l'organisation abhorrée Amnesty International. Mais ce n'est pas tout :

> « Lors de visites répétées en Roumanie, et sous la direction de certains diplomates de l'ambassade de France, ils ont systématiquement utilisé des informations pour des opérations de propagande hostile à notre pays. »

Autre cas, celui de Bernard Poulet :

> « Journaliste au *Matin* (quotidien de tendance socialiste), il est arrivé en Roumanie au mois de février 1982 en qualité de touriste. Il était en fait chargé par Amnesty International d'entrer en contact avec plusieurs éléments mécontents connus pour leur attitude hostile, parmi lesquels Vasile Paraschiv, de la ville de Ploiesti, proche de Paul Goma [l'écrivain en exil qui devait être éliminé en même temps que Tanase] et du soi-disant SLOMR (Syndicat libre des travailleurs roumains), afin de soutenir leur action anarchiste. »

Le journaliste est d'autant plus dans le collimateur de la Securitate que c'est lui qui a révélé dans les colonnes du *Matin* l'affaire Tanase. Dans un éditorial de l'époque, Bernard Poulet a d'ailleurs rappelé ses relations difficiles avec la police politique roumaine : « Je ne tire aucune gloire d'avoir été passé à tabac par la Securitate », écrit-il ainsi le 1er septembre 1982.

« *Des missions identiques ont été confiées à toute une série de touristes français. À cette occasion, se flatte la Securitate, des documents ont été confisqués, et les citoyens français concernés, admonestés...* » Ainsi le touriste Roger G.-R., venu en Roumanie en août 1982 :

> « Il a filmé et photographié, en utilisant plus de cent pellicules, les moindres aspects de l'approvisionnement de la population et des conditions de logement en milieu rural. La personne en question a été prise en flagrant délit et admonestée. Ses films ont été confisqués ; après quoi, il a pu quitter sans encombres le pays à l'expiration de son visa. »

Il ne faisait décidément pas bon être touriste, cet été-là sur les bords du Danube : la Securitate se vante en effet d'avoir « *identifié plusieurs touristes français venus en Roumanie pour rassembler des données au caractère dépréciateur et émettre des commentaires tendancieux contre la République socialiste de Roumanie* ».

De même, des techniciens ou des cadres français en poste en Roumanie sont alors suspectés de se livrer à des activités d'espionnage, en particulier sur les sites d'Oltcit-Craiova (une société mixte franco-roumaine de construction d'automobiles Renault) et au Centre aéronautique de l'aéroport. Selon la Securitate, l'ambassade de France à Bucarest aurait donné « *des instructions visant à multiplier les relations avec les cadres technico-scientifiques roumains ayant des perspectives de promotion, afin de susciter chez eux des sentiments francophiles qui pourront être exploités ultérieurement, ou des activités de renseignements* ».

Second volet de la note : les tentatives de recrutement de citoyens roumains sur le sol français par la DST. Deux cas sont notamment signalés.

En février 1981, Constantin P., directeur roumain de la société mixte de transport routier Danzas-Romtrans, dont le siège est à Paris, a été contacté par un officier du contre-espionnage français qui, « *par des moyens d'intimidation et de chantage, a essayé de l'amener à trahir* ». Mais il a refusé et a prévenu la Securitate.

Un an plus tard, une affaire plus sérieuse : Marin S., premier secrétaire au ministère des Affaires étrangères roumain, qui accomplit une mission temporaire à l'ambassade de son pays à Paris, « *a été accosté, alors qu'il venait de quitter l'immeuble du ministère* [des relations extérieures], *par un officier de renseignements français. Celui-ci lui a directement proposé de collaborer, de fournir des informations sur les membres de l'ambassade et sur la situation en Roumanie. L'officier français, qui a décliné son identité, a prévenu le diplomate roumain qu'en cas de refus son permis de séjour en France serait supprimé. Atterrée, l'ambassade de Roumanie à Paris a répondu à cette provocation en informant le ministère français des Relations extérieures.* »

Mais tous ces éléments secrets rassemblés en hâte par la Securitate dans cette note n'offrent pas de riposte sérieuse à la trop retentissante affaire Tanase. Grâce au transfuge Haiducu, la DST a en effet évité deux assassinats à Paris et pris en flagrant délit le commanditaire : le dictateur roumain. Face à cette affaire d'État, Bucarest se contente de faire convoquer l'ambassadeur de France par un haut fonctionnaire du ministère qui dénonce une « campagne hostile » à la Roumanie. Quant à l'ambassade parisienne, elle se borne à diffuser un communiqué de principe parlant d'une « mauvaise mise en scène » et d'une « provocation ». Les informations de la Securitate contre les supposés agents français ne sont donc pas jugées suffisamment consistantes pour organiser une contre-attaque en règle.

Reste le cas Hernu.

IX
Grandeur et misère de Charles Hernu

Si Nicolae Ceausescu n'a pas donné suite à la note transmise par la Securitate concernant Hernu, c'est d'abord parce qu'il ignorait ce qu'il était advenu des relations entre le KGB et le ministre de la Défense français. Peut-être a-t-il aussi considéré que le « poisson » était devenu trop gros pour les filets roumains. Si le KGB a les moyens – il l'a prouvé, comme on le verra, en d'autres cas – de traiter des agents d'un tel calibre, la Securitate n'avait en fait « connu » Hernu que quelques mois : il « appartenait » plutôt aux Bulgares et aux Soviétiques. Sa reprise en main se serait révélée par trop délicate.

On comprend l'embarras des services roumains : entre le Charles Hernu qu'ils ont croisé en 1962 et le ministre de la Défense de 1982, que de chemin parcouru ! Un parcours cahoteux et mouvementé qui l'aura conduit aux sommets de l'État avant d'en dégringoler brutalement. Un destin exceptionnel pour cet homme qui, au terme d'un long chemin de croix électoral, longtemps battu et rejeté, est parvenu, dans l'ombre de François Mitterrand, à devenir l'un de ses ministres les plus importants. Sa popularité survivra même à sa démission à la suite de la piteuse affaire Greenpeace. « Avec cet homme, résume l'un de ses proches, tout était possible, le meilleur comme le pire... »

Avant de revenir sur une éventuelle poursuite de sa carrière d'agent après 1963, arrêtons-nous un instant sur cette stupéfiante trajectoire de Charles Hernu.

Au début des années soixante, une nouvelle fois battu aux élections législatives, il n'est plus rien. Son premier « grand homme », Mendès France, a son avenir derrière lui. Cet éternel lieutenant à l'énergie inépuisable va donc partir à la recherche d'un nouveau « patron » en politique. Il lie alors son destin à un homme qui l'impressionne mais qui, comme lui, est au plus creux de la vague : François Mitterrand. Dans les combinaisons et fusions de groupuscules et de clubs de gauche qui aboutiront à la création de la Fédération de la gauche démocrate et socialiste, Charles Hernu joue le rôle de fidèle du chef. Très isolé, François Mitterrand va trouver en cet homme un secrétaire général de la FGDS totalement dévoué et, à l'occasion, peu embarrassé de scrupules, à qui il pardonnera ses nombreux dérapages.

Hernu fait partie du premier cercle des mitterrandiens, lequel comprend alors notamment Georges Dayan, Claude Estier et Roland Dumas. Il participe activement à la campagne pour la présidentielle de 1965. C'est avec ces quelques hommes, comme le racontent Jacques Derogy et Jean-François Kahn[1], que François Mitterrand met fiévreusement au point, dans la nuit du 8 au 9 septembre 1965, sa déclaration de candidature. Et c'est Charles Hernu qui a la responsabilité de la communiquer par téléphone à l'AFP depuis le domicile de Mitterrand, rue Guynemer, en saluant ironiquement au passage l'inspecteur des RG qui les écoute... C'est surtout lui qui, durant cette campagne, porte les messages échangés entre le candidat de la FGDS et Waldeck-Rochet, secrétaire général du Parti communiste.

En décembre, à la surprise générale, François Mitterrand parvient à mettre le général de Gaulle en ballottage, mais doit s'incliner au second tour. Cette élection marque le vrai retour politique de Mitterrand. Mais, son camp ne parvenant pas à accéder au pouvoir, Charles Hernu doit continuer sa traversée d'un désert de plus en plus aride. Voilà sept ans – depuis 1958 – qu'il n'exerce plus le moindre mandat. Or, s'il est un point sur lequel François Mitterrand se montre intransigeant avec ses compagnons, c'est sur la

---

1. *Les Secrets du ballottage*, Fayard, 1966.

nécessité, pour chacun, d'être implanté localement. Il sait qu'une véritable carrière politique passe obligatoirement par un ancrage solide dans une circonscription. Charles Hernu va donc entamer un long – et infructueux – tour de France électoral. Lyon (1962), Saint-Étienne (1967), Châteauroux (1968, 1973) : à chaque fois, le candidat Hernu échoue, en dépit du soutien de François Mitterrand. Le personnage parisien haut en couleur, qui fait parfois campagne en chemise rose avec de la dentelle aux poignets, n'a pas exactement le profil du candidat rural classique. D'autant moins que dans l'Indre, par exemple, il a tendance à confondre vaches et bœufs, blé et orge...

Les fins de mois sont, comme à l'habitude, acrobatiques. Sans mandat, ayant démissionné du Centre national du commerce extérieur en 1965, il ne vit officiellement que du soutien financier de sa nouvelle épouse journaliste, Jacqueline Chabridon. Après leur divorce, aux abois, il réussit à se faire nommer, par l'intermédiaire de son ami Jacques Chaban-Delmas, professeur à l'European Business School, rue de la Paix, à Paris, un cours privé dirigé alors par Philippe Guilhaume, futur PDG de France 2-France 3. Très aimé de ses étudiants, Charles Hernu y enseigne la communication politique, domaine où il excelle. Faisant feu de tout bois, il lance également une lettre confidentielle destinée à prodiguer des conseils aux petits épargnants pour placer leur argent : *Flash-Épargne*. Une gageure, pour un homme qui n'a jamais eu un franc devant lui...

Mais tout cela ne suffit pas à combler le déficit chronique des finances de Charles Hernu. Ses besoins d'argent vont l'entraîner dans une sombre affaire qui aurait pu ruiner sa carrière politique. L'un des gros scandales de la période gaulliste : l'affaire de la Garantie foncière. Que reproche-t-on à Hernu dans ce krach financier où huit mille petits épargnants ont été spoliés par un escroc, Claude Lipsky ? Tout simplement d'avoir prêté ce qu'il a de plus précieux : ses relations et son carnet d'adresses. Ce qui, on l'a vu, intéresse les services secrets de l'Est a également fait les délices de Lipsky. Cet affairiste notoire, déjà mêlé à une douteuse vente de fil de fer barbelé pendant la guerre d'Algérie, a cette fois monté une société de placement promettant des taux d'intérêt exorbitants. Il aura en fait détourné 120 millions de francs...

L'affaire éclate en 1971. Deux députés de la majorité, André Rives-Henri et André Roulland, y sont mêlés. Charles Hernu, lui, est entendu sept heures durant par le juge Gondre. Conseillé par Mes Roland Dumas et Jean-Louis Bredin, il échappe de justesse à l'inculpation – probablement aussi grâce à l'intervention de Jacques Chaban-Delmas, alors Premier ministre. Pourtant, beaucoup se souviennent de son rôle actif auprès de Lipsky, y compris après que l'affaire a éclaté. Ainsi, lors de cette étonnante rencontre avec le rédacteur en chef de *L'Express* de l'époque, Claude Imbert. Invité par Charles Hernu à déjeuner au restaurant *La Marée*, ce dernier lui présente Lipsky. À peine le plateau de fruits de mer est-il posé sur la table que le financier fait mine de sortir son carnet de chèques tout en demandant au journaliste :

– Combien, pour qu'il n'y ait pas d'article dans *L'Express* ?

Stupéfait, Claude Imbert répond, glacial :

– Il y a des repas qui peuvent s'arrêter aux huîtres...

Lipsky réalise l'énormité de sa proposition et Hernu, abominablement gêné, doit s'employer durant tout le repas à meubler la conversation...

L'affaire tombe d'autant plus mal pour Charles Hernu que le congrès d'Épinay vient tout juste de se terminer. Acte fondateur du Parti socialiste, il consacre la suprématie de François Mitterrand à gauche. Mais, tenu à l'écart, Charles Hernu n'y joue pratiquement aucun rôle. C'est à peine s'il parvient à conserver une place au comité directeur du nouveau Parti. Visiblement, Mitterrand souhaite qu'il se fasse quelque peu oublier après le scandale Lipsky. Mais le leader de la gauche, on le sait, n'est pas homme à laisser tomber un ami, surtout aussi fidèle. Le « grognard » est donc intégré à l'équipe chargée de rédiger un programme de gouvernement, « Changer la vie », qui servira plus tard de base au fameux Programme commun de la gauche.

Hernu va alors choisir un secteur en déshérence au sein du PS : le domaine militaire et de la défense. Pourquoi diable l'ancien député jette-t-il son dévolu sur cette « spécialité » dont il ne connaît rien et à laquelle rien ne le destine ?

Certes, en juin 1958, il a visité le quartier général de l'Armée de l'air américaine, dans le Nebraska, mais il s'agissait d'un voyage organisé à l'intention de plusieurs parlementaires français, la plupart non spécialisés. Hernu y était accompagné de Pierre July, député de l'Eure-et-Loir (Rassemblement des gauches républicaines), de Jean Bouhey, député de la Côte d'Or (socialiste), de Marcel Delrieu, sénateur de Constantine (Républicains indépendants), de Georges Portman, sénateur de la Gironde (Républicains indépendants), et du général Béthouart, sénateur représentant les Français du Maroc (Mouvement républicain populaire). À son retour, il a fait un compte rendu « terrifiant » de cette visite devant les membres de la commission des Affaires étrangères du Parlement. Hernu a raconté en détail le *speech* du général Power, patron du Strategic Air Command (SAC), lequel avait expliqué à la délégation comment les 2 500 appareils du SAC, dont des bombardiers B 47 et B 52 équipés d'armes nucléaires, pouvaient intervenir immédiatement en tous points du globe. Les députés en mission avaient pu accéder à la salle de *briefing* du SAC, situé au troisième sous-sol de la base, mais ils n'avaient pas pu consulter la carte ultrasecrète indiquant tous les objectifs qui seraient atteints à l'Est en cas de « riposte » nucléaire américaine. Hernu a détaillé très précisément, à l'intention de la Commission de l'Assemblée, le nombre d'appareils et les engins – Gam 77, Snark, Thor, Atlas et Titans –, dont ils étaient équipés.

Enfin, la mission parlementaire a été reçue à Washington par le Président Eisenhower. Hernu a décrit la scène au journaliste Jean-Raymond Tournoux[1] : « Pour Ike, l'obsession quotidienne est sa présence au sommet de cette création apocalyptique. Les Américains, dit encore Hernu, n'ont évidemment jamais oublié Pearl Harbor. Mais Charles Hernu a pu constater à l'occasion d'un séjour en URSS que les Soviétiques, de leur côté, souffraient d'un redoutable complexe d'encerclement... »

Éliminons une légende : l'influence de son père gendarme, dont il se glorifiera par la suite, et qui l'aurait guidé vers la chose militaire. À l'époque, Charles Hernu évite plutôt d'évoquer ses antécédents paternels, parlant plutôt vaguement d'un père « prévôt ». De surcroît, son bref et trouble passage dans la gendarmerie, à l'époque de la Libération (voir chapitre III), ne devait pas lui rappeler d'excellents souvenirs...

---

1. *Carnets secrets de la politique*, Plon, 1958.

La thèse généralement admise au PS, c'est que « Charles » a choisi un secteur dont personne ne s'occupait. Mis à part un « jeune qui monte », Jean-Pierre Chevènement, aucun ténor socialiste ne montrait beaucoup de goût, à l'époque, pour la chose militaire. La réciproque était tout aussi vraie du côté de la hiérarchie militaire, où l'on ne débordait pas de passion pour les milieux socialistes. Hernu allait donc en quelque sorte occuper un terrain presque vierge.

Charles Hernu s'investit totalement dans ce secteur qui, ô miracle, lui va comme un gant. D'autant plus qu'il s'entoure avec intelligence d'excellents conseillers et, avec eux, va parvenir à sortir le PS de sa traditionnelle culture d'opposition en ce domaine. Non sans difficultés, il l'amène à adopter des positions réalistes et à se préparer ainsi de manière crédible à une prise de pouvoir éventuelle. Pour une fois bon élève, Hernu peaufine sérieusement sa « formation militaire ». Plusieurs personnes l'aident à élaborer la doctrine militaire de la gauche. Au premier rang, un jeune et talentueux juriste, Jean-François Dubos, qui deviendra quasiment son *alter ego*, au point qu'après 1981 on le surnommera le « vice-ministre de la Défense ». Un autre brillant jeune homme, énarque, François Heisbourg, issu du corps diplomatique, l'initie à la stratégie et à la géopolitique. Hernu va alors hanter – comme il sait le faire, à sa façon bonhomme, énergique et chaleureuse – les réunions militaires, des conférences de l'IHEDN (Institut des hautes études de la défense nationale) aux cercles d'officiers. Il prend en main les destinées de la naissante commission socialiste de la défense et crée un peu plus tard, en 1974, le CORAN (Convention des officiers de réserve pour l'armée nouvelle), structure destinée à attirer dans l'opposition les cadres militaires proches des idées de gauche et prêts à aider le PS.

Ce secteur le passionne de plus en plus : il a enfin trouvé sa « chasse gardée », son secteur réservé. Il s'attaque alors courageusement à ce qui est à gauche un tabou : la force de frappe française. Étudiée sous Mendès France, élaborée et fabriquée sous de Gaulle, dont elle fut l'un des chevaux de bataille, elle est évidemment abhorrée par l'opposition, qui a promis de ranger la « bombinette » au placard dès son accession au pouvoir. Avec ses conseillers politiques et quelques audacieux militaires de gauche, Charles Hernu s'efforce de convaincre le PS – et François Mitterrand – que la force de dissuasion atomique existe, qu'il est impossible de la mettre au rebut, et, surtout, qu'elle est désormais essentielle à la doctrine militaire ainsi qu'à la diplomatie françaises. Il parviendra peu à peu à imposer cette conception aux socialistes. D'autant plus que, ô surprise, en 1977 le Parti communiste, futur allié gouvernemental, reconnaît lui-même la nécessité de la dissuasion nucléaire. Un revirement qui étonnait encore Jean-Pierre Chevènement en 1992 :

> « Pourquoi le Parti communiste a-t-il pris ce virage et qu'est-ce qui fait que la force de dissuasion est devenue une pierre de touche dans le dialogue avec le PS ? Il y a un arrière-plan international qui m'échappe, qu'on pourra sans doute mieux connaître quand on aura fini de compulser les archives du Parti communiste de l'Union soviétique[1] ! »

Finalement, en 1978, la motion pronucléaire présentée par Charles Hernu obtient une large majorité à la convention socialiste sur la défense : « Charles a gagné ! » Cette année-là, Hernu est décidément un homme comblé. Après avoir enfin réussi à décrocher une mairie, celle de Villeurbanne, en 1977, élu député du Rhône, il retrouve l'Assemblée nationale vingt ans exactement après l'avoir quittée !

À l'heure de la victoire, en 1981, quand son « grand homme » s'installe à l'Élysée, Charles Hernu se retrouve tout désigné pour occuper le fauteuil de ministre de la Défense. Il débarque à l'hôtel de Brienne comme un nouveau pontife au Vatican. Dès lors, il va se donner corps et âme à

1. In Jean Guisnel, *op. cit.*

« son » armée, à tel point qu'au PS beaucoup se demanderont avec ironie « si c'est Charles qui dirige les militaires ou si ce sont les militaires qui dirigent Charles »... Il adore les défilés, les présentations, les tournées des popotes, les prises d'armes. Il n'hésite jamais à endosser une tenue de campagne, et, du coup, s'attire effectivement la sympathie des officiers, qui le trouvent plutôt acceptable pour un socialiste... Les hommes de troupe, eux, l'adorent. Ses conseillers, Dubos, Heisbourg, son directeur de cabinet, François Bernard, sa quatrième femme, Dominique, qui travaille avec lui, font tourner efficacement la machine ministérielle.

En réalité, de l'avis des spécialistes, Charles Hernu est plus un ministre des Armées qu'un ministre de la Défense. La haute stratégie, les choix internationaux, les enjeux géopolitiques appartiennent au domaine exclusif et réservé du président de la République. En ce domaine, Hernu ne fait qu'obéir aux ordres, avec d'autant plus de zèle que François Mitterrand exerce sur lui un ascendant considérable. Avec Gaston Defferre et Claude Cheysson, c'est l'un des hommes qu'il redoute et estime le plus.

Lors de la crise des SS 20, par exemple, lorsque la France doit se prononcer sur le conflit entre Soviétiques et Américains à propos de l'installation de missiles en Europe, François Mitterrand tranche nettement en faveur des États-Unis. Certes, Hernu a bien participé, aux côtés de Jean-Louis Bianco, Jacques Attali, Hubert Védrine, à la rédaction du fameux discours prononcé par le président en janvier 1983 à la tribune du Bundestag ; mais la volonté politique exprimée devant le Parlement allemand est exclusivement celle du chef de l'État et est sans doute plus accordée à celle du chancelier Kohl qu'à celle de son ministre. Celui-ci, en revanche, s'implique corps et âme dans la gestion interne de l'armée. Il fera de même quand il s'agira d'affronter, à l'extérieur, l'épreuve de la guerre du Liban ou la crise tchadienne.

Deux affaires vont néanmoins assombrir le ciel azuréen de Charles Hernu (la seconde va même l'acculer à la démission) : l'affaire Luchaire et l'affaire Greenpeace.

La révélation selon laquelle la France aurait livré en sous-main des milliers d'obus à l'Iran alors que ce pays était frappé d'embargo provoque une tourmente judiciaire. La société Luchaire a organisé clandestinement ce trafic. Deux proches de Hernu, Paul-André Falcoz et François Diaz, auraient pu jouer un rôle d'intermédiaires. Les diverses commissions sur ce marché s'élèveraient à près de 100 millions de francs... Falcoz, qui décédera peu après, est une vieille connaissance de Hernu, un fidèle de la première heure[1], recyclé dans le commerce. François Diaz, lui, est responsable dans le Rhône de la bientôt célèbre « pompe à fric » du PS, Urba Conseil ; c'est lui qui gère le financement politique du député du Rhône. L'affaire Luchaire se révèle donc fort embarrassante pour le ministre. Pourtant, elle va être assez facilement étouffée. Un non-lieu général intervient alors même que les commissions rogatoires internationales lancées par la police ne sont pas toutes rentrées ! Ce qui entraîne la démission du substitut chargé de l'enquête, lequel quitte le Parquet et refuse de signer un tel non-lieu. C'est le procureur qui le paraphera lui-même. Bref, la « stratégie de l'édredon », voire du mensonge d'État, aura cette fois réussi.

Tel ne sera pas le cas pour un autre épisode qui, lui, va prendre les proportions d'une affaire d'État : l'attentat d'Auckland. L'arrestation de deux officiers français soupçonnés d'avoir participé au sabotage du bateau de l'organisation Greenpeace, dans le port néo-zélandais, ne peut pas être « enterrée ». D'autant moins qu'un photographe, membre de l'équipage du *Rainbow Warrior*, a péri dans l'attentat.

---

1. Paul-André Falcoz anima dans les années cinquante des stages de jeunes mendésistes auxquels participèrent plusieurs des jeunes-turcs élus députés du Front républicain en janvier 1956, dont Charles Hernu.

Le scénario de cette extravagante histoire est aujourd'hui presque entièrement connu. En mars 1985, les amiraux français du Pacifique s'inquiètent de la campagne que doit lancer Greenpeace contre les essais nucléaires de Mururoa. L'organisation écologiste souhaite protester en amenant une flottille jusque devant l'îlot. Une opération très médiatique. Déjà, par le passé, la marine nationale avait affronté les « écolos », soupçonnés d'être manipulés. Mais, cette fois, Greenpeace dispose d'importants moyens et d'un puissant « vaisseau amiral », le *Rainbow Warrior*. Les amiraux rencontrent donc Charles Hernu à Paris. Ils lui demandent, dans une note, de « prévoir et d'anticiper les actions de Greenpeace », et sollicitent oralement l'intervention de la DGSE. Un plan d'intervention est élaboré conjointement par Charles Hernu – et certains de ses conseillers – et par les responsables de la « Piscine » : l'amiral Lacoste, son chef, et le colonel Jean-Claude Lesquer, patron du service Action, fer de lance des opérations spéciales. On ne sait qui, du ministre ou de la DGSE, met au point le déroulement de l'opération ; il est proprement ahurissant : il s'agit, ni plus ni moins, de couler le *Rainbow Warrior* dans le port d'Auckland avec deux bombes, l'une de faible puissance, servant à éloigner l'équipage, l'autre, plus forte, détruisant définitivement le bateau. Une telle intervention dans un pays tiers, ami de surcroît, est déjà insensée, mais elle nécessite l'envoi sur place d'une véritable escouade : un chef opérationnel, trois plongeurs pour poser les bombes, trois sous-officiers pour les apporter « discrètement à bord d'un voilier », un couple d'officiers pour récupérer les plongeurs et leur matériel, enfin un observateur chargé de donner le feu vert... Sans compter un médecin accompagnateur et une jeune femme officier, une « taupe » du service, infiltrée quelques mois plus tôt dans Greenpeace, à Auckland, pour glaner des informations.

L'amiral Lacoste informe alors le président de la République, mais ne lui livre apparemment que les grandes lignes de l'opération, laquelle est censée se dérouler sans bavure et sans faire de victime...

Elle va se solder en fait par un retentissant fiasco : un photographe de Greenpeace remonte à bord après la première explosion, pour récupérer ses appareils. Il périt noyé après l'explosion du second engin. Enfin, le faux couple Turenge – le commandant Alain Mafart et le capitaine Dominique Prieur – se font repérer alors qu'ils recueillent le chef des plongeurs, le capitaine Royal : un vigile, croyant avoir affaire à des voleurs, alerte la police, qui arrêtera sans difficulté les Turenge, coincés sur l'île. Toutes les failles de l'opération apparaîtront alors : danger de l'utilisation de bombes, méconnaissance du terrain, aucun plan de secours en cas de problème, etc.

Par miracle, tous les autres membres de la DGSE présents sur place parviennent à quitter l'île sans se faire prendre par la police locale. Restent les Turenge dont la fausse identité suisse ne résiste pas longtemps à l'enquête.

VSD et *L'Événement du jeudi* révèlent en août 1985 qu'il s'agit d'agents français. Conjointement avec l'amiral Lacoste, Charles Hernu choisit alors un mode de défense suicidaire : le mensonge. Il ment à tout le monde : au Premier ministre, Laurent Fabius, qui a été tenu à l'écart de l'opération ; au ministre de l'Intérieur, Pierre Joxe, dont la police, chargée de l'enquête à Paris, piste sans difficulté la DGSE. A-t-il été jusqu'à mentir à François Mitterrand ? Ce dernier affirmera toujours n'avoir pas été informé de l'opération, imputant la responsabilité de son échec à la maladresse des exécutants... Connaissant la nature des relations entre Charles Hernu et le président, on peut sérieusement douter de cette version, même si « Charles » a dû en l'occurrence passer un bien mauvais quart d'heure !

Quoi qu'il en soit, après l'arrestation des Turenge, le chef de l'État connaît forcément la vérité. À l'erreur militaire s'ajoute alors la faute politique : à son tour, François Mitterrand, dans le sillage de Hernu, réfute toute implication de la France dans l'attentat. Pourtant, au fil de la progression de l'enquête, et surtout des révélations de la presse, la vérité fait peu à peu surface. Mais Charles Hernu, imperturbable, continue à nier, allant jusqu'à évoquer une « opération maligne », un « sabotage du sabotage » – sous-entendant par là que des services de l'Est, ayant eu connaissance de l'équipée d'Auckland, auraient « doublé » les Français sur place... La DGSE soutiendra même, un temps, qu'il fallait « mettre la France en position de faiblesse à la veille d'une visite de Gorbatchev ». Une hypothèse qui ne manque pas de sel, quand on la considère à la lumière des récentes révélations de Mihaïl Caraman...

Mais cette hypothèse abracadabrante s'effondre lorsque le journal *Le Monde* annonce la présence d'une « troisième équipe » à Auckland, et lorsque *L'Express* publie simultanément le grade et la fonction des deux plongeurs. Une photo d'eux, prise en Nouvelle-Zélande, parvient même à *L'Express* ; à la demande instante de l'amiral Lacoste, qui affirme que dévoiler leur visage mettrait la vie des agents en danger, elle ne sera pas publiée.

Conscient de l'énormité de la situation et du risque politique qu'elle fait courir à son gouvernement, Laurent Fabius exige alors la vérité. L'amiral Lacoste, refusant de livrer les noms de ses hommes, prend le parti honorable de démissionner. Dès lors, la situation de Charles Hernu devient intenable et le président, la mort dans l'âme, doit se séparer de son vieux « grognard », non sans lui adresser une lettre d'amitié chaleureuse au moment de sa démission forcée.

La veille encore, pourtant, Charles Hernu, dans une pathétique conférence de presse, protestait énergiquement de l'innocence de la DGSE et mettait étrangement en garde les journalistes contre « le piège du contournement de la dissuasion nucléaire » !...

Après un aveu spectaculaire de Laurent Fabius à la télévision, Paul Quilès reprend en catastrophe les rênes de la Défense et, effaré, mesure en quelques jours l'ampleur de l'opération et l'étendue de la responsabilité de Hernu. Ce dernier refuse pourtant obstinément de faire des aveux publics.

Mais, alors que son moral est au plus bas, sa popularité remonte en flèche. La situation se retourne en sa faveur. Il passe quasiment pour une « victime » ; on lui attribue le rôle de « fusible ». Il se serait « sacrifié » pour le président, au nom de la raison d'État. Il est applaudi dans la rue, acclamé dans un congrès du PS. Il évite même de justesse que des légionnaires ne lui fassent une haie d'honneur sur le quai de la gare de Lyon-Perrache. Un instant abattu, Charles Hernu croit à nouveau en sa bonne étoile. Il s'imagine même tout à coup un « destin national » et déclare, à la stupéfaction des responsables du PS, que si François Mitterrand ne se représentait pas à la présidentielle en 1988, lui-même pourrait être candidat !

S'intercale alors un étrange épisode révélé par Jean Guisnel. Le juge Riss, chargé de l'instruction de l'affaire Barbie à Lyon, a demandé au ministre de la Défense s'il n'existerait pas, dans les archives de la DGSE, des documents concernant cette époque. À l'initiative de Charles Hernu, 247 pièces inédites sont alors découvertes, et les documents originaux, non photocopiés, lui sont personnellement remis. Seulement, le ministre ne les a jamais communiqués au juge, les gardant jalousement par-devers lui ! Il faudra qu'une délégation de gradés de la DGSE se rende à Villeurbanne, en février 1988, pour les récupérer. Encore Hernu ne restitue-t-il alors que 229 des 247 documents retrouvés. On ignore encore le contenu et le sort des pièces manquantes.

De retour dans sa mairie, avide de publicité, il accepte d'étonnantes propositions. Il pose, par exemple, pour une publicité destinée à *Play-boy*, allongé sur un meuble, tout habillé mais avec un ours en peluche ! Plus incroyable encore : il participe à un téléfilm dans lequel il incarne le rôle d'un chef de service secret de l'Est, sa mairie de Villeurbanne étant momentanément transformée en Centrale d'une agence de renseignements ! Un clin d'œil à son passé ?...

La publication, en 1989, dans *L'Idiot international*, d'une longue et minutieuse enquête sur ses activités à la fin de la guerre l'affecte profondément. Pourtant, l'article ne rencontre à l'époque aucun écho.

Il part également en guerre contre une fraction du PS et, soutenu par sa nouvelle femme, Martine, qu'il a épousée en mars 1988 alors qu'elle travaillait à la mairie, il se lance dans une violente bataille contre certains membres socialistes de sa propre municipalité.

Mais le vieux grognard a trop présumé de ses forces. Le 17 février 1990, lors d'un meeting de soutien aux Arméniens, cause qu'il a toujours défendue, son cœur lâche. Il va mourir quasiment sur l'estrade, après s'être battu pour terminer son discours. Une mort d'artiste, sur la scène de la politique, telle qu'il l'avait probablement souhaitée.

X

Un ministre au-dessus de tout soupçon ?

Une question cruciale subsiste : et si les liens de Charles Hernu avec le KGB avaient continué après 1963 ?

Faute de documents décisifs, les avis des spécialistes sur ce point sont partagés. Certains estiment qu'il n'est pas inconcevable que les Soviétiques aient réellement abandonné cet agent, ou que Charles Hernu ait réussi de lui-même à couper les ponts. Selon des proches, il en était bien capable : avec son culot légendaire, il aurait pu résister à toutes les pressions. D'autres spécialistes, plus nombreux, assurent que le KGB n'avait pas coutume de laisser échapper un agent prometteur sur lequel il avait déjà beaucoup investi. D'autant moins que Moscou misait aussi bien sur des hommes au pouvoir que sur des opposants de gauche qui y accéderaient un jour. Or Charles Hernu aurait pu présenter à ses yeux deux avantages : non seulement il était proche du principal leader d'opposition, François Mitterrand, qui avait mis en ballottage le général de Gaulle en 1965, mais, de surcroît, il était devenu très rapidement le spécialiste incontesté des affaires militaires au sein du Parti socialiste. Deux arguments de poids pour Moscou.

Autre élément troublant dans l'histoire des relations entre Charles Hernu et les Soviétiques : alors qu'en 1957-1958 il fréquente les conseillers de leur ambassade, comme le prouvent les comptes rendus de conversations conservés dans les archives du ministère des Affaires étrangères à Moscou, après cette date il n'a pratiquement plus aucun contact avec les « diplomates ». Le KGB a pris le relais. Or, par la suite, on ne retrouve en tout et pour tout dans les archives qu'un seul et maigre compte rendu du deuxième conseiller de l'ambassade d'URSS à Paris, Igor Alexandrovitch Bolchagine. Celui-ci rencontre Charles Hernu le 19 octobre 1965, quelques jours avant l'élection présidentielle : il y est présenté comme « secrétaire politique de l'Association nationale pour le soutien à François Mitterrand ». Selon ce compte rendu, Hernu explique que « *la SFIO va se rallier à la candidature de François Mitterrand et que, fin octobre, Charles de Gaulle devrait annoncer sa décision de se représenter* ».

Mis à part cette conversation anodine, les diplomates soviétiques sont muets à propos de

Charles Hernu. Pour la période 1957-1963, ce brutal silence s'explique tout naturellement par le fait que le KGB a un accès direct – et beaucoup plus fructueux – avec lui. Après cette date, les diplomates de l'ambassade n'ont, semble-t-il, pas éprouvé le besoin de rencontrer en tête à tête cet interlocuteur pourtant si bavard, ce qui peut laisser penser ou que tout contact était rompu, ou que la ligne ouverte avec le KGB n'était pas coupée.

Avec sa nomination comme ministre de la Défense, en 1981, l'éventuelle emprise du KGB sur Charles Hernu, si elle avait été avérée et connue, aurait entraîné une grave crise internationale. L'un des principaux ministres de l'une des cinq premières puissances militaires de la planète « tenu » par Moscou : un scénario-catastrophe pour les Américains et l'ensemble du camp occidental ! Là encore, aucun des documents remis par Caraman à la France en 1992 ne permet de le dire, même si, fort de ces premiers éléments, on ne saurait exclure une pareille hypothèse.

Aussitôt, les défenseurs de Charles Hernu répliquent qu'il a toujours conduit une politique sans concession vis-à-vis du bloc communiste. C'est lui qui a converti les socialistes à la dissuasion nucléaire ; il a été très ferme, on l'a vu, au moment de la crise des SS 20 en 1983 ; et il n'a pas hésité à faire expulser une quarantaine de diplomates de l'ambassade soviétique à Paris à la suite de la fameuse affaire d'espionnage concernant un officier du KGB surnommé « Farewell ».

Certes. Mais il convient de ne pas exagérer l'anticommunisme de Charles Hernu, ni son influence réelle sur les prises de décisions stratégiques de la France, domaine réservé de François Mitterrand. Hernu a bien amené les socialistes à adhérer à la dissuasion nucléaire, mais, dans le même temps, il a affiché à plusieurs reprises sa confiance dans la volonté de paix des Soviétiques. Avant même de prendre ses fonctions...

Ainsi, dans la revue de l'association France-URSS de février 1977, il se prononce très sérieusement pour « le démantèlement des deux grands pactes militaires (OTAN et pacte de Varsovie) ». Il fait également part de ses craintes face aux développements des armes conventionnelles américaines – les Minutemen 3 et les PGM – « qui mettent en péril les pays de l'Est ». « C'est pourquoi je suis tout à fait d'accord pour que nous soyons, tous les peuples épris de paix, les plus nombreux possibles à la Conférence mondiale du désarmement. Nous savons bien que le peuple soviétique est un peuple épris de paix... », conclut-il. Thèse qu'il défend même devant François Mitterrand lors du traditionnel déjeuner qui suit l'ascension de la roche de Solutré, en 1980 : devant le futur président de la République, il s'oppose à Hubert Védrine, futur conseiller diplomatique, puis secrétaire général de l'Élysée, qui s'inquiète, lui, du poids grandissant des militaires en URSS, en Afghanistan, en Angola et en Éthiopie[1].

Au cours de cette même année 1980, Charles Hernu publie à Lyon, sous le titre *Nous, les Grands...*, une plaquette dans laquelle il affirme que les Américains détiennent la suprématie sur les Russes en matière nucléaire :

> « Pour l'ensemble des systèmes d'armes, les États-Unis ont pratiquement une génération d'avance sur l'URSS [...]. L'URSS possède 6 000 têtes nucléaires ; les États-Unis, 10 000. Si les négociations SALT 2 n'étaient pas ratifiées, l'URSS en compterait 12 000, et les États-Unis 15 500 [...]. Les États-Unis possèdent une supériorité totale dans les systèmes de guidage. Parler d'un déséquilibre en faveur de l'URSS n'est pas sérieux... »

L'année suivante, alors que l'invasion de l'Afghanistan par les forces soviétiques et la relégation de l'académicien Sakharov mettent l'URSS à l'index de la communauté internationale, le député du Rhône signe, le 11 février, une pétition diffusée par l'association France-URSS pour protester contre le boycott des jeux Olympiques de Moscou. Pétition qui sera publiée dans *L'Humanité*...

---

1. Cf. *La Décennie Mitterrand*, tome I, de Pierre Favier et Michel Martin-Roland, Le Seuil, 1990.

Nommé ministre de la Défense, Charles Hernu applique à la lettre la politique décidée par François Mitterrand à l'Élysée. Il ne manifeste pas la moindre faiblesse à l'égard de l'Union soviétique. Mais tous les spécialistes du renseignement savent que l'on ne demande jamais à un agent d'un niveau élevé de mêler activités d'espionnage et prises de position officielle...

Markus Wolf, mythique chef de la Stasi, modèle du « Carla » de John Le Carré, a même trouvé une expression pour désigner les informateurs placés au cœur du pouvoir : les « magnétophones ouverts ». Il a d'ailleurs appliqué la recette avec succès avec Günter Guillaume, l'agent qu'il avait infiltré dans l'entourage immédiat de Willy Brandt. Le principe est simple : on demande à l'agent en question de raconter dans le détail ce qu'il voit et entend – mais non d'agir. Ce « superinformateur » introduit au cœur des rouages de l'État rapporte par sa simple présence des éléments si importants qu'il n'est pas question de le rendre suspect en lui faisant adopter et formuler des positions pro-communistes. Le KGB a d'ailleurs l'habitude de ce genre de « contacts » de très haut niveau : on peut citer l'exemple de Urho Kekkonen, président de la Finlande vingt-cinq ans durant, entièrement aux mains des Soviétiques ; plusieurs résidents de l'Ambassade à Helsinki se sont succédé pour recueillir les confidences du président, qui pensait préserver l'autonomie de son pays en « collaborant » avec les Russes.

Dans des cas aussi délicats, la difficulté, pour un service de renseignements, consiste à recueillir matériellement les informations. Pas question, à l'évidence, de recourir aux « classiques » de l'espionnage : rendez-vous secrets, boîtes aux lettres mortes, émetteurs clandestins... La technique consiste à introduire dans l'entourage direct de la source une sorte d'intermédiaire qui puisse faire fonction de relais et transmettre les messages en toute sûreté. Les occasions de contacts directs avec un ministre sont en effet fort rares.

Après la visite de Caraman, les autorités françaises se sont bien sûr intéressées aux entourages successifs de Charles Hernu. L'affaire étant venue au jour, la DST a rédigé à ce propos une note confidentielle à l'intention du ministre de l'Intérieur du gouvernement Juppé, Jean-Louis Debré. Elle remonte dans le passé de l'ancien ministre de la Défense et recense les contacts qu'il a pu nouer avec des proches de l'URSS, voire avec des agents soviétiques ou considérés comme tels par le contre-espionnage français. Une note édifiante.

En premier lieu, elle cite Harris Puisais, l'un des grands amis de Hernu. Ils se sont rencontrés à l'époque où Puisais était membre du cabinet de Pierre Mendès France. Leur amitié ne s'est jamais démentie. Par bien des aspects, les deux hommes se ressemblaient. Dignitaire franc-maçon, bon vivant, haut en couleur, Puisais est passé du Parti radical-socialiste au Parti socialiste, *via* l'Union progressiste de Pierre Cot, puis le PSU. C'est à cette époque qu'il rencontre avec Hernu le diplomate soviétique Erofeïev. Puisais, homme d'influence, qui se transformait à l'occasion en homme d'affaires, était lié à Antoine Pinay – des aventures de jeunesse les avaient rapprochés –, à François Mitterrand, qui l'estimait, enfin et surtout à Pierre Bérégovoy. Harris Puisais n'a par ailleurs jamais fait mystère de ses relations avec Moscou – il fut longtemps un dirigeant de l'association France-URSS –, tout en se défendant farouchement d'être un agent soviétique. En mai 1983, il a même intenté un procès à l'hebdomadaire *La Vie française*, qui l'accusait d'être un « colonel du KGB, spécialiste de la pénétration des partis de gauche non communiste ». L'hebdomadaire anticommuniste avait reproduit une note d'un conseil de défense africain affirmant que Puisais coiffait un réseau mis en place au ministère de la Coopération pour envoyer en Afrique francophone des coopérants communistes ou d'extrême gauche. La publication *in extenso* de cette note valut une condamnation à *La Vie française*.

La « couverture » de Harris Puisais, s'il en avait une, commente un spécialiste, consistait précisément à agir à visage découvert. Après un passage par Saint-Gobain, où il s'occupe des échanges industriels avec les pays de l'Est, il termine sa carrière au cabinet de Claude Cheysson, alors ministre des Relations extérieures, là encore chargé des rapports avec l'Est. L'un de ses collègues raconte un peu ironiquement : « *Harris n'avait rien d'un agent secret, au contraire : ses liens avec les Soviétiques étaient de notoriété publique et nous nous en servions même à l'occasion.* »

Selon la DST, le rôle de Puisais était en fait d'ordre « *économique et relationnel* » : « *Il a servi d'intermédiaire pour un certain nombre de marchés d'hydrocarbures avec la Roumanie, la Pologne, la Bulgarie et la Tchécoslovaquie*, souligne la note évoquée ci-dessus. *Cet ami de Charles Hernu a servi de contact entre le PS, les Soviétiques et le KGB.* » Bref, le profil idéal du « passeur de messages ».

La note du contre-espionnage français examine ensuite le cas de plusieurs militaires de haut rang proches des Soviétiques et qui auraient travaillé pour le CORAN, la structure d'études du PS créée, on s'en souvient, par Hernu en 1974.

Le premier exemple est bien connu, puisqu'il s'agit de Georges Beaufils, qui fut condamné par la Cour de sûreté de l'État à huit ans de prison, en juillet 1978, pour espionnage en faveur de l'URSS. Cet authentique résistant FTP, officier de la Légion d'honneur, très proche du Parti communiste, a travaillé pour le GRU, le service de renseignements militaire soviétique. Au cours de son procès, Georges Beaufils a reconnu avoir fourni à un « correspondant de l'agence Tass » le plan de défense française de la zone Ouest[1], qu'un ami militaire en activité, lui avait procuré ; il a aussi avoué avoir reçu un poste de radio à ondes courtes et du matériel secret (lecteur de microfilms, appareil photo miniature, carbone blanc). Mais il a prétendu avoir agi par pure imprudence : contacté en 1963, il aurait tenté de se dégager de l'emprise des services soviétiques dès 1970. Une thèse qui n'a pas convaincu le contre-espionnage français.

Selon l'accusation, Georges Beaufils, membre actif du PC avant guerre, aurait en effet mis en place, dans la résistance FTP, un réseau de contact avec les Soviétiques. En accord avec Moscou, il collabora d'ailleurs avec Jean Jérôme[2], qui devint après guerre le grand argentier du PCF. Intégré dans l'armée à la Libération avec le grade de commandant, Georges Beaufils fut mis sur la touche et affecté à Versailles en raison de ses sympathies procommunistes. C'est alors qu'il aurait été pris en main par les services secrets polonais, puis par le GRU soviétique.

Son prétendu recrutement en 1963, alors qu'il vient précisément de quitter l'armée pour entrer dans des sociétés satellites du PCF, laisse sceptique la DST. Celle-ci pense en fait qu'il était un

1. Comprenant les ports de Nantes et Saint-Nazaire, les arsenaux de Cherbourg et de Brest, y compris l'île Longue, base de lancement des sous-marins atomiques.

2. Voir à ce sujet Thierry Wolton, *op. cit.*

agent soviétique installé depuis longtemps, mais elle n'a pu en apporter la preuve au procès, ce qui n'a d'ailleurs pas empêché la condamnation de Beaufils pour son incontestable activité d'espionnage après cette date.

Si Georges Beaufils a bien collaboré au CORAN, comme l'affirme la DST, il n'apparaît pas, en revanche, dans l'entourage direct de Charles Hernu. Ce n'est pas le cas pour le deuxième personnage cité par le contre-espionnage : Jean Barataud, qui, lui, est devenu très tôt un intime du futur ministre de la Défense. Mais Barataud n'a jamais été convaincu d'espionnage. Comme Beaufils, il a fait une résistance héroïque au sein des FTP, en particulier dans les maquis du Limousin. Décoré de la Légion d'honneur à vingt-cinq ans, il est alors très proche du Parti communiste, ce qui lui vaut, en 1952, d'être relevé de son commandement, comme plus d'une centaine d'autres officiers « suspects ». C'est en 1956, alors qu'il commande une compagnie de chasseurs alpins en Kabylie, que le capitaine Barataud rencontre le député Charles Hernu, en visite parlementaire à Alger. Le rendez-vous, quasi secret, aurait été organisé par l'architecte Fernand Pouillon, ami de Hernu. Le militaire, proche des thèses mendésistes, tombe littéralement sous le charme « intellectuel » du député radical : « L'entretien s'est bien passé. Je lui ai dit que je partageais son analyse de la situation. Nous ne nous sommes jamais plus quittés[1]. »

À la suite du passage au FLN de deux militaires communistes français, plusieurs officiers proches du PC sont renvoyés en métropole, dont Jean Barataud. On se souvient que Hernu avait insisté, à l'époque, sur cette « discrimination » au sein de l'armée, lors de ses conversations avec les diplomates de l'ambassade soviétique à Paris. Il prend même publiquement la défense des proscrits à la tribune de l'Assemblée. Dès lors, le militaire apparaît régulièrement dans le sillage de Hernu, par exemple lors du putsch des généraux en 1961, ou au moment des événements de 1968. Il joue également un rôle clé dans la formation du futur ministre de la Défense, à l'époque encore dans l'opposition, en lui organisant de nombreuses rencontres avec des officiers de haut rang. De son côté, d'après la note de la DST, Charles Hernu serait intervenu pour empêcher la radiation de Jean Barataud de l'ordre de la Légion d'honneur.

La note du contre-espionnage français cite également les noms de deux colonels – dont un ancien responsable militaire de la région Rhône-Alpes – qui ont travaillé pour les services soviétiques : « *Tous ont été recrutés*, indique la

1. In *Charles Hernu ou la République au cœur*, de Jean Guisnel, *op. cit.*

note, *par les services polonais, très actifs en France, dans les années soixante.* »

Mais la DST évoque ensuite une affaire beaucoup plus sensible ayant trait à la période où Charles Hernu exerçait ses fonctions de ministre de la Défense : il s'agit d'une manœuvre d'intoxication initiée par les Soviétiques, qui eut notamment pour effet d'empêcher la nomination d'un haut fonctionnaire français à un poste militaire clé. L'histoire est d'autant plus étonnante que Charles Hernu n'hésita pas, en l'occurrence, à mettre sur la touche un homme dont il était très proche, sans jamais l'informer des vrais motifs de sa disgrâce. Il s'agit de François Heisbourg.

Cet énarque, membre dès 1972 de la commission socialiste de la défense, a été, on s'en souvient, avec Jean-François Dubos, l'un des plus proches conseillers de Hernu. Dans l'opposition, pendant près de dix ans, il a secondé le futur ministre de la Défense et ferraillé à ses côtés pour le maintien de la force de frappe française dans l'éventualité où la gauche parviendrait au pouvoir. Il est tout naturellement appelé par Hernu à son cabinet à l'heure de la victoire, en mai 1981. À trente-deux ans, ce brillant diplomate de carrière revient donc de New York, où il avait été nommé au poste recherché de premier secrétaire de la Mission permanente de la France auprès de l'ONU. Il devient alors, rue Saint-Dominique, conseiller technique chargé des affaires internationales, poste ultrasensible qui englobe les relations diplomatiques, mais aussi le suivi des ventes d'armes à l'étranger.

François Heisbourg ne cache pas sa méfiance vis-à-vis de l'URSS. À deux reprises, il a même contribué à bloquer des livraisons françaises de technologie sensible à destination de l'Union soviétique, dont un très gros marché passé par Thomson et portant sur des standards téléphoniques électroniques. Le risque était grand, selon lui, de mettre entre les mains des Russes des éléments sophistiqués pouvant facilement être utilisés dans l'industrie militaire. Très strict sur les transferts de technologie à destination de l'Est, François Heisbourg, au surplus parfaitement bilingue franco-anglais, est donc plutôt catalogué par Moscou comme « pro-américain ».

Au début de l'année 1983 se pose la question du remplacement du directeur des affaires internationales de la Délégation générale pour l'Armement, la célèbre DGA. Un poste essentiel au sein du ministère de la Défense : son responsable gère l'ensemble des ventes d'armes françaises. C'est dire l'importance de son rôle sur les plans à la fois économique, stratégique et, bien sûr, politique, car les contrats d'armement sont, on le sait, l'objet de subtils équilibres diplomatiques. Le directeur de la DGA est donc un personnage connu de tous les responsables étrangers, mais dont le choix est également observé à la loupe par l'ensemble des services secrets de la planète.

L'ancien « DAI », comme on disait, quittant son poste à la fin de 1983, François Heisbourg apprend de la bouche de Charles Hernu que François Mitterrand et lui-même songent à lui confier le poste, bien qu'il soit traditionnellement réservé à un militaire. Mais son profil, son passé auprès de Hernu, et l'expérience qu'il a accumulée au cabinet dans ce domaine jouent en sa faveur. Sa nomination paraît acquise. Hernu lui demande d'ailleurs de se préparer à occuper son futur poste en quittant ses fonctions au sein de son propre cabinet. Heisbourg se met donc « en réserve » en attendant sa nomination en Conseil des ministres. Mais le temps passe, et il ne voit rien venir... Il fait part de sa surprise à Charles Hernu, qui élude ses questions. C'est alors que le journal *Le Monde* annonce que sa désignation est imminente. Cette indiscrétion semble fort contrarier Hernu : « Le président n'aime pas qu'on lui force la main, lâche-t-il à François Heisbourg. Du coup, il faudra attendre encore un peu... »

Le haut fonctionnaire, qui n'est pour rien dans l'information du *Monde* – le bruit de sa nomination courait dans les milieux spécialisés –, prend son mal en patience. Et il attend... Coup de tonnerre, fin mars 1984 : c'est René-Pierre Audran qui est nommé à la tête de la DAI ! Ancien numéro deux, cet ingénieur de l'armement appartient déjà à la « Maison ». C'est pourquoi Heisbourg estime d'abord qu'il est victime d'une cabale interne destinée à conserver le poste dans le « giron militaire ».

Nul ne peut évidemment prévoir à ce moment-là que ce choix lui a très probablement sauvé la vie : l'ingénieur général Audran sera en effet abattu, le 25 janvier 1985, à La Celle-Saint-Cloud, par des tueurs d'Action directe. Le groupe terroriste français prétendait ainsi s'attaquer à l'un des symboles de l'« impérialisme français ». Un crime politique exécuté et revendiqué à la façon de ceux de la Fraction Armée Rouge allemande.

Après la nomination d'Audran, François Heisbourg, déçu par l'attitude de Charles Hernu, accepte un poste à la direction de Thomson International. Il retrouve par la même occasion son habilitation au secret défense, qu'il avait automatiquement perdue en quittant le cabinet de Charles Hernu. Un détail qui a son importance...

C'est alors que de curieuses rumeurs parviennent à ses oreilles. C'est d'abord l'une de ses relations qui le met en garde : « Le bruit court que vous auriez travaillé pour le compte des Soviétiques et que cela vous aurait coûté le poste de "DAI"... » François Heisbourg est abasourdi : il n'a jamais entendu parler d'une telle histoire, absurde à ses yeux ! Il se renseigne néanmoins auprès d'amis de différents services qu'il a connus alors qu'il travaillait au cabinet de Hernu, mais il n'obtient que des réponses embarrassées. Il comprend alors qu'il existe bien « quelque chose ». De plus en plus surpris, il entend faire à tout prix la lumière et frappe à toutes les portes. Il finit par découvrir le pot aux roses. Ou du moins une partie, car il ne verra jamais tout le bouquet... autrement dit le dossier intégral de cette affaire digne d'un *thriller*.

Au cours de l'été 1983, quelques mois à peine après l'expulsion, à Paris, en avril, de quarante-sept « diplomates » soviétiques renvoyés dans leur pays sur ordre personnel de François Mitterrand (on avait découvert que le fax de l'ambassade de France à Moscou avait été piégé par les services russes), un responsable du KGB passe à l'Ouest. Il fait « défection », comme disent les spécialistes, en Grande-Bretagne. Il est porteur de nombreux documents et, « débriefé » par les services britanniques, affirme que trois « taupes » de haut niveau sont infiltrées au sein de l'appareil d'État français. À l'appui de ses déclarations, il produit des biographies très précises de ces trois « agents » français. Et livre leurs noms : il s'agirait, selon lui, de François Heisbourg, membre du cabinet du ministre de la Défense ; de Thierry Pfister, conseiller auprès du Premier ministre de l'époque, Pierre Mauroy ; enfin, d'un militaire de haut rang. L'information, transmise secrètement à la DST par les services anglais, fait l'effet d'une bombe à fragmentation ! À part le contre-espionnage français, elle n'est communiquée qu'au chef d'état-major particulier de l'Élysée, le général Saulnier, et à Charles Hernu.

Le bouillant directeur de la DST, Yves Bonnet – qui sera plus tard élu député UDF de la Manche, avant d'être battu en 1997 – est fermement convaincu par les déclarations du transfuge soviétique. À tel point qu'il envisage de faire arrêter sur-le-champ les « suspects » afin de les interroger, ce qui n'aurait pas manqué de provoquer un énorme scandale politique ! Heureusement, ses services, plus prudents, lui conseillent d'attendre. Raymond Nart, sous-directeur chargé du contre-espionnage et surtout grand spécialiste des services soviétiques, souhaite examiner de plus près les déclarations du Russe et ses fameux documents compromettants. Bien lui en prend ! Leur étude minutieuse révèle bientôt qu'il s'agit de faux. Une « intox » très habilement montée par le GRU et le KGB, et destinée à semer le trouble au sein de l'exécutif français. Cette opération de désinformation aurait parfaitement réussi sans le professionnalisme de Raymond Nart.

Elle explique en tout cas pourquoi François Heisbourg n'a pas obtenu le poste de directeur des Affaires internationales. Interrogé sur cette étonnante affaire de transfuge en avril 1989 par les journalistes de l'AFP Pierre Favier et Michel Martin-Roland[1], Charles Hernu répondit placidement :

« J'ai été prudent, méfiant. J'ai fait surveiller des gens de mon cabinet, de Matignon, d'autres

1. *La Décennie Mitterrand, op. cit.*, tome I, p. 98.

ministères, à leur insu. J'en ai muté certains. “Soyez prudent, restez vigilant, mais attention aux manipulations”, me disait Mitterrand quand nous évoquions ces affaires. »

Que le ministre de la Défense ait pris au sérieux les déclarations du transfuge soviétique et qu'il ait fait « surveiller à leur insu » ses collaborateurs les plus proches, y compris ceux auxquels il avait accordé toute sa confiance, voilà qui peut se comprendre, et, à la limite, se justifier par la raison d'État. On peut trouver beaucoup plus surprenant, en revanche, qu'il n'en ait soufflé mot à François Heisbourg après avoir pris connaissance des conclusions de l'enquête. Pourquoi ne pas lui avoir révélé les dessous de l'affaire – dans laquelle il a été « blanchi » – lui expliquant ainsi la nomination d'Audran ? Un silence pénible et d'autant plus mal ressenti par le haut fonctionnaire que Raymond Nart lui remettra, en septembre 1988, une lettre confirmant son « parfait loyalisme ». La DST lui expliquera d'ailleurs que la « manip » avait été décelée avant même son arrivée chez Thomson, ce qui explique qu'elle ne se soit pas opposée à sa nouvelle habilitation au secret défense, indispensable pour occuper son nouveau poste...

Lorsqu'il reçoit les deux journalistes de l'AFP, sept mois après la lettre de Raymond Nart à Heisbourg, Charles Hernu est donc parfaitement au courant de la vérité. Pourtant, il ne dit mot sur la nature exacte de l'opération soviétique ; non plus que sur son collaborateur injustement soupçonné.

Parmi les trois « taupes » françaises dénoncées par le faux transfuge russe, seul François Heisbourg a appris les soupçons qui pesaient sur lui. Ni Thierry Pfister, ni le haut responsable militaire évoqué plus haut ne furent informés, à l'époque, de cette ténébreuse affaire. Pfister, ancien journaliste au *Monde*, brillant collaborateur du premier Premier ministre de François Mitterrand – il tira de son expérience un succulent best-seller, *La Vie quotidienne à Matignon au temps de l'Union de la gauche*[1] –, n'a jamais eu connaissance de cette « ridicule histoire »...

Une interrogation essentielle subsiste : à partir de quels éléments avaient été confectionnés les dossiers mettant en cause les trois hommes ? Le « défecteur » soviétique, probablement lui-même manipulé par le KGB qui lui avait confié de fausses informations pour les livrer aux Français, était en effet fort bien renseigné. Sans doute trop bien ! Malgré tous ses efforts, François Heisbourg n'a jamais pu avoir accès à l'intégralité de son faux-dossier, mais ce qu'il a pu en connaître lui a montré combien le montage était remarquable. Comme d'habitude, le KGB y mêlait habilement le vrai et le faux. Les services secrets soviétiques expliquaient par exemple que le père de François Heisbourg avait été nommé

1. Paris, Hachette, « La Vie Quotidienne », 1985.

ambassadeur du Luxembourg à Moscou – ce qui est exact. Son fils François, affirmaient-ils, avait été recruté à cette époque – ce qui est évidemment faux. Mieux encore, certains détails de la vie personnelle du haut fonctionnaire n'avaient pu, selon lui, être fournis que par une personne très proche, le connaissant parfaitement. Qui donc ? François Heisbourg se pose toujours la question, tout comme il s'interroge encore sur le comportement de Charles Hernu à son égard.

Les motivations des Russes, en revanche, paraissent assez claires. Le KGB a voulu se venger de l'« affaire Farewell » et de l'expulsion des quarante-sept « diplomates » (on reviendra sur cet épisode). Coup double : la Centrale soviétique semait le trouble au sein de l'appareil d'État français et empêchait la nomination à un poste ultrasensible d'un haut fonctionnaire qu'elle ne portait pas dans son cœur...

Une autre personnalité également redoutée par l'Est a failli subir le même sort. Il s'agit cette fois d'un militaire directement lié, lui, aux services de contre-espionnage français. Peut-être n'y a-t-il là qu'une coïncidence, mais, cette fois encore, c'est Charles Hernu qui initia la démarche visant à le « débarquer ». Toutefois, à la différence de la précédente, l'affaire, digne de l'agent 007, le héros de Flemming, a échoué. Le militaire en question n'avait pourtant absolument rien d'un James Bond, même si sa véridique histoire est bien plus passionnante qu'un roman d'espionnage !

Au début de l'année 1982, Charles Hernu, installé depuis une dizaine de mois au ministère de la Défense, expédie à son collègue et ami Claude Cheysson, ministre des Relations extérieures, une lettre ultraconfidentielle. Elle le met en garde de façon solennelle contre un haut responsable militaire, le colonel Philippe Rondot, chargé de mission au Centre d'analyses et de prévision (CAP) du Quai d'Orsay. Hernu n'y va pas par quatre chemins : selon lui, cet ancien officier de la DGSE doit « impérativement être tenu éloigné de tout »... Pour justifier sa méfiance, le ministre de la Défense évoque, sans la citer, une source américaine extrêmement fiable. Il ne fournit aucune autre explication.

Une telle lettre confidentielle, directement transmise de ministre à ministre, est de nature à briser définitivement une carrière sans que l'intéressé lui-même en soit jamais informé. Heureusement, le colonel Rondot est trop connu dans les milieux du renseignement pour que l'affaire ne provoque pas de vagues. Et ne revienne, tel un boomerang, du Quai d'Orsay à la rue Saint-Dominique...

Mais, tout d'abord, qui est cet officier suffisamment important pour que le ministre en personne s'intéresse à son cas ? Au physique, l'homme mise sur la discrétion : mince, grand, vêtu de costumes passe-partout, il n'attire pas l'attention et on aurait même, disent ses proches, de la peine à le remarquer et à le décrire. Il faut dire que l'anonymat est son métier. C'est cette qualité, entre autres, qui lui a permis de cueillir le terroriste Carlos, au Soudan, en août 1994, après une vingtaine d'années de traque acharnée... Mais n'anticipons pas.

Chez les Rondot, on est général de père en fils, et arabisant par goût et culture. Comme son père Pierre, général, Philippe présente Saint-Cyr en 1958, puis fait la guerre d'Algérie dans les commandos de chasseurs et au 9e régiment de parachutistes. Une rude école. En 1964, il choisit une arme intellectuelle, le renseignement, et entre au SDECE. Deux ans plus tard, il est nommé, à Bucarest, adjoint au responsable des services français à l'ambassade de France.

Là se situe un épisode qui va marquer sa vie. Autant Rondot est brillant, assurent ses amis, autant il est indépendant. « Pour parler militaire, disent-ils, il ne supporte pas les cons et, dès qu'on essaie de lui mettre la bride sur le cou pour des raisons stupides, il se rebelle et rue dans les brancards, quel que soit le grade de l'interlocuteur. C'est sa nature... » Or, précisément, son supérieur en Roumanie ne supporte pas la liberté d'esprit et d'action de son adjoint. Il va donc profiter d'un incident apparemment mineur – la « disparition » pendant vingt-quatre heures du jeune capitaine – pour le dénoncer à la Centrale, signalant son « comportement suspect » et le risque d'un contact avec la fameuse Securitate. Il réclame son retour en France.

En réalité, la « disparition » de Rondot, qui a effectivement découché, n'est due ni à une aventure galante, comme certains l'ont pensé (les Roumains avaient déjà essayé, en vain, de lui mettre des filles dans les bras), ni à quelque rendez-vous clandestin avec un officier roumain. Le jeune capitaine avait tout bonnement perdu ses clés et préféré aller dormir à l'hôtel plutôt que de battre le tocsin à l'ambassade...

Cette stupide affaire va effectivement entraîner son rappel à Paris, où il sera affecté en stage à l'état-major. Son supérieur à Bucarest rédige entre-temps un rapport au vitriol qui sera versé à son dossier et utilisé contre lui quelques années plus tard.

Bientôt, le voici néanmoins admis au sein du service Action du SDECE, le *nec plus ultra* de la Maison, responsable des opérations extérieures risquées. Il en devient l'un des meilleurs éléments – ce qui lui vaut quelques jalousies – et s'impose comme le bras droit du chef du service, le général Alain Gaigneron de Marolles. Mais, en 1977, l'impérial patron du SDECE, Alexandre de Marenches, seigneur autoritaire obsédé par les risques de pénétration soviétique, nourrit des doutes sur certains de ses collaborateurs. Il fait examiner tous les dossiers ; l'on exhume ainsi l'« incident » roumain de Rondot et le soupçon émis par son supérieur de l'époque.

Cet épisode bénin revêt suffisamment d'importance aux yeux de Marenches pour qu'il décide d'écarter Rondot. Cette affaire, il est vrai, survient sur fond de rivalités personnelles – assez courantes au sein du SDECE –, et l'officier, proche de Gaigneron de Marolles, « tombe », victime d'une sombre guerre intestine. De surcroît, paradoxalement, sa connaissance du Moyen-Orient, ses activités « relationnelles » dans le monde arabe et auprès des responsables palestiniens le rendent encore plus suspect... Comme l'écrivent Charles Villeneuve et Jean-Pierre Peret[1], « tout un clan de la "Piscine" a dénoncé ses " amitiés" et cette "islamophilie" comme autant de signes de son appartenance, au moins idéologique, au camp soviétique... »

D'autres, au contraire, surtout dans la période noire des attentats palestiniens, vont très rapidement utiliser les compétences et « relations » de Philippe Rondot. Ce départ forcé mais digne – il sera décoré de la Légion d'honneur et promu colonel – va être à l'origine de sa nouvelle carrière, atypique et brillante, plus conforme à son caractère et à sa farouche volonté d'indépendance.

Il va d'abord en profiter pour peaufiner sa connaissance du monde arabe en passant à l'université de Nanterre un doctorat de sociologie politique publié plus tard aux PUF sous le titre *Le*

1. In *Histoire secrète du terrorisme*, Plon, 1987.

Proche-Orient au service de la paix. Ce grand voyageur publiera également plusieurs ouvrages, dans la collection « Que sais-je ? », sur la Syrie, l'Irak et la Jordanie.

Ses qualités attirent l'attention du général Jean Saulnier, nommé chef d'état-major particulier de François Mitterrand après 1981, qui le consulte sur les conséquences de la guerre Iran-Irak. La finesse de ses analyses et de ses prévisions séduit Saulnier, qui lui confie au Moyen-Orient un certain nombre de missions dans lesquelles Rondot démontre ses qualités d'intermédiaire discret et efficace, en particulier dans les affaires de terrorisme et de prises d'otages.

Il n'oublie pas pour autant la tâche essentielle qu'il s'est assignée dès 1975 : retrouver et arrêter « Carlos », le terroriste ennemi numéro un de la France, responsable du meurtre, à Paris, de deux policiers de la DST en 1975, puis de nombreux attentats sanglants. Il l'a déjà raté de peu en 1977, au Venezuela, à San Cristobal[1]. Il ne lâchera jamais sa proie.

Le général Saulnier le fait alors affecter au Centre d'analyses et de prévision du Quai d'Orsay, un organe de réflexion et de renseignement placé auprès du ministre des Affaires étrangères. Mais il est évident que la place de Philippe Rondot se trouve au sein de son ancienne maison, le

1. Sur cet épisode, voir le livre consacré à *Carlos* par Bernard Violet, Seuil, 1996.

SDECE, devenu entre-temps la DGSE. Il va donc solliciter sa réintégration auprès de son nouveau directeur, Pierre Marion, proche de Charles Hernu (voir chapitre V).

Deux éléments vont s'opposer à son retour. Le premier est le refus de Pierre Marion. Celui-ci s'en explique aujourd'hui sans détours :

« Rondot était considéré comme une personnalité difficile, indépendante, incontrôlable ; beaucoup de responsables s'opposaient à sa réintégration. Il y avait, bien sûr, l'épisode roumain, et ce que nous appelons un "doute insoutenable", mais, sincèrement, ce n'était pas le plus important ; c'est surtout son caractère qui a joué contre lui. De plus, il y a eu cette curieuse affaire de la lettre de Hernu à Cheysson. J'en ai eu le double entre les mains et, aujourd'hui encore, je ne sais pas auprès de quelle source Hernu a pu piocher ses informations contre Rondot. Les Américains, que je connais bien, m'ont affirmé qu'ils n'y étaient strictement pour rien et qu'ils n'avaient rien à lui reprocher. Ils ont d'ailleurs travaillé ensuite avec Rondot main dans la main, notamment au moment de l'interpellation de Carlos. Mais c'était assez le genre de Hernu d'agir comme ça, directement à partir d'un renseignement personnel.

« Vous savez, Charles avait parfois un comportement curieux. Quand il m'a fait nommer à la tête du SDECE, avec la bénédiction de François de Grossouvre, en 1981, nous nous connaissions depuis vingt-cinq ans. Je l'avais même hébergé chez moi, à Saint-Tropez, au moment de ses démêlés avec l'OAS et lors de ses différents problèmes conjugaux...

« Il me reçoit alors à déjeuner au ministère de la Défense et commence par m'annoncer qu'à partir d'aujourd'hui il n'est plus question que je le tutoie. Première surprise... Deuxième choc : il m'explique que, pour les affaires de la DGSE, il préfère que j'en parle directement à Mitterrand. “Je préfère rester à l'écart”, m'explique-t-il. Une étrange entrée en matière, pour un nouveau ministre de la Défense ! J'ai donc rendu compte directement à l'Élysée. Bien sûr, Hernu était destinataire de tous les rapports du service, mais, de fait, il m'a demandé peu de choses. Si ce n'est d'enquêter, de temps en temps, sur des histoires intérieures françaises – ce que j'ai toujours refusé !... Grossouvre manifestait d'ailleurs les mêmes désirs... Mais j'avoue que l'attitude de Hernu m'a surpris.

« Pour en revenir à la fameuse lettre concernant Rondot, j'avais pris à l'époque l'information très au sérieux, car il s'agissait d'une lettre personnelle adressée par le ministre de la Défense à son collègue des Relations extérieures. Vous imaginez son importance... »

Celle-ci ne va pas échapper à Claude Cheysson. Au point qu'un haut responsable du ministère, informé et scandalisé, alerte Philippe Rondot. Ce dernier, sidéré, réclame immédiatement une enquête officielle afin de pouvoir se défendre. Deux inspecteurs généraux des armées vont la mener. Leurs investigations blanchiront totalement Rondot. De leur côté, les Américains certifient qu'ils ne possèdent aucune information à charge contre lui. L'affaire roumaine sera du même coup ramenée à ses justes proportions et Charles Hernu, officieusement consulté, parlera vaguement d'une « cabale contre Rondot à l'intérieur de l'armée », sans livrer plus de détails. En revanche, à la suite des conclusions de l'enquête, il acceptera d'adresser à Philippe Rondot une lettre le lavant de tout soupçon et reconnaissant sa loyauté.

Une preuve de cette loyauté sera d'ailleurs fournie beaucoup plus tard par les services roumains eux-mêmes, ou plus exactement par leur ancien patron...

Lorsque nous avons rencontré Mihaïl Caraman en Roumanie, il nous a en effet raconté en souriant que la DST lui avait demandé, en 1992, ce que contenait le dossier Rondot conservé dans les archives de la Securitate après le passage de ce dernier à Bucarest. Caraman a bien consulté ce dossier. Selon lui, il ne contenait aucune trace d'une quelconque tentative de retournement du jeune officier ni d'un lien quelconque avec la Securitate. En revanche, il garde la trace du « travail » effectué par Rondot en Roumanie, les comptes rendus de ses filatures, et même l'histoire des clés perdues et de la nuit passée à l'hôtel, qui avait également intrigué les services roumains...

Blanchi par l'enquête du ministère de la Défense, Philippe Rondot a pu ainsi continuer sa brillante carrière de conseiller : d'abord à la DST – en 1985 – au moment de la vague d'attentats terroristes, puis auprès du ministre de la Défense Pierre Joxe durant la guerre du Golfe. Il est enfin retourné à la DST en 1993 comme « chargé des missions extérieures », alors que Charles Pasqua dirigeait la Place Beauvau. Enfin, dans des conditions difficiles et rocambolesques, il a réussi, presque seul, à identifier et à suivre « Carlos » à Khartoum. Avec l'aide des autorités soudanaises et de la CIA, il est parvenu à exfiltrer le terroriste et à le livrer pieds et poings liés à la justice française. Ce qui a valu au général Rondot d'être élevé au grade de commandeur de la Légion d'honneur. Une fois l'instruction du juge Bruguière terminée, « Carlos » devrait, grâce à lui, être jugé à la fin de l'année 1997.

Malheureusement pour le terroriste international actionné par l'Est et par la Syrie, la carrière de Philippe Rondot ne s'est donc pas terminée en 1982. Certes, à l'époque, Charles Hernu n'a sans doute fait que reprendre dans sa lettre les vieilles accusations roumaines et les ragots d'état-major, mais pourquoi avoir évoqué une « source américaine », et surtout pourquoi cette missive directe et expéditive adressée à Claude Cheysson ? La question reste posée.

On ne peut enfin évoquer les dossiers d'espionnage, à l'époque où Charles Hernu dirigeait la Défense, sans parler de deux événements retentissants : l'affaire Farewell et l'expulsion de quarante-sept « diplomates » soviétiques en poste en France.

Farewell fut le surnom donné à un officier du KGB « retourné » par la DST et qui livra une quantité impressionnante d'informations sur l'espionnage soviétique. Sans doute la plus belle réussite de toute l'histoire des services français. Farewell a en effet dévoilé l'ampleur et l'organisation de l'espionnage scientifique et technologique soviétique, révélé divers secrets militaires et permis l'arrestation de plusieurs agents à la solde du KGB, notamment en Allemagne et en France. Rappelons brièvement les faits, aujourd'hui connus.

Au cours de l'année 1980, un officier du KGB autrefois en poste à Paris, Vladimir Vetrov, lance une sorte d'appel à un ami français avec lequel il s'est lié au cours de son séjour. Vetrov veut collaborer avec la DST ; il est écœuré, semble-t-il, par le système soviétique et par les privilèges dont jouit la nomenklatura. À la suite de mésaventures qui lui sont advenues alors qu'il était en poste au Canada, il sait qu'il ne pourra plus jamais retourner à l'étranger et souhaite apparemment se venger. Après avoir envisagé l'hypothèse d'un coup monté, la DST établit le contact avec lui par le biais d'un représentant de la société Thomson à Moscou. Vetrov, surnommé « Farewell » par

Marcel Chalet, patron de la DST, qui supervise l'opération, va « passer » plusieurs milliers de documents. Il est en effet affecté à la documentation du secteur scientifique de la Centrale soviétique. Ces documents franchissent la frontière dans la valise diplomatique de l'ambassade de France. La DST elle-même n'en revient pas : elle a ainsi un accès direct aux archives les plus secrètes du KGB ! Mais les risques deviennent trop grands pour l'industriel français, déjà incroyablement courageux, qui passe la main, le 1er mai 1981, à un attaché militaire en poste à l'ambassade et bénéficiant du statut diplomatique.

Mais, au même moment, à Paris, le pouvoir change de mains. François Mitterrand est élu président, quatre ministres communistes entrent au gouvernement et le programme de la gauche prévoit la suppression de la DST !... On imagine l'embarras du directeur de ce service, qui gère l'affaire la plus importante et la plus secrète de sa carrière, et qui, de surcroît, se doit de protéger la vie de Farewell : la moindre fuite lui serait fatale. D'autant que Vetrov se refuse absolument à quitter l'URSS et ne veut même pas entendre parler d'un plan d'« exfiltration » au cas où il serait démasqué. Marcel Chalet va donc informer le préfet Grimaud, directeur de cabinet du nouveau ministre de l'Intérieur, Gaston Defferre. Chalet connaît Grimaud et a confiance en lui. Ce dernier lui arrange aussitôt un entretien avec le ministre. Defferre écoute attentivement le récit de Chalet. Il est visiblement passionné par cette affaire dont il mesure aussitôt la portée. Au terme du récit du patron de la DST, l'une de ses premières questions fuse :

– Hernu est-il informé ?

– Non, répond Chalet, surpris.

– Il ne faut rien lui dire, ordonne sèchement Defferre, qui ajoute sur un ton plus ironique : Il raconte tout à sa femme...

L'argument paraît tout de même un peu court, s'agissant d'un ministre de la Défense ! Il est plausible que Gaston Defferre, même s'il craint un bavardage de Hernu, veuille surtout éviter une guerre des services, car le « cas Farewell » n'est pas simple. Théoriquement, la DST, qui dépend du ministère de l'Intérieur, ne s'occupe que du contre-espionnage à l'intérieur de l'Hexagone, elle ne doit pas travailler à l'étranger, qui est le terrain d'action exclusivement réservé à la DGSE sous contrôle du ministère de la Défense. Or, dans cette affaire, à la demande de Vetrov, la DST a violé cette règle avec l'autorisation de l'ancien pouvoir. Et quand il a fallu faire intervenir le militaire en poste à Moscou, seul le général Jeannou Lacaze, nommé en janvier chef d'état-major des armées et surnommé « le Sphinx », lui-même ancien du contre-espionnage, a été mis au courant. Après mai 1981, c'est le chef d'état-major particulier de François Mitterrand, le général Jean Saulnier, qui suit cette affaire en direct. La DGSE est ainsi complètement court-circuitée. Pierre Marion n'est pas informé de l'opération. Defferre et Mitterrand ne souhaitent pas davantage mettre le ministre de la Défense dans la confidence.

Lorsque le chef de l'État se rend, le 19 juillet 1981, à son premier sommet des Sept, à Ottawa, au Canada, il a décidé de révéler l'affaire Farewell à son homologue américain : un gage de confiance alors que l'entrée des communistes au gouvernement inquiète Washington, et une façon de pénétrer en fanfare dans la « cour des Grands ». L'entretien se déroule à quatre : François Mitterrand et son ministre des Relations extérieures, Claude Cheysson, d'un côté, le président Ronald Reagan et son secrétaire d'État, Alexander Haig, de l'autre. Charles Hernu n'est pas invité, pas plus que son collègue américain, Caspar Weinberger. Reagan, stupéfié par le récit de François Mitterrand, se serait exclamé : « C'est la plus grosse affaire d'espionnage depuis la guerre ! »

Quelques semaines plus tard, Marcel Chalet, qui a longuement exposé le dossier au chef de l'État avant son départ, est expédié aux États-Unis. Il doit rencontrer le vice-président George Bush, ancien patron de la CIA, pour faire participer les Américains à la « moisson » Farewell. Ceux-ci découvriront ainsi que les Soviétiques connaissaient dans le moindre détail leur système de protection aérienne en cas d'attaque-surprise...

Charles Hernu a-t-il été informé par la suite de cette extraordinaire affaire ? Impossible à savoir. On ne peut donc tirer aucune conséquence de son comportement à cette époque.

L'épopée Farewell s'achèvera quelques mois plus tard, de façon incroyable, par une sombre histoire de crime passionnel... Telle est du moins la version officielle. En février 1982, Vetrov, pris d'une subite crise de folie, aurait tenté d'assassiner sa maîtresse – une collègue du KGB – dans un bois proche de Moscou. Il aurait également tiré sur un témoin qui assistait à la scène. La femme, ayant survécu, l'a dénoncé, et Vetrov a alors été arrêté, jugé à la fin de l'année, et condamné à quinze ans de prison pour meurtre. Ce n'est qu'un an plus tard que les autorités soviétiques auraient découvert, dans des circonstances demeurées mystérieuses, les preuves de sa trahison ! Il a été alors rejugé, condamné à mort et exécuté en janvier 1985 dans les sous-sols de sa prison moscovite.

Une histoire hautement rocambolesque, confirmée pourtant par le journaliste russe Sergueï Kostine qui a interviewé pour son livre *Bonjour, Farewell*[1] plusieurs acteurs du drame, dont la femme, le fils et même la maîtresse de Vetrov. Cependant, alors que le journaliste-écrivain a eu visiblement accès à plusieurs sources confidentielles, il est dans l'incapacité de citer le nom de la

1. Robert Laffont, 1997.

victime tuée par Farewell ! Une lacune qui, ajoutée à de multiples contradictions, jette le trouble et suscite d'autres interrogations : l'histoire du crime passionnel ne serait-elle pas un montage destiné à cacher la véritable cause de la chute de Farewell ? Quand et comment le KGB a-t-il découvert que l'officier travaillait pour le compte des Français ?

Les Soviétiques, suggèrent certains, auraient pu être mis sur la piste de Farewell à la suite d'une maladresse du directeur de cabinet de Claude Cheysson. Une maladresse liée à une autre affaire qui se télescope dans le temps avec l'affaire Farewell : celle de l'expulsion de quarante-sept diplomates soviétiques en 1983.

L'origine de cet autre dossier n'a rien à voir avec Vetrov. Lors de réparations effectuées sur les télex de l'ambassade de France à Moscou, les diplomates découvrent « un appareillage électronique complexe, vraisemblablement destiné à transmettre en clair sur les secteurs électriques extérieurs les informations télégraphiques[1] ». En fait, les Soviétiques ont piégé les téléscripteurs et reçoivent les doubles de tous les messages expédiés par l'ambassade à Paris.

En apprenant la nouvelle, François Mitterrand pique une retentissante colère. Après les éléments fournis par Farewell, il estime que, cette fois, les

1. Voir *Le KGB en France, op. cit.*, dans lequel Thierry Wolton a révélé cet épisode.

Soviétiques ont passé les bornes. Il décide donc de réagir en force et demande à la DST de préparer une liste des officiers du GRU et du KGB travaillant en France sous couverture diplomatique. Le nouveau patron du contre-espionnage, Yves Bonnet, très antisoviétique, est ravi de cette mission, et n'a guère de difficulté à fournir cette « liste rouge ». Elle comprend d'ailleurs bien plus que les quarante-sept noms des futurs expulsés, mais la DST veut en quelque sorte en « garder sous la main », pour le cas où... Comme le veut la coutume, on s'attend à ce que les Soviétiques expulsent à leur tour des diplomates français. L'opération spectaculaire déclenchée le 5 avril 1983 n'entraîne pourtant aucune riposte de Moscou.

C'est à ce moment que se produit la fameuse « gaffe » du Quai d'Orsay. Alors que l'ambassadeur d'URSS vient rituellement « protester » auprès du ministre des Relations extérieures, le directeur de cabinet de Claude Cheysson, qui le reçoit, lui montre un document qui aurait laissé l'ambassadeur sans voix. Il s'agit d'une note soviétique émanant de la Commission militaro-industrielle (VPK), paraphée par le directeur de cet organisme et par le vice-Premier ministre. Elle est adressée à Iouri Andropov, ex-patron du KGB, alors chef du Kremlin. Ce rapport dresse le bilan de l'activité du renseignement en matière scientifique et technique de 1979 à 1980. Un document accablant pour le KGB et qui est évidemment tiré de la « production » Farewell.

Si cette pièce a dissuadé les Russes de réagir – ils auraient redouté d'autres révélations du même ordre –, elle leur a sérieusement mis la puce à l'oreille. Ce serait en remontant la piste de ce document ultrasensible que leurs services de renseignements, alertés par l'ambassadeur à Paris, auraient identifié Farewell comme une taupe française. Mais, à l'époque, Vladimir Vetrov était déjà arrêté et jugé pour son « pseudo »-crime passionnel. Selon Kostine, il était même déjà en route pour une prison sibérienne...

Charles Hernu, cette fois, a suivi l'affaire des expulsions de fort près. Le ministère de la Défense et la DGSE ont collaboré avec l'Intérieur et la DST pour réaliser cette opération conformément aux vœux de François Mitterrand. Au surplus, le nouveau responsable de la DST, Yves Bonnet, est très lié à Hernu. Les deux hommes, on l'a vu, prenaient leur petit déjeuner ensemble deux fois par mois pour évoquer les dossiers en cours. C'est d'ailleurs sans doute en partie à cause de cet épisode qu'après les révélations de *L'Express* Yves Bonnet prendra ardemment la défense de Hernu, protestant de sa loyauté à l'époque où il travaillait avec lui.

Yves Bonnet, lui, est débarqué au début de 1985 par François Mitterrand, qui le soupçonne d'avoir révélé à la presse l'affaire Farewell. Le chef de l'État estime que la DST mène une politique parallèle dont l'antisoviétisme forcené va à l'encontre de sa propre politique étrangère. La « fuite » tombe en effet particulièrement mal, à la veille d'une importante réunion de la commission commerciale franco-russe.

François Mitterrand ayant décidé de maintenir l'affaire Hernu secrète, Yves Bonnet, après son départ de la DST, n'a pas eu connaissance de la visite de Mihaïl Caraman à Paris, en 1992, ni des nouveaux éléments recueillis à cette occasion par son ancien service.

*
* *

Les spécialistes qui ont eu à connaître l'ensemble des pièces apportées par Mihaïl Caraman ne doutent pas de leur authenticité. Tant les précisions sur le contexte que les noms et fonctions des personnes citées et un certain nombre de détails confirment leur véracité. Leur origine est connue et les motivations de Caraman, ancien responsable des services roumains, sont claires et établies. Les documents sont incontestables et appartiennent désormais à l'histoire de l'espionnage. De plus, les recherches effectuées par la DST après la visite du Roumain et à la suite des révélations de *L'Express* confirment certains points. En particulier, le contre-espionnage français a retrouvé trace de rendez-vous clandestins entre des officiers de renseignements de l'Est en poste à Paris et Charles Hernu. Pour la DST, la cause est entendue.

Mais les certitudes ne portent toujours que sur la période 1953-1963, celle évoquée par les documents russes et roumains. Leur mise sous le boisseau par François Mitterrand, mais aussi par les principaux dirigeants de la droite qui lui succédèrent, confirme la volonté des politiques de ne point ouvrir cette boîte de Pandore. L'ancien responsable du contre-espionnage que nous avons rencontré au début de notre enquête avait raison de nous mettre en garde : les relations des hommes politiques avec les services de l'Est – mais aussi ceux de l'Ouest ! – sous les IVe et Ve Républiques constituent un tabou. Y faire allusion, se pencher sur elles, c'est reconstituer l'« union sacrée » ! Chaque camp craint sans doute trop de découvrir ses propres « moutons rouges » et préfère, selon une méthode bien de chez nous, passer sous silence cette période de l'histoire pourtant passionnante où se mêlèrent trahison pure, idéologie, arrivisme, cupidité, voire simplement engagements politiques communs. Des épisodes qui, à des degrés divers, éclairent bon nombre de réactions, de comportements ou de décisions de cette époque. À propos d'un ancien ministre de la Défense, il paraît incroyable qu'aucun travail de recherche, ni même aucun « mémoire », n'ait été encore entrepris pour tenter de mieux cerner la vérité.

Il faudra donc attendre l'ouverture des immenses armoires blindées du KGB à Moscou (aucune ne s'est vraiment entrouverte depuis la chute du mur) pour connaître le contenu complet du dossier Hernu, alias « Dinu », alias « André »...

Annexes

STRICT SECRET DE
IMPORTANȚĂ DEOSEBITĂ
Exemplar unic.

NOTA

Deținem date din care rezultă că CHARLES HERNU, actualul ministru al apărării din Franța, fost funcționar superior în Ministerul Comerțului Exterior al Franței și președinte al "Clubului Jacobinilor", a fost luat în legătură de către rezidența sovietică de la Paris, sub numele codificat "ANDRÉ", la data de 20 iulie 1957, așa cum rezultă din xerocopia după originalul notei consilierilor sovietici, aflați la noi în țară în acea perioadă.

- Potrivit materialelor pe care le deținem, CHARLES HERNU s-a aflat inițial în legătura organelor de informații bulgare, din martie 1956 pînă în iunie 1957 care au menținut-o cu ei prin diplomați...

Document 1 :
Les deux premières pages de la note à Nicolae Ceausescu le 1er septembre 1982 sur les activités d'espionnage de Charles HERNU au profit du KGB. Elle porte les mentions « *strictement secret* » et « *exemplaire unique* ». Elle est rédigée en très gros caractères en raison de la myopie du numéro un roumain, qui refusait de porter des lunettes (voir chapitre VIII).

VINOGRADOV, ce se găsea la post, în Franța.

-In perioada respectivă, CHARLES HERNU, pe lîngă faptul că era funcționar superior în Ministerul Comerțului Exterior al Franței și președinte al "Clubului Jacobinilor", mai deținea și funcția de redactor șef al ziarului "Le Jacobin" și membru al Ligii masonice. In această calitate întreținea legături apropiate cu personalități politice marcante ale vremii, între care foștii primminiștri EDOUARD DALADIER, PIERRE MENDES FRANCE și GUY MOLLET, precum și cu personalități în devenire, ca FRANÇOIS MITTERRAND, GASTON DEFFERE, actualul ministru de interne, CLAUDE CHEYSSON, actualui ministru al relațiilor externe, și alte personalități mai puțin marcante în prezent.

-Ca urmare a întrevederii perspectivelor sale de ascensiune în viața

STRICT SECRET
Ex. unic

18 aprilie 1963
Nr. 136/CS

N O T A

privind cazul "ANDRE"

"ANDRE" - *CHARLES HERNU*, născut în anul 19[illegible] de naționalitate și cetățenie franceză, este funcționar în Ministerul Comerțului, președinte al clubului "[illegible]", redactor-șef al ziarului "[illegible]", fost deputat a[l] [Adu]nării Naționale Franceze, membru al lojei masonice.

La 13 martie 1953 tov. VINOGRADOV, lucrător oper[ativ] al prietenilor bulgari la Paris, a făcut cunoștință cu "AN[DRE]". In ajunul cunoștinței, tov. VINOGRADOV a primit un telefon [de] la numitul SCHLAKER (fost albgardist, funcționar al Minist[eru]lui Comerțului, suspect de legături cu serviciile speciale [fran]ceze) care i-a comunicat că l-a invitat la cină pe "ANDRE" [de la] care pot fi aflate unele "noutăți". După această convorbi[re te]lefonică, precum și în ziua întîlnirii, serviciile special[e fran]ceze au instituit asupra tov. VINOGRADOV o supraveghere o[pera]tivă intensă. Intîlnirea însă a avut loc.

La prima întrevedere "ANDRE" a făcut impresia u[nui om] care are un larg cerc de relații în sferele politice (DAL[ADIER], HERRIOT, MENDES FRANCE, GUY MOLLET). In cadrul discuțiilo[r] "ANDRE" se pronunța pentru pace, critica politica externă [a] Franței și nu era de acord cu măsurile represive folosite [îm]potriva P.C.Francez. El aborda cu plăcere diverse teme poli[tice], își afișa competența sa în diferite probleme, își exprima încrederea în victoria socialismului în Franța și vorbea de sarcinile clubului "[illegible]" pe care căuta să-l [prezi]nte drept o organizație oarecum de stînga.

In octombrie 1953, tov. VINOGRADOV împreună cu [...] și soția acestuia, au făcut o călătorie în afara Parisulu[i]; la reîntoarcerea în oraș s-au oprit la un restaurant. La [...]

Document 2 :
Pages 1 et 3 de la note datée du 18 avril 1963 : adressée par le responsable du KGB à Bucarest aux services secrets roumains, elle récapitule les états de services de l'agent Charles HERNU. Comme le veut la règle, le nom de l'agent n'est rajouté à la main qu'au dernier moment, pour éviter tout risque de fuite de la part des dactylos. Ensuite, Charles HERNU est appelé par son nom de code : ANDRÉ.
C'est à la suite de ce rapport que les services roumains coupèrent les ponts avec Charles HERNU (voir chapitre III).

francez și a declarat că are la Ministerul Afacerilor Externe un bun cunoscut anume GEORGES [illegible], care îi oferă un ori spre examinare unele materiale ale acestui minister.

Pe timpul evenimentelor din Ungaria, după cum afirmă tov. VINOGRADOV, "ANDRE" se pronunța pentru trimiterea în R.P. Ungară a unor forțe polițienești internaționale ale O.N.U., critica cu asprime poziția P.C.Francez față de problema ungară, dar în același timp nu aproba atitudinea reacțiunii față de comuniști. In această perioadă de timp, "ANDRE" a început să se eschiveze de la întîlnirile cu tov. VINOGRADOV, pe care le amîna pentru o dată nedefinită.

La începutul colaborării cu "ANDRE" (din 1954 și pînă în 1956) prietenii bulgari i-au acordat o recompensă lunară de 250 franci noi sub forma unei contribuții la plata chiriei, iar uneori îi plăteau cîte 400 - 500 franci noi. După ce "ANDRE" a fost ales în Adunarea Națională, i s-a plătit periodic cîte 1.000 franci noi și de cîteva ori cîte 1500 franci noi.

"ANDRE" lua totdeauna cu plăcere banii, dar de fiecare dată căuta să sublinieze că nu muncește pentru plată și că transmite informațiile numai datorită convingerilor sale politice și cu condiția ca aceasta să nu contravină intereselor țării sale și să nu constituie o trădare.

In urma plecării tov. VINOGRADOV din Paris, "ANDRE" a fost predat în legătură unui alt lucrător operativ bulgar. Datorită faptului că acest lucrător nu putea să asigure o consolidare a relațiilor sale cu "ANDRE" care risca astfel să fie pierdut în timp ce prietenii bulgari pe atunci nu puteau să trimită la Paris un alt lucrător, s-a adoptat hotărîrea ca acest caz să fie transmis serviciului de informații sovietic.

La 20 iunie 1957, rezidentura C.S.S. din Paris l-a preluat în legătură pe "ANDRE".

La întîlnire "ANDRE" a afirmat că va continua cu plăcere să sprijine lagărul socialist, însă a făcut două mențiuni și anume: 1. - pe plan parlamentar el intenționează să-și păstreze libertatea de acțiune, adică să adopte în diferite probleme, poziția pe care o va socoti necesară; 2. - el vrea să ne prevină să nu contăm că va putea să ne transmită cu regularitate diferite materiale NATO (anterior, "ANDRE" a predat un

./.

JTG…G TEL…RAM Depa…me… of S…ate

CAII: ☐ COLLECT
HARGE TO

1962 … PM … 2

00703

~~CONFIDENTIAL~~
Classification

168

ACTION: Amlegation SOFIA PRIORITY

Davis calling in Voutov January 4 to suggest Bulgarian Government withdraw Raiko Nikolov, First Secretary Bulgarian Legation within ten days. Department's request based on accumulated evidence Nikolov engaged intelligence activities and blackmail. Will be made clear to Voutov that if Nikolov not withdrawn by January 15, Department will have no alternative except declare him persona non grata.

Rusk
(RHW)

RUSK

661.6911/1-3 62

Microfilmed by RM/R

Drafted by: EUR:EE:MJSpear:my:eb 1-3-62

Telegraphic transmission and classification approved by: Richard H. Davis

~~CONFIDENTIAL~~
Classification

DS-322

REPRODUCTION FROM THIS COPY IS PROHIBITED UNLESS "UNCLASSIFIED".

NND 949631

12/9/96

Document 3 :
Télégramme du département d'État américain daté du 3 janvier 1962 : il déclare Raïko NIKOLOV, le « diplomate » bulgare qui avait recruté HERNU à Paris, *persona non grata* aux États-Unis et demande son départ immédiat sous peine d'expulsion. NIKOLOV avait été surpris en train de se livrer à des activités d'espionnage auprès d'un proche de la Maison-Blanche (voir chapitre II).

Без[права] публикации

МИД СССР
Генсекретариат
2891гс
25.X 1958

"22" октября 1958 г.

№ 1271

ИЗ ДНЕВНИКА
ВИНОГРАДОВА С.А.

МИД-СССР
1-й ЕВРОПЕЙСКИЙ
ОТДЕЛ
Вх. № 4201
27. X 1958 г.

ЗАПИСЬ БЕСЕДЫ

с депутатом-радикалом Шарлем Эрню

9 октября 1958 года

Встретился на завтраке с Эрню. Из беседы заслуживают внимания следующие вопросы.

Эрню рассказал о проводящейся сейчас правительством подготовке к выборам, в частности, об искусственном разделении избирательных округов с целью помешать компартии и другим левым силам получить голоса для избрания своих кандидатов в тех округах, где они имели традиционное большинство. Так, например, к избирательному округу парижского пригорода Монтрей, где баллотируется Жак Дюкло и где всегда имелось твердое большинство, голосующее за коммунистов, искусственно присоединяются близлежащие населенные пункты, большинство населения которых составляет буржуазия. Такое же деление проводится и в других избирательных округах страны. По мнению Эрню, это делается для того, чтобы разбить голоса, обычно отдаваемые за левых, в пользу правых партий. Тем более, что среди правых партий уже сейчас идут переговоры о рациональном выдвижении кандидатов с тем, чтобы избежать конкуренции между ними. Среди же левых партий этого нет. Эрню был явно озабочен создавшимся положением.

Document 4 :
Compte rendu de conversation entre Charles HERNU et Sergueï VINOGRADOV, ambassadeur d'URSS à Paris, le 9 octobre 1958. Classée « secrète », elle est envoyée à Andreï GROMYKO en personne. Le nom du ministre des Affaires étrangères soviétique a été rajouté au dernier moment de façon manuscrite pour des raisons de sécurité (voir page suivante, en bas à gauche, en 1).

Эрню был дан ответ, что организация такой встречи являет чисто внутренним делом, и мы не можем вмешиваться в него. Выс казал мысль, что при наличии желания организовать такую встре целесообразнее договориться между ее предполагаемыми участника ми непосредственно.

Эрню согласился с этой точкой зрения, подчеркнув еще раз, что организация такой встречи перед избирательной кампанией яв ляется насущной необходимостью для всех левых сил.

На беседе присутствовал I-й секретарь Посольства Ю.М.Павл

ПОСОЛ СССР ВО ФРАНЦИИ

С. Виноградов

/С.ВИНОГРАДОВ/

3 экз.
I- Громыко
2-т.Тугаринову
3-в дело
аз

Архив внешней политики РФ

Фонд 0136 — 91

Опись № 44 — Пор. 4

Папка № 273 — Л. 131-136

Без права публикации

ИЗ ДНЕВНИКА ЕРОФЕЕВА В.И.

Секретно. Экз. № 3
«16» мая I957 года
№ 231

РАССЕКРЕЧЕНО
« » 19 г.

ЗАПИСЬ БЕСЕДЫ

с депутатом-радикалом ЭРНЮ,
членом комиссии по иностранным делам
Национального Собрания

24 апреля I957 года

Пригласил на завтрак Эрню, который в беседе рассказал, что финансовое положение Франции становится с каждым днем все более критическим и вызывает большую тревогу даже среди правых партий. Исчерпание валютных и золотых резервов страны объясняется как широкими закупками американской нефти, так и, прежде всего, войной в Алжире. Государственный секретарь по финансам Филиппи сообщил Эрню, что французское правительство не рассчитывало на столь затяжную войну в Алжире и поэтому оказалось на краю финансового банкротства.

Эрню заявил, что во Франции в настоящее время под ружьем находятся I миллион I80 тысяч человек. Правительство тщательно скрывает эти цифры. Факты, однако, таковы, продолжал Эрню, что каждый четырнадцатый француз служит в армии или связан непосредственно с ее обслуживанием, и вооруженные силы Франции в процентном отношении к численности ее населения превосходят вооруженные силы США и СССР. Война в Алжире истребляет лучшие

Document 5 :
L'un des comptes rendus de conversation entre Charles HERNU et le conseiller soviétique Vladimir EROFÉIEV, daté du 24 avril 1957. Les deux hommes se virent fréquemment avant que le KGB ne recrute lui-même Charles HERNU, le 20 juin 1957.

Table

Achevé d'imprimer en août 1997
sur presse Cameron,
par **Bussière Camedan Imprimeries**
à Saint-Amand-Montrond (Cher)
pour le compte de la librairie Arthème Fayard
75, rue des Saints-Pères – 75006 Paris

35-57-0108-01/7

Dépôt légal : septembre 1997.
N° d'Édition : 4469. N° d'Impression : 4/813.
Imprimé en France

ISBN 2-213-59908-4

Rose Marie Dähncke · Sabine Maria Dähncke

700 Pilze in Farbfotos

AT Verlag Aarau · Stuttgart

4. Auflage 1981

Alle Fotos: Rose Marie Dähncke
Fotomaterial: Agfa
Herstellung: Grafische Betriebe Aargauer Tagblatt AG, Aarau (Schweiz)
Printed in Switzerland
ISBN 3 85502 045 0

Ein Wort zum Buch

Mit diesem Fotobuch erfüllen wir den Wunsch vieler Pilzfreunde. Anscheinend gefällt unsere Darstellung der Pilze.
Das Buch hätte so nicht zustande kommen können, wenn nicht Herr Helmut Schwöbel die Arbeit übernommen hätte, einen wesentlichen Teil der Pilzsteckbriefe durchzusehen, zu korrigieren und aus seinem reichen Wissen soweit wie möglich Ergänzungen einzufügen sowie schwierige Pilzarten zu bestimmen. Einige der Artbeschreibungen sind von ihm abgefasst worden und als solche gekennzeichnet. Herrn Schwöbel gilt unser ganz besonderer Dank.
Damit möglichst alles in einem Buch enthalten ist, was der grosse Kreis der unterschiedlich interessierten Pilzfreunde sucht, wurden mikroskopische Angaben über Sporenform und -grösse mit aufgenommen sowie die chemischen Reaktionen auf Reagenzien. Die Artenfolge und Nomenklatur der Ständerpilze (Basidiomyceten) wurden weitgehend der neuesten Auflage der Kleinen Kryptogamenflora Band II b/2 von Prof. Dr. Meinhard Moser, Fischer-Verlag, 1978, angepasst, und übersichtlich ausgeworfen wird in jedem Text die Seitenzahl aus dem «Moser» angegeben. Die Schlauchpilze (Ascomyceten) wurden auf das auch in Zukunft noch gültige Bestimmungsbuch von Prof. Moser Kleine Kryptogamenflora Band II a ausgerichtet und die jeweilige Seitenzahl vermerkt. Die in diesen beiden Büchern noch fehlenden Arten sind nach Angaben von Dr. W. Jülich geordnet, der mit der Kleinen Kryptogamenflora Band II b/1 die noch bestehende Lücke schliesst.
«700 Pilze in Farbfotos» ist also das Aktuellste auf dem Büchermarkt und derzeitig das Buch mit der grössten Anzahl von Farbfotos. Doch auch dieses Buch ist noch lange nicht vollständig. Es zeigt nur, was man in 12 Jahren finden kann, wenn man möglichst täglich im Wald ist und darüber hinaus das Glück hat, zur rechten Zeit am richtigen Fleck zu suchen. Mancher Fund ist ausgesprochene Glückssache und lässt sich später auch mit viel Mühe nicht wiederholen.
Auf allgemeinen Text über Pilze, wie man ihn in fast jedem Pilzbuch und geschlossen in meinem Buch «Wie erkenne ich die Pilze» findet, wurde zugunsten der wertvolleren Farbseiten verzichtet. Auf die Gestaltung der Farbabbildungen wurde dafür allergrösste Sorgfalt verwendet. Zur Erkennung aller besonderen Merkmale des Pilzes wurden Studioaufnahmen vorgezogen und nur dann Standortaufnahmen gemacht, wenn die Erscheinungsform zur Erkennung der Art beiträgt. In einigen Fällen war es möglich, durch Einblenden einer zweiten Abbildung Nahdarstellung und Wachstumsform auf der gleichen Seite zu bringen, wie durch diese Tech-

nik auch Besonderheiten einiger Arten hervorgehoben werden konnten. Diese optimale Bildinformation ermöglicht, die Vielfältigkeit der Pilze in Gestalt und Farbe zu zeigen.
Unzählige Pilzfreunde halfen durch Gefälligkeiten und Unterstützung, dieses Buch in seinem Umfang zu ermöglichen. Die Hilfeleistung und Mitarbeit einiger Spezialisten macht uns Mut, auch kritische Gattungen wie Risspilze und Korallen in grösserer Zahl aufzunehmen.
Wir bedanken uns sehr herzlich bei den Herren und Damen Dr. E.H. Benedix, R. Camenzind, P. Dobbitsch, C. Furrer-Ziogas, Dr. H. Haas, Dr. W. Jülich, D. Knoch, B. Kobler, D. und P. Laber, W. Matheis, Prof. M. Moser, Dr. K. Pawlenka, E. Schild, W. Schwedesky †, J. Stangl und bei allen anonym bleibenden Pilzfreunden, die sich für uns eingesetzt haben.

Rose Marie Dähncke · Sabine Maria Dähncke

Zum Gebrauch des Buches

Sie finden zunächst im Pilz-Begleittext über der Linie eine Bezeichnung z. B. «Täubling», das ist der Sammelbegriff für die abgebildete Art, die aus der Gattung der Täublinge (Russulae) stammt. Dieser Name wurde in Deutsch gehalten, damit der grosse Kreis der volkstümlichen Pilzkundler entschädigt wird, wenn mancher Pilz ausser der botanischen Bezeichnung keinen deutschen Namen besitzt.
Für die Artbezeichnung wurde dann der botanische Name vorgezogen. Er ist mit dem «Moser» vergleichbar auf der Seite, die rechts ausgeworfen angegeben wird. Abkürzungen und Namen dahinter sind Autoren, die sich massgeblich mit diesem Pilz befasst haben. Manchmal wird ein Synonym angegeben, wenn der Pilz bisher darunter bekannt war.
Dem Speisepilzsammler zuliebe wurden Angaben über die Essbarkeit gemacht. Auf detaillierte Unterschiede wurde verzichtet, da diese mit einem Wort nicht treffend beschrieben werden können. Für spezielle Pilzzubereitungen unterschiedlich schmackhafter Arten gibt es Kochbücher. «Essbar» bedeutet: zubereitet nicht giftig und mehr oder weniger schmackhaft. Bei manchen Pilzen fehlt eine Bezeichnung an dieser Stelle; es handelt sich um ungeklärte Arten. Bei den bekannten Giftpilzen wurde «giftig» oder «tödlich giftig» angegeben.
Der dann folgende deutsche Pilzname muss nicht unbedingt mit allen Pilzbüchern übereinstimmen. Er ist der gebräuchlichste für diese Art, die in anderen Gegenden durchaus anders genannt werden kann. Manchmal fehlt dieser Name ganz, wenn es sich um einen selteneren Pilz handelt oder eine neuere Art, die nur in Fachbüchern erscheint, in denen deutsche Bezeichnungen nicht gebräuchlich sind.
Die sich bei jedem Pilz wiederholenden Angaben über Standort und äussere Merkmale, Gerüche, Geschmack und Mikrowerte wurden zur besseren Übersicht in ein Schema gefasst.

Erklärung der Abkürzungen:

Cy.	Cystiden = Zystiden	L.	Lamellen	St.	Stiel
Fl.	Fleisch	Mi.	Milch	Stb.	Stielbasis
Frk.	Fruchtkörper	Po.	Poren	Stfl.	Stielfleisch
Hfl.	Hutfleisch	Rö.	Röhren	Str.	Stielrinde
Hh.	Huthaut	Sp.	Sporen	±	mehr oder weniger
		Spp.	Sporenpulver		

Stiel 8–9/0,6–1 cm = 8–9 cm lang und 0,6–1 cm dick.

Die gebräuchlichsten Reagenzien

$AgNO_3$	Silbernitrat; 1 g Silbernitrat in 10 ml Wasser lösen (lichtempfindlich)
Anilin	reines Anilin (licht- und luftempfindlich)
$FeCl_3$	Eisenchlorid; 10%ige wässrige Lösung
$FeSO_4$	Eisensulfat; 1 g Kristalle in 10 ml Wasser lösen, 2–3 Tropfen konzentrierte Schwefelsäure dazugeben
Formol	40%ige wässrige Formaldehydlösung, als Formalin im Handel
Guajacol	Kristalle oder ölige Flüssigkeit in Äthanol lösen (licht- und luftempfindlich)
Guajactinktur	1 g Guajacharz in 5 g 60–70%igem Alkohol lösen (jährlich neu ansetzen)
HCl	Salzsäure; 36–38%ig im Handel
$Hg(NO_3)_2$	1 g Quecksilber in 10 ml Salpetersäure unter Erwärmen lösen (2–3 Monate haltbar. Achtung: sehr giftig!)
HNO_3	Salpetersäure; 65%ige im Handel
H_2O	Wasser
H_2SO_4	Schwefelsäure; sollte 60–70%ig sein (3 ml Wasser vorgeben, 4 ml konzentrierte Schwefelsäure hineingeben; nie umgekehrt!)
KOH	Kalilauge; 40%ig im Handel
Lactophenol	Milchsäure und 2-3%ige Carbolsäure zu gleichen Teilen mischen
Lugolsche Lösung	1 g Jod und 2 g Kaliumjodid in 150 ml destilliertem Wasser lösen
Melzers Reagenz	0,5 g Jod und 1,5 g Jodkali in 20 ml Wasser lösen, dann 20 g Chloralhydrat zugeben (am besten erst vor Gebrauch)
α-Naphthol	0,1 g α-Naphthol in 2 ml Äthanol lösen, 4 ml destilliertes Wasser hinzugeben
NaOH	Natronlauge; 30- oder 40%ig im Handel
NH_3	Ammoniak; das im konzentrierten Ammoniak enthaltene Ammoniakgas ist flüchtig, und für einige Reaktionen genügt der Dampf aus einer Flasche 25%iger, handelsüblicher Ammoniaklösung
Phenol	2 g kristalliertes Phenol in 100 ml destilliertem Wasser lösen
Phenolanilin	3 Tropfen Anilin und 5 Tropfen konzentrierte Schwefelsäure in 10 ml 2–3%ige wässrige Phenollösung geben (siehe oben)
Sulfoformol	35–40%ige Formaldehydlösung vorgeben und die gleiche Menge 70%ige Schwefelsäure hinzufügen (nie umgekehrt!)
Sulfovanillin	3 ml Wasser vorgeben, 8 ml konzentrierte Schwefelsäure dazugiessen, dann 1 g Vanillin darin lösen (begrenzt haltbar)

Lebensgemeinschaft Wald – Pilz

Die Pilze versorgen die Bäume mit wachstumsfördernden Stoffen. Die Bäume erhalten die Pilze. Es ist eine Lebensgemeinschaft auf Gegenseitigkeit. Im Lebensalter eines Waldes spielen sich biologische Veränderungen ab, dabei werden manche Pilze zum Tode verurteilt, andere kommen. Das Heranwachsen des Waldes bewirkt ständig neue Pflanzen- und Pilzgesellschaften: In der jungen Aufforstung ist viel Licht, die Bäumchen entziehen dem Boden wenig Wasser, andere Pflanzen finden noch Lebensraum. Hier bildet sich eine bestimmte Pilzflora aus. Der Wald wächst heran. Die Kronen geben tiefen Schatten, dicke Laub- oder Nadelschichten bedecken den Boden, die Pilzarten haben gewechselt. Dann ist die Zeit, wo durch Versamung Unterholz aufkommt, was manche Pilzart wieder zum Absterben bringt, andere begünstigt. Es können Veränderungen auftreten, weil ein Windschutz bietender Wald in der Nachbarschaft abgeholzt wurde, wodurch jetzt der Boden mehr austrocknet. Wenn der Wald gelichtet wird, bleiben die Pilze aus, die sich in dem dichten, schattigen Milieu wohlgefühlt haben. Pilze sind so empfindlich, dass sie auf all das reagieren.

Tiere nehmen keine Rücksicht auf Pilze. Sie ernähren sich davon. Rehe bevorzugen die Pfifferlinge, Eichhörnchen den Schwarzfaserigen Ritterling, Wildschweine Trüffeln und Herbsttrompeten. Wenn Moos über einem Pfifferlingslager weggescharrt ist, so durch das Äsung suchende Reh. Manche Pilzbestände (Rasiger Purpurschneckling) werden so völlig zerstört. Und doch sind die Pilze nicht zum Aussterben verurteilt, da genügend Fruchtkörper zum Sporenabwurf heranreifen, und auch das Myzel ausdauernd ist.

Pilze dürfen gesammelt werden. Sie werden durch vernünftiges Ernten nicht geschädigt. Jedes von der Natur begünstigte gute Pilzjahr beweist das. Nur die Fundstellen schrumpfen immer mehr zusammen, je mehr Wälder abgeholzt werden. Und die Begleiter der Laubbäume bleiben aus, wenn die Neuaufforstung aus Nadelhölzern besteht.

Es gibt einige Pilzarten, die schon immer sehr selten waren, oder solche, die nur bei uns selten sind, weil sie mehr Wärme lieben. Im Süden können sie als Massenpilze auftreten. Solche Arten haben wir in unserem Buch bezeichnet und bitten, zum Schutz dieser Pilze beizutragen. Es gibt so viel besser schmeckende Speisepilze, dass man auf die wenigen schonenswerten verzichten kann. Dass wir Pilze nicht sinnlos zerstören, versteht sich von selbst.

Mehr können wir Pilzfreunde nicht zum Schutz der Pilze beitragen. Unsere Wälder zu erhalten, ist Aufgabe der dafür Verantwortlichen.

POLYPORUS LEPIDEUS Fries
(Syn. P. ciliatus Fr.)

Moser: Seite 53

Maiporling

ungeniessbar

Vorkommen: April–Juni auf Laubholzstümpfen, oft in Gesellschaft des Getigerten Knäuelings (Panus tigrinus).
Hut: 4–10 cm, heller bis dunkler gelbbraun oder graubraun, jung mit zartem Filz überzogen, dann angedrückt faserschuppig, Rand lange eingerollt, filzig.
Poren: herablaufend, hellgrau, dann weisslich, im Alter gilbend, sehr klein, am jungen Fruchtkörper kaum sichtbar.
Stiel: bis 12/bis 1,2 cm, blass, weichfilzig, später netzig oder dunkler flockig.
Fleisch: frisch fleischig, trocken oft zäh und fast holzig.
Sporen: Spp. creme, Sp. glatt, zylindrisch-elliptisch, 5–7,5/1,5–2,6 μ.
Anmerkung: Bei der fm. ciliatus ist der Hutrand bewimpert.

POLYPORUS BRUMALIS (Pers.) ex Fries

Moser: Seite 53

Winterporling

ungeniessbar

Vorkommen: Vom Herbst bis zum Frühjahr an toten Laubhölzern.
Hut: 2–6 cm, im Frühjahr blass gelblichbräunlich, kahl, im Herbst braunrussig, filzigrauh, borstig, fast gewölbt, genabelt, dünn, zählederig.
Poren: herablaufend, weissgelblich, sehr kurz, dünn, gezähnelt, Mündungen 0,3–1 mm weit.
Stiel: 2–6 cm lang, grau bis graugelblich, jung flockig, bisweilen exzentrisch.
Fleisch: weiss, elastisch, zäh.
Sporen: Spp. weiss, Sp. fast zylindrisch, glatt, 5–7,5/1,7–2,5 μ.

POLYPORUS LENTUS Berkeley
(Syn.: P. forquignoni Quélet)

Moser: Seite 54

ungeniessbar

Vorkommen: Frühling-Sommer auf abgefallenen Laubholzästen.
Hut: 1–5 (10) cm. bräunlich, gelb- bis rotbraun, auch creme-ockerlich bis fast weiss, niedergedrückt, haarig-schuppig, Rand deutlich bewimpert (siehe Foto).
Poren: am Stiel herablaufend, Mündungen langgestreckt, weit fransig gezähnelt, weiss.
Stiel: stark exzentrisch bis lateral, nach unten verjüngt, weisslich, haarig-feinschuppig, Basis mit Myzelfilz.
Fleisch: weisslich, zäh, Geruch fast Null.
Sporen: Spp. weiss, Sp. 12–15(18)/5–6,5 μ.

POLYPORUS SQUAMOSUS (Huds.) Fries

Moser: Seite 54

Schuppiger Porling

jung essbar

Vorkommen: Mai–Oktober an Laubbäumen und Stümpfen, im April–Juni häufig in Auwäldern.
Hut: 8–30 cm, blassgelb, ockergelb, fächer- bis trichterförmig, flach, mit konzentrischen braunen Schuppen, Rand scharf, etwas eingebogen.
Poren: herablaufend, gelblichblass, kurz, nicht ablösbar, Mündungen erst fein, dann weit, eckig, oft zerschlitzt.
Stiel: 4–8/1,5–3 cm, jung blassgelb, später abwärts schwarz, etwas grubig, jung zentral, später seitlich.
Fleisch: weisslich, anfangs weich, dann zäh, holzig, Geruch des weichen Fleisches nach frischen Gurken.
Sporen: Spp. weiss, Sp. länglich-elliptisch, 10–14/4–5 μ.

POLYPORUS BADIUS (Pers. ex SF. Gray) v. Schweinitz
(Syn. P. picipes Fr.)

Moser: Seite 55

Kastanienbrauner Schwarzfussporling

ungeniessbar

Vorkommen: April–September, an verschiedenen Laubhölzern, besonders an alten, kranken Weiden, auch an gefällten Stämmen von Weide und Rotbuche.
Hut: 5–20 cm, auch grösser, bräunlich, kastanienbraun, rotbraun bis fast schwarz, trichterig, einseitig muschelförmig, meist lappig, glatt, glänzend, trocken hart, dünnfleischig, Rand sehr dünn.
Poren: herablaufend, weiss bis creme, kurz, engstehend, Mündungen rund.
Stiel: 2–7/1–2 cm, braun bis schwärzlichbraun, gegen den Hut etwas heller, samtig, später nackt, im Alter bisweilen matt glänzend, zentral bis lateral.
Fleisch: weiss bis holzfarben, lederartig zäh.
Sporen: Spp. creme, Sp. glatt, zylindrisch-elliptisch, 6–8(10)/2,5–3,5 μ.
Chemische Reaktion: Fl. mit KOH gelb.

PLEUROTUS DRYINUS (Pers. ex Fr.) Kummer

Moser: Seite 55

Rillstieliger Seitling

ungeniessbar

Vorkommen: August–November, besonders an Eichen- und Buchenholz, auch aus Astlöchern lebender Bäume wachsend.
Hut: 5–12 cm, weisslich oder mit blassgraubraunen Tönen, gewölbt, dann niedergedrückt bis trichterig, auch muschelförmig, fein filzig-faserig bis mehr oder weniger schuppig, dünnfleischig, Rand von flüchtigem, weissem Velum behangen.
Lamellen: fadenförmig herablaufend, weisslich, dann schmutzig weisslich-gelblich, cremefarben, gedrängt, breit.
Stiel: 2–4/1–3,5 cm, schmutzig weisslich, kahl, durch die weit herablaufenden Lamellen rinnig, meist exzentrisch, voll, Basis weissfilzig, Ring zerrissen, vergänglich, häutig-flockig.
Fleisch: weiss, an Druckstellen gelblich, bei jungen Exemplaren weich, dann zäh, Geruch fast mehlartig oder leicht porlingsartig.
Sporen: Spp. weiss, Sp. länglich-eiförmig, glatt, 9–13/3–4 μ.

PANUS SUAVISSIMUS (Fr.) Singer

Moser: Seite 56

Wohlriechender Knäueling

Vorkommen: August–Oktober an toten Weidenästen, hauptsächlich in Berglagen, selten.
Hut: 1,5–5 cm, eigelblich, ockerbraun, alt weisslich, gilbend, ± nierenförmig, kahl, glatt, später oft etwas erhaben gerieft.
Lamellen: herablaufend, weisslich, dann ockerlich, Schneiden fein gezähnelt, gilbend, entfernt.
Stiel: 2–4(5) cm lang, hutfarben, zottig, seitlich, Basis orange.
Fleisch: weisslich, dünn, zäh. Geruch stark anis- oder kumarinähnlich.
Sporen: Spp. hellocker, Sp. 7–8/3,5–4 μ.

PLEUROTUS OSTREATUS (Jacq. ex Fr.) Kummer Moser: Seite 56

Austernseitling

essbar

Vorkommen: im Spätherbst bis in den Vorfrühling an Laubholz, selten an Fichte.
Hut: 4–15 cm, grau, graulila, schwärzlichgrau, stahlgrau, graubraun, blauschwärzlich, muschelförmig, auch zungen- oder spatelförmig, glatt, kahl, dickfleischig.
Lamellen: kurz herablaufend, weisslich, gedrängt, sich maschig verästelnd.
Stiel: 1–4/1–3 cm, weiss, selten bräunlich, meist kurz oder nur angedeutet, exzentrisch, an der Basis striegelig-zottig, häufig mit anderen knollig oder ästig verwachsen.
Fleisch: weiss, jung weich, bald zäh, im Stiel fast korkartig, Geruch porlingsähnlich.
Sporen: Spp. weiss, Sp. fast zylindrisch, schmal, etwas klebrig, dadurch leicht anhaftend, 7,5–11/3–4 μ.
Chemische Reaktionen: Fl. mit H_2SO_4 braunrosa, mit Guajactinktur grünblau, L. mit Sulfovanillin rot, dann violett.
Anmerkung: Ziemlich variabel, mit mehreren Varianten (P. salignus Fr., P. columbinus Quél. ap. Bres., P. pulmonarius Fr.), die aber heute auch als eigene Arten betrachtet werden (siehe «Moser» S. 56).

PLEUROTUS OSTREATUS fm. Florida

Moser

Sommerausternseitling

essbar

Vorkommen: an Laubhölzern, bei uns nur gezüchtet. Beschreibung gegenüber, Seite 18.
Anmerkung: Diese Art brachte Frau Prof. G. Eger aus Florida mit, später arbeitete auch die Forschungsstelle von Sengbusch daran. Es ist jetzt der meistgezüchtete Pilz. Er wird von geschäftstüchtigen Händlern auch «Kalbfleischpilz» genannt. Man kann ihn sehr gut auf Laubholz züchten, bei vorschriftsmässiger Vorbehandlung auch auf Stroh in Ballen oder Plastiksäcken. Sein Vorteil: er braucht keinen Kälteschock zum Wachsen wie unser heimischer Austernseitling, der erst nach den ersten kalten Nächten im Spätherbst erscheint.

PANUS CONCHATUS (Bull. ex Fr.) Fries

Moser: Seite 56

Birkenknäueling

ungeniessbar

Vorkommen: Juni–November an Stümpfen und toten Ästen von Laubhölzern.
Hut: 4–8 cm, fleischbraun, rötlichbraun, ockergelbbraun, verblassend, unregelmässig lappig, muschelförmig, flachtrichter- bis becherförmig, halbtrichterförmig, kahl, glatt, alt bisweilen etwas schuppig, Rand anfangs eingerollt, bereift oder feinfilzig, dann glatt, scharf.
Lamellen: herablaufend, ocker bis fleischrot, auch violettlich, bisweilen ästig, Schneide ganzrandig.
Stiel: 2–3/1–1,5 cm, grau, fleischrot, lilarötlich, zuletzt blassockergelb, flaumig-weissfilzig, voll, seitlich stehend, bisweilen fehlend.
Fleisch: weiss, lederig-zäh, alt lederig-holzig, Geschmack leicht säuerlich.
Sporen: Spp. weiss, Sp. elliptisch-eiförmig, 5–6/3–3,5 µ.
Chemische Reaktionen: Fl. mit KOH blassocker, mit Phenolanilin purpurbraun.

PANUS TIGRINUS (Bull. ex Fr.) Singer

Moser: Seite 57

Getigerter Knäueling

ungeniessbar

Vorkommen: April–Oktober an Laubholzstrünken, besonders an Weiden, vor allem im April und Mai in Auwäldern häufig.
Hut: 3–7 cm, auf weisslichem Grund mit braunen bis schwärzlichen, haarigen Schüppchen, gewölbt, bald genabelt, schliesslich trichterig vertieft, wenig fleischig, Rand anfangs eingerollt, zuletzt etwas rissig.
Lamellen: weit herablaufend, weiss, dann ockerlich, etwas gesägt, gilbend, schmal, gedrängt.
Stiel: 3–5 cm lang, weiss, schwärzlich faserig-schuppig, voll, sehr zäh, zentral oder leicht exzentrisch stehend, abwärts meist verjüngt, oft mit deutlichem, schnell vergänglichem, wulst- oder ringartig abstehendem Schleiergürtel.
Fleisch: weisslich, bisweilen gilbend, zäh. Geruch eigenartig, an ranzige Butter erinnernd.
Sporen: Spp. weiss, Sp. zylindrisch-elliptisch, glatt, 7–8/3–3,5 µ.
Chemische Reaktionen: Fl. mit KOH gelblich, mit Sulfovanillin sofort flüchtig purpurrot.

LENTINUS LEPIDEUS (Fr. ex Fr.) Fries

Moser: Seite 57

Anis-Sägeblättling

ungeniessbar

Vorkommen: Mai–Oktober, besonders auf Kiefern- und Lärchenholz, auch bei Trockenheit wachsend.
Hut: 5–12 cm, weiss, gelblich, grob bräunlich oder grau schuppig, gewölbt, dann verflacht-niedergedrückt, derb, dickfleischig, Rand anfangs eingerollt und filzig.
Lamellen: ausgebuchtet-angewachsen und kurzstreifig herablaufend, weisslich, dann ockerlich, grob gesägt, gekerbt oder rissig, bisweilen querstreifig.
Stiel: 3–8/1–2 cm, weiss, dann weisslichgelb, abwärts bräunend bis schwarzbraun werdend, schuppig, ± beringt, oft kahl, voll, fest, holzig, meist exzentrisch, wurzelartig-spindelig.
Fleisch: gelblichweiss, weich, dann lederig-zäh, zuletzt fast holzig, Geruch schwach anisartig.
Sporen: Spp. weiss, Sp. länglich, auf einer Seite etwas abgeflacht, 10–15/4–5 μ, ohne Zystiden.

LENTINUS EDODES (Berk.) Singer Moser: –

Shiitake

essbar

Vorkommen: gezüchtet an Laubholz.
Hut: 5–10(20) cm, hellbraungrau, dunkelbraun, bisweilen mit rötlichbraunem Ton, Mitte dunkler, gewölbt, dann niedergedrückt, oft genabelt, trocken, mit eingewachsenen, dreieckigen oder felderigen, weisslichen oder bräunlichen Schuppen, Rand anfangs eingerollt, mit zottigen Fasern der blassbräunlichen Cortina behangen, später glatt.
Lamellen: angewachsen oder ausgebuchtet-angeheftet, weissblass, dann zartgelb, schliesslich graulich-fleischbraun, oft mit rötlichbraunen Flecken, untermischt, engstehend, Schneide wellig-gezähnelt.
Stiel: 3–5/0,8–1,3 cm, weisslich bis bräunlich, dunkler braun schuppig, abwärts meist glatt, Basis selten knollig verdickt, aber oft zusammengepresst, exzentrisch oder zentral.
Fleisch: weiss, Geruch aromatisch, Geschmack leicht schärflich, lauchartig.
Sporen: Spp. rein weiss, Sp. länglich-elliptisch, glatt, ohne Zystiden, 5,8–6,4/2,8–3,3 μ.
Anmerkung: Dieser in Japan beheimatete und dort in grossen Kulturen gezüchtete Pilz ist ein bedeutender Exportartikel seines Landes. Er ist auch bei uns züchtbar und fruktifiziert sogar im Winter an frostfreien Tagen (siehe Foto). Die weisslichen, spitzdreieckigen Flöckchen am Hutrand junger Pilze sind ein charakteristisches Merkmal. Aufnahme «Pilzgarten» Hornberg.

STROBILOMYCES FLOCCOPUS (Vahl in Fl. Dan. ex Fr.) Karsten Moser: Seite 58

Strubbelkopf, Schwarzer Schuppenröhrling minderwertig

Vorkommen: Juli–Oktober im Laubwald, nicht überall, oft jahrelang ausbleibend.
Hut: 4–10 cm, graubraun bis grauschwarz, fast kugelig gewölbt, dann abgeflacht und ausgebreitet, mit fast schwarzen, dachziegeligen, abstehenden Schuppen, Rand anfangs eingerollt und durch gräulichen, wolligflockigen Schleier mit dem Stiel verbunden.
Röhren: am Stiel angewachsen, etwas herablaufend, grau, zuletzt dunkelbräunlich, an Druckstellen schwärzend, Mündungen grau, weit, eckig.
Stiel: 8–15/1–2(3) cm, grau, dann schwarzbraun, gefurcht, zur Basis hin zunehmend flockig-filzig, mit schmutziggrauem, aufsteigendem, flockigem, vergänglichem Ring aus den Schleierresten.
Fleisch: grauweisslich, im Stiel später fast schwärzlich, weich, rötend bis schwärzend, Geruch widerlicherdig, Geschmack schlecht.
Sporen: Spp. braun, Sp. kugelig, netzig-gratig, 10–13/9–10 μ.
Chemische Reaktionen: Fl. mit HNO_3 gelb, mit KOH Fl. rot, dann braun, Hh. braun, Fl. mit $FeSO_4$ bläulichgrau bis grau, mit Guajactinktur blau, mit Phenolanilin rosa.

PORPHYRELLUS PSEUDOSCABER (Secr.) Singer

Moser: Seite 58

Düsterer Röhrling, Porphyrröhrling

minderwertig

Vorkommen: Juni–Oktober im Nadelwald.
Hut: 6–12 cm, graubraun, dann dunkelbraun, bisweilen mit olivbraunem Einschlag, halbkugelig, dann polsterförmig, ausgebreitet, feinfilzig-samtig, trocken, fleischig, jung mit eingebogenem, scharfem Rand.
Röhren: ausgebuchtet oder angewachsen, halbfrei, graubräunlich, dann schmutzigbräunlich, bei Druck schwarzbraun, Mündungen weisslichgrau, dann olivgrau, zuletzt schwarzbraun, im Alter weit, eckig.
Stiel: 4–16/1,5–4 cm, hutfarben, an der Basis weisslich, filzig, an der Spitze bereift punktiert.
Fleisch: weisslichgrau, beim Durchschneiden rötlich, grünlich oder bläulich verfärbend, Geruch unangenehm, oft apothekenartig, Geschmack bitterlich, oft mit brennendem Nachgeschmack.
Sporen: Spp. rotbraun, Sp. elliptisch-spindelig, glatt, 15–19/6–7,5 μ (Mos. 10,5–18/5–7 μ).
Chemische Reaktionen: mit H_2SO_4 Hh. hellbraun, Str. rost- bis kastanienbraun, mit KOH Fl. rot, bald rotbraun, Hh. braunrot bis purpurrot, Fl. mit $FeSO_4$ grau bis graugrün, mit Guajactinktur etwas blau, Fleischsaft färbt weisses Papier blaugrün.
Anmerkung: In diese Art ist P. porphyrosporus (Fr. Gilb.) eingeschlossen.

GYROPORUS CASTANEUS (Bull. ex Fr.) Quélet Moser: Seite 59

Hasenröhrling, Zimtröhrling essbar

Vorkommen: Juli–Oktober im Laub- und Nadelwald, in Parkanlagen, auf sandigem Boden, selten und schonenswert.
Hut: 5–10 cm, zimtbraun, im Alter bis gelbbraun, halbkugelig, dann gewölbt bis flach niedergedrückt, jung feinfilzig, dann glatt, kahl, trocken, dickfleischig, Rand scharf, wellig.
Röhren: buchtig angewachsen oder fast frei, weisslich bis blassgelblich, kurz, Mündungen weiss, dann gelbgrünlich, klein, rund.
Stiel: 5–8/2–3 cm, hutfarben, jung flaumig-samtig, dann glatt, hohl, sehr gebrechlich.
Fleisch: weiss bis hellgelblich, brüchig, Geschmack nussartig.
Sporen: Spp. ockergelb, Sp. eiförmig-elliptisch, 7–11,5/4,5–6(7) μ.
Chemische Reaktionen: Fl. mit Phenol schokoladenbraun, mit Guajactinktur leicht blaugrün, mit Phenolanilin purpurrosa, mit Metol purpurlila, Hh. mit Milchsäure purpurrot.

GYROPORUS CYANESCENS (Bull. ex Fr.) Quélet Moser: Seite 59

Kornblumenröhrling essbar

Vorkommen: Juli–Oktober im Laub- und Nadelwald, auf Sandboden, ziemlich selten.
Hut: 6–12 cm, weisslich bis strohgelb-ockerlich, halbkugelig, dann polsterförmig gewölbt, oft unregelmässig buckelig, haarig-filzig.
Röhren: weisslich bis blass ockergelblich, dann hellockergelb, Mündungen weiss, dann gelblich, rundlich, eng, bei Druck tief blauend.
Stiel: 5–10/2–3,5 cm, strohgelblich, feinflockig-filzig bis schuppig, im Alter zellig-hohl.
Fleisch: weiss, beim Durchschneiden sofort kornblumenblau, zuweilen auch nur grünlichblau, Geruch leicht dumpfig, Geschmack angenehm.
Sporen: Spp. hellockerlich, Sp. elliptisch-eiförmig, 8–16/4–8 μ.
Chemische Reaktionen: Hh. mit KOH goldgelb bis rostrot, Fl., Rö. und Po. mit Guajactinktur blau.
Anmerkung: Es soll eine Abart geben (var. lacteus Leveille), die nicht blaut, sondern weiss bleibt.

GYRODON LIVIDUS (Bull. ex Fr.) Saccardo

Moser: Seite 59

Erlengrübling

essbar

Vorkommen: August–Oktober unter Erlen.
Hut: 3–10 cm, strohgelblich, bald gelb- bis rotbraun, flach gewölbt, dann vertieft und unregelmässig verbogen, zartfilzig, fein eingewachsen bräunlich überfasert, feucht schmierig, an Druckstellen dunkler bräunlich, Hutfleisch am Rand dünn.
Röhren: am Stiel weit herablaufend, gelblich, grüngelblich, zuletzt rostbräunlich, sehr kurz, bei Druck und Verletzung dunkelblau bis blaugrün, Mündungen gelblich, alt weiss, ungleich weit, eckig, buchtig-grubig.
Stiel: 3–7/0,5–2 cm, meist hutfarben, rostbraun fleckig, längsfaserig überzogen, an der Spitze keulig in den Hut erweitert, an der Basis verjüngt, einem gelblichen bis bräunlichen Myzel aufsitzend.
Fleisch: blassgelb, im Schnitt schnell blauend, Geschmack säuerlich, etwas herb.
Sporen: Spp. ockergelb, Sp. rundlich-elliptisch, 4–6,5(8)/3–5 μ.
Chemische Reaktionen: Hh. mit H_2SO_4 orange bis gelb, Befaserung der Hh. mit NH_3-Dampf lila, Hh. und Fl. mit KOH braunrot, Fl. mit $FeSO_4$ oliv, mit Guajactinktur trüb blaugrün, rasch fast schwarz.

BOLETINUS CAVIPES (Opat.) Kalchbrenner

Moser: Seite 60

Hohlfussröhrling

essbar

Vorkommen: August–Oktober im Nadelwald unter Lärchen, selten.
Hut: 8–10 cm, zimtbraun bis orange- oder (seltener) zitronengelb, kegelig-glockig, dann abgeflacht, oft mit stumpfem Buckel, filzig-haarig, trocken, Rand scharf, dünn, mit Schleierresten.
Röhren: weit am Stiel herablaufend, gelb, dann grünlichgelb, auffallend weit und zusammengesetzt, durch Querwände in der Tiefe weiter unterteilt, strahlenförmig verlaufend.
Stiel: 4–8/1–1,5 cm, gelbbräunlich, von Anfang an hohl, mit schmutzigweisslichem, filzig-flockigem Ring aus Schleierresten.
Fleisch: blassgelb, im Stiel weiss, in der Basis rötend, weichelastisch, Geschmack mild, im Alter unangenehm kratzend.
Sporen: Spp. hell gelbgrün, Sp. elliptisch-spindelig, 7–10,5/3–4 μ.
Chemische Reaktionen: H_2SO_4 färbt alles orange, besonders Hh., Rö., Po., Str., Hh. mit KOH dunkler braun, Fl. und Rö. mit $FeSO_4$ schmutziggrünlich.

SUILLUS GREVILLEI (Klotzsch) Singer

Moser: Seite 60

Goldgelber Lärchenröhrling, Goldröhrling

essbar

Vorkommen: Juli–Oktober unter Lärchen.
Hut: 3–10 cm, zitronengelb bis goldbraun, halbkugelig, später verflacht, feucht schleimig, trocken glänzend, Oberhaut leicht abziehbar.
Röhren: gelb, dann bräunlichgelb bis graugelb, um den Stiel graugelb bis weisslichgrau, etwas herablaufend, Mündungen gelb, dann olivbraun, bei Druck rotbräunlich verfärbend.
Stiel: 6–10/1–2 cm, goldgelb, fest, elastisch, im unteren Teil braunfaserig bis flockig, Stielspitze in der Jugend mit dem Hutrand durch einen gelblichen Schleier verbunden, der als schleimiger Ring am Stiel zurückbleibt.
Fleisch: zitronengelb, sehr weich, im Stiel beim Durchschneiden schwach rosa bis bräunlich verfärbend.
Sporen: Spp. gelblichbraun, Sp. länglich-elliptisch, 8–11(14)/3–5 μ.
Chemische Reaktionen: mit H_2SO_4 Hh. rostfleckig, Rö. schmutzigbräunlich bis orange, mit NH_3-Dampf Hh. goldbraun, Rö., Po. und Fl. rot bis orange, mit KOH Hh. spangrün bis schwarz, Fl. rotbräunlich, dann tief grün bis blaugrün, Po. braun bis schwarz, Fl. mit $FeSO_4$ graubraun, mit Guajactinktur blaugrün, Reaktion mit Lackmus sauer.

SUILLUS FLAVIDUS (Fr.) Singer Moser: Seite 61

Moorröhrling, Blassgelber Röhrling

essbar

Vorkommen: Juli–Oktober in Mooren und moorigen Wäldern, besonders bei Kiefer, als Seltenheit zu schonen.
Hut: 3–8 cm, graugelblich, zitronengelb, schmutziggelb, fast kegelig und spitz gebuckelt, dann flach gewölbt, dünnfleischig.
Röhren: etwas herablaufend, schmutziggelb, Poren gelb, weit, eckig.
Stiel: 5–8/1–1,5 cm, schmutziggelblich oder bräunlich, jung schleimig beringt, an der Basis von weissem Myzelfilz umgeben.
Fleisch: blassgelb, weich, im Stiel hellgelb und faserig, Geschmack schwach säuerlich.
Sporen: Spp. gelblich-rostbräunlich, Sp. elliptisch-spindelig, 8,5–10,5/3–4 μ.
Chemische Reaktionen: mit H_2SO_4 grünliche Stellen der Hh. braun, dann oliv, Rö. und Po. lebhafter gelb, mit NH_3-Dampf auf grüngelben Hutteilen lilabraun, mit KOH Hh. und Rö. rötlichbraun, oberer Teil des Hfl. grau, nahe den Rö. fuchsrot, dann grau, Stfl. rotbraun.

SUILLUS LUTEUS (L. ex Fr.) Gray

Moser: Seite 61

Butterpilz, Butterröhrling

essbar

Vorkommen: Juni–Oktober unter Kiefern, vor allem im Spätherbst.
Hut: 5–10(15) cm, dunkel-, schokoladen-, seltener gelbbraun, halbkugelig, dann flach gewölbt, bisweilen eingewachsen faserig, trocken glänzend, anfangs schleimig-klebrig, dickfleischig, Oberhaut leicht abziehbar.
Röhren: hellgelb, dann gelb bis schmutzigolivgelb.
Stiel: 3–6 cm lang, gelblich, dunkler drüsig, mit grossem, auffallendem, häutigem weisslichem Ring.
Fleisch: weiss bis gelblich, sehr zart und weich, saftig, Geruch obstartig, Geschmack etwas säuerlich.

Sporen: Spp. olivockerbraun, Sp. länglich-elliptisch, 7–11/2,5–3,5 µ.
Chemische Reaktionen: mit H_2SO_4 Fl. intensiver gelb, Po. ockerorange, mit NH_3-Dampf Hh. und Fl. leicht graulich, mit KOH graulich, Fl. mit $FeSO_4$ leicht graublau bis grüngelb, mit Sulfoformol gelb, Reaktion mit Lackmus sauer.
Anmerkung: Sehr ähnlich, aber ohne Ring ist der Ringlose Butterpilz (S. collinitus), mit rosa Myzel, wächst auf Kalk.

SUILLUS PLACIDUS (Bon.) Singer

Moser: Seite 62

Elfenbeinröhrling

essbar

Vorkommen: Juni–Oktober unter Weymouthskiefern und Zirben.
Hut: 3–14 cm, elfenbeinweiss bis gelblich oder gelbbraun, an Druckstellen allmählich violettlich, dann braun verfärbend, mit klebrigem, glänzendem Schleim überzogen.
Röhren: am Stiel angewachsen und etwas herablaufend, weisslich, dann zitronengelb, ziemlich kurz, Poren weiss, dann gelb, mittelweit, zusammengesetzt, scheiden milchige Tröpfchen aus, die anfangs weissgelblich, dann rötlich bis bräunlich sind.
Stiel: 4–12/1–2 cm, weisslich, abwärts gelblich, purpurbraun- bis schwärzlichdrüsig, anfangs mit Schleim bedeckt, Basis meist wurzelnd verjüngt.
Fleisch: weisslich, fest, im Alter auch gelblich, weicher, Geschmack angenehm säuerlich.
Sporen: Spp. bräunlich, Sp. länglich-elliptisch, 7–10,5/2,5–3,5 μ.
Chemische Reaktionen: Rö. mit H_2SO_4 mehr rostgelb, mit NH_3-Dampf und KOH Hh. über Lachsrosa violett, dann braun, Fl. violett, alte Rö. rotbraun, Fl. mit $FeSO_4$ violettgrau.

SUILLUS GRANULATUS (L. ex Fr.) Kuntze

Moser: Seite 62

Schmerling, Körnchenröhrling

essbar

Vorkommen: Mai–Oktober in Kiefernwäldern, auf Waldwiesen und Weiden, besonders auf Kalk.
Hut: 2–8(10) cm, gelb-, ocker- oder lederbraun, halbkugelig, dann flach gewölbt, anfangs mit einem dicken, klebrigen, allmählich verschwindenden Schleim überzogen, dadurch sehr schmierig, trocken glänzend, glatt, Oberhaut leicht abziehbar.
Röhren: hellgelb, dann olivgelb bis trübocker, Mündungen rundlich-eckig, sie sondern in der Jugend und bei feuchtem Wetter milchigweisse Tropfen ab.
Stiel: hellgelb, voll, fest, an der Spitze mit körnigen, weissgelblichen, später bräunenden Wärzchen besetzt und mit einzelnen milchigen Tröpfchen.
Fleisch: weiss bis hellgelb, jung zart und fest, später schwammig, Geruch obstartig.
Sporen: Spp. olivbraun, Sp. elliptisch-spindelförmig, 8–11/3–4,5 μ.
Chemische Reaktionen: Fl. mit H_2SO_4 orangeocker, mit $FeSO_4$ blaugrau, mit Guajactinktur grau, mit NH_4OH rosa, dann lila, mit KOH Fl. lila bis violettpurpur, Hh. langsam braun.

SUILLUS BOVINUS (L. ex Fr.) Kuntze Moser: Seite 62

Kuhpilz, Kuhröhrling

essbar

Vorkommen: Juli–Oktober in Kiefernwäldern, an Waldrändern, auf Wegen, vor allem auf sandigen Böden.
Hut: 3–10 cm, kuh-, leder- oder orangebraun, anfangs am Rande eingerollt, dann flach ausgebreitet, niedergedrückt, oft wellig verbogen, mit scharfem Rand, klebrig und glänzend, bei feuchtem Wetter mit schmierigem Schleim, dünnfleischig.
Röhren: am Stiel breit angewachsen und herablaufend, graugelblich, dann olivgelblich bis -bräunlich, Mündungen eckig, in der Tiefe durch Scheidewände mehrteilig.
Stiel: 3–6/0,5–1,5 cm, hutfarben, zur Basis oft trübrot, gleichmässig dick, elastisch, zäh.
Fleisch: weisslich, gelblich oder bräunlich, bisweilen etwas rötend, ziemlich zähelastisch.
Sporen: Spp. olivbräunlich, Sp. elliptisch, 7–11/3–5 μ.
Chemische Reaktionen: mit NH_3-Dampf H. violettlich bis braun, Fl. rosa bis bläulich, St. und Po. röten, Fl. mit KOH zwischen Rosalila und Rosarot, mit $FeSO_4$ leicht blaugrau, Str. und Stfl. mit Anilin rosa.
Anmerkung: Das Fleisch verfärbt sich beim Kochen lila.

SUILLUS VARIEGATUS (Swartz ex Fr.) Kuntze Moser: Seite 63

Sandröhrling

essbar

Vorkommen: August–Oktober in Kiefernwäldern.
Hut: 6–15 cm, löwenbraun, semmelgelbbraun, halbkugelig, mit eingerolltem Rand, dann flach ausgebreitet mit scharfem Rand, mit vergänglichen haarigen Schüppchen besetzt, trocken, nur stark nass oder alt etwas schmierig, Huthaut nicht abziehbar.
Röhren: meist breit am Stiel angewachsen, olivbräunlich, dann grünlichgelb, zuletzt olivgrün, Poren oliv, jung sehr fein, dann mittelweit.
Stiel: 7–10/1,5–2,5 cm, hutfarben, zylindrisch, glatt, fest.
Fleisch: jung hellgelb, dann gelb bis orangegelb, schwach blauend, Geschmack mild.
Sporen: Spp. olivbräunlich, Sp. elliptisch-spindelig, 7,5–12/3–4 μ.
Chemische Reaktionen: mit H_2SO_4 Farben überall lebhafter, in Stb. gelb, Fl. und Hh. mit NH_3-Dampf blau bis blaugrau, Fl. mit KOH schmutziglilarosa, dann schmutziggrau oder bräunlich, mit $FeSO_4$ langsam blaugrau, oft fast negativ, mit Phenolanilin rot, Reaktion mit Lackmus sauer.

PHYLLOPORUS RHODOXANTHUS (Schw.) Bresadola

Moser: Seite 63

Goldblatt

essbar

Vorkommen: Juli–Oktober im Laub-, seltener im Nadelwald, als Seltenheit zu schonen.
Hut: 3–8 cm, rot- bis purpurbräunlich, zimtbraun, alt olivrotbraun, gewölbt, dann verflacht, weichfilzig, trokken, schliesslich kahl, fleischig.
Unterseite: blättrig-röhrig, mit am oberen Stielteil strichförmig herablaufenden Lamellen, zitronen-goldgelb, später durch die Sporen rostbräunlich, queraderig verbunden.
Stiel: 5–8 cm lang, rot- bis purpurbräunlich, flockigfaserig, voll, fest, oft exzentrisch.
Fleisch: blass, rötlichgelb durchzogen, weich.
Sporen: Spp. ockergelb bis rostgelb, Sp. fast spindelig, 9,5–14/3–5 μ.
Chemische Reaktionen: mit NH_3-Dampf Hh. grünblau, mit KOH Hh. lebhaft blau, L. und Fl. braun.

XEROCOMUS RUBELLUS (Krbh.) Quélet

Moser: Seite 63

Blutroter Röhrling

essbar

Vorkommen: Juni–Oktober im Laub- und Mischwald, oft in Parkanlagen (Eichen, Linden).
Hut: 3–8 cm, lebhaft kirsch- bis blutrot, ± ausblassend, alt bisweilen mit zart würfelig-rissig werdender Oberhaut, halbkugelig, dann flach polsterförmig, jung leicht filzig, kaum glänzend.
Röhren: schwach herablaufend, goldgelb, dann goldbräunlich, Poren leuchtend zitronen- bis goldgelb, im Alter grüngelb, rundlich-eckig, jung eng, dann weiter.
Stiel: 3–8/0,5–1 cm, gelb, meist rötlich gefasert, oft verbogen.
Fleisch: gelblich, weich, im Hut elastisch biegsam, schwach blauend, Geruch obstartig, Geschmack angenehm säuerlich.
Sporen: Spp. oliv, Sp. elliptisch-spindelig, 7–17/4–7 µ.
Chemische Reaktionen: Hh. und Str. mit H_2SO_4 satter rot, dann bleichend, Rö., Po., Fl. orange, Hh., Fl., Rö. und Po. mit KOH bräunlich, Fl. mit $FeSO_4$ etwas graugrün, mit Guajactinktur etwas graugrünlich, mit Phenolanilin rot, Hh. mit $FeCl_3$ olivschwarz.
Anmerkung: Der Blutrote Röhrling steht dem Rotfussröhrling (X. chrysenteron, S. 44) sehr nahe, von diesem im wesentlichen nur durch die rote Hutfarbe unterschieden.

XEROCOMUS PARASITICUS (Bull. ex Fr.) Quélet

Moser: Seite 63

Schmarotzerröhrling

essbar

Vorkommen: August–Oktober auf Kartoffelbovist (Scleroderma) parasitierend.
Hut: 2–5 cm, weisslichgrünlich, gelbgrau, bräunlich, halbkugelig, dann flach gewölbt, filzig, trocken würfelig-felderig zerrissen.
Röhren: zitronengelb, dann goldgelb, zuletzt bräunlichgelb, Poren gelb, weit, eckig, im Alter lamellig am Stiel herablaufend.
Stiel: 3–7/0,5–1 cm, gelblich, braungelb, streifig-filzig, zur Spitze keulig verbreitert, zur Basis verjüngt, verbogen.
Fleisch: graugelblich im Hut, zitronengelb im Stiel, in der Stielbasis gelbbräunlich.
Sporen: Spp. olivbräunlichgelb, Sp. spindelig, 11–18(22)/4–5,5 μ.
Chemische Reaktionen: Hh., St., Rö. und Po. mit H_2SO_4 mehr orange, mit KOH Hh. und gelbes Fl. braun, Reaktion mit Lackmus sauer.

XEROCOMUS SPADICEUS (Fr.) Quélet

Moser: Seite 63

Brauner Filzröhrling

essbar

Vorkommen: Juli–Oktober im Nadel- und Buchenwald, ziemlich selten.
Hut: 3–12 cm, braun bis rötlichbraun, gewölbt, dann ausgebreitet, trocken, samtig filzig, fleischig.
Röhren: hell- bis sattgelb, Poren gelb, dann dunkler, rostfleckig, relativ weit.
Stiel: 5–8/1–2 cm, gelblich, mit meist unvollkommenem, langgezogenem Netz, das an der Spitze am deutlichsten ist, gegen die Basis bisweilen verjüngt.
Fleisch: weiss bis gelblich.
Sporen: 9,5–14/4–5 μ.
Chemische Reaktionen: Hh. mit KOH grünblau, Hh. frisch mit HN_3 blau oder blaugrün.
Anmerkung: Steht der Ziegenlippe (X. subtomentosus, S. 43) sehr nahe, durch den rötlichbraunen Hut und den wenigstens andeutungsweise genetzten Stiel unterschieden.

XEROCOMUS BADIUS (Fr.) Kühner ex Gilbert Moser: Seite 64

Maronenröhrling, Braunhäuptchen

essbar

Vorkommen: Juni–November im Nadel-, seltener im Laubwald.
Hut: 4–15(20) cm, kastanien- bis schokoladenbraun, halbkugelig, dann polsterförmig verflacht, jung feinfilzig-samtig, dann kahl, glatt, alt oder nass schmierig, fleischig.
Röhren: um den Stiel buchtig vertieft, blassgelb, dann grünlich, zuletzt schmutzig olivgrünlich, auf Druck blaugrün verfärbend, Mündungen jung fein, dann mittelweit, eckig.
Stiel: 5–9/1–2 cm, bräunlich, anfangs etwas hellbraun oder rotbraun bereift, dann oft faserig-streifig, auch kahl, glatt.
Fleisch: weiss bis blassgelblich, zart, saftig, mehr oder weniger blauend, Geruch erfrischend, Geschmack angenehm.
Sporen: Spp. olivbräunlich, Sp. elliptisch-spindelig, 11–17(18,5)/4,5–6 μ.
Chemische Reaktionen: mit H_2SO_4 Hh. lebhafter braunrot, Fl. rostocker, Blau verschwindet sofort, mit KOH Hh. dunkler, mit $FeSO_4$ Stfl. leicht blaugrau, mit NH_4OH Hh. orange, mit Phenolanilin Fl. nach 5 Min. rotbraun.

XEROCOMUS MORAVICUS (Vacek) Herink Moser: Seite 64

Mährischer Filzröhrling essbar

Vorkommen: Juli–Oktober im Laubwald, besonders bei Eichen, sehr selten und deshalb schonenswert.
Hut: 2–7 cm, gelbbraun, hellorange- bis rotbräunlich, gewölbt, dann verflacht, feinfilzig, trocken, alt etwas aufreissend.
Röhren: gelb bis grünlichgelb, Poren cremeweisslich, dann gelblich.
Stiel: ockergelblich, abwärts bräunend, mehr oder weniger spindelig-bauchig wurzelnd.
Fleisch: blassorangeockerlich, z.T. fast weisslich.
Sporen: Sp. 8–12/5–5,5 μ.
Chemische Reaktionen: mit H_2SO_4 Hh. orange, Fl. rosaorange, langsam blasser, mit NH_3-Dampf Hh. aprikosenorange, mit KOH Hh. und Str. stumpf rot, Fl. und Rö. stumpf orange, mit $FeSO_4$ Fl. grüngrau, mit $AgNO_3$ Röhrenansatzzone düster grau.

XEROCOMUS SUBTOMENTOSUS (L. ex Fr.) Quélet Moser: Seite 64

Ziegenlippe, Filziger Röhrling **essbar**

Vorkommen: Juli–Oktober im Laub- und Nadelwald.
Hut: 3–12 cm, olivgraugelb bis graubraun, flach gewölbt, feinfilzig, trocken, glanzlos, nicht rissig, Oberhaut nicht abziehbar.
Röhren: leuchtend dottergelb, im Alter grünlichgelb bis bräunlichgelb, bei Druck nicht verfärbend, Mündungen weit, eckig, manchmal gezähnt.
Stiel: 6–10/1,5–2 cm, gelbbräunlich, auch rotbräunlich, feinkörnig-rauh bis filzig-flockig, nach unten verjüngt.
Fleisch: fast weiss, im Stiel gelblich, zart, saftig, wenig verfärbend, Geruch obstartig, Geschmack mild.
Sporen: Spp. hellockerbraun bis olivbraun, Sp. spindelig, (10)11–14(16)/4–6 μ.
Chemische Reaktionen: mit H_2SO_4 Po. orange, Hh. manchmal rötend, mit KOH Rö. und Hh. rötlichbraun bis fast negativ, Fl. vergänglich bräunend, Fl. mit $FeSO_4$ leicht olivgrau bis fast negativ, mit Lactophenol violettlicher Kreisrand.
Anmerkung: Die Ziegenlippe (aber auch Rotfussröhrling und Marone) wird oft vom Goldschimmel (Apiocrea chrysosperma [Tul.] Sydow) befallen (siehe Einblendung).

XEROCOMUS CHRYSENTERON (Bull. ex St. Amans) Quélet — Moser: Seite 64

Rotfussröhrling, Rotfüsschen — essbar

Vorkommen: Juli–November im Laub- und Nadelwald, auf sauren Waldwiesen.
Hut: 3–10 cm, grau-, gelb-, rötlich- oder olivbräunlich, ockergrau, halbkugelig, dann gewölbt, oft felderig-rissig, in den Rissen und an Schneckenfrassstellen rötlich, jung zart bereift, dann kahl, trocken.
Röhren: blassgelb, dann grünlichgelb, an Druckstellen schmutziggrün bis blau, Mündungen ziemlich gross, eckig.
Stiel: 3–6/0,75–1,5 cm, gelb bis braungelb, stellenweise rot, zur Basis zugespitzt, fest, voll.
Fleisch: gelb, unter der Oberhaut purpurrot, bei Bruch läuft das gelbe Fleisch meist blau, dann purpurrot an, Geruch schwach obstartig, Geschmack mild.
Sporen: Spp. olivbraun, Sp. elliptisch bis spindelförmig, apikales Ende abgerundet, 10,5 bis 16(19)/4,2–6,7 μ.
Chemische Reaktionen: Hfl. mit KOH blassrötlichbraun, Fl. mit $FeSO_4$ grau, mit Guajactinktur nach einigen Minuten blaugrün, mit Phenolanilin nach 40 Min. rötlich.
Anmerkung: Wegen der vielen unterschiedlichen Erscheinungsformen wird diese Art in vier Fotos dargestellt. Die Spätform dieses Pilzes, die im Oktober/November erscheint, bildet besonders grosse und kräftige Exemplare mit oft reingelbem Stiel. Es ist möglich, dass aus dieser Form eine Varietät aufgestellt wird.

XEROCOMUS CHRYSENTERON (Bull. ex St. Amans) Quélet Moser: Seite 64

Rotfussröhrling, Rotfüsschen essbar

Beschreibung gegenüber, Seite 44

Anmerkung: Nachdem die vier Typusformen der gegenüberliegenden Seite schon für den Druck gerichtet waren, fanden wir ganz spät im Herbst (November) noch diese beiden Exemplare mit dem auffallend markanten Myzelballen. Ganz selten bekommt man in der Erde so kräftiges Myzel zu sehen, das bei dieser Art gelb, meistens jedoch weiss gefärbt ist. Wenige Arten haben auch rosa oder lila gefärbtes Myzel.

CHALCIPORUS PIPERATUS (Bull. ex Fr.) Bataille Moser: Seite 65

Pfefferröhrling

als Würzpilz verwendbar

Vorkommen: Juni–Oktober meist bei Kiefern, seltener bei Fichten oder Tannen.
Hut: 2–6 cm, gelblichbraun bis gelblichrot, flach gewölbt, polsterförmig, an feuchtem Standort und bei nassem Wetter klebrig, an trockenem Standort und bei trockenem Wetter glänzend, kahl, bisweilen mit rissig-schuppiger Oberhaut.
Röhren: am Stiel angewachsen, manchmal etwas herablaufend, orangebraun, zimtrot, Poren weit, eckig, zum Hutrand kleiner und dicht gedrängt.
Stiel: 4–7/0,5–1 cm, hutfarben, kahl, glatt, trocken, voll.
Fleisch: gelblich, gelblichbraun, sehr weich, saftig, Geschmack scharf, brennend pfefferartig, Gewürzpilz.
Sporen: Spp. gelblichbraun, Sp. spindelförmig, 7–12(13)/3,2–5 μ.
Chemische Reaktion: mit KOH St. und Po. tiefbraun.

PULVEROBOLETUS LIGNICOLA (Kbch.) Pilat

Moser: Seite 65

Nadelholzröhrling

Vorkommen: Juli–September am Grunde von Kiefernstämmen, als Seltenheit zu schonen.
Hut: 4–10 cm, gelbbraun, rost- bis goldbraun, halbkugelig, dann flach gewölbt, durch Aufreissen der Oberhaut grössere Schollen bildend, filzig, dickfleischig.
Röhren: am Stiel herablaufend, bisweilen sehr kurz, blassrostgelblich, dann satt zitronengelblich, zuletzt grünlich, auf Druck blaugrün, Poren rostgelblich bis rostbräunlich, länglich-eckig, mittelweit.
Stiel: 3–8/0,7–2,7 cm, rotbraun, von unten herauf schwefelgelblich überzogen, etwas filzig, oft exzentrisch.
Fleisch: gelblich, im Stiel dunkler marmoriert, über den Röhren etwas blauend, weich, im Stiel fester und locker wellig-faserig, Geruch schwach, angenehm, an Zitronenbonbon erinnernd.
Sporen: Spp. braun-olivlich, Sp. elliptisch-spindelig, 6–8(12)/3–4 μ.
Chemische Reaktionen: mit H_2SO_4 Hh. braun, Rö. und Po. ocker, mit KOH Hh. und Po. dunkelbraun bis schwarz, mit Phenol Fl. weinrotschwärzlich, mit Lactophenol Hh. dunkelrot, mit Guajacol F. langsam schmutzig purpurn, mit NH_4OH Fl. in Stb. lila.
Anmerkung: Dieser seltene Pilz wurde in einem Waldstück direkt in Hornberg/Schwarzwald gefunden. Exsikkate können vergeben werden.

BOLETUS ERYTHROPUS (Fr. ex Fr.) Persoon Moser: Seite 66

Flockenstieliger Hexenröhrling, Schusterpilz essbar

Vorkommen: Mai–November im Laub- und Nadelwald, besonders auf kalkarmen Böden.
Hut: 5–20 cm, dunkelbraun, auch hell- oder olivbraun, manchmal gelb, halbkugelig, dann polsterförmig gewölbt, filzig bis samtig, trocken, Oberhaut nicht abziehbar.
Röhren: grünlichgelb, an Druckstellen sofort dunkelblau bis blauschwarz verfärbend, Mündungen rot, eng, rundlich.
Stiel: 5–12/2–4 cm, auf gelbem Grund fein karminrot flockig, jung dickbauchig, dann keulig gestreckt.
Fleisch: zitronengelb, beim Durchschneiden sofort dunkelblau, fest und derb.
Sporen: Spp. olivgrün, Sp. elliptisch-spindelig, 11 bis 19/4,5–7 μ.
Chemische Reaktionen: Hh. mit H_2SO_4 rotbraun, Fl. orangegelb, Pc. rostrot, mit KOH Hh. schwärzer, rote Partien bräunlich, Blauverfärbung des Fleisches geht zurück, St.-Rot verschwindet sofort.
Anmerkung: Beim Kochen geht die Blauverfärbung zurück, das Pilzfleisch wird sattgelb.

BOLETUS LURIDUS Schaeffer ex Fries Moser: Seite 66

Netzstieliger Hexenröhrling

essbar

Vorkommen: Juni–Oktober im Laub- und Nadelwald, auf kalkreichen Böden, nicht häufig.
Hut: 8–20 cm, oliv-, orange- bis dunkelbraun, auch rötlich, halbkugelig, dann polsterförmig bis verflacht, filzig, feucht etwas klebrig, dickfleischig, an Schnekkenfrassstellen rötlich.
Röhren: gelb, dann olivgrün, Mündungen rotbraun, nach Anschnitt wird eine dünne orangerote Pigmentschicht zwischen Hutfleisch und Röhren sichtbar.
Stiel: 5–13/2–5 cm, hellgelb bis orangegelb, an der Basis weinrot, mit grobem, langgezogenem, gelblichem oder rotbräunlichem Netz, derb.
Fleisch: blassgelblich, in der Basis oft weinrötlich, schwach blauend.
Sporen: Spp. olivbräunlich, Sp. elliptisch-spindelig, amyloid, 9–17/5–7 μ.
Chemische Reaktionen: Hfl. und Hh. mit H_2SO_4 orangeocker, gebläute Stellen verschwinden sofort, mit KOH Fl. und Rö. hell rötlich bis ocker, Hutfarbe tiefer, Stb. fast schwarz, Po. ocker, mit $FeSO_4$ Fl. grün, Hh. blaugrün, mit Guajactinktur Fl. nach einigen Minuten leicht blau, Po. oliv, Reaktion mit Lackmus sauer, Fl. mit Sulfovanillin gelb.
Anmerkung: Dieser Pilz ist, mit Alkohol zusammen genossen, unverträglich.

BOLETUS SATANAS Lenz

Moser: Seite 66

Satansröhrling

roh giftig

Vorkommen: August–September im Laubwald auf Kalk, besonders unter Buchen, als Seltenheit zu schonen.
Hut: 10–30 cm, silbergrau bis olivgrau, im Alter auch ockerlich, an Schneckenfrassstellen gelb bis rötlich, polsterförmig gewölbt, trocken, mitunter rissig, dickfleischig, Oberhaut nicht abziehbar.
Röhren: gelblich, dann grünlichgelb bis schmutzigolivgelb, bei Verletzung blaugrün, Mündungen karminrot, bei Druck grünblau.
Stiel: 5–12/bis 10 cm, gelb, teilweise sehr fein karminrot genetzt, knollig bis dickbauchig.
Fleisch: weisslich, schwach blauend, im Stiel auch rötend, Geruch jung unangenehm, alt aasartig, Geschmack etwas süsslich, fast nussartig.
Sporen: Spp. olivgrüngelblich, Sp. elliptisch-spindelig, 10–16/5–7 µ.
Chemische Reaktionen: Fl. mit H_2SO_4 ockergelb, mit KOH blassrötlich, mit $FeSO_4$ graulich, mit Phenolanilin langsam rotbraun, Po. mit NH_4OH grünlichgelb.

BOLETUS RHODOXANTHUS— (Krbh.) Kallenbach Moser: Seite 67

Dunkler Purpurröhrling, Rosahütiger Röhrling essbar

Vorkommen: Juli–September im Buchen- und Eichenwald, sehr selten und deshalb zu schonen.
Hut: 7–20 cm, weisslich, hellrosa, alt mit gelblichen oder gelblichbräunlichen Tönen, halbkugelig, dann polsterförmig ausgebreitet, trocken, schwach samtigfeinfilzig, feucht etwas klebrig, bei Druck dunkler flekkig, dickfleischig.
Röhren: gelb, später grünlichgelb, bei Druck blaugrün verfärbend, am Stiel eingebuchtet, lang, leicht ablösbar, Mündungen jung zitronen-goldgelb, dann purpurrot, klein, rund.
Stiel: 5–12/3–6 cm, leuchtend gelb mit purpurrotem Netz, auf Druck blaugrün anlaufend, Basis purpurblutrot.
Fleisch: zitronengelb, unter der Oberhaut und in der Stielbasis etwas rötlich, leicht blauend, jung fest, dann schwammig.
Sporen: Spp. oliv, Sp. elliptisch-spindelig, 10–16/4–5,5 μ.
Chemische Reaktionen: Säuren auf Hh. rot, KOH auf Fl. bräunlich-chamois.

BOLETUS PULVERULENTUS Opatowski Moser: Seite 67

Schwarzblauender Röhrling essbar

Vorkommen: Juli–Oktober im Laub- und Nadelwald, auf sauer-sandigen Böden, manchmal büschelig.
Hut: 4–12 cm, olivgraugelb, graugrünlich, bräunlich-ziegelrot, halbkugelig, dann flach niedergedrückt, feinfilzig-samtig, feucht am Rand etwas klebrig.
Röhren: am Stiel angewachsen bis ausgebuchtet, olivgrüngelb, Mündungen gelb bis goldgelb, eckig, jung eng, später weit.
Stiel: 4–10/1–2 cm, oben gelb, abwärts rötlichbraun, wie bereift aussehend, bei geringster Berührung sofort schwarzblau.
Fleisch: lebhaft gelb, weich, beim Durchschneiden sofort dunkelblau, Geruch obstartig, Geschmack süsslich, bisweilen etwas säuerlich.
Sporen: Spp. oliv, Sp. elliptisch-spindelig, 10–18/4–6(7) μ.
Chemische Reaktionen: Hh. mit H_2SO_4 orangerot, mit Guajactinktur blau, mit $FeSO_4$ Hh. rotschwarz, Fl. braun.
Anmerkung: Beim Massenauftreten dieser Art fanden wir kleine Gruppen von rosarothütigen Fruchtkörpern.

BOLETUS CALOPUS Fries

Moser: Seite 68

Schönfussröhrling, Dickfussröhrling

ungeniessbar

Vorkommen: Juli–Oktober im Nadel-, selten im Laubwald, vor allem in Berglagen.
Hut: 5–20 cm, graugelb bis graubräunlich, ockerbräunlich, fast kugelig, später polsterförmig gewölbt, schwach filzig bis samtig, trocken, dickfleischig, Rand ziemlich scharf, lange eingebogen.
Röhren: hellgelb, dann schmutzigolivgelb bis grünlich, an Druckstellen sofort grünblau, ausgebuchtet, Mündungen sehr fein, rundlich, gelb.
Stiel: 6–8/2–5 cm, zur Spitze gelb, sonst ziemlich kräftig rot, mit rotem oder gelbem Netz, hart, zäh.
Fleisch: weisslich bis hellgelb, im Bruch bald grünblau anlaufend, sich aber bald wieder entfärbend, derb und fest, Geruch etwas säuerlich, Geschmack mehr oder weniger bitter.
Sporen: Spp. gelbockeroliv, Sp. elliptisch-spindelig, 10–14/4–6 μ.
Chemische Reaktionen: Hfl. mit KOH leicht ocker, Stb.-Fleisch mit KOH gelbbraun, Fl. mit Phenol braun, mit Guajactinktur nach einigen Minuten blauend, mit Phenolanilin violettrosa, dann braun, Hh. mit Metol fast schwarz, Stfl. mit Milchsäure gelb.

BOLETUS RADICANS Persoon ex Fries Moser: Seite 68

Wurzelnder Bitterröhrling, Bitterschwamm ungeniessbar

Vorkommen: Juli–September im Laubwald.
Hut: 6–20(30) cm, blass graulich oder braungrau, im Alter schmutzig gelbbräunlich bis graubräunlich, halbkugelig, dann flach polsterförmig, schwach seidig glänzend, filzig, felderig aufreissend, an Frassstellen gelblichbräunlich, dickfleischig, Rand jung dünn, eingebogen.
Röhren: zitronengelb bis schmutzigolivgelb, auf Druck zuweilen blauend, vorquellend, lang, Mündungen gelb, ziemlich klein.
Stiel: 4–12/3–8 cm, zitronengelblich, zuweilen mit verwaschenen, blassrötlichen Ringzonen, ungenetzt oder mit feinem, gelblichem Netz, knollig-wurzelnd, spindelig ausspitzend, mit anhängendem, strangartigem Fortsatz.
Fleisch: zitronengelb, unter der Huthaut etwas grau, derb, fest, später weich, beim Durchschneiden meist stark blauend, Geruch unangenehm, Geschmack bitter.
Sporen: Spp. olivbräunlich, Sp. spindelförmig, 9–16/4–6 μ.
Chemische Reaktionen: Hh. mit H_2SO_4 elfenbeinweiss, blau angelaufene Fl.-Stellen verschwinden, Hh, Fl. und Rö. mit KOH schmutzigbraun, Fl. mit $FeSO_4$ langsam graublau, mit Phenol rotbraun.

BOLETUS REGIUS Krombholz

Moser: Seite 68

Königsröhrling

essbar

Vorkommen: Juli–Okt. im Laubwald, bes. in grasigen Buchenwäldern, sehr selten, schonungsbedürftig.
Hut: 6–15 cm, gelblich bis braungelblich, rot oder rosa überfasert, im Alter verblassend, halbkugelig, dann polsterförmig gewölbt oder verflacht, jung schwach haarig und faserig, später glatt, kahl, trocken, fleischig.
Röhren: goldgelb, dann grünlichgelb bis olivgrün, halbfrei, lang, Mündungen leuchtend goldgelb, eng bis mittelweit, rundlich bis eckig.
Stiel: 5–12/3–6 cm, leuchtend zitronengelb, in der Basis etwas rosa, zur Spitze mit feinem, gelbem Netz, an der Basis stark verdickt.
Fleisch: zitronengelb, unter der Huthaut und in der Stielbasis rötlich, derb und fest, weder im Schnitt noch auf Druck blauend.
Sporen: Spp. olivbräunlich, Sp. schmalspindelig, 10–16/3,5–5 μ.
Chemische Reaktionen: mit H_2SO_4 werden die Farben satter, mit KOH alle Teile gelbbräunlich, dann schmutzig-trüb, Reaktion mit Lackmus sauer.
Anmerkung: Einige Röhrlinge, insbesondere viele Grossröhrlinge (Gattung Boletus), sind durch übermässiges Einsammeln zu Speisezwecken sowie durch allmähliches Zurückdrängen des Laubwaldes in ihrer Existenz bedroht. Königsröhrling, Anhängselröhrling (S. 56), Eichen- (S. 65) und Föhrenrotkappe (S. 64), und noch andere sollten deshalb grundsätzlich nicht mehr zu Speisezwecken eingesammelt werden (Schwöbel).

BOLETUS APPENDICULATUS Schaeffer ex Fries Moser: Seite 68

Anhängselröhrling, Gelber Bronzeröhrling, Gelber Steinpilz essbar

Vorkommen: Juni–Oktober im Laub- und Mischwald, selten und stark zurückgehend, schonungsbedürftig.
Hut: 8–15 cm, hell- bis dunkelbraun, halbkugelig, dann polsterförmig, jung fein eingewachsen haarig, dann glatt, kahl, dickfleischig, Rand anfangs scharf eingebogen.
Röhren: halbfrei, zitronengelb, dann goldgelb, zuletzt grüngelblich bis bräunlicholiv, lang, bei Druck und Verletzung grünlich bis blaugrün, Mündungen zitronen- bis fast chromgelb, sehr fein, rundlich-eckig.
Stiel: 5–15/2–6 cm, zitronengelb, dann sattgelb, besonders an der Spitze mit feinem, gelbem Netz, Basis zugespitzt, meist leicht wurzelnd.
Fleisch: blassgelb bis schwefelgelb, ziemlich fest, im Stiel zäh, in der Basis hart, nicht bis stark blauend, Geruch und Geschmack mild und angenehm.
Sporen: Spp. olivbräunlich, Sp. elliptisch-spindelig, 10–16/4–6 μ.
Chemische Reaktionen: mit H_2SO_4 Fl. satter gelb, Hh. orangegelb, mit KOH Fl. braun, mit $FeSO_4$ Fl. grün, Po. graugrün.

BOLETUS AEREUS Bull. ex Fries Moser: Seite 69

Schwarzhütiger Steinpilz, Bronzeröhrling essbar

Vorkommen: Juli–Oktober, besonders unter Eichen und Edelkastanien, selten.
Hut: 5–15 cm, fast schwarz- bis schokoladenbraun, aber auch heller, halbkugelig, dann gewölbt, trocken, feinsamtig, derbfleischig.
Röhren: am Stiel angewachsen, weisslich, dann gelblich bis gelbbräunlich, fein, Mündungen erst weiss, dann gelb bis gelbbräunlich.
Stiel: 5–15/3–6 cm, ganz jung hellgelblich, dann rotbräunlich, mit feiner brauner Netzzeichnung in der oberen Hälfte, meist dickwalzig.
Fleisch: weiss, Geruch angenehm, Geschmack nussartig.
Sporen: Spp. blassgelbbräunlich, Sp. spindelförmig, 12–15/4–5 μ.
Chemische Reaktion: Fl. mit KOH etwas bräunend.
Anmerkung: Fundort dieser Exemplare bei Emmendingen dank D. Knoch.

BOLETUS PINICOLA Vittadini

Moser: Seite 69

Kiefernsteinpilz, Rothütiger Steinpilz

essbar

Vorkommen: ab Mai im Nadelwald, besonders unter Kiefern, selten.
Hut: 10–20 cm, anfangs weinrötlich, später dunkelrotbraun bis tief purpurbraun, halbkugelig, dann dick polsterförmig, samtig bis kahl, Rand mitunter blasser und bereift, dickfleischig.
Röhren: blass, später grünlichgelb, buchtig angewachsen, lang.
Stiel: 6–10/2–5 cm, heller rotbraun, derb, mit rotbraunem, gegen die Spitze weisslichem Netz.
Fleisch: weiss bis schwach gelblich, unter der Huthaut mit weinroter Zone, fest und zart, Geruch würzig, Geschmack mild.
Sporen: Spp. gelbgrünlich, Sp. schmalelliptisch-spindelig, 14–17/4,5–5,5 μ.

BOLETUS EDULIS Bulliard ex Fries Moser: Seite 69

Steinpilz, Herrenpilz essbar

Vorkommen: Juli–Oktober im Laub- und Nadelwald.
Hut: bis 20 cm, hell- bis dunkelbraun, kugelig, später dick polsterförmig gewölbt, feinrunzelig, feucht und im Alter schmierig, Oberhaut wenig abziehbar.
Röhren: erst weiss, dann grüngelblich, zuletzt olivgrün, 1–3 cm lang, mit zunächst sehr kleinen Mündungen, leicht vom Hutfleisch lösbar.
Stiel: bis 15/3–4 cm, weisslich bis blassbraun, jung knollig, dann walzenförmig, auch schlank, mit weissem Netz im oberen Teil.
Fleisch: weiss, fest, später schwammig, unter der Oberhaut rötlichbraun.
Sporen: Spp. olivbraun, Sp. spindelförmig, 14–17/4,5–5,5 μ.
Chemische Reaktionen: Hh. mit KOH dunkler, Fl. und Rö. braun.

BOLETUS AESTIVALIS Paulet ex Fries Moser: Seite 69

Sommersteinpilz, Eichensteinpilz essbar

Vorkommen: Mai–Juli (bis September) im Laubwald.
Hut: 6–20(30) cm, blassbräunlich bis nussbräunlich, Rand oft weisslich, halbkugelig, dann polsterförmig bis flach, trocken feinfilzig bis körnig, feucht etwas schmierig, fleischig.
Röhren: weiss bis weissgrau, dann gelbgrün, Mündungen am Hutrand zuweilen rosarötlich, klein.
Stiel: weisslich bis hellbräunlich, bis zur Basis mit dichtem, weissem Netz, fest und voll.
Fleisch: weiss, unter der Oberhaut blassbräunlich, weich, Geschmack nussartig.
Sporen: Spp. olivocker, Sp. spindelig, 14–17/4,5–7,5 μ.

BOLETUS BETULICOLUS (Vassilkov) Pilát et Dermek
(Syn.: Boletus aestivalis var. betulicola)

Moser: Seite 69

Birkensteinpilz

essbar

Vorkommen: bei Birken.
Hut: bis 15 cm, sehr blass, fast weisslich, hellockerlich, fast kugelig, dann polsterförmig, gewölbt, feinrunzelig, matt, feucht und im Alter schmierig, Oberhaut wenig abziehbar.
Röhren: um den Stiel stark verkürzt, weiss, dann grüngelblich, schliesslich olivgrün, Mündungen jung weiss, dann gelbgrünlich.
Stiel: bis 15/4 cm, blassbräunlich, wenigstens in der oberen Hälfte mit zartem, erhabenem Netz.
Fleisch: weiss und fest, später schwammig.
Sporen: 13–20/3,3–6 μ (lt. Dermek).
Anmerkung: Dieser aus Deutschland bisher noch nicht gemeldete Pilz wurde von Frau Meller während des Pilzseminars 1977 in Inzigkofen gefunden und von Dr. H. Haas bestimmt. Weitere Funde: Sibirien, Polen (Frau Skirgeello), CSSR (Dermek), Finnland, Schweden, Frankreich und unser Pilz Bundesrepublik im Naturschutzgebiet Irndorfer Hardt.

TYLOPILUS FELLEUS (Bull. ex Fr.) Karsten

Moser: Seite 69

Gallenröhrling

ungeniessbar

Vorkommen: Juni–Oktober im Nadelwald.
Hut: 4–12(15) cm, hell- bis dunkelbräunlich, fast halbkugelig, dann polsterförmig gewölbt, sehr feinfilzig, dann kahl, dickfleischig, Oberhaut nicht abziehbar.
Röhren: um den Stiel herum eingebuchtet, weiss, dann blass- oder graurosa, an Druckstellen dunkler fleischfarben, leicht vom Fleisch lösbar.
Stiel: hellbräunlich oder schmutzigweisslich, mit stark ausgeprägtem, grobem, dunklem Netz.

Fleisch: weiss, fest, nicht verfärbend, im Alter schwammig, Geruch pilzartig, Geschmack ± bitter.
Sporen: Spp. rosa, Sp. elliptisch, 11–15/3,5–5 μ.
Chemische Reaktionen: Hh. und Rö. mit H_2SO_4 braun, Hfl. mit $FeSO_4$ graurötlich, Fl. mit Guajactinktur langsam blau.

LECCINUM CROCIPODIUS (Let.) Watling — Moser: Seite 70

Gelbporiger Rauhfussröhrling — essbar

Vorkommen: Juni–September im Laubwald, bei Eichen und Rotbuchen, nicht häufig.
Hut: 5–15(20) cm, oliv-, zitronen-, orangegelb bis braun, halbkugelig, dann flach polsterförmig, bei Druck dunkler färbend, fein bis dichtfilzig, oft felderig-rissig, fleischig.
Röhren: zitronengelb, dann graugelblich, zulezt olivbräunlich, bei Berührung bräunend, lang, am Stiel tief ausgebuchtet, Mündungen gelb, dann olivgelblichbräunlich, klein, rundlich-eckig.
Stiel: 5–20/1,5–2 cm, blasszitronengelb, längsrillig rauh, mit flockigen gelben Schuppen auf den Rändern der Längsrillen, zur Spitze verjüngt, an der Basis spindelig zugespitzt.
Fleisch: blasszitronengelblich, beim Durchschneiden bisweilen rötend, bald schwärzend, Geschmack angenehm.
Sporen: Spp. schmutziggelbbräunlich, Sp. elliptisch-spindelig, 11–18/6–8 μ.
Chemische Reaktionen: Fl. mit H_2SO_4 schwefelgelb, mit $FeSO_4$ grünlich, mit Formol tief lachsrot, mit Guajactinktur stahlblau, mit Phenolanilin rosa, mit Sulfoformol gelb, Fl. und Rö. mit KOH orangebraun.

LECCINUM VULPINUM Watling

Moser: Seite 70

Föhrenrotkappe, Fuchsröhrling

essbar

Vorkommen: bei zweinadeligen Kiefern, zwischen Heidelbeeren, selten.
Hut: 5–15(20) cm, fuchsrot bis rostbraun, im Alter dunkler, halbkugelig, dann polsterförmig, trocken, matt, Huthaut am Rande überstehend.
Röhren: um den Stiel stark niedergedrückt, weisslich-grau, alt am Hutrand vorquellend.
Stiel: 8–15/2–5 cm, weisslich schuppig, dann Schuppen rötlich bis dunkelbraun verfärbend, im Alter schliesslich schwärzlich.
Fleisch: in der Stielbasis blaugrün, in der Stielspitze allmählich lila oder bräunlich verfärbend.
Sporen: Spp. bräunlich, Sp. 12–15,5/3–4 μ.
Chemische Reaktionen: Fl. mit KOH blassrosa, mit $FeSO_4$ graugrün, mit Formol rosa, zuletzt grauschwarz, mit Phenol blassrosa.
Anmerkung: Unter Fichten kommt die fm. piceinum Pilat vor.

LECCINUM QUERCINUM (Pil.) Pilat

Moser: Seite 70

Eichenrauhfuss, Eichenrotkappe

essbar

Vorkommen: unter Eichen (Linden und Buchen?).
Hut: 6–15 cm (und grösser), ziegelfarben, orangebraun, rost- bis kastanienbraun, jung halbkugelig, dann dick-polsterförmig, derb, Huthaut am Rand auf die Röhren übergreifend, feinfaserig-schuppig, später glatt.
Röhren: um den Stiel eine Rinne bildend, schmutzigweiss, später graubräunlich, Mündungen weiss bis schmutzig-lederbraun, klein.
Stiel: 11–18/2–3,5 cm, wollig-schuppig, weissgrundig, Schuppen erst weisslich bis hellbräunlich, später braunrot.
Fleisch: weiss bis creme, im Anschnitt erst rötend, dann grauviolett, dick, fest, Geschmack zartpilzig.
Sporen: Spp. gelbbraun, Sp. (10)12–15/3,5–5 μ.
Chemische Reaktionen: NH_4OH und KOH negativ, $FeSO_4$ olivlich, Melzers Reagens negativ.
Anmerkung: Selbst wenn bei dieser Art die braune Farbe dominiert, muss man doch in Betracht ziehen, dass sie auch in der abgebildeten Form erscheinen kann. Die Farben sind naturgetreu und nicht durch den Standort im Wald verfälscht. Ausser der erforderlichen Eiche waren Buchen in der Nähe.

LECCINUM AURANTIACUM (Bull. ex Fr.) Gray

Moser: Seite 70

Espenrotkappe

essbar

Vorkommen: Juni–Oktober unter Zitterpappeln, stark zurückgehend.
Hut: 5–15 cm, ziemlich dunkel orangebraun, rotbraun, orangerot, halbkugelig, dann polsterförmig, trocken, matt, Huthaut am Rand stark übergreifend.
Röhren: um den Stiel stark niedergedrückt, weisslich bis gelbgrau, im Alter unter dem Hutrand hervorquellend, Mündungen jung weisslichgelblich.
Stiel: 8–20/1,5–5 cm, weisslich, mit weissen Schuppen, die sich dann orangerot bis rotbraun verfärben.
Fleisch: schwärzend, meist erst lila verfärbend.
Sporen: Spp. bräunlich, Sp. 13–17/4–5 µ.
Chemische Reaktionen: Fl. mit $FeSO_4$ grün, mit Phenol purpurviolett, dann schokoladenbraun.

LECCINUM TESTACEO-SCABRUM (Secr.) Singer

Moser: Seite 71

Rotkappe, Schwarzschuppiger Birkenröhrling

essbar

Vorkommen: Juni–Oktober unter Birken.
Hut: 5–15 cm, orangerot, kugelig, dann breit polsterförmig gewölbt, trocken, filzig, dickfleischig, Huthaut nicht abziehbar, Huthaut am Rand auf die Röhren übergreifend und einen Saum bildend.
Röhren: vom Stiel scharf getrennt, weisslich, dann grauweisslich, ziemlich lang, Mündungen grau bis russbraun.
Stiel: 8–20/1,5–6 cm, weisslich, mit schwärzlichen Schüppchen, kompakt, läuft an Druckstellen graublau, grünlich oder schwärzlich an.
Fleisch: weiss, dann rosalila, jung fest und derb, im Alter weich, beim Durchschneiden verfärbt es sich allmählich graublau, grauviolett oder weinrot.
Sporen: Spp. olivbraun, Sp. spindelförmig, oben abgerundet, 13–16/4–5 μ.
Chemische Reaktionen: mit KOH Rö. rotbraun, gebläute Stellen grüngelb, Fl. mit $FeSO_4$ blaugrün, mit Formol lachsrot.

LECCINUM SUBCINNAMOMEUM Pilat et Dermek

Moser: Seite 71

Zimtfarbener Rauhstielröhrling

essbar

Vorkommen: August–Oktober unter Birken, selten.
Hut: 5–18 cm, gelbbraun, rotbraun, glatt bis wenig samtig, trocken matt, in feuchtem Zustand etwas schmierig, jung nicht halbkugelig wie ähnliche Rauhfüsse, sondern flacher, Huthaut am Rand höchstens sehr wenig auf die Röhren übergreifend.
Röhren: jung weisslich, später grau-cremefarben, am Stiel und Hutrand kurz, in der Mitte länger und daher vorgewölbt.
Stiel: 8–18/1,2–3,5 cm, walzenförmig, oben verjüngt, Schuppen schwarz, braun-schwarz, zur Spitze hin heller und kleiner, Basis verdickt und leicht ausspitzend, gelblich.
Fleisch: weiss, im Hut ziemlich dick, fest, später schwammig, im Stiel faserig, nicht verfärbend, Geschmack mild und pilzig.
Sporen: Spp. hellbraun, Sp. länglich spindelförmig, glatt, 14–20/3,5–5 μ.
Anmerkung: Diese Exemplare stammen aus unserem mehr oder weniger feuchten Birkenhochmoor in der Nähe von Hornberg/Schwarzwaldbahn. Begleitpilze: Leccinum variicolor, Leccinum melaneum, Leccinum rotundifoliae? mit grossem Fragezeichen, da noch nicht geklärt.

LECCINUM DURIUSCULUM (Kalchbr. & Schulz. ap. Fr.) Singer Moser: Seite 71

Pappelröhrling, Härtlicher Birkenröhrling essbar

Vorkommen: Juli–Oktober bei Zitterpappeln und Birken, selten.
Hut: 7–12 cm, graubraun, dunkelgrau, gelbbraun-schwarzbraun, auch russig.
Röhren: schmutzigweiss, Mündungen weiss bis graulich falb, klein.
Stiel: bis 20 cm hoch, weisslich, mit schwärzlichen Schüppchen, im unteren Teil dunkler und dichter geflockt, derb und fest, an der Basis etwas verdickt und zuweilen grünlich.
Fleisch: weiss, beim Durchschneiden kupferrötlich, dann grauschwarz verfärbend, in der Basis auch grünlich oder bläulich, fest und hart.
Sporen: Spp. russig-schwärzlich, Sp. nicht spindelig, 13–17/5–6 µ.
Chemische Reaktionen: Fl. mit KOH gelb, mit $FeSO_4$ blau, mit Formol rosa, dann orange, mit Guajactinktur nach 10 Min. blaugrün.
Anmerkung: Das Exemplar wurde von D. Laber bei Birke gefunden und bestimmt.

LECCINUM GRISEUM (Quél.) Singer

Moser: Seite 71

Hainbuchenröhrling

essbar

Vorkommen: Juni–Oktober unter Hainbuchen, Espen, Haselsträuchern, an Wegrändern im Laubwald.
Hut: 4–12 cm, gelbbraun, graubraun, im Alter mehr oder weniger schwärzend, halbkugelig, dann flach gewölbt, jung oft runzelig, dann meist rissig-felderig zerklüftet, kahl, feucht klebrig, fleischig.
Röhren: tief ausgebuchtet, weisslich, dann gelblichgrau, zuletzt olivgelbgrau, bei Verletzung violettgrau anlaufend, Mündungen sehr klein, rund.
Stiel: 5–10/1–3 cm, mit rippigen, netzigen Längsfasern, schwärzlich punktiert, an der Basis oft keulig.
Fleisch: weisslich bis blassgelblich, beim Durchschneiden meist stark violettlichschwarz anlaufend, im Stiel faserig und fest, im Hut ziemlich dünn und weich werdend.
Sporen: Spp. schmutzigbraun, Sp. länglich-spindelig, 10–20(24)/4–7 μ.

LECCINUM VARIICOLOR Watling
(Syn.: L. oxydabile, Sing. 1967, Pilat & Dermek)

Moser: Seite 71

Vielverfärbender Birkenpilz

essbar

Vorkommen: August–Oktober in feuchten Birkenwäldern, im Sphagnum, nicht häufig.
Hut: 6–10 cm, dunkelgraubraun, hellocker marmoriert-gefleckt, Randpartie etwas heller, ältere Hüte etwas an Farbe verlierend, jung fast halbkugelig, später polsterförmig ausgebreitet, dickfleischig, Oberfläche leicht genarbt, Huthaut am Rand etwas überstehend.
Röhren: nicht am Stiel angewachsen, um die Stielspitze eine Rinne bildend, fein, cremefarben, bei Verletzung oder Druck rostocker verfärbend.
Stiel: bis 18(20) cm lang, weisslich mit grauen bis schwärzlichen Schuppen, diese zur Basis hin fast netzartig angeordnet, Stielspitze ganz junger Exemplare korallenrot gefärbt, Stiel äusserlich nach Befassen hellgrüngelblich, Stielfleisch von der Basis hoch hinaufreichend blaugrün.
Fleisch: weisslich, hellkorallenrot verfärbend, fest.
Sporen: Spp. ockergelbbraun, Sp. 12,5–16/4,5–6 μ.
Chemische Reaktionen: Fl mit NH_4OH leuchtend grünlichgelb, mit $FeSO_4$ blaugrün.
Anmerkung: Diese Art finden wir regelmässig in unserem kleinen Birkenmoor in der Nähe von Hornberg/Schwarzwald.

LECCINUM MELANEUM (Smotl.) Pilat et Dermek

Moser: Seite 71

Schwärzlicher Birkenpilz

essbar

Vorkommen: Juli–Oktober an feuchten Plätzen unter Birken.
Hut: 3–15 cm, dunkel- bis schwarzbraun, graubraun, halbkugelig, dann gewölbt, glatt, selten runzelig, etwas feinsamtig, matt, trocken, feucht bisweilen schmierig.
Röhren: am Stiel ausgebuchtet, weiss, dann schmutzigcreme, nicht verfärbend, Mündungen weiss, dann aschgrau, fein.
Stiel: 7–15/1,8–4 cm, weiss, mit graulichen, dunkelgrauen bis schwarzen Schuppen besetzt.
Fleisch: weiss, unter dem Huthautrand und der Stielhaut creme bis gelblich, im Stiel derb, in der Stielbasis holzig, Geruch und Geschmack angenehm.
Sporen: Spp. bräunlich-oliv, Sp. spindelförmig, glatt, 15–23/4–7 µ.
Anmerkung: Neue Art im «Moser», unterscheidet sich vom Birkenröhrling (L. scabrum, S. 74) durch die dunkle Hutfarbe und den Standort im feuchten Birkenwald. Wird in einem kleinen Birkenmoor in der Nähe von Hornberg/Schwarzwald regelmässig gefunden.

LECCINUM HOLOPUS (Rostk.) Watling

Moser: Seite 71

Weisser Birkenpilz, Moorbirkenpilz

essbar

Vorkommen: unter Birken, meist an nassen, versauerten Stellen.
Hut: 5–10(15) cm, jung bräunlich, dann weisslich, creme, im Alter meist leicht grünlich, zumindest stellenweise, bei Druck gelblich verfärbend, halbkugelig, dann flacher polsterförmig, glatt oder runzelig, feucht schmierig, trocken fein samtig, feinfilzig.
Röhren: um den Stiel niedergedrückt, weiss, später mit fleischfarbenem oder grünlichem Ton, Mündungen gleichfarbig, ziemlich eng.
Stiel: 8–14/1–3 cm, weiss bis graulich, mit weisslichen, zur Basis oft auch blassbraunen, rauhen Schuppen, auf Druck grünlich verfärbend, Basismyzel weiss.
Fleisch: weiss, oft grünlich, in der Basis blaugrün verfärbend, im Alter im Hut schwammig-weich, im Stiel faserig-hart.
Sporen: Spp. zimtockerbraun, Sp. 15–21/5–6,5(7) µ.
Chemische Reaktionen: Fl. mit KOH braun, mit $FeSO_4$ schwach graulich, mit Formol sehr blass lachsrosa.

LECCINUM SCABRUM (Bull. ex Fr.) Gray

Moser: Seite 72

Birkenpilz, Kapuzinerröhrling

essbar

Vorkommen: Juni–Oktober unter Birken, trockener Standort.
Hut: 5–12 cm, grau, gelbbraun, graubraun, mausgrau, halbkugelig, dann polsterförmig, glatt, kahl, trocken, Huthaut wenig abziehbar, dickfleischig.
Röhren: weisslich, hellgrau bis grau, an Druckstellen bräunlich, leicht vom Hutfleisch lösbar, Mündungen eng, klein, rund.
Stiel: 8–15(20)/1–2 cm, weisslich mit dunkelbraunen oder schwarzen Schüppchen, meist zur Spitze verjüngt, etwas brüchig, Stielfleisch im Alter strähnig und holzig-zäh.
Fleisch: weiss, dann grauweiss, nicht verfärbend, jung fest, im Alter schwammig und bei Regenwetter sehr wasserhaltig, Geschmack angenehm.
Sporen: Spp. olivbräunlich, Sp. spindelförmig, 13–20/5–5,5(6) μ.
Chemische Reaktionen: Rö. Ansatzfläche und Po. mit KOH rötlichbraun, Fl. mit $FeSO_4$ grau, mit Formol Reaktion negativ oder langsam blassrosa, mit Phenol Fl. sehr langsam kupfer- bis weinrot, mit Guajactinktur graublau, mit Lactophenol purpurschwarz, mit Sulfoformol elfenbein.

PAXILLUS ATROTOMENTOSUS (Batsch.) Fries

Moser: Seite 72

Samtfusskrempling

minderwertig

Vorkommen: Juli–November auf morschen Wurzeln und Strünken von Nadelhölzern.
Hut: 8–15(20) cm, rotbraun, olivbraun, gewölbt, dann flach trichterig, muschelförmig, staubig-samtig oder dunkelbraun-filzig, schliesslich kahl und körnig-rissig, derbfleischig, Rand anfangs stark eingerollt.
Lamellen: Kurz herablaufend, ockergelb, an Druckstellen braunfleckig, gedrängt, queraderig verbunden.
Stiel: 3–6/1,5–4,5 cm, schwarzbraun, samtig, meist exzentrisch oder lateral, voll, mitunter wurzelartig verlängert.

Fleisch: dick, gelblich, schwammig-weich, bei Regenwetter sehr wasserhaltig, Geruch säuerlich-dumpfig, Geschmack bitterlich, tintig.
Sporen: Spp. lehmfarben, Sp. rundlich-elliptisch, glatt, 5–6/4 μ.
Chemische Reaktionen: mit KOH Hfl. fuchsig, mit $FeSO_4$ Fl. sofort grünlich, mit HNO_3 Fl. ocker, Kochwasser wird blau.

PAXILLUS INVOLUTUS (Batsch) Fries Moser: Seite 72

Kahler Krempling giftig

Vorkommen: Juni–November im Laub- und Nadelwald.
Hut: 5–15 cm, ockerbraun, rotbraun, oliv, niedergedrückt, feinfilzig, später kahl, durch die Lamellen etwas gefurcht, feucht sehr schleimig, trocken etwas glänzend, an Druckstellen sofort dunkelfleckig, Rand lange eingerollt, später verbogen.
Lamellen: herablaufend, holzgelblich, an Druckstellen sofort braunfleckig, gedrängt, oft etwas gabelig.
Stiel: 4–5/1–2 cm, schmutziggelblich oder rostbraun, voll.
Fleisch: holzgelblich, braun anlaufend, Geruch und Geschmack obstartig.
Sporen: Spp. rostbraun, Sp. elliptisch, glatt, 8–10/4,5–6 μ.
Chemische Reaktionen: Fl. mit KOH bräunlich, mit $FeSO_4$ sofort grün, mit Anilin sofort goldgelb, dann orange.
Anmerkung: Dieser Pilz galt lange als essbar, wenn er ausreichend (mindestens 20 Min.) gekocht wird. Nach neueren Erfahrungen hat er jedoch schon zu schweren gesundheitlichen Schäden und auch zum Tode geführt.

PAXILLUS FILAMENTOSUS Fries Moser: Seite 72

Erlenkrempling

Vorkommen: Juli–November unter Erlen, ziemlich selten.
Hut: 4–8 cm, braungelb, mit dunkleren, graubraunen, olivlichen oder schwärzlichen eingewachsenen oder dicht angedrückten Schuppen, niedergedrückt bis trichterig, fleischig.
Lamellen: herablaufend, gelblich, nicht oder nur schwach fleckend, gedrängt, schmal.
Stiel: 5–6/bis 1 cm, gelblich bis rötlichbraun, oben etwas heller, voll, abwärts verjüngt.
Fleisch: gelb, im Stiel dunkler.
Sporen: Spp. gelblich, Sp. elliptisch, 6,5–8/4,5–5 μ.
Chemische Reaktionen: mit KOH Fl., L. und Str. sofort braun, mit $FeSO_4$ Fl. sofort blassgrün, mit Guajactinktur Fl. sofort dunkelgrün.

PAXILLUS PANUOIDES Fries

Moser: Seite 73

Muschelkrempling

ungeniessbar

Vorkommen: das ganze Jahr hindurch, besonders von Juli–Oktober an Nadelholz.
Hut: 2–8 cm breit, weisslich, dann oliv- bis braungelb, auch bräunlich, muschel- oder fächerförmig, jung flaumig-feinfilzig, dann kahl, dünnfleischig, Rand stark eingerollt, dann wellig-lappig, scharf, dünn.
Lamellen: herablaufend oder von einem exzentrischen Punkt ausstrahlend, weisslich, olivgelb, dann matt zimtfarben, dicklich, breit, sehr leicht vom Hut ablösbar, wellig bis kraus, weich, am Grunde durch Querleisten verbunden.
Stiel: wenn vorhanden olivgelb bis bräunlich, exzentrisch, sehr kurz.
Fleisch: weisslich bis gelblich, zäh, wässrig, Geschmack mild.
Sporen: Spp. blassocker bis rostbraun, schwärzlichbraun, Sp. kurz elliptisch, glatt, 4–6/3–4 μ, keine Zystiden.
Chemische Reaktion: mit $FeSO_4$ Fl. sofort hellgrün, L. sofort dunkelgrün.
Anmerkung: Bei der var. ionipus Quélet hat der Stiel eine lilafilzige Basis.

HYGROPHOROPSIS AURANTIACA (Wulf. ex Fr.) Maire

Moser: Seite 73

Falscher Pfifferling

minderwertig

Vorkommen: September–November im Nadel- und Mischwald, besonders nach trockenen Sommern.
Hut: 2–7(10) cm, dotter- oder orangegelb, bisweilen mehr oder weniger bräunlich, auch blasser, trichterförmig, besonders in der Mitte samtig, weich und biegsam, dünnfleischig, Rand eingerollt.
Lamellen: herablaufend, lebhaft orangerot, gegabelt, oft auch gekräuselt.
Stiel: orangegelb, biegsam, zentral oder etwas exzentrisch.
Sporen: Spp. blassgelblich, Sp. elliptisch, 4,8–8/2,5–5 μ.
Chemische Reaktionen: mit H_2SO_4 Fl. und L. hellila, mit KOH Fl. und L. rasch weiss.

HYGROPHOROPSIS OLIDA (Quél.) Métrod Moser: Seite 73

Duftender Pfifferling essbar

Vorkommen: Juli–November im Nadel- und Mischwald auf Kalk, selten.
Hut: 1–3(4) cm, zart fleischrosa, ockerrosa, ledergelblich, an Frassstellen bisweilen orangerosa, unregelmässig gewölbt-trichterig, filzig, Rand lange eingerollt.
Lamellen: stark gegabelt herablaufend, hutfarben, dünn.
Stiel: 3–5 cm lang, hutfarben.
Fleisch: dünn, Geruch nach Früchtebonbons, obstartig.
Sporen: Spp. weisslich, Sp. 3,5–5,5/2,5–3 μ.

HYGROPHOROPSIS FUSCOSQUAMULOSA Orton

Moser: Seite 73

Vorkommen: an feuchten Standorten (unter Juncus confusus).
Hut: 0,5–5 cm, weiss–creme–gelblich–ockerlich, jung mit olivbräunlichen bis graubraunen Fasern oder Schüppchen, mehr oder weniger trichterförmig, Rand anfangs eingerollt.
Lamellen: herablaufend, weiss, dann creme bis blassockerlich, sehr schmal, gegabelt.
Stiel: 1,5–5 cm lang, beim abgebildeten Exemplar 5 cm lang, bis 1 cm dick.
Fleisch: weisslichcreme.
Sporen: Spp. weisslich, Sp. länglich-elliptisch, 6–8/3,5–4,5 μ.
Anmerkung: Der Standort dieses seltenen Pilzes ist etwa 5 km südlich von Hornberg/Schwarzwald auf einer trockenen Weidewiese in Hanglage; in der Nähe standen Faulbaum und Adlerfarn. Die Bestimmung des Pilzes verdanken wir Herrn B. Kobler, Pilzbestimmer des «Vereins für Pilzkunde Zürich».

OMPHALOTUS OLEARIUS (DC ex Fr.) Singer

Moser: Seite 73

Ölbaumtrichterling

giftig

Vorkommen: Juli–November an Ölbäumen, Kastanien, seltener auch an Eichen, in Mitteleuropa selten, und nur an wärmebegünstigten Standorten, meistens büschelig.
Hut: 8–12 cm, lebhaft orangegelb bis orangebraun, gewölbt bis niedergedrückt, seidig glänzend, schliesslich eingewachsen radial gestreift, trocken bisweilen feinschuppig, fleischig, Rand dünn, kahl, ziemlich lange eingerollt.
Lamellen: herablaufend, goldgelb bis orangegelb, Schneiden oft dunkelbraunrötlich, dichtstehend, ziemlich schmal, dünn, bogig geschweift.
Stiel: 7–12/0,7–2,2 cm, orangegelb, alt braunrötlich, oft exzentrisch, schwach längsfaserig, voll, zäh, abwärts verjüngt, meist ausgespitzt.
Fleisch: gelb, Geruch wenig angenehm, an Nadelholz erinnernd.
Sporen: Spp. gelblichweiss, Sp. rundlich, glatt, 5–7/5–6 μ.
Chemische Reaktionen: Fl. mit NH_4OH blassgrünlich, Fl. und L. mit Sulfovanillin sofort rotviolett, dann dunkler.
Anmerkung: Die Lamellen phosphoreszieren im Dunkeln.

GOMPHIDIUS GLUTINOSUS (Schff.) Fries

Moser: Seite 74

Kuhmaul, Grosser Gelbfuss

essbar

Vorkommen: Juli–Oktober im Nadelwald.
Hut: 5–10 cm, grau- bis schokoladenbraun, auch violettgrau, oft mit schwarzen Flecken, ausblassend, polsterförmig, kahl glänzend, stumpf, jung lange von einem auch die Lamellen überspannenden schleimigglasigen Schleier überzogen, fleischig.
Lamellen: weit herablaufend, weisslich, blassgrauschwärzlich, weich, dick, gegabelt, entfernt, an Druckstellen unverändert.
Stiel: 5–9/1–2,5 cm, weisslich, dann schmutzig grau oder bräunlich, wie der Hut mit dicker Schleimschicht überzogen, am Ende der Lamellen eingeschnürt, mit schleimigem Ringansatz, Basis zitronengelb, verjüngt.
Fleisch: weiss, alt grau, weich, zart.
Sporen: Spp. schwarz, Sp. elliptisch, lang, 18–22/5–7,5 μ.
Chemische Reaktionen: Hh. mit KOH violett, Stb. mit Lugol blau, mit NH_4OH Hh. violett, Fl. purpurrot, Fl. mit Sulfovanillin violett.

GOMPHIDIUS ROSEUS (L.) Fries
Moser: Seite 74

Rosenroter Schmierling
essbar

Vorkommen: Juli–Oktober bei Kiefern, auf kalkarmen Böden, selten.
Hut: 3–6 cm, rosa, im Alter schwarzbraun und schwarzfleckig, gewölbt, dann flach bis niedergedrückt, kahl, stumpf, feucht etwas schmierig, Rand im Alter aufwärts gebogen.
Lamellen: weit herablaufend, weisslich, dann aschgrau, zuletzt dunkel, dick, entfernt, breit, untermischt, gegabelt, oft kraus.
Stiel: 3–4 cm lang, weissrosa angehaucht, Basis meist etwas rötlich, durch weissfaserigen Schleier fast beringt, abwärts verjüngt.
Fleisch: weiss, unter Huthaut und in der Stielbasis gelblichrosa, zart, saftig.
Sporen: Spp. olivbraun, Sp. spindelförmig, glatt, 17–21/5–5,5 μ.
Anmerkung: Dieser Pilz ist ein Symbiont des Kuhröhrlings (Suillus bovinus, S. 35). Manchmal kommen beide Pilzarten zusammen, oder sie fruktifizieren nacheinander.

GOMPHIDIUS MACULATUS (Scop.) Fries
Moser: Seite 74

Fleckender Gelbfuss
essbar

Vorkommen: August–Oktober bei Lärchen.
Hut: 3–8 cm, graulichblass bis fleischbräunlich, oft schwarzfleckig, flach, zuletzt etwas trichterförmig, glatt, stumpf, Huthaut nicht abziehbar, Rand dünn, höckerig, wellig verbogen.
Lamellen: herablaufend, blassrauchschwärzlich, an Druckstellen weinrot, dann rostbraun fleckend, dick, entfernt, gegabelt, ablösbar.
Stiel: 6–7/bis 1 cm, blass, braunrot-schuppig punktiert, Basis weinrötlich anlaufend, ausspitzend, anfangs mit schleimigem, schnell vergänglichem Velum, dann trocken.
Fleisch: weisslich bis schwach rötlich, rötend, durchfeuchtet, weich, faserig.
Sporen: Spp. schwarz, Sp. abgerundet spindelförmig, 18–23/6–9 μ.
Chemische Reaktionen: Fl. mit MH_4OH schmutzigoliv, mit Lugol weinrot, mit Sulfovanillin vorübergehend weinrot, Fl.-Saft färbt weisses Papier fleischrot.

GOMPHIDIUS GRACILIS Berkeley & Broome
Moser: Seite 74

Zierlicher Schmierling
essbar

Vorkommen: Juli–September bei Lärchen.
Hut: 3–8 cm, rotbräunlich bis weinrötlich, mit braunschwärzlichen Flecken am Rand, halbkugelig, ausgebreitet, in der Mitte eingedrückt, aber mit kleinem Bukkel, feucht sehr schleimig.
Lamellen: herablaufend, graulich, zuletzt russig, nicht fleckend oder direkt schwarz verfärbend, wenig dicht.
Stiel: weisslich, allmählich schwarz werdend, Basis gelb, verbogen, faserig-netzig, mit purpurrötlichen bis schwärzlichen Schüppchen, Basis spitz auslaufend.
Fleisch: weisslich, rötend.
Sporen: Spp. schwarz, Sp. 18–20/5,5–8 μ.

CHROOGOMPHUS RUTILUS (Schff. ex. Fr.) Miller
Moser: Seite 75

Kupferroter Gelbfuss
essbar

Vorkommen: Juli–November unter Kiefern.
Hut: 4–12 cm, grau- oder braunorange bis kupferrötlich, ausblassend, kegelig-flach, bisweilen gebuckelt, glatt, fast kahl, klebrig, schliesslich trocken, feucht deutlich schmierig, fleischig, Rand anfangs durch faserigen Schleier mit dem Stiel verbunden.
Lamellen: herablaufend, purpurrosa, durch die Sp. schwarz bestäubt, dicklich, entfernt.
Stiel: bis 10 cm lang, gelbbräunlich, auch kupferrötlich, Basis safrangelb, Stiel nach oben verdickt, faserig, voll, anfangs fast schuppig-faserig beringt.
Fleisch: orange, verletzt karminrot, Basis goldgelb.
Sporen: Spp. schwarz, Sp. spindelförmig, 18–24/6–7 μ.
Chemische Reaktionen: Fl. mit KOH dunkelbraun, mit NH_4OH violett, mit $FeSO_4$ braun, mit Guajactinktur sofort purpurrot.

Moser: Seiten 74–75

Oben: Rosenroter Schmierling (G. roseus)
Unten: Zierlicher Schmierling (G. gracilis)

Oben: Fleckender Gelbfuss (G. maculatus)
Unten: Kupferroter Gelbfuss (Ch. rutilus)

CHROOGOMPHUS HELVETICUS (Sing.) Moser Moser: Seite 74

Filziger Gelbfuss essbar

Vorkommen: besonders bei Fichte und Weymouthskiefer.
Hut: schön orange, trocken, etwas faserig-filzig bis schuppig, nur bei starkem Regen verschleimend, fleischig.
Lamellen: herablaufend, ockerrosa bis orange, dann schwärzlich.
Stiel: schön orange.
Fleisch: orange, verletzt karminrot.
Sporen: Spp. olivbräunlich, Sp. fast spindelig, 17–23/6–8 μ.

HYGROPHORUS CHRYSODON (Batsch) Fries Moser: Seite 76

Goldzahnschneckling

essbar

Vorkommen: August–November im Laub- und Nadelwald.
Hut: 3–7 cm, weisslich, beim Reiben und im Alter gelblich werdend, gewölbt, leicht gebuckelt, dann flach oder niedergedrückt, schmierig, am Rand mit lebhaft gelben, überhängenden, zahnförmigen Flocken besetzt.
Lamellen: angewachsen bis herablaufend, weiss, jung an der Schneide bisweilen gelbflockig, etwas entfernt, dicklich.
Stiel: 4–6/0,6–1,4 cm, weiss, an der Spitze mit gelben Flocken und Tropfen, voll, bald ausgestopft bis fast hohl.
Fleisch: weiss, unter der Oberhaut mitunter gelblich, saftig, fast geruchlos.
Sporen: Spp. weiss, Sp. langelliptisch, glatt, 8–10/4–5 μ.
Chemische Reaktionen: Fl. mit KOH gelb, mit Phenol braun, mit Phenolanilin rotbraun, mit Guajactinktur langsam blau, mit Anilin gelb.
Anmerkung: Es kommen auch folgende Varietäten vor: var. leucodon Alb. et Schw. mit weissen Flocken am Hutrand, var. incarnatum Schum. mit teilweise fleischfarbenen L. und rosarot werdendem Fl.

HYGROPHORUS PICEAE Kühner

Moser: Seite 76

Fichtenschneckling

essbar

Vorkommen: September–November im Nadelwald, unter Fichten.
Hut: 3–7 cm, weiss, gewölbt, stumpf gebuckelt, später flach ausgebreitet, dünnschleimig bis klebrig, trokken glänzend, glatt, kahl.
Lamellen: herablaufend, weiss, entfernt, dick, breit, untermischt, am Grund aderig, starr.
Stiel: 6–8 cm lang, weiss, nur klebrig, fast gleichdick, oben punktiert rauh, später oft hohl.
Fleisch: weiss, weich, im Stiel faserig, Geruch schwach.
Sporen: Spp. weiss, Sp. elliptisch, 7–9/4,5–5,5 µ.
Anmerkung: Dieser Pilz ist kleiner und weniger schleimig als H. eburneus, (S. 89), der Rotbuchenbegleiter ist.

HYGROPHORUS EBURNEUS (Bull. ex Fr.) Fries Moser: Seite 76

Elfenbeinschneckling

essbar

Vorkommen: September–November im Laubwald unter Buchen.
Hut: 3–8 cm, reinweiss, im Alter schwach elfenbeinweiss, gewölbt, stumpf gebuckelt, dann verflacht, stumpf, schmierig, trocken glänzend, glatt, kahl, dünn, nicht rostgelb verfärbend.
Lamellen: herablaufend, weiss, entfernt, untermischt, starr, dick, breit, am Grund aderig.
Stiel: 4–12/0,3–1,2 cm, weiss, an der Spitze etwas kleiig und trocken, sonst von klebrigem Schleim überzogen, abwärts verjüngt, bisweilen am Grunde verdickt, voll, später oft hohl.
Fleisch: weiss, weich, im Stiel faserig, Geruch schwach angenehm.
Sporen: Spp. weiss, Sp. elliptisch, 8–9,5/4,5–5 μ.
Chemische Reaktionen: Stb. mit KOH fleischfarben bis lebhaft orange (siehe Foto).
Anmerkung: Ähnlich ist der Starkriechende Schneckling (H. cossus, S. 91), bei dem sich im Alter Hut und Lamellen gelblich bis rostgelb verfärben.

HYGROPHORUS GLIOCYCLUS Fries Moser: Seite 77

Schleimigberingter Schneckling essbar

Vorkommen: September–November im Nadelwald, bei Kiefern, wahrscheinlich nur auf kalkreichen Böden, selten.
Hut: 3–10 cm, weissblass-strohgelb, besonders im Alter bis ockergelblich werdend, verflacht, stumpf, sehr schleimig.
Lamellen: herablaufend, elfenbeinfarben, gelblich, fast dünn, schmal, entfernt.
Stiel: 4–12/1,2–2,5 cm, elfenbeinfarben, blass- bis strohgelb, auffallend schleimig-beringt, Spitze trocken.
Fleisch: weisslich bis gelblich.
Sporen: Spp. weiss, Sp. 7–11/4,5–6 μ.
Chemische Reaktionen: Hh. mit KOH flüchtig ockergelb, Fl. mit Guajactinktur langsam blaugrün, mit Sulfovanillin sofort violettrot.

HYGROPHORUS COSSUS (Sow. ex Berk.) Fries Moser: Seite 77

Verfärbender Schneckling, Starkriechender Schneckling ungeniessbar

Vorkommen: August–Oktober im Laubwald, besonders unter Buchen.
Hut: 3–5 cm, weiss, Hutrand dann rostgelb bis rostbraun verfärbend, gewölbt, stumpf gebuckelt, dann flach ausgebreitet, klebrig-schmierig, feucht stark schleimig, glatt, kahl.
Lamellen: etwas herablaufend, weiss, rostgelb verfärbend, dick.
Stiel: 4–8/bis 1 cm, weiss, dann rostgelb bis -braun verfärbend, an der Spitze weisskleiig punktiert.
Fleisch: weiss, Geruch nach Weidenbohrerraupen.
Sporen: Spp. weiss, Sp. 7–8/4–5 μ.
Chemische Reaktionen: mit KOH Fl., Hh. und Str. negativ oder nur schwach gelblich, mit Formol Fl., Str. und L. violettbraun, Fl. mit Phenolanilin weinrot, mit Guajactinktur langsam blau.

HYGROPHORUS ERUBESCENS Fries

Moser: Seite 77

Rasiger Purpurschneckling

ungeniessbar

Vorkommen: August–Oktober im Nadelwald, nur auf kalkreichen Böden, meist gesellig.
Hut: 4–10 cm, jung fast weiss mit rötlichem Schein, bald gänzlich mit purpurrosa Schüppchen oder Einfaserungen bedeckt, stellenweise gelbfleckig, gewölbt-gebuckelt, dann flach, zuletzt vertieft, wenig schmierig, Rand eingerollt, feinfilzig, dünn.
Lamellen: angewachsen und deutlich herablaufend, weiss, rosa oder rotfleckig, dicklich, fast entfernt.
Stiel: 5–7(12)/1,5–1,8 cm, weisslich, an der Spitze weiss, dann purpurrot gekörnt, abwärts purpurfaserig, auf Druck rotfleckig, oft verbogen, voll.
Fleisch: weiss, gilbend, Geschmack bitter.
Sporen: Spp. weiss, Sp. langelliptisch, 8–1 1/4–5 μ.
Chemische Reaktionen: mit KOH Fl. gelblich, Hh. leicht grünlichgelb, Fl. mit $FeSO_4$ langsam graulich.
Anmerkung: Dieser Pilz wird gerne von Wild geäst, das dabei die flächigen Pilzrasen völlig zerstört. Ähnlich ist H. russula, grösser und derber, Lamellen nicht herablaufend, im Laubwald.

HYGROPHORUS CAPREOLARIUS Kalchbrenner Moser: Seite 78

Weinroter Schneckling essbar

Vorkommen: August–Oktober im Laub- und Nadelwald, auf mehr oder weniger kalkreichen Böden, selten, zu schonen.
Hut: 4–8 cm, purpur- oder braunrot, gewölbt, etwas gebuckelt, dann verflacht, durch dunklere, eingewachsene Fasern gestreift, wenig schmierig, Mitte körnigrauh oder schuppig-aufreissend, dickfleischig.
Lamellen: herablaufend, schon jung weinrotfleckig, alt gänzlich wein- oder braunrot, am Grund aderig verbunden, weitstehend, starr.
Stiel: 3–6/0,7–1,5 cm, rosa bis blassweinrötlich, braunfaserig genetzt, an der Spitze flockig-schuppig, an der Basis weissfilzig.
Fleisch: purpur- bis braunrot, besonders im Stiel.
Sporen: Spp. weiss, Sp. länglich-elliptisch, etwas gebogen, 7–10/3,5–5 μ.

HYGROPHORUS POETARUM Heim

Moser: Seite 78

Isabellrötlicher Schneckling

essbar

Vorkommen: September–November unter Buchen, auf nicht zu armen Böden, ziemlich selten.
Hut: 5–20 cm, creme-fleischfarben, blassrötlich, isabellblass, gegen den Scheitel mehr fleischrosa, flachkegelig, dann verflacht bis niedergedrückt, gebukkelt, feucht etwas klebrig, trocken fast glänzend, Rand weisslich, gekerbt.
Lamellen: buchtig angewachsen oder herablaufend, elfenbeinweiss, nicht rot verfleckend, dicklich, ziemlich breit, entfernt, ungleich lang, unregelmässig.
Stiel: bis 12/3 cm, creme bis schwach rötlich, Spitze weiss punktiert, mit Tränen besetzt, nach unten meist verjüngt.
Fleisch: weiss, kompakt, unter dem Scheitel fleischrosa, Geruch nach Perubalsam oder obstartig.
Sporen: Spp. weiss, Sp. länglich eiförmig, 7–8/5–5,5 μ.
Chemische Reaktion: Stb. mit Guajactinktur blaugrün.

HYGROPHORUS PUDORINUS (Fr.) Fries

Moser: Seite 78

Orange-Schneckling

ungeniessbar

Vorkommen: August–November im Nadelwald auf Kalk, meist in Berglagen.
Hut: 5–15(20) cm, zart bis kräftig orange, Scheitel dunkler orangefuchsig, halbkugelig, dann fast flach, stumpfgebuckelt, schleimig, mehr oder weniger trokken werdend, Rand bisweilen schwach weisslich, gekerbt.
Lamellen: gerade angewachsen oder wenig herablaufend, weiss, besonders gegen den Hutrand, mit lachsrosa Reflex, dicklich, zuletzt mässig entfernt.
Stiel: 6–10/2–3 cm, dem Hut gleichfarbig, Basis gelb, schwach schleimig oder wenigstens zartschuppig-klebrig, Spitze trocken, mehlig, Basis ausspitzend.
Fleisch: im Hut orange, im Stiel weiss, in der Basis gelb, Geschmack nach Terpentin.
Sporen: Spp. weiss, Sp. elliptisch, 8–10/5–6 μ.
Chemische Reaktionen: Fl. und Str. mit KOH lebhaft rotorange, Fl. mit Guajactinktur langsam blaugrau, mit Sulfovanillin violett.

HYGROPHORUS LEUCOPHAEUS (Scop. ex Fr.) Fries Moser: Seite 78

Seidiggerandeter Schneckling

Vorkommen: September–November bei Buchen.
Hut: 3–7 cm, Hutrand weisslich-seidig, gegen die Mitte fuchsig, gelblich oder orangebräunlich, gewölbt-gebuckelt, schleimig, dünn.
Lamellen: fast herablaufend, blass fleischgelblich bis orangeblass, dicklich, entfernt.
Stiel: gelblichblass oder orangebräunlich, faserig, mit flockiger Spitze, trocken, schlank, verbogen, auch verdreht, ausspitzend.
Fleisch: weisslich, weich.
Sporen: Spp. weiss, Sp. 6–8/4 μ.

HYGROPHORUS DISCOIDEUS (Pers. ex Fr.) Fries Moser: Seite 79

Braunscheibiger Schneckling

essbar

Vorkommen: September–November im Nadelwald, auf kalkreichen Böden.
Hut: 3–6 cm, fuchsig-, ocker-kastanienbraun, Scheibe dunkler, gewölbt, dann flach, niedergedrückt, schwach gebuckelt, glatt, schleimig, trocken glänzend, Rand zuerst eingerollt und mit dem Stiel durch einen schleimig-glasigen Schleier verbunden.
Lamellen: angewachsen bis strichförmig herablaufend, weiss, dann gelblich oder bräunlich, etwas entfernt, dick.
Stiel: 3–6/bis 1 cm, blassbräunlichgelblich, Spitze weisslich, feinflockig, trocken, an der Basis weissfilzig, voll, später ausgestopft, schliesslich etwas hohl, mit schleimigem, sehr vergänglichem Ring.
Fleisch: weisslich, unter der Oberhaut bräunlich.
Sporen: Spp. weiss, Sp. länglich-elliptisch, glatt, 6–9/3–5 μ.

HYGROPHORUS NEMOREUS (Lasch) Fries Moser: Seite 79

Waldschneckling essbar

Vorkommen: September–Oktober im Laubwald, besonders auf Kalkboden.
Hut: 4–7(10) cm, fuchsig-bräunlichorange, bisweilen fast silbrig bereift, halbkugelig-gewölbt, dann ausgebreitet mit schwachem Buckel, schliesslich niedergedrückt, mit angedrückten oder eingewachsenen feinen Härchen, trocken kaum schmierig, fleischig, Rand heller, dünn, fein flaumig.
Lamellen: breit angewachsen bis herablaufend, blasscreme bis rötlichocker, dick, wachsartig, entfernt stehend.
Stiel: 4–8/1–1,5 cm, blass bis ocker, an der Spitze weisslich und kleiig bis feinkörnig, nach unten verjüngt, mehr oder weniger faserig-schuppig, voll oder etwas schwammig.
Fleisch: weiss, unter der Huthaut gelbrötlich, fest, zuletzt mürbe, Geruch schwach mehlartig.
Sporen: Spp. weiss, Sp. länglich elliptisch, glatt, 6–8/3,5–5 μ.
Chemische Reaktion: KOH bleicht die Hh.

HYGROPHORUS NEMOREUS (Lasch) Fries

Moser: Seite 79

Waldschneckling

essbar

Beschreibung gegenüber, Seite 98
Anmerkung: Die Gegenüberstellung der beiden Fotos zeigt die unterschiedliche Wachstumsform des gleichen Pilzes: diese Fruchtkörper gedrungen, kräftig, wuchsen auf gerölligem Waldboden ohne Gras oder Moos. Die schmächtigeren, langstieligen Exemplare der gegenüberliegenden Seite fanden wir unter einer dicken lockeren Laubdecke, aus der nur die Hüte herausschauten. Die Stiellänge entspricht genau der Dikke der Laubschicht.

HYGROPHORUS HYPOTHEJUS (Fr. ex Fr.) Fries Moser: Seite 79

Frostschneckling essbar

Vorkommen: oft erst nach den ersten Frösten, im Nadelwald, besonders bei Kiefern, auf Waldwiesen.
Hut: 3–5 cm, olivbraun, nach dem Abfliessen der dikken, olivbraunen Schleimschicht fuchsig-zitronengelb oder blass, gewölbt, dann vertieft und meist gebuckelt, faserig, dünnfleischig.
Lamellen: herablaufend, weisslich, dann gelb bis orangegelb, bisweilen orangerot gefleckt, entfernt, dicklich.
Stiel: 5–10 cm lang, blassgelb bis gelb, glatt, flüchtig beringt durch Reste eines flockigen Velums, darunter schmierig-schleimig, darüber trocken.
Fleisch: weissgelblich, fest, Geschmack angenehm süsslich.
Sporen: Spp. weiss, Sp. länglich-elliptisch, 8-9/4-5 μ.

HYGROPHORUS AUREUS (Arrh.) Fries

Moser: Seite 79

Gelbbeschleierter Schneckling

essbar

Vorkommen: September–Oktober bei Kiefern, selten.
Hut: 2–4 cm, hellgelb bis lebhaft orange, Scheibe oft dunkler, glockig-flach, kahl, Rand zuerst eingerollt und mit dem Stiel durch einen schleimig-glasigen Schleier verbunden.
Lamellen: herablaufend, blassgelb, weitstehend.
Stiel: 3–6 cm lang, gelblichweiss, blassgelb, gelbfaserflockig durch Velumreste, fast schleimig-beringt.
Sporen: Spp. weiss, Sp. 7–9/4–5 μ.
Anmerkung: Durch Übergangsformen mit H. hypothejus (S. 100) verbunden (Schwöbel).

HYGROPHORUS LUCORUM Kalchbrenner

Moser: Seite 79

Lärchenschneckling

essbar

Vorkommen: September–November, nur bei Lärchen.
Hut: 2–6 cm, lebhaft zitronengelb, bisweilen hellgoldgelb, im Alter ausblassend, Mitte etwas dunkler, glokkig-gewölbt, schwach gebuckelt, dann flach oder niedergedrückt, klebrig-schmierig, jung mit anklebenden, rasch vergehenden, weissflockigen Hüllresten, besonders am Rand, Rand etwas eingerollt, dann aufgebogen und wellig, mit dem Stiel anfangs durch einen klebrigen Schleier verbunden.
Lamellen: angewachsen, wenig herablaufend, weiss, dann gilbend, dicklich, an beiden Enden verschmälert, etwas entferntstehend.
Stiel: 4–7/0,7–1 cm, blass gelblich, an der Spitze weisslich, vom Velum etwas weissflockig bereift, oft verbogen, an der Basis leicht knollig angeschwollen, Ring sehr vergänglich, spinnwebartig, schleimig.
Fleisch: weisslich bis blassgelblich, unter der Huthaut gelb durchgefärbt, saftig, weich, geruchlos, Geschmack mild.
Sporen: Spp. weiss, Sp. ellipsoid, glatt, 7–10/4–6 μ.
Chemische Reaktion: Fl. mit Sulfovanillin violett.

HYGROPHORUS OLIVACEOALBUS (Fr. ex Fr.) Fries

Moser: Seite 80

Natternstieliger Schneckling

essbar

Vorkommen: September–November im moosigen Nadelwald auf sauren Böden.
Hut: 2–6 cm, graubraun bis braunrussig, oft mit olivlichem Ton, mit dunklerer Mitte, kegelig-glockig, dann gebuckelt-ausgebreitet, mit dickem Schleim bedeckt, trocken glänzend, glatt, Rand jung eingebogen, dann wellig geschweift.
Lamellen: herablaufend, weiss, entfernt stehend, dicklich, am Grunde queraderig verbunden.
Stiel: 5–10/bis 1 cm, weiss, graubraun bis olivlich genattert, Spitze abgegrenzt, weisslich, feinfaserig-flockig, sonst schleimig, Basis bisweilen zugespitzt.
Fleisch: weiss, weich.
Sporen: Spp. weiss, Sp. elliptisch, 12,5–16/7–8,5 µ.
Chemische Reaktionen: Str. mit KOH sofort hellgelb, Fl. mit H_2SO_4 rot.

HYGROPHORUS MESOTEPHRUS Berkeley & Broome

Moser: Seite 80

Graubrauner Schleimstielschneckling

Vorkommen: September–Oktober im Laubwald, selten.
Hut: 2–4(5) cm, weisslich, gegen die Mitte dunkler graubraun bis hornbraun, gewölbt, dann verflachend bis vertieft, schmierig, Rand leicht gerieft-gefurcht.
Lamellen: herablaufend, weiss, dicklich, untermischt, ziemlich entferntstehend.
Stiel: 6–11/bis 0,8 cm, an der Spitze weissfleckig, abwärts weisslich bis bräunlich, schleimig überzogen, oft verbogen, an der Basis etwas zugespitzt, leicht wurzelnd.
Fleisch: weiss, zart.
Sporen: Spp. weiss, Sp. 9–12/6–8 μ.

HYGROPHORUS AGATHOSMUS (Fr. ex Secr.) Fries Moser: Seite 80

Wohlriechender Schneckling

essbar

Vorkommen: September–Oktober im Nadelwald, auf Waldwiesen, auf kalkhaltigen Böden.
Hut: 4–8 cm, grau, olivgrau, gelblichgrau, selten auch weiss, Rand heller, gewölbt, dann gebuckelt-flach, pustelig-schmierig, glatt, nackt, fleischig, Rand jung eingerollt, filzig, später kahl, hochgebogen.
Lamellen: herablaufend, weiss, später blassgraulich, entfernt, untermischt, mitunter gegabelt, dicklich, weich, am Grunde aderig.
Stiel: 5–7 cm lang, weiss, mit weissen oder gelblichen Flöckchen, feingefasert, an der Basis mitunter etwas verdickt, voll, fest, trocken.
Fleisch: weisslich, wässrig, zart, Geruch nach Bittermandeln (marzipanartig).
Sporen: Spp. weiss, Sp. länglich-elliptisch, 8–11/5–6 μ.
Chemische Reaktionen: Fl. mit Sulfovanillin violett, mit Sulfoformol bald hellblau, L. mit H_2SO_4 purpurrot.

HYGROPHORUS PUSTULATUS (Pers. ex Fr.) Fries Moser: Seite 80

Schwarzpunktierter Schneckling essbar

Vorkommen: September–November im Nadelwald.
Hut: 3–6 cm, grau, graubraun, Scheitel dunkler, etwas rissig, mit kleinen, schwärzlichgrauen, zur Mitte hin warzigen Pusteln besetzt, gewölbt, dann verflacht, ± gebuckelt, klebrig-schmierig, dünnfleischig, Rand anfangs etwas eingerollt, dann ausgebreitet und wellig verbogen, dünn.
Lamellen: angewachsen-herablaufend, weiss, weisslichgrau, etwas entfernt, dicklich, weich.
Stiel: 4–8/bis 1 cm, weiss, bräunlich bis braunschwärzlich punktiert, etwas seidig glänzend, trocken, mitunter abwärts etwas verjüngt, voll, später ausgestopft.
Fleisch: weiss, weich.
Sporen: Spp. weiss, Sp. unregelmässig elliptisch, glatt, 7–10/4,5–5,5 μ.
Chemische Reaktionen: Fl. mit Guajactinktur langsam blau, mit Sulfovanillin violett.

HYGROPHORUS MARZUOLUS (Fr.) Bresadola

Moser: Seite 81

Märzellerling, Märzschneckling

essbar

Vorkommen: Februar–Mai im Laub- und Nadelwald, besonders bei Weisstannen.
Hut: 4–10 cm, weiss, dann grau, bald mit grauschwärzlichen Flecken, gewölbt, dann ausgebreitet, unregelmässig gestaltet, trocken, glanzlos, dickfleischig, jung bereift.
Lamellen: wenig herablaufend, weiss, dann grau, dick, wachsartig, entfernt, schmal, öfter gegabelt, am Grunde aderig verbunden.
Stiel: 5–8/0,5–2,5 cm, weiss, dann grau, an der Spitze etwas schuppig, seidenfaserig, oft verbogen, fest, faserfleischig, voll.
Fleisch: weiss, unter der Oberhaut und im Stiel etwas grau anlaufend, Geruch fast süsslich.
Sporen: Spp. weiss, Sp. länglich elliptisch, glatt, 7–9/4–5 µ.

HYGROPHORUS CAMAROPHYLLUS (A.& S.ex Fr.) Fries Moser: Seite 81

Russbrauner Schneckling essbar

Vorkommen: September–Oktober im sauren Nadelwald (Kiefer, Fichte) Hochmoorränder, meist in tiefem Moos.
Hut: 6–12(15) cm, russigbraun, dunkelbraun, bis olivbraun, glockig, gewölbt, dann abgeflacht, niedergedrückt und verbogen, stark radial eingewachsen faserig, glatt, Rand eingerollt.
Lamellen: angewachsen, im Alter leicht herablaufend, weiss, entfernt, sehr dick, breit, aderig verbunden, am Rand anastomosierend.
Stiel: 2–8/1–2,5 cm, dem Hut blasser gleichfarbig, faserig, trocken, zylindrisch, an der Basis spindelig, teilweise hohl.
Fleisch: weiss, Geschmack zuerst etwas süsslich, dann terpentinartig, Geruch nicht unangenehm, ein Pilzfreund sagte nach Skiwachs.
Sporen: Spp. weiss, Sp. länglich-elliptisch, glatt, 8–9/4–5 μ.
Chemische Reaktionen: Fl. mit Phenol rasch braun, mit Phenolanilin weinrot, mit Guajactinktur langsam blassblau, mit Lactophenol violett, dann braun.

HYGROPHORUS ATRAMENTOSUS (Secr.) Haas et Haller n.c. Moser: Seite 81

essbar

Vorkommen: im Fichtenwald auf Kalk, vorwiegend Süddeutschland, Schweiz.
Hut: 6–10 cm, graubraun, schwärzlich mit bläulichem Beiton, bleigrau, glockig, dann ausgebreitet, schliesslich niedergedrückt, eingewachsen faserig, glatt.
Lamellen: herablaufend, weiss, dann grau mit bläulichem Schimmer, dick, entfernt.
Stiel: 5–10/0,8–1,5 cm, dem Hut gleichfarbig, faserig, voll.
Fleisch: weiss.
Sporen: Spp. weiss, Sp. zylindrisch-elliptisch, glatt, 8–9/5 μ.
Anmerkung: Diesen verhältnismässig seltenen Pilz fanden wir 1976 als Massenpilz.

CAMAROPHYLLUS RUSSOCORIACEUS Berkeley & Broome Moser: Seite 82

Juchtenellerling

Vorkommen: Oktober–November auf Weideland, im Gebüsch.
Hut: 0,6–2,5 cm, cremeweiss bis grauocker, stumpfglockig, gewölbt, dann flach bis niedergedrückt, durchscheinend gerieft, etwas hygrophan, kaum schmierig, trocken etwas glänzend, wenig fleischig.
Lamellen: herablaufend, weiss bis cremeweiss, ziemlich dick, breit, entfernt, wenig zahlreich, bogenförmig.
Stiel: 2–5 cm lang, weiss, oben verdickt, verbogen, glatt, kahl, ausgestopft, später hohl.
Fleisch: weiss, dünn, Geruch nach Juchtenleder oder Zedernholz.
Sporen: Spp. weiss, Sp. elliptisch bis eiförmig, unten zugespitzt, 7–9/4–5(6) μ, wenn Basidien viersporig, oder 10–13/5,5–8 μ, wenn Basidien zweisporig.

CAMAROPHYLLUS PRATENSIS (Pers. ex Fr.) Kummer Moser: Seite 82

Orange-Ellerling

essbar

Vorkommen: September–November auf Weiden, Wiesen.
Hut: 3–7 cm, orangefuchsig, hellgelbrötlich, gelbbräunlich, später ausblassend, gewölbt, Mitte gebukkelt, dann abgeflacht, kreiselförmig, kahl, trocken, etwas glänzend, glatt, Rand heller.
Lamellen: weit herablaufend, blassorange, am Grund aderig verbunden, dick, wachsartig, bogig, Schneiden heller.
Stiel: 5–10/bis 1 cm, heller hutfarben, kahl, glatt, Basis verjüngt.
Fleisch: gelbrötlich, trocken weisslich, wässrig durchzogen.
Sporen: Spp. weiss, Sp. zylindrisch-elliptisch, 5–7/4–5 μ.

HYGROCYBE OVINA (Bull. ex Fr.) Kühner

Moser: Seite 83

Rötender Saftling

ungeniessbar

Vorkommen: Juli–Oktober im lichten Nadelwald, auf Triften, Weiden, selten.
Hut: 4–7 cm, dunkelschwarzbraun bis olivschwarz, zum Rand etwas heller, glockiggewölbt, dann ausgebreitet, etwas niedergedrückt, hygrophan, jung schmierig, bald trocken, dünnfleischig, faserig-rissig, auch etwas runzelig.
Lamellen: abgerundet-angeheftet, dunkelschwarzbraun bis olivschwarz, entfernt, dick, sehr breit, bauchig, verschmälert am Stiel angeheftet, nicht herablaufend, verletzt rötend.
Stiel: 5–8/0,8–1,5 cm, hutfarben, kahl, glatt, mitunter faserig-gestreift.
Fleisch: schwärzlichgrau, rötend, Geruch bisweilen ammoniakalisch.
Sporen: Spp. weiss, Sp. 7–12/4,5–6 μ.
Chemische Reaktion: Fl. nach Luftoxidation rot.

HYGROCYBE PSITTACINA (Schff. ex Fr.) Wünsche Moser: Seite 84

Papageiengrüner Saftling ungeniessbar

Vorkommen: September–Oktober am Waldrand, auf Wiesen und Weiden, Obstbaumwiesen.
Hut: 1–3 cm, zitronen- bis orangegelb, stellenweise oder ganz dunkelgrün, alt fleischrötlich, violett oder orangebraun, glockig, dann ausgebreitet, gebuckelt, feucht, stark schleimig-schmierig, trocken glänzend, durchscheinend gerieft, Rand zuletzt aufwärts gebogen.
Lamellen: angeheftet, grünlich oder gelb bis orange, dicklich, oft queraderig, entfernt.
Stiel: 4–6 cm lang, grünlich oder abwärts gelblich bis orange, glatt, schleimig-schmierig, oft verbogen, Basis bisweilen ausspitzend.
Fleisch: grünlich, wässrig, fast glasig, brüchig.
Sporen: Spp. weiss, Sp. länglich-elliptisch, 8–10/4–5 μ.

HYGROCYBE CHLOROPHANA (Fr.) Karsten

Moser: Seite 84

Stumpfer Saftling

essbar

Vorkommen: September–Oktober in grasigen Wäldern, auf Weidewiesen.
Hut: 2–3,5 cm, zitronen- bis schwefelgelb, halbkugelig bis gewölbt, dann verflacht mit stumpfem Buckel, glatt, schmierig-klebrig, oft stark durchscheinend gerieft, Oberhaut abziehbar.
Lamellen: ausgebuchtet-angeheftet bis freibleibend, hellzitronengelb, mit hellerer Schneide, stark bauchig, dünn, fast entfernt.
Stiel: 4–6 cm lang, zitronen- bis schwefelgelb, wenig schleimig, gleichmässig dünn, zäh, hohl.
Fleisch: zitronengelb, dünn.
Sporen: Spp. weiss, Sp. elliptisch, 7–9/4–6 μ.

HYGROCYBE UNGUINOSA (Fr.) Karsten

Moser: Seite 85

Grauer Saftling

essbar

Vorkommen: August–September in grasigen Wäldern, auf Wiesen.
Hut: 3–6 cm, dunkelgrau, russiggrau, trocken ausblassend, gewölbt-glockig, dann ausgebreitet, schwach gebuckelt, mit bläulichem Schleim, sehr brüchig, Rand gerieft.
Lamellen: breit oder hakenförmig angewachsen, nicht herablaufend, weisslich, ziemlich dick, weitstehend, breit, fast bauchig, mit kürzeren untermischt, am Grund schwach aderig.
Stiel: 3–7 cm lang, rauchgrau, an der Spitze heller, oft zusammengedrückt, kahl, glatt, schon jung röhrig, ungleichmässig dick, wellig, besonders stark klebrig-schleimig, Basis verjüngt.
Fleisch: blassgraulich, sehr dünn, brüchig.
Sporen: Spp. weiss, Sp. elliptisch-eiförmig oder kurz-elliptisch, ziemlich veränderlich, 6–8,5/4–6 μ.

HYGROCYBE LAETA (Pers. ex Fr.) Karsten

Moser: Seite 85

Zäher Saftling

ungeniessbar

Vorkommen: September-Oktober am Waldrand, an grasigen Stellen, selten.
Hut: 1–3 cm, gelblichbraun, orangebraun, fleischbraun, leicht glockig gewölbt, dann ausgebreitet, in der Mitte vertieft, sehr schmierig mit graulichem Schleim, Rand durchscheinend gerieft.
Lamellen: breit angewachsen, etwas herablaufend, blassgraulichlila, dann blass fleischfarben, entfernt, dünn.
Stiel: 2–4 cm lang, orangebraun, fleischbraun, Spitze manchmal lilagraulich oder grau- bis grünlich-oliv, sehr schleimig-schmierig, fast knorpelig, wellig-verbogen, elastisch, hohl.
Fleisch: zäh, Geruch nach verbranntem Gummi.
Sporen: Spp. weiss, Sp. länglich-elliptisch, 6–8/4–5 μ.

HYGROCYBE REAI Maire

Moser: Seite 86

Bitterer Saftling

ungeniessbar

Vorkommen: September–Oktober in grasigen Auwäldern, auf Weiden, gesellig.
Hut: 0,5–2 cm, scharlach- bis kirschrot, zum Rand goldgelb, schliesslich gelblich werdend, halbkugelig, dann gewölbt, zuletzt flach, schmierig, kahl, Oberhaut nicht abziehbar.
Lamellen: mehr oder weniger breit angewachsen oder mit Zahn herablaufend, weissgelblich, orange, an der Schneide narzissengelb, später ganz gelb werdend.
Stiel: orangerot, Basis weiss, glatt, glänzend, schmierig, röhrig, ziemlich zäh.
Fleisch: orangegelblich, ziemlich fest, Geschmack sehr bitter.
Sporen: Spp. weiss, Sp. elliptisch, glatt, zum Teil in der Mitte etwas eingeschnürt, 7–10/4–5 μ.

HYGROCYBE NIGRESCENS (Quél.) Kühner

Moser: Seite 87

Schwärzender Saftling

ungeniessbar

Vorkommen: August–Oktober auf Grasplätzen und in Wäldern.
Hut: 4–6 cm, orangegelb bis rot, später grau und zuletzt schwarz verfärbend, auch durch Berührung schwarz werdend, meist stumpf kegelig, durch rötliche bis orange Fasern gestreift, nicht klebrig.
Lamellen: angeheftet, dann frei, lebhaft gelb oder blasser, am Grunde orangegelblich, schliesslich schwarz werdend, bauchig.
Stiel: 5–8/bis 1,2 cm, zitronen- oder orangegelb, schliesslich schwarz, faserig gestreift, Basis weisslich, erst ausgestopft, dann hohl.
Fleisch: gelblich, wässrig, enthält eine Flüssigkeit, die an der Luft schnell graulila wird und schliesslich schwarz verfärbt.
Sporen: Spp. weiss, Sp. ellipsoid, 8–12/5–6 μ, Basidien 4sporig.

HYGROCYBE OBRUSSEA (Fr.) Wünsche

Moser: Seite 87

Gebuckelter Saftling

essbar

Vorkommen: Juli–September auf Wiesen und Weiden.
Hut: 3–7 cm, zitronengelb bis zitronengoldgelb, glokkig bis gewölbt, radial faserig, Rand wellig, faserig aufreissend, im Alter oft hochgebogen.
Lamellen: frei, hellschwefelgelb, schwefelgrünlich, Schneiden weiss, dick, bauchig, entfernt.
Stiel: 5–8/bis 1,5 cm, dunkelzitronengelb, dann ocker, Basis weiss, oft zusammengedrückt, glatt, trocken, matt, hohl.
Fleisch: zitronengelb, nicht schwärzend, dünn.
Sporen: Spp. weiss, Sp. pflaumenförmig, 7–9/4,5–6 μ.

HYGROCYBE CALYPTRAEFORMIS (Bk. & Br.) Fayod — Moser: Seite 87

Rosenroter Saftling

essbar

Vorkommen: September–Oktober auf Weiden, in Wäldern, besonders unter Buchen, Ahorn und Eschen.
Hut: 3–5 cm, rosarot, lila, im Alter von der Spitze aus weisslich werdend, kapuzenförmig, spitzkegelig, später ausgebreitet mit bleibend spitzkegeligem Scheitel, schwach klebrig, wenig fleischig, Rand dünn, anfangs etwas eingebogen, schliesslich aufgebogen, häufig strahlig eingerissen, gelappt.
Lamellen: spitz angewachsen oder frei, rosarot, dann ausblassend, fast weiss werdend, schmal, etwas bauchig, ziemlich dick, wenig dichtstehend.
Stiel: 7–10/0,6–1,2 cm, weiss, rosa oder lila, fein faserig, bisweilen gedreht, sehr brüchig, röhrig.
Fleisch: weiss, in der Hutspitze rosalich, brüchig, Geschmack mild.
Sporen: Spp. weiss, Sp. glatt, elliptisch-eiförmig, 5–8/5–6 μ.

HYGROCYBE PUNICEA (Fr.) Kummer Moser: Seite 88

Grösster Saftling essbar

Vorkommen: auf Triften, Lärchenwiesen, Waldwiesen, selten, schonenswert.
Hut: 5–12 cm, kirsch- bis blutrot, scharlach-blutrot, sehr ausblassend, stumpfglockig-geschweift, glatt, kahl, schmierig, fleischig.
Lamellen: orange oder rot, mit hellerer, gelblicher Schneide, entfernt, breit, bauchig.
Stiel: 6–10/0,8–2 cm, orangegelblich, mit weisser Basis, faserig gestreift, trocken, faserfleischig, zylindrisch oder schwach bauchig.
Fleisch: in Stielbasis und Kern weiss, sonst gelb.
Sporen: Spp. weiss, Sp. 8,5–11/5–6 μ.

HYGROCYBE COCCINEA (Schff. ex Fr.) Kummer Moser: Seite 89

Kirschroter Saftling essbar

Vorkommen: September–Oktober am Waldrand, auf feuchten Wiesen, Weiden.
Hut: 2–6 cm, kirschrot bis blutrot, bald ausblassend, wachsgelb werdend, glockig bis halbkugelig, bald ausgebreitet, glatt, mehr feucht als schmierig, später trokken, glänzend, Rand lange rotbleibend.
Lamellen: breit angewachsen, mit Zähnchen herablaufend, orange bis blutrot, Schneiden oft gelblich, weitstehend, bauchig, am Grunde aderig verbunden.
Stiel: 4–6/bis 1 cm, kirsch- bis blutrot, im Alter orange, an der Basis gelblich, fast glänzend, glatt, mitunter zusammengedrückt, hohl.
Fleisch: kirschrot bis orange, wässrig, brüchig.
Sporen: Spp. weiss, Sp. länglich elliptisch, glatt, 7–9/4–5 μ.

HYGROCYBE MINIATA (Fr.) Kummer

Moser: Seite 90

Mennigroter Saftling

minderwertig

Vorkommen: Juni–Oktober auf kurzgrasigen Böden, auf feuchten moosigen Wiesen, in Gräben, Sümpfen und Mooren.
Hut: 1–2 cm, scharlach-zinnoberrot, orange bis gelb verblassend, halbkugelig, dann glockig gewölbt, bisweilen leicht gebuckelt, später fein genabelt und am Rand hochgebogen, matt, trocken, höchstens jung schwach klebrig, in der Mitte feinschuppig bis fast glatt, gebrechlich.
Lamellen: angewachsen, schwach herablaufend, zinnober- bis orangerot, später orangeblass, Schneiden oft gelb, breit, wenig dichtstehend.
Stiel: 3–6 cm lang, hutfarben, etwas glänzend, trokken, glatt, zart, voll, später hohl, an der Basis bisweilen verjüngt.
Fleisch: orangeblass bis schwefelgelb, unter der Huthaut und der Stieloberfläche rotorange, wässrig, glasig-durchscheinend, Geschmack mild.
Sporen: Spp. weiss, Sp. länglich-ellipsoid, glatt, 7,5–11/5–6(7) μ.
Chemische Reaktion: Fl. färbt Wasser schwefelgelb.

OMPHALINA GROSSULA (Pers.) Singer
Moser: Seite 92

Vorkommen: September–Dezember, in milden Wintern noch bis März an stark moderigen Nadelholzstrünken (Fichte).
Hut: 1–2(5) cm, grünlichgelb, olivgrün, zitronengrünlichgelblich, stark gewölbt, zuletzt schwach genabelt, Rand durchscheinend gerieft.
Lamellen: herablaufend, in der Farbe des Hutes, jedoch blasser, sehr entfernt stehend.
Stiel: 1,5–2,5(3) cm lang, hutfarben, im Alter weisslich.
Sporen: Spp. weiss, Sp. 7,5–10/4,5–5,5 μ.

OMPHALINA PYXIDATA (Bull. ex Fr.) Quélet
Moser: Seite 93

Seidiger Nabeling

Vorkommen: Oktober–November an Wegrändern, auf sandigem Grasland, bis in die alpine Zone.
Hut: 0,5–2 cm, rötlichbraun, fleischbraun, bisweilen mit gelblichem Ton, tief genabelt, stark durchscheinend gerieft, fast häutig.
Lamellen: herablaufend, isabellfarben, beigebräunlich, schmal, mässig entfernt.
Stiel: blasser hutfarben, knorpelig-röhrig.
Sporen: Spp. weiss, Sp. leicht mandelförmig, glatt, 7–10/4,5–6 μ.

OMPHALINA ONISCUS (Fr. ex Fr.) Quélet
Moser: Seite 95

Gelappter Nabeling

Vorkommen: August–Oktober zwischen verschiedenen Moosen, auch Sumpfmoosen.
Hut: 1,5–3(4) cm, graurussig bis russigschwärzlich, tief genabelt, zart eingewachsen faserig, Rand durchscheinend gerieft, etwas wellig, dünnfleischig.
Lamellen: herablaufend, graurussig, trocken dunkler, fast entfernt.
Stiel: 3–5 cm lang, hutfarben, kahl, hohl.
Sporen: Spp. weiss, Sp. elliptisch, glatt, 6,5–10/4,5–5,5 μ.

RICKENELLA FIBULA (Bull. ex Fr.) Raithelhuber
Moser: Seite 97

Heftel-Helmling

Vorkommen: Juli–Oktober in moosigen Wäldern, an Wegrändern, auf Grasplätzen.
Hut: 0,5–1 cm, orangerot, schön orange, trocken ausblassend, gewölbt, dann flach, zuletzt genabelt bis trichterförmig, häutig, Rand oft gefurcht-gekerbt.
Lamellen: weit herablaufend, weiss, gelblich, entfernt, fast dreieckig.
Stiel: 2–6 cm lang, orange, knorpelig, röhrig.
Fleisch: orangeblass.
Sporen: Spp. weiss, Sp. 4–5/2–2,5 μ.

Moser: Seiten 92–97

Oben: – (O. grossula)
Unten: Gelappter Nabeling (O. oniscus)

Oben: Seidiger Nabeling (O. pyxidata)
Unten: Heftel-Helmling (R. fibula)

LACCARIA AMETHYSTINA (Bolt. ex Hooker) Murrill

Moser: Seite 98

Amethystblauer Lacktrichterling

essbar

Vorkommen: Juli–November im Laub- und Nadelwald.
Hut: 2–6 cm, feucht sattviolett bis lila, trocken weisslich oder hellila ausblassend, jung gewölbt und etwas genabelt, Rand eingerollt, später sehr verbogen und unregelmässig, dünnfleischig.
Lamellen: breit angewachsen bis herablaufend, violett, dicklich, entfernt stehend.
Stiel: 5–10 cm lang, hutfarben, faserfleischig, voll.
Fleisch: violettlich.
Sporen: Spp. weiss, Sp. rundlich, stachelig, bis 9,5 μ.
Chemische Reaktion: Hh. mit KOH schwarz.
Anmerkung: Durch die einheitlich sattviolette Farbe von allen übrigen Arten der Lacktrichterlinge zu unterscheiden.

LACCARIA BICOLOR (R. Maire) Orton

Moser: Seite 98

Zweifarbiger Lacktrichterling

essbar

Vorkommen: August–Oktober in Wäldern, an Wegen, hauptsächlich im Bereich von Kiefern.
Hut: 1 – 4 cm, dunkel bis heller fleischrötlich, bisweilen heller, feinschuppig, ausblassend, gewölbt und leicht genabelt, später verbogen und unregelmässig, dünnfleischig.

Lamellen: breit angewachsen bis herablaufend, lilarosa, im Austrocknen stärker lila, dicklich, entfernt, zuletzt von den Sporen weissmehlig bestäubt.
Stiel: 6–10/bis 0,8 cm, rosa und braun, längsfaserig, voll, zäh, an der Basis von Myzel violettlich.
Sporen: Spp. lilablass, Sp. stachelig, 7–8,8/6,5–7 (8,5) μ.

LACCARIA LACCATA (Scop. ex Fr.) Berkeley & Broome

Moser: Seite 98

Roter Lacktrichterling

essbar

Vorkommen: Juni–November im Laub- und Nadelwald.
Hut: 1–5(6) cm, fleischrot, fuchsig bis violett, trocken ockerblass, jung gewölbt und etwas genabelt, Rand eingerollt, später sehr verbogen und unregelmässig, faserig-matt bis feinschuppig, dünnfleischig.
Lamellen: breit angewachsen, zuweilen herablaufend, rosa bis fleischrot, dicklich, entfernt stehend, zuletzt von den Sporen weisslich bestäubt.
Stiel: 5–10 cm lang, hutfarben, abwärts bräunlich faserig, aufwärts leicht verjüngt, zäh, faserfleischig.
Fleisch: fleischrot oder blasser, Geruch zart und angenehm nach Kuchengewürz.
Sporen: Spp. lilablass, Sp. rundlich bis leicht verlängert, stachelig, 7–9/6–7,5 μ.
Chemische Reaktionen: Hh. und Str. mit KOH braun, Fl. mit Guajactinktur langsam leicht bläulich.

CLITOCYBE PHYLLOPHILA (Fr.) Quélet (sensu Kühner-Romag.) Moser: Seite 100

Laubfreundtrichterling giftverdächtig

Vorkommen: Oktober–Dezember im Laub- und Nadelwald.
Hut: 3–10 cm, elfenbeinweiss, an Druckstellen bald wässrig graubraun, alt auch bräunlich, flach gewölbt, bisweilen schwach gebuckelt, Oberfläche mit gefirnisst, glasiert-bereiftem Aussehen («irisierend scheinbereift»).
Lamellen: meist wenig herablaufend, weisslich, schliesslich scherbenrötlich, auffallend gedrängt und schmal.
Stiel: 4–8/0,3–1,3 cm, weisslich, alt hell fleischockerlich, an der Basis flockig-striegelig.
Fleisch: wässrigweiss, fleischrötlich getönt, Geruch eigenartig säuerlich, an sauer gewordenes Gemüse erinnernd.
Sporen: Spp. blasscremerötlich (nicht weiss!), Sp. fast kugelig, 4–5/2,5–3,5 (4) μ.
Anmerkung: J. Schäffer beschreibt eine Abart mit zunächst mildem Geschmack, dann aber einen auffallenden paprikaartig-pfeffrigen Nachgeschmack entwickelnd: var. piperata.

CLITOCYBE ODORA (Bull. ex Fr.) Kummer

Moser: Seite 100

Anistrichterling

essbar

Vorkommen: August–November im Laub- und Nadelwald.
Hut: 3–7 cm, blaugrün, im Alter auch braun- oder graugrün, schliesslich verblassend, glockig gewölbt bis verflacht, jung mit eingerolltem Rand, später aufgebogen, geschweift, kahl, glatt, fleischig.
Lamellen: kurz herablaufend, etwas heller als der Hut, alt auch graugelblich, breit, wenig gedrängt.
Stiel: 4–7/0,5–1 cm, blassgraugrünlich, fast kahl, faserfleischig, an der Basis weissfilzig, etwas keulig, elastisch, ausgestopft, später hohl.
Fleisch: blassgrünlich, Geruch stark nach Anis.
Sporen: Spp. weiss mit grünlichem Schein, Sp. elliptisch, 6–7/3–4 μ.
Chemische Reaktion: Fl. mit Guajactinktur langsam grünblau.
Anmerkung: Die Einblendung zeigt eine morcheloide Verwachsung, die bei diesem Pilz nicht selten ist.

CLITOCYBE CLAVIPES (Pers. ex Fr.) Kummer

Moser: Seite 100

Keulenfusstrichterling

essbar

Vorkommen: Juli–November im Nadelwald.
Hut: 4–6 cm, braun, braungrau, braungelb, gebuckelt, kahl, nackt, weichfleischig, Rand bisweilen weisslich, sehr dünn.
Lamellen: herablaufend, weisslichgelb, dann gelblich, wenig gedrängt, mit kürzeren und gegabelten untermischt.
Stiel: 4–8/an der Basis 1–2 cm, braungrau, längsfaserig, an der Basis weissfilzig, keulig angeschwollen, weichschwammig ausgestopft, meist stark wasserhaltig.
Fleisch: trocken weiss, feucht wässriggrau, Geruch angenehm süsslich, an Zimt erinnernd.
Sporen: Spp. weiss, Sp. elliptisch, 5–7/3–4 μ.

CLITOCYBE INORNATA (Sow. ex Fr.) Gillet

Moser: Seite 101

Graublättriger Trichterling

minderwertig

Vorkommen: September–November, besonders im Nadelwald auf Kalkboden.
Hut: 5–10 cm, bräunlich mit grauem Rand oder gänzlich grau, weissgrau, aschgrau, flach gewölbt, dann etwas vertieft, matt, feinfilzig, trocken wie bereift, dünnfleischig, Rand meist etwas gekerbt-gerieft, eingerollt, Huthaut abziehbar.
Lamellen: fast frei oder ausgebuchtet angewachsen, wenig herablaufend, weissgrau, graubraun, dünn, breit, engstehend, leicht vom Hut ablösbar.
Stiel: 3–7/1–2 cm, graulich, fast flockig rauh, zäh, ausgestopft, im Alter ± hohl, Basis oft Streu zusammenballend.
Fleisch: weisslich, oft wässrig durchzogen, im Alter zäh, Geruch wenig angenehm, etwas nach Rettich, auch fast ranzig.
Sporen: Spp. weiss bis falb, Sp. schmalspindelig, 8–9/2,5–3 μ, ohne Zystiden.
Chemische Reaktionen: mit KOH Hh. und L. dunkelbraun, mit Guajactinktur Fl. langsam grünblau.
Anmerkung: Der Graublättrige Trichterling kann leicht mit den Raslingen (Lyophyllum) verwechselt werden, vor allem mit L. fumatofoetens (Secr.) J. Schff.

CLITOCYBE GEOTROPA (Bull. ex Fr.) Quélet

Moser: Seite 101

Mönchskopf

essbar

Vorkommen: September–November auf Waldwiesen und -weiden, in lichten Wäldern.
Hut: 5–20(30) cm, weissgelblich, lederockerweisslich, im Alter immer heller werdend, jung kegelig-glokkig, bald trichterig, gebuckelt, seidig bereift, schliesslich kahl, feinschuppig, trocken fast glänzend.
Lamellen: stark herablaufend, weisslich bis falbblass, dichtstehend, am Hutrand mit vielen kürzeren untermischt.

Stiel: 8–15/2–3 cm, hutfarben, weisslich, häufig etwas faserig, fest, voll, an der Basis etwas keulig verdickt, stark weissfilzig.
Fleisch: im Hut blass, sonst weisslich, elastisch-zäh, immer trocken, Geruch süsslich aromatisch, auch nach Bittermandelöl.
Sporen: Spp. weiss, Sp. rundlich, glatt, körnig gefüllt, 6–7/5–6 μ.
Chemische Reaktionen: Fl. mit KOH hellgelb, mit Guajactinktur nach 10 Min. dunkel blaugrün, mit Sulfovanillin flüchtig violett.

CLITOCYBE SINOPICA (Fr. ex Fr.) Kummer

Moser: Seite 103

Kohlentrichterling

essbar

Vorkommen: ab April in und ausserhalb von Wäldern, auch auf Brandstellen.
Hut: 3–6(9) cm, lebhaft fuchsig bis satt rotbraun, trokken blasser, flach, dann mehr oder weniger niedergedrückt, etwas trichterig, oft unregelmässig, matt, glanzlos, dünnfleischig, Rand zuerst eingerollt, dann bisweilen wellig verbogen.
Lamellen: bogig herablaufend, weisslich, creme, oft breit, sehr gedrängt.
Stiel: 2–4(7) cm lang, hutfarben, faserig gestreift, voll, später ausgestopft.
Fleisch: weisslich, im Längsschnitt in der gesamten Randzone ziegelrötlich, fest, Geruch stark mehl- bis gurkenartig.
Sporen: Spp. weiss, Sp. elliptisch-eiförmig, glatt, 7–10/4,5–6,5 μ.

CLITOCYBE RADICELLATA Gillet

Moser: Seite 103

Frühlingstrichterling, Bereifter Trichterling

Vorkommen: November–April, vorwiegend im Frühjahr, im Nadelwald, sogar unter Schnee, ziemlich selten.
Hut: 1–3,5 cm, graubraun-lederfarben, gelbgrau, feucht purpurbräunlich, gewölbt, dann flach ausgebreitet mit weitem Nabel, schliesslich tief niedergedrückt, fast trichterig, wenig hygrophan, furchig gezont, auch konzentrisch rissig durch kleine feine Schüppchen, Rand im Alter verbogen, bisweilen wellig gefurcht.
Lamellen: kurz herablaufend, weisslich-ocker, feucht weisslich, ziemlich dichtstehend.
Stiel: 1–5 cm lang, hutfarben, zur Spitze erweitert, voll, später hohl, an der Basis mit weissen Myzelsträngen.
Fleisch: gelblichweiss, mit schwachem fleischfarbenem Beiton, Geruch apfelartig, Geschmack mild bis bitterlich.
Sporen: Spp. weiss, Sp. länglich-elliptisch, 5–6,5(7)/2,5–4 μ.
Chemische Reaktion: Hh. mit Guajactinktur graugrün.

CLITOCYBE VERMICULARIS (Fr.) Quélet

Moser: Seite 104

Lärchentrichterling, Wurzelschopf-Trichterling

essbar

Vorkommen: März–Mai, im Nadelwald, besonders unter Lärchen und Fichten.
Hut: 2–5 cm, braunrötlich, fleischrötlich, lederockerlich, jung gewölbt, konvex-genabelt, später in der Mitte niedergedrückt, auch flachtrichterig, dünnfleischig, Rand eingerollt, dann wellig.
Lamellen: etwas herablaufend, weisslich, dann fleischbräunlich, dichtstehend, dünn, leicht ablösbar.
Stiel: bis 5 cm lang, blass, auch fleischrötlich, an der Spitze leicht flockig, röhrighohl, an der Basis mit einem Schopf dicklicher, weisser Myzelfasern.
Fleisch: braunrötlich, etwas elastisch, zäh, Geruch leicht säuerlich.
Sporen: Spp. weiss, Sp. elliptisch, glatt, 4–5/3 µ.
Chemische Reaktion: Fl. mit Phenol braun.
Anmerkung: Kommt etwa zur gleichen Zeit am gleichen Standort wie C. radicellata (S. 137), die weniger stark ausgeprägte Myzelstränge und schorfig aufgerissenen Hut aufweist.

CLITOCYBE OBSOLETA (Batsch ex Fr.) Quélet

Moser: Seitte 106

Verblichener oder Rasiger Anis-Trichterling

essbar

Vorkommen: September–Oktober im Laub- und Nadelwald, auf fetten Böden, büschelig bis rasig.
Hut: 3–6 cm, fleischbräunlich, graubraun, in der Mitte etwas dunkler, hygrophan, trocken blassgraugelb, kahl, jung gewölbt-gebuckelt, dann vertieft bis trichterig, Rand etwas gerieft, wellig verbogen.
Lamellen: herablaufend, schmutzigweiss bis hell-hutfarben.
Stiel: 3–5/0,3–0,8 cm, blasser als der Hut, silbrig befasert, manchmal breitgedrückt.
Fleisch: blassgelblich, Geschmack mild, Geruch mehr oder weniger nach Anis.
Sporen: Spp. weiss, Sp. elliptisch bis birnenförmig, 8–10/4–5 μ.
Anmerkung: Die Standortfrage scheint noch nicht ganz geklärt zu sein. Wir fanden unsere Exemplare im Laubwald am Rande der Waldstrasse, wo organische Abfälle abgeschüttet waren. In der Nachbarschaft der Violette Ritterling (Lepista nuda, S. 145).

CLITOCYBE DEALBATA (Sow. ex Fr.) Kummer
Moser: Seite 105

Feldtrichterling
giftig

Vorkommen: Juli–November auf Rasenflächen, Wiesen, Weiden, an grasigen Wegrändern.
Hut: 2–4(5) cm, weiss, weisslich, alt auch etwas gräulich oder gelblich, gewölbt bis niedergedrückt, verbogen, nicht oder wenig hygrophan, mit welligem, weiss bereiftem Rand.
Lamellen: fast horizontal angewachsen, weiss, weisslich, wenig gedrängt.
Stiel: 4–6/ bis 0,5 cm, weiss, fest, voll, abwärts verjüngt.
Fleisch: Geruch und Geschmack fast mehlartig.
Sporen: Spp. weiss, trocken gilbend, Sp. 4–6/2–4 μ.
Chemische Reaktionen: L. mit H_2SO_4 rotbraun, Fl. mit KOH sofort blassbraun, mit Phenolanilin rasch rot, mit Guajactinktur rasch blau, bald dunkelblau.
Anmerkung: Es gibt Verwechslungsmöglichkeiten mit mehreren anderen weisslichen Trichterlingen.

CLITOCYBE RIVULOSA (Pers. ex Fr.) Kummer
Moser: Seite 105

Rinnigbereifter Trichterling
giftig

Vorkommen: Juli–Oktober auf Rasen und Äckern, an Wegrändern.
Hut: 1–4(6) cm, jung weisslich mit fleischfarbenem Ton, dick reifartig überzogen, dann ± konzentrisch rinnig oder in der Mitte gänzlich die fleischbraune bis kakaobraune Grundfarbe durchkommend, gewölbt, dann flach, zuletzt niedergedrückt, mit dünnem, eingebogenem, später lappig gekräuseltem Rand.
Lamellen: ganz kurz herablaufend, schmutzig-weisslichgrau, schmal, dichtstehend.
Stiel: bis 3 cm lang, weisslich bis blassrötlich, alt graubraun, feinfilzig, etwas faserig, voll, zäh, oft gebogen.
Fleisch: weisslich, Geruch säuerlich.
Sporen: Spp. weiss, Sp. elliptisch, 4–5, 5/2,5–3 μ.
Chemische Reaktionen: L. mit H_2SO_4 hellbraun, Fl. mit Guajactinktur rasch blaugrün.

CLITOCYBE FRAGRANS (Sow. ex Fr.) Kummer
Moser: Seite 106

Weisser Anistrichterling, Dufttrichterling
giftig

Vorkommen: September–November im Nadel- und Mischwald, Erlengebüsch, an feuchten Stellen.
Hut: 2–4 cm, blass fleischockerlich, graugelblich, mit dunklerer Mitte, trocken weisslich, scheibenförmig, hygrophan, Rand gerieft.
Lamellen: herablaufend, erst wässrig, weisslich, später blassbräunlichgrau, gedrängt.
Stiel: 4–7 cm lang, weisslich, an der Basis verdickt und striegelig-weisszottig, elastisch, voll, später hohl, zuweilen verbogen.
Fleisch: weisslich, wässrig durchzogen, durchfeuchtet im Hut bräunlich, Geruch nach Anis.
Sporen: Spp. weisslich, Sp. elliptisch, 6–7/3–4 μ.

CLITOCYBE DICOLOR (Pers.) Lange
Moser: Seite 110

Starrer Trichterling
ungeniessbar

Vorkommen: ab Oktober bis in den Winter im Laub- und Nadelwald.
Hut: 3–6 cm, feucht graubraun, dunkelolivgraubraun, trocken fast weiss bis grauweisslich, gewölbt bis ausgebreitet und flach genabelt, schliesslich flach trichterig, hygrophan, kahl, glatt, biegsam, dünnfleischig, Rand gerieft.
Lamellen: wenig herablaufend, grauweiss bis graugelblich.
Stiel: bis 8 cm lang, ziemlich lange zweifarbig, oben silbrigweiss, abwärts graubraun, an der Basis weisszottig und aufgeblasen, bald hohl, starr, zäh.
Fleisch: Geruch nach längerem Liegen nach Katzendreck, Geschmack unangenehm.
Sporen: Spp. weiss, Sp. länglich-elliptisch, 6–7/3,5–4 μ

Moser: Seiten 105–110

Oben: Feldtrichterling (C. dealbata)
Unten: Weisser Anistrichterling (C. fragrans)

Oben: Rinnigbereifter Trichterling (C. rivulosa)
Unten: Starrer Trichterling (C. dicolor)

CLITOCYBE DITOPA (Fr. ex Fr.) Gillet Moser: Seite 109

Mehltrichterling

Vorkommen: Juli–November im Nadelwald, besonders auf und neben Reisighaufen.
Hut: 2–5 cm, russigbraungrau, trocken sattgrau, jung gewölbt, dann niedergedrückt-genabelt bis schwach trichterförmig, glatt, kahl, mässig hygrophan, Rand eingebogen, bereift, nicht durchscheinend gerieft.
Lamellen: angewachsen oder herablaufend, blassgraurussig bis dunkelgrau, engstehend.
Stiel: 2–3 cm lang, blassgraurussig, an der Spitze weisszottig, an der Basis weissstriegelig, bisweilen hohl, auch zusammengedrückt.
Fleisch: grauweisslich, Geruch und Geschmack stark nach Mehl.
Sporen: Spp. weiss, Sp. fast kugelig, sehr klein, glatt, 3–3,5/2,5–3 μ.

LEPISTA NEBULARIS (Fr.) Harmaja (= Clitocybe) Moser: Seite 111

Nebelkappe, Herbstblattl, Graukopf — essbar

Vorkommen: September–November in Wäldern und Gebüschen.
Hut: 7–15 cm, feucht dunkelgrau, bräunlichgrau, trokken hellaschgrau, auch fast weiss, jung stark gewölbt, Rand eingerollt, später verflacht bis trichterförmig vertieft, bereift, dickfleischig.
Lamellen: kurz herablaufend, blassgelblich, sehr dicht stehend, ablösbar.
Stiel: 6–10/1,5–3 cm, weisslich bis hellgrau, meist faserig gerillt oder bereift, an der Basis knollig.
Fleisch: weiss und fest, später weich, Geruch aufdringlich süss-würzig, mehlartig.
Sporen: Spp. weisslichcreme, Sp. elliptisch, 6–7/3–4 μ.
Chemische Reaktionen: Fl. mit Phenol braun, mit Guajactinktur in 10 Min. blaugrün, mit HNO_3 rosa bis purpurn, mit Sulfovanillin sofort flüchtig violettrot.

LEPISTA GLAUCOCANA (Bres.) Singer Moser: Seite 112

Blassblauer Rötelritterling essbar

Vorkommen: September–Oktober im Nadel- und Mischwald, besonders im Alpengebiet.
Hut: 5–15 (20) cm, blassblauviolett bis grauviolett, weisslichviolett, zuletzt fast ganz ohne violette Töne, flach gebuckelt, bisweilen verbogen.
Lamellen: ausgebuchtet, blassblauviolett bis grauviolett, fast gedrängt, untermischt.
Stiel: 5–7/1,5–2,5 cm, hutfarben, glattfaserig oder gerillt, knorpelig berindet, ausgestopft.
Fleisch: Geruch mehlartig.
Sporen: Spp. rosa, Sp. 6–8/3–5 μ.
Chemische Reaktion: Fl. mit Guajactinktur grün.

LEPISTA NUDA (Bull. ex Fr.) Cooke

Moser: Seite 112

Violetter Rötelritterling

essbar

Vorkommen: September bis in den Spätherbst, an warmen Stellen ein Schub im Mai, in Gärten, auf Obstbaumwiesen, in Nadel- und Laubwald.
Hut: 5–15 cm, lebhaft violett nach bräunlichlila, ausblasend, gewölbt, dann flach oder vertieft, kahl, glatt, bisweilen stark durchfeuchtet, Rand anfangs fein weiss bereift, dann kahl und nackt.
Lamellen: abgerundet, violett, zuletzt lilabräunlich, fast gedrängt, untermischt.
Stiel: 5–7 (12)/1,5–2,5 cm, violett, weisslichlila verblassend, an der Spitze flockig aufgerauht, sonst glattfaserig oder gerillt, knorpelig berindet, keulig, an der Basis mit violettem oder lilabraunem Myzelfilz.
Fleisch: violett, alt weisslich, zart, weich, Geruch und Geschmack parfümiert bis rettichartig.
Sporen: Spp. blassfleischrosa, Sp. elliptisch, leicht rauhlich schattiert, 6–8/4–5 μ.
Chemische Reaktionen: Fl. mit Phenol braun, mit Guajactinktur dunkelgrau, mit Sulfovanillin sofort blassviolett.

LEPISTA PERSONATA (Fr. ex Fr.) Cooke Moser: Seite 112

Lilastieliger Rötelritterling, Maskenritterling essbar

Vorkommen: Oktober–November auf Wiesen, Grasplätzen, weniger in grasigen Wäldern.
Hut: 5–15 cm, sehr blass lila, blassgrau, blassbräunlichgelb, Rand jung eingerollt, weisslich bis blassbräunlich.
Lamellen: ausgebuchtet, weisslich bis blassgrau, blasslila, dicht gedrängt.
Stiel: violettlila, innen grau, voll, an der Basis verdickt.
Fleisch: weisslich, Geruch angenehm.
Sporen: Spp. rosa, Sp. 6–8/4–5 μ.
Chemische Reaktionen: Fl. mit Phenol in 15 Min. purpurbraun, mit Guajactinktur in 8 Min. blau, mit Lactophenol purpurviolett.

LEPISTA IRINA (Fr.) Bigelow Moser: Seite 112

Veilchenrötelritterling essbar

Vorkommen: September–Oktober in Misch- und grasigen Auwäldern, auf Wiesen.
Hut: 5–12 cm, fleischrötlich, ocker- bis weissfalb, im Scheitel blassbräunlich, gewölbt, dann flach, hygrophan, jung graubereift, später kahl, Huträndchen noch lange schmal weisslich bereift, glanzlos, derbfleischig, Rand scharf eingerollt.
Lamellen: ausgebuchtet bis herablaufend, weiss bis fleischbräunlich, ziemlich gedrängt, schmal.
Stiel: 5–15/1–3 cm, fahlblass, Spitze weisslich, voll, unten verdickt.
Fleisch: weiss, feucht wässrig durchzogen, Geruch aromatisch nach Veilchenwurzel.
Sporen: Spp. weiss mit leichtem Rotstich, Sp. elliptisch, glatt, bis feinwarzig, 6–9/4–5 μ.

LEPISTA LUSCINA (Fr.) Singer

Moser: Seite 113

Graubräunlicher Rötelritterling

essbar

Vorkommen: September–Oktober an grasigen, lichten Stellen, an Waldrändern.
Hut: 3–10 cm, horngrau bis braungrau, wenig wasserfleckig, fast halbkugelig, dann weniger gewölbt, schliesslich ausgebreitet-niedergedrückt, gefurcht oder glatt, trocken, kahl, Rand weisslich bereift, alt runzelig gerieft.
Lamellen: ausgebuchtet angeheftet, bisweilen etwas herablaufend, weisslich, dann grauocker, dichtstehend, schmal, ziemlich dünn.
Stiel: 4–7/1–2 cm, weisslich bis blassgraugelbbräunlich, walzenförmig, lockerfaserig, gestreift, voll, dann schwammig-ausgestopft.
Fleisch: weisslich bis schwach graugelblich, Geruch schwach mehlig.
Sporen: Spp. fleischrötlichbräunlich, Sp. elliptisch, feinwarzig, 5–7/3,5–4,5 μ.
Chemische Reaktionen: Fl. mit KOH braun, mit Phenol rotbraun, mit Phenolanilin rot, mit Lactophenol dunkelpurpurbraun, mit Sulfovanillin sofort violettrot.

LEPISTA RICKENII Singer
(Syn. L. panaeolus ss. Ricken)

Moser: Seite 113

Marmorierter Rötelritterling

essbar

Vorkommen: September–November auf Triften, Wiesen, im Gebüsch.
Hut: 8–24 cm, tabakbraun, oft heller lederblass oder graubereift marmoriert, konzentrisch getropft-wasserfleckig oder sogar getropft, gezont, gewölbt, dann ausgebreitet-niedergedrückt, fast gebuckelt, stumpf, derb.
Lamellen: bogig bis herablaufend, blass weisslich-bräunlich, gedrängt.
Stiel: 4–10/1–2,5 cm, weisslich, abwärts blasser hutfarben, fast netzfaserig.
Fleisch: Geruch stark, fast lästig nach Mehl.
Sporen: Spp. rosa, Sp. 6–7,5/3,5–4 μ.

LEPISTA GILVA (Pers. ex Fr.) Roze (= Clitocybe) Moser: Seite 113

Fahlgelber Trichterling essbar

Vorkommen: August–Oktober im Laub- und Nadelwald.
Hut: 4–10 cm, gelblich, blass gelbbraun, ocker, oft fleckig, trocken heller, gewölbt, dann in der Mitte trichterförmig vertieft, glatt, kahl, schwach glänzend.
Lamellen: weit herablaufend, weiss, bald gelblich, gedrängt, oft gegabelt, mit kürzeren untermischt.
Stiel: 3–6 cm lang, hutfarben, faserig, voll, schliesslich hohl, an der Basis oft weissfilzig, mitunter verdickt.
Fleisch: blassgelblichweiss, später blassocker, Geruch und Geschmack aromatisch, etwas herb.
Sporen: Spp. cremegelb, Sp. rundlich, rauh, 3,5–5 μ.

LEPISTA INVERSA (Scop. ex Fr.) Patouillard (= Clitocybe) Moser: Seite 113

Fuchsiger Trichterling

minderwertig

Vorkommen: August–November im Nadel- und Laubwald.
Hut: 4–8 cm, rötlichgelb, rotbraun, fuchsig, bisweilen gefleckt, gewölbt, bei büscheligem Wachstum meist unregelmässig verbogen, oft etwas glänzend, kahl, glatt, dünnfleischig, Rand lange eingerollt, schliesslich abstehend flatterig.
Lamellen: weit herablaufend, blassorange bis fuchsig, sichelförmig, gedrängt, dünn, weich, meist schmal, einfach oder zum Teil gegabelt.
Stiel: 3–5 cm lang, hutfarben, starr, oft faserig berindet, bisweilen exzentrisch.
Fleisch: blassrotbräunlich, Geruch und Geschmack herbsäuerlich, frisch holzartig, etwas streng und bitterlich.
Sporen: Spp. weiss, Sp. rundlich, rauh, 3–4 μ.
Chemische Reaktion: Fl. und Hh. mit KOH gelb.

RIPARTITES METRODII Huijsman

Moser: Seite 114

Vorkommen: September–November im Fichtenwald.
Hut: 1,5–4,5 cm, weiss, dann creme, in der Mitte bis lehmgelblich, flach bis niedergedrückt, filzig, alt meist rissig, dünnfleischig.
Lamellen: herablaufend, blassbeige, dann milchkaffeebraun mit rosa Reflex, ablösbar, dünn, schmal, engstehend.
Stiel: 3–4 cm lang, weisslich, abwärts bräunlich, Spitze kleiig.
Fleisch: blass.
Sporen: Spp. braun, Sp. fast rundlich, warzig, 5–6,4/4–4,8 μ.
Anmerkung: Die abgebildeten Exemplare fanden wir im Laubwald.

TRICHOLOMOPSIS DECORA (Fr.) Singer Moser: Seite 115

Olivgelber Holzritterling essbar

Vorkommen: Juli–Oktober auf Nadelholzstrünken und faulenden Nadelholzstämmen, hauptsächlich im Gebirge, nicht häufig.
Hut: 5–10 (15)cm, auf gelbem Grund mit olivgrünlichen, olivbraunen bis olivschwärzlichen Schüppchen, gewölbt, dann niedergedrückt.
Lamellen: mehr oder weniger horizontal angewachsen, dunkler gelb.
Stiel: 5–8/0,7–1,2 cm, hutfarben, schuppig.
Fleisch: gelblich, etwas zäh.
Sporen: Spp. weiss, Sp. glatt, 6–7,5/4–5,5 μ.
Chemische Reaktion: Fl. mit KOH sofort ziegelrot.

TRICHOLOMOPSIS RUTILANS (Schff. ex Fr.) Singer Moser: Seite 115

Rötlicher Holzritterling essbar

Vorkommen: Juli–November auf oder neben Nadelholzstrünken, ziemlich häufig.
Hut: 5–15 cm, auf gelbem Grund mit dunkelweinroten Schüppchen, seltener ganzer Hut weinrotsamtig oder gelb, gewölbt, dann verflacht, Rand dünn, eingerollt, dann gerade.
Lamellen: abgerundet angewachsen, gelb, Schneiden dick, goldgelb, zottig, gedrängt.
Stiel: 6–10/1–1,5 cm, hutfarben, filzig, fest, voll, später auch hohl.
Fleisch: hellgelb bis goldgelb, saftig, im Alter wässrig-weich, Geruch eigenartig dumpf.
Sporen: Spp. weiss, Sp. elliptisch, 7–8/5–6 μ.
Chemische Reaktionen: mit KOH Fl., L. und Str. schmutzigrot, mit Phenolanilin Fl. langsam bräunlichrosa, mit NH_4OH Hh. und L. ziegelrot, mit $FeSO_4$ Fl. olivgrün.

TRICHOLOMA CALIGATUM (Viv.) Ricken Moser: Seite 116

Krokodilritterling ungeniessbar

Vorkommen: Mai–Juni, Oktober–November im Misch- und Nadelwald, selten und schonenswert.
Hut: 7–14 cm, auf elfenbeinweisslichem Grund gelb- bis kastanienbraun oder fast porphyrbraun eingewachsen schuppig, lange mehr oder weniger halbkugelig, dann gewölbt bis ausgebreitet, trocken, festfleischig, Rand lange eingerollt, alt schuppig-rissig, rostbraun.
Lamellen: fast angeheftet oder ausgebuchtet, weiss, dann gelbweiss, verletzt an der Schneide bräunlich fleckend, engstehend.
Stiel: 10–14/1,5–3 cm, weiss mit braunen Fasern, Ring weiss, breit, häutig, an der äusseren Kante spinnfädig, später welkend und schrumpfend.
Fleisch: weiss, in der Str. etwas gelblich, fest, Geruch nach Birnen- oder Weissdornblüten, Geschmack bitter.
Sporen: Spp. weiss, Sp. kurzelliptisch, glatt, 6,5–7,5/4,5–5,5 μ.
Chemische Reaktion: Fl. mit Sulfovanillin purpurn.

TRICHOLOMA COLOSSUM (Fr.) Quélet

Moser: Seite 116

Riesenritterling

essbar

Vorkommen: bis in den November im Nadelwald, besonders bei Kiefern, selten und schonenswert.
Hut: 10–25 cm, fleischbräunlich-fuchsig bis rötlich-kastanienbraun, kugelig, dann gewölbt, etwas schmierig, glänzend, kahl, glatt, hartfleischig, Rand flaumig-filzig, eingerollt, eingeknickt.
Lamellen: abgerundet angewachsen, blass, oft fuchsig gefleckt, Schneiden weisslich, ziemlich gedrängt, schmal.
Stiel: 6–10/3–4 cm, scherbenrötlich, Spitze weiss abgegrenzt und kleiig-flockig, knollig, dann walzenförmig, gegürtelt bis zu einer wulstartigen Verdickung, voll, hart.
Fleisch: weiss, an der Luft langsam rötend, Geschmack nussartig mild.
Sporen: Spp. weiss, Sp. oval bis birnenförmig, 8–10/5–6 μ.

TRICHOLOMA AURANTIUM (Schff. ex Fr.) Ricken

Moser: Seite 116

Orangeroter Ritterling

ungeniessbar

Vorkommen: August–November an Waldrändern und auf Wiesen bei Fichten, kalkliebend.
Hut: 5–10 cm, lebhaft orange, gelborange, etwas dunkler geschuppt, jung mit grünen Farben, gewölbt, dann verflacht und vertieft, ziemlich schmierig, bei Berührung abfärbend, wenig fleischig, Rand eingerollt, dann wellig verbogen.
Lamellen: buchtig angeheftet, weiss, dann blassgelblich, Schneiden bisweilen rotbraun fleckig, gedrängt, ziemlich breit.
Stiel: 5–8/1–2 cm, orange oder mit fast konzentrischen Schuppenflocken, oben weisslich, scharf abgegrenzt, durch Tränen beperlt, voll, oft gekrümmt.
Fleisch: weiss, in der Stielbasis schwach orangerötlich, Geruch und Geschmack mehlartig-bitterlich.
Sporen: Spp. weiss, Sp. elliptisch, 4–5/3–3,5 μ.
Chemische Reaktionen: mit H_2SO_4 Hh. orange, mit KOH Hh. sofort braunrot, mit Guajactinktur Fl. blassgrüngrau, mit Formol Fl. schwach ockerorange.

TRICHOLOMA ACERBUM (Bull. ex Fr.) Quélet

Moser: Seite 117

Gerippter Ritterling

ungeniessbar

Vorkommen: August–Oktober bei Eichen auf versauerten Böden.
Hut: 8–12 cm, weiss, dann gelblich bis blassrotbräunlich, stellenweise geflammt, halbkugelig, dann stark gewölbt, später niedergedrückt, bisweilen verbogen, zartfilzig, trocken, derbfleischig, Rand lange eingerollt, gerippt.
Lamellen: abgerundet oder angewachsen, weissgelblich, Schneiden fuchsig-rostfleckig, breit, ungleichmässig, gedrängt, leicht vom Hut ablösbar.
Stiel: 3–7/2–3 cm, hutfarben, faserig-rauh, oben fein schuppig, gelbflockig, voll, fest.
Fleisch: weiss, Geschmack nicht mehlartig, mild bis bitterlich, soll auch schärflich vorkommen.
Sporen: Spp. weiss, Sp. fast rundlich, glatt, 4–7/2,5–5 µ.
Chemische Reaktionen: Fl. mit H_2SO_4 rosa, mit Phenolanilin langsam gelblich, mit KOH Fl. cremegelb, Hh. gelb, dann braun.

TRICHOLOMA FLAVOBRUNNEUM (Fr.) Kummer — Moser: Seite 117

Gelbblättriger Ritterling — essbar

Vorkommen: Juli–Oktober im Laub- oder Mischwald, besonders bei Birken.
Hut: 4–8 cm, rotbraun bis braungelb, Mitte oft dunkler, dunkler schuppig oder faserig bis kahl, kegelig gewölbt, dann gebuckelt ausgebreitet, auch verflacht, schmierig, Rand nicht lange eingerollt, oft gerippt.
Lamellen: abgerundet oder ausgebuchtet angewachsen, gelblich, alt rostfleckig gerandet, gedrängt.
Stiel: 7–15/0,8–2 cm, hutfarben oder blasser, faserig, anfangs schmierig, oben nackt, oft gekrümmt, bisweilen etwas bauchig, Basis verjüngt.
Fleisch: im Stiel gelb, im Hut blassgelb, Geruch nach Mehl oder nach Gurken.
Sporen: Spp. weiss, Sp. eiförmig, 5–7/3–4,5 μ.
Chemische Reaktion: mit KOH Hh. braun.

TRICHOLOMA USTALE (Fr. ex Fr.) Kummer

Moser: Seite 117

Brandiger Ritterling

ungeniessbar

Vorkommen: August–November, besonders unter Rotbuchen.
Hut: 4–8 cm, rotbraun, auch mit olivlichem Ton, alt schwärzend, gewölbt, dann flach ausgebreitet, ungestreift, schmierig, trocken glänzend, glatt, kahl, Rand blasser.
Lamellen: abgerundet oder ausgebuchtet angewachsen, weiss, dann rostfleckig, im Alter an der Schneide schwärzend, dichtstehend.
Stiel: 4–8/1–1,5 cm, braunrot, Spitze blass und seidenartig geglättet, jedoch nicht scharf abgegrenzt, faserig, ausgestopft, alt hohl, Basis meist zugespitzt.
Fleisch: weiss, selten leicht rötend, Geschmack leicht bitter, nicht oder kaum mehlartig.
Sporen: Spp. weiss, Sp. eiförmig, 5,5–7/4–5 µ.
Anmerkung: Von den vielen ähnlichen Arten durch den nicht mehlartigen Geschmack zu unterscheiden.

TRICHOLOMA VACCINUM (Pers. ex Fr.) Kummer

Moser: Seite 118

Wolliger Ritterling, Bärtiger Ritterling

ungeniessbar

Vorkommen: Juli–Oktober im Nadelwald auf nicht zu nährstoffarmen Böden, in der Ebene selten.
Hut: 4–7(10) cm, fleischrotbraun, kupferbraunrot, stumpfkegelig-gewölbt, schuppig, besonders am Rand stark wollig-filzig, trocken, dünnfleischig, Rand lange eingerollt.
Lamellen: buchtig angeheftet, weiss, dann fleichbräunlich, breit.
Stiel: 6–10/1–1,5 cm, blassrotbraun, Spitze heller, schon jung hohl.
Fleisch: weisslich, sehr langsam in Madengängen bräunlich, braunrötlich anlaufend, Geruch schwach erdig, Geschmack bitterlich.
Sporen: Spp. weiss, Sp. fast rundlich, glatt, 4–5,5/4 μ.
Chemische Reaktionen: mit KOH Fl. und Hh. braun, Str. braunschwarz, mit Formol L. ocker.

TRICHOLOMA IMBRICATUM (Fr. ex Fr.) Kummer Moser: Seite 118

Feinschuppiger Ritterling

minderwertig

Vorkommen: ab September im Nadelwald, besonders bei Kiefern, auf Sandböden.
Hut: 2,5–8 cm, braun, dattelbraun, Mitte dumpf rotbraun, gewölbt mit anfangs herausgebuckelter, derbfleischiger Mitte, jung fast glatt, dann faserschuppig, Rand anfangs eingebogen, flaumig.
Lamellen: abgerundet angeheftet, weiss, dann etwas rötend, gedrängt.
Stiel: 6–10/1–1,5 cm, hutfarben, braunfaserig, mit braunen Druckstellen, etwas flockig, Spitze weiss bereift, aber nicht scharf abgegrenzt, voll, alt hohl, abwärts leicht verdickt.
Fleisch: weiss, später von der Stielbasis her etwas bräunend, Geschmack mild oder ± bitter, besonders im Nachgeschmack.
Sporen: Spp. weiss, Sp. länglich-rundlich, 5–5,5/3,5–4 μ.
Chemische Reaktion: mit KOH Fl. gelblich, Hh. und Str. dunkelbraun.

TRICHOLOMA PORTENTOSUM (Fr.) Quélet

Moser: Seite 118

Russkopf, Schwarzfaseriger Ritterling

essbar

Vorkommen: September–Dezember im Nadelwald.
Hut: 4–10(12) cm, hell- bis schwarzgrau, oft mit gelblichen, seltener grünlichen oder lila Beitönen, gewölbt-gebuckelt bis vertieft, eingewachsen faserig, glatt, anfangs feucht schmierig, trocken glänzend, Huthaut abziehbar, Rand zuerst eingebogen.
Lamellen: ausgebuchtet und mit Zahn angewachsen, weiss, dann oft zitronengelblich, graugelblich, bauchig geschweift, oft grobschartig, dicklich mit dünner Schneide.

Stiel: 6–10/1–2 cm, weiss, oft zitronengelblich bis graugelblich werdend, kahl oder schwach flockig, seidig glänzend, etwas faserig, oft verdreht, bisweilen verbogen.
Fleisch: weisslich, oft etwas wässriggrau, zart, weich, Geruch und Geschmack schwach mehlartig.
Sporen: Spp. weiss, Sp. länglich-rundlich, 5–6/3,5–5 μ.
Chemische Reaktionen: mit KOH Fl. beige, mit Guajactinktur Fl. in 10 Min. blau.

TRICHOLOMA FLAVOVIRENS (Pers. ex Fr.) Lundell & Nannfeldt — Moser: Seite 119

Grünling

essbar

Vorkommen: im Herbst im Nadel-, selten im Laubwald.
Hut: 5–8 cm, auf lebhaft gelbem Grund mit olivbraunen oder braunen, z. T. eingewachsenen Schuppen und radialer Einfaserung, gewölbt mit stumpfem Buckel, klebrig, bald trocken, Rand stark eingebogen.
Lamellen: tief ausgebuchtet angewachsen, zitronengelb, lebhaft schwefelgelb, engstehend.
Stiel: 5–10/0,8–1,2 cm, gelb mit einzelnen bräunlichen Flocken, glatt oder schwach faserschuppig, voll, tief in die Erde eingesenkt.
Fleisch: blassgelb bis weisslich, Geruch schwach mehlartig.
Sporen: Spp. weiss, Sp. 6–8/3–5 µ.
Chemische Reaktion: mit KOH Str. sofort rosa.

TRICHOLOMA AURATUM (Paul. ex Fr.) Gillet

Moser: Seite 119

Grünling

essbar

Vorkommen: im Herbst in sandigen Kiefernwäldern.
Hut: 7–12 cm, gelbgrünlich, Scheitel orange- bis rotbräunlich, schleimiger als Tricholoma flavovirens (S. 164), höchstens am Scheitel mit Schüppchen, in der Mitte dickfleischig, mit stumpfem Buckel, Rand anfangs stark eingebogen.
Lamellen: ausgebuchtet angewachsen, hell schwefelgelbgrünlich, eng.
Stiel: 4–6/1–3 cm, oben weisslich, abwärts gelbgrünlich, glatt oder schwach faserschuppig, voll.
Fleisch: weiss, nur am Rande gelblich, Geruch schwach mehlartig.
Sporen: Spp. weiss, Sp. 6–7/3–4 μ.

TRICHOLOMA VIRIDILUTESCENS Moser

Moser: Seite 119

Vorkommen: September–Oktober im Nadelwald, kalkliebend.
Hut: 3–6 cm, reingrün bis gelbgrün, Mitte bisweilen fast schwarz, olivbraun bis schwärzlich eingewachsen faserig, gewölbt.
Lamellen: ausgebuchtet, weisslich, Schneiden auffallend grob gesägt, am Hutrand oft gelb verfärbt.
Stiel: 5–7/bis 1 cm, weisslich, dann gelblich.
Fleisch: dick, kernig, weisslich, Geruch nach Mehl oder frisch wie Gurke.
Sporen: Spp. weiss, Sp. 6–7/5 μ.

TRICHOLOMA SEJUNCTUM (Sow. ex Fr.) Quélet Moser: Seite 119

Grüngelber Ritterling

Vorkommen: im Laub- und Nadelwald auf lehm- bis kalkreichem Boden, besonders in Süddeutschland.
Hut: 4–12 cm, Grundfarbe zitronengelb, zitronenolivlich, olivgoldgelb, darauf ± dicht bräunlich bis schwärzlich eingewachsen-faserig, Hutmitte kann ganz olivschwarz sein, halbkugelig, dann ± gebuckelt-flach, oft sehr unregelmässig, schmierig, glänzend, bald trocken und glanzlos, kahl, glatt.
Lamellen: ausgebuchtet angewachsen, weiss, gegen den Hutrand, besonders wenn eintrocknend, ± gelb verfärbend, mässig gedrängt, Schneiden flach-schartig.
Stiel: 4–9/1–3 cm, weiss, oft etwas stroh- bis zitronengelblich getönt, fast kahl, fest, voll.
Fleisch: weiss, fest, Geschmack mehlartig, mild, bisweilen mit bitterlichem Nachgeschmack.
Sporen: Spp. weiss, Sp. rundlich-breitelliptisch, 5–6,5/4–5 μ.
Anmerkung: Von oben erinnert der Pilz etwas an den Grünen Knollenblätterpilz (Amanita phalloides, S. 284). Es ist wahrscheinlich, dass Tricholoma sejunctum aus dürren, sandigen Kiefernwäldern Norddeutschlands (so wie von B. Hennig abgebildet – nicht jedoch sein dazugehöriger Text) von der hier dargestellten Art spezifisch verschieden ist. (H. Schwöbel)

TRICHOLOMA SULPHUREUM (Bull. ex Fr.) Kummer

Moser: Seite 120

Schwefelritterling

schwach giftig

Vorkommen: Juli–Oktober im Laub- und Nadelwald, ziemlich häufig.
Hut: 3–7 cm, lebhaft gelb, Scheitel auch fuchsig, gewölbt bis verflacht, trocken nicht schmierig, seidig, fein geschuppt oder kahl, dünnfleischig.
Lamellen: abgerundet oder ausgebuchtet, mit Zahn angeheftet, schwefelgelb, entfernt, dick, etwas spröde.
Stiel: 5–10/bis 1 cm, schwefelgelb, mit fuchsig werdenden Fasern, bisweilen unten etwas ausspitzend, voll, später auch hohl.
Fleisch: schwefelgelb, grünlichgelb, Geruch widerlich, leuchtgasartig.
Sporen: Spp. weiss, Sp. elliptisch-zitronenförmig, 9–12/5–6 μ.
Chemische Reaktionen: mit KOH Str. braun, mit $FeSO_4$ Fl. grün.

TRICHOLOMA BUFONIUM (Pers. ex Fr.) Gillet

Moser: Seite 120

Braunscheibiger Schwefelritterling

schwach giftig

Vorkommen: Juli–Oktober im Laub- und Nadelwald.
Hut: 3–7 cm, purpurviolettbraun, gewölbt, seidig, feinschuppig oder kahl, dünnfleischig.
Lamellen: abgerundet oder ausgebuchtet, mit Zahn angeheftet, schwefelgelb, entfernt, dick.
Stiel: 5–10/bis 1 cm, schwefelgelb, mit fuchsig werdenden Fasern, voll, schliesslich auch hohl, Basis etwas ausspitzend.

Fleisch: schwefelgelb, Geruch leuchtgasartig widerlich.
Sporen: Spp. weiss, Sp. elliptisch-zitronenförmig, 9–12/5–6 μ.
Anmerkung: Vom Schwefelritterling (T. sulphureum, S. 168) eigentlich nur durch die rotbraunviolette Hutfarbe unterschieden und besser nur als Varietät desselben zu betrachten. Wir fanden ihn nur auf Kalkboden.

TRICHOLOMA APIUM Schaeffer

Moser: Seite 120

Sellerieritterling

bedingt essbar

Vorkommen: August–Oktober, besonders bei Kiefern auf Sandböden, selten und schonenswert.
Hut: 4–8 cm, weiss, dann oft ganz gelbgrünlich bis grünbraun, blassbräunlich, stumpf gewölbt, dann verflacht, filzig, oft zerklüftet, Rand schwach eingerollt, bisweilen gerippt.
Lamellen: buchtig angewachsen, weiss, alt mit gelblichem Schein, bisweilen auch braunfleckig, schmal, fast gedrängt.
Stiel: 4–5/1–1,5 cm, weisslich mit feinen, gilbenden oder bräunenden Schüppchen, Druckstellen gilbend, verjüngt, wurzelnd, sehr fest.
Fleisch: weiss, alt meist chromgelb bis gelbbräunlich, Geruch stark nach Sellerie, auch an Maggi erinnernd.
Sporen: Spp. weiss, Sp. rundlich, winzig, 2,5–4 μ.
Chemische Reaktion: mit $FeSO_4$ Hh. und L. spangrün.
Anmerkung: Einzelexemplare können für ein Pilzmischgericht verwendet werden. Es stimmt jedoch nicht, dass man Selleriewürze aus getrockneten Pilzen machen kann. Diese schmecken bitter und verderben das Essen.

TRICHOLOMA INAMOENUM (Fr.) Quélet Moser: Seite 120

Lästiger Ritterling ungeniessbar

Vorkommen: September–Oktober im Nadelwald, seltener Laubwald, besonders in Berglagen.
Hut: 3–7(10) cm, weisslich, ockerlich, lederblass, Mitte etwas dunkler, gewölbt, schliesslich ausgebreitet, bisweilen gebuckelt, seidenfaserig bis matt, später fast felderig-rauh, fleischig, Rand glatt.
Lamellen: tief ausgebuchtet angewachsen, weisslich mit weissgelblichem Schein, Schneiden bisweilen schwärzend, auffallend entfernt stehend, sehr breit.
Stiel: bis 7 cm lang, weisslich bis weissgelblich, an der Basis bisweilen bräunend, feinfaserig schuppig, voll, mitunter wurzelnd.
Fleisch: weisslich, Geruch leuchtgasartig.
Sporen: Spp. weiss, Sp. mandelförmig, 8–10/4–5,5 μ.
Anmerkung: Der Lästige Ritterling erinnert in Haltung und Geruch an den Schwefelritterling (T. sulphureum S. 168), von dem er sich durch die weissliche Farbe leicht unterscheiden lässt.

TRICHOLOMA ALBUM (Schff. ex Fr.) Quélet

Moser: Seite 121

Strohblasser Ritterling

ungeniessbar

Vorkommen: September–Oktober im Laubwald, besonders bei Birken.
Hut: 5–10 cm, weisslich, Mitte ein wenig ockerlich, strohgelblich, gewölbt, dann verflachend, meist mit schwachem Buckel, glanzlos, trocken, Rand lange eingerollt, bei grossen, älteren Exemplaren meist etwas gerippt.

Lamellen: abgerundet angeheftet, fast frei, weisslich, fast gedrängt.
Stiel: 6–9/1–1,5 cm, weisslich, an der Spitze kleiig-bereift, Basis bisweilen ausspitzend.
Fleisch: blasscremefarben, Geruch unangenehm mehlig-ranzig, Geschmack bitterlich.
Sporen: Spp. weiss, Sp. oval, glatt, 7–8(9)/3–4,5 μ.

TRICHOLOMA COLUMBETTA (Fr.) Kummer

Moser: Seite 121

Seidiger Ritterling

essbar

Vorkommen: August–Oktober im Laub- und Nadelwald.
Hut: 5–10 cm, reinweiss, bisweilen mit grünlichen oder rosa Flecken, kegelig, dann gewölbt, schliesslich flach ausgebreitet, seidig, glattfaserig, feucht schmierig, fleischig, Rand eingerollt, flaumig.
Lamellen: mit Zahn herablaufend, weiss, dünn, gedrängt, anfangs schmal, dann sehr breit.
Stiel: 7–12/1–2 cm, weiss, an der Basis häufig grünblau gefleckt, seidig-glattfaserig, voll.
Fleisch: weiss, fest, Geruch und Geschmack nach Mehl.
Sporen: Spp. weiss, Sp. rundlich-oval, glatt, 5–7/4–5 μ.

TRICHOLOMA SAPONACEUM (Fr.) Kummer Moser: Seite 121

Seifenritterling ungeniessbar

Vorkommen: September–November im Laub- und Nadelwald, ziemlich häufig.
Hut: 5–10 cm, Farbe sehr variabel: weiss, kupferrot, graugrün, graubraun, schwärzlich; glockig-gebuckelt bis abgeflacht-gebuckelt, bald glatt, kahl und schmierig glänzend, bald wie bereift, feinschuppig oder faserig-aufgelöst, Rand glatt, nackt, stark verbogen.
Lamellen: stark ausgebuchtet angewachsen, weisslich bis wachsgelbgrau, rötend, etwas wässrig, entfernt, oft sehr breit, dick, starr.
Stiel: 5–10/1–3 cm, blass oder hutfarben, oft etwas rötlich werdend, fein bereift, bald kahl, auch schwärzlich geschuppt, bauchig bis spindelförmig-wurzelnd, voll, später etwas hohl.
Fleisch: weisslich, bisweilen an Bruchstellen rötlich anlaufend, Geruch dumpf, waschküchenartig, Geschmack seltener mehlartig, oft etwas bitterlich.
Sporen: Spp. weiss, Sp. abgerundet elliptisch, 5–6/3,5–4 μ.
Chemische Reaktionen: mit KOH Hh. braun, mit Lactophenol Fl. langsam braunviolett.

TRICHOLOMA SCIODES (Secr.) Martin

Moser: Seite 122

Schärflicher Ritterling

ungeniessbar

Vorkommen: im Buchenwald.
Hut: erst dunkelgrau mit lila oder violettlichem Ton, alt bräunend und den lila Ton verlierend, eingewachsen faserig, alt etwas angedrückt feinschuppig, trocken, gewölbt-gebuckelt.
Lamellen: weisslichgrau, aschgraurosa, beigerosa, Schneiden bräunend und schwärzend.
Stiel: 5–8/0,9–1,8 cm, weiss, weissgraulich, glatt, faserig eingewachsen.
Fleisch: weisslich, Geschmack bitterlich, dann scharf.
Sporen: Spp. weiss, Sp. 6,3–8,2/4,9–6,2 μ.
Chemische Reaktionen: mit Guajactinktur Fl. blau, mit Formol Stb. sehr langsam violett, Hfl. und L. rotocker.
Anmerkung: Auch wenn die Lamellenschneiden nicht auffällig dunkel punktiert sind, schon äusserlich von T. virgatum (S. 176) durch den weniger spitzen Buckel zu unterscheiden.

TRICHOLOMA VIRGATUM (Fr. ex Fr.) Kummer Moser: Seite 122

Brennender Ritterling schwach giftig

Vorkommen: September–Oktober im Nadelwald.
Hut: 3–7 cm, aschgrau bis fast lilagrau, kegelig, dann ausgebreitet mit spitzem Buckel, glatt, kahl, eingewachsen faserig, glänzend, dünnfleischig.
Lamellen: weiss, später grau werdend.
Stiel: 6–9/bis 1 cm, weissgraulich, neigt dazu, verwaschene rötliche Flecken zu bekommen, gleichdick, an der Basis wie abgebissen.
Fleisch: weisslich, graulich, Geruch bisweilen erdartig, Geschmack sofort mehr oder weniger scharf.
Sporen: Spp. weiss, Sp. 6–7/5–6 µ.

TRICHOLOMA ORIRUBENS Quélet

Moser: Seite 122

Rötender Ritterling

essbar

Vorkommen: September–November im Laub-, seltener im Nadelwald, nur auf reicheren, mehr oder weniger kalkreichen Böden.
Hut: 5–8 cm, grau, braunschwarz, gewölbt, dann verflacht, schwarz faserig-schuppig, trocken, dünnfleischig.
Lamellen: tief ausgebuchtet, etwas herablaufend, weiss bis graulich, alt und eintrocknend mehr oder weniger rosa verfärbend, fast entfernt, öfter queraderig verbunden.
Stiel: 4–8/1–1,5 cm, weiss, bisweilen rötlich flekkend, fast seidig, Spitze bereift, voll, hart, anfangs knollig, dann walzenförmig, Basis mitunter blaufleckig, mit gelblichen Myzelfasern.
Fleisch: blass, unter der Huthaut graulich, schliesslich rötend, Geschmack fast mehlartig.
Sporen: Spp. weiss, Sp. rundlich-elliptisch, 5,5–7/4,5–5,5 μ.
Chemische Reaktionen: mit $FeSO_4$ L. sofort rot, mit Guajactinktur Fl. langsam grünblau, mit Formol Fl. der Stb. rot.

TRICHOLOMA SCALPTURATUM (Fr.) Quélet

Moser: Seite 123

Gilbender Ritterling

essbar

Vorkommen: Mai–November in Laub- und Nadelwäldern, auch in Gärten und Parkanlagen.
Hut: 4–8 cm, silber- bis hellilagrau, selbst fast weiss, schwach gebuckelt, später flach, faserig oder feinschuppig, Rand dünn, oft eingerissen, im Alter zitronenfleckig werdend.
Lamellen: weisslich, leicht graulich, im Alter gilbend, dicht gedrängt.
Stiel: 3–8/0,7–1 cm, fast weiss, seidig-faserig, Cortina grau, flüchtig.
Fleisch: weiss, kaum graulich, Geruch und Geschmack leicht mehlartig.
Sporen: Spp. weiss, Sp. 5–6(7)/3–4 μ.

TRICHOLOMA CINGULATUM (Fr.) Jacobasch Moser: Seite 123

Gegürtelter Erdritterling essbar

Vorkommen: in Auen, besonders unter Weiden.
Hut: 4–6 cm, blassgrau, graubraun, flachgewölbt, fein faserig-schuppig, trocken, glanzlos.
Lamellen: weisslich, an verletzten oder faulenden Stellen etwas gilbend.
Stiel: 3–7/0,8–1,2 cm, weisslich, unter dem Ring etwas faserschuppig, Ring wollig, fast häutig, gilbend.
Fleisch: weisslich, im Alter bisweilen etwas gilbend, Geruch und Geschmack nach Mehl.
Sporen: Spp. weiss, Sp. 4–5/2,5–3 μ.
Anmerkung: Die Art ist mit dem gilbenden Ritterling (Tricholoma scalpturatum) nahe verwandt, von diesem und anderen Ritterlingen jedoch durch den fast häutigen Ring leicht zu unterscheiden.

TRICHOLOMA ATROSQUAMOSUM (Chev.) Saccardo

Moser: Seite 123

Schwarzschuppiger Ritterling

essbar

Vorkommen: August–Oktober im Nadel- und Laubwald, in der Regel auf besseren, mehr oder weniger kalkreichen Böden, nicht häufig.
Hut: 4–12 cm, auf ± blassgrauem Untergrund dunkler schwarzgrau, faserig-wollig bis feinschuppig, der Rand auch stärker hellgrauweisslich überfasert, gewölbt, dann flach mit schwachem Buckel, trocken, brüchig, fleischig, Rand anfangs eingerollt.
Lamellen: ausgerandet oder buchtig angeheftet, weiss bis hellgrau, manchmal schwärzlich punktierte Schneiden, bauchig, gedrängt.
Stiel: 3–8/1–2 cm, graublass, mit schwärzlichen Schüppchen, etwas faserig, voll, Basis heller.
Fleisch: weisslich, Geruch spezifisch, gewürzhaft-aromatisch, an den der Haselwurz erinnernd, Geschmack schwach mehlig.
Sporen: Spp. weiss, Sp. elliptisch, 5–8/3,5–5 µ.
Anmerkung: Von allen übrigen Arten der Erdritterlinge, zu denen der Schwarzschuppige Ritterling gehört, durch seinen spezifischen Geruch zu unterscheiden.
Die Einblendung zeigt Rotverfärbung der Lamellen durch Pilzbefall. Dadurch bekommt der Pilz grosse Ähnlichkeit mit dem Rötenden Ritterling (S. 177).

TRICHOLOMA PARDINUM Quélet Moser: Seite 124

Tiger-Ritterling giftig

Vorkommen: August–Oktober im Laub- und Nadelwald, kalkliebend, auf versauerten Böden fehlend.
Hut: 4–12 cm, grau, graubraun, silbergrau, bläulichgrau, halbkugelig-glockig, dann ausgebreitet, oft unregelmässig verbogen, mit breiten, fast dachziegeligen Schuppen, filzig gefasert, trocken, Rand eingerollt, oft wellig-faltig.
Lamellen: abgerundet ausgebuchtet, weisslich, mit grünlichgelbem Ton, gedrängt, breit und etwas dick, oft Tränen ausscheidend.
Stiel: 4–10/1,5–2,5 cm, weisslich, an der Basis bisweilen rostfleckig werdend, frisch an der Spitze tränend, feinfaserig bis wenig flockig punktiert, fest, voll.
Fleisch: weisslich, Geruch stark mehlartig.
Sporen: Spp. weiss, Sp. oval, feinkörnig, 8–10/5,5–6,5 µ.
Chemische Reaktionen: Fl. mit Guajactinktur in 2 Min. blaugrün, mit Sulfovanillin sofort flüchtig violett.
Anmerkung: Schon kleine Kostproben vom rohen Pilz führen zu starkem Brechreiz. Wer die verschiedenen Erdritterlinge für Speisezwecke sammelt, sollte auf diesen giftigen Doppelgänger achten.
Beide Erscheinungsformen, grau und braun, wuchsen in aufeinanderfolgenden Jahren am gleichen Standort.

TRICHOLOMA INOCYBOIDES Pearson Moser: Seite 124

Risspilzähnlicher Ritterling

Vorkommen: im Laubwald, in Gärten, oft bei Birken.
Hut: 1–5 cm, weisslichgrau, hellgrau, später weisslich, mit feinen faserigen blassgrauen Schüppchen bedeckt, im Alter mehr oder weniger verkahlend, kegelig, dann gewölbt, mit spitzem Buckel, trocken, glanzlos.
Lamellen: weisslich, nicht oder kaum gilbend.
Stiel: 3–6 cm lang, weisslich, fast kahl.
Fleisch: weisslich, Geruch mehlartig.
Sporen: Spp. weiss, Sp. 4,5–6/2,5–3 μ.
Anmerkung: Diese Art gehört in den Formenkreis des Gilbenden Ritterlings (Tricholoma scalpturatum, S. 178); sie erinnert durch Grösse und Habitus an Inocybe fastigiata (S. 376).

TRICHOLOMA TERREUM (Schff. ex Fr.) Kummer

Moser: Seite 124

Erdritterling

essbar

Vorkommen: August–November im Nadelwald, besonders bei Kiefern, nur auf reicheren Böden.
Hut: 4–7 cm, hell- bis dunkelgrau, glockig oder kegelig, dann ausgebreitet, oft gebuckelt, haarig, filzig angedrückt schuppig, trocken, dünnfleischig.
Lamellen: ausgerandet, zahnartig herablaufend, weisslichgrau, dann blass-aschgrau, ziemlich engstehend, oft gekerbt und etwas queraderig.
Stiel: 3–8/bis 1 cm, weisslich, dann blassgrau, faserig, Spitze fein kleiig, zuletzt fast hohl.
Fleisch: weissgrau bis grau, nicht gilbend, im Hut stärker grau, Geruch schwach, nicht mehlartig.
Sporen: Spp. weiss, Sp. breit elliptisch, 5–7/4–5 μ.
Chemische Raktionen: mit Guajactinktur Fl. und Str. blaugrün, mit Formol Fl. der Stb. rot.
Anmerkung: Unter zahlreichen ähnlichen Arten durch den nicht mehlartigen Geschmack festgelegt.

ARMILLARIELLA MELLEA (Vahl in Fl. Dan. ex Fr.) Karsten sensu lato Moser: Seite 125

Hallimasch

essbar

Vorkommen: ab September an Strünken von Laub- und Nadelholz, zumindest durch Myzel mit solchen in Verbindung, bisweilen gefährlicher Parasit.
Hut: 5–10(18) cm, hell bis dunkel honiggelb, braunfuchsigrötlich, mit bräunlichgelben bis schwarzbraunen, haarig-zottigen, vergänglichen Schüppchen, kugelförmig geschlossen, dann gewölbt-gebuckelt, schliesslich flach, Rand lange eingebogen.
Lamellen: streifenförmig kurz herablaufend, weisslich, dann rötlich, gelblich oder bräunlich, dunkler gefleckt, dünn, ziemlich weitstehend.
Stiel: 5–12(20)/1–1,5 cm, gelb bis braun, an der Basis olivgelbschwärzlich, glattfaserig gerillt oder etwas flockig, schwammig ausgestopft, Basis meist kugelig angeschwollen, Ring weisslich, gerieft, dickhäutig, weichflockig.
Fleisch: blass, Geruch schwach, Geschmack nach längerem Kauen im Hals herb zusammenziehend, roh giftig!
Sporen: Spp. weiss, Sp. eiförmig, körnig gefüllt, 8–10/5–7 μ.
Chemische Reaktionen: Fl. mit H_2SO_4 rosa, mit KOH sofort braun, mit Lactophenol braunviolett.
Anmerkung: Beim Ringlosen Hallimasch, Armillariella tabescens Singer ist der St. unberingt. Mit mehreren weiteren Varietäten kann man eher von einer Sammelart sprechen.

LEPTOGLOSSUM ACEROSUM (Fr.) n. c. Moser: Seite 127

Vorkommen: auf nackter Erde, morschem Holz, Nadeln, selten auf Moosen.
Hut: 0,8–2 cm, grau, mehr oder weniger halbkreisförmig, etwas seidig-haarig (Lupe!), nicht durchscheinend gerieft, alt aber manchmal mit gekerbtem Rand.
Lamellen: grau.
Stiel: sehr kurz, grauweisslich, seitlich oder exzentrisch stehend.
Sporen: Spp. weiss, Sp. elliptisch, glatt, 6–8/3–4,5 μ.

LYOPHYLLUM TRANSFORME (Britz.) Singer Moser: Seite 129

Blauender Rasling

Vorkommen: auf kalkreichen Böden im Nadel- und auch im Buchenwald, bisweilen büschelig wachsend.
Hut: 3,5–7(15) cm, braunschwärzlich bis pechschwarz, gewölbt, dann niedergedrückt, fleischig, Rand dünn, anfangs eingerollt, flaumig bereift.
Lamellen: angewachsen-herablaufend, graurussig, bei Berührung erst blauend, dann schwärzend.
Stiel: 3–5(8)/bis 1,5 cm, anfangs weisslich schliesslich grauschwärzlich, eingewachsen-faserig, Spitze mehr oder weniger mehlig bereift.
Fleisch: blassgrau, angebrochen langsam schwärzend.
Sporen: Spp. weiss, Sp. fast dreieckig, 9–10/5–6 μ.

LYOPHYLLUM CONNATUM (Schum. ex. Fr.) Singer Moser: Seite 130

Weisser Rasling essbar

Vorkommen: August–Oktober, an Bachrändern, auf Rasen, auf frisch aufgeworfenen Erdstellen entlang der Wege und Strassen im Laub- und Nadelwald.
Hut: 3–7 cm, weiss, feucht mit bleigrauem Ton, glokkig, dann gewölbt, schliesslich ausgebreitet, trocken glanzlos, durchwässert durchsichtig, mit abwischbarem, deckweissartigem Reif bedeckt, Rand oft wellig-gekerbt.
Lamellen: leicht herablaufend, weisslich, alt etwas gelblich, sehr gedrängt.
Stiel: 4–10/1–2 cm, reinweiss, später bis rahmgelblich, an der Spitze leicht mehlig-flockig, sonst kahl, voll, später fast hohl, etwas aufgeblasen, oft ± breitgedrückt.
Fleisch: weiss, etwas glasig, knorpelig, Geruch schwach mehlartig-spirituös, meistens jedoch anhaltend feiner Duft, wie er dem Lerchensporn eigentümlich ist, fast parfümiert.
Sporen: Spp. weiss, Sp. länglich-ellipt., 6–7/3,5–4 μ.
Chemische Reaktionen: Fl. mit H_2SO_4 rot, mit Guajactinktur in 3 Min. blaugrün, mit Sulfoformol blaugrün, mit Sulfovanillin rasch flüchtig violett, L. mit $FeSO_4$ nach einigen Minuten violettlich.
Anmerkung: Speisepilzsammler sollten daran denken, dass es ähnlich aussehende, sehr giftige weisse Trichterlinge gibt. Der eigentümliche Duft, den man sich sehr gut einprägen kann, unterscheidet den Weissen Rasling von allen anderen Pilzen.

LYOPHYLLUM LORICATUM (Fr.) Kühner Moser: Seite 131

Knorpeliger Knäuelrasling essbar

Vorkommen: fast das ganze Jahr über, besonders im Laubwald.
Hut: 5–10 cm, kastanienbraun, olivumbrabraun, dunkel kaffeebraun, halbkugelig, dann gewölbt bis niedergedrückt, mit dicker, knorpeliger Haut wie gepanzert, feucht schmierig, trocken glänzend, höckerig-runzelig.
Lamellen: angeheftet oder abgerundet-angeheftet, bisweilen etwas herablaufend, weissblass, zählich, gedrängt.
Stiel: 5–10/1–1,5 cm, blass bräunlich, an der Spitze mehlig, leicht faserig, abwärts verschmälert, büschelig verwachsen.
Fleisch: weiss, stark knorpelig, Geruch eigenartig, Geschmack schwach brennend.
Sporen: Spp. weiss, Sp. rundlich, hyalin, 6–7 μ.
Chemische Reaktionen: Mit H_2SO_4 Fl. flüchtig violett, mit Formol L. und Str. schwarzbraun, mit Sulfovanillin Fl. flüchtig violett.

LYOPHYLLUM FUMOSUM (Pers. ex Fr.) Kühner & Romagnesi ex Orton Moser: Seite 130

Frostrasling, Geselliger Ritterling, Buchele essbar

Vorkommen: September–Dezember in Wäldern, auf Weiden, in Parkanlagen und Gärten, manchmal schon im Frühjahr.
Hut: 3–7 (10) cm, ± dunkel graubraun, schwarzbraun, gewölbt, oft unregelmässig, eingewachsen faserig, durchwässert halb durchsichtig, seidig-glänzend, trokken heller, kahl, glatt, Rand lange eingerollt.
Lamellen: abgerundet oder herablaufend, weisslich, graulich, zuletzt ± graubraun, dünn, dichtstehend.
Stiel: blass, weisslich, leicht seidig glänzend, faserig, voll, bisweilen exzentrisch, an der Basis knäuelig verwachsen.
Fleisch: weisslich, säuerlich, aber nicht mehlartig riechend.
Sporen: Spp. weiss, Sp. rund, 5–6 μ.
Chemische Reaktionen: Fl. mit H_2SO_4 sofort flüchtig rosa, mit Guajactinktur langsam blaugrün, mit Sulfovanillin flüchtig violett.

TEPHROCYBE ANTHRACOPHILA (Lasch) Orton Moser: Seite 131

Kohlengraublatt

Vorkommen: September–Oktober auf alten Feuerstellen und Brandflächen.
Hut: 0,8–2,5(3) cm, schwarzbraun, durchscheinend gerieft, Rand heller, hygrophan, trocken graubraun, halbkugelig bis glockig, dann verflacht, meist ohne Papille, nackt, Rand bisweilen gezähnt.

Lamellen: angewachsen bis herablaufend, weisslich bis grau, dicklich.
Stiel: 1–6 cm lang, grau, Spitze stets weiss bereift, starr, wellig verbogen, etwas knorpelig.
Fleisch: Geruch mehlartig-ranzig.
Sporen: Spp. weisslich, Sp. rundlich, glatt, 4,5 bis 5,5 (6) μ.

TEPHROCYBE PALUSTRIS (Peck) Donk

Moser: Seite 132

Sumpfgraublatt

Vorkommen: Mai–November zwischen Torfmoosen (Sphagnum-Arten), besonders an sehr nassen Stellen (Hochmoore), gesellig, das Torfmoos zum Absterben bringend.
Hut: 1,5–2,5 cm, grau bis dunkelumbrabraun, trocken graubeige, mit dunklerer Mitte, gewölbt-flach bis niedergedrückt, bis ⅔ gerieft, stark hygrophan, nackt.
Lamellen: tief ausgebuchtet angewachsen, weisslich bis graulich, Schneiden zuletzt gelbbräunlich, ziemlich weitstehend, breit.
Stiel: 5–10 cm lang, grau, graubraun, jung bereift, sehr brüchig.
Fleisch: Geruch mehlig-ranzig.
Sporen: Spp. weiss, Sp. 5,5–8,5/3–5 μ.
Anmerkung: Dieser Pilz wächst gerne in Gesellschaft von Galerina paludosa (S. 472).

TEPHROCYBE RANCIDA (Fr.) Donk

Moser: Seite 133

Wurzelgraublatt

Vorkommen: September–November im Laub- und Nadelwald, meist einzeln.
Hut: 2–5 cm, grau bis braunschwärzlich, flach gewölbt bis gebuckelt, weiss seidig bereift, etwas wellig, feucht etwas schmierig, trocken glänzend, dünnfleischig.
Lamellen: fast frei, grau bis dunkelgrau, fast gedrängt, schmal.
Stiel: 5–12 cm lang, grau, seidig-faserig, steif, röhrig, mitunter etwas exzentrisch, tief wurzelnd.
Fleisch: grauschwärzlich, in der Mitte blasser, Geruch stark mehlartig, fast ranzig.
Sporen: Spp. weiss, Sp. elliptisch-spindelig, 7–8/ 3–4 µ.

TEPHROCYBE BOUDIERI (Kühn.-Romagn.) Derbsch

Moser: Seite 133

Flockenstieliges Graublatt

Vorkommen: August–November im Laub- und Nadelwald, bevorzugt humosen, nährstoffreichen überwiegend kalkhaltigen Boden.
Hut: 1,5–4 cm, hornbraun, russigbraun, Rand heller, mehr gelbbraun, hygrophan, entwässert graubeige bis blassgraugelblich, durchfeuchtet am Rand ± durchscheinend gerieft, schwach seidig glänzend, kahl, meistens mit kräftigem, stumpflichem Buckel.
Lamellen: leicht bogig, zuletzt bauchig, verschmälert angewachsen, schmutzig und blassgraubraun mit hellerer uneben-flachschartiger Schneide.
Stiel: 2,5–5,5/0,2–0,5 cm, fast gleichdick, röhrighohl, ziemlich dunkel graurussig, graubraun, zumindest bei jungen Fruchtkörpern auf seiner ganzen Länge mit weissen Flockenschüppchen dicht besetzt, die bei älteren Fruchtkörpern zum Teil verlorengehen, die Basis mit kräftigen Myzelfasern, vermodernde Blätter oder Nadeln zusammenballend.
Fleisch: dem Hut gleichfarbig-heller, unangenehm ranzig schmeckend, riecht ranzig- bis tran-gurkenartig (L. mit den Fingern matschig reiben), an den Gurkenschnitzling (Macrocystidia cucumis, S. 230) erinnernd.
Sporen: Spp. weiss, Sp. langelliptisch, 6–9/3,5–4,5 μ.
Anmerkung: Man achte auf den auffällig weissflockigen Stiel, den ranzig-tranartigen Geruch und die für eine Tephrocybe relativ grossen, langelliptischen Sporen. Ähnlich: T. inolens (Fr.) Mos., kräftiger, Stiel nur an der Spitze flockig, Geruch weniger intensiv, fast geruchlos oder nur schwach mehlartig riechend, nur im Nadelwald wachsend. (Text: H. Schwöbel)

CALOCYBE GAMBOSA (Fr.) Donk
(Syn. Tricholoma georgii [Clus. ex Fr.] Quél.)

Moser: Seite 134

Maipilz, Mairitterling

essbar

Vorkommen: April–Juni an grasigen Stellen, auch in Wäldern.
Hut: 5–10 cm, cremeweiss, seltener auch ockerlich bis gelb, im Alter wellig verbogen, oft hufartig eingekrümmt, festfleischig.
Lamellen: ausgebuchtet, weisslichblass, gedrängt, dünn, mit kurzen Zähnchen herablaufend.
Stiel: 5–8/1–2 cm, weisslich, etwas faserig, voll, fest.
Fleisch: weiss bis blassgelblich, starker Mehlgeruch.
Sporen: Spp. weiss, Sp. elliptisch, 4–6/2–3,5 μ.
Chemische Reaktionen: Basidien in Karminessigsäure mit siderophiler Granulierung, Fl. mit KOH ocker, mit Phenol rosa, dann langsam braun, mit Guajactinktur grünblau, L. mit Phenolanilin rasch weinrosa, dann dunkler und braun.
Anmerkung: Der Maipilz kommt in mehreren Varietäten vor. Var. albellum, mit reinweissem, mattem, schuppig geflecktem Hut, var. graveolens, mit kleinem, halbkugeligem, russigbraunem Hut und verfärbenden, dunkleren Lamellen, var. palumbinum mit weissgelblichem, in der Mitte lila gefärbtem Hut. Es soll auch eine Form ohne oder mit schwach ausgeprägtem Mehlgeruch geben. Nach unseren Beobachtungen kamen aus dem gleichen Myzel in einem Jahr reinweisse Fruchtkörper, im anderen Jahr gelbe Hüte auf weissen Stielen.

ASTEROPHORA LYCOPERDOIDES (Bull.) Ditmar ex Gray

Moser: Seite 136

Stäubender Zwitterling

ungeniessbar

Vorkommen: September–November auf faulenden Pilzen, besonders auf schwärzenden, hartfleischigen Täublingen, aber auch auf vergehenden Milchlingen.
Hut: 0,5–2 cm, weisslich, Oberfläche bald bräunlich-graumehlig zerfallend, ± halbkugelig.
Lamellen: wässrig-blass, schwach grau, dicklich, entfernt stehend, oft unvollständig ausgebildet oder auch völlig fehlend.
Stiel: bis 3 cm lang, weiss, schwärzend, seidig überkleidet, oft verbogen, zuletzt hohl.
Fleisch: blass, wässrig durchzogen, Geruch unangenehm, Geschmack nach Mehl.
Sporen: Basidiosporen 5–6/3,5–4 μ, Chlamydosporen sternförmig, 12–15 μ, mit langen, pyramidalen Stacheln.

ASTEROPHORA PARASITICA (Bull. ex Fr.) Singer

Moser: Seite 136

Beschleierter Zwitterling

ungeniessbar

Vorkommen: Oktober–November auf faulenden Hüten von Täublingen.
Hut: 1,4–2,5 cm, weiss bis blasslilagrau, bräunlich blass, glockig, fast seidig, häutig, beschleiert.
Lamellen: herablaufend, blass, schliesslich bräunlich, besonders dick, im Querschnitt dreieckig, sich zuletzt ganz in Chlamydosporen auflösend.
Stiel: 1–3 cm lang, weiss, flockig, röhrig, oft gekrümmt, an der Spitze gerieft.
Fleisch: Geruch mehlartig.
Sporen: Basidiosporen 5–6/3–4 μ, Chlamydosporen glatt, 12–15/9 μ.

CANTHARELLULA UMBONATA (Gmel ex Fr.) Singer

Moser: Seite 136

Rötender Wachstrichterling, Schildförmiger Wachstrichterling

Vorkommen: August–November im Nadelwald, auf Sumpfwiesen, in Kalkgebieten selten oder fehlend.
Hut: 3–5 cm, violettgrau bis grauschwärzlich, zuerst schwach gewölbt, bald flach, später gebuckelt bis niedergedrückt, nicht hygrophan, flockig-seidig, dünnfleischig, Rand jung eingerollt, später wellig, etwas heller.
Lamellen: etwas herablaufend, schmal, stark gegabelt, weiss, dann gelblichweiss, an Druckstellen oder Verletzungen allmählich rotfleckig, dicklich.
Stiel: 3–5 cm lang, hutfarben, angedrückt faserig, elastisch, zuletzt hohl, an der Basis verjüngt, weisszottig.
Fleisch: weiss, wässeriggrau, weich, gebrechlich, bei Verletzung langsam rötend.
Sporen: Spp. weiss, Sp. spindelig, amyloid, 7–11/3–4 μ.

PSEUDOOMPHALINA COMPRESSIPES (Peck) Singer

Moser: Seite 136

Vorkommen: im Nadelwald und Gebüsch.
Hut: 2–5 cm, ocker-lederbräunlich bis dunkelrotbräunlich genabelt, hygrophan, alt oft flatterig, kaum gerieft.
Lamellen: weit herablaufend, falbbräunlich, ganzrandig, schmal, entfernt stehend.
Stiel: rotbräunlich, faserig, an der Basis weissfilzig, oft breitgedrückt, steif.
Fleisch: Geruch ranzig-mehlig.
Sporen: Spp. weiss, Sp. amyloid, 6,5–7,5/3,5–4 μ.

PSEUDOCLITOCYBE CYATHIFORMIS (Bull. ex Fr.) Singer Moser: Seite 137

Becherförmiger Gabeltrichterling, Kaffeebrauner Gabeltrichterling essbar

Vorkommen: Oktober–November im Nadelwald, auf Triften, seltener auf Holz.
Hut: 4–7 cm, umbra- bis kaffeebraun, trocken heller, tiefgenabelt bis becherförmig, glatt, hygrophan, Lamellen am Rand durchscheinend, Rand lange eingerollt.
Lamellen: stark herablaufend, hutfarben bis braunrötlich, entfernt stehend, dicklich, gegabelt, am Stielansatz miteinander verbunden.
Stiel: 5–8 cm lang, hutfarben, netzigfaserig, kräftig, Basis verdickt, weissfilzig.
Fleisch: bräunlich, weich, wässrig, Geschmack mild.
Sporen: Spp. weiss, Sp. schmalelliptisch, amyloid, 8–10/5–6 μ.

LEUCOPAXILLUS TRICOLOR (Peck) Kühner

Moser: Seite 139

Dreifarbiger Krempentrichterling

Vorkommen: Juli–Oktober in Laubmischwäldern, besonders unter Eichen, auf mineralkräftigen, meist kalkreichen Böden, vielleicht wärmeliebend; selten und schonenswert.

Hut: 9–30 cm, jung fast schwefelgrünlich, grünlichokker, sehr bald lederocker, fuchsigfalb bis kuhbraun, flach gewölbt, schliesslich verflachend, zuletzt etwas schalenförmig vertieft und unregelmässig verbogen, völlig trocken, glanzlos, bisweilen rissig werdend, derbfleischig, Rand anfangs stark eingerollt und fast samtigfilzig, meist kurz radialadrig, auch entfernt gerippt.

Lamellen: unterschiedlich angewachsen, meist nicht herablaufend, creme- bis schwefelgelblich, trocknend purpurlich, gedrängt, stark untermischt, queraderig, mit flachgekerbter Schneide.

Stiel: 4–8/2–4,5 cm, weiss, unten meist feinockerrostig gesprenkelt, mit zwiebelig-knollig verdickter Basis.

Fleisch: weisslich, etwas wässerig marmoriert, Geruch beim Anschneiden schwach mehlartig würzig, bald unangenehm werdend, Geschmack mild, wenig angenehm.

Sporen: Spp. weisslich, Sp. elliptisch, rauh, amyloid, 6–8/4–5,5 µ.

Chemische Reaktionen: mit Guajactinktur Hfl. braun, Fl. in Stb. blaugrün, Fl. mit Sulfovanillin vorübergehend rot bis violett.

MELANOLEUCA STRICTIPES (Karst.) Murrill

Moser: Seite 140

Steifstieliger Weichritterling

essbar

Vorkommen: Grasfluren der Alpen und Mittelgebirge, Ränder von Kiefernwäldern, unter Obstbäumen.
Hut: 6–9 cm, jung breit kegelförmig mit eingeschlagenem Rand, bald scheibenförmig mit eingetiefter Mitte, darin oft mit stumpfem Buckel, Oberfläche trocken, kahl und glatt, seidig glänzend, nicht rissig-felderig, jung weisslich, dann zunehmend grauocker.
Lamellen: herablaufend bis ausgebuchtet angewachsen, ziemlich gedrängt, untermischt, jung reinweiss oder auch bereits früh rötlichocker, alt weisslich mit schwach rötlichcremefarbenem Reflex gegen den Lamellengrund, bei Druck schmutzigbraun fleckend.
Stiel: auffallend schlank, länger als der Hut breit, zylindrisch mit keulig verdickter Basis, ± längsstreifig strukturiert, weisslich bis schwach hellgraubraun.
Fleisch: weiss, später auch leicht lachsockerfarben, beim Reiben dunkler lachsockerfarben bzw. grau, im Hut ziemlich locker-schwammig, im Stiel längsfaserig, Geschmack ± mild, vielleicht mit etwas herber Komponente.
Sporen: Spp. weiss, Sp. länglich, ellipsoidisch, 8–8,5 (10)/4,5–5(6) μ, Cheilozystiden reichlich, ± lanzettlich und überwiegend spitz zulaufend, Pleurozystiden nahe der Lamellenschneide zerstreut, Kaulozystiden recht spärlich. (Nach Bresinsky und Stangl)
Anmerkung: Die Huthaut soll glatt sein wie bei zwei abgebildeten Fruchtkörpern. Dass sie unter besonderen Witterungseinflüssen auch einmal in der obersten Huthautschicht ± konzentrisch aufreissen kann, zeigt das Foto.

MELANOLEUCA SUBALPINA (Britz.) Bresinsky et Stangl
(Syn.: M. evenosa [Sacc.] Konr.)

Moser: Seite 140

Almen-Weichritterling

essbar

Vorkommen: Mai–Oktober, am häufigsten auf Alpweiden, seltener an grasigen Waldwegen, Obstbaumwiesen usw.
Hut: 4–12 cm, nicht hygrophan, verflacht gewölbt, mit breitem Buckel, weisslich bis ockergelblich, matt, die feine, glatte Oberhaut leicht querrissig.
Lamellen: ausgerandet angewachsen, sehr gedrängt, weich, weiss.
Stiel: 6–9 cm, fast gleichmässig 1,5 cm breit, unten wenig verdickt, weiss, faserig, fleischig.
Fleisch: weiss, gelblich, an Blütenduft erinnernder Geruch, auch geruchlos, Geschmack nussartig mit erdigem Nachgeschmack.
Sporen: Spp. weiss, Sp. 10–12/4,5 µ, Zystiden an den Lamellenschneiden recht zahlreich. (Nach Bresinsky und Stangl)
Anmerkung: Diese Art ist M. strictipes (S. 201) verwandt und wächst am gleichen Standort.

MELANOLEUCA COGNATA (Fr.) Konrad & Maublanc

Moser: Seite 143

Frühlings-Weichritterling

essbar

Vorkommen: April–Juli (seltener ein Schub im September/Oktober) im Nadelwald, auf Reisigabfällen, besonders entlang der Waldstrassen.

Hut: 5–8(10) cm, jung fast halbkugelig, dann ausgebreitet mit leichtem Buckel, Rand schwach eingebogen, Oberfläche glatt, trocken, ± glänzend, im Zentrum bräunlich, zum Rand hin zunehmend mit gelblichockerfarbener Komponente.

Lamellen: kurz ausgebuchtet angewachsen und mit Zähnchen herablaufend, gedrängt, untermischt, zart gelblich, beim Liegen ± satt gelblichocker werdend.

Stiel: 6–9/0,6–1,7 cm, zylindrisch mit schwach verdickter Basis bis fast zwiebelig, Stielspitze weiss bereift, im übrigen auf weisslichem Grund fein ockerlich faserig gestreift, heller als der Hut.

Fleisch: leicht gelblichocker, schwammig, im Stiel faserig.

Sporen: Spp. schwach gelblich getönt, nicht rein weiss, Sp. elliptisch, 8,5–10/5,5–6 μ, Cheilozystiden dick spindelförmig, in der Mitte breit bauchig, oberes Ende zugespitzt und mit mächtigen Kristallauflagerungen, Kaulozystiden kleiner und deutlich schlanker als die Cheilozystiden.
(Nach Bresinsky und Stangl)

MELANOLEUCA SUBBREVIPES Métrod

Moser: Seite 143

essbar

Vorkommen: September–Oktober auf Wiesen, Weiden, organischen Abfallhaufen, oft in Gesellschaft von Lepista nuda.
Hut: bis 30 cm, jung dunkler horngraubraun, dann heller werdend mit etwas dunklerer Mitte, jung gewölbt mit stumpflichem Buckel, sehr bald trichterförmig vertieft mit dünnem, wellig verbogenem Rand.
Lamellen: breit angewachsen, am älteren Fruchtkörper leicht herablaufend, creme mit ockergelblichem Schein, schmal.
Stiel: 5–7/1–2 cm, graubräunlich, überwiegend bräunlich, faserig bis fast berindet, zylindrisch mit etwas verdickter Basis, jung bereift.
Fleisch: weisslich, weich, im Stiel faserig, Geruch sehr schwach und unbedeutend.
Sporen: Spp. weiss, Sp. amyloid, warzig, 8,5–10/5–6 μ.
Anmerkung: Die Art hat grosse Ähnlichkeit mit der Nebelkappe (Lepista nebularis, S. 143), die sich aber schon durch ihren aufdringlichen starken Geruch unterscheidet. Bei ihr sind die jungen Pilze massiver in Hut und Stiel, während bei M. subbrevipes sich der dünnere Hut schnell wellig verformt und der Stiel von Anfang an schlank und ± zylindrisch ist.

CATATHELASMA IMPERIALE (Fr.) Singer

Moser: Seite 144

Hartpilz, Wurzelmöhrling

essbar

Vorkommen: August–Oktober im Nadel- und Mischwald auf Kalk, selten und zu schonen.
Hut: 10–16 cm, reh- bis haselbraun, fleckig-schuppig vom Velum, gewölbt bis trichterförmig, oft geschlossen bleibend, dickfleischig, Rand stark eingerollt.
Lamellen: weit unregelmässig herablaufend, blassweiss, dann gelblich, ziemlich gedrängt, schmal, bisweilen an der Schneide schwärzend.
Stiel: 7–15/3–5 cm, weiss bis ockerblass, etwas schuppig-gebändert, voll, fest, im oberen Drittel mit zwei aufsteigenden Ringen, ausspitzend-wurzelnd.
Fleisch: reinweiss, saftig, hart, derb, Geruch und Geschmack mehlartig oder nach frischen Gurken oder unreifen Melonenschalen.
Sporen: Spp. weisslich, Sp. amyloid, länglich-elliptisch, 11–13/5–6 μ.

COLLYBIA TUBEROSA (Bull. ex Fr.) Kummer Moser: Seite 145

Braunknolliger Sklerotienrübling

Vorkommen: August–November auf Resten faulender Blätterpilze.
Hut: bis 1,5 cm breit, weisslich, Mitte leicht gelblich bis hellrotbräunlich, flachgewölbt, dann ausgebreitet, in der Mitte genabelt oder vertieft.
Lamellen: angewachsen, weiss, gedrängt, dünn.
Stiel: bis 5 cm lang, weisslich bis bräunlich, einfach, unverzweigt, weissflockig, unten seidenhaarig, röhrigfadendünn, schlaff, Sklerotium länglich-eiförmig, glänzend, purpurbraun.
Sporen: Spp. weiss, Sp. elliptisch, 4–6/2–3 μ.
Anmerkung: Die Art kann auch auf Erde wachsen, ohne dass faulende Pilze nachzuweisen sind. Man vermutet, dass sie sogar ohne Sklerotium fruktifizieren können. Ähnlich ist C. cookei (Bres.) Arnold, mit mehr rundlichem, ockergelbem Sklerotium.

COLLYBIA PERONATA (Bolt. ex Fr.) Singer
(Syn. Marasmius urens Fr.)

Moser: Seite 145

Brennender Rübling

ungeniessbar

Vorkommen: Juli–November an Blättern oder Nadeln, sehr häufig.
Hut: 2–5 cm, blassrötlichbraun, bisweilen mit gelblichem Ton, gewölbt bis flach, matt, zuletzt lederig, Rand im Alter wellig-schlaff, runzelig-gestreift.
Lamellen: angeheftet, gelblich, zuletzt zimtbräunlich mit lilarotem Schein, weitstehend, oft queraderig.
Stiel: 3–7 cm lang, fast hutfarben, oben feinfilzig, Mitte striegelig, an der Basis mit dickem, gelblichem oder weisszottigem Filz.
Fleisch: blass, holzfarben, alt zäh, lederig, geruchlos, Geschmack zuerst mild, dann pfeffrig-scharf brennend.
Sporen: Spp. weiss, Sp. länglich-elliptisch, 6–8/3–4 μ.
Chemische Reaktionen: mit KOH Hh. braun, Str. braun, dann schwarz, mit Phenol Fl. braun.

COLLYBIA CONFLUENS (Pers. ex Fr.) Kummer

Moser: Seite 146

Knopfstieliger Rübling

Vorkommen: Juli–Oktober im Laub- und Nadelwald, einzeln bis zu vielhütigen Büscheln, oft in Reihen oder Kreisen, sehr verbreitet.
Hut: 2–4 cm, fleischbräunlich, trocken ausblassend, glockig-gewölbt, zuletzt flach und etwas flatterig, nackt, kahl, zäh, dünnfleischig, Rand leicht gerieft.
Lamellen: angewachsen, weisslich, dann fleischbräunlich, Schneiden fein gewimpert, sehr schmal, sehr gedrängt.
Stiel: 5–11 cm lang, rotbräunlich, filzigstriegelhaarig, knorpelig, röhrig, oft breitgedrückt, an der Spitze knopfartig erweitert, vom Hut ablösbar.
Fleisch: weisslich, zäh, Geruch angenehm, bisweilen etwas nach Bittermandelöl.
Sporen: Spp. weiss, Sp. kommaförmig, 7–10/2–3 μ.

COLLYBIA ACERVATA (Fr.) Karsten

Moser: Seite 147

Rotbraunstieliger Büschelrübling

essbar

Vorkommen: Juni–Oktober am Grunde von Nadelholzstämmen, auf Nadelholzstrünken, in vielhütigen Büscheln, selten.
Hut: 2–4 cm, fleischbraunrötlich, trocken ausblassend, jung fast halbkugelig, dann gewölbt, zuletzt flach ausgebreitet, Rand schwach gerieft.
Lamellen: frei, weisslich bis fleischrötlich, schmal, gedrängt.
Stiel: 5–12 cm lang, 2,5–4 mm dick, röhrig, glatt, fast glänzend, nur an der Basis rostrot-filzig, ockerrötlich, nach der Basis dunkler rotbraun.
Fleisch: rötlichbraun, ausblassend, Geruch schwach, pilzartig.
Sporen: Spp. weiss, Sp. elliptisch, 6–7/2,5–3 μ.
Anmerkung: Diese wenig bekannte Art kommt im Schwarzwald zerstreut in höheren Lagen vor. In der Ebene scheint sie zu fehlen. Die abgebildeten Exemplare wuchsen auf einer Weide in Waldnähe. Massenhaftes Auftreten von Hallimasch liess vermuten, dass sich Nadelholzstümpfe unter der Humusdecke befanden. Nachfrage beim Bauern bestätigte dies.

COLLYBIA DRYOPHILLA (Bull. ex Fr.) Kummer

Moser: Seite 148

Waldfreundrübling

essbar

Vorkommen: Mai–November in Laub- und Nadelwäldern, sehr häufig und verbreitet.
Hut: 3–6 cm, kastanien-, gelbbraun, tonfarben, fleischblass, gewölbt, bald flach und oft flatterig, glatt, kahl, Rand feucht leicht durchsichtig gerieft.
Lamellen: mit Häkchen angewachsen, weisslich, tonblass, gelblich, gedrängt, schmal.
Stiel: 3–8 cm lang, meist schön fuchsrot, sonst hutfarben, glatt, kahl, zäh, röhrig, an der Basis oft filzig und aufgeblasen.
Fleisch: blass, wässrig, Geruch säuerlich wie frisch gesägtes Holz.
Sporen: Spp. weiss, Sp. schmalelliptisch, 5–6/2–3 μ.
Chemische Reaktionen: Fl. und L. mit H_2SO_4 sofort violett, Fl. mit Phenol braun.
Anmerkung: C. dryophila var. aquosa Bull. ex Fr.: Hut bald münzenförmig flach, Rand dicht durchscheinend gerieft, Lamellen blass, Stiel kurz, fuchsig rostfarben, zwischen Moos, auch auf moosigen Waldwiesen.
Die Einblendung zeigt C. dryophila var. funicularis, Lamellen lebhaft schwefelgelb, schon ab April in feuchten Laubwäldern, vor allem Auwäldern.

COLLYBIA BUTYRACEA (Bull. ex Fr.) Quélet Moser: Seite 148

Butterrübling, Kastanienroter Rübling essbar

Vorkommen: Juli–Dezember im Laub- und Nadelwald, ziemlich selten und nur auf versauerten Böden.
Hut: 4–8 cm, rotbraun, auch dunkler oder blasser, gewölbt-ausgebreitet, stumpf gebuckelt, kahl, glatt, feucht und fettig glänzend, dünnfleischig, weich, hygrophan.
Lamellen: abgerundet, weiss, wässrigblass, mit gekerbter Schneide, gedrängt, breit, weich.
Stiel: 4–8/0,5–2 cm, hutfarben, knorpelig, bald gerillt oder faserig-zottig, schwammig, stark durchwässert, zuletzt hohl, an der Basis weissfilzig, aufgeblasen-keulig.
Fleisch: weiss bis wässrigblass, elastisch-zäh, fast geruchlos.
Sporen: Spp. weiss, Sp. fast lanzettlich, 6–7/3–3,5 μ.
Chemische Reaktionen: Hh. mit KOH braun, L. mit Formol violettbraun.
Anmerkung: Die viel häufigere var. asema (Fr.), der Horngraue Rübling, hat einen grauen Hut und graubraunen Stiel.

COLLYBIA FUSIPES (Bull. ex Fr.) Quélet

Moser: Seite 148

Spindeliger Rübling

minderwertig

Vorkommen: Juni–Oktober meist büschelig an der Basis von Eichenstämmen, auch an Eichenwurzeln.
Hut: 4–7(10) cm, dunkelrotbraun, oft rot oder braun gefleckt, bald ausblassend, glockig-gewölbt, dann ausgebreitet, oft stumpfgebuckelt, unregelmässig geformt, trocken, zäh, fleischig.
Lamellen: ringförmig angeheftet, fleischrötlich, oft rotfleckig, dicklich, breit und entfernt, ungleich lang, oft etwas wellig, aderig verbunden.
Stiel: 8–12(18)/1–2 cm, dunkelrotbraun, Spitze heller, grob gefurcht, oft gedreht, hart, ausgestopft, zuletzt hohl, bauchig-spindelig-wurzelnd.
Fleisch: blass, im Stiel sehr zäh, mild, fast ohne Geruch.
Sporen: Spp. weiss, Sp. elliptisch, 4–6/3–4,5 µ.
Chemische Reaktionen: Fl. mit Guajactinktur langsam blau, mit $FeSO_4$ sofort grau, mit Sulfovanillin dunkelpurpurn.

COLLYBIA MACULATA (A. & S. ex Fr.) Quélet

Moser: Seite 149

Gefleckter Rübling

ungeniessbar

Vorkommen: September–Oktober im Nadelwald, besonders am Grunde der Stämme.
Hut: 5–12 cm, weisslich, mit roströtlichen Flecken, gewölbt bis flach, kahl, glatt, fleischig, Rand stark eingerollt und zartfilzig, dann verflacht, öfter gewellt.
Lamellen: abgerundet angeheftet, zuletzt frei, weissblass, sehr gedrängt, schmal, Schneide gezähnt.
Stiel: 6–10/1–2 cm, weisslich, rostfleckig, bauchig oder gleichdick, gerieft, knorpelig, faserig, hohl, oft verdreht, starr, nach unten verjüngt, mit abgebissener Wurzel.
Fleisch: weiss, fest, Geruch oft streng nach frischem Holz, Geschmack stark bitter.
Sporen: Spp. blassgelblich, Sp. fast rundlich, 5–6/4–5 µ.
Chemische Reaktionen: Fl. mit KOH gelb, mit Guajactinktur langsam bläulichgrün.

COLLYBIA PROLIXA (Hornem. ex Fr.) Gillet

Moser: Seite 149

Kerbblättriger Rübling

Vorkommen: September–November im Nadelwald, selten.
Hut: 4–10 cm, braunrot, kastanienrot, gebuckelt-gewölbt, glatt, kahl.
Lamellen: holzgelblich, auffallend stark gesägt, sehr gedrängt, dünn, schmal.
Stiel: blass, steif, längsfaserig bis gefurcht, meist mit verjüngter, fast wurzelnder bis ausgesprochen wurzelnder Basis.
Fleisch: weiss, dünn, geruchlos.
Sporen: Spp. creme, Sp. elliptisch bis leicht eckig, apfelkernartig, 5–7/4–5 µ.

MARASMIELLUS RAMEALIS (Bull. ex Fr.) Singer

Moser: Seite 150

Astschwindling

Vorkommen: Mai–November sehr gesellig an morschen Ästchen, häufig.
Hut: 0,5–1 cm, weisslich, tonblass bis fleischfarben, gewölbt bis flach oder etwas niedergedrückt, runzelig, häutig, Rand bisweilen leicht gefaltet.
Lamellen: weisslich, entfernt, schmal, untermischt, hinten verbunden.
Stiel: 1–1,5(2) cm lang, blassbräunlich, zart mehligflockig.
Sporen: Spp. weiss, Sp. lanzettlich-elliptisch, 8–10,5/2,5–4 μ.

MICROMPHALE PERFORANS (Hofm. & Fr.) Singer

Moser: Seite 150

Nadelschwindling

ungeniessbar

Vorkommen: fast das ganze Jahr hindurch auf feuchtem Fichtennadelhumus, meistens ein Fruchtkörper auf einer Nadel sitzend, sehr häufig.
Hut: 0,5–1 cm, weisslich, fleischbräunlich, gewölbt bis fast flach, fast genabelt, runzelig, trocken, durchfeuchtet durchscheinend.
Lamellen: z.T. nicht bis an den Stiel reichend, die anderen etwas herablaufend, hell fleischbräunlich, eher entfernt.
Stiel: 2–3 cm lang, an der Spitze ockerlich, sonst schwarzbräunlich, mit feinen Härchen (Lupe!), glanzlos.
Fleisch: Geruch unangenehm, nicht eigentlich knoblauchartig, beim Trocknen verschwindend.
Sporen: Spp. weiss, Sp. lanzettlich, glatt, 5,5–6/3 μ.

HOHENBUEHELIA PETALOIDES (Bull. ex Fr.) Schulzer Moser: Seite 152

Trichterförmiger Muscheling

essbar

Vorkommen: August–November auf Holz, Erde, Brandstellen.
Hut: 3–10 cm, lederbraun, bräunlichgelb, bisweilen fast weisslich, spatel- oder zungenförmig, auch fächerförmig, wenig fleischig, Rand eingerollt, rundlich gekerbt, Oberhaut abziehbar, auf einer gelatinösen Schicht liegend.
Lamellen: bis zur Stielbasis herablaufend, weiss bis ockerlich, engstehend, sehr schmal, ablösbar.
Stiel: 1–2/0,5–1,2 cm, weisslich, feinsamtig bereift, bisweilen zusammengedrückt, in den Hut übergehend, Basis etwas weissfilzig.
Fleisch: weisslich, lederig-zäh, Geruch nach Mehl, Geschmack bisweilen leicht bitterlich.
Sporen: Spp. weiss, Sp. elliptisch-eiförmig, bisweilen rauh, 5–8/4–5 μ.
Chemische Reaktion: Fl. mit Guajactinktur blassgrünlich.

OUDEMANSIELLA PLATYPHYLLA (Pers. ex Fr.) Moser
(Syn. Collybia p. Quél.)

Moser: Seite 155

Breitblättriger Samtrübling

essbar

Vorkommen: Mai–Oktober an moderigem Laub- und Nadelholz.
Hut: 5–15 cm, graubraun, rauchbraun, hellolivbräunlich, Mitte meist dunkler, gewölbt, dann bald ausgebreitet, kahl, ± radialfaserig, flockig, oft gespalten und gegen den Rand zerrissen, feucht, dünnfleischig, gebrechlich.
Lamellen: ausgebuchtet angewachsen, auch abgerundet und fast frei, weisslich, Schneiden bisweilen braun gewimpert, sehr breit, entfernt, bauchig.
Stiel: 5–10(15)/bis 1,5 cm, schmutzigweisslich bis grau, faserig-knorpelig, gerieft oder nur schwach rillig, voll, schliesslich hohl, mit starken Myzelrhizoiden.
Fleisch: weiss, häutig.
Sporen: Spp. weiss, Sp. rundlich, glatt, 7–8/6–7 μ.
Chemische Reaktionen: Fl. mit Phenolanilin langsam rot, mit Guajactinktur in 10 Min. blau, mit Sulfovanillin flüchtig violett.

OUDEMANSIELLA LONGIPES (Bull. ex St. Amans)
Moser: Seite 156

Samtiger Wurzelrübling (ungeniessbar)

Vorkommen: im Buchenwald (?).
Hut: 3–6 cm, gelbbraun, russig-graubraun, bald flach, wenig abstehend borstig behaart, Rand gerieft.
Lamellen: angewachsen, gelblichweiss, entfernt stehend, dick, bauchig.
Stiel: bis 10 cm lang, hutfarben, wenig blass samtig behaart, stark gefurcht.
Fleisch: weiss, Geschmack bitterlich.
Sporen: Spp. weisslich, Sp. elliptisch, 8–9/6–6,5 μ.
Anmerkung: Wir finden diese Art im Fichtenwald auf Kalk.

OUDEMANSIELLA MUCIDA (Schrad. ex Fr.) v. Hoehnel
Moser: Seite 156

Beringter Schleimrübling (minderwertig)

Vorkommen: August–November an Strünken, Ästen und lebenden Bäumen, besonders Buchen, Eichen.
Hut: 3–8(10) cm, weiss, bräunlichgrau, halbkugelig, dann flach ausgebreitet, anfangs glatt, später aderig-runzelig, Rand durchscheinend gerieft, mit zähem, schlüpfrigem Schleim überzogen.
Lamellen: leicht herablaufend oder, ausgebuchtet, weiss, entfernt stehend, bauchig.
Stiel: 3–8(10) cm lang, weiss, beringt, weiss, Basis oft zwiebelförmig, mit Myzelsträngen in das Holz eindringend.
Fleisch: schneeweiss, weich, Geschmack säuerlich.
Sporen: Spp. weiss, Sp. fast kugelig, 14–18/12–16 μ.

OUDEMANSIELLA RADICATA (Relhan ex Fr.) Singer (Syn. Collybia [Scop.] Fr.) Moser: Seite 156

Grubiger Schleimrübling essbar

Vorkommen: Juni–Oktober im Laubwald, auf oder neben Baumstümpfen, auch auf vergrabenem Holz.
Hut: 2,5–8(10) cm, graugelblich bis braunrötlich, seltener weiss, glockig bis kegelig-glockig gewölbt, bald flach, gebuckelt, zuletzt am Rand nach oben gewendet, runzelig, schleimig, dünnfleischig, Rand gerieft, Oberhaut abziehbar.
Lamellen: angewachsen oder zahnförmig herablaufend, weiss, bisweilen Schneiden braun, entfernt stehend, dicklich.
Stiel: bis 20/0,5–1 cm, blasshutfarben, starr, längsstreifig bis gefurcht, spindelig-bauchig, tief wurzelnd.
Fleisch: weiss, Geruch bisweilen schwach obstartig.
Sporen: Spp. weiss, Sp. breitelliptisch, glatt, 12–15/9–11 μ.
Chemische Reaktionen: Fl. mit KOH langsam braun, mit Guajactinktur langsam bläulichgrün, L. und Fl. mit Sulfovanillin sofort violettrot.

STROBILURUS TENACELLUS (Pers. ex Fr.) Singer Moser: Seite 157

Kiefernzapfenrübling

essbar

Vorkommen: im Frühjahr und Frühsommer auf Kiefernzapfen.
Hut: bis 2,5 cm, grau-, ockerbraun, bis braun, auch weisslich, Mitte oft blasser, flachkegelig bis gewölbt, matt, feucht leicht durchscheinend gerieft, dünnfleischig.
Lamellen: weisslich, dann cremeockerlich, zum Rand hin gilbend.
Stiel: 5–7 cm lang über dem Erdboden, ockerrötlich bis fuchsig, jung bereift, zäh, knorpelig, mit 5–8 cm langer, zottiger Wurzel, die von einem in der Erde befindlichen Kiefernzapfen ausgeht.
Fleisch: Geschmack mild bis bitter.
Sporen: Spp. weiss, Sp. elliptisch, leicht gekrümmt, amyloid, 6–7,5/2,5–3,5 μ. Zystiden an den Lamellen bauchig-spindelig, zugespitzt, ohne Kristalle oder nur mit ganz wenigen besetzt.
Anmerkung: Sehr ähnlich ist St. stephanocystis (Hora) Singer, gleichfalls auf Kiefernzapfen, mit sehr breiten, an der Spitze helmartig abgerundeten Zystiden, meist stark mit körnigen Kristallen besetzt, sowie elliptischen, nicht gekrümmten Sporen. Besonders im Mai und April auf sandigen Böden.

STROBILURUS ESCULENTUS (Wulf ex Fr.) Singer — Moser: Seite 158

Fichtenzapfenrübling — essbar

Vorkommen: November–April auf Fichtenzapfen.
Hut: 2–3(4) cm, meist dunkel umbra- bis schokoladenbraun, auch weiss, jung bisweilen mehr horngrau, flachglockig, kahl, matt, dünnfleischig.
Lamellen: abgerundet, fast frei, weiss bis graulich, fast gedrängt, ziemlich breit, dünn.
Stiel: 4(–10) cm lang, ocker- bis gelbbraun, jung bereift, starr, zäh, knorpelig, glänzend, engröhrig, mit 7–10 cm langer, faserig-filziger, kriechender Wurzel, Myzelfilz weisslich bis ockerlich.
Sporen: Spp. weiss, Sp. fast elliptisch, nicht gebogen, amyloid, 5,3–7/3–4 μ. Lamellenzystiden bauchig-spindelig, mit abgerundeter Spitze.

MARASMIUS SCORODONIUS (Fr.) Fries

Moser: Seite 160

Knoblauchschwindling

essbar

Vorkommen: Juni–Oktober, auf Nadeln sitzend (?), nicht häufig.
Hut: 1–3 cm, fleischbraun, blassrotbraun, bald ausblassend, runzelig, wellig verbogen, kraus, flatterig, dünn, zäh.
Lamellen: verschmälert angewachsen, weisslich, eventuell mit rosa Schein, kraus, ziemlich entfernt und dick, am Grund öfter queraderig.
Stiel: 3–6 cm lang, rotbraun, Spitze blasser, erweitert, ganz kahl, glänzend, hornartig.
Fleisch: blass, zäh, Geruch stark nach Knoblauch.
Sporen: Spp. weiss, Sp. an einem Ende ausspitzend, 8–9/4–5 μ.
Anmerkung: Nach unseren Beobachtungen bevorzugt diese Art als Standort verdorrte Grasflächen, z.B. Südhänge von Böschungen, Strassengräben usw., wo durch Sonneneinwirkung das Gras abgestorben ist.

MARASMIUS ROTULA (Scop. ex Fr.) Fries
Moser: Seite 158

Halsbandschwindling

Vorkommen: Mai–Oktober auf toten Ästchen, Wurzeln, holzigen Fruchtschalen, seltener auf Blättern, sehr verbreitet.
Hut: 0,5–1,5 cm, weiss, weisslich, fallschirmartig gefurcht-genabelt, faltig häutig.
Lamellen: um den Stiel in einem Ring (Collar) zusammengewachsen, weisslich, entfernt.
Stiel: 2–7 cm lang, schwarzbraun, mit heller Spitze, glänzend, hart, borstendünn.
Sporen: Spp. weiss, Sp. spindelig, 7–10/3,5–5 µ.

MARASMIUS ANDROSACEUS (L. ex Fr.) Fries
Moser: Seite 159

Rosshaarschwindling

Vorkommen: Mai–November auf Rinde, Ästchen und Nadeln, häufig.
Hut: 0,3–0,8(1) cm, fleischbraun bis rotbraun, auch heller, gewölbt bis flach, mit vertiefter Mitte, runzelig-gerieft, häutig.
Lamellen: mässig entfernt, angewachsen, fleischbräunlich.
Stiel: 2–6 cm lang, schwarz, Spitze heller, rosshaarartig, oft glänzend, kahl, Spitze etwas verbreitert.
Fleisch: geruchlos.
Sporen: Spp. weiss, Sp. lanzettlich, 6,5–7/3–4 µ.

MARASMIUS ALLIACEUS (Jacq. ex Fr.) Fries
Moser: Seite 160

Saitenstieliger Knoblauchschwindling Würzpilz

Vorkommen: Juni–Oktober auf Laub, Nadeln, modrigem Holz, nicht überall.
Hut: 2–4 cm, fleischocker, bräunlich oder milchweiss, halbkugelig-flach, oft runzelig, mit glattem oder gerieftem Rand.
Lamellen: weisslich, ziemlich breit, fast entfernt.
Stiel: 8–10 cm lang, schwarz, nur an der Spitze braun, matt bereift, hornartig, starr, zäh, bisweilen oben erweitert.
Fleisch: Geruch anhaltend nach Knoblauch, Geschmack süsslich.
Sporen: Spp. hellcreme, Sp. rundlich-eiförmig, 7–11/6–8 µ.
Anmerkung: Wir haben diesen Pilz nur im Buchenwald gefunden, oftmals mit einer verlängerten Wurzel von 10–20 cm an vergrabenem Buchenholz wachsend.

MARASMIUS PRASIOSMUS (Fr.) Fries
Moser: Seite 160

Grosser Knoblauchschwindling ungeniessbar

Vorkommen: Oktober–November auf Blättern, nicht häufig.
Hut: 2–3 cm, bräunlich, lederblass, feucht dunkelbraun und durchsichtig gerieft, gewölbt-flach, fast häutig
Lamellen: abgerundet, blass, holzfarbig, schmal, fast gedrängt.
Stiel: 6–8 cm lang, purpurbraun, Spitze blasser und bereift, sonst fast filzig.
Fleisch: Geruch stark nach Knoblauch, Geschmack etwas brennend nach Zwiebel.
Sporen: Spp. weisslich, Sp. lanzettlich, 7–10/4–5 µ.

Moser: Seiten 158–160

Oben: Halsbandschwindling (M. rotula)
Unten: Saitenstieliger Knoblauchschwindling (M. alliaceus)

Oben: Rosshaarschwindling (M. androsaceus)
Unten: Grosser Knoblauchschwindling (M. prasiosmus)

MARASMIUS OREADES (Bolt. ex Fr.) Fries

Moser: Seite 161

Nelkenschwindling

essbar

Vorkommen: Mai–November auf Wiesen, an grasigen Wegen, in grasigen Wäldern, ziemlich häufig.
Hut: 2–5 cm, fleischocker bis blassrotbräunlich, hygrophan, trocken blassockerfarben, flachglockig, dann flach ausgebreitet, wellig verbogen, zäh, schwach fleischig, Rand bisweilen etwas gefurcht.
Lamellen: abgerundet, blass weisslichcreme, entfernt, am Grund oft aderig, dick.
Stiel: 4–7 cm lang, blass, voll, fein bereift-flockig, steif, zäh, unten weisszottig.
Fleisch: blass, Geruch nach frischen Sägespänen.
Sporen: Spp. weisslich, Sp. 7–9(10)/4–5(6) μ.
Chemische Reaktionen: mit KOH Hh. schmutzigbraun, Fl. mit Phenol braun, mit Phenolanilin rot, dann schwarzbraun, mit Sulfovanillin flüchtig violettrot.
Anmerkung: Dieser Pilz wächst gerne auf gepflegtem Rasen und erscheint dort in Reihen und Kreisen. Er schädigt das Gras.

MARASMIUS WYNNEI Berkeley & Broome

Moser: Seite 161

Violettlicher Schwindling

ungeniessbar

Vorkommen: September–Oktober im Laub- und Nadelwald, mehr oder weniger büschelig.
Hut: 3–6 cm, erst weiss, mit zunehmender Entwicklung graulich, lila oder violettgrau, halbkugelig bis flach, etwas runzelig, feucht glasig, mit schwärzendem Rand.
Lamellen: frei, grauweisslich, alt schmutziggrauviolett, entfernt, dick, aderig verbunden.
Stiel: 4–10 cm lang, blass, abwärts rotbraun bis schwarz, oben erweitert, kleiig bereift.
Fleisch: grauviolettlich bis blass, unangenehm staub- bis erdartig riechend.
Sporen: Spp. weisslich, Sp. spindelig-lanzettlich, oft gekrümmt, 6–7/3–3,5 μ.

MACROCYSTIDIA CUCUMIS (Pers. ex Fr.) Heim

Moser: Seite 162

Gurkenschnitzling

ungeniessbar

Vorkommen: Juli–Oktober in Wäldern, auf Triften, an Bachrändern.
Hut: 1–6 cm, dunkelbraun, kastanienbraun, in der Mitte fast schwarzbraun, kegelig-glockig, dann gewölbt mit Buckel, zuletzt ausgebreitet, kaum durchscheinend gerieft, oft wie bereift, dünnfleischig.
Lamellen: hakig oder abgerundet angewachsen, schliesslich fast frei, weisslich, dann ockerrötlich, bauchig, breit, fast gedrängt.
Stiel: 4–7 cm lang, dunkelbräunlich bis schwarzbräunlich mit heller bereifter Spitze, samtig, knorpelig, markig-ausgestopft, schliesslich hohl, leicht vom Hut abtrennbar, Basis verjüngt.
Fleisch: bräunlich, frisch nach Gurken riechend, im Alter dagegen nach Hering oder Tran.
Sporen: Spp. ockerlich, Sp. spindelig-ellipsoid, glatt, 8–9/3–4 µ.
Anmerkung: Die var. latifolia Lange ist kleiner, die Lamellen sind fast bis zum Scheitel durchscheinend, und der Hut hat eine kleine Papille. Sp. 9–12/4–6 µ. Bei der var. leucospora Lange ist das Spp. weiss.

MYCENA VISCOSA (Secr.) Maire

Moser: Seite 168

Dunkelnder Helmling

Vorkommen: September–Oktober im Nadelwald, meist an morschem Holz, einzeln oder zu wenigen büschelig.
Hut: 2–3 cm, weissbräunlich bis rotbräunlich, eiförmig-glockig ausgebreitet, gerieft, mit schleimiger, leicht abziehbarer Oberhaut.
Lamellen: abgerundet angeheftet, weisslich, rotbräunlich fleckend, Schneide gummiartig dehnbar.
Stiel: lebhaft zitronen- bis schwefelgelb, rotbräunlich fleckend, mit gummiartig dehnbarem Schleim überzogen.
Fleisch: sehr dünn, das Pilzchen riecht, wenn man es zwischen den Fingern reibt, stark mehlartig-ranzig.
Sporen: Spp. weiss, Sp. kurzelliptisch, 8–12/6–8 μ.
Anmerkung: Durch das rotbraune Verfärben, den intensiv ranzig-mehligen Geruch und die breiten Sporen von dem häufigeren Dehnbaren Helmling (M. epipterygia, S. 232) zu unterscheiden.

MYCENA EPIPTERYGIA (Scop. ex Fr.) Gray

Moser: Seite 169

Dehnbarer Helmling

Vorkommen: September–November im moosigen Laub- und Nadelwald, häufig und gesellig.
Hut: 1–1,5 cm, graubraun, auch weisslich, graulich bis rötlichbraun, glockig-flach, etwas radial gefurcht, mit mehr oder weniger gezähneltem Rändchen, von einer klebrigen, zähen, hautartigen, ablösbaren, schleimigen Schicht überzogen, gefurcht, sogar gefaltet-gekerbt.
Lamellen: weiss, alt oft mit rosa Schein, entfernt.
Stiel: zitronengelb, fast durchscheinend, glasig, wurzelnd, mit schleimiger, zäher Haut überzogen, die beim Brechen nicht mitbricht, sondern zwischen den Bruchstücken sich gummiartig dehnen lässt.
Sporen: Spp. weiss, Sp. 8–12/4–6 μ.

MYCENA VULGARIS (Pers. ex Fr.) Quélet

Moser: Seite 169

Klebriger Helmling

Vorkommen: Oktober–November im Nadel-, selten im Laubwald, gesellig zwischen Moos und abgefallenen Nadeln, ziemlich häufig, besonders in Berglagen.
Hut: 0,5–1(1,5) cm, braun, graubraun, grau, gewölbt-niedergedrückt, stark durchscheinend gerieft, mit schleimiger, gummiartig zäher, abziehbarer Haut, dünnfleischig.
Lamellen: horizontal bis leicht herablaufend, weiss, fast entfernt, dünn, Schneide lässt sich als zäher Faden abziehen.
Stiel: 3–5 cm lang, graubraun, schmierig, zäh, oft fadenförmig verlängert.
Sporen: Spp. weiss, Sp. 7–11/3–5,5 μ.

MYCENA RORIDA (Scop. ex Fr.) Quélet Moser: Seite 169

Schleimfusshelmling

Vorkommen: April–Oktober auf Stengeln, Blättern und Nadeln, einzeln oder zu wenigen, zerstreut.
Hut: 0,2–1 cm, gelbbraun, graubraun oder creme, halbkugelig, dann gewölbt, oft mehr oder weniger genabelt, gestreift oder faltig, wie ein kleines Tortenförmchen, glanzlos-matt, brüchig, nie schleimig oder klebrig.
Lamellen: herablaufend, weiss, Schneiden oft flockig, entfernt.
Stiel: 1–3(5) cm lang, hutfarben, fädig, in eine dicke Schleimschicht eingebettet.
Sporen: Spp. weiss, Sp. 6–10/3,5–5 μ.
Anmerkung: Mikroskopisch fällt die zellig-hymeniforme Hutdeckschicht auf.

MYCENA CROCATA (Schrad. ex Fr.) Kummer

Moser: Seite 170

Gelbmilchender Helmling

Vorkommen: September–November im Laubwald, besonders bei Buchen.
Hut: 1–2 cm, hellbraunrot oder graubraun, Scheibe orangebraun, bisweilen weinrot fleckig, glockig, lang gerieft, nackt.
Lamellen: weisslich, mitunter weinrot fleckig.
Stiel: 5–8 cm lang, dunkelocker, safranschwefelgelb, Basis orangebraun, Milch orangerot, safranfarben, reichlich.
Sporen: Spp. weiss, Sp. 7–10/4,5–6 μ.

MYCENA HAEMATOPODA (Pers. ex Fr.) Kummer Moser: Seite 170

Grosser Bluthelmling

Vorkommen: August–Oktober an mässig modrigem Laubholz, meist büschelig, nicht häufig.
Hut: 2–3 cm, kräftig purpurbräunlich, kupferrot, kegelig, Rand gerieft, zart gezähnt.
Lamellen: weiss, entfernt.
Stiel: 3–6 cm lang, blasspurpurbraun, bereift, Basis blutrot.
Milch: dunkel blutrot.
Sporen: Spp. weiss, Sp. 9–10/6,5–7 μ. Zystiden an den Lamellen bauchig mit ± langem Schnabel, ca. 45–60/15–18 μ (Bauchteil), 2–2,5 μ (Schnabel).
Anmerkung: Der viel häufigere, schmächtigere Kleine Bluthelmling (M. sanguinolenta Kummer) wächst einzeln zwischen abgefallenen Nadeln und Moos.

MYCENA GALOPODA (Pers. ex Fr.) Kummer

Moser: Seite 170

Weissmilchender Helmling

Vorkommen: August–November in moosigen Wäldern, sehr häufig.
Hut: 0,5–1,5 cm, zart graulich, kegelig-glockig, gerieft, häutig, nackt.
Lamellen: weisslich, blassgrau, etwas entfernt stehend.
Stiel: 5–8 cm lang, fleischfarbig, oft bereift, mit faserig-wurzelnder Basis.
Milch: reinweiss, ± reichlich, mitunter nur im Jugendzustand vorhanden.
Sporen: Spp. weiss, Sp. länglich-elliptisch, 10–14 (18)/5–7 µ.
Anmerkung: Var. nigra (Fl. Dan.) S. 238. Die Var. alba (Fl. Dan.) ist in allen Teilen weiss. Vorkommen: im Buchenwald, besonders an Buchenblättern. Weissen Milchsaft führt nur noch der Gallenhelmling (M. erubescens v. Hoehnel), wesentlich seltener an moosigen Stämmen von Buchen und Eichen wachsend, von gallenbitterem Geschmack.

MYCENA GALOPODA VAR. NIGRA (Fl. Dan.) Moser: Seite 170

Vorkommen: August–November auf Schlagflächen, Brandstellen, in Wäldern, oft büschelig.
Hut: 1–3,5 cm, schwarzbraun, fast schwarz, fast samtig, kegelig-glockig, gerieft-gefurcht, häutig.
Lamellen: weisslich, etwas entfernt stehend.
Milch: reinweiss.
Stiel: 5–8 cm lang, schwarzbraun, fast samtig, steifer als bei Mycena galopoda (S. 237), mehr oder weniger reichlich Milch absondernd (bisweilen nur im Jugendzustand).
Sporen: Spp. weiss, Sp. länglich-elliptisch, 10–14(18)/5–7 μ.

MYCENA PURA (Pers. ex Fr.) Kummer — Moser: Seite 174

Rettichhelmling — giftverdächtig

Vorkommen: Juli–Oktober im Laub- und Nadelwald, sehr häufig.
Hut: 2–5 cm, blasslila, violettlich, rosa, seltener weissgelblich oder bläulich, glockig, dann flach mit stumpfem Buckel, dünnfleischig, Rand gerieft.
Lamellen: ausgebuchtet, angewachsen, lilarosa, grauweisslich. ausblassend, sehr breit, ziemlich entfernt, queraderig.
Stiel: 4–7 cm lang, hutfarben, ausgestopft, schliesslich röhrig, mit striegeliger Basis.
Fleisch: wässrig, Geruch und Geschmack rettich- bis rübenartig.
Sporen: Spp. weiss, Sp. elliptisch-birnenförmig, 5–8,5/2,5–4 μ.
Chemische Reaktionen: mit KOH Hh. sofort gelb, mit Guajactinktur Fl. in 15. Min. blaugrün.
Anmerkung: In Grösse und Farbe sehr variabel, an dem starken Geruch nach Rettich oder Futterrüben leicht kenntlich. Der seltenere, ähnlich riechende Schwarzgezähnelte Helmling (M. pelianthina [Fr.] Quél.) ist mehr braunviolett gefärbt. Die Lamellenschneide ist, wie der deutsche Name sagt, schwarzviolett gezähnelt.

MYCENA ROSELLA (Fr.) Kummer Moser: Seite 175

Rosa Helmling

Vorkommen: August–November im Nadelwald (Fichten und Weisstannen), vorwiegend im Bergland, sehr gesellig, zwischen Nadeln und Moos.
Hut: 0,5–1,5 cm, schön blutrosa, etwas dunkler gerieft, ausblassend, fast halbkugelig, dann flach gewölbt, nackt, dünnfleischig.
Lamellen: hellrosa, mit dunkler Schneide, fast entfernt.
Stiel: 3–5 cm lang, hellrosa bis blassbräunlich, nackt, mit ockerlichen Myzelrhizoiden.
Sporen: Spp. weiss, Sp. 7–9/4–6 μ, Zystiden an der Lamellenschneide keulig-kopfig, warzig-rauh, mit rosarotem Inhalt, an der Lamellenfläche verlängert keulig-spindelig, glatt.

MYCENA AURANTIOMARGINATA (Fr.) Quélet

Moser: Seite 175

Feuriger Helmling

Vorkommen: August–November im Nadelwald.
Hut: 1–2,5 cm, graubraun, olivbraun, Rand orange oder feuergelb, gerieft, kegelig-glockig, dünnfleischig.
Lamellen: graubraun, Schneide orange bis feuergelb, flockig.

Stiel: 5–7 cm lang, graubraun oder etwas gelblich, Spitze orangestaubig, Basis olivgelblich, striegelig, mit orangefarbenen Myzelfasern.
Sporen: Spp. weiss, Sp. elliptisch, 8–9/4–5 μ, Zystiden an Blattschneiden sattgelb.

MYCENA GALERICULATA (Scop. ex Fr.) Gray

Moser: Seite 180

Rosablättriger Helmling

Vorkommen: Mai–Dezember auf Laub- und Nadelholzstrünken, einzeln oder in kleinen Büscheln, häufig.
Hut: 2–6 cm, grau- oder fleischbraun, gelblichgrau, Mitte meist dunkler, kegelig-glockig, dann kegelig-flach, oft runzelig-gefurcht, kahl.
Lamellen: weiss, graulichweiss, bei älteren und eintrocknenden Fruchtkörpern ± fleischrosa verfärbend, rosa, etwas entfernt, bauchig, am Grunde runzelig oder aderig-blätterig verbunden.
Stiel: 4–8 cm lang, grau oder bräunlich, oben weisslich, auffallend starr, rund, glatt, glänzend, zäh, hohl, an der spindelförmigen, wurzelartigen Basis weissstriegelhaarig.
Fleisch: Geruch schwach nach frischen Gurken, Geschmack mehlartig.
Sporen: Spp. weiss, Sp. elliptisch, amyloid, 9–11/7–9 μ.

MYCENA VITILIS (Fr.) Quélet Moser: Seite 181

Zäher Fadenhelmling

Vorkommen: April–Oktober auf vergrabenem Holz, in Laub- und Mischwäldern, ziemlich häufig, aber meist einzeln.
Hut: 0,8–2 cm, graubraun, bräunlich, bis weissgrau ausblassend, kegelig, dann stumpf ausgebreitet, meist mit kleinem Buckelchen, feucht durchscheinend und abtrocknend deutlich zart radial gefurcht.

Lamellen: gedrängt, schmal, weisslich bis graulich, untermischt.
Stiel: 5–14 cm lang, graubraun, Spitze weisslich, glänzend, steif, aber biegsam, Basis verlängert wurzelnd, faserig-zottig.
Sporen: Spp. weiss, Sp. schmalelliptisch, 8–11/5–7 μ, Zystiden fädig-spindelig.

MYCENA ZEPHIRUS (Fr. ex Fr.) Kummer

Moser: Seite 182

Rostiger Helmling

Vorkommen: September–November in Kiefernwäldern, gewöhnlich sehr gesellig.
Hut: 2–5 cm, cremeweisslich, fleischbräunlich, dann Scheitel mehr bräunlich, oft fleckig, glockig-ausgebreitet, runzelig-gerieft bis zur Mitte, oft zerschlitzt-zerfetzt.

Lamellen: hakig angewachsen, blass, bald rostbraun fleckig, ziemlich entfernt, dicklich.
Stiel: 3–8 cm lang, violettlichpurpurn, braunpurpurn, bald rostbraun fleckig, weissflockig, unten weisszottig bis striegelig, röhrig.
Sporen: Spp. weiss, Sp. 9,5–12/4–5 μ.

BAEOSPORA MYRIADOPHYLLA (Peck) Singer Moser: Seite 187

Lilablättriges Tausendblatt

Vorkommen: November–April, in Hochlagen noch bis Juni, auf modrigem Fichtenholz.
Hut: 1–2 cm, grauocker bis bräunlich, schon sehr früh münzenförmig flach, weiss bereift, dünnfleischig.
Lamellen: frei, lila, violett, zuletzt graulila, selbst fast ohne lila Töne, sehr gedrängt.
Stiel: 1–6 cm lang, grau bis graubraun, knorpelig.
Fleisch: weisslich, dünn.

Sporen: Spp. weiss, Sp. amyloid, 3,5–4,5/2,5 μ.
Chemische Reaktion: mit KOH Hh. schwarz.
Anmerkung: Das Lilablättrige Tausendblatt ist ein Pilz der kalten Jahreszeit, der besonders während milder Witterungsperioden zu finden ist. Er soll auch an Laubholz wachsen, doch wurden die Funde in Südwestdeutschland alle an Fichtenholz gemacht.

FLAMMULINA VELUTIPES (Curt. ex Fr.) Singer Moser: Seite 188

Samtfussrübling essbar

Vorkommen: September–April an Laub- und selten an Nadelholz, meist büschelig.
Hut: 2–10 cm, gelb, rostgelb, honiggelb, glockig, dann ausgebreitet, oft wellig geschweift, schleimig, jung flaumig oder zartfilzig, bald kahl, glatt, dünnfleischig, knorpelig.
Lamellen: angewachsen, blassockerlich, ockergelblich, breit, verschieden lang.
Stiel: 3–10 cm lang, samtig-braunschwarz bis olivschwarz, oben oft gelblich, dick, sehr zäh, voll, bald hohl, mit meist verjüngter, fast wurzelnder Basis.
Fleisch: weiss oder blassgelblich, jung zart, Geruch schwach laugenartig.
Sporen: Spp. elfenbeinfarbig, Sp. elliptisch, glatt, 8–9/4,5–6 μ.
Chemische Reaktion: Str. mit $FeSO_4$ sofort schwarzbraun.

RHODOCYBE TRUNCATA (Schff. ex Fr.) Singer

Moser: Seite 188

Würziger Rötelritterling

essbar

Vorkommen: August–September im Laub- und Nadelwald, besonders bei Fichten, nicht selten 2–3 Fruchtkörper büschelig verwachsen.
Hut: 4–10 cm, fleischbräunlich, semmelfarben, gewölbt, dann niedergedrückt, oft unregelmässig verbogen, in der Mitte etwas faserig-rauhlich, fleischig, Rand eingerollt, bereift.
Lamellen: ausgerandet bis herablaufend, weisslichokker, dann hutfarben.
Stiel: 5–7/1–1,2 cm, weiss bis fleischrötlich, aufwärts mehlig.
Fleisch: weisslich, später blassgelbrötlich, Geruch würzig, süsslich, an Bratensauce erinnernd (nach Schaeffer fast wie Muskat riechend).
Sporen: Spp. rosa, Sp. elliptisch bis schwach eckig, rauh, 5–7,5/3–4,5 μ.
Chemische Reaktion: Fl. mit H_2SO_4 flüchtig braun.

ENTOLOMA NITIDUM Quélet (= Rhodophyllus) Moser: Seite 192

Stahlblauer Rötling

Vorkommen: Juli–Oktober im moosigen Nadelwald auf versauerten Böden, besonders im Bergland.
Hut: 2–5 cm, dunkelblau bis stahlblau, zuletzt grau ausblassend, glockig, dann gewölbt-gebuckelt, kahl, glatt, feucht, dünnfleischig.
Lamellen: fast frei, weisslich, dann rosa, gedrängt, bauchig, gegen den Stiel schmaler.
Stiel: 5–8 cm lang, hutfarben, Basis weiss, faserig-streifig, aufwärts leicht verjüngt, innen weich, später hohl.
Fleisch: geruchlos und mild.
Sporen: Spp. rosa, Sp. fünf- bis sechseckig, auch fast kugelig, 7–10/6,5–7,5 μ.

ENTOLOMA PORPHYROPHAEUM (Fr.) Karsten

Moser: Seite 193

Porphyrbrauner Rötling

essbar

Vorkommen: September–Oktober auf Weideland, an Waldrändern.
Hut: 3–8 cm, grauviolettlich, porphyrbräunlich, alt graubraun, glockig-gewölbt, dann gebuckelt, schliesslich flach, faserig-filzig, später glatt, bisweilen etwas glänzend, dünnfleischig, Rand oft eingeschnitten gelappt.
Lamellen: fast frei, schmutzigweiss, dann schmutzigfleischrötlich, sehr breit, nicht sehr eng stehend.
Stiel: 6–14/1–1,6 cm, hutfarben, Basis schmutzigweiss, faserig, aufwärts verjüngt, zuletzt hohl.
Fleisch: blassgrau, weich, Geschmack zunächst süsslich, dann aber mit unangenehmem Nachgeschmack.
Sporen: Spp. rötlich, Sp. elliptisch, doch leicht kantig, 10–13/6–7 μ.

ENTOLOMA VERNUM Lundell (= Rhodophyllus) Moser: Seite 193

Frühlingsgiftrötling giftig

Vorkommen: im Frühjahr zwischen Moos im Nadelwald, an Waldrändern usw.
Hut: 2,5–4(6) cm, feucht bräunlicholiv, umbrabraun, trocken stark ausblassend, halbkugelig-glockig, dann ausgebreitet, gebuckelt oder mit Papille, seidig-glänzend, glatt, kahl, dünnfleischig, Rand wenig durchscheinend gerieft.
Lamellen: graublass, dann graurötlich, breit, entfernt, im Alter Schneide zackig-zerrissen.
Stiel: 3–8 cm lang, etwas blasser hutfarben, länglich-gestreift bis seidenfaserig, hohl, brüchig, oft gedreht oder flachgedrückt, an der Basis mit weissem Filz.
Fleisch: weisslich, nicht mehlartig riechend, allenfalls etwas rettichartig.
Sporen: Spp. rosa, Sp. eckig-elliptisch, 9–10/7–8 μ.

ENTOLOMA TURBIDUM (Fr.) Quélet (= Rhodophyllus) Moser: Seite 194

Ganzrandiger Rötling

Vorkommen: Juli–Oktober in moorigen Nadelwäldern, auch bei Birken, vor allem im Bergland.
Hut: 3–7 cm, graubraun, olivgrau, trocken mehr silbergrau, kegelig-glockig, dann gewölbt, bisweilen gebukkelt, schwach hygrophan, fast häutig, kahl, mit geradem, wenn durchfeuchtet durchscheinend gerieftem Rand.
Lamellen: buchtig angewachsen, weisslich, grau, sehr langsam und spät graurosa werdend.
Stiel: 4–7/bis 1 cm, silbergraulich, kahl, gebrechlich, silbrig-seidig gestreift, aufgeblasen keulig, Basis weiss.
Fleisch: wässrig graulich bis weisslich, ohne Mehlgeruch.
Sporen: Spp. rosa, Sp. rundlich mit wenig ausgeprägten Ecken, 8–9/6,5–7,5(8) μ.

ENTOLOMA PSEUDOTURBIDUM (Romagn.) Moser

Moser: Seite 194

Vorkommen: auf moosigen Laubwaldwiesen, an Waldrändern.
Hut: 3–8 cm, feucht dunkel sepiabraun, umbrabraun, trocken hellgraubraun, halbrund-glockig bis verflacht, schliesslich mit niedergedrückter Mitte, stark hygrophan, sehr dünnfleischig, Rand feucht etwa 1 cm breit weit durchscheinend gerieft, trocken etwas radial eingewachsen faserig und seidig glänzend.
Lamellen: ausgebuchtet angewachsen, graulich, bald graubraun, im Alter durch die Sporen mit rötlichem Ton, breit, Schneide schartig, leicht entfernt stehend.
Stiel: 7–10/bis 1 cm, graubraun, etwas silbrig schimmernd, grob längsfaserig, hohl, steif aber brüchig, Basis braun, weissfilzig.
Fleisch: hellgraubraun, Geruch zerdrückt mehl- bis gurkenartig, Geschmack mehlartig.
Sporen: Spp. rosa, Sp. fünf- bis sechseckig, bisweilen gut ausgeprägt, dann auch wieder ziemlich stumpf, 7–8/6,5–7,5 μ.

ENTOLOMA SERICEUM (Bull. ex Mérat) Quélet (= Rhodophyllus) Moser: Seite 194

Seidiger Rötling

Vorkommen: August–September an grasigen Stellen, seltener im Wald.
Hut: 2–4 cm, dunkelbraun bis braungrau, ausblassend, glockig-gewölbt, dann ausgebreitet, bisweilen gebuckelt, hygrophan, trocken auffallend seidig glänzend, glatt, kahl, durchfeuchtet stark gerieft, wenig fleischig, Rand eingerollt.
Lamellen: ausgerandet oder breit angeheftet, schmutzigweisslich bis grau, dann schmutzigrötlich, fast entfernt, breit, fast dreieckig.
Stiel: 2–7 cm lang, hutfarben, Spitze und Basis heller, glänzend, faserig gestreift, oft verdreht, ausgestopft, zuletzt engröhrig, Basis weissfilzig.
Fleisch: weisslich bis blassbräunlich, wässrig durchzogen, Geruch und Geschmack stark nach Mehl.
Sporen: Spp. rosa, Sp. fünfeckig bis verlängert eiförmig, unregelmässig, 7,5–10/6,5–8 µ.
Chemische Reaktion: L. mit H_2SO_4 dunkelviolettbraun.

ENTOLOMA SEPIUM (Noullelet-Dassier) Richon & Roze (= Rhodophyllus) Moser: Seite 194

Blassbrauner Rötling **essbar**

Vorkommen: April–Juni unter Rosaceen, besonders bei Pflaumenbäumen, ausserhalb des Waldes, auch am Waldrand.
Hut: 3–10 cm, strohgelbgrau, graubräunlich, trocken weisslich, kegelig-gewölbt-gebuckelt, jung schwach schmierig, fleckig, wenig hygrophan, fleischig, Rand lange eingerollt.
Lamellen: ausgerandet, wenig herablaufend, weiss, dann rosa, zuletzt braunrötlich.
Stiel: 4–10/bis 1,5 cm, weiss, etwas faserig gestreift, voll und fest.
Fleisch: weiss, Geruch und Geschmack mehlartig, in Madengängen sehr schwach karottengelblich verfärbend.
Sporen: Spp. braunrötlich, Sp. rundlich-eckig, 8,5–10/7,5–9 µ.
Chemische Reaktion: Fl. mit Guajactinktur langsam blau.
Anmerkung: Vom Schildrötling (E. clypeatum Kummer) nur durch die konstant hellere Hutfarbe unterschieden. E. clypeatum erscheint zur gleichen Zeit am gleichen Standort, hat jedoch einen etwas dunkler gefaserten bis geflammten Hut.

ENTOLOMA BAHUSIENSE Lundell ap. Lundell & Nannfeldt Moser: Seite 195

Vorkommen: im Frühjahr im Gebüsch, unter Laubbäumen, teils büschelig.
Hut: 4–6 (bis 10 cm), feucht horngraubraun mit olivlichem Beiton, teils mit etwas dunklerer Faserung, trocken stark ausblassend, bis weiss, Huthaut fast bis zur Mitte abziehbar, Hut jung breitglockig mit eingebogenem Rand, später flach mit welligem, eingeschnittenem Rand und ± spitzem Buckel.
Lamellen: ausgebuchtet, hell-lachsbräunlich mit rötlichbräunlichen Schneiden, breit, entfernt.
Stiel: 7–8 cm lang, manchmal verbogen, weisslich mit bräunlicher Längsfaserung, Spitze weisslich gefasert, seidig, hohl bis ausgestopft.
Fleisch: dünn, weich, weiss, Geruch pilzig.
Sporen: Spp. rosa, Sp. 8,5–9,5/7–8 μ.
Anmerkung: Dieser Pilz wurde jahrelang im Mai in Lübeck-Israelsdorf beobachtet und kommt jedes Jahr an der gleichen Stelle in grösseren Kolonien. Die helle Farbe sowie die kleineren Sporen trennen ihn von E. aprile Saccardo, wenn er überhaupt von E. aprile abtrennbar ist. Die bei Moser angegebene Abbildung Lange 74 b zeigt eher E. aprile.

ENTOLOMA SINUATUM (Bull. & Fr.) Kummer (= Rhodophyllus) Moser: Seite 195

Riesenrötling giftig

Vorkommen: Juli–September im Laubwald auf Lehmboden, an Feldrainen, auf Waldwiesen usw., ziemlich selten.
Hut: 6–20 cm, elfenbeinweiss bis lederockerlich, alt auch graubräunlich, bisweilen gefleckt bis getropft, gewölbt, dann verflacht, nicht hygrophan, eingewachsen netzfaserig, seidig glänzend, derbfleischig, Rand anfangs eingebogen, dann wellig, Huthaut abziehbar.
Lamellen: breit angewachsen bis ausgebuchtet, gelblich, dann fleischrosa, queraderig, wenig gedrängt, schmal.
Stiel: 6–10/1–2,5 cm, weisslich, faserig, gerillt, glänzend, Spitze bereift, bisweilen gänzlich kleinschuppig, zuletzt hohl, Basis weissfilzig.
Fleisch: weiss, Geruch nach Mehl und eigentümlich drogenartig.
Sporen: Spp. fleischrötlich, Sp. ziemlich regelmässig fünf- bis sechseckig, oft mit abgerundeten Ecken, 8–10/7–8,5 μ.
Chemische Reaktionen: mit H_2SO_4 L. braun, mit Sulfovanillin L. violett.

ENTOLOMA RHODOPOLIUM (Fr.) Kummer (= Rhodophyllus) Moser: Seite 195

Niedergedrückter Rötling ungeniessbar

Vorkommen: August–Oktober im Laubwald, besonders bei Rotbuchen.
Hut: 5–10 cm, grau, graugelblich, hell olivgrau, trokken weisslichgrau bis isabellgrau, gewölbt und leicht gebuckelt, dann oft verbogen und niedergedrückt, seidig-glänzend, Rand anfangs eingeknickt, schliesslich zart gerieft.
Lamellen: unterschiedlich angeheftet, weiss, dann reinrosa bis fleischrot, Schneide mehr oder weniger stark gekerbt, breit, mässig gedrängt.
Stiel: 5–12/bis 1,5 cm, weisslich, auch leicht graulich, seidig-gerieft, hohl, Spitze leicht mehlig-bereift, Basis meist ausspitzend.
Fleisch: wässrigweiss, nicht oder kaum mehlartig riechend.
Sporen: Spp. rosa, Sp. fünf- bis sechseckig mit ziemlich stumpfen Ecken, 8–10,5/7–8 μ.
Chemische Reaktion: Fl. mit Guajactinktur nach 5 Min. schmutzigblaugrün.
Anmerkung: Die abgebildeten Exemplare wurden im Nadelwald gefunden.

ENTOLOMA NIDOROSUM (Fr.) Quélet (= Rhodophyllus) Moser: Seite 195

Alkalischer Rötling

ungeniessbar

Vorkommen: August–Oktober im Laub-, seltener im Nadelwald.
Hut: 3–9 cm, graubraun, olivgrau, trocken graugelblich, gewölbt, dann flach ausgebreitet, alt niedergedrückt, seidig-glänzend, glatt, kahl, hygrophan, dünnfleischig, Rand feucht durchscheinend gerieft, bisweilen gekräuselt.
Lamellen: ausgerandet herablaufend oder abgestutzt angeheftet, auch fast frei, weisslich, dann rosabraun, dicklich, entfernt, ungleich lang.
Stiel: 5–7 cm lang, weisslich, alt etwas grau, fast seidig, schliesslich rissig-faserig, gerieft, schnell hohl werdend, Spitze weiss bereift, Basis weiss, striegelig.
Fleisch: weisslich, ± durchfeuchtet, Geruch ± stark nitrös, oft kaum wahrnehmbar.
Sporen: Spp. rosarötlich, alt braunrötlich, Sp. länglich, fünf- bis sechseckig, mit abgestumpften Ecken, 7–9/6–8 μ.

RHODOPHYLLUS LIVIDOCYANULUS Kühner

Moser: Seite 201

Vorkommen: im Herbst an grasigen Stellen im Wald, auf Waldwiesen und sumpfigen Wiesen, nicht häufig.
Hut: 1,2–3 cm, hellgraubraun, hornbraun, der Nabel am dunkelsten, gewölbt-genabelt, glatt, mehr oder weniger glänzend, häutig, Rand durchscheinend gerieft.
Lamellen: breit angewachsen bis schwach herablaufend, weiss, nicht grau oder blau getönt, schliesslich fleischrosa, ohne dunklere Schneiden.
Stiel: 4–6 cm lang, hellbläulichgrau, glatt, schwach glänzend, an der Basis von weissem Myzel mehr oder weniger beschuht.
Sporen: Spp. fleischrosa, Sp. eckig, 9–10/6–6,5 μ.
Anmerkung: Es gibt zahlreiche Verwechslungsmöglichkeiten. Man achte auf den schönen blaugrauen Stiel und die anfangs weissen, weder blau noch grau getönten, noch dunkel gerandeten Lamellen.
(Text: H. Schwöbel)

ENTOLOMA HIRTIPES (Schum. ex Fr.) n. c. Moser: Seite 206

Gebrechlicher Glöckling ungeniessbar

Vorkommen: ab April im Nadelwald, besonders zwischen Reisig.
Hut: 3–5(8) cm, graubraun, russigbraun, trocken blasser, glockig-kegelig, hygrophan, feucht etwas gerieft, glatt, trocken seidig-glänzend, Rand anfangs eingerollt.
Lamellen: angewachsen, dann frei, grauweisslich, zuletzt schmutzigrosa, bauchig, sehr breit, Schneide fein zackig.
Stiel: 7–10 cm(16) cm lang, hutfarben, röhrig, glänzend, fein gerieft, Spitze mehlig bereift, Basis weissfilzig.
Fleisch: blass, im Stiel faserig, Geruch tranig.
Sporen: Spp. rosa, Sp. eckig-länglich, eiförmig-rundlich, 10–14(16)/7–9 µ.

ENTOLOMA MAMMOSUM ss. Kühner-Romagnesi und ss. lato Moser: Seite 206

Zitzenrötling

ungeniessbar

Vorkommen: Juli–November an grasigen Stellen.
Hut: 1,5–4 cm, dunkelbraun, trocken graubraun, schmutzig hellbräunlich, glockig-kegelig, meist mit bisweilen spitzem Buckel, feucht gerieft, glatt, stumpfseidig, bisweilen fein radial-runzelig, Rand anfangs eingebogen.
Lamellen: fast frei, graulich, bald hell braunrosa, Schneiden feinschartig ausgefressen.
Stiel: 4–12 cm lang, silbrig-bräunlich, später satter braun, ähnlich gefärbt wie der Hut in feuchtem Zustand, längsfaserig, leicht gedreht, enghohl, Basis leicht verdickt, weiss-zottig.
Fleisch: graubraun, wässrig, beim Trocknen ausblassend.
Sporen: Spp. roströtlich, Sp. längseckig, abgerundet, 8–11(12)/6–8 μ.
Anmerkung: Nach Kühner-Romagnesi sind E. hirtipes (S. 260) und mammosus identisch, allerdings in mehrere Kleinarten oder Formen zerfallend.
(Text: H. Schwöbel)

ENTOLOMA STAUROSPORUM (Bres.) Horak

Moser: Seite 206

Kreuzsporiger Glöckling

Vorkommen: April–Oktober, besonders im Nadelwald.
Hut: 2–4 cm, graubraun, olivbraun, bisweilen auch braunrötlich, hygrophan, durchscheinend gerieft, trokken gelbbraun, auch olivbraungelb, kegelig-stumpf, seidig, wenig fleischig, oft häutig.
Lamellen: bauchig angewachsen oder fast frei, weisslichgrau, dann bräunlich, später etwas rötlich.
Stiel: 6–8 cm lang, blassgrau bis graubräunlich, schwach silbrig, glänzend, zartfaserig gestreift, oft verdreht, röhrig, an der Basis etwas verdickt.
Fleisch: blassgrau, dünn, Geruch und Geschmack nach Mehl.
Sporen: Spp. rosa, Sp. meist kreuzförmig, 7–10 μ.

ENTOLOMA CETRATUM (Fr.) n. c. Moser: Seite 206

Scherbengelber Glöckling

Vorkommen: April–November, besonders an moosigen Stellen im Fichtenwald.
Hut: 2–4 cm, scherbengelb, gelbbraun, gewölbt glokkig, durchscheinend gerieft, trocken ocker-falb, ungerieft, schwach seidig glänzend, kahl, dünnfleischig.
Lamellen: ausgebuchtet angewachsen, ockerlich rosa, jung auch weisslich, bauchig.
Stiel: 4–8 cm lang, hutfarben oder heller, Spitze weiss bereift, darunter seidig-faserig gestreift, oft verdreht oder etwas breitgedrückt.
Fleisch: wässrig-blass, sehr gebrechlich, Geruch fehlend oder kaum mehlartig.
Sporen: Spp. rosa, Sp. 11–12,5/6,5–7,5 μ, Basidien oft 2sporig.

RHODOPHYLLUS SERICEONITIDUS (Orton) Moser: Seite 211

Dunkelblättriger Nabelrötling

Vorkommen: Juli–Oktober auf Weiden, feuchten, sumpfigen Wiesen usw.
Hut: 1–4 cm, graubraun, erdbraun, russigbraun, von Jugend an genabelt, dann trichterig, matt, mit einer oder mehreren konzentrischen Riefungen, alt etwas durchscheinend gerieft, Rand weisslich-faserig (Lupe!).

Lamellen: lang herablaufend, bräunlich.
Stiel: 1,5–2 cm lang, blassgraubraun, Basis weissfilzig.
Fleisch: blass, Geruch und Geschmack deutlich mehlartig.
Sporen: Spp. rötlich, Sp. elliptisch, 8–11/5–7 μ.

VOLVARIELLA SPECIOSA (Fr.) Singer

Moser: Seite 211

Grosser Scheidling, Ansehnlicher Scheidling

essbar

Vorkommen: Mai–November, auf Ruderalplätzen, auf Wiesen, Äckern, in Parkanlagen, wärmeliebend.
Hut: 6–12 cm, elfenbeinweiss, auch bräunlich, tongrau bis hell mausgrau, glockig, dann ausgebreitet, zuletzt flach gewölbt, kahl, feucht schmierig, fleischig, Rand ungerieft.
Lamellen: frei, weiss, dann gelblich, später schmutzigrosa, zuletzt bräunlichrosa, breit, bauchig.
Stiel: 10–15/1–2 cm, weisslich, auch graulich blass, nach oben verjüngt, anfangs zottig rauh, später kahl, glatt, oft tief im Boden steckend, Basis schwach knollig, in weiter, häutiger, hoher, weisslicher Scheide (Volva).
Fleisch: weiss, Geschmack roh unangenehm zusammenziehend.
Sporen: Spp. rosa, Sp. elliptisch, 12–18/7–10 μ.
Anmerkung: Was als Volveriella speciosa var. gloiocephala (DC. ex Fr.) Sing. angesprochen wird, ist nichts anderes als die graue Herbst- bis Spätherbstform, die aus dem gleichen Myzel entspringt wie im Sommer die weisshütige Typusart (Schwöbel).

VOLVARIELLA SURRECTA (Knapp) Singer Moser: Seite 212

Parasitischer Scheidling

Vorkommen: August–November auf faulenden Blätterpilzen (Lepista nebularis, Tricholomaarten usw.)
Hut: 4–8 cm, reinweiss, im Alter bräunend, kugelig bis eiförmig, dann mehr oder weniger flach, fein filzig-wollig, trocken, dünnfleischig, mit zottigem Rand.
Lamellen: frei, weiss, dann rosa, zuletzt rot, dünn, ziemlich breit, mit weisser, flockiger Schneide.
Stiel: weiss, flaumig-filzig, trocken, Volva 2- bis 3lappig, weiss, häutig, aussen flaumig, innen seidig.
Fleisch: weiss, zart, Geschmack mild.
Sporen: Spp. rosa, Sp. länglich-elliptisch, 5–7/3–5 μ.

VOLVARIELLA PUSILLA (Pers. ex Fr.) Singer — Moser: Seite 213

Kleinster Scheidling

Vorkommen: Juni–September an Wegrändern, in Hohlwegen, in Gärten, in Gewächshäusern auch im Winter.
Hut: 1–2 cm, reinweiss, nur Scheitel bisweilen sehr wenig stroh- bis zitronengelblich, kurz eiförmig, schliesslich ± ausgebreitet, mit meist schon früh erkennbarem, stumpflichem Buckel, völlig trocken, seidig-faserig, fast sogar wollig-faserig, Rand schwach faserig-gefurcht, bisweilen sogar durch die Lamellen faltig gefurcht, Randzone bei älteren Fruchtkörpern ± fleischrosa getönt.
Lamellen: frei, weiss, dünn, relativ breit, fast gedrängt.
Stiel: bis 2 cm lang, reinweiss, zart punktiert-flaumig, Volva reinweiss, bisweilen ganz schwach stroh- bis zitronengelblich verfärbend, aussen flaumig-faserig, blasig-bauchig von der Stielbasis abstehend, später ± zusammenfallend, 2- bis 5lappig.
Fleisch: weiss, Geschmack schwach rettichartig.
Sporen: Spp. rosa, Sp. 6–8/4–5,5 μ.
Anmerkung: Die Volva kann bei ein und derselben Population in 2, 3, 4 und 5 Zipfel aufspringen. Eine var. biloba Mass. hat deshalb keine Existenzberechtigung. (Text: H. Schwöbel)

PLUTEUS PETASATUS (Fr.) Gillet — Moser: Seite 214

Seidiger Dachpilz — essbar

Vorkommen: Juni–August auf moderigen Holzabfällen, selten.
Hut: 5–15(19) cm, weisslich, gegen die Mitte $\pm$ blassgrau, bräunlichgrau getönt (stets sehr hell), und hier ein wenig eingewachsen-faserig, glockig, dann gewölbt, geglättet-seidig, glänzend.
Lamellen: frei, lange weiss, dann fleischrot, breit.
Stiel: weiss, faserig-gestreift, fast glatt, manchmal etwas faltig gerippt gegen die Basis, derb und fest.
Fleisch: weiss, weich.
Sporen: Spp. rosa, Sp. eiförmig, glatt, 6–10/4–6 µ, Zystiden an den Lamellen schmalspindelig mit 1- bis 3zähniger Spitze.

PLUTEUS ATRICAPILLUS (Secr.) Singer

Moser: Seite 214

Rehbrauner Dachpilz

essbar

Vorkommen: Mai–November auf Laub- und Nadelholzstrünken, auf Strohabfällen, allgemein verbreitet.
Hut: 4–15 cm, heller bis dunkelumbrabraun, gelbbraun, graubraun, russigbraun, Rand bisweilen weisslich blass, glockig, dann breitglockig bis flachgewölbt, meist gebuckelt, feucht glänzend, eingewachsen faserig, trocken zartfaserig-schuppig, Scheitel auch geflockt bis flockig-filzig, Rand glatt, dünn, selten gerieft.
Lamellen: frei, weisslich, dann rosa, fleischrötlich, gedrängt, breitbauchig.
Stiel: 5–15/0,8–2 cm, teilweise braun längsfaserig, auch eingewachsen faserig oder netzartig gefasert, oft oben weisslich flockig-schuppig, voll.
Fleisch: weiss, weich, Geruch süsslich, nach Kartoffeln.
Sporen: Spp. rosa, Sp. fast eckig-rundlich, glatt, 7–9,5/5–6 μ, Zystiden an der Lamellenfläche und -schneide ± flaschenförmig, mit 2- bis 5zähniger Spitze.
Chemische Reaktion: Stb. mit Guajactinktur langsam blau.
Anmerkung: Die abgebildeten Exemplare wuchsen büschelig auf Laub-Nadelwald-Streu in besonders kräftiger Form.

PLUTEUS ROSEIPES v. Hoehnel Moser: Seite 214

Rosastieliger Dachpilz

Vorkommen: auf Holzabfällen, Stümpfen von Nadelhölzern, hauptsächlich in Berglagen, selten.
Hut: 4–10 cm, braunrussig, olivrussig, später auch mehr bräunlichgrau, Scheitel dunkler, selbst fast olivschwarz, feinsamtig, am Scheitel bisweilen mit feinen dunkleren Samtbüscheln, trocken, glanzlos, Rand nicht oder erst spät durchscheinend gerieft, glockig, schliesslich verflachend.
Lamellen: frei, jung gegen den Hutrand bisweilen olivgelb bis olivgrün getönt, gegen den Stiel schön rosa, zuletzt normal fleischrosa.
Stiel: 6–9/0,5–1,5(–2) cm, jung etwas keulig, kurz wurzelnd, schön zart rosa, besonders gegen die Spitze, verblassend, so dass man die ursprüngliche rosa Farbe übersehen kann, bei einzelnen Fruchtkörpern auch olivgrünlich bis olivgelblich an der Basis, wässriglängsstreifig, jung auf ganzer Länge staubig-flockig, alt verkahlend.
Fleisch: weiss, besonders gegen die Stielbasis rosa, manchmal auch in der Stielspitze.
Sporen: Spp. rosa, Sp. eiförmig, glatt, 7–9/6–6,5 μ, Zystiden an der Lamellenfläche $\pm$ bauchig mit zylindrisch verlängerter Spitze, an der Lamellenschneide spindelförmig, stumpf, einige auch kurz zugespitzt.
(Text: H. Schwöbel nach 3 Fruchtkörpern)

PLUTEUS LEONINUS (Schff. ex Fr.) Kummer Moser: Seite 215

Löwengelber Dachpilz essbar

Vorkommen: Juni–September an totem Laubholz, meist einzeln.
Hut: 3–6 cm, lebhaft, löwen- bis zitronengelb, glockig, dann verflacht, kahl, etwas samtig, glatt, dünnfleischig, Rand gerieft.
Lamellen: frei, weiss, bisweilen mit gelblicher Schneide, dann rosa, gedrängt, weich, bauchig, ziemlich breit.
Stiel: 5–6 cm lang, blass, abwärts gelblich oder bräunlich, faserig-gestreift, voll, fast glasig, zerbrechlich.
Fleisch: weiss, weich.
Sporen: Spp. rosa, Sp. rundlich, glatt, 6–7/5–6 μ, Zystiden an der Lamellenfläche spindelig flaschenförmig, an der Schneide mehr keulig-schlauchförmig, mit abgerundeter, nicht gezähnter Spitze.

PLUTEUS THOMSONII (Berk. & Br.) Dennis

Moser: Seite 218

Vorkommen: an Laubholzstrünken, seltener scheinbar auf dem Boden, nicht häufig.
Hut: 1,5–4 cm, dunkelgrau, graubraun, entwässert etwas aufhellend, gewölbt, etwas aderig, am Scheitel fast netzig- bis grubig-aderig, Adern vor Erreichen des Hutrandes auslaufend, fast samtig-glanzlos.
Lamellen: frei, weisslich, dann rosa.
Stiel: 2–4 cm lang, heller oder dunkler grau, auch silbergrau, auf ganzer Länge weissmehlig bereift, steif.
Sporen: Spp. rosa, Sp. eiförmig, glatt, 6,5–8, 5/5–6,5 µ, Zystiden nur oder fast nur an der Lamellenschneide, keulig-zylindrisch, teilweise an der Spitze abgerundet, teilweise in eine kürzere oder längere, selbst auch kapillarfeine Spitze auslaufend. (Text: H. Schwöbel)

PLUTEUS PHLEBOPHORUS (Dittm. ex Fr.) Kummer

Moser: Seite 219

Netzaderiger Dachpilz

essbar

Vorkommen: Juli–Oktober auf Laubholzstrünken oder auf dem Erdboden.
Hut: 2,5–6 cm, dunkel russigbraun, bisweilen gelblichbraun werdend, meist gänzlich mit deutlichem Netzwerk erhabener Adern, gewölbt-flach, ungerieft, dünnfleischig.
Lamellen: frei, blass, dann fleischrot, fast gedrängt, bauchig.
Stiel: 3–9 cm lang, weiss, bisweilen gilbend, seidigglänzend, kahl, oft gekrümmt, ziemlich fest.
Fleisch: weiss, weich.
Sporen: Spp. rosa, Sp. rundlich, glatt, 5–7/4,5–6 µ.

AMANITA INAURATA Secretan Moser: Seite 220

Riesenscheidenstreifling, Doppeltbescheideter Wulstling essbar

Vorkommen: ab Juni im Laub- und Nadelwald, auf Kalk und Silikat.
Hut; 10–15 cm, bräunlich, rötlich-gelbbraun, graubraun, walzig-glockig, dann ausgebreitet, zuletzt in der Mitte niedergedrückt mit hochgebogenem Rand, mit weisslichen, später grauschwarzen, dicken, leicht lösbaren Hüllresten, ziemlich fleischig, Rand gerieft.
Lamellen: frei, weiss, breit, am Rand meist abgerundet, gedrängt.
Stiel: 12–20(25)/1,5–3 cm, blassgraulich, feinflockig, bald hohl, doppelt bis dreifach bescheidet.
Fleisch: weiss, zart, brüchig, geruch- und geschmacklos.
Sporen: Spp. weiss, Sp. kugelig, 11,5–14 μ.
Chemische Reaktion: Fl. mit Phenolanilin weinrot, dann violett.

AMANITA CROCEA (Quél.) Singer Moser: Seite 221

Safrangelber Scheidenstreifling, Orangegelber Scheidenstreifling essbar

Vorkommen: Juni–Oktober im Laub- und Nadelwald, besonders bei Birken.
Hut: 3–12 cm, lebhaft orangegelb bis bräunlichorange, kegelig-glockig, später flach ausgebreitet, glatt, kahl, dünnfleischig, selten mit weissen Hüllresten, Rand gerieft.
Lamellen: frei, weiss, breit, gedrängt.
Stiel: 10–15/1–2 cm, jung geschlossen blassorangegelb, filzig-faserig überkleidet, schliesslich bei Streckung des Stieles ± orangegelblich genattert auf weisslichem Grund, nach oben verjüngt, hohl, gebrechlich, mit hoher, lappiger Scheide.
Fleisch: weiss, zart, Geschmack süsslich.
Sporen: Spp. weiss, Sp. rundlich, 8–12(14) μ.
Chemische Reaktion: Stfl. mit Phenol dunkelweinrot.
Anmerkung: Nach unsern Beobachtungen können gegen Ende der Erscheinungszeit aus dem gleichen Myzellager auch gelbe und weisse Formen mit reinweisser Stielbekleidung auftreten.

AMANITA FULVA (Schff. ex) Persoon

Moser: Seite 221

Gelbbräunlicher Scheidenstreifling

essbar

Vorkommen: Juni–Oktober im Nadel- und Laubwald, auf versauerten Böden.
Hut: 4–10 cm, dunkelrotbraun, orangefuchsig, mit hellerem Rand, kegelig-glockig, später flach ausgebreitet, dünnfleischig, Rand gerieft.
Lamellen: frei, weisslich, breit, gedrängt.
Stiel: weisslich bis rotbräunlich, Volva rötlichbraun.
Fleisch: zart
Sporen: Spp. weiss, Sp. rundlich, 8–12(14) μ.
Chemische Reaktionen: Stfl. mit Phenol schokoladenbraun, Hh. und Volva mit Phenolanilin sofort weinrosa, dann braun, mit Guajactinktur nach 2 Min. blau.

AMANITA UMBRINOLUTEA Secretan Moser: Seite 222

Verfärbender Scheidenstreifling, Zweifarbiger Scheidenstreifling essbar

Vorkommen: Juni–Oktober im Nadelwald, besonders im Gebirge.
Hut: 6–12 cm, gelb-, oliv- bis graubraun mit blasserem bis fast weisslichem Rand, später umbrabraun werdend, besonders in der Mitte, kegelig-glockig, später flach ausgebreitet, dünnfleischig, Rand gerieft.
Lamellen: frei, weiss, breit, gedrängt.
Stiel: graubraun oder gelbbraun genattert, nach oben verjüngt, in lappiger Scheide.
Fleisch: zart, Geschmack süsslich.
Sporen: Spp. weiss, Sp. 11–16/9,5–13 μ.

AMANITA CAESAREA (Scop. ex Fr.) Persoon ex Schweinitz — Moser: Seite 222

Kaiserling — essbar

Vorkommen: Juli–Oktober auf sauren Sand- und Lehmböden in lichten Eichen-, Buchen-, Kastanien-, Kiefern- und Fichtenwäldern, unter Gebüsch, in Mitteleuropa sehr selten und schonenswert.
Hut: 8–15(20) cm, leuchtend rot bis orange, auch goldgelb, halbkugelig, dann flach ausgebreitet, glänzend, glatt, meist nackt, sehr selten mit Hüllresten, fleischig, Rand deutlich gerieft.
Lamellen: frei, blassgelb, dann leuchtend goldgelb, dick, sehr breit, unterschiedlich lang, gedrängt, Schneide feinflockig gezähnelt.
Stiel: 8–16/2–3 cm, zitronengelb bis gelbweisslich, an der Basis etwas verdickt, feinflockig, mit freier, gut entwickelter weisser Volva, Manschette hängend, schlaff, oberseits gelb, feingestreift, unterseits blassgelb.
Fleisch: weissgelblich, im Stielmark weisslich, in der Basis weiss, ziemlich fest, Geschmack angenehm, Fleisch färbt Kochwasser gelb.
Sporen: Spp. weiss, Sp. elliptisch-eiförmig, 9–12/6–7 µ.
Chemische Reaktionen: Fl. mit Phenolanilin langsam rotbraun, in Stb. nach 1 Min. rosa, Papier wird von ausgepresster Hh. rot gefärbt.
Anmerkung: Fundort bei Emmendingen dank D. Knoch.

AMANITA MUSCARIA (L. ex Fr.) Hooker

Moser: Seite 222

Fliegenpilz, Roter Fliegenpilz

giftig

Vorkommen: Juli–November im Laub- und Nadelwald, besonders unter Birken.
Hut: 5–15 cm, leuchtend rot, orange, orangegelb, kugelig bis ausgebreitet oder niedergedrückt, schmierig glänzend, zumindest jung mit weissen, leicht abwischbaren Flocken, fleischig, Rand glatt, später schwach gerieft.
Lamellen: frei, weiss, weich, bauchig-breit, gedrängt.
Stiel: bis 20/1,5–2,5 cm, weiss, etwas flockig, mit kugeliger bis eiförmiger, weisser oder gelblicher Knolle, die durch Warzengürtel abgesetzt ist, Manschette gross, weiss, schlaff hängend, oft warzig gesäumt.
Fleisch: weiss, unter der Huthaut gelb.
Sporen: Spp. weiss, Sp. oval, 9–11/6–9 μ.
Chemische Reaktionen: Fl. mit H_2SO_4 hellbraun, mit Phenol weinrot, Knollenfl. mit Phenolanilin weinrot, dann violett.

AMANITA REGALIS Fries

Moser: Seite 222

Brauner Fliegenpilz, Königsfliegenpilz

giftig

Vorkommen: ab Juli im Nadelwald.
Hut: bis 15(20) cm, umbrabraun, jung fast kugelig mit dicht an den Stiel gepresstem Rand, mit weissen oder blassgelblichen Hüllresten, klebrig, glänzend, im Alter mit gerieftem Rand.
Lamellen: frei, weiss.
Stiel: weisslich bis gelblichweiss, keulig, Knolle mit mehreren Schuppengürteln, Manschetten mit hellgelbem, im Alter dunkler gelbem Rand, hängend oder anliegend, vergänglich.
Fleisch: unter der Huthaut rotbraun, bräunlichgelb, im Stiel gelblichweiss.
Sporen: Spp. weiss, Sp. oval, 9–12/6–9 μ.

AMANITA PANTHERINA (DC ex Fr.) Secretan Moser: Seite 222

Pantherpilz, Brauner Knollenblätterpilz giftig

Vorkommen: Juli–Oktober im Laubwald, selten im Nadelwald.
Hut: 5–10 cm, graubraun, gelbbräunlich, selten weisslich, im Gebirge auch schwarzbräunlich, halbkugelig, später flach ausgebreitet, trocken glänzend, mit weissen Hüllresten, dünnfleischig, Rand gerieft, Huthaut abziehbar.
Lamellen: frei, weiss, weich, dichtstehend.
Stiel: 5–12/1–2 cm, weiss, feinfaserig, von angewachsenem Scheidenwulst umhüllt, zuweilen mit mehreren Gürtelzonen über der Knolle, mit weisser, ungeriefter Manschette.
Fleisch: weiss, weich, Geruch rettichartig, Geschmack schwach süsslich.
Sporen: Spp. weiss, Sp. eiförmig, 10–12/7–8 μ.
Chemische Reaktionen: Fl. mit H_2SO_4 dunkelbraun, mit KOH gelborange, mit Phenol weinrot, Fl. und Str. mit Phenolanilin nach 3 Min. rosa, dann purpurrot, zuletzt schokoladenbraun, Fl., Str. und L. mit Lactophenol nach einigen Minuten schokoladenbraun.
Anmerkung: Im Nadelwald, besonders in Bergwäldern findet man den Tannenpantherpilz (var. abietum Gilbert). Er ist robuster, der Hutrand erst im Alter gerieft, die Knolle derber, schmal gerandet. Das Fl. färbt sich mit $FeSO_4$ graugrün, dann rosa, zuletzt rotbraun.

AMANITA GEMMATA (Fr.) Gillet — Moser: Seite 223

Narzissengelber Wulstling — minderwertig

Vorkommen: Juni–Oktober in warmen Nadel- und Laubwäldern.
Hut: 3–10 cm, zitronen- bis narzissengelb, alt blasser, gewölbt, dann flach, mit schmieriger, trocken glänzender Oberhaut, die eigentümlich elastisch-dehnbar ist, mit weissen, flockigen, vergänglichen Hüllresten, Rand bald kurz gerieft.
Lamellen: frei, weiss, breit, abgerundet, an der Schneide flockig.
Stiel: bis 10/1 cm, weiss, sehr weich, mit birnenförmiger, von der verdickten Scheide gebildeter, scharfgerandeter Knolle, Manschette weiss, sehr vergänglich.
Fleisch: weiss, unter der Huthaut leicht gelblich, geruchlos.
Sporen: Spp. weiss, Sp. elliptisch, 10–12/7–8 μ.
Chemische Reaktionen: L. mit H_2SO_4 lila, Fl. mit KOH gelborange, Str. und L. mit Phenolanilin rosa, dann braun.

AMANITA ELIAE Quélet Moser: Seite 223

Kammrandiger Wulstling verdächtig

Vorkommen: Juli–September im Laubwald auf saurem Boden, ziemlich selten.
Hut: 7–9 cm, weissgelb, ockerlich, isabellfarben, glokkig, dann flach, gebuckelt, mitunter vertieft, mit weisslichen Hüllresten, trocken, Rand gerieft.
Lamellen: frei, weiss, dick, gewimpert, fast gedrängt.
Stiel: 10–12/1–2 cm, weiss bis bräunlich, zartflockig bis faserig, hohl, mit kugeliger, berandeter, tief eingesenkter Knolle, Manschette weisslich, fleischrötlich blass.
Fleisch: weisslich, unter der Huthaut ledergelb, Geschmack mild.
Sporen: Spp. weiss, Sp. elliptisch, 11–14/6,5–8,5 µ.
Chemische Reaktionen: Fl. mit Phenol rot, dann braun, mit Phenolanilin rot, dann braun, L. mit Formol nach einigen Minuten schmutzigrosa.

AMANITA PHALLOIDES (Vaill. ex Fr.) Secretan — Moser: Seite 223

Grüner Knollenblätterpilz, Grüner Giftwulstling — tödlich giftig

Vorkommen: Juli–Oktober im Laubwald, besonders unter Eichen.
Hut: 6–12 cm, olivgrün bis gelbgrün, halbkugelig, später flachgewölbt bis ausgebreitet, eingewachsen faserig, trocken mit mattem, seidigem Glanz, Oberhaut abziehbar.
Lamellen: frei, weiss, im Alter grünlich überhaucht, weich, zum Stiel hin abgerundet.
Stiel: 8–15/1–2,5 cm, weiss, gelblich oder grünlich, bisweilen genattert, mit knolliger Basis in weisslicher, dünnhäutiger, sackartiger, abstehender Scheide, Manschette weisslich bis blassgrünlich, herabhängend, fein gerieft.
Fleisch: weiss, zart, unter der Huthaut gelbgrünlich, Geruch süsslich-honigartig bis widerlich ammoniakalisch.
Sporen: Spp. weiss, Sp. fast kugelig, amyloid, 8–10 µ.
Chemische Reaktionen: Fl. und L. mit H_2SO_4 violett, Exsikkat mit Sulfovanillin violett, dann rotbraun.
Anmerkung: Die var. verna ist bei sonst gleichem Habitus und Standort von weisser Farbe.

AMANITA VERNA (Bull. ex Fr.) Persoon ex vittadini
(Syn. A. virosa Lam. ex Secr.)

Moser: Seite 223

Spitzhütiger Knollenblätterpilz, Kegeliger Wulstling — tödlich giftig

Vorkommen: Juli–September, besonders im Nadelwald, nicht überall.
Hut: 7–10 cm, weiss, kegelig-glockig bis spitzkegelig, im Alter auch ausgebreitet, klebrig, trocken seidig glänzend, Rand lange eingebogen.
Lamellen: reinweiss, frei.
Stiel: bis 15 cm lang, reinweiss, schlank, seidig glänzend, längsfaserig-rissig, Knolle mit häutiger, oft anliegender Scheide, Manschette flüchtig.
Fleisch: weiss, zart, Geruch unangenehm.
Sporen: Spp. weiss, Sp. kugelig, amyloid, 7–10 μ.
Chemische Reaktionen: Fl. und L. mit H_2SO_4 hellrosa, Fl. und Hh. mit KOH gelb.

AMANITA CITRINA (Schff.) Gray

Moser: Seite 224

Gelber Knollenblätterpilz

minderwertig

Vorkommen: August–November im Laub- und Nadelwald, auf versauerten Böden.
Hut: 5–10 blass zitronengelblich, auch reinweiss, seltener gelbgrünlich, halbkugelig, dann ausgebreitet bis vertieft, fleischig, Oberhaut klebrig glänzend, abziehbar, mit gleichfarbigen, im Alter gelblich-bräunlichen, breiten, fetzigen Hüllresten, Rand ungerieft.
Lamellen: frei, weisslich, dann blassgelblich, weich, engstehend, mit flockiger Schneide.
Stiel: bis 12/1–1,2 cm, weisslich, blass zitronengelblich, Manschette blassgelblich, hängend, Knolle rundlich, gerandet, deutlich vom Stiel abgesetzt.
Fleisch: weiss, weich, Geruch nach Kartoffelkeimen, Geschmack roh widerlich rübenartig.
Sporen: Spp. weiss, Sp. kugelig, amyloid, 7–10 µ.
Chemische Reaktionen: Hh., Str., L. und Fl. in der Knolle mit H_2SO_4 olivbraun, L.-Rand mit KOH karminbraun.

AMANITA CITRINA (Schff.) S.F. Gray Moser: Seite 224

Gelber Knollenblätterpilz, weisse Form

minderwertig

Beschreibung gegenüber, S. 286.

Anmerkung: Das Foto zeigt die reinweisse Form des Typus, die nicht selten ist. Sofort zu erkennen am arttypischen Geruch nach Kartoffelkeimen und an der scharf gerandeten Knolle. Falls Hüllreste auf dem Hut vorhanden, sind sie cremebräunlich gefärbt, manchmal sind die Hüte völlig frei von Hüllresten.

AMANITA PORPHYRIA (A. & S. ex Fr.) Secretan

Moser: Seite 224

Porphyrbrauner Wulstling, Violettbrauner Wulstling **giftig**

Vorkommen: Juli–Oktober im Nadelwald.
Hut: 4–8 cm, porphyrbraun bis grauviolett, glockig, bald ausgebreitet, zuweilen mit spärlichen bräunlichen bis violettgrauen, häutig-warzigen Hüllresten, dünnfleischig, trocken glänzend-seidig, Rand glatt.
Lamellen: frei oder etwas angeheftet, weisslich, weich, ziemlich schmal, engstehend.
Stiel: 6–9/0,6–0,8 cm, weisslich oder grauviolett, bisweilen genattert, bald hohl, mit kugeliger Knolle mit wulstigem Saum, mit weisser, gelblicher oder grauvioletter, dünner, vergänglicher Manschette.
Fleisch: weiss, unter der Huthaut violett, Geruch nach Kartoffelkeller, Geschmack unangenehm rettichartig.
Sporen: Spp. weiss, Sp. kugelig, amyloid, 8–10 μ.
Chemische Reaktionen: Fl. in Stb. mit Phenolanilin braunrot.

AMANITA SPISSA (Fr.) Kummer Moser: Seite 224

Grauer Wulstling, Gedrungener Wulstling essbar

Vorkommen: Juli–Oktober in Laub- und Nadelwald, zerstreut.
Hut: 5–15 cm, graubraun, aschgrau, schwärzlichgrau, mit graulichen, fest anhaftenden Flocken, derbfleischig, Oberhaut oft faserig-rissig.
Lamellen: frei, weiss, weich, bauchig breit, hinten abgerundet, an der Schneide flockig.
Stiel: 8–12/1,5–2 cm, weiss, später graulich, mit ungerandeter, nach unten stumpf verjüngter Knolle mit 1–3 undeutlichen Schuppengürteln, Manschette graulich-weiss, oberseits gerieft, breit, lange Zeit vom Stiel abstehend.
Fleisch: weiss, unter der abgezogenen Huthaut in der Mitte etwas grau, Geruch dumpf, an Rüben oder Kartoffeln erinnernd, Geschmack rübenartig.
Sporen: Spp. weiss, Sp. kurz-oval, amyloid, 9–10/7–8 µ.
Chemische Reaktionen: Fl. mit H_2SO_4 purpurn, mit Phenol weinrot, Fl. in Stb. mit Phenolanilin weinrot, dann violett, Stfl. mit Guajactinktur grünlich, Fl. mit Lactophenol langsam blassbraun.

AMANITA RUBESCENS (Pers. ex Fr.) S. F. Gray Moser: Seite 224

Perlpilz, Rötender Wulstling

essbar

Vorkommen: Juni–Oktober im Laub- und Nadelwald.
Hut: 5–15 cm, blassrötlich bis braunrot, gelbbraun, graugelb, mit grauweissen, gelblichen oder rosabräunlichen, nicht kegeligen Schuppen, halbkugelig, später flach, fleischig, Oberhaut leicht abziehbar, Fleisch darunter blassrötlich.
Lamellen: frei, weiss, später rötlich gefleckt, breit, engstehend, weich.
Stiel: 5–15/1–4 cm, weiss, rötend, zur Spitze verjüngt, Basis keulig-knollig, oft mit Warzengürtel, Ring weiss, gross, herabhängend, auf der Oberseite gerieft, unterseits manchmal rosa.
Fleisch: weiss, zart, rosafleischfarben verfärbend, Geschmack anfangs süsslich, später unangenehm.
Sporen: Spp. weiss, Sp. amyloid, 8–9/6–7 μ.
Chemische Reaktionen: Fl. mit Phenol weinrot, mit Phenolanilin rötlich.
Anmerkung: Amanita pseudorubescens Herrf., Falscher Perlpilz, beruht auf einer Fehlbeobachtung, wie A. Pilat nachgewiesen hat. Der unter diesem Namen beschriebene Pilz ist ein gewöhnlicher Perlpilz.

AMANITA ECHINOCEPHALA (Vitt.) Quélet

Moser: Seite 225

Stachelschuppiger Wulstling

verdächtig

Vorkommen: Juli–Oktober im Laub- und Mischwald, auf Kalkböden, wärmeliebend.
Hut: 5–15 cm, reinweiss bis mausgrau, dann gelblich, halbkugelig, dann ausgebreitet, mit gleichfarbigen, kegeligen Warzen besetzt, mässig fleischig.
Lamellen: frei, wässrig-grünlich, bald blass, schmutzig oliv- bis graugrünlich oder cremefarben, zuletzt von der Schneide her bräunend, weich, engstehend, mit bewimperter Schneide.
Stiel: 6–10/1–3 cm, weisslichblass, schwach gelbgrünlich bis olivgrünlich getönt, bei Druck etwas bräunend, derb, mit rübenförmig zugespitzter, wurzelnder Knolle mit 1–3 Warzengürteln, Manschette dünn, auf der Oberseite zart gerieft, unterseits weisslich-filzig, oft mit Warzen am Rand.
Fleisch: weisslich mit grünem Schimmer, Geruch unangenehm, an Krankenhaus erinnernd.
Sporen: Spp. grünlich, Sp. amyloid 9,5–11/6,5–7,5 μ.

LIMACELLA ILLINATA (Fr.) Murrill

Moser: Seite 225

Ganzschleimiger Schirmling

essbar

Vorkommen: Juli–Oktober im Nadelwald, auf Lärchenwiesen, selten.
Hut: 2,5–7 cm, reinweiss, gelb oder graubraun bis mausgrau, gebuckelt, stark glänzend, dickschleimig.
Lamellen: frei, reinweiss, breit.
Stiel: 4–10 cm lang, weiss oder bei graubraunen Formen vom Schleim graubraun, oft grauviolettlich flekkend, ohne Ring, schmierig, nicht flockig, zerbrechlich.
Fleisch: blass, glasig, Geruch leicht mehlartig oder parfümiert.
Sporen: Spp. weiss, Sp. rundlich, leicht rauh, 4,2–6/3,8–4,5 μ.

LIMACELLA GUTTATA (Fr.) Konrad & Maublanc

Moser: Seite 225

Getropfter Schleimschirmling

essbar

Vorkommen: August–Oktober im Nadel- und Mischwald, ziemlich selten.
Hut: 5–12 cm, isabellfarben, fleischfalb, kuhbraun, halbkugelig, dann gewölbt, schleimig, kahl, oft in der Mitte mit länglichen Grübchen.
Lamellen: frei, blass, bauchig, beiderseits abgerundet, engstehend, dünn, weich.
Stiel: 7–12/1–2,5 cm, weisslich, Ring häutig, auf der Unter-, oft auch auf der Oberseite mit gelblichen Tröpfchen, die dann dunkle Flecken hinterlassen, unter dem Ring schuppig-flockig oder schwach faserig, Basis keulig.
Fleisch: weiss, Geruch nach Mehl.
Sporen: Spp. weiss, Sp. rundlich, 4,5–6/5 μ.
Chemische Reaktionen: Fl. mit Phenol rosa, dann violett, mit Phenolanilin weinrot, mit Sulfovanillin violett.
Anmerkung: Die eingeblendete Abbildung zeigt die dunklen Flecken nach Eintrocknen der Tröpfchen besonders gut. Das Aufreissen der Huthaut ist nicht typisch, sondern erfolgt nur bei besonders trockenem Wetter.

LIMACELLA GLIODERMA (Fr.) Maire

Moser: Seite 225

Schmieriger Schleimschirmling

essbar

Vorkommen: Juli–Oktober im Nadel-, seltener im Laubwald, auf kalkreichen Böden, selten.
Hut: 2,5–6 cm, rotbraun, fuchsig-orangefalb, ausblassend, halbkugelig, dann glockig, schleimig glänzend, trocken, Rand etwas gerieft.
Lamellen: abgerundet, nicht ganz frei, blass bis gelblich, breit.
Stiel: 4–8/bis 0,7 cm, weisslich bis fleischrötlich, mit aufsteigendem, vergänglichem, wolligem Ring, darunter flockig-schuppig, in der oberen Hälfte oft mit rötlichen Fasergürteln.
Fleisch: blass, weich, Geruch stark nach Mehl.
Sporen: Spp. weiss, Sp. rund, 4–5 μ.
Chemische Reaktion: mit KOH Fl. und Str. sofort gelb.

AGARICUS BITORQUIS (Quél.) Saccardo

Moser: Seite 227

Stadtchampignon, Scheidenegerling

essbar

Vorkommen: früh im Jahr an Strassenrändern im Bereich der Baumscheiben von Strassenbäumen, zwischen den Steinen des Pflasters, in Parkanlagen, selten auch im Wald entlang von Wegen und Strassen.
Hut: 3–10 cm, weisslich bis schmutziggelblich, ganz jung mit dünner Hüllhaut, Scheitel oft flach, dickfleischig, hart, Rand bleibt lange eingerollt.
Lamellen: frei, fleischrosa, dann schokoladenbraun, schmal, an der Schneide etwas weisslich geflockt.
Stiel: weiss, an der Basis ausspitzend, dick und hart, Basis ist mit einer unten eng anliegenden fest angeklebten, oben freien, dünnhäutigen Scheide umgeben, mit zwei getrennten schmalen Ringen, der obere ist oberseits gerieft.
Fleisch: weiss, zartrosa anlaufend, auch etwas gilbend, derb, Geruch angenehm holzartig, Geschmack nussartig.
Sporen: Spp. purpurbraun, Sp. rundlich, 5–6,5(7)/3,5–5 μ.
Chemische Reaktionen: Schaeffersche Kreuzungsreaktion positiv, Rotfärbung der L. mit α-Naphthol, Fl. mit Anilin blutrot.

AGARICUS BISPORUS (Lge.) Singer
Moser: Seite 227

Zweisporiger Egerling (Champignon)
essbar

Vorkommen: Juni–Oktober auf Komposthaufen, Ruderalstellen, an Weg- und Strassenrändern, seltener auf gedüngten Wiesen.
Hut: bis 10 cm, blass- bis schmutzigbräunlich mit heller Randzone, ± dunkler angedrückt-schuppig, kegelig-glockig bis abgeflacht, etwas niedergedrückt, festfleischig Rand lange eingerollt, weisslich gezähnt.
Lamellen: frei, fleischrosa, zuletzt schokoladenbraun, gedrängt, an der Schneide weisslich gewimpert.
Stiel: 3–6/1–2 cm, weiss, glatt, kahl oder unter dem Ring flockig, dicker Ring, der nach unten abziehbar ist, auf der Oberseite gerieft.
Fleisch: weiss, weich, leicht rötend, saftig, Geruch nach frischem Holz.
Sporen: Spp. purpurbraun, Basidien zweisporig, Sp. fast rundlich, 4–7,5(10)/4–5,5(6) µ.
Chemische Reaktion: Fl. mit Anilin blutrot.

AGARICUS HORTENSIS (Cke.) Pilat
Moser: Seite 227

Zuchtchampignon
essbar

Vorkommen: Gärten, gedüngte Böden, verrotteter Gartenkompost, Champignonkulturen.
Hut: 5–15 cm, abgeflacht, weiss, schmutzigweisslich, Scheitel alt auch schmutzigbräunlich, Gesamteindruck aber weiss, gegen den Rand feinfaserig schuppig.
Lamellen: frei, jung rosa, dann schokoladenbraun.
Stiel: 4–6/1–2 cm, weiss, an der Spitze rötlich, unter dem Ring flockig, Ring nach unten abziehbar.
Fleisch: weiss, weich, blassfleischrot anlaufend.
Sporen: Spp. purpurbraun, Sp. 7–8,5/5–5,5 µ, Basidien zweisporig.
Chemische Reaktion: Rotfärbung der L. mit α-Naphthol.

AGARICUS LANIPES (Moell. & Schff.) Singer
Moser: Seite 228

Breitschuppiger Waldchampignon, Wollfussegerling
essbar

Vorkommen: Juli–Oktober im Laubwald, auf sandigen, kalkarmen Böden, selten.
Hut: 5–10 cm, dunkelbräunlich, bald breit geschuppt, halbkugelig gewölbt bis verflacht, in der Mitte oft scheibenförmig niedergedrückt, fleischig.
Lamellen: frei, jung rosa, bei Druck stärker rötend, dann schokoladenbraun, an der Schneide etwas weisslich flockig.
Stiel: Spitze anfangs weiss, glattfaserig, gerieft, unter dem Ring braunflockig bis braunfilzig gegürtelt, mit rundlicher, fast abgesetzter oft chromgelb anlaufender Knolle, Ring aufwärts angewachsen, einfach, Unterseite wollig filzig, braun, Oberseite weisslich.
Fleisch: weiss, bald graubräunlich, fuchsrot anlaufend, Geruch nach Mandeln an der geriebenen Stielbasis.
Sporen: Spp. purpurbraun, Sp. meist elliptisch, 5,5–6,5/5–5,5 µ.
Chemische Reaktionen: Rotfärbung der L. mit α-Naphthol, Färbung mit Pyramidon violett.

AGARICUS SILVATICUS Schaeffer ex Secretan
Moser: Seite 229

Kleiner Blutegerling, Kleiner Waldchampignon
essbar

Vorkommen: Juli–Oktober im Nadelwald.
Hut: 5–10 cm, zimtbraun, faserig bis schuppig.
Lamellen: frei, graurötlich, dann schokoladenbraun.
Stiel: weisslich, selten rosabräunlich gescheckt, schlank, dünn, mit keulig verdickter oder abgerundet knolliger, von weissem Myzel überzogener Basis. Ring hochsitzend, breit abstehend, Unterseite meist weiss.
Fleisch: weiss, beim Durchschneiden selbst aussen karminrot anlaufend, Geruch nach Reiben holzartig.
Sporen: Spp. purpurbraun, Sp. 4,5–6/3–3,5 µ.
Chemische Reaktionen: Rotfärbung der L. mit α-Naphthol, Färbung mit Pyramidon violett.

AGARICUS VAPORARIUS (Pers. ex Vitt.) Moser Moser: Seite 229

Brauner Riesenchampignon, Kompostegerling jung essbar

Vorkommen: Mai–Oktober an Strassenrändern, vor allem im Bereich menschlicher Siedlungen, an Stellen, wo sich Strassenkehricht ansammelt, in Gärten, Parkanlagen, immer in der Nähe von Bäumen, nie direkt auf Kompost- oder Müllhaufen.
Hut: 10–15(20) cm, im Alter gewölbt mit schwach niedergedrückter Mitte, anfangs schmutzigdunkelbraun bis tabakbraun, Oberhaut schliesslich in angedrückt-strähnige Schuppenfasern zerbrechend auf hellem holzbräunlichem Untergrund, Rand ± von dicken Velumresten behangen.
Lamellen: frei, schon jung weinrot, zuletzt schwarzbraun, mit fast steriler weisslicher bis hellgrauer Schneide, sehr gedrängt, schmal.
Stiel: 6–12/3–5 cm, weiss, bald schmutzigrosa, alt dunkler werdend, an der Spitze glatt, zur Basis faserig, Basis verjüngt, fest. Ring weisslich, dick, meist eng anliegend, auf der Oberseite gestreift, mit doppelt gerandeter Kante.
Fleisch: weiss, bald schmutzig, läuft an der abgebrochenen Stielspitze fleisch- bis fuchsrötlich an, Geruch erst holzartig, im Alter unangenehm, Geschmack von jungen Pilzen süsslich, fast nussartig, alt unangenehm.
Sporen: Spp. purpurbraun, Sp. rundlich, 6–7/4,5–6 μ. Basidien viersporig.
Chemische Reaktionen: Rotfärbung der L. mit α-Naphthol, Fl. mit Anilin rot bis rotbraun, Fl. mit Phenol in 10 Min. rötlich, dann braun.

AGARICUS SUBPERONATUS (Lge.) Singer Moser: Seite 230

Gegürtelter Champignon essbar

Vorkommen: Mai–August auf nacktem Boden, an Wegrändern, unter Alleebäumen, oft zusammen mit Agaricus bitorquis (S. 295), jedoch viel seltener.
Hut: 7–12 cm, nussbräunlich bis hellrötlichbraun, gewölbt, oft mit abgeflachter, etwas eingedrückter Mitte, glänzend, mit angedrückt-faserigen, fast konzentrisch angeordneten dunkleren Schuppen, Rand eingebogen und meist mit schmutzigweisslichen Hüllresten behangen.
Lamellen: frei, blassrosa, dann schmutzigrötlich, später dunkler, mit blasseren, sterilen Schneiden.
Stiel: 6–8/1,5–3 cm, weisslich, allmählich grau werdend, bei Berührung und beim Reiben schmutziggelbbräunlich verfärbend, gleich dick oder keulig, doppelt beringt, Ringe hängend.
Fleisch: weisslich, fleischrosa verfärbend, fest, Geruch fruchtartig bis unangenehm süsslich.
Sporen: Spp. dunkelbraun, Sp. rundlich bis oval, 5–8/4–5 μ.

AGARICUS CAMPESTER (L.) Fries

Moser: Seite 230

Feldegerling, Wiesenchampignon

essbar

Vorkommen: Mai–November auf Wiesen, Feldern, besonders nach trockenen Sommern.
Hut: 5–12 cm, weiss, alt auch bräunlich, schuppig oder glatt, gewölbt bis verflacht, bisweilen gilbend, dickfleischig, mit überstehender, leicht abziehbarer Oberhaut.
Lamellen: frei, rosa bis fleischrot, dann schokoladenbraun, dichtstehend, breit, oft etwas feucht.
Stiel: 3–10/1–2 cm, weisslich, seidig glatt, an der Basis oft schmutziggelblich. Ring weiss, dünn, hängend, unterseits etwas schuppig, oft verkümmert, vergänglich.
Fleisch: weiss, zart, bei Bruch schwach rötlich anlaufend, Geruch nach frisch gesägtem Holz, Geschmack angenehm würzig.
Sporen: Spp. purpurbraun, Sp. eiförmig-elliptisch, 7–8/4–5 μ.
Chemische Reaktionen: Rotfärbung der L. mit α-Naphthol, Fl. mit Anilin sehr schwach olivgelblich, mit Guajacol violettlich, mit Pyrogallol braunorange, Str. mit $FeSO_4$ rasch orange, Str. und Hh. mit Guajactinktur blaugrün.

AGARICUS PERRARUS Schulzer Moser: Seite 230

Heller Riesenchampignon essbar

Vorkommen: im Nadelwald, auch bei einzeln stehenden Fichten.
Hut: bis 25 cm, ocker- bis gelb- oder zimtbraun, glatt bis fein faserschuppig, fleischig, wenig gilbend.
Lamellen: frei, creme, später schwach graurosa, im Alter dunkelbraun.
Stiel: kahl oder mit ocker bis gelblich verfärbenden Schuppen, Ring auf der Unterseite mit ocker bis gelblichen Schuppen.
Fleisch: weiss, aromatisch.
Sporen: Spp. purpurbraun, Sp. 8–10/4–5 µ.
Chemische Reaktionen: Schaeffersche Kreuzungsreaktion positiv, Rotfärbung der L. mit α-Naphthol.
Anmerkung: Aus glaubhafter Quelle wurde berichtet, dass in aufeinanderfolgenden Jahren am gleichen Standort einmal helle und einmal dunkle Fruchtkörper kamen, die zu A. augustus oder A. perrarus passten.

AGARICUS ABRUPTIBULBUS Peck

Moser: Seite 231

Schiefknolliger Anis-Champignon

essbar

Vorkommen: im Laub- und Nadelwald, gern in der Nähe von Fichten.
Hut: 6–12(14) cm, reinweiss, geglättet-seidig oder zart eingewachsen faserig, gedrückt rasch zitronen- bis chromgelb fleckend, halbkugelig, zuletzt aufschirmend, stumpf oder mit schwachem stumpflichem Bukkel.
Lamellen: frei, sehr gedrängt, jung weisslich-blass, dann graulich-fleischfarben, zuletzt dunkelrötlich- bis fast schwarzbraun.
Stiel: 7–12/0,8–2 cm, zylindrisch, aufwärts schwach verjüngt, mit abgeplattet-knolliger, sogar ± gerandet-knolliger Basis, weiss, alt ± bräunend, seidenfaserig oberhalb des Ringes. Ring dünn, weit, unterseits mit flach-häutigen Schuppenwarzen, schliesslich vom Hutrand ablösend und am Stiel glockig hängend, zuletzt zusammenfallend und eintrocknend. Oft bleiben Teile des Ringes am Hutrand hängen.
Fleisch: weiss, gilbend, bei alten Fruchtkörpern im Stiel bräunlich-schwärzlich verfärbend, im Hut ziemlich dünn, gedrückt oder angeschnitten anisartig riechend.
Sporen: Spp. purpurbraun, Sp. elliptisch 6–8/4–5 μ. Randzellen (Zystiden) an Lamellenschneide breitoval bis keulig.
Anmerkung: Ähnlich, aber seltener ist: Agaricus silvicola (Vitt.) Sacc., durchschnittlich kleiner, dünnstieliger, dünnfleischiger, Hut jung nicht rein weiss, vielmehr mit deutlichem schwefelgrünlichem Schein; Sporen kleiner, nur 5–6/3–4 μ, Stielbasis knollig, ähnlich der des A. abruptibulbus. (Text: H. Schwöbel)

AGARICUS ARVENSIS Schaeffer ex Fries Moser: Seite 231

Weisser Anis-Champignon, Schafegerling essbar

Vorkommen: Mai–Oktober auf gedüngten Wiesen, Viehweiden, Gärten, an Waldrändern.
Hut: 8–15(20) cm, kugelig, dann flach gewölbt oder etwas gebuckelt, weiss, später besonders in der Mitte hell- bis schmutziggelblich, seidig glänzend, glattfaserig bis leicht flockig, bei Druck gilbend, dickfleischig.
Lamellen: frei, blassfleischfarben, später schokoladenbraun, nie rosa, schmal, sehr dichtstehend.
Stiel: 5–16/1–3 cm, weiss, oft gelblich gefleckt, glatt, zur Basis verdickt bis schwach knollig, bei Druck gilbend. Ring zweischichtig, kräftig, auf der Unterseite sternförmig.
Fleisch: weiss, unter der Oberhaut auch hellgelb, in der Basis hellgelb oder schwach fuchsig, Geruch mandelartig oder anisartig, Geschmack nussartig.
Sporen: Spp. purpurbraun, Sp. eiförmig, 6,5–8/4–5 μ.
Chemische Reaktionen: Schaeffersche Kreuzungsreaktion positiv, Hh. mit H_2SO_4 und KOH gelb, Rotfärbung der L. mit α-Naphthol, Fl. und Hh. mit Lactophenol lilagrau, Fl. mit Phenolanilin braunviolett, Rinde der Stb. mit Guajactinktur in 2 Min. blaugrau.

AGARICUS MACROSPORUS (Moell. et Schff.) Pilat Moser: Seite 232

Grosssporiger Riesenchampignon essbar

Vorkommen: Juli–Oktober auf Waldwiesen, Weiden, auch in grasigen Auwäldern.
Hut: bis 25(35) cm, jung reinweiss oder leicht grünlich getönt, dann etwas ledergelb, ockergelb, bei Druck gelb, lange geschlossen, dann glockig-halbkugelig, später ausgebreitet-niedergedrückt, leicht flockig-schuppig, wenig rissig, Rand mit zahnartigen Hüllresten.
Lamellen: frei, lange blass, dann graurosa, schliesslich schokoladengrau bis -braun, schmal, sehr gedrängt, Schneiden blass, steril.
Stiel: 5–10/2,5–3,5 cm, weiss, gelblich bis bräunlich gefleckt, gedrungen, erst voll, dann fast hohl, Ring dick, am Rand oft zahnradartig etwas bräunend, Unterseite aber nicht sternförmig, Basis etwas keulig-knollig, oft auffallend geschuppt.
Fleisch: weiss, bisweilen etwas rötend, Geruch und Geschmack nach Anis oder Mandeln, alt unangenehm.
Sporen: Spp. schwarzbräunlich, Sp. eiförmig bis oval, 10–12/6,5–7 µ.
Chemische Reaktionen: Hh. mit H_2SO_4 und mit KOH gelb, Schaeffersche Reaktion bei alten Exemplaren positiv.

AGARICUS COMTULUS Fries

Moser: Seite 232

Triften-Zwergchampignon

essbar

Vorkommen: auf beweidetem Grasland, kurzrasigen Triften, selten.
Hut: 2–3,5(4) cm, reinweiss, im Alter vom Scheitel aus etwas ockerlich verfärbend, dünnfleischig.
Lamellen: frei, von Jugend an lebhaft rosa, zuletzt schokoladenbraun.
Stiel: 3–5/0,5 cm, weiss, alt blassockerlich, bei Berührung nicht gilbend. Ring einfach, dünn, gut entwickelt.
Fleisch: weiss, nicht anisartig riechend.
Sporen: Spp. purpurbraun, Sp. 4,5–5,5/3–3,5 μ.
Chemische Reaktionen: Schaeffersche Kreuzungsreaktion positiv, Hh. und Str. mit KOH gelb, Fl. mit Guajactinktur langsam bläulich.

AGARICUS PORPHYRIZON Orton

Moser: Seite 232

essbar

Vorkommen: im Mischwald, selten.
Hut: 5–8 cm, rötlichlila, mit braunpurpurnen, angedrückten Fasern und Schuppen auf in der Mitte weinrotem, gegen den Rand weisslichem Grund, fleischig.
Lamellen: frei, jung graurosa, dann schokoladenbraun, geschlossene Teilhülle typisch gelblich.
Stiel: 5–6/1–1,5 cm, mit knolliger, nur aussen, nicht jedoch im Fl. gilbender Basis. Ring gut ausgeprägt, nach oben abziehbar, Unterseite gelblich.
Fleisch: weiss, fest, starker Geruch nach Bittermandeln.
Sporen: Spp. purpurbraun, Sp. 4,5–5,5/3–4 µ.
Anmerkung: Unsere Funde stammen nur aus saurem Nadelwald.

AGARICUS PURPURELLUS (Moell.) Moeller Moser: Seite 233

Purpur-Zwergchampignon essbar

Vorkommen: im Nadelwald, auch bei einzelnen Fichten, selten.
Hut: 2–4 cm, gänzlich bedeckt mit seidigen, eingewachsenen purpurrosa bis -roten radialen Fasern, Scheibe geschlossen dunkler purpurbraun, dünnfleischig.
Lamellen: frei, graurosa, zuletzt schokoladenbraun, breit.
Stiel: 3–6 cm lang, 0,3–0,5 cm dick, blass, zuletzt mit fleischrosa Schein, berührt gilbend, mit sehr zartem Ring.
Fleisch: dünn, weisslich, anisartig riechend.
Sporen: Spp. purpurbraun, Sp. 4–5/2,7–3,7 μ.
Chemische Reaktionen: Schaeffersche Kreuzungsreaktion positiv, L. mit Anilin rot.

AGARICUS XANTHODERMA Genevier

Moser: Seite 234

Weisser Giftchampignon, Karbolegerling

giftig

Vorkommen: Juli–Oktober in Wäldern, Gärten, Friedhöfen, Parkanlagen, seltener auf Wiesen.
Hut: 5–15 cm, kalkweiss, abgeplattet-kugelig bis glockig, dann ausgebreitet, nicht sehr fleischig.
Lamellen: frei, rosa, zuletzt schokoladenbraun, ziemlich schmal.
Stiel: 5–15/1–2 cm, weiss, kahl, oft stark glänzend, mit meist deutlich abgesetzter, rundlicher, im Anschnitt immer stark chromgelb anlaufender Knolle. Ring aufwärts abziehbar, weisslich mit oft gelbfleckigem Rand, dick, auf der Unterseite schuppig.
Fleisch: weiss, chromgelb in der Knolle, Geruch unangenehm nach Karbol (Eisengallustinte), Geschmack widerlich.
Sporen: Spp. purpurbraun, Sp. 5–7/3–4 μ.
Chemische Reaktionen: Fl. und Hh. mit KOH satt orangegelb, Rotfärbung der L. mit α-Naphthol, Fl. und Hh. mit Anilin satt orangegelb, Fl. mit Phenol in 5 Min. rot, Fl. in der Basis mit Guajactinktur in 2 Min. grünblau.

CHAMAEMYCES FRACIDUS (Fr.) Donk

Moser: Seite 235

Schwarzfleckiger Schmierschirmling

ungeniessbar

Vorkommen: September–Oktober in grasigen oder krautreichen Laubwäldern.
Hut: 2–6(8) cm, elfenbeinweiss mit ockerfarbigen Flecken, halbkugelig, dann gewölbt, fleischig, Rand eingebogen, oft zart strahlig-runzelig, jung mit bernsteinfarbenen Tröpfchen.
Lamellen: frei, weiss, gedrängt, breit.
Stiel: 4–5/bis 0,8 cm, an der Spitze weisseidig, unter der Ringzone hutfarben flockig-filzig, stärker ockerfleckig, gegen die Basis verjüngt, Ringzone anliegend, schmal, häutig, faserschuppig, sehr vergänglich.
Fleisch: weisslich, in der Stielbasis schwärzend, Geruch ähnlich Lepiota cristata (S. 312).
Sporen: Spp. ockerlich-creme, Sp. elliptisch, 4,5–5/2–2,5 μ, Zystiden an Blattfläche und Blattschneide keulig oder flaschenförmig, reichlich.

LEPIOTA ASPERA (Pers. in Hofm. ex. Fr.) Quélet

Moser: Seite 238

Spitzschuppiger Schirmling

ungeniessbar

Vorkommen: September–Oktober im Laub- und Nadelwald, an Wegrändern.
Hut: 4–8 cm, auf hellerem, oft weisslichem Grund mit gelb- bis dunkelbraunen, spitzkegeligen Schuppen, kegelig-glockig, dann halbkugelig, schliesslich flach ausgebreitet und schwach gebuckelt, ziemlich dickfleischig.
Lamellen: frei, weiss, gegabelt, ziemlich schmal, besonders engstehend, an der Schneide unregelmässig fein gekerbt und gewellt.
Stiel: 10–12/1–2 cm, weiss oder hutfarben, teils mit bräunlichen Schuppen, schwachfaserig, nur unten mit spärlichen, warzigen Resten des Schleiers, fast knollig, Ring häutig-fädig, hängend.
Fleisch: reinweiss, Geruch widerlich, ähnlich L. cristata (S. 312), Geschmack widerwärtig.
Sporen: Spp. weiss, Sp. walzig, 7–8/2,5–3,7 µ.
Chemische Reaktionen: mit Phenol L. braun, mit Guajactinktur Fl. langsam blaugrün, L. rasch grün.
Anmerkung: Sehr ähnlich, aber mit ungegabelten Lamellen ist L. acutesquamosa Kummer.

MELANOPHYLLUM ECHINATUM (Roth ex Fr.) Singer
Moser: Seite 235

Blutblättriger Schirmling

Vorkommen: im feuchten, krautreichen Laub- und Nadelwald, humose Waldwegränder, auch in Gewächshäusern.
Hut: 1–2(5) cm, hell- bis dunkelgrau, weinrotbraun, bräunlich, ausgebreitet, kleiig-körnig, ± verkahlend, Rand vom Velum fetzig behangen.
Lamellen: frei, purpur-weinrot, blutrot, weinbraun.
Stiel: karminrosa, grau, körnig-mehlig, mit verschwindendem flockighäutigem Ring.
Fleisch: im Hut blass, im Stiel purpurrötlich, rettichartig bis süsslich riechend.
Sporen: Spp. frisch olivlich, dann rosa bis braun, Sp. fast nierenförmig, 5–6/3–3,5 μ.

LEPIOTA CRISTATA (A. & S. ex Fr.) Kummer
Moser: Seite 239

Stinkschirmling
ungeniessbar

Vorkommen: August–Oktober in Gärten, im Gebüsch, entlang grasiger Wege im Wald.
Hut: 2–4 cm, reinweiss, mit rostbraunem, glattem Scheitel und rostgelben bis rotbräunlichen fast körnigen Schüppchen, kegelig-glockig, trocken, dünnfleischig.
Lamellen: frei, weiss, engstehend, breit, bauchig.
Stiel: weisslich bis fleischrötlich, fast nackt, Ring häutig, gebrechlich, weiss.
Fleisch: weiss, Geruch widerlich, unangenehm, an Kartoffelbovist (S. 582) erinnernd.
Sporen: Spp. weiss, Sp. abgestutzt, stumpf, 6–7,5/3–3,5 μ.
Chemische Reaktionen: Fl. mit Phenolanilin in 1 Min. rosa, dann schokoladenbraun, mit Guajactinktur in einigen Minuten blau.

LEPIOTA CASTANEA Quélet
Moser: Seite 239

Rotbrauner Zwergschirmling

Vorkommen: Juli–September im Laub- und Nadelwald.
Hut: 2–4 cm, haselnuss- bis fuchsigbraun, bald in kleine körnige Schüppchen zerreissend.
Lamellen: frei, weisslich, von der Schneide her fuchsrötlich fleckend.
Stiel: dem Hut gleichfarbig schuppig auf fast weissem Grund, ringlos.
Fleisch: weiss, rötend, stark riechend, fast zedernholzartig.
Sporen: Spp. weiss, Sp. mit Sporn, wenn auch mitunter nur undeutlich, 9–13/3,5–5 μ.
Chemische Reaktion: Fl. mit Guajactinktur rasch blau.

LEPIOTA CLYPEOLARIA (Bull. ex Fr.) Kummer
Moser: Seite 240

Wolliggestiefelter Schirmling

Vorkommen: August–Oktober im Laub- und Nadelwald, ziemlich verbreitet.
Hut: 3–5 (7) cm, auf weisslichem Grund mit weisslichockerlichen oder blassbraunen, fast wolligen Schüppchen, Scheitel dunkler, eiförmig, dann glockig, schliesslich flach, Rand flockig-gezähnt.
Lamellen: frei, weisslich bis blassgelblich, gedrängt.
Stiel: 4–10/bis 1 cm, weiss oder bräunlichblass, weisslich wollig gestiefelt, hohl, flockig ausgekleidet, Ring spinnwebartig, zartfaserig, blass, vergänglich.
Fleisch: weiss bis blassocker, weich, Geruch schwach holz- oder bovistartig, Geschmack süsslich.
Sporen: Spp. weiss, Sp. spindelig, 12–16/5,5–6,5 μ.
Chemische Reaktion: Fl. mit Phenolanilin in 5 Min. rosa, dann ziegelrot.

Moser: Seiten 235–240

Oben: Blutblättriger Schirmling (M. echinatum)
Unten: Rotbrauner Zwergschirmling (L. castanea)

Oben: Stinkschirmling (L. cristata)
Unten: Wolliggestiefelter Schirmling (L. clypeolaria)

LEPIOTA IGNIVOLVATA Bousset-Josserand Moser: Seite 240

Beschuhter Schirmling ungeniessbar

Vorkommen: Juli–Oktober im Laubwald, besonders in Rotbuchenwäldern.
Hut: 4–11(14) cm, breit eichelförmig, aufschirmend, zuletzt schalig vertieft, mit meist gut ausgebildetem, stumpflichem Buckel, in der Mitte hell haselnuss- bis ocker- oder holzbraun, selten auch goldockerlich, die Hutdeckschicht zerspringt um den geschlossen braun bleibenden Hutbuckel in zarte, ± anliegende wollige Schüppchen auf weissem, später holzbräunlichem Grund.
Lamellen: frei, weiss, im Alter oft rostig gesprenkelt, dünn, gedrängt.
Stiel: 5–15/0,4–2(2,5) cm, weiss, anfangs mit dem Hutrand durch einen feinen, spinnwebartigen Schleier verbunden, der über einer auf ihrer Unterseite braun gefärbten Ringzone bald verschwindet, unterhalb der Ringzone zerstreut braun-schuppig, Basis von reichlichem weissem Myzel umhüllt, das sich durch Reiben oder während des Eintrocknens safrangelb bis feuerorange verfärbt.
Fleisch: weiss, Geruch eigenartig unangenehm, an Lepiota cristata (S. 312) oder Lycoperdon pyriforme (S. 573) erinnernd.
Sporen: Spp. weiss, Sp. schlank mandelförmig, 9–13/5,5–7 μ. (Text: H. Schwöbel)

LEPIOTA VENTRIOSOSPORA Reid

Moser: Seite 240

ungeniessbar

Vorkommen: in Laub- und Nadelwald, selten.
Hut: 4–8 cm, ockerlich mit lebhaft gelben bis braunen Schuppen, Mitte glatt, glockig, dann flach, Velum gelblich, Reste davon am Hutrand übergreifend und Zähnchen bildend.
Lamellen: frei, gelblich, gedrängt.
Stiel: gelblich, ockerlich, im unteren Teil gelblich-wollig, schuppig, Ringzone jung gut ausgeprägt.
Fleisch: weiss, blass gelblich, zart, fast geruchlos.
Sporen: Spp. weisslich, Sp. spindelig, mit Hilardepression, 14–18/4–6 μ.

MACROLEPIOTA PROCERA (Scop. ex Fr.) Singer

Moser: Seite 244

Parasol, Grosser Schirmling

essbar

Vorkommen: Juli–Oktober in lichten Wäldern, auf Wiesen in Waldnähe, an Wegböschungen mit Sträuchern.

Hut: 10–25 cm, jung kugelig-eiförmig, hellbraun, schliesslich tellerförmig, gebuckelt, in ± breite, braune Schuppen zerbrechend, an Druckstellen nicht verfärbend.

Lamellen: frei, mit Kollar, weiss, später rosa, weich, gedrängt, bauchig, breit.

Stiel: 15–30/2–4 (Knolle) cm, braun genattert, mit knolliger Basis, Ring doppelt, fetzig gerandet, dickhäutig, verschiebbar, Stielrinde hartfaserig.

Fleisch: weiss, in der Stielspitze auch rosa, zart, jung saftig, Geruch angenehm, Geschmack nussartig.

Sporen: Spp. weiss, Sp. elliptisch, glatt, 15–20/10–13 μ.

Chemische Reaktionen: Fl. mit Phenol rasch braun, mit Guajactinktur rasch blaugrün.

MACROLEPIOTA RHACODES (Vitt.) Singer

Moser: Seite 244

Rötender Schirmling, Safranschirmling

essbar

Vorkommen: Juli–Oktober in Wäldern, in Parkanlagen.
Hut: 10–15 cm, jung braun, kugelig, dann halbkugelig bis glockig, schliesslich ausgebreitet, in filzig-faserig sparrige Schuppen zerbrechend.
Lamellen: frei, weiss, oft mit rötlicher Schneide und Basis, bei Berührung rötlich verfärbend, gedrängt.
Stiel: 12–15 cm lang, weiss, berührt oder alt rotbraun, kahl, glatt, seidig glänzend, Basis knollig, Ring wattig-schwammig, verschiebbar.
Fleisch: weiss, im Bruch safran- bis karminrot verfärbend, jung saftig, Geruch und Geschmack angenehm.
Sporen: Spp. weiss, Sp. elliptisch, (8) 9–12 (15)/6–7 (8) μ.
Chemische Reaktionen: Fl. mit KOH schmutzigweiss, mit $FeSO_4$ hellgrün, mit Lactophenol blassgraubraun, mit Phenolanilin rasch rot, dann violett, mit Guajactinktur sofort dunkelolivbraun.
Anmerkung: Die Einblendung zeigt die var. hortensis Pilat, die dunkelhütiger ist als der Typus und eine ausgeprägte, gerandete Knolle aufweist; giftverdächtig.

LEUCOCOPRINUS BIRNBAUMII (Corda) Singer
(Syn. L. luteus [Sow. ex Fr.] Locq.)

Moser: Seite 247

Gelber Faltenschirmling

Vorkommen: in Gewächshäusern.
Hut: 3–5 (6) cm, zitronen- bis schwefelgelb, mit goldgelben, schliesslich bräunlichgelben schuppenartigen Flöckchen besetzt, glockig, dann gewölbt, Rand stark faltig-gereift bis fast zum Scheitel (oft von Flocken überdeckt), häutig-durchscheinend, wenn aufgeschirmt, sehr gebrechlich.
Lamellen: frei, weisslich-gelblich, mit gelber bis bräunlichpunktierter Schneide.
Stiel: zitronen- bis schwefelgelb, mit aufsteigendem Ring, Basis keulig angeschwollen, Sclerotium weisslich.
Fleisch: gelb, dünn.
Sporen: Spp. weiss, Sp. 6–11/3,5–6,5 µ.

LEUCOCOPRINUS BRESADOLAE (Schulz.) Moser

Moser: Seite 248

Anlaufender Schirmling

essbar

Vorkommen: In Wäldern (auf Sägespänen), in Gärten, auf Komposterde, in Gewächshäusern, selten.
Hut: 6–15 cm, halbkugelig, kegelig, dann aufschirmend mit ± deutlichem, stumpfem Buckel, heller graubraun, blass, kakaorötlich, trocken glanzlos, unter Lupe feinfilzig. Während des Aufschirmens zerbricht die Hutdeckschicht in schmale, angedrückte, um den geschlossen braun bleibenden Buckel konzentrisch angeordnete Schüppchen auf weissem bis weinbräunlichem Grund. Hutrand dünn, zuletzt faserig-gerieft und einreissend.
Lamellen: dünn und gedrängt, vom Stiel frei, weiss, gedrückt safranorange bis blass weinrot verfärbend.
Stiel: jung gedrungen-bauchig, z.T. mehr als 5 cm dick, schliesslich sich auf 10–15 cm Länge streckend, das untere Drittel meist ± bauchig verdickt bleibend, aber spindelig auslaufend, schmutzigweisslich bis blassgraubraun, mit sehr feinen, wenig auffallenden, dunkleren Schüppchen besetzt; auf Druck lebhaft safranrötlich anlaufend, in Schwarzrot übergehend. Ring dünn, häutig, bleibt häufig ganz oder teilweise am Hutrand hängen.
Fleisch: weiss, fest, im Stiel erst voll, dann faserighohl, ± zitronen-safranrötlich anlaufend, bes. im Hut und in der Stielrinde, schliesslich in Weinpurpur- bis Braunrot übergehend. Geruch schwach angenehm, pilzartig.
Sporen: Spp. weiss mit cremefarbenem Schein, Sp. breit-elliptisch, 8–12/6–8 μ mit Keimporus.
Chemische Reaktionen: Fleisch mit Ammoniak (NH_3) sofort grün. (Text: H. Schwöbel)

CYSTODERMA AMIANTINUM (Scop. ex Fr.) Fayod

Moser: Seite 249

Amiant-Körnchenschirmling

essbar

Vorkommen: September–November im Nadelwald, auf moosigen Waldwiesen.
Hut: 2–5 cm, ockergelb, ockerbraun, gewölbt bis gebuckelt, dann verflacht, flockig-körnig, schwachfleischig.
Lamellen: schmal angeheftet, weiss bis creme, gedrängt.
Stiel: 4–6 cm lang, hutfarben, über der Ringzone kahl und weisslich, darunter schuppig, erst voll, dann röhrig, Ring aufsteigend, zerrissen, körnig-schuppig.
Fleisch: gelblich, im Hut weich, im Stiel derber, fast knorpelig, Geruch moderig.
Sporen: Spp. weiss, Sp. elliptisch, amyloid, 4–6/3–4 μ.
Anmerkung: Bei der fm. rugoso-reticulatum ist die Hutoberhaut radial-runzelig-faltig (Foto rechts oben), es gibt auch eine weisse Form (links unten) und die fm. montana mit dunkleren Farben und stärker schuppigem Stiel (rechts unten).

CYSTODERMA CARCHARIAS (Pers. ex Secr.) Fayod

Moser: Seite 250

Starkriechender Körnchenschirmling

ungeniessbar

Vorkommen: September–November im Nadelwald.
Hut: 2–6 cm, weisslich, blassfleischrötlich, dunkler feinkörnig-mehlig, glockig-gewölbt, dann flachkegelig, stumpfgebuckelt, Rand später wellig.
Lamellen: angeheftet, weiss, später gilbend, fast gedrängt, dünn.

Stiel: 4–7 cm lang, hutfarben, Spitze weiss, glattfaserig, unter der Ringzone körnig-schuppig, Basis fast knollig, Ring häutig, trichterförmig, abstehend, Stiel ausgestopft bis hohl.
Fleisch: blass, Geruch unangenehm staubartig, Geschmack widerlich.
Sporen: Spp. weiss, Sp. rundlich, amyloid, 4–5,5/3–4 μ.

PHAEOLEPIOTA AUREA (Matt. ex Fr.) Maire

Moser: Seite 251

Glimmerschüppling **essbar**

Vorkommen: September–November in Wäldern, Parkanlagen, im Gebüsch, an Wegrändern, besonders bei Brennesseln, allgemein selten.
Hut: 6–20 (25) cm, schön goldbraun, löwengelb, fast halbkugelig oder glockig, dann gewölbt, seltener leicht gebuckelt, glimmerig-kleiig, bisweilen runzelig, trokken, derbfleischig.
Lamellen: frei, lange blass, dann rostgelb, schmal, dünn, fast gedrängt.
Stiel: 9–15/2–3 cm, über dem Ring blass gelblichocker, darunter fuchsiggelb körnig-mehlig oder flockig, Basis ± keulig, Ring trichterig-hochgestellt, oberseits weisslich, unterseits wie der Stiel körnig-mehlig.
Fleisch: blassgelblich, an der Schnittfläche gilbend.
Sporen: Spp. rostbräunlich, Sp. elliptisch-spindelig, glatt bis schwach rauh, 12/5 μ.

COPRINUS ATRAMENTARIUS (Bull. ex Fr.) Fries

Moser: Seite 254

Faltentintling

essbar, ohne Alkohol!

Vorkommen: Mai–November auf Feldern, Ruderalplätzen, im Gebüsch, in Gärten, meist in vielköpfigen Haufen.
Hut: 3–7 cm, aschgrau bis graubraun, gegen den Scheitel mit abwischbaren, bräunlichen Schüppchen, ei-, dann glockenförmig, zuletzt kegelförmig ausgebreitet, Rand gerieft-faltig.

Lamellen: frei, weiss, dann schwarz, sehr gedrängt, bauchig, breit, an der Schneide flockig, zerfliessend.
Stiel: 6–15/0,7–1,5 cm, weisslich, glatt, zartfaserig, etwas glänzend, erst voll, später hohl, aufwärts meist verjüngt, an der Basis bisweilen volvaartig beringt.
Fleisch: weiss, dünn, Geschmack mild.
Sporen: Spp. braun, Sp. fast elliptisch, 7,5–10/5–5,5 μ.

COPRINUS COMATUS (Müll. in Fl. Dan. ex Fr.) Gray

Moser: Seite 253

Schopftintling

essbar

Vorkommen: Mai–November an grasigen Stellen, auf gedüngten Plätzen, in Gärten.
Hut: geschlossen 5–10 cm hoch, weiss, Scheitel bisweilen ockerlich, gegen den Rand schliesslich rosalich bis schwärzlich, zylindrisch bis walzenförmig, jung fast glatt, Oberhaut bald in weiche, breite, faserige, zuletzt bräunliche, sparrig abstehende Schuppen zerreissend, Rand anfangs anliegend, dann aufreissend und sich nach aussen spiralig aufrollend.
Lamellen: frei, weiss, dann purpurrosa, zuletzt schwarz tintenartig zerfliessend, dünn, engstehend.
Stiel: bis 15/1–1,5 cm, weiss, zartfaserig, Ring beweglich, herabfallend, oft flüchtig, Basis schwach knollig verdickt.
Fleisch: weiss, weich, zart, Geruch und Geschmack angenehm.
Sporen: Spp. dunkel schwarzbraun, Sp. eiförmig, 12–16/7–8 μ.
Chemische Reaktionen: mit Guajactinktur untere Str. bläulichgrün, mit $FeSO_4$ Stfl. goldgelb.

COPRINUS COMATUS (Müll. in Fl. Dan. ex Fr.) Gray

Moser: Seite 253

Schopftintling

essbar

Beschreibung gegenüber, Seite 324.

Anmerkung: Die sehr kurz gestielten, fast eiförmigen Fruchtkörper wuchsen aus dem gleichen Myzel wie der gegenüber abgebildete Typus. Ähnlich kann der Eiertintling (C. comatus var. ovatus Schaeffer ex Fries) aussehen.

COPRINUS PICACEUS (Bull.) Fries

Moser: Seite 254

Elsterntintling, Spechttintling

ungeniessbar

Vorkommen: Juni–Oktober im Laub- und Nadelwald, an humosen Stellen, selten.
Hut: 5–6 cm, braunschwarz oder russigbraun, durch grosse weisse, zuletzt abfliessende Flocken spechtartig bunt, eiförmig bis walzenförmig, dann glockig, zuletzt ausgebreitet, fast häutig, Rand durchscheinend gerieft.
Lamellen: frei, grauschwarz bis schwarz, sehr engstehend, bald zerfliessend, Schneiden anfangs etwas flokkig.
Stiel: bis 15/1 cm, weiss, hohl, gebrechlich, besonders zur fast knolligen Basis schwach schuppig.
Fleisch: weisslich, dünn, brüchig, Geruch unangenehm.
Sporen: Spp. schwarz, Sp. elliptisch, 14–19/10–13 µ.

COPRINUS LAGOPUS Fries

Moser: Seite 255

Hasenpfote

Vorkommen: Juli–Oktober in Wäldern, im Gebüsch, auf dem Erdboden, meist einzeln.
Hut: 1–2 cm, weiss, ganz mit weissen faserigen Flöckchen bedeckt, glockig, bald ausgebreitet, faltig gefurcht, nicht zerfliessend.
Lamellen: frei, grauschwärzlich, bald zerfliessend.
Stiel: 5–15 cm lang, hutfarben, fast bis zur Spitze mit weichen Haaren bekleidet, röhrig, gebrechlich.
Sporen: Spp. schwarz, Sp. mandelförmig-elliptisch, 10–12,5/6–7 (7,5) μ.

COPRINUS MICACEUS (Bull. ex Fr.) Fries

Moser: Seite 257

Glimmertintling

essbar, ohne Alkohol!

Vorkommen: Mai–November auf vergrabenem Holz, um Strünke, meist in kleinen und grösseren Büscheln, inner- und ausserhalb des Waldes.
Hut: 2–4 cm, rostgelb bis fuchsig, jung mit blassockerlichen bis bräunlichen, glimmerigen, körnigen Flocken, eiförmig-glockig, dann glockig, zuletzt kahl, gerieft, dann bis zum Scheitel faltig gefurcht, aufspaltend, zerfliessend.
Lamellen: abgerundet angeheftet, gelblichweiss, dann graulich bis braun, zuletzt schwarz, an der Schneide bisweilen weiss, sehr gedrängt.
Stiel: 5–10 cm lang, weisslich, anfangs feinflockig bestäubt, bald kahl, seidenfädig glatt, glänzend, röhrighohl.
Fleisch: weisslich, zart, mild, ohne besonderen Geruch.
Sporen: Spp. schwarzbraun, Sp. fast elliptisch, apikal stark verbreitert, keil-eiförmig, verkehrt mitraförmig, 4,5–10/4–6 µ.
Chemische Reaktion: Fl. und Str. mit KOH lilarosa.

COPRINUS SACCHARINUS Romagnesi Moser: –

Überzuckerter Tintling

Vorkommen: Frühjahr und Frühsommer an Stümpfen, am Grund von Stämmen, auf im Boden vergrabenem Holz, auf verrottenden Obstresten.
Hut: 3–6 cm, rostigocker, Rand oft heller rostgelb, mehr ockergrau mit rostfuchsiger Scheibe, breit-eichelförmig mit ± gefurcht-gerieftem Rand, schliesslich verflachend, aufspaltend und ± zerfliessend, jung mit weissen mehlig-glimmerigen Velumflöckchen besetzt.
Lamellen: fast frei, weisslich, vom Rand her bräunend mit weiss bewimperter Schneide, schliesslich schwarzbraun zerfliessend.
Stiel: 4–10(12) cm lang, weisslich, etwas seidenfaserig, röhrig-hohl, mit ± deutlichem Ringwulst an der Stelle, wo der Hutrand den Stiel berührt, abwärts schwach verdickt.
Fleisch: blass ockerlich, fast geruchlos.
Sporen: Spp. fast schwarz, Sp. 8–9,5(10)/5–10μ.
Anmerkung: Vom häufigeren Glimmertintling (Coprinus micaceus, S. 328) im wesentlichen nur durch die reinweissen Velumflöckchen und die frühe Erscheinungszeit zu unterscheiden.
(Text: H. Schwöbel)

COPRINUS DISSEMINATUS (Pers. ex Fr.) Gray

Moser: Seite 260

Gesäter Tintling

Vorkommen: Mai–Oktober an der Basis von Bäumen, auf Strünken, wie gesät.
Hut: 1–2 cm, ockergelblich, graugelb, dann hellgrau, mit gelbbraunem Scheitel, mehr oder weniger glockig bleibend, gefurcht-gefaltet, kleiig, bald nackt, schlaff, sehr gebrechlich, sehr vergänglich.

Lamellen: direkt angewachsen, lilagraubraun, fast bauchig, nicht zerfliessend.
Stiel: 3–5 cm lang, glasig, kleiig, fadenförmig, schlaff.
Sporen: Spp. schwarzbraun, Sp. glatt, 7,5–10/4–5 μ.

COPRINUS ANGULATUS Peck

Moser: Seite 261

Kohlentintling

Vorkommen: Juli–September auf 1- bis 3jährigen Feuerstellen und Brandflächen.
Hut: 1–2,5 cm lang, hellocker bis dunkelrostbraun, fuchsiggelb, eiförmig-glockig, faltig gefurcht, nackt, kahl.
Lamellen: blassgraulich, mit dicker weisser, glimmeriger oder tropfig-flockiger Schneide, zerfliessend.
Stiel: 3–8 cm lang, blassweisslich bis ocker, hohl.
Sporen: Spp. schwarzbraun, Sp. infel- oder kronenförmig, dreilappig, 9,5–10,5/7–8 µ.

PANAEOLUS SPHINCTRINUS (Fr.) Quélet
(Syn. P. campanulatus auct.)

Moser: Seite 264

Glockendüngerling

Vorkommen: Mai–Oktober, besonders an gedüngten Orten, Weiden, Triften usw.
Hut: 1,5–4 cm, tongrau, braungrau, lederblass bis fleischrötlich, nicht oder kaum hygrophan, glockig, glatt, bisweilen fast seidig glänzend, alt rissig-felderig, schwachfleischig, Rand durch Velumreste weissgekerbt oder gefranst erscheinend.
Lamellen: bauchig angeheftet, grauschwarz, schliesslich schwarz, mit weisser Schneide, lanzettlich.
Stiel: 6–10 cm lang, graulich oder rotbräunlich, oben bereift, bei feuchtem Wetter an der Spitze mit Wassertropfen besetzt, starr, gebrechlich, hohl.
Sporen: Spp. schwarz, Sp. zitronenförmig, glatt, undurchsichtig, 14–18/8–11 μ.
Anmerkung: Var. minor (Fr.) Singer: Hut 1,5–2,5 cm, russig-sepiabraun, schwärzlich oder olivgrau, Lamellenschneiden gleichfarben, Stiel grau, umbrabraun bis schwärzlich, Sp. 14–19/9–12 μ.

PANAEOLUS RICKENII Hora

Moser: Seite 264

Langstieliger Düngerling

Vorkommen: Juli–Oktober an grasigen Stellen innerhalb und ausserhalb von Wäldern, auch auf Weideplätzen.
Hut: 1,5–2,5 cm, ziemlich dunkel rot- bis schokoladenbraun, entwässert isabellbräunlich, glockig, höher als breit, hygrophan, kahl, nackt, ohne Spur eines Velums.

Lamellen: angeheftet, fast frei, graulich-fleckig, schliesslich schwarz mit weissflockiger Schneide, bauchig, gedrängt.
Stiel: 6–10 cm lang, dunkelrotbraun, gänzlich bereift, oft mit Tröpfchen, enghohl.
Fleisch: rötlich-bräunlich.
Sporen: Spp. schwarz, Sp. glatt, 11,5–15/8–10 µ, mit Keimporus.

PSATHYRELLA CANDOLLEANA (Fr.) Maire — Moser: Seite 271

Behangener Faserling — essbar

Vorkommen: ab Mai an Laubholzstrünken, zwischen Laubholzreisig, oft sehr gesellig, einzeln oder mehrere Fruchtkörper büschelig verwachsen.
Hut: 3–6 cm, hygrophan, feucht honig- bis holzgelb, trocken weisslich bis tongelblich, Mitte hellockergelblich, kugelig, dann flach gewölbt, glanzlos, zart, brüchig, mit vergänglichen, weissen Faserflöckchen bekleidet, am Rand lange erhalten bleibend.
Lamellen: schmal angewachsen, weiss, dann purpurlila, schliesslich dunkelbraun, schmal, dichtstehend.
Stiel: 5–6 cm lang, weiss, schwach faserig, oben leicht gestreift, röhrig-hohl, sehr brüchig, bisweilen leicht wurzelnd.
Fleisch: weiss, zart, mürbe.
Sporen: Spp. rötlichbraunschwarz, Sp. elliptisch, schmal, glatt 7–8/4–4,5 μ.
Chemische Reaktion: Fl. mit Phenolanilin langsam rosa.

PSATHYRELLA VELUTINA (Pers. ex Fr.) Singer
(Syn. Lacrimaria lacrimabunda auct. non Fr.)

Moser: Seite 272

Tränender Saumpilz

essbar

Vorkommen: Juli–Oktober an Wegrändern, in Gärten, auf Feldern, Ruderalstellen.
Hut: 1,5–10 cm, reh-, ocker- oder gelbbraun, auch fuchsig, trocken fast isabellfarben, glockig-gewölbt, dann ausgebreitet, stumpfgebuckelt, filzig-haarig, faserschuppig, schwach hygrophan, bisweilen etwas runzelig-rinnig, dünnfleischig, Rand mit blassgelbem, fast zerfliessendem Saum.
Lamellen: ausgebuchtet oder abgerundet angeheftet, fleischbraun, dann purpurschwarz, Schneiden weissflockig, tränend, fast gedrängt.
Stiel: 7–14/0,7–1(2) cm, weisslich, etwas bräunlich schuppig-faserig, Spitze blass, mehlig, hohl, Cortina schmutzigweisslichbräunlich, als Saum vom Hut herabhängend, eine flüchtige Ringzone am Stiel hinterlassend.
Fleisch: gelblich, bräunlich, Geschmack leicht zusammenziehend.
Sporen: Spp. schwarzbraun, Sp. fast mandelförmig, warzig-rauh, mit Keimporus, 8–11/5–6 μ.

PSATHYRELLA MELANTHINA (Fr.) ss. Kühner & Romagnesi Moser: Seite 273

Vorkommen: Mai–Oktober auf morschem Holz, auf mit Holzresten durchsetztem Boden, besonders in Auwäldern im Bereich von Pappeln.
Hut: 2–5(7) cm, hell mausgrau, hell erdgrau, halbkugelig, bald ausgebreitet-flach, ungebuckelt oder mit flachem, stumpfem Buckel, ganz wollig-filzig bekleidet, am Rand mehr faserig-schuppig, gegen die Hutmitte schuppig-flockig, am Scheitel meist mit deutlicher aufgerichteten, spitzlichen, etwas schwärzenden Faserschüppchen, nicht durchscheinend gerieft, aber im Alter ± spaltend gerieft, Rand anfangs faserig behangen.
Lamellen: fast weisslich, schliesslich sehr hell erdgrau mit ockerlichem Beiton, dünn, fast schmal, gedrängt, Schneiden im Alter leicht gekerbt, fein weiss gezähnelt.
Stiel: 4–6 cm lang, weiss, weissflockig überkleidet, Spitze mehr mehlig-flockig, gegen die Basis fein angedrückt graulichbraun geschuppt, bisweilen mit spinnwebartiger, bald schwindender Ringzone, Basis weissfilzig.
Fleisch: weisslich, schmutzigblass.
Sporen: Spp. ziemlich hellgraubraun, Sp. elliptisch, ohne oder mit kaum sichtbarem Keimporus, 9–11/5–6 μ. Zystiden nur an der Lamellenschneide, bauchig-zylindrisch mit breitem, abgerundetem «Kopf».
(Text: H. Schwöbel)

PSATHYRELLA CAPUT-MEDUSAE (Fr.) Konrad & Maublanc Moser: Seite 273

Medusenhaupt

ungeniessbar

Vorkommen: Juni–Oktober, an Nadelholzstrünken, besonders im Gebirge.
Hut: 4–6 cm, in der Mitte blass dattelbräunlich, zum Rand hin weisslich-haarig-schuppig, Schuppenhaare ± schwärzend, glockig, dann flachgewölbt, oft grubig-runzelig, stumpf, junge Fruchtkörper sind ganz von weissem, flockig-warzigem Velum überzogen.
Lamellen: verschmälert angeheftet, fast frei, hell-, dann dunkelschokoladenbraun, bauchig, engstehend, bisweilen tränend.
Stiel: 7–9/0,5–0,8 cm, weiss, beringt, Ring weisslich, bräunend, hängend, wulstig gerandet, doppelt, oft stückchenweise abfallend, unter dem Ring weisslich bis bräunlich-sparrig-schuppig, darüber weisseidig, fast gerieft, mehlig bereift.
Fleisch: blass, gebrechlich.
Sporen: Spp. dunkelbraun, Sp. fast spindelig, glatt, 10–12/4–5 µ.

PHOLIOTINA APPENDICULATA (Lge. et Kühn.) Singer Moser: Seite 285

Vorkommen: an grasigen Stellen, an Wegrändern, auf Schlagflächen.
Hut: 1–2,5 cm, hell honigockergelb, honiggelb, halbkugelig-flach, durchscheinend gerieft, hygrophan, trocken ockerweisslich und ungerieft, Rand mit mehr oder weniger isolierten, weissen, dreieckigen Velumzähnchen besetzt, diese leicht abwischbar und im Alter oft fehlend.
Lamellen: fast frei, gelblichweiss, dann ocker, breit, mässig gedrängt.
Stiel: weisslich, wenig ockerlich, Basis etwas bräunend, etwas faserig-flockig.
Fleisch: blassockerlich, im Alter dunkler.
Sporen: Spp. bräunlich, Sp. glatt, 7–8/4–5 μ, mit Keimporus.

BOLBITIUS LACTEUS Lange Moser: Seite 285

Weisser Mistpilz

Vorkommen: auf gedüngten Böden, an grasigen Wegrändern, in Wäldern, auf Äckern, selten.
Hut: bis 1 cm, milchweiss, älter vom Rand aus isabellfarben, eiförmig-halbkugelig, gefaltet-gerieft, dann ausgebreitet, schmierig, Rand weiss bleibend.

Lamellen: frei, blass, dann isabellfarben, ziemlich dicht stehend.
Stiel: 2,5–3,5 cm lang, weiss, hohl, jung fein flaumig.
Sporen: Spp. rostbraun, Sp. oval, glatt, mit Keimporus, 10,5–11,5/6–6,3 μ.

BOLBITIUS VITELLINUS (Pers.) Fries

Moser: Seite 285

Gold-Mistpilz

Vorkommen: Mai–Oktober auf untergepflügtem Mist, verrottendem Stroh, usw.
Hut: 2–5 cm, dottergelb, eiförmig, dann eiförmig-ausgebreitet, schmierig, häutig, welkend, Rand gefurcht-gespalten.
Lamellen: frei, ockertonfarben bis rostgelb.
Stiel: bis 12 cm lang, weisslich, an der Spitze gelblich, weisskleiig, röhrig, sehr gebrechlich, fast gleichdick.

Sporen: Spp. rostbraun, Sp. glatt, mit Keimporus, 12–13/6–7 µ.
Anmerkung: Bei der var. titubans (Bull. ex Fr.) ist der Hut bis zum Scheitel gerieft, Sp. 13–15/7–9 µ. Bei der var. fragilis (L. ex Fr.) ist nur der Hutrand gerieft, Sp. 9–12/6–7 µ. Bei beiden Varietäten ist der Hut mehr zitronengelb, der Stiel gelblichweiss bis gelb und bereift.

AGROCYBE EREBIA (Fr.) Kühner Moser: Seite 286

Leberbrauner Erdschüppling essbar

Vorkommen: Juli–Oktober an Waldrändern, auf Waldwegen, in Parkanlagen.
Hut: 3–6 cm, dunkel leberbraun, trocken blassbräunlich, blasstonfarben bis zimtbraun, glockig, dann verflacht, oft gebuckelt, hygrophan, kahl, klebrig, bisweilen etwas runzelig-uneben, Rand im Alter zurückgebogen, oft etwas gerieft.
Lamellen: breit oder mit Zahn angewachsen, auch sichelförmig herablaufend, blassbraun, dann dunkler braun, Schneiden feinschartig, flockig.
Stiel: 3,5–5 cm lang, blassbraun, Basis dunkler, über dem Ring seidig-flockig, scharf gerieft, darunter faserig-gestrichelt, voll, später hohl, Ring weiss, häutig, aufgebogen, oberseits gerieft.
Fleisch: im Hut jung weiss, dann blassbräunlich, im Stiel schmutzigbräunlich, später nach unten dunkler.
Sporen: Spp. trüb tabakbraun, Sp. elliptisch bis fast spindelig-länglich, glatt, 10–12/7–8 μ.

AGROCYBE PRAECOX (Pers. ex Fr.) Fayod

Moser: Seite 286

Voreilender Ackerling

essbar

Vorkommen: Mai–Juli in Wäldern, im Gebüsch, seltener auf Feldern.
Hut: 3–6 cm, weisslich, bräunlich, ockerbraun, ockergrau, halbkugelig glockig, dann gewölbt bis verflacht, nicht oder nur schwach hygrophan, glatt, fast kahl, brüchig, dünnfleischig, Rand oft mit Schleierresten behangen.
Lamellen: buchtig angewachsen, mit Zahn herablaufend, weisslich, dann schmutzigbraun, engstehend.
Stiel: 6–10/bis 1 cm, weisslich, faserig, unter dem Ring mehlig-flaumig, markig ausgestopft, schliesslich röhrig, Ring weiss, häutig, abstehend, oft am Hutrand anhaftend, Basis mit weissen Myzelsträngen.
Fleisch: weisslich, weich, Geruch etwas mehlartig, Geschmack mehlartig mit Anklang an Kakao.
Sporen: Spp. graubräunlich, Sp. elliptisch-eiförmig, glatt, 9–12/5–6 μ.
Chemische Reaktionen: Fl. mit Guajactinktur in einigen Minuten blau, mit Phenolanilin in 2 Min. lilarosa, mit Metol langsam dunkelviolett, dann schwarzviolett.

AGROCYBE PALUDOSA (Lge.) Kühner & Romagnesi

Moser: Seite 287

Sumpfackerling

Vorkommen: auf zeitweise überschwemmten Wiesen, auf sumpfigem Boden usw.
Hut: 1–4 cm, lederblass bis hell horngrau, trocken ausblassend, halbkugelig bis flachgewölbt, hygrophan, glatt, dünnhäutig.
Lamellen: ausgebuchtet, jung beige, dann rostbräunlich bis schmutziggraubraun.
Stiel: 5–9 cm lang, an der Basis nicht knollig, mit aufsteigendem Ring.
Sporen: Spp. schmutzigdunkelbraun, Sp. glatt, 8–11/5–7 μ.

AGROCYBE ARVALIS (Fr.) Singer
(Syn. A. tuberosa)

Moser: Seite 287

Geschwänzter Ackerling

Vorkommen: Juli–September auf Feldern und Wiesen, ziemlich selten.
Hut: 1,5–2,5 cm, gelb- bis ockerbräunlich, oft blass, trocken ledergelb, glockig-gewölbt, später flach.
Lamellen: braun, rostbräunlich, schmal, fast entfernt.
Stiel: 3,5–7 cm lang, blassstrohgelb, feinkleiig bis flockig, zäh, mit mehr oder weniger stark ausgebildeter Myzelwurzel aus schwarzem, oft tief im Boden steckendem Sklerotium entspringend.
Sporen: Spp. dunkelbraun, Sp. elliptisch, glatt, mit deutlichem Keimporus, 9–12/5–6 μ. Pleurozystiden mit 4–5 fingerförmigen Fortsätzen.

Anmerkung: Die Pilzgruppe wurde im Hornberger Pilzgarten fotografiert, wo sich auf Beeten von frischer Eichenrinde an der Oberfläche im ersten Jahr dunkelbraunschwarze Sklerotien bildeten. Im Jahr darauf und auch im zweiten Jahr kam es dann zu grossen Schüben von Fruchtkörpern, die in den weiteren Jahren stark abnahmen.

STROPHARIA SQUAMOSA (Pers. ex Fr.) Quélet

Moser: Seite 288

Schuppiger Träuschling

Vorkommen: August–November meist an Holz oder Holzresten in und ausserhalb des Waldes.
Hut: 2–5 cm, ockergelb bis holzgelb, auch verwaschen orangegelblich bis fast fuchsig, gewölbt bis fast flach, mit konzentrisch angeordneten weissen, flockigen Schüppchen, etwas klebrig.
Lamellen: breit angeheftet, olivpurpurn, dann fast schwärzlich mit weissflockiger Schneide, engstehend.
Stiel: 10–15 cm lang, weiss, unterhalb des weissen Ringes rostgelblich schuppig bis striegelig-filzig.
Fleisch: weisslich, geruchlos.
Sporen: Spp. purpurn, Sp. elliptisch, 11–14/6–8 μ, Zystiden an den Blattschneiden fädig-keulig.

STROPHARIA HORNEMANNII (Weinm. ex Fr.) Lundell & Nannfeldt Moser: Seite 289

Üppiger Träuschling ungeniessbar

Vorkommen: August–Oktober im Nadelwald, auf modrigem Holz und bei Strünken, in Mitteleuropa selten.
Hut: 4–10(15) cm, elfenbeinweiss bis kastanienbraun, bisweilen mit violettlichem oder auch grünlichem Schein, glockig, dann gewölbt, zuletzt verflacht, schmierig, trocken glänzend, fleischig, Rand oft von Velumresten behangen.
Lamellen: angewachsen oder mit Zahn herablaufend, weisslich, dann rauchgrau-violettlich, mässig dicht, ziemlich dick und breit.
Stiel: 8–15(20)/1–2,5 cm, weiss, unterhalb des Ringes schuppig, alt kahl, Stielende häufig verschmälert, Ring weisslich, abstehend, oberseits gestreift, vergänglich.
Fleisch: Geruch und Geschmack unangenehm.
Sporen: Spp. dunkelbraun, auch heller, Sp. mandelförmig bis elliptisch, glatt, mit deutlichem Keimporus, 10,5–13/5,5–7 µ.

STROPHARIA RUGOSOANNULATA Farlow ex Murrill Moser: Seite 289

Rotbrauner Riesenträuschling essbar

Vorkommen: Aug.–Okt. ausserhalb des Waldes auf Erde, Stroh, gedüngtem Boden usw., auch in Kultur.
Hut: 5–12 cm (und grösser), blassgraubraun, gelbbraun bis satt rotbraun oder weinrötlich, ausbleichend zu ledergrau bis ockergelblich, halbkugelig geschlossen, dann aufschirmend und flach ausgebreitet, schwach schmierig bis ± trocken, glatt, bisweilen am Scheitel mit deutlicher dunkelvioletter Punktierung, oft eingewachsen faserig, geflammt, Rand zuerst stark eingerollt, dann ausgebreitet, mit weissen, vergänglichen Velumresten behangen, derb gekerbt.
Lamellen: breit angewachsen, sich zuletzt vom Stiel ablösend, hellgrau, dann grauviolettlich, graublau, Schneiden heller, engstehend, dünn.
Stiel: 7–16 (20)/2–3,5 cm, weisslich, dann weissbräunlich, abwärts gelbbräunlich, trocken, kahl, oben ± stark gerieft, Ring ± doppelt, obere Schicht reinweiss, gerieft, untere Schicht gelblichweiss, meist kleinschuppig zerrissen oder sternförmig gespalten.
Fleisch: weiss, unter der Huthaut schwach strohgelblich, fest, Geruch schwach rettichartig.
Sporen: Spp. purpurgraubraun bis schwarzbraunviolett, Sp. fast elliptisch, glatt, mit Keimporus, 11–13 (18)/7,5–8 (10) μ.
Anmerkung: Dieser Pilz lässt sich mit gutem Erfolg auf Strohbeeten züchten. Es gibt auch eine kultivierte gelbe Form davon.

STROPHARIA AERUGINOSA (Curt. ex Fr.) Quélet

Moser: Seite 289

Grünspanträuschling

essbar

Vorkommen: August–November im Laub- und Nadelwald.
Hut: 3–8 cm, jung satt blaugrün, spangrün, alt gelblich verfärbend, glockig, dann flachgewölbt, zuletzt vertieft, mit in dickem Schleim schwimmenden, weissen Velumflocken, trocken glänzend, Huthaut zäh, abziehbar, Rand mit weissflockigen Schleierresten besetzt.
Lamellen: breit angewachsen, violettlichgrau, ziemlich dunkel, weich, ziemlich gedrängt, Schneide anfangs weissflockig, feingekerbt.
Stiel: 5–8/bis 1 cm, hutfarben, dann bräunlich, über dem Ring kahl, darunter weissflockig, anfangs schleimig und klebrig, Ring meist häutig, aufsteigend, schmal, vergänglich.
Fleisch: weisslich, weich, Geruch und Geschmack schwach rettichartig.
Sporen: Spp. purpurbraun, Sp. eiförmig-elliptisch, mit Keimporus, 7–9/4–5 μ, Zystiden an Lamellenschneide keulig bis bauchig-blasenförmig.
Anmerkung: Sehr ähnlich ist St. cyanea (Bolt. ex Secr.) Tuomikoski: Hut stärker senfgelb ausblassend, Lamellen werden nur fleischlilabraun, Zystiden an den Lamellenschneiden zum grössten Teil mit schnabelartig zugespitztem Fortsatz.

STROPHARIA SEMIGLOBATA (Batsch. ex Fr.) Quélet

Moser: Seite 290

Halbkugeliger Träuschling

Vorkommen: Mai–November auf grasigen Waldwegen, an grasigen Wegrändern.
Hut: 1–4 cm, ocker- bis zitronengelb, ausblassend, lange halbkugelig, später flach, glatt, klebrig, trocken sehr glänzend, dünnfleischig.
Lamellen: schwach ausgebuchtet angeheftet, olivgrau, dann nebelgrauschwarz, Schneiden schwach weissflockig, fast entfernt.
Stiel: 5–10 cm lang, blassgelb, unterhalb des Ringes klebrig, leicht schuppig, röhrig, Basis schwachknollig.
Sporen: Spp. fast schwarzbraun, Sp. elliptisch, glatt, mit Keimporus, 15–19/8–10 μ, Zystiden blasig.
Anmerkung: Bei der var. stercoraria (Bull. ex Fr.) ist der Hut etwas gebuckelt, der Stiel stärker schuppig und die Zystiden an den Schneiden sind haarförmig.

HYPHOLOMA CAPNOIDES (Fr.) ex Fr. Kummer (= Nematoloma) Moser: Seite 291

Rauchblättriger Schwefelkopf essbar

Vorkommen: im Frühjahr und besonders im Spätherbst auf Nadelholz.
Hut: 2–6 cm, gelb- bis orangebräunlich, mattgelb, gewölbt, dann verflacht, bisweilen stumpfgebuckelt, dünnfleischig, Randzone oft wässrig durchzogen, anfangs von Hüllresten zart seidigweiss bekleidet, dann mit weissen, später dunkelbraunen Schleierresten behangen.
Lamellen: weisslich, dann rauchgrau, kaum gedrängt bis ziemlich locker gestellt.
Stiel: schwach gelblich, abwärts rostbraun, oben seidig-glatt, angedrückt glattfaserig, bisweilen auch schwach flockig, immer hohl.
Fleisch: weisslich, Geschmack nussartig.
Sporen: Spp. olivpurpurbraun, Sp. länglich-elliptisch, 7–9/4–5 μ.
Chemische Reaktionen: Fl. mit KOH rasch rostbraun, mit $FeSO_4$ langsam blassgrün, mit Guajactinktur schmutziggrün.

HYPHOLOMA EPIXANTHUM (Fr.) Quélet

Moser: Seite 291

Riechender Schwefelkopf

ungeniessbar

Vorkommen: Mai–November, besonders auf Nadelholz.
Hut: 4–6 cm, gelblich, Scheitel schwach fuchsig, gewölbt, dann flach, Rand anfangs vom Velum weissseidig.
Lamellen: angewachsen, weisslich, tonblass oder blass-gelblich, dann purpurgraulich oder graubraun, Schneide weissflockig.
Stiel: 4–6/bis 0,9 cm, weisslichblass, abwärts rostbräunlich bis dunkelbraun, faserig, an der Basis wurzelartig verlängert.
Fleisch: Geruch unangenehm, stinkend, Geschmack rettichartig, sehr bitter.
Sporen: Spp. dunkelpurpurbraun, Sp. elliptisch, glatt, mit Keimporus, 6–8/3,5–4,5 µ.
Chemische Reaktionen: mit KOH Fl. und Hh. rasch braun, Str. blass bräunlich, mit NH_4OH Str. sofort rotbraun, Fl. mit Guajactinktur schmutziggrün, mit NH_3-Dampf sofort ocker.
Anmerkung: Wir fanden das Exemplar einzeln an Laubholz, während der Wurzelnde Schwefelkopf (H. radicosum, S. 354) hier gesellig bis büschelig an Nadelholz vorkommt.

HYPHOLOMA SUBLATERITIUM (Fr.) Quélet (= Nematoloma) Moser: Seite 291

Ziegelroter Schwefelkopf

minderwertig

Vorkommen: August–Dezember auf morschen Stümpfen von Laubhölzern, einzeln bis büschelig, sehr häufig.
Hut: 4–8 cm, fuchsig bis ziegelrötlich, besonders in der Mitte oft rötlichbraun gefleckt, flachgewölbt, dann ausgebreitet, stumpf, glatt, trocken, rissig, zuletzt ganz kahl, dickfleischig, Rand von gelblichweissen, gewebeartigen Schleierresten behangen.
Lamellen: ausgebuchtet-angewachsen, gelblich, dann gelbbraun bis schwarzoliv, an der Schneide blassflockig, gedrängt.
Stiel: ± rostfarben, oben blassgelb, meist gekrümmt, faserig.
Fleisch: gelblichweiss, ziemlich derb, Geschmack schwach bitterlich.
Sporen: Spp. olivpurpurbraun, Sp. el iptischeiförmig, glatt, 6–8/3–4 μ.
Chemische Reaktionen: mit KOH Str. sofort orangegelb, dann braun, mit $FeSO_4$ Str. sofort dunkelgrün, mit Guajactinktur hellgrün, mit NH_4OH sofort orangeocker, dann braun, mit Phenolanilin langsam rot, dann rotbraun, mit H_2SO_4 Hh. und Str. langsam oliv.

HYPHOLOMA FASCICULARE (Huds. ex Fr.) Kummer (= Nematoloma) Moser: Seite 291

Grünblättriger Schwefelkopf

schwach giftig

Vorkommen: fast das ganze Jahr auf Laub- und Nadelholz.
Hut: 3–7 cm, grünlich bis schwefelgelb, Scheitel ± fuchsig, glockig, dann ausgebreitet, oft gebuckelt, dünnfleischig, Rand oft von gelben, faserig-häutigen, vergänglichen Schleierresten behangen.
Lamellen: ausgebuchtet-breitangewachsen, schwefelgelb, dann grünlich bis grünbraun, oft etwas durchfeuchtet, sehr gedrängt.
Stiel: 5–10 cm lang, schwefelgelb, Basis bräunend, gleichdick.
Fleisch: schwefelgelb, im Stiel etwas bräunlich, Geruch dumpf, Geschmack sehr bitter.
Sporen: Spp. olivpurpurbraun, Sp. elliptisch, glatt, 6–8/4 μ.
Chemische Reaktionen: mit KOH Str. orange, dann schwarz, mit $FeSO_4$ Fl. grün, dann schwarzgrün, mit Guajactinktur Fl. und Str. rasch blaugrün.

HYPHOLOMA RADICOSUM Lange (=Nematoloma) Moser: Seite 291

Wurzelnder Schwefelkopf

ungeniessbar

Vorkommen: September–Oktober, besonders an Stümpfen und Wurzeln von Nadelholz, einzeln bis zu wenigen Fruchtkörpern büschelig.
Hut: 5–7 cm, tonfalb bis gelbbräunlich, honigockerfarben, gewölbt, gegen den Rand mit einer Zone von zarten, weiss-seidigen Velumschüppchen.
Lamellen: tonfalb mit olivlichem Beiton, Schneiden weisslich.
Stiel: 7–8 cm lang, tonfalb, mehr oder weniger wurzelnd.
Fleisch: im Hut weisslich, im Stiel gelblich, in der Wurzel rostfarben, Geruch herb, Geschmack bitter.
Sporen: Spp. braunviolettlich, Sp. 7–8/3–4 μ.

HYPHOLOMA MARGINATUM (Pers. ex Fr.) Schroeter (= Nematoloma) Moser: Seite 291

Geselliger Schwefelkopf

ungeniessbar

Vorkommen: September–November auf Nadelholzstrünken und -ästchen sowie umgebender Streu.
Hut: 1,5–3(4) cm, gelbrot- bis fuchsigbräunlich, alt umbrabraun, trocken heller, halbkugelig-glockig, gebuckelt, hygrophan, Rand mit weissen Velumresten behangen.
Lamellen: grauocker, dann olivgrau, graubraun, Schneiden heller.
Stiel: 5–9 cm lang, rotbraun, stark weissfaserig, dann weiss genattert, steif, Basis filzig, leicht knollig verdickt.
Fleisch: Geschmack bitter.
Sporen: Spp. purpurbräunlich, Sp. elliptisch, mit Keimporus, 7–9/4–5 μ.

HYPHOLOMA ELONGATIPES Peck (= Nematoloma) Moser: Seite 292

Torfmoos-Schwefelkopf

Vorkommen: September–November, Sumpfmoosen aufsitzend.
Hut: 1–2 cm, blassgrünlich- bis honiggelb, glockig-gewölbt, schwach hygrophan, Rand stark durchscheinend gerieft mit weisslicher, vergänglicher, faseriger Cortina.
Lamellen: blassgelblich, dann graubraun, fast entfernt.
Stiel: bis 10 cm und länger, weisslich mit fuchsiger Basis, hohl.
Sporen: Spp. dunkelpurpurbraun, Sp. 9–13/5,5–7 μ.

PHOLIOTA DESTRUENS (Brond.) Quélet

Moser: Seite 296

Pappelschüppling

ungeniessbar

Vorkommen: August–Oktober an lagerndem Pappelholz, in der Regel auf der Schnittfläche hervorbrechend, selten auch an Stümpfen und Astlöchern erscheinend.
Hut: 5–20 cm, blass ton- bis rostbraun, Rand heller, glockig, dann gewölbt, jung ganz vom Velum überzogen, fast klebrig, schwach glänzend, mit dachziegelig angeordneten, angedrückt wolligen, blassen, später bräunlichen Schuppen, Rand eingerollt, fransig behangen.
Lamellen: breit abgerundet-angeheftet oder angewachsen und strichförmig herablaufend, blass, dann tabakbraun, Schneiden heller, gekerbt, gedrängt.
Stiel: 3–7/2–3 cm, blass, alt schmutzigbraun, sparrigschuppig gegürtelt bis beringt, schliesslich nackt, aufwärts verjüngt, glatt, Basis knollig-wurzelnd.
Fleisch: im Hut sehr dick und fest, blass, später vom Grund bräunlich verfärbend, Geruch stark aromatisch, Geschmack bald sehr bitter.
Sporen: Spp. dunkelrostbraun, Sp. elliptisch-eiförmig, glatt, 7,5–8/5 μ.
Chemische Reaktionen: Fl. mit KOH gelb, mit Lactophenol langsam purpurbraun.

PHOLIOTA SQUARROSA (Pers. ex Fr.) Kummer

Moser: Seite 296

Sparriger Schüppling

minderwertig

Vorkommen: September–November auf Laub- und Nadelholz, am Grunde der Stämme (z. B. von Apfelbäumen).
Hut: 5–10(15) cm, blass strohgelb, blassocker bis rostgelb, glockig-gewölbt, dann ausgebreitet, bisweilen ± gebuckelt, mit rostbraunen, sparrigen Schuppen dicht besetzt, trocken, Rand lange eingebogen.
Lamellen: meist fast herablaufend, wachsgelb, dann rostbraun, fast schmal, gedrängt.
Stiel: 5–12/1–1,5 cm, oberhalb des Ringes weisslich bis blassgelblich, glatt, darunter sparrig-schuppig, trocken, ausgestopft, Basis mitunter verjüngt, Ring flockig-schuppig oder häutig-strahlig, ausgefranst.
Fleisch: weiss bis gelblichweiss, Geruch und Geschmack rettichartig.
Sporen: Spp. rostbräunlich, Sp. zylindrisch-elliptisch, glatt, 6–8/3,5–4 μ.
Chemische Reaktionen: Fl. mit KOH braun, mit $FeSO_4$ sofort dunkelgrün.

PHOLIOTA FLAMMANS (Fr.) Kummer

Moser: Seite 296

Feuerschüppling

ungeniessbar

Vorkommen: Juli–Oktober auf Nadelholzstrünken, einzeln oder zu wenigen büschelig.
Hut: 3–7 cm, lebhaft zitronen-, schwefel- bis dottergelb, Schuppen gleichfarbig, gewölbt oder gebuckelt bis verflacht, nur bei Regen schwach klebrig, fleischig, Rand eingebogen.
Lamellen: ausgerandet-angeheftet, gelb bis olivgelb, dann rostgelb.
Stiel: 3–8 cm lang, gelb, unter dem Ring mit chromgelber, sparrigen Schüppchen besetzt, trocken, voll, dann hohl, Ring schuppig-häutig, abstehend.
Fleisch: gelb, rotbräunlich anlaufend, Geruch dumpf, Geschmack meist bitter.
Sporen: Spp. bräunlich, Sp. länglich-elliptisch, glatt, 3–4/2–2,5 μ.
Chemische Reaktionen: mit KOH Fl. und Str. rot dann schwarzbraun, Hh. rotbraun, mit $FeSO_4$ Fl. sofort dunkelgrün, mit Guajactinktur Hh. sofort dunkelgrün.

PHOLIOTA ADIPOSA (Fr.) Kummer

Moser: Seite 297

Schleimiger Schüppling

Vorkommen: auf Laubholz
Hut: 5–12 cm, zitronen- bis goldgelb, verflacht, mit dunkleren, wie aufgeklebten Schuppen, die z.T. abfliessen, schmierig.
Lamellen: abgerundet angeheftet, gelb, dann rostbraun, fast gedrängt.
Stiel: 8–15/1–1,5 cm, schwefelgelb, Basis bräunlich, schleimig, zumindest schleimig-schuppig, Ring ± zerreissend.
Fleisch: hellgelb, bitterlich.
Sporen: Spp. rostbraun, Sp. elliptisch, glatt 5–6,5/3–3,5 µ.
Chemische Reaktion: Fl. mit Phenolanilin purpurbraun.

PHOLIOTA ADIPOSA (Fr.) Kummer

Moser: Seite 297

Schleimiger Schüppling

Beschreibung gegenüber, Seite 360

Anmerkung: Das Gegenfoto zeigt, wie unterschiedlich dieser Pilz aussehen kann. Wäre nicht der (geringe) Schleim am Stiel vorhanden, müssten auch Pholiota muelleri oder Pholiota squarroso-adiposa in Betracht gezogen werden.

PHOLIOTA AURIVELLA (Batsch ex Fr.) Kummer Moser: Seite 297

Goldfellschüppling

minderwertig

Vorkommen: Oktober–November (selten im Frühling) auf Strünken und an lebenden Laubbäumen, büschelig aus Astlöchern hervorbrechend.
Hut: 5–12(16) cm, dunkelgelb, rostgelb, goldgelb, glockig, dann gewölbt, mit dunkleren Schuppen, feucht klebrig-schmierig, glänzend, fleischig, Rand jung behangen, lange eingerollt.
Lamellen: breit ausgebuchtet oder abgerundet angeheftet, gelb, dann olivbraun, rostbraun, Schneiden bisweilen bewimpert, fast gedrängt.
Stiel: 5–8/1–1,5 cm, gelblich, von unten her allmählich bräunlich, durch das gelbe, wollige Velum gestiefelt, das später in bräunende, flockige Gürtel zerbricht, trocken, ausgestopft.
Fleisch: gelblichweiss, in Stielbasis rostbraun, härtlich, starr, Geruch bisweilen schwach rettichartig.
Sporen: Spp. rostbraun, Sp. elliptisch, glatt, ohne Keimporus, 8–9/5–6 μ.
Chemische Reaktion: mit KOH Fl. sofort fuchsig, Hh. rotbraun.

PHOLIOTA LENTA (Pers. ex Fr.) Singer — Moser: Seite 298

Tonweisser Schüppling

minderwertig

Vorkommen: September–November im Laub- und Nadelwald, auf modernden Holzresten.
Hut: 4–7 cm, weisslich, ockerlich, tonfalb, olivgelblich, halbkugelig, dann gewölbt, schliesslich verflacht, stark schleimig mit im Schleim schwimmenden weissen Flöckchen, fleischig, zäh, Rand bisweilen mit einem Saum aus Velumresten.
Lamellen: schmal angewachsen, herablaufend, blassgelb, dann tonbraun, weich, dünn.
Stiel: 5–8/0,7–1,2 cm, weiss, an der Basis bräunlich, flockig-schuppig, fast gestiefelt, seltener schwachknollig.
Fleisch: blass, in Stielbasis bräunlich, zäh, Geruch beim Zerreiben wie gesägtes Holz, Geschmack schwach rettichartig.
Sporen: Spp. ockerfarben, Sp. länglich elliptisch, fast gekrümmt, glatt 6–7/3–4 µ.
Chemische Reaktionen: mit KOH Fl. gelb, mit $FeSO_4$ Fl. sofort grün, mit NH_4OH Fl. und L. gelb, mit Phenolanilin Fl. weinrot.

PHOLIOTA GUMMOSA (Lasch) Singer Moser: Seite 298

Blasser Schüppling

Vorkommen: August–November an Laubholzstrünken und Holzabfällen, auch (scheinbar) auf dem Erdboden.
Hut: 3–5(8) cm, blass strohgelblich bis gelbgrünlichweiss, Rand fast weiss, glockig, dann gewölbt, schliesslich verflacht bis niedergedrückt, mit konzentrisch angeordneten weissen Schüppchen, schmierig, fleischig.
Lamellen: buchtig angewachsen, erst strohgelblichweiss, dann bräunlichgelb, dünn, fast gekerbt, engstehend.
Stiel: 6–9 cm lang, mehr oder weniger hutfarben, an der Basis dunkler, schuppig-faserig, mit angedeuteter Ringzone, enghohl, oft verbogen.
Fleisch: weisslichblass, dann gelblich bis fast zitronengelblich, besonders im Hut, fast geruchlos.
Sporen: Spp. rostbräunlich, Sp. kurz elliptisch, glatt, 6–7,5/3–4 μ.
Chemische Reaktion: mit KOH Hh. und Hfl. gelb, Str. und Stfl. rot, dann rotbraun, zuletzt schwarzbraun.
Anmerkung: Die abgebildeten Exemplare kamen (scheinbar) aus dem Erdboden einer Bauernwiese, unter deren Grasnarbe noch viele Baumstümpfe verborgen waren.

PHOLIOTA CARBONARIA (Fr.) Singer

Moser: Seite 298

Kohlenschüppling

ungeniessbar

Vorkommen: Mai–Dezember auf Brandflächen und alten Feuerstellen.

Hut: 1–5 cm, gelbbraun, fuchsig, fleischbräunlich, Rand heller, flach gewölbt, dann abgeflacht, glatt, schmierig-schleimig, trocken glänzend, dünnfleischig, Rand bisweilen auf der Oberfläche mit flockig-häutigen Velumresten.

Lamellen: ausgebuchtet-herablaufend, gelblich, olivlich, alt olivbraun, fast engstehend, ziemlich breit.

Stiel: 2–6 cm lang, gelblich, schliesslich fleischrostbräunlich, feinschuppig, bisweilen flockig-beringt, engröhrig, starr, knorpelig.

Fleisch: Geruch schwach rettichartig.

Sporen: Spp. rostbraun, Sp. fast elliptisch, glatt, 6–7/3–4 μ.

Chemische Reaktion: mit KOH Fl. und Str. ockergelb, dann braun.

PHOLIOTA SPUMOSA (Fr.) Singer Moser: Seite 298

Nadelschüppling

ungeniessbar

Vorkommen: Oktober–November im Nadelwald auf dem Erdboden, selten auf Strünken.
Hut: 2–6 cm, am Rand lebhaft zitronen- oder dunkler gelb, Scheibe ± fuchsigbraun, gewölbt, dann verflacht, bisweilen auch vertieft, feucht sehr schleimig, glatt, Rand öfter mit Velumresten besetzt, Oberhaut leicht abziehbar.
Lamellen: ausgebuchtet angewachsen, fast herablaufend, lebhaft gelb, dann graubraun, engstehend, ziemlich breit.
Stiel: 4–7/0,5–1 cm, an der Spitze gelb, abwärts bräunlich, faserschuppig, verbogen, Basis gleichdünn oder fast verdickt-wurzelnd, Schleier häutig-fädig, sehr vergänglich.
Fleisch: grünlichgelb bis schwefelblass, im Stiel schliesslich rostfarben, wässrig, Geschmack mild bis fast bitterlich.
Sporen: Spp. bräunlich, Sp. elliptisch-eiförmig, glatt, 7–8/3–4 µ.

PHOLIOTA ASTRAGALINA (Fr.) Singer

Moser: Seite 299

Safranroter Schüppling

ungeniessbar

Vorkommen: September–November auf Nadelholz.
Hut: 2–5 cm, lebhaft feuerorange bis rosasafran, Rand ockerblass, gewölbt bis flach, fast feucht, glatt, nackt, aber jung durch blasses, angedrücktes Velum um den Rand herum faserig-seidig, dünnfleischig.
Lamellen: angewachsen oder strichförmig herablaufend, ockergelb, zuletzt roströtlich-zimtbraun, anfangs mit stumpfer, flockiger Schneide, engstehend.
Stiel: 6–12 cm lang, gelb oder blass, etwas braunschuppig, bisweilen abwärts verjüngt, etwas verbogen, bald hohl, meist wurzelnd.

Fleisch: blass, unter der Huthaut safrangelb, im Stiel rhabarberfarben, etwas schwärzend, Geschmack bitter.
Sporen: Spp. rostrot, Sp. fast elliptisch, glatt, 6–7/3–4 μ.
Chemische Raktionen: mit KOH Str. sofort orange, mit $FeSO_4$ Fl. sofort grün, mit Guajactinktur Fl. sofort blaugrün, mit NH_3-Dampf Fl. und Str. sofort goldgelb.

PHOLIOTA FLAVIDA (Schff. ex Fr.) Singer Moser: Seite 299

Schwefelschüppling ungeniessbar

Vorkommen: Oktober–November im Nadelwald, auch auf Strünken, büschelig, hauptsächlich im Gebirge.
Hut: 2,5–6 cm, lebhaft zitronen- bis schwefelgelb, Scheitel fuchsig angehaucht, glockig-verflacht, etwas eingewachsen faserig, bisweilen mit rostroten Schüppchen, fettig glänzend, feucht, gegen den Rand oft wässrig durchzogen, fast glasig, Rand anfangs mit weisslichen Velumresten behangen.
Lamellen: schwachbuchtig, herablaufend oder abgerundet angewachsen, schwefelgelb, bräunlich fleckend, dann lebhaft rostrot, mit blasser, gezähnter Schneide, engstehend, dünn.
Stiel: 5–8 cm lang, lebhaft gelb, bisweilen etwas bräunlich, mitunter mit fast ringartig anhaftendem Velum, darüber kleiig, darunter derbfaserig, fast schuppig, Basis verdickt, auch wurzelnd.
Fleisch: zitronengelblich, im Stiel rostfarben, geruchlos oder ± erdig riechend.
Sporen: Spp. gelblich, Sp. elliptisch, glatt, 6–7/4–4,5 μ.

PHOLIOTA ALNICOLA (Fr.) Singer

Moser: Seite 300

Erlenschüppling

ungeniessbar

Vorkommen: September–November an Laubholz, besonders Weiden, Erlen und Birken.
Hut: 1,5–11 cm, schmierig, jung lebhaft gelb, manchmal Rand feucht olivlich getönt, von der Mitte her rostbraun fleckig werdend, glockig-gewölbt, glatt, dünnfleischig.
Lamellen: abgerundet oder buchtig-angewachsen, gelb, dann olivbraun, mässig engstehend.
Stiel: 5–8/0,5–1 cm, gelb, abwärts bräunlich, jung vom Velum beringt, dann kahl, zuletzt hohl, Basis oft verjüngt, büschelig.
Fleisch: gelblichrötlich bis weissgelblich, Geruch süsslich blüten- oder fruchtartig, Geschmack mild.
Sporen: Spp. tabakbraun, Sp. spindelig-elliptisch, glatt, 8,5–11,5/5–5,5 μ, ohne Pleurozystiden.

KUEHNEROMYCES MUTABILIS (Schff. ex Fr.) Singer & Smith (Syn. Pholiota m.)

Moser: Seite 300

Stockschwämmchen

essbar

Vorkommen: April–Dezember an Strünken vorwiegend von Laubholz, selten an Nadelholz.
Hut: 3–6(10) cm, feucht wässrig-zimtbraun, gelbbraun, trocken honigocker, gewölbt, dann ausgebreitet, gebuckelt, hygrophan, kahl, Rand lange feucht bleibend, ± gerieft.
Lamellen: angewachsen, etwas am Stiel herablaufend, blass, dann tonbraun bis rostbraun, gedrängt, dünn.
Stiel: 5–7 cm lang, unter dem aufsteigenden Ring dunkel rostbraun, sparrig-schuppig, darüber blass, fast gerieft, voll, dann hohl, zäh.
Fleisch: im Hut blass, im Stiel rostbraun, Geruch nach frisch gesägtem Holz.
Sporen: Spp. rostbraun, Sp. oval, glatt, mit deutlichem Keimporus, 6–7/3–4,5 µ.
Chemische Reaktionen: Fl. mit KOH sofort braunschwarz, mit Guajactinktur blau.

TUBARIA CONFRAGOSA (Fr.) Kühner
(Syn. Phaeomarasmius c. [Fr.] Sing.)

Moser: Seite 304

Beringter Trompetenschnitzling

Vorkommen: auf totem Laubholz, besonders Birke, Pappel seltener Erlen, Buchen; in Mitteleuropa sehr selten und zu schonen.
Hut: 1–6 cm, feucht sattrotbraun, lebhaft ziegel-zimtrötlich, trocken fuchsig, halbkugelig, dann gewölbt, schliesslich verflacht, stark hygrophan, vom Velum gänzlich oder nur am Rand überfasert.
Lamellen: breit angewachsen bis herablaufend, gedrängt und schmal, lebhaft zimtrötlichbraun, zimtpurpurn.
Stiel: 3–11 cm lang, inkarnatbräunlich, rostblass, Basis bis 8 mm dick, Ring häutig, trichterig, hoch am Stiel sitzend.
Fleisch: bräunlich, dünn.
Sporen: Spp. ockerbraun, Sp. 6,5–7,5/4,5–5,2 μ.

INOCYBE TERRIGENA (Fr.) Kühner Moser: Seite 314

Vorkommen: Juli–Oktober im Laub- und Nadelwald, kalkliebend.
Hut: 3–7 cm, umbra- bis gelbbraun, heller bis dunkler holzbraun, olivbraun, dunkler angedrückt olivbraun schuppig, Rand mehr faserig, gewölbt bis ausgebreitet, trocken.
Lamellen: gelblich, dann dunkelolivbraun, schmal.
Stiel: 4–6/bis 1 cm, gelblichbraun, mit ziemlich deutlicher, faseriger Ringzone, unter dem Ring rostfarben schuppig.
Fleisch: gelblich, geruchlos.
Sporen: Spp. rostbräunlich, Sp. glatt, 9–11/4,5–5,5 μ, ohne beschopfte Zystiden.

INOCYBE DULCAMARA (A. & S. ex Pers.) Kummer Moser: Seite 314

Bittersüsser Risspilz

Vorkommen: Juni–November im Nadelwald, im Gebüsch, besonders an Rändern von Waldstrassen.
Hut: 2–4 cm, olivgelb, ockerbraun, mit rotbraunen Fasern, gewölbt, bald abgeflacht-eingedrückt, oft gebuckelt, filzig, trocken, Rand zuletzt eingerissen, jung mit fast häutigem Schleier.
Lamellen: erst angewachsen, sich bald vom Stiel lösend, blassoliv, bald zimtbraun, alt sehr dunkel, Schneide weisslich, untermischt, ziemlich gedrängt, bauchig.
Stiel: 3–4 cm lang, blass, dann stroh- bis ockergelb, zuletzt purpurbräunlich, gerieft bis feingefasert, mit weisslicher, etwas kleiiger Spitze, bisweilen mit Knöllchen.
Fleisch: blassgelb, im Stiel bräunlich, Geruch oft staubig-erdig, Geschmack schwach süsslich, schliesslich fast bitterlich.
Sporen: Spp. blassockergelb-bräunlich, Sp. elliptisch bis fast bohnenförmig, glatt, 9–10,5/5,5–6 μ, ohne beschopfte Zystiden.

INOCYBE PATOUILLARDII Bresadola

Moser: Seite 315

Ziegelroter Risspilz, Mairisspilz

giftig

Vorkommen: Mai–Juni im Laubwald, in Parkanlagen.
Hut: 2,5–8 cm, weisslich, dann blassstrohgelblich, ziemlich stark rötend, kegelig mit eingerolltem Rand, dann glockig, gebuckelt, oft unregelmässig, faserig-seidig, trocken.
Lamellen: angeheftet, dann frei, weisslichrosa, dann rostig olivbraun, an der Schneide weiss, an Druckstellen rötlich gefleckt, gedrängt.
Stiel: 4–6(8)/0,8–2 cm, weiss, dann rosa bis ziegelrot, gleichdick oder bisweilen gerandet-knollig, faserig bis feingestreift, derb, voll.
Fleisch: weiss, schwach rötend, Geruch süsslich spirituös, Geschmack mild, zuletzt widerlich werdend.
Sporen: Spp. ockerbräunlich, Sp. nierenförmig, glatt, 9–14/5–8 μ, ohne beschopfte Zystiden.
Chemische Reaktion: Fl. mit Guajactinktur langsam blaugrün.

INOCYBE MACULATA Boudier Moser: Seite 315

Gefleckter Risspilz

Vorkommen: Juli–Oktober im Laubwald.
Hut: 2–5 cm, dunkelkastanienbraun, besonders gegen den Scheitel mit weissen, flüchtigen Schuppen, fast spitzkegelig, dann kegelig-glockig, zuletzt ausgebreitet und flachgebuckelt, Rand jung eingerollt, dann oft gelappt, schliesslich rissig-aufgespalten.
Lamellen: fast frei, weisslich-blassgrau, dann olivbraun, schmal, gedrängt, etwas bauchig, mit helleren, fast weisslichen Schneiden.
Stiel: 3–6/bis 1 cm, weisslich, bald ± rotbraun, faserig gestreift, voll, mit oder ohne gerandete Knolle.
Fleisch: weisslich, blassgelblich bis schwach rosa, faserig, elastisch, Geruch etwas nach Trüffeln.
Sporen: Spp. tabakbräunlich, Sp. eiförmig-bohnenförmig, glatt, 9–12/5–6,5 μ, ohne beschopfte Zystiden.
Chemische Reaktion: Fl. mit Guajactinktur grünlich.

INOCYBE FASTIGIATA (Schff. ex Fr.) Quélet Moser: Seite 316

Kegeliger Risspilz giftig

Vorkommen: Juni–Oktober im Wald, auf Schlagflächen, in Dünen.
Hut: 2–6 cm, ocker- bis dunkler braun, stets kegelig spitz, stark radial-rissig-faserig, dünnfleischig, Rand zerrissen, geschweift, gelappt und aufgebogen, mit bald verschwindendem blassem, faserigem Schleier.
Lamellen: blass, dann olivlich bis braun, mit weissflokkiger Schneide.
Stiel: 3–8 cm lang, weisslich, ockerlich, blassbräunlich faserig, an der Spitze weissflockig.
Fleisch: weiss, Geruch nach Sperma, doch auch geruchlos.
Sporen: Spp. schmutzigbräunlich, Sp. elliptisch, glatt, 8–18/5–7,5 μ, ohne beschopfte Zystiden.
Chemische Reaktionen: Fl. mit KOH braun, mit $FeSO_4$ grün.

INOCYBE FASTIGIATA (Schff. ex Fr.) Quélet

Moser: Seite 316

Kegeliger Risspilz

giftig

Beschreibung gegenüber, Seite 376

Anmerkung: Die Gegenüberstellung dieser hellen, grazilen, spitzen Erscheinungsform kennzeichnet die Variationsbreite dieser Art.

INOCYBE CALAMISTRATA (Fr.) Gillet — Moser: Seite 316

Blaufüssiger Risspilz

Vorkommen: Juli–Oktober im Nadelwald.
Hut: 1–2,5 cm, dunkelschmutzigbraun bis kaffeebraun, lange glockig bis halbkugelig, dann gewölbt, mit sparrigen, abstehenden Schuppen dicht besetzt, Scheitel felderig zerklüftet mit feinen, keuligen Schüppchen, Rand anfangs eingerollt.
Lamellen: angewachsen, weisslich, dann dunkelokkerbräunlich, mit auffallend dicklicher, weisslicher Schneide, breit, fast engstehend.
Stiel: 3–5 cm lang, schuppig-dunkelbraun, an der Basis oliv bis blaugrün, seltener ganz blaugrün, zugespitzt, voll, hart.
Fleisch: im Hut weisslich, rötend, an der Stielbasis bläulich bis blaugrün, Geruch angenehm säuerlich, obstartig.
Sporen: Spp. ockerbräunlich, Sp. länglich bis bohnenförmig, glatt, 9–13/4,5–6 μ, ohne beschopfte Zystiden.

INOCYBE CERVICOLOR (Pers. ex Pers.) Quélet

Moser: Seite 316

Hirschbrauner Risspilz

Vorkommen: Juni–September im Laub- und Nadelwald, kalkliebend.
Hut: 2–5 cm, russbräunlich, hirschfarben, eiförmig-glockig, dann gewölbt bis niedergedrückt, unregelmässig, feingefasert, durch braunrötliche, filzige Schüppchen leicht sparrig.
Lamellen: bogig-angeheftet, hellzimtfarben, alt rotbraun, ziemlich gedrängt, bauchig.
Stiel: 2–4(6) cm lang, mehr oder weniger rotbraun, an der Spitze mit hellen, derbkleiigen Flocken, unregelmässig, zur Basis schwach verjüngt.
Fleisch: ockergelblich bis strohgelblich, nach einiger Zeit schwach rötend, Geruch unangenehm, erdig-moderig, nach altem Weinfass.
Sporen: Spp. olivbräunlich, Sp. elliptisch-nierenförmig, glatt, 11–14/6–7,5 μ, ohne beschopfte Zystiden.
Anmerkung: Wir fanden diese Art besonders gehäuft an Waldstrassenrändern im Fichtenwald auf Kalk.

INOCYBE BONGARDII (Weinm.) Quélet Moser: Seite 316

Duftender Risspilz

Vorkommen: August–September im Laub- und Nadelwald.
Hut: 2–6 cm, weisslich, dann gelb- bis hellrötlichbraun, ockerbraun, gewölbt-glockig, flaumig-feinfaserig-schuppig, fleischig.
Lamellen: verschmälert-angeheftet, weisslich bis blassgraurötlich, dann zimtbraun oder olivbraun, mit blasser Schneide, fast entfernt.
Stiel: 7–9/bis 1 cm, weiss, langsam bräunlich-weinrot werdend, braunfaserig, Spitze weiss bereift, meist verbogen und gekrümmt, voll, später hohl.
Fleisch: blass, im Schnitt rötend, besonders in der Basis, Geruch fruchtartig (nach Birnen), im Alter nach Scheunenstaub.
Sporen: Spp. zimtbräunlich, Sp. elliptisch-nierenförmig, glatt, 10–14/6–8 μ, ohne beschopfte Zystiden.
Chemische Reaktionen: Fl. mit Guajactinktur sofort grünblau, mit Lactophenol violett, dann dunkelbraun, mit Anilin orangerosa, mit Phenolanilin rasch rosa, dann braun, L. mit NH_4OH sofort rot.

INOCYBE GODEYI Gillet

Moser: Seite 317

Rötender Risspilz

Vorkommen: August–November im Laubwald, seltener im Nadelwald.
Hut: 2,5–6 cm, weiss, bisweilen mit ockerlichem Ton, rötend, stumpf kegelig, bald flach gewölbt, geglättet-seidig.
Lamellen: graubraun, etwas olivlich getönt, rötend.
Stiel: 4–8 cm lang, blasser hutfarben, mit gerandeter Knolle, schlank, verbogen.
Fleisch: weisslich, Geruch stark typisch widerlich.
Sporen: Spp. braun, Sp. elliptisch, glatt, 9–12/5–7 μ, Zystiden beschopft.
Chemische Reaktion: mit KOH Fl. gelb, Hh. hellolivbraun.

INOCYBE GEOPHYLLA (Sow. ex Fr.) Kummer

Moser: Seite 317

Erdblättriger Risspilz

Vorkommen: Juli–November in grasigen Wäldern.
Hut: 0,5–2(5) cm, weiss oder weisslich, creme, spitzkegelig, dann ausgebreitet, seidig, mit kleinem, zartem Buckel, kaum rissig, jung mit seidig-fädigem Schleier mit dem Stiel verbunden.
Lamellen: angeheftet, weisslich, dann blassgrau, ockerbräunlich, gedrängt, mit weisslicher, bewimperter Schneide.
Stiel: 4–6 cm lang, weisslich, seidig-faserig, im oberen Drittel fein bestäubt, nicht knollig oder mit rundlichem Knöllchen.
Fleisch: weiss, Geruch typisch widerlich.
Sporen: Spp. schmutzig tonfarben, Sp. fast elliptisch-mandelförmig, an einer Seite abgeflacht, glatt, 7,5–11/5–7 μ, Zystiden beschopft.
Chemische Reaktion: Fl. mit Lactophenol violettbraun.

INOCYBE GEOPHYLLA VAR. VIOLACEA Patouillard

Moser: Seite 317

Erdblättriger Risspilz, lila Abart

Vorkommen: Juli–November in grasigen Wäldern, besonders im Laubwald.
Hut: 0,5–2(5) cm, violett oder lila, Scheitel oft ockerlich, bald ausblassend, spitzkegelig, dann ausgebreitet, seidig glänzend, mit eingewachsenen, seidigen Fasern, kaum rissig, dünnfleischig.
Lamellen: angeheftet, weisslich, dann erdgraubraun, Schneiden heller, bewimpert, gedrängt.
Stiel: 4–6 cm lang, violett oder lila, später ausbleichend, seidig-faserig, mit rundlichem oder ohne Knöllchen.
Fleisch: Geruch und Geschmack typisch widerlich.
Sporen: Spp. schmutzig tonfarben, Sp. fast elliptisch-mandelförmig, an einer Seite abgeflacht, glatt, 7,5–11/5–7 μ, Zystiden beschopft.
Anmerkung: Die Einblendung zeigt die var. lateritia Weinmann mit ziegelroten Farbtönen.

INOCYBE PUDICA Kühner

Moser: Seite 317

Rosafarbener Risspilz

Vorkommen: Juli–September im Nadelwald.
Hut: 3–6 cm, weiss, bald fleischrosalich bis rotorange, glockig-gewölbt, dann flach, gebuckelt, seidig-filzig-faserig, trocken, feucht leicht schmierig, fleischig, Rand mit ausgeprägtem Schleier.
Lamellen: buchtig oder verschmälert angeheftet, weiss, dann rötlich bis braungrau, fast gedrängt, Schneiden bewimpert, breit, ungleich lang.
Stiel: 4–8/0,4–1 cm, weisslich bis hutfarben, Spitze weiss bereift, filzig-seidig, im oberen Teil mit schnell vergehendem Schleier, am Grunde höchstens mit rundlichem Knöllchen.
Fleisch: weiss, dann verwaschen fleischfarben bis blasszinnober, Geruch spermatisch.
Sporen: Spp. bräunlich, Sp. elliptisch, glatt, 8–10/4–5,5 μ, Zystiden beschopft.

INOCYBE SAMBUCINA (Fr.) Quélet

Moser: Seite 317

Fliederweisser Risspilz

Vorkommen: August–Oktober an Wegrändern im Nadelwald, besonders bei Pinus, selten.
Hut: 3–8 cm, weisslich, gelblichweiss, alt grauockerlich, gewölbt bis ausgebreitet, stumpf gebuckelt, jung seidig, bald eher radialrissig, dickfleischig.
Lamellen: ausgerandet, kaum angeheftet, creme, dann ockerbräunlich, dick, wenig zahlreich, bauchig.
Stiel: 2–6/1–2 cm, weisslich, an der Spitze undeutlich bereift, sonst kahl, etwas längsfaserig, zylindrisch, gekrümmt, derb, voll, an der Basis oft verdickt.
Fleisch: weisslich, derb, Geruch widerlich.
Sporen: Spp. blassgelb, Sp. mandelförmig, oft eigenartig eingeschnürt, glatt, 7–9(11)/3,5–4,5 μ, Zystiden beschopft und unbeschopft.

INOCYBE ABIETIS Kühner

Moser: Seite 318

Vorkommen: besonders unter Tannen auf Kalkboden.
Hut: 1,5–4,5 cm, rötlichbraun mit ockerlicher bis gelblicher Komponente, ± halbkugelig bis glockig, fein und dicht radialfaserig-geflammt, trocken, Hutrand etwas eingebogen, jung mit deutlichen Velumresten.
Lamellen: angeheftet, weisslich, dann hell graubraun.
Stiel: 2–6 cm lang, gelblich, später ± weisslich, bereift, vollfleischig, zur Basis leicht knollig, dort bis 12 mm dick.
Fleisch: weiss, ohne besonderen Geruch.
Sporen: Spp. schmutzig bräunlich, Sp. glattwandig, 7,5–11/4,5–6 μ, Zystiden beschopft und unbeschopft.

INOCYBE KUEHNERI Stangl & Veselsky Moser: Seite 319

Wolligfädiger Risspilz

giftig

Vorkommen: Juni–September im Laub- und Nadelwald.
Hut: 2–5 cm, meist blass, fast weisslich bis ockerlich, auch dunkler kupferocker und am Scheitel bräunlich, glockig, dann gewölbt, schliesslich ausgebreitet und schwach gebuckelt, seidig-glatt, auch feinfaserig-rissig, Rand lange von weissem Schleier behangen oder überzogen.
Lamellen: mit Zahn herablaufend oder abgerundet angeheftet, weisslich, dann blassgraubräunlich, tonfarben bis rötlichbraun, Schneide weisslich, feinbewimpert, gedrängt, bauchig, ungleich lang.
Stiel: 3–6 cm lang, weiss oder cremefarben, an der Spitze bisweilen rosa, weissfaserig, kräftig, voll, an der Basis wollig, etwas verdickt.
Fleisch: weiss, schwach gilbend, in der äussersten Stielschicht rötend, Geruch spermatisch oder nach Waschküche, beim Trocknen mehlartig.
Sporen: Spp. ockerbräunlich, Sp. elliptisch bis eiförmig, glatt, 8,5–10,5/4–5,5 µ, Zystiden beschopft.

INOCYBE HIRTELLA Bresadola

Moser: Seite 319

Bittermandelrisspilz

Vorkommen: August–Oktober, besonders im Laub-, aber auch im Nadelwald.
Hut: 1–4 cm, hellgelb, goldgelb bis ockergelbbraun, glockig, dann flach ausgebreitet, kahl oder in kleine Schüppchen zerrissen, fleischig, Rand gespalten.
Lamellen: angewachsen bis fast frei, weisslich, dann olivbräunlich, bräunlich, mit weissbereifter Schneide, fast gedrängt, breit.
Stiel: 2–6 cm lang, weisslich, mitunter mit fleischrosa Tönung, gänzlich bereift, am Grund mit Knöllchen.
Fleisch: weiss, im Stiel sehr faserig, Geruch nach Bittermandeln, besonders wenn man den Fruchtkörper einige Zeit in geschlossener Dose aufbewahrt.
Sporen: Spp. ockerbräunlich, Sp. fast mandelförmig, glatt, innen körnig, 8–12/5–7 μ (Basidien zwei- oder viersporig), Zystiden beschopft.

INOCYBE FRIESII Heim

Moser: Seite 320

Frühlingsrisspilz

giftig

Vorkommen: April–Oktober, meist im Nadelwald.
Hut: 3–5 cm, satt rotbraun bis dunkelockerbraun, kegelig-glockig, dann ausgebreitet mit mehr oder weniger stumpfem, glattem Buckel, radialgefasert, trocken, sehr tief einreissend.
Lamellen: buchtig angewachsen, weisslich bis olivbräunlich, mit weissbewimperten Schneiden, etwas bauchig, mitteldicht bis fast entfernt.
Stiel: 3–7 cm lang, blass, hellrotbräunlich bis dunkelbräunlich geflockt, bald kahl und an der Spitze weiss bereift, in der Mitte weisse feinste Schleierreste, zur Basis meist schwach verdickt.
Fleisch: weisslich, leicht fleischfarben, Geruch schwach spermatisch, Geschmack herb und erdig.
Sporen: Spp. tabakbraun, Sp. elliptisch-mandelförmig, glatt, 8–10/4,6–6,5 (–12) μ, Zystiden beschopft.

INOCYBE POSTERULA (Britz.) Saccardo — Moser: Seite 322

Falber Risspilz — giftig

Vorkommen: Mai–Oktober im Nadelwald.
Hut: 2–5 cm, ockerbraun, bisweilen rötlichbraun, jung halbkugelig oder kegelig-glockig, um den Buckel etwas niedergedrückt, älter flach gewölbt oder scheibenförmig, faserig-schuppig, trocken, dünnfleischig, Rand heller, deutlich eingebogen, ± einreissend.
Lamellen: ausgebuchtet bis angeheftet, ockerlich bis lichtbraun, mit blasser, gewimperter Schneide, gedrängt, untermischt.
Stiel: 5–7/bis 0,8 cm, blass, fast weisslich, an der Basis mit verlängerter, weisslicher, schwach keuliger Knolle.
Fleisch: weiss, unter der Huthaut zart holzfarben, im Stiel weisslich bis holzfarben, Geruch säuerlich mit staubigem Beiton.
Sporen: Spp. tabakbraun, Sp. ei- bis nierenförmig, sehr variabel, 8–10,2(–12,5)/5,1–5,5 (–6,8) μ, Zystiden schwach beschopft oder abgerundet.

INOCYBE LUCIFUGA (Fr.) Quélet

Moser: Seite 322

Olivblättriger Risspilz

Vorkommen: Juli–Oktober im Nadelwald.
Hut: 1,5–3 cm, strohgelblich, beige, bisweilen etwas olivlich, jung gebuckelt, dann gewölbt bis ausgebreitet, im Alter scheibenförmig, striegelig-schuppig, fast samtig, trocken, dünnfleischig, Rand mit deutlichem Schleier, kaum einreissend.
Lamellen: angeheftet, fast frei oder mit Zahn herablaufend, weisslich, gelbolivlich, dann olivbraun, Schneide glatt oder feinschartig, weisslich bewimpert, gedrängt, untermischt.
Stiel: 4–6 cm lang, blassgelblich, kahl, mit bereifter Spitze, Basis leicht knollig, filzig.
Fleisch: weisslich bis leicht holzfarben, Geruch staubig-erdig.
Sporen: Spp. ockergelblich, Sp. elliptisch-eiförmig oder fast mandelförmig, glatt, 7,5–13/4,5–7 μ, Zystiden beschopft.
Chemische Reaktion: Fl. mit Phenol braun.
Anmerkung: Furrer beschreibt eine Form gralla mit schlankerem Stiel, grauen bis braunen Lamellen ohne Olivton, die in moorigen Nadelwäldern vorkommt.

INOCYBE QUELETII Maire-Konrad

Moser: Seite 322

Quélets Risspilz

Vorkommen: Mai–Juni und im September im Nadelwald.
Hut: 2–4 cm, strohocker, beige, etwas dunkler faserig-rissig, glockig-gewölbt, schliesslich ausgebreitet, mit ± stumpflichen Buckel, leichte Velumrückstände am Hutrand.
Lamellen: angeheftet, cremeolivlich bis tonfarben-ockerlich, gedrängt.
Stiel: 3–5/0,5–1,5 cm, weiss, im Alter ockerlich, oben weiss bereift, voll, mit weissem, stark entwickeltem, vergänglichem Schleier, Basis knollig.
Fleisch: weisslich, Geruch spermatisch.
Sporen: Spp. blass ockerbräunlich, Sp. elliptisch bis mandelförmig, glatt, 9–13/5–7 µ, mit dickwandigen Zystiden, auf der Fläche beschopft, an der Lamellenschneide unbeschopft.
Chemische Reaktionen: Hh. mit $FeSO_4$ olivbraun, Fl. mit Lactophenol violettbraun.
Anmerkung: Der grösste Pilz einer Kollektion von ca. 20 Exemplaren hatte 8 cm Durchmesser, Stiellänge 8 cm, Fundtag 12. 6. 1978.

INOCYBE COMMUTABILIS Furrer Moser: Seite 323

Beigefarbener Risspilz

Vorkommen: September–Oktober, besonders im Nadelwald.
Hut: 2,5–4 cm, blass weisslichbräunlich, dann beige mit oft charakteristischem Rosaton, grau überhaucht, stumpf kegelig, dann ausgebreitet mit deutlichem, bisweilen feinschuppigem Buckel, faserig, seidig glänzend, trocken, Velum weisseidig, bald vergehend, Rand zuletzt radial einreissend.
Lamellen: fast frei oder leicht angeheftet, weisslich, dann grau, schliesslich graubräunlich, ziemlich eng stehend.
Stiel: 3–6/bis 0,9 cm weiss, oben rosa behaucht, an der Basis verdickt und weissfilzig.
Fleisch: weisslich, im Stiel faserig-rosarötlich oder gelblich, Geruch schwach spermatisch, Geschmack erdig.
Sporen: Spp. schmutzigbräunlich, Sp. eiförmig bis mandelförmig, 8–10/4–5 μ, Zystiden spindelig-bauchig, meist gelblich beschopft.
Anmerkung: Das schuppige Aufreissen der Huthaut ist witterungsbedingt (wenn bei wechselndem Wetter die Sonne immer wieder auf die nassen Pilze scheint). (C. Furrer-Ziogas)

INOCYBE ACUTA Boudier

Moser: Seite 326

Zitzenrisspilz

Vorkommen: Juni–September im Mischwald, an Wegrändern und Wildfährten.
Hut: 1,2–2,5 cm, umbrabraun, zum Rand etwas aufgehellt, jung halbkugelig oder geschweift, auch ausgebreitet noch mit stark ausgeprägter, kegeliger Papille, glatt bis faserig-rissig, kahl, Rand mehr oder weniger abgebogen, kaum einreissend.
Lamellen: fast frei, weisslich, dann hellockerbräunlich, gedrängt, breit.
Stiel: 2–5(6) cm lang, bräunlich bis braun, fein befasert, oben weiss bereift, allmählich zu hellerer knolliger Basis verdickt.
Fleisch: weisslich, in Stielbasis etwas bräunlich, fast geruchlos.
Sporen: Spp. tabakbraun, Sp. länglich-elliptisch, ausgeprägt höckerig, 7–10/6–7(8) μ, Zystiden beschopft und unbeschopft.

INOCYBE NAPIPES Lange Moser: Seite 326

Rübenstieliger Risspilz

Vorkommen: Juli–September, besonders im Fichtenwald, bevorzugt moorigen Boden.
Hut: 3–6 cm, umbra- oder haselnussbraun, bisweilen gelblichbraun, kegelig, dann ausgebreitet-geschweift und fast spitz gebuckelt, faserig-rissig, dünnfleischig, nur im Scheitel dicker.
Lamellen: ausgerandet oder verschmälert angewachsen, jung weisslich, dann olivgrau, graubräunlich, zuweilen etwas fleckig, die mehr oder weniger feinschartige Schneide ist dicht weisslich bewimpert, fast gedrängt, bauchig.
Stiel: 5–9 cm lang, weisslich oder ockerlich bis braunrötlich, Spitze weisslich, faserstreifig, voll, Basis abrupt in die Knolle erweitert.
Fleisch: schmutzigblass, Geruch säuerlich bis leicht modrig.
Sporen: Spp. tabakbraun bis leicht olivstichig, Sp. fast sternförmig, ausgeprägt höckerig, (7)9–10,5(11)/6–7 (8) μ, Zystiden beschopft und unbeschopft.
Chemische Reaktion: Fl. mit $FeSO_4$ grün.

INOCYBE UMBRINA Bresadola — Moser: Seite 326

Büscheliger Risspilz — giftig

Vorkommen: Juli–Oktober im Laub- und Nadelwald.
Hut: 1,5–3 cm, hasel-, umbra- bis purpurbraun, zum Rand heller, ± stumpf gebuckelt-gewölbt, bald flach und scheibenförmig mit leichtem Buckel, wollig-faserig, zuletzt glatt, feucht etwas schmierig, Rand mehr oder weniger tief einreissend.
Lamellen: ausgebuchtet, verschmälert-angewachsen, schmutzig zitronengelb, dann graubraun bis dunkelbraun, mit blasser, etwas bewimperter Schneide, starr, fast gedrängt.
Stiel: 4–6 cm lang, blass purpurbräunlich, oben weisskleiig, mit faserigen, grau- bis dunkelbräunlichen Schleierresten, an der Basis mit rundlicher, immer weisser Knolle.
Fleisch: weisslich bis blassbräunlich, Geruch erdig-staubig.
Sporen: Spp. tabakbraun, Sp. stumpf, aber deutlich höckerig, 6–9/5–6 μ. Zystiden beschopft.

INOCYBE PRAETERVISA Quélet

Moser: Seite 331

Zapfensporiger Risspilz

giftig

Vorkommen: Mai–Oktober auf Grasplätzen, im Laub- und Mischwald, nicht häufig.
Hut: 2,5–6 cm, ocker- bis gelbbraun, gegen den Rand bisweilen dunkelbräunlich, glockig gewölbt-gebuckelt, um den Buckel heller, faserig-rissig, am Scheitel kahl, Rand gelappt, zuletzt gespalten.
Lamellen: angeheftet, fast frei, weisslich, schliesslich olivbraun, Schneide blasser und bewimpert, untermischt, fast gedrängt.
Stiel: 5–6 cm lang, anfangs weisslich, dann ockerlich, bräunend, feinstreifig-faserig bis glatt, Spitze bereift, Basis meist mit weisser gerandeter Knolle.
Fleisch: weiss, kaum rötend, Geruch unangenehm.
Sporen: Spp. ockergelblich, Sp. zapfenförmig, fast sternförmig, vielgestaltig, 8,5–13/6,5–8(9) μ, Zystiden an Blattflächen und -schneiden, spindelig-bauchig, Spitze dunkelbräunlich beschopft, auch abgerundet-ungeschopft.

HEBELOMA RADICOSUM (Bull. ex Fr.) Ricken Moser: Seite 331

Wurzelnder Fälbling ungeniessbar

Vorkommen: Juli–Oktober, besonders im Buchenwald am Grunde von Stämmen und Stümpfen.
Hut: 5–12 cm, tonfalb, oft von eingewachsenen Schuppen dunkler gefleckt, halbkugelig gewölbt, dann ausgebreitet, kahl, glatt, trocken fast glänzend, feucht schmierig, Rand anfangs durch einen Schleier mit dem Stiel verbunden.
Lamellen: ausgebuchtet, fast frei, blass, dann rötlichbräunlich, kakaobraun, ziemlich gedrängt, ungleich lang.
Stiel: bis 20/1,5–2,5 cm, schmutzig blassgrau, bräunend, grobschuppig, fast häutig beringt, tief wurzelnd, zäh, voll.
Fleisch: weisslich, Geruch nach Bittermandel, Geschmack bisweilen etwas bitterlich.
Sporen: Spp. tabakbraun, Sp. mandelförmig, warzig, 8–10/5,5–6 μ.
Chemische Reaktionen: Fl. mit Guajactinktur langsam blaugrün, mit $FeSO_4$ leicht gelblich, mit Phenol violettlich schokoladenbraun, mit Phenolanilin in 4 Min. rosa, dann rot, in 10 Min. weinrot, mit Sulfovanillin flüchtig violett.

HEBELOMA MESOPHAEUM (Pers. ex Fr.) Quélet

Moser: Seite 333

Dunkelscheibiger Fälbling

ungeniessbar

Vorkommen: September–November im Nadelwald, unter Birken, in Parkanlagen, Gärten, häufig.
Hut: 2–4,5 cm, falb, mit rot- bis schokoladenbrauner, auch schwarzbrauner Scheibe, Hutrand meist stark weisslich bis blassbräunlich wollig-faserig überzogen, kegelig, dann gewölbt, schliesslich fast flach, glatt, kahl, dünn.
Lamellen: angeheftet, hell schokoladenfarben, fast gedrängt, schlaff, anfangs mit flockiger Schneide.
Stiel: 3–6 cm lang, blass, weit hinauf braun, oben flockig-schuppig, bisweilen flockig-häutig beringt, fädigfaserig, fast röhrig-hohl.
Fleisch: rostbraun, Geruch bisweilen rettichartig.
Sporen: Spp. hellbräunlich, Sp. fast nierenförmig, schwach warzig, 8–10/5–6 μ.

HEBELOMA PUMILUM Lange

Moser: Seite 333

Zwergfälbling

ungeniessbar

Vorkommen: August–Oktober im Laub- und Nadelwald, selten.
Hut: 1–2,5 cm, gelbbraun, Papille dunkelbraun, Rand hell cremefarben, flach gewölbt, papilliert, klebrig-schmierig, glänzend.
Lamellen: ausgebuchtet-angewachsen, hell beige-bräunlich, ziemlich gleichmässig untermischt, wenig engstehend.
Stiel: 5–6 cm lang, weisslich, zur Basis bräunlich, Spitze weiss bereift, durch Velumreste fast beringt, gebrechlich, Basis auffallend wurzelnd.
Fleisch: weisslich, Geruch nach Rettich, Geschmack leicht bitter.
Sporen: Spp. hellbräunlich, Sp. elliptisch bis zitronenförmig, punktiert, 8–9, 5/4,5–5,5 µ.
Anmerkung: Dieser seltene Pilz stand in einer Gruppe von 10 bis 12 Exemplaren direkt an einer Teerstrasse in Gesellschaft des Beringten Ritterlings (Tricholoma cingulatum S. 179) Begleitbäume: eine junge Eiche und eine junge Weide. Fundtag 24. 10. 78.

HEBELOMA CRUSTULINIFORME (Bull. ex Fr.) Quélet

Moser: Seite 336

Tonblasser Fälbling, Kleiner Rettichfälbling

ungeniessbar

Vorkommen: September–November im Laub- und Nadelwald, im Gebüsch, häufig.
Hut: 4–8 cm, tonweisslich, Mitte ein wenig dunkler, hellgraubräunlich, gewölbt-verflacht, nackt, schmierig, glänzend, fleischig, Rand lange eingerollt.
Lamellen: tonfarbig, dann wässrig-zimtbraun, mit gekerbter, weissflockiger Schneide, hinten ausgebuchtet, schmal, dünn, gedrängt, tränend, durch die eingetrockneten Wasserperlen später dunkler braunfleckig.
Stiel: bis 8/bis 2 cm, weisslich-graubräunlich, glänzend, faserig, an der Spitze weissflockig, feinflockig, fast knollig, ausgestopft-hohl.
Fleisch: weisslich, Geruch rettichartig, Geschmack schwach bitter.
Sporen: Spp. russigbraun, Sp. mandelförmig, punktiert, 10–12/5,5–6,5 μ.
Chemische Reaktion: Fl. mit Phenol braun.
Anmerkung: Es gibt zahlreiche ähnliche Arten.

HEBELOMA SACCHARIOLENS Quélet

Moser: Seite 337

Süssriechender Fälbling

Vorkommen: August–Oktober im Laubwald, im Gebüsch, feuchte Standorte, auf und neben schlammigen Wegen.
Hut: 2–8,5 cm, blassfleischfarben, bisweilen fast weisslich, zur Mitte ledergelb bis hellbräunlich, bisweilen rotfleckig, fast glockig, dann flach gewölbt, kaum gebuckelt, kahl, schmierig, Rand heller.
Lamellen: ausgebuchtet angeheftet, blassfleischfarben bis schmutzigzimtfarben, mit gekerbter, weisslicher Schneide, fast entfernt, untermischt.
Stiel: 4–9/0,4–1,2 cm, weisslich, dann bräunlich, an der Spitze bereift, faserig, oft etwas verbogen, mitunter spindelig.
Fleisch: weisslich, in der Basis bräunlich, Geruch stark süsslich, nach Früchtebonbons, Orangenblüten, Parfüm usw.
Sporen: Spp. zimtfarben, Sp. mandel- bis zitronenförmig, schwach warzig, 12–17/7–9(9,8) µ.
Anmerkung: Bei der var. tomentosum Moser ist der Hutrand filzig-faserig.

GYMNOPILUS SAPINEUS (Fr.) Maire

Moser: Seite 342

Tannenflämmling

ungeniessbar

Vorkommen: Juli–Oktober im Nadelwald, häufig in den Mittel- und Hochgebirgen und in Nordeuropa.
Hut: 3–10 cm, auf goldgelbem Grund fuchsbraun filzig bis faserschuppig, selten auch zimtbraun, glockig-gewölbt, dann verflacht, feucht schwach glänzend, alt rissig werdend.
Lamellen: goldgelb, bald lebhaft fuchsig, verletzt und im Alter rostbraun, ziemlich breit.

Stiel: gelb, gelbbräunlich, gegen die Basis bräunlich, voll, fest, mit vergänglicher, gelblicher, faserig-fädiger Cortina.
Fleisch: gelb, frisch geruchlos, später Geruch kuchenartig, auch an Mandeln, Zimt oder Kokos erinnernd.
Sporen: Spp. rostbraun, Sp. rauhlich, 7–10/4–5 μ.
Chemische Reaktionen: mit KOH Fl. und Hh. braun, dann schwarz, mit $FeSO_4$ Hh. und Fl. etwas grün, mit Baumwollblau Cy. grün.

GYMNOPILUS HYBRIDUS (Fr. ex Fr.) Singer

Moser: Seite 342

Faserigberingter Flämmling

ungeniessbar

Vorkommen: September–November auf Strünken oder totem Holz von Nadelbäumen.
Hut: 3–8 cm, orangefuchsig, später dunkler, halbkugelig bis gewölbt, später fast flach, feucht, glatt, kahl, fleischig.
Lamellen: angewachsen gelb, alt ± fuchsig gefleckt.
Stiel: 4–7/0,7–1 cm, gelb, abwärts fuchsig, ausgestopft, jung mit weisseidigem Velumüberzug, der eine Ringspur bildet, Basis weissfilzig.

Fleisch: gelblichblass, Geschmack bitter.
Sporen: Spp. rostbraun, Sp. fast elliptisch, rauhlich, 7–9/3,5–4,5 μ.
Chemische Reaktion: mit NH_3-Dampf Fl. und L. sofort safranorange.
Anmerkung: Vom Geflecktblättrigen Tannenflämmling (G. penetrans) nur durch die Ringzone unterschieden und besser nur als Varietät desselben zu betrachten.

DERMOCYBE PALUSTRIS (Mos.) Moser

Moser: Seite 343

ungeniessbar

Vorkommen: in Sphagnum-Mooren, meist bei Kiefern.
Hut: 1–6 cm, dunkelbraun bis umbrabraun, trocken kastanienbraun, gewölbt-gebuckelt, bisweilen um den Buckel etwas niedergedrückt, von feinen, gelblichbraunen oder rostorangenen Velumschüppchen bedeckt, matt.
Lamellen: abgerundet-angeheftet, jung hell-, dann schmutzigolivgrün, schliesslich oliv- bis rostbraun, dicklich, wenig gedrängt bis fast entfernt.
Stiel: 5–12 cm lang, jung hell- bis dunkelumbrabraun, von rostbraunem Velum gegürtelt, dann kahl und grünlichbraun, Spitze auch jung olivgrünlich.
Fleisch: feucht olivbraun, trocken heller olivgrünlich, Geruch schwach nach frisch zerdrücktem Gras oder etwas erdartig, Geschmack mild, sehr schwach rettichartig.
Sporen: Spp. rostbraun, Sp. fein warzig, 7–9/4–5 μ.
Chemische Reaktionen: mit KOH und NaOH Hh. schwarz, Fl. umbrabraun bis schwarzbraun (oft schwächer).
Anmerkung: Bei der sehr ähnlichen Art D. sphagnogena Moser herrschen gelbe Farbtöne vor. Wir fanden beide Arten nacheinander auf einem offenen Hochmoor mit einzelnen Kiefern.

DERMOCYBE CINNAMOMEOLUTEA (Orton) Moser
Moser: Seite 344

Gelbblättriger Hautkopf ungeniessbar

Vorkommen: August–November im Laub- und Nadelwald auf sauren Böden, verbreitet.
Hut: 2–5(8) cm, rötlich- bis oliv- oder umbrabraun, zimtbraun, Rand oft gelblich, glockig, dann verflacht und meist stumpfgebuckelt, feinfilzig bis kahl.
Lamellen: abgerundet angewachsen, jung zitronen- bis schwefelgelb, schliesslich olivlich-ockergelb, durch die Sporen ± braun bestäubt, ± gedrängt.
Stiel: 3–7 cm lang, zitronengelb.
Fleisch: hellgelb, Geruch im Schnitt schwach jodoform- bis rettichartig. Geschmack mild oder leicht bitter.
Sporen: Spp. rostbraun, Sp. elliptisch, 7–8/4–4,5 μ
Anmerkung: Bei der var. porphyreovelata Moser ist der Hut olivbraun mit gelblichem Rand, der Stiel gelb, aber vom Velum graubraun, porphyrbraun bis braun genattert.

DERMOCYBE CINNAMOMEA (L. ex Fr.) Wünsche
Moser: Seite 345

Zimthautkopf ungeniessbar

Vorkommen: September–Oktober im Nadel-, seltener im Laubwald.
Hut: 1–4 (5) cm, haselbraun bis oliv- oder umbrabraun, seltener rötlichbraun, gewölbt-gebuckelt, trokken, etwas faserig.
Lamellen: jung zimtorange, lange so bleibend, schliesslich olivgelblich mit bräunlichem Ton, entfernt, ziemlich breit.
Stiel: 3–5 cm lang, strohgelblich, olivgelblich, gelbgrünlich, bisweilen in der unteren Hälfte vom Velum braun überzogen.
Fleisch: zitronen- bis grünlichgelb oder schmutziggelblich.
Sporen: Spp. rostbraun, Sp. elliptisch, apfelkernförmig, zartwarzig, 6,5–7,5/4–4,5 μ.
Chemische Reaktionen: mit KOH Str. und L. sofort blutrot, dann braun, mit $FeSO_4$ L. olivgrün.

DERMOCYBE SEMISANGUINEA (Fr.) Moser
Moser: Seite 346

Blutblättriger Hautkopf ungeniessbar

Vorkommen: Juli–November im Nadelwald auf versauerten Böden, häufig.
Hut: 2–6 cm, oliv bis olivumbrabraun, gelbbräunlich, gewölbt-gebuckelt, kahl bis feinschuppig, trocken.
Lamellen: blutrot, zuletzt zimtbraun, entfernt.
Stiel: ± lebhaft chrom- bis quitten- oder messinggelb, Basis bisweilen rötlich.
Fleisch: gelb, Geschmack rettichartig, herb.
Sporen: Spp. rostbraun, Sp. elliptisch, fein warzig, 6–8/4–5 μ.

DERMOCYBE CINNABARINA (Fr.) Wünsche
Moser: Seite 346

Zinnoberroter Hautkopf ungeniessbar

Vorkommen: September–Oktober im Buchenwald.
Hut: 3–7 cm, feucht und alt schmutzigbraunrot, sonst leuchtend zinnober- bis kirschrot, gewölbt-gebuckelt, trocken, seidig, glänzend.
Lamellen: hutfarben oder dunkler, mit zinnoberroter Schneide, entfernt, ziemlich breit.
Stiel: 3–7/bis 1 cm, hutfarben, glänzend, kurzknollig, Schleier gleichfarbig.
Fleisch: blasser, Geruch unangenehm, Geschmack nach Rettich.
Sporen: Spp. rostbraun, Sp. elliptisch, 8–10/4,5–5 μ.

Moser: Seiten 344–346

Oben: Gelbblättriger Hautkopf (D. cinnamomeolutea)
Unten: Blutblättriger Hautkopf (D. semisanguinea)

Oben: Zimthautkopf (D. cinnamomea)
Unten: Zinnoberroter Hautkopf (D. cinnabarina)

DERMOCYBE SANGUINEA (Wulf. ex Fr.) Wünsche

Moser: Seite 346

Bluthautkopf

ungeniessbar

Vorkommen: September–Oktober im Nadelwald, besonders in moorigen Wäldern.
Hut: 1–4 cm, dunkelblutrot, karminblutrot, gewölbt-gebuckelt, meist haarig-filzig bis faserig, glanzlos.
Lamellen: dunkler blutrot, entfernt, ziemlich breit.
Stiel: 3–6 cm lang, gleichdick, oder gegen die Basis leicht verdickt, dunkelblutrot, Basis orangegelb, abwärts fast verjüngt.
Fleisch: rot, Geschmack rettichartig, bisweilen bitterlich.
Sporen: Spp. rostbraun, Sp. elliptisch, 6–9/4–5 μ.

CORTINARIUS HERCYNICUS (Pers.) Moser

Moser: Seite 347

Dunkelvioletter Dickfuss

minderwertig

Vorkommen: im Nadelwald (Fichte, Kiefer), bisweilen im Mischwald.
Hut: 5–10 cm, dunkelviolett, filzig schuppig, Rand eingebogen bis eingerollt und etwas heller gefärbt.
Lamellen: ausgebuchtet angewachsen, dunkelviolett.
Stiel: 6–8(10)/1–1,5 cm, blauviolett, vom Velum zart genattert, Knolle bis 2,5 cm dick.
Fleisch: violett, marmoriert, Geruch oft stark nach Juchtenleder oder Zedernholz.
Sporen: Spp. rostbraun, Sp. fast rundlich, (10) 10,5–13(14)/(7)8–9,5 μ.
Anmerkung: Sehr ähnlich ist C. violaceus (L. ex Fr.) Fries aus dem Laubwald.

CORTINARIUS VENETUS (Fr. ex Fr.) Fries var. montanus Moser

Moser: Seite 350

Grüner Schleierling

ungeniessbar

Vorkommen: August–Oktober im Nadelwald, besonders im Gebirge.
Hut: 2–6 cm, hellgelb- bis olivgrün, alt ± orange- bis rotbraun oder umbrabraun, gewölbt und stumpfgebukkelt bis ausgebreitet, trocken, matt, jung feinwolligsamtig, zuletzt kahl und etwas glänzend, dünnfleischig.
Lamellen: angewachsen oder ausgerandet, gelblich bis oliv, dann olivbräunlich, schliesslich safranrostfarben, breit, ziemlich engstehend, an den dicklichen Schneiden feingekräuselt bis gesägt.
Stiel: 2–7/bis 1 cm, gelbgrünlich, alt rotbräunlich, dunkler faserig gestreift, erst ausgestopft, dann hohl, fast knollig, Schleier gelblich, schnell vergänglich.
Fleisch: jung blassgrün, rötlich oder safranfarben anlaufend, alt olivgelblich, Geschmack etwas stechend, aber nicht unangenehm.
Sporen: Spp. ockeroliv mit rötlichem Ton, Sp. elliptisch bis kugelig, feinwarzig, 5,5–8,5/4,5–6,6 µ.
Chemische Reaktion: Fl. mit Guajactinktur langsam olivgrün.
Anmerkung: Bei der var. venetus ist der Hut oft fast dunkelgrün, der Geruch im Schnitt rettichartig, Vorkommen: im Buchenwald.

CORTINARIUS RUBICUNDULUS (Rea) Pearson

Moser: Seite 351

Zinnoberfaseriger Dickfuss

ungeniessbar

Vorkommen: August–September im Laubwald.
Hut: 4–7 cm, jung ockergelb, dann kupferrotbraun, ziegelrotbraun, ausblassend zimtbraun, glockig-flach, eingewachsen faserig bis fein angedrückt schuppig, dünnfleischig, Rand mit zitronengelben Velumresten behangen.
Lamellen: ocker, dann milchkaffeebraun, dicklich.
Stiel: tonblass, dann chromgelb, schliesslich rostrot verfärbend, mit weisser Spitze, ungleich dick.
Fleisch: im Schnitt stark gilbend, dann bräunend.
Sporen: Spp. rostfarben, Sp. 6–9/3–4,5 μ.
Chemische Reaktionen: mit KOH Hh. sofort schwarz, mit Guajactinktur Fl. langsam grün, mit H_2SO_4 Fl. gelb, dann braun, weisses Papier wird von damit geriebenem Fl. gelb.

CORTINARIUS ORELLANUS (Fr.) Fries

Moser: Seite 351

Orangefuchsiger Hautkopf

sehr giftig

Vorkommen: August–Oktober im Laub- und Mischwald unter Eichen, auf mehr oder weniger sandig-saurem Boden, selten.
Hut: 3–8,5 cm, orangefuchsig, orangebräunlich bis dunkelbraun mit rötlichen Tönen, halbkugelig, dann gewölbt-verflacht, leicht gebuckelt, sehr fein angedrückt faserig, später mehr oder weniger kahl, fleischig, Rand erst eingerollt, dann wellig-verbogen, dünn.
Lamellen: ausgerandet oder schwach herablaufend, lebhaft zimtbraun, dicklich, entfernt, untermischt, ziemlich breit, fast bauchig.
Stiel: 3–7(9)/bis 1,2 cm, gelb, messing- bis goldgelb, ohne erkennbare Velumspuren, glatt, fest, voll, bisweilen abwärts verjüngt.
Fleisch: gelblich bis schwach fuchsig, im Hut bisweilen braunrötlich, Geruch im Schnitt bisweilen rettichartig.
Sporen: Spp. rostbraun, Sp. mandelförmig, warzig, 8,5–12/5,5–7 μ.
Chemische Reaktionen: Fl. mit KOH braun, Hh. dunkelbraun, Str. rotbraun, Fl. mit Guajactinktur langsam blassolivgrün, mit Phenol langsam violettbraun.

CORTINARIUS SPECIOSISSIMUS Kühner & Romagnesi

Moser: Seite 351

Spitzbuckeliger Orangeschleierling

giftig

Vorkommen: Juli–September in Mooren und sauren Nadelwäldern.
Hut: 3–8 cm, rötlichbraunorange, typisch spitz gebukkelt, seltener stumpf gewölbt, etwas filzig oder feinschuppig.
Lamellen: abgerundet angewachsen, hutfarben, dick, breit, entfernt stehend.
Stiel: 5–12(15)/0,6–1,5(2) cm, hutfarben, mit oder ohne zitronengelbliche Velumgürtel, an der Basis leicht verdickt.
Fleisch: rötlich-quittengelb, Geruch bisweilen nach Rettich.
Sporen: Spp. rostbräunlich, Sp. breit ellipsoidisch, leicht punktiert, 9–12/6,5–9 µ.

CORTINARIUS LIMONIUS (Fr. ex Fr.) Fries Moser: Seite 352

Löwengelber Haarschleierling giftverdächtig

Vorkommen: August–September im Nadelwald, auf kalkarmen Böden.
Hut: 4–6 cm, lebhaft gelb, zitronen- bis goldgelb, feucht orangefuchsig, braunorange, kahl, höchstens etwas blassgelb überfasert oder dunkler eingewachsen faserig, jung halbkugelig, nach dem Aufschirmen Rand etwas eingebogen, deutliches Velum.
Lamellen: ausgebuchtet, lebhaft gelb bis rostbraun, breit, entfernt stehend.
Stiel: 5–7/1–1,5 gelb bis rostorange (Basis leicht rostfarben), mehr oder weniger vom Velum gegürtelt oder genattert, Spitze leicht verschmälert, Basis ± ausspitzend.
Fleisch: gelblich bis hellrostgelb, in der Stielbasis rostfuchsig.
Sporen: Spp. rostbräunlich, Sp. schmal, länglich, 7,5–8/5,5–6,5 µ.
Anmerkung: Der sehr ähnliche Cortinarius callisteus (Fr.) Fries hat eine stets mehr oder weniger keulig angeschwollene Stielbasis und einen etwas filzigschuppigen Hut, Sporen etwas breiter.

CORTINARIUS LIMONIUS (Fr. ex Fr.) Fries

Moser: Seite 352

Löwengelber Haarschleierling

giftverdächtig

Beschreibung gegenüber, Seite 414

Anmerkung: Das Foto zeigt, welche Unterschiede in Farbe und Habitus durch unterschiedliche Witterungseinflüsse möglich sind. In manchen Jahren hier im Schwarzwald ein Massenpilz.

CORTINARIUS HUMICOLA (Quel.) Maire

Moser: Seite 352

Kegeliger Dickfuss

minderwertig

Vorkommen: August–Oktober im Laubwald, besonders bei Buchen, selten und schonenswert.
Hut: 2–7 cm, lebhaft gelb bis fast orangegelb, fast spitzkegelig, dann verflacht, sparrig-schuppig, trocken, dünnfleischig, jung am Rand durch einen Schleier flokkig-gesäumt.
Lamellen: buchtig angewachsen, fast herablaufend, ockergelblich, schliesslich rostfarben, fast entfernt.
Stiel: 5–10/0,8–1,5 cm, an der Spitze den Lamellen, unter der Cortina dem Hut gleichfarbig, sparrig-schuppig, voll, verjüngt spindelig-wurzelnd.
Fleisch: fuchsig-blass, im Stiel abwärts lebhaft rostfuchsig, Geschmack mild bis rettichartig.
Sporen: Spp. rostbräunlich, Sp. fast elliptisch, stark warzig, 8–10(12)/5,5–6(7) µ.
Chemische Reaktionen: mit KOH Fl. und Hh. sofort schwarzbraun, mit Sulfovanillin Fl. sofort rot.

CORTINARIUS FULMINOIDES (Mos.) Moser

Moser: Seite 356

essbar

Vorkommen: im Nadelwald.
Hut: 7–10 cm, lebhaft orangefuchsigbraun, dunkler getropft, aber auch mit helleren Flecken vom Velum universale, unregelmässig gewölbt, schmierig, trocken matt, Rand etwas blasser, jung etwas eingerollt.
Lamellen: schwach ausgebuchtet angewachsen, tonblass, dann milchkaffeebraun, grob gesägt, gedrängt.
Stiel: 5–8/1,4–2,5 cm, weisslichblass, dann schmutzigockerlich, fest, voll, Knolle unscharf gerandet und Randung sehr stumpf.
Fleisch: gelblich, stellenweise mit deutlichem grünlichem Ton.
Sporen: Spp. rostbraun, Sp. mandelförmig, warzigpunktiert, 8,5–9/5–5,5 µ.
Chemische Reaktion: mit KOH Hh. rotbraun, Fl. kartonbraun.

CORTINARIUS ALLUTUS (Secr.) Fries

Moser: Seite 358

Bereifter Klumpfuss

minderwertig

Vorkommen: im Nadelwald bis an die Waldgrenze.
Hut: 4–8 cm, ocker- bis löwengelb oder bis satt orangefuchsig, gewölbt, im Alter verflachend, Scheitel oft bereift, feucht schmierig, trocken glänzend bis matt, Huthaut abziehbar.
Lamellen: ausgebuchtet angewachsen, weisslich bis tonfarben, dann rostfarbig, später mehr oder weniger deutlich gezähnelt, ziemlich gedrängt.
Stiel: 4–8/1–1,4 cm, weisslich, dann tonfarben bis messingbräunlich, meist mit deutlich gerandeter, weiss bleibender Knolle.

Fleisch: blassweisslich, Geruch oft ± honigartig.
Sporen: Spp. gelbbräunlich, Sp. mandelförmig-elliptisch, fast glatt oder etwas punktiert, oft mit Öltropfen, 8–9/4,5–5 μ.
Chemische Reaktionen: Fl. mit NH_3 ± braun, mit Sulfoformol blaugrün, mit Sulfovanillin weinrot.
Anmerkung: Bei der var. xanthus Moser ist der Hut lebhaft gelb und der Stiel oft fast keulig.
Die abgebildeten Exemplare wurden im Buchenwald gefunden.

CORTINARIUS MULTIFORMIS VAR. CONIFERARUM Moser

Moser: Seite 358

minderwertig

Vorkommen: August–Oktober im Nadelwald.
Hut: 4–10 cm, satt semmelgelb bis gelbbräunlich, löwengelbbraun, gewölbt, dann ausgebreitet, oft mit starken Velumresten, bei Regen klebrig, sonst trocken, eingewachsen faserig, Rand mit Velumresten behangen.
Lamellen: ausgerandet bis ausgebuchtet-angewachsen, jung weisslich, dann rostbraun, etwas gedrängt, Schneiden stark gesägt.
Stiel: 7–10/1–2 cm, weiss, dann hellockerbräunlich, seidig-faserig, dann nackt und glänzend, Basis fast keulig oder knollig, Cortina weiss, flüchtig.
Fleisch: weisslich, Geruch süsslich-honigartig.
Sporen: Spp. gelbbräunlich, Sp. elliptisch bis mandelförmig, wenig warzig, fast glatt, 10–12/5–6 (6,5) μ.
Anmerkung: C. multiformis Fries: H. weniger lebhaft ockerfalb, gelbbraun. Vorkommen: im Laubwald.

CORTINARIUS VARIEGATUS Bresadola

Moser: Seite 360

Vielgestaltiger Schleimkopf

essbar

Vorkommen: im moosigen Nadelwald, seltener in Laubwäldern.
Hut: 5–10 cm, blassocker bis ziegelbräunlich, am Scheitel meist etwas dunkler bräunlich bis fast ziegelrötlich eingewachsen faserig, bisweilen auch der ganze Hut dunkler gleichfarbig faserig, gewölbt, ziemlich lange von kleinen, weissen Fäserchen überzogen, so dass er wie bereift aussieht, feucht schmierig, trocken nur ganz matt schimmernd, Huthaut abziehbar, Rand lange eingerollt.
Lamellen: tief ausgerandet angewachsen, weisslich, dann ockerbräunlich, zuletzt dunkler tonbräunlich, mässig bis dicht gedrängt.
Stiel: 5–9/1,5–3 cm, silbrigweiss, fast glänzend, an Druckstellen und im Alter etwas ocker fleckend, voll, Basis mit einem bisweilen sehr blassen violettlichen Velumüberzug.
Fleisch: reinweiss, Geruch fast fehlend.
Sporen: Spp. ockerrostgelb, Sp. schmal spindelig-elliptisch, 7,5–10/3,5–4 μ.
Chemische Reaktionen: Fl. mit Phenol und mit Phenolanilin weinrot.
Anmerkung: Nach unserer Beobachtung ist die Basis zunächst weiss. Die Umfärbung der Velumreste in Rosalila erfolgt etwa nach einer halben Stunde. Wir fanden grosse Gruppen dieser Art in Reihen angeordnet im reinen Laubwald.

CORTINARIUS SEBACEUS Fries

Moser: Seite 360

Seidiger Schleimkopf

essbar

Vorkommen: August–Oktober im Laub- und Nadelwald, selten.
Hut: 6–10 cm, ockergelbbraun, hell semmelfarben, in der Mitte meist ± fuchsig, halbkugelig bis flach gewölbt, feucht schmierig, trocken matt schimmernd, kaum glänzend, nur schwach eingewachsen faserig, ganz fein weiss überreift, bisweilen kaum wahrnehmbar. Huthaut abziehbar.
Lamellen: gerade angewachsen bis ausgebuchtet, weisslich, ocker-milchkaffeebraun, schmal, gedrängt.
Stiel: 6–10/1–2 cm, seidig weiss, fast glänzend, gleichdick oder schwach keulig, meist mit reichlicher weisser Cortina, jedoch kaum oder nur mässig zottig.
Fleisch: weisslich bis ockerbräunlich, fast geruchlos, Geschmack mild.
Sporen: Spp. sehr hell ocker-rostgelbbraun, Sp. schmal elliptisch-spindelig, fast glatt, nur punktiert, 7–9/3,5–4 µ.
Chemische Reaktionen: Fl. mit Phenol schwach weinrot, mit Guajactinktur gelblich, mit $AgNO_3$ nach Stunden schwarz.

CORTINARIUS CLARICOLOR Fries

Moser: Seite 360

Weissgestiefelter Schleimkopf

essbar

Vorkommen: im Fichtenwald.
Hut: 5–10(15) cm, lebhaft gelb, besonders gegen den Rand, Mitte bisweilen fuchsig, halbkugelig, dann gewölbt bis flach, trocken glänzend, kahl, bisweilen etwas schuppig, Rand jung mit weissen Velumresten, alt runzelig.
Lamellen: fast angeheftet, weisslichblass, dann ockergelblich bis bräunlich oder rostbraun, gedrängt, Schneiden gesägt.
Stiel: 6,5–14/1,2–2,5(3,7) cm, weisslichgelblich, gestiefelt-zottig, später auch fast glatt, keulig, voll, trocken.
Fleisch: weiss, im Stiel bisweilen ockerlich, hart.
Sporen: Spp. rostbräunlich, Sp. spindelig, 8–9,5/4–4,5 μ.
Chemische Reaktionen: Fl. mit KOH dunkelrotbraun, mit Phenol nach einigen Minuten schmutzig weinrot.

CORTINARIUS HERCULEUS Malençon

Moser: Seite 362

essbar

Vorkommen: unter Zedern.
Hut: 4–10(15) cm, semmelbraun, rotbraun und weisslich marmoriert, bisweilen schmutzigbraun, oft bereift oder mit Velumresten.
Lamellen: ausgebuchtet angewachsen, grauweisslich, ziemlich schmal, mässig gedrängt.
Stiel: 5–15/1,8–5 cm, weiss, keulig, Velum weiss, selten violettlich, dann ocker oder gelblich, unvollständige Gürtel bildend.
Fleisch: Geruch stark erdig oder nach Mais.
Sporen: Spp. rostbraun, Sp. 11–13,5/5,5–7,2 μ.
Anmerkung: Die abgebildeten Exemplare wurden in der Nähe von Avignon gefunden. Dieser Pilz ist dort sehr häufig. Privater Waldbesitz wird während der Pilzernte verpachtet. Der Pächter erntet Tag für Tag und Jahr für Jahr, und die Pilze kommen immer wieder.

CORTINARIUS SUBVALIDUS Henry

Moser: Seite 362

Geschmückter Schleimkopf

essbar

Vorkommen: September–Oktober im Bergfichtenwald auf saurem Boden.
Hut: 5–10(12) cm, lebhaft ockerfuchsig, löwengelbbraun, auch dunkler oder heller gefleckt, halbkugelig, zuletzt flach gewölbt, eingewachsen faserig, feucht schmierig, trocken fettig glänzend, fleischig, Rand lange eingerollt.
Lamellen: abgerundet oder ausgebuchtet angewachsen, stets blassocker, dann rostbraun, Blattschneiden ganzrandig oder schwach gesägt, engstehend.
Stiel: 8–12/1–2 cm, blass ockerbräunlich, meist mit wolligen, dem Hutrand gleichfarbigen Velumgürteln, voll.
Fleisch: weisslich, Geruch schwach gebäckartig.
Sporen: Spp. rostbraun, Sp. mandelförmig, warzig, 9–11(12)/5–6 µ.
Chemische Reaktionen: mit KOH Hh. und Fl. blassbraun, mit Sulfoformol Fl. braun bis grünbraun, mit H_2SO_4 schwach gelblich, mit Formol schwach gelb.

CORTINARIUS TRIUMPHANS (Fr.) Fries

Moser: Seite 362

Gelbgestiefelter Schleimkopf

essbar

Vorkommen: August–Oktober bei Birken.
Hut: 4–8(10) cm, gelbbräunlich, löwengelb, auch fast zitronengelblich, Mitte dunkler, halbkugelig, dann flacher gewölbt, feucht schmierig, trocken bald matt, Rand mit Velumresten behangen.
Lamellen: abgerundet oder ausgebuchtet angewachsen, grauocker, ocker, bisweilen auch etwas bläulich, dicklich, schmal.
Stiel: hutfarben, ockergelblich, mit starken wolligen ockergelben bis gelbbraunen Velumbändern.
Fleisch: weisslich, bisweilen auch etwas gelblich, fast geruchlos.
Sporen: Spp. gelbbräunlich, Sp. mandelförmig bis spindelig, 11,5–13(13,5)/6,8–8,4 μ.
Anmerkung: Ähnlich und auch Birkenbegleiter ist Cortinarius crocolitus Quélet.

CORTINARIUS ARCUATORUM Henry

Moser: Seite 364

Violettgesäumter Klumpfuss

ungeniessbar

Vorkommen: im Laubwald auf Kalk, selten.
Hut: 4–12 cm, meist satt orangebräunlich, fleischviolettlich, von lila Velum etwas überhaucht, gewölbt, dann ausgebreitet, schmierig, trocken ± glänzend.
Lamellen: breit angewachsen, teils mit Zahn herablaufend, lilablass, violett.
Stiel: bläulichviolett, abwärts ocker, Basis knollig, Knollenrand violett.
Fleisch: Geruch schwach fruchtartig, Geschmack bitter.
Sporen: Spp. rostbraun, Sp. 10,5–13/5–6 μ.
Chemische Reaktion: mit KOH Hh. und Fl. rosa.

CORTINARIUS CUMATILIS Fries

Moser: Seite 368

Taubenblauer Schleimkopf

essbar

Vorkommen: Oktober–November im Nadelwald, selten.
Hut: 5–10 cm, blaugrau, blauviolett, Scheitel grau werdend oder gelblich ausblassend, halbkugelig, dann gewölbt bis verflacht, Rand dünn, lange eingebogen, mit Velumresten behangen.
Lamellen: tonweisslich, später graubraun, engstehend, mit gekerbter Schneide.
Stiel: 5–10/1–1,5 cm, weisslich, an der Basis vom Velum violett beschuht, Cortina weisslich.
Fleisch: weisslich, Geschmack mild.
Sporen: Spp. rostbraun, Sp. fast mandelförmig, rauhlich, 10–12/5–6 µ.

Chemische Reaktionen: mit KOH blauviolette Hh. ausbleichend zu karton- bis umbrabraun, mit Guajactinktur Fl. grünlich bis blau, mit H_2SO_4 und $Hg(NO_3)_2$ violette Stellen der Hh. ockerbraun, mit $AgNO_3$ Fl. in 30 Min. rotbraun.
Anmerkung: Bei der var. haasii Moser sind die L. violettlich, bläulich. Vorkommen: im Laubwald. Var. robustus Moser: H. 8–12(20) cm, violett, violettgrau, auch weinrötlich, gegen den Scheitel umbra- bis schokoladenbraun eingewachsen faserig, bisweilen ockerlich gefleckt, Rand lange eingerollt, St. 6–10/1,5–4 cm, Sp. 10–12/5–6 µ. Vorkommen: im Nadel- und Mischwald.

CORTINARIUS GLAUCOPUS (Schff. ex Fr.) Fries

Moser: Seite 367

Knollenloser Klumpfuss

essbar

Vorkommen: August–Oktober im Misch- und Nadelwald, auf kalkreichen Böden, oft in Reihen oder Kreisen.
Hut: 4–8(10) cm, orangefuchsig, Rand nicht oder schwach grünlich oder olivlich, halbkugelig, dann schwach gewölbt, schliesslich ausgebreitet, stark eingewachsen faserig, Scheitel oft wie bereift durch Velumreste, fleischig.
Lamellen: ausgebuchtet-angewachsen, lilabläulich, dann milchkaffeebraun, fast gedrängt, breit, Schneiden bisweilen fein gekerbt.
Stiel: 4–7/1–2 cm, bläulich, dann blassgelblich und nur oben mit bläulicher Zone, gestreift, Knolle klein, oft ist die Basis nur abgestutzt gerandet.
Fleisch: gelblichweiss, im Stiel bläulich durchzogen, Geruch bisweilen etwas unangenehm.
Sporen: Spp. hell rostfarben, Sp. klein, fast mandelförmig, punktiert-rauhlich, 7–9/4–5 μ.
Chemische Reaktion: mit KOH Hh. rostbräunlich.

CORTINARIUS GLAUCOPUS VAR. OLIVACEUS Moser

Moser: Seite 367

essbar

Vorkommen: im Nadel- und Mischwald.
Hut: 5–12 cm, mit grünlich-olivlicher Grundfarbe, fuchsig bis umbrabräunlich eingewachsen faserig, fast halbkugelig, dann flach gewölbt, feucht schmierig, trocken matt, Rand schon bald gerade.
Lamellen: angewachsen bis leicht ausgebuchtet angewachsen, graublau bis lilablass, aber auch fast tiefblau, dann tonbraun bis milchkaffeebraun, dünn, gedrängt, Schneiden uneben bis leicht gekerbt.
Stiel: 5–9/0,8–2 cm, bläulich, gegen Basis bisweilen sogar grünlich, meist deutlich gerandet-knollig.
Fleisch: im Hut blass, im Stiel jung bisweilen tief blau, aber auch nur blasslila.
Sporen: Spp. gelbbraun, Sp. ellipsoid bis mandelförmig, 7–8(9)4,5–5,5 μ.
Anmerkung: Die Exemplare wurden einer langen Reihe entnommen, die vom Waldrand her (Fichten) in eine sehr feuchte Wiese wuchs. Höhe 1000 m.

CORTINARIUS VARIECOLOR Fries

Moser: Seite 372

Erdigriechender Schleimkopf

minderwertig

Vorkommen: Juli–Oktober im Nadelwald, kalkliebend.
Hut: 5–15 cm, lebhaft lilaviolett, bald fuchsig- bis rotbraun verfärbend, violette Grundfarbe am Rand noch lange sichtbar, gewölbt, dann verflacht, glatt, kahl, eingewachsen faserig, fast geflammt, fleischig.
Lamellen: ausgerandet angewachsen, violett, dann rostbraun, gedrängt.
Stiel: 5–12/1,5–2,5 cm, violett, jung angedrückt-zottig, bald kahl, dann abwärts fuchsig, keulig, Cortina blasslila, seidig.
Fleisch: lila, schliesslich weisslich mit lila Stich, Geruch stark erdig oder nach Staub.
Sporen: Spp. rostbraun, Sp. 10–11/5,5–6,3 μ.
Chemische Reaktion: Fl. mit KOH gelb, fast chromgelb.
Anmerkung: Var. marginatus Moser: H. violett, bald fuchsig, St. mit gerandeter, knolliger Basis, Geruch schwach gebäckartig. Vorkommen: im Laubwald. Var. largiusculus (Britz.) Moser: H. jung lebhaft violett, dann fuchsig, ebenso Stb., Fl. rötlichviolett, Geruch erd- oder staubartig, Sp. rundlich, 6–9/5–8 μ.

CORTINARIUS NEMORENSIS (Fr.) Lange

Moser: Seite 372

Verfärbender Schleimkopf

essbar

Vorkommen: August–Oktober im Laubwald, Rotbuchen, Eichen, auf sauer-sandigen Böden fehlend.
Hut: 5–10(15) cm, blassviolett bis lilabläulich, vom Scheitel aus hasel- oder graubraun verfärbend, Rand noch lange violett getönt, halbkugelig, dann flach gewölbt, etwas eingewachsen faserig, feucht schmierig, trocken fast matt, derbfleischig, Rand jung eingebogen.
Lamellen: ausgebuchtet angewachsen, graulila, blassviolettlich, alt trüb zimtfarben, schmal, dünn, oft schwach wellig-gekerbt, engstehend.
Stiel: 6–12/1,2–1,5(3) cm, blassviolettlich, Basis im Alter auch graubräunlich, Spitze bereift, Cortina leicht violett.
Fleisch: erst ganz lila, dann blassviolett, bald verblassend bis fast weisslich, Geruch schwach nach Staub, Geschmack mild.
Sporen: Spp. zimtbräunlich, Sp. mandelförmig, warzig, 11–12/6–7 μ.
Chemische Reaktion: Fl. mit KOH gelb.

CORTINARIUS VARIUS Fries Moser: Seite 372

Ziegelgelber Schleimkopf essbar

Vorkommen: Juli–Oktober im Nadelwald auf Kalk, oft sehr gesellig.
Hut: 3–10 cm, fuchsig, semmelbraun, Rand heller, halbkugelig, dann abgeflacht ausgebreitet, glatt, kahl, schmierig, Rand jung eingerollt, faserig behangen, später wellig verbogen.
Lamellen: ausgebuchtet-angewachsen, zart bis satt lila oder blauviolett, engstehend, dünn.
Stiel: 5–8/1–1,5 cm, weiss, später blassockerbräunlich, keulig, jung bisweilen zottig, meist kahl, die ungerandete Basis zwiebelig verdickt.
Fleisch: weisslich, im Stiel grauend, fest, Geruch schwach staubartig, Geschmack mildsüsslich.
Sporen: Spp. hellrostbraun, Sp. mandelförmig, warzigrauh, 10–12/5,5–6 μ.
Chemische Reaktion: Fl. mit KOH gelb bis orangegelb.

CORTINARIUS BALTEATOALBUS Henry

Moser: Seite 374

essbar

Vorkommen: im Nadel- und Mischwald.
Hut: 5–10 cm, nicht ganz einheitlich rötlichbraun, etwas eingewachsen-faserig, fleckig, gewölbt, älter verflachend, fleischig, Rand auffallend lange eingerollt.
Lamellen: mässig gedrängt, schmal, weisslich, dann tonfarben, schliesslich rostbraun, Schneide ganzrandig und gleichfarbig.
Stiel: 6–8/1,3–3 cm, zylindrisch bis keulenförmig, auch etwas bauchig, voll, kräftig, weiss, Spitze filzig-bereift, unterhalb der Cortina älter etwas bräunend und bisweilen dem Hut fast gleichfarbig werdend.
Fleisch: weisslich, alt in der Basis bräunend, Geschmack mild, fast geruchlos.
Sporen: Spp. rostbräunlich, Sp. elliptisch-mandelförmig bis fast spindelig, 9–11(13)/5,2–6(6,6) μ.
Chemische Reaktionen: Fl. mit NH_3 gelb, mit Guajactinktur blau.

CORTINARIUS INFRACTUS (Pers. ex Fr.) Fries Moser: Seite 375

Bitterer Schleimkopf ungeniessbar

Vorkommen: August–Oktober im Laub- und Nadelwald.
Hut: 5–8(12) cm, hell- bis dunkelbraun, olivschwärzlich bis olivbraun oder olivgrün, sehr variabel, Scheitel oft ockerbräunlich verblassend, flachgewölbt, bisweilen gebuckelt, feucht schmierig, trocken glänzend, fleischig, Randzone eingewachsen faserig.
Lamellen: ausgebuchtet-angewachsen, olivrussig, dann olivbräunlich, fast engstehend.
Stiel: 5–8(10)/1–2 cm, olivbräunlich, silbergrau bis weisslich, gleichdick bis keulig, gestreift, Cortina olivgrünlich bis olivbräunlich, vergänglich.
Fleisch: grau, ockerweisslich, auffallend bitter.
Sporen: Spp. rostbräunlich, Sp. warzig, 7–8 μ.

Chemische Reaktionen: mit KOH Fl. grau, mit Phenol Fl. bräunlich bis rosa, mit H_2SO_4 Fl. gelb, auf Hh. schwächer, mit $AgNO_3$ Fl. und L. sofort schwarzgrün bis schwarz, auf Hh. schwächer, mit $FeSO_4$ Fl. gelbbraun, dann grau.
Anmerkung: Bei der var. obscurocyaneus Secretan Hut olivbraun bis -schwarz, L. olivgrünbraun, St. oliv, Spitze trüb violett, abwärts blauviolett. Vorkommen: Buchen-, seltener Nadelwald, chemische Reaktion: mit KOH Fl. grüngelb, Hh. dunkler olivgrün. Bei der var. olivellus Moser H. braungrau bis graugrün, St. etwas violettlich, bisweilen fast mit gerandeter Knolle. Vorkommen: Eichen- und Buchenwald.

CORTINARIUS SUBTORTUS (Pers. ex Fr.) Fries

Moser: Seite 375

Olivgelber Schleimkopf

ungeniessbar

Vorkommen: August–Oktober im sauren Nadel-, seltener Laubwald, an torfmoosreichen Stellen, im Heidelbeernadelwald.
Hut: 1,5–6 cm, gelbbraun, ocker, mit olivlichem Ton, kugelig bis halbkugelig, später ausgebreitet, feucht schwach klebrig, trocken fast matt, etwas eingewachsen faserig, zuletzt schwach gerunzelt, Huthaut fast bis zur Mitte abziehbar.
Lamellen: ausgebuchtet-angewachsen, etwas herablaufend, olivgrau, graugrün, dann braungrau, rotbraun, entfernt, dicklich, ziemlich breit.
Stiel: 4–9/bis 1,5 cm, blass ockerlich, oben zart olivgrau, keulig, an der Spitze etwas angeschwollen, bisweilen verdreht, Cortina weissgelblich, sehr vergänglich.
Fleisch: blassockerweisslich, Geruch weihrauch- oder zedernartig, Geschmack leicht bitter, oft nur schwach, fast geruchlos.
Sporen: Spp. braungelblich, Sp. rundlich, warzig punktiert, 7,5–8/5,8–6,5 μ, an Lamellenfläche und -schneide mit echten Zystiden, spindelig bis etwas bauchigspindelig, ca. 50–70 μ lang, mit körniger Inkrustierung, die die Spitze frei lässt.
Chemische Reaktion: Fl. mit KOH van-Eyck-braun, dann kartonbraun.

CORTINARIUS PURPURASCENS Fries Moser: Seite 376

Purpurnfleckender Klumpfuss essbar

Vorkommen: Sept.–Nov. im sauren Nadelwald.
Hut: 3–8(10) cm, dunkelbraun, dattel- bis umbrabraun, Rand bisweilen grau oder grauviolettlich, halbkugelig gewölbt, dann flach, feucht schmierig, trocken glänzend, selten eingewachsen faserig, Rand eingerollt.
Lamellen: ausgebuchtet, violett, schliesslich rostfarben, bei Druck purpurn fleckend, engstehend.
Stiel: 5–9/1–1,5 cm, violett, violettbraun, bei Druck dunkelviolett bis purpurn fleckend, nach unten faserig, Knolle jung deutlich gerandet, Cortina dunkelviolett oder bläulichlila.
Fleisch: blauviolett, manchmal ausblassend, an der Luft purpurn anlaufend.
Sporen: Spp. rostbräunlich, Sp. mandelförmig, warzig, 8–10(11)/4–5,5 μ.
Chemische Reaktionen: Fl. mit KOH orangegelblich, mit Guajactinktur graulich, mit $Hg(NO_3)_2$ orangegelblich, mit $TlNO_3$ violettbraun, mit Sulfovanillin, violett, mit $FeSO_4$ rosa.
Anmerkung: Bei der fm. lividus Moser H. meergrünlich oder -bläulich bis lilagrau, Rand oft mit schokoladenbraunen Flecken. Vorkommen: feuchte, moosige Fichtenwälder, chemische Reaktion: Fl. mit $Hg(NO_3)_2$ gelbgrün. Bei der var. largusoides Henry H. 5–12(15) cm, heller bräunlich, eingewachsen faserig, L., Fl. und St. violettlila, Sp. 9–11/5–6 μ. Vorkommen: im Laubwald.

CORTINARIUS SCAURUS Fries Moser: Seite 376

Olivblättriger Klumpfuss

ungeniessbar

Vorkommen: August–Oktober in Hochmooren zwischen Sphagnum, besonders in moorigen Fichtenwäldern, selten.
Hut: 2–5(7) cm, oliv- bis wässrig-hornbraun, auch haselbraun, typisch in Randnähe mit einer Ringzone von dunkelhornbraunen bis wässrig-schokoladenbraunen Wasserflecken, hygrophan, ausblassend, halbkugelig bis verflachend, schleimig, trocken ± glänzend, meist schmächtig.
Lamellen: anfangs olivgrünlich mit bläulichem Schein, im Alter schliesslich hellgraubraun.
Stiel: oliv- bis blaugrünlich, faserig gestreift, mit meist deutlicher, jedoch nicht gerandeter Knolle, Cortina grünlich.
Fleisch: im Stiel grünlichbläulich durchzogen.
Sporen: Spp. dunkelrostbraun, Sp. 10–13/6,5–7,2 μ.
Anmerkung: Der ähnliche, etwas häufigere Cortinarius herpeticus Fries (S. 438) hat kleinere Sporen, der Hut hat normalerweise Wasserflecken; er wächst im sauren Fichtenwald, ist aber kein typischer Hochmoorpilz.

CORTINARIUS HERPETICUS Fries Moser: Seite 376

Russblättriger Klumpfuss

Vorkommen: August–Oktober in sauren Fichtenwäldern.
Hut: 3,5–8 cm, olivbraun, von der Mitte fuchsig bis braun verfärbend, Rand meist bis ins Alter mit grünlichem, olivbräunlichem Ton, gewölbt, dann verflacht, wenig schmierig.
Lamellen: olivgrünlich, älter rostig.
Stiel: grünlich, blaugrünlich, Basis bräunlich verfärbend, Spitze bisweilen bläulich, Cortina grünlichblau.
Fleisch: sehr hell schmutzigbräunlich, im Stiel bisweilen mit schwach violettem Ton.
Sporen: Spp. dunkelrostbraun, Sp. 9–10(12,5)/5–7 μ.
Chemische Reaktion: mit KOH Hh. über Purpurweinrot ziemlich rasch purpurbraun.
Anmerkung: Var. fageticola Moser: H. haselbraun, Rand graugrün mit schokoladenbraunen Flecken, L. grünlich bis lila oder violettlich, St. violettlich, Spitze und Knolle etwas grünlich, Sp. 9–11/5–5,5 μ, Vorkommen: unter Buchen. Var. polychrous Henry: H. 5–8 cm, ockerbräunlich, Randzone eventuell dunkler bis schokoladenbraun, L. violett bis lila, Sp. 10,5–12,3/5–6 μ.

CORTINARIUS ODORIFER Britzelmayr

Moser: Seite 377

Anisklumpfuss

essbar

Vorkommen: September–Oktober im Nadelwald, vor allem Alpen und Voralpengebiet, auf Kalk.
Hut: 4–10 cm, kupferrotbraun, Rand graugrün, grünlichgelb oder violettlich, im Alter meist einfarbig rotbraun, halbkugelig, dann flachgewölbt, schliesslich auch niedergedrückt bis trichterig, feucht sehr schleimig, trocken glänzend, Rand jung eingerollt.
Lamellen: angewachsen oder ausgebuchtet, grünlichgelb bis gelb, zuletzt olivbräunlich, engstehend, Schneide ganzrandig, alt uneben bis gekerbt.
Stiel: 4–7/0,8–2 cm, gelbgrünlich, später bräunlich, stark faserig-haarig, mit dicker, gerandeter Knolle, die entweder ganz oder nur am Knollenrand rötlichbraun ist, Cortina blassgrünlich bis gelbgrünlich, selten weiss.
Fleisch: gelbgrünlich bis fast grün, Geruch mehr oder weniger stark nach Anis.
Sporen: Spp. rötlichbraun, Sp. mandel- bis zitronenförmig, ziemlich grobwarzig, 9–13/5–7 µ.
Chemische Reaktion: mit KOH Hh. schwarzpurpurn, Fl. blutrot bis heidelbeersaftfarbig.

CORTINARIUS ATROVIRENS Kalchbrenner Moser: Seite 380

Schwarzgrüner Klumpfuss essbar

Vorkommen: September–Oktober, Mykorrhizapilz der Tanne (auf Kalk).
Hut: 4–8(10) cm, olivgrün bis schwarzgrün, halbkugelig, dann flachgewölbt, eingewachsen faserig, glänzend, schmierig, trocken matt.
Lamellen: ausgebuchtet-angewachsen, lebhaft chromgelb, später orangerostig mit gelb bleibender, schwachgesägter oder wellig-gekerbter Schneide, engstehend.
Stiel: 8–9/1–1,5 cm, chromgelb, gelbgrünlich, Knolle erst gerandet, im Alter stumpf abgerundet und wenig abgesetzt.
Fleisch: lebhaft chromgelb, im Stielgrund dunkelgrün, Geruch und Geschmack gewürzartig.
Sporen: Spp. gelbbraun, Sp. elliptisch, rauh, 9–11(12)/5–6 μ.
Chemische Reaktionen: mit KOH Hh. schwarz, Fl. dunkelgrünbräunlich, Fl. mit Phenol langsam rotbraun, mit Guajactinktur in 15 Min. grün, mit $FeSO_4$ langsam grün, mit Phenolanilin rot.

CORTINARIUS VITELLINUS Moser

Moser: Seite 380

Dottergelber Klumpfuss

ungeniessbar

Vorkommen: im Bergnadelwald, auf reicheren Böden.
Hut: 5–9 cm, schwefel- bis chromgelb, oft mit oliv-, umbra- bis fuchsigbraunen Flecken oder Streifen, ausgebreitet.
Lamellen: angewachsen, lebhaft gelb, im Alter lebhaft gelbrostig, Schneide flachschartig.
Stiel: 5–8/1–2 cm, lebhaft gelb, mit scharf gerandeter Knolle.

Fleisch: hutfarben, Geruch unangenehm.
Sporen: Spp. dunkelrostbraun, Sp. 10–11/5–6 μ.
Chemische Reaktionen: Fl. mit KOH dunkelrotbraun bis schwarzbraun, mit $FeSO_4$ dunkelolivgrün.
Anmerkung: Sehr ähnlich ist C. splendens Henry: etwas kleiner, Hut kaum breiter als 6 cm, Geruch nicht unangenehm, schwach gebäckartig, im Laubwald (Rotbuchen, Eichen) auf kalkreichen Böden.

CORTINARIUS PERCOMIS Fries Moser: Seite 381

Würziger Schleimkopf essbar

Vorkommen: August–September im Nadelwald auf Kalk.
Hut: 5–8(10) cm, ocker bis semmelbraun, Scheitel auch fuchsig getönt, auch fast einheitlich zitronengoldgelb, halbkugelig, dann ausgebreitet und flach gewölbt, feucht schmierig, trocken glänzend, Oberhaut abziehbar.
Lamellen: ausgerandet bis bogig angewachsen, lebhaft zitronengelb, zuletzt schmutziggelblich-bräunlich, fast engstehend.
Stiel: 4–7 cm lang, lebhaft zitronengelb, dann ockerbräunlich, keulig oder zylindrisch, Basis meist etwas verdickt, bisweilen fast knollig, aber nicht gerandet knollig, Cortina gelblich.
Fleisch: zitronengelb, Geruch nach Lavendel oder gewürzartig, im Alter nach alten Küchenlappen.
Sporen: Spp. rostbräunlich, Sp. mandelförmig, warzig-punktiert, 10–13/5–6,5 μ.
Chemische Reaktion: Fl. mit KOH nacheinander ockerbraun, himbeerrot, purpurrot, selten rein rotbraun.

CORTINARIUS TRAGANUS Fries

Moser: Seite 383

Lila Dickfuss

ungeniessbar

Vorkommen: Juli–Oktober im Laub- und Nadelwald auf saurem Boden.
Hut: 3–10 cm, lebhaft violett-lila, alt bisweilen fast weisslich oder ockerlich verblassend, fast kugelig, dann halbkugelig bis gewölbt, seidig glänzend, trokken, gegen den Scheitel mit bronzefarbenen, häutigen Velumresten und Flöckchen, Rand eingebogen, fast filzig behangen.
Lamellen: breit angewachsen, auch ausgebuchtet, schon jung safranocker (nicht violett!) bis umbrabraun mit purpurlichem Schein, mässig dicht, Schneiden heller und fransig gekerbt.
Stiel: 6–10/1–3 cm, lebhaft violett, alt bisweilen weisslich oder ockerlich ausblassend, keulig, schwammig-voll, Cortina violett.
Fleisch: gelbbraun, Geruch unangenehm nach Acetylen.
Sporen: Spp. rostbraun, Sp. elliptisch, feinwarzig punktiert, (7)8–10/(4)5–6 μ.
Chemische Reaktionen: Fl. mit Phenol rotbraun, dann schokoladenbraun, mit Guajactinktur langsam dunkelbläulich.

CORTINARIUS CAMPHORATUS Fries Moser: Seite 384

Bocksdickfuss ungeniessbar

Vorkommen: September–November im Laub- und Nadelwald.
Hut: 5–9 cm, blasslila, Scheitel ockerlich verfärbend, gewölbt, dann verflacht mit schwachem Buckel, oft eingewachsen faserig, seidigwollig, später kahl, derbfleischig, Rand vom blassen Velum überfasert.
Lamellen: schwach buchtig-herablaufend, blau bis lila, dann zimtrostgelb, oft mit purpurlichem Schein, ziemlich schmal, fast gedrängt, bisweilen kraus.
Stiel: 5–10/1–2 cm, hutfarben, alt etwas rostbräunlich, vom Velum etwas heller flockigschuppig, abwärts blass, auch gilbend, fädig-filzig oder fädig überkleidet, bisweilen fast gegürtelt, oft hohl, keulig, zwiebeligknollig.
Fleisch: Geruch widerlich, nach gekochten Kartoffeln, die in Fäulnis übergehen.
Sporen: Spp. gelbbräunlich, Sp. fast mandelförmig, warzig-punktiert, 9–11/5–5,5 µ.

CORTINARIUS CAMPHORATUS Fries

Moser: Seite 384

Bocksdickfuss

ungeniessbar

Beschreibung gegenüber, S.444.
Anmerkung: Diese Fruchtkörper fanden wir an einer mässig feuchten Stelle in einem Fichten-Hochmoor (1000 m ü. M.). Der Geruch dieser Art ist normalerweise so stinkend-stechend, dass Kopfschmerzen dadurch ausgelöst werden können. Diese Exemplare hatten jedoch nur die Spur des arttypischen Geruchs, so dass sie mich lange genarrt haben. Prof. Moser und Dr. Haas bestätigten dann die Diagnose C. camphoratus, weil es ihn (ausnahmsweise?) auch mit sehr schwachem Geruch gibt.

CORTINARIUS PHOLIDEUS (Fr. ex Fr.) Fries

Moser: Seite 386

Schuppiger Dickfuss

minderwertig

Vorkommen: September–November bei Birken, häufig in Mooren.
Hut: 4–10 cm, rehbräunlich, zuletzt zimtfarben, mit sparrigen, schokoladen- bis umbrabraunen Schüppchen, kegelig, dann glockig, schliesslich flach und spitzgebuckelt, dünnfleischig.
Lamellen: buchtig-angeheftet, dann frei, jung violettbläulich, dann hellzimtfarben bis bräunlich, fast entfernt.
Stiel: 5–12/1–1,5 cm, Spitze jung bläulich, dann braun, durch russbräunliche, oben fast ringförmig angeordnete Schuppen sparrig gestiefelt, ausgestopft, schnell hohl.
Fleisch: blassbräunlich, wässrig durchzogen, fast geruchlos.
Sporen: Spp. rostbräunlich, Sp. fast rundlich, rauh, 7–8(8,5)/5–6(6,5) µ.

CORTINARIUS ANOMALUS (Fr. ex Fr.) Fries

Moser: Seite 386

Graubräunlicher Dickfuss

essbar

Vorkommen: August–Oktober im Laub- und Nadelwald.
Hut: 4–7 cm, violett-graubraun, grau, trocken ausblassend mit etwas dunklerer Mitte, glockig-gewölbt, dann ausgebreitet-stumpfgebuckelt, seidig-faserig, etwas glimmerig, nicht feucht, wenig fleischig.
Lamellen: mit Zahn herablaufend, violett, blau, zuletzt zimtfarben, fast engstehend, dünn, mit blasser Schneide.
Stiel: 7–10/1–1,5 cm, tonblass bis fast weisslich mit gelblichen, oft undeutlichen, angedrückten Faserschüppchen, fast gegürtelt, Spitze bläulich, seidigfaserig, erst voll, dann hohl, an der Basis angeschwollen, auch fast gerandet-knollig, Cortina blass, vergänglich.
Fleisch: violettlich, bläulich, wässrig durchzogen.
Sporen: Spp. rostbraun, Sp. fast rundlich bis kurzelliptisch, feinwarzig, 8–9/6–7,5 μ.
Chemische Reaktion: mit Guajactinktur Hh. und Fl. langsam bläulichgrün.

CORTINARIUS CANINUS (Fr.) Fries

Moser: Seite 387

Rostbrauner Dickfuss

essbar

Vorkommen: September–November im Laub- und Nadelwald, auf Waldwiesen.
Hut: 3–10 cm, jung mit violettlichem Ton, bald rostfuchsig, glockig-gewölbt, dann ausgebreitet und flachgebuckelt, trocken, glatt, in der Mitte bisweilen schuppig zerklüftet, dünnfleischig, mit fleischiger Mitte.
Lamellen: ausgerandet, sehr blass blauviolett, alt wässrig zimtbraun, ziemlich breit, fast entfernt.
Stiel: 7–10/1–2 cm, weisslich, tonblass, Spitze oft violettlich angehaucht, schliesslich rostfarbig, aber lange blass überfasert, typisch mit einer sehr schmalen ringähnlichen Gürtelzone, ausgestopft, schliesslich enghohl.
Fleisch: blassbräunlich mit lila Schein, fast geruchlos.
Sporen: Spp. bräunlich, Sp. rundlich bis breit eiförmig, 8–9/7–8 μ.
Chemische Reaktionen: Fl. mit KOH braun, mit Phenol violett, mit Guajactinktur bald dunkelbläulichgrün, mit Phenolanilin weinrosa, dann violettbraun.

CORTINARIUS AZUREUS Fries

Moser: Seite 387

Violettblauer Dickfuss

essbar

Vorkommen: Oktober–November im Laub- und im Mischwald, an moosigen, grasigen Waldrändern.
Hut: 3,5–7 cm, jung stärker violett- oder graulila, später bräunlich werdend, glockig gewölbt, Rand mit Schleierresten behangen, Hut davon feinfaserig-filzig, später fast glatt und manchmal glänzend.
Lamellen: angeheftet, schmal, dünn, fast engstehend, bläulich, violettlich, alt rostbraun.
Stiel: 6–10/0,8–1 cm, schlank-keulig, bläulich, dann silbrig ausblassend, abwärts ockerlich, oft büschelig.
Fleisch: schwach violettlich in Hut und Stielspitze, zur Basis heller, Geschmack mild, fast geruchlos.
Sporen: Spp. ockerbraun, Sp. fast rundlich, rauhlich, 8–10/6–8 µ.

CORTINARIUS TRIVIALIS Lange

Moser: Seite 388

Natternstieliger Schleimfuss

ungeniessbar

Vorkommen: September–November im Laubwald.
Hut: 3–10 cm, tonbraun, honigbraun, cremeoliv bis goldgelb, Mitte oft rotbräunlich, halbkugelig, dann stumpf gewölbt, schleimig, glänzend, Rand heller, jung eingerollt.
Lamellen: breit angewachsen, oft mit Zähnchen herablaufend, jung mit bläulichen oder violettlichen Farben oder zumindest derartigen Reflexen, später rostbräunlich, wenig gedrängt, Schneide blasser, unregelmässig.
Stiel: 5–10/0,7–1,5 cm, Stielrinde bis zur Cortina in stufen- oder zonenförmig angeordnete angedrückte ockerolivliche Schuppen zerbrechend, fest, voll, zuletzt etwas hohl, nach unten verjüngt-wurzelnd, Cortina auf der Innenseite weisslich, aussen schleimig.
Fleisch: weisslich, gelblich, schliesslich bräunlichokker.
Sporen: Spp. rostbräunlich, Sp. mandelförmig, grobwarzig, 10–15/7–8 µ, Lamellenschneide ohne blasenförmige Zystiden.

CORTINARIUS TRIVIALIS VAR. SQUAMOSIPES Henry

Moser: Seite 388

ungeniessbar

Beschreibung des Typus gegenüber, Seite 450.

Anmerkung: Die Varietät ist durch Farbe und Stielbekleidung vom Typus unterschieden. Es gibt zahlreiche weitere Varietäten dieser sehr formenreichen und unterschiedlich erscheinenden Art.

CORTINARIUS COLLINITUS Fries

Moser: Seite 389

Blaustielschleimfuss

essbar

Vorkommen: September–Oktober im Fichtenwald, besonders im Bereich der Hochmoore.
Hut: 2–12 cm, von hell ockergelbbraun bis dunkel rost- oder orangebraun, glockig-gewölbt, dann ausgebreitet, glatt, schleimig, trocken glänzend, mit ungerieftem Rand.
Lamellen: buchtig angewachsen, bläulich oder violettlich, zuletzt zimtfarben, ziemlich engstehend.
Stiel: 6–11/0,8–1,2 cm, blau, violett oder bläulich, einfarbig oder später natterig gebändert aufreissend, schleimig.
Sporen: Spp. blassgelbbräunlich, Sp. leicht warzig, 12–15/7–8 μ, ohne ballonförmige Zystiden an der Lamellenschneide.
Chemische Reaktionen: mit KOH Fl. und Hh. braun, Fl. mit Guajactinktur sehr langsam blaugrün, mit Phenolanilin in einigen Minuten rot, dann schwärzend dunkelrot.

CORTINARIUS ELATIOR Fries

Moser: Seite 389

Langstieliger Schleimfuss

minderwertig

Vorkommen: September–November im Laubwald.
Hut: 6–12 cm, olivbraun, strohocker, satt braun, graulila, braunviolett, glockig, dann flacher, sehr schleimig, dünnfleischig, Rand runzelig.
Lamellen: buchtig angeheftet, olivrostblass, dann olivrostbräunlich, stark queraderig, fast engstehend, sehr breit, Schneide heller.
Stiel: 10–15/1,5–2,5 cm, grauviolett, auch etwas dunkler violett, an der Spitze blass und fast gerieft, sonst oft etwas schuppig zerrissen, spindelig-wurzelnd, ausgestopft, zuletzt enghohl, Cortina violettlich, seidig, zart, jung schleimig, später abtrocknend.
Fleisch: blass, Geruch beim Reiben unangenehm.
Sporen: Spp. rostbräunlich, Sp. mandelförmig, hökkerig-rauh, 13–15/7–9 μ, Lamellenschneide mit ballonförmigen Zystiden.

CORTINARIUS SALOR Fries

Moser: Seite 390

Blauer Schleimfuss

minderwertig

Vorkommen: August–November im Laub- und Nadelwald, selten.
Hut: 2–10 cm, lebhaft violett, graublau, seltener blasser, von der Mitte aus ocker entfärbend, stumpfkegelig, glockig, dann ausgebreitet mit breitem Buckel, glatt, schleimig, fleischig.
Lamellen: angeheftet-ausgebuchtet, lila oder violettlich, schliesslich milchkaffeebraun, fast entfernt, breit.
Stiel: 4–12/0,5–2 cm, hutfarben oder blasser, an der Spitze weisseidig, anfänglich von blauem, schleimigem Velum überzogen, gleichdick oder keulig, ausgestopft, Cortina roströtlich.
Fleisch: blass mit violettlichem Schein, nicht bitter.
Sporen: Spp. rostbräunlich, Sp. rundlich, rauhlich, 7–9/6–8 μ.
Chemische Reaktion: Fl. mit Phenol braun.

CORTINARIUS DELIBUTUS Fries

Moser: Seite 390

Blaublättriger Schleimfuss

minderwertig

Vorkommen: September–Oktober im Laub- und Nadelwald.
Hut: 2–5 cm, ockergelb, goldgelb, braungelb, halbkugelig, dann gewölbt bis flachgebuckelt, kahl, glatt, sehr schleimig, zuletzt seidigfaserig, wenig fleischig, Rand dünn.
Lamellen: breit angewachsen, schwach ausgebuchtet oder wenig herablaufend, bläulichlila, dann wässrig zimtfarben, wenig gedrängt, an den Schneiden fast gezähnelt.
Stiel: bis 8/0,5–1,5 cm, weisslich, vom Velum etwas gelblich, bisweilen an der Spitze violettlich, keulig, bauchig oder gleichdick, glänzend, schmierig.
Fleisch: weissgelblich, mürbe, Geschmack mild, zuletzt leichtest bitter.
Sporen: Spp. rostbräunlich, Sp. birnenförmig bis rundlich, feinstachelig, 7–8(9)/5–6(7) μ.

CORTINARIUS CROCEO-COERULEUS (Pers. ex Fr.) Fries

Moser: Seite 391

Safranblauer Schleimkopf

ungeniessbar

Vorkommen: September–Oktober im Laubwald.
Hut: 1–3 cm, jung schön bläulich, hellblauviolett, alt vom Scheitel her ocker werdend, halbkugelig, dann verflacht, schleimig.
Lamellen: ausgebuchtet-angewachsen, ockerblass, zuletzt fast safranocker (nicht bläulich), ziemlich breit, entferntstehend, Schneiden gekerbt.
Stiel: 3–5 cm lang, weisslichocker, kahl, feucht schwach klebrig, verbogen, hohl, gleichdünn, oft auch bauchig, Basis weissfilzig, leicht wurzelnd.
Fleisch: weiss, wässrig, fast glasig, Geschmack sehr bitter.
Sporen: Spp. rostbräunlich, Sp. 6–7/4 μ.

CORTINARIUS VIBRATILIS (Fr.) Fries

Moser: Seite 391

Bitterster Schleimfuss

ungeniessbar

Vorkommen: September–Oktober im Laub- und Nadelwald.
Hut: 2–5 cm, jung lebhaft gelbfuchsig, alt auch ± tonfalb werdend, gewölbt, dann verflacht, sehr schleimig, trocken glänzend, glatt, kahl, am Scheitel fleischig, Rand dünn, feucht durchscheinend gerieft.
Lamellen: breit angewachsen, auch buchtig-angewachsen, ockerlich, dann hell zimtbraun, gedrängt, gesägt.
Stiel: 4–7/0,3–1 cm, weiss, seidig, an der Spitze mehlig, abwärts schleimig überzogen, gebrechlich, hohl, keulig oder gleichdick.
Fleisch: weiss oder blassgelb, wässrig, mürbe, Geschmack gallebitter.
Sporen: Spp. ockerbräunlich, Sp. fast elliptisch, sehr feinwarzig, 7,5–9/4–5 μ.
Chemische Reaktion: mit Phenolanilin Hh. und Str. purpurrot, bräunend.

CORTINARIUS CAUSTICUS Fries

Moser: Seite 392

Bereifter Schleimfuss

ungeniessbar

Vorkommen: Juli–Oktober im Laub- und Nadelwald.
Hut: 3–5(6) cm, rötlichbraun bis orangefuchsig, Scheitel orangerostfarben, jung von weissem Velum überzogen, später wie bereift (durch Ankratzen kommt die orangerostfarbene Grundfarbe zum Vorschein), halbkugelig, dann gewölbt bis niedergedrückt, ± gebuckelt, glatt, schwach schleimig, bald trocken, seidig-glänzend, Oberhaut in Stücken abziehbar.
Lamellen: angeheftet, etwas ausgebuchtet, cremefarben, dann ocker- bis rostfarben, nicht sehr engstehend, breit.
Stiel: 3–4/0,5–1 cm, weisslichocker, faserig, jung etwas schmierig, an der Spitze feinflaumig, elastisch, gleichdick oder Basis verjüngt, Cortina weiss, vergänglich.
Fleisch: weiss, Geruch säuerlich, die Huthaut (nur diese) schmeckt bitter.
Sporen: Spp. ockerrostfarben, Sp. elliptisch, sehr feinwarzig, 6–8/3–4 μ.

CORTINARIUS ARMILLATUS (Fr.) Fries Moser: Seite 394

Geschmückter Gürtelfuss essbar

Vorkommen: Juli–Oktober in feuchten Wäldern, besonders unter Birken, in Torfsümpfen.
Hut: 5–10(12) cm, rostbraun-fuchsig, ziegelrotbraun, glockig, dann ausgebreitet und flachgebuckelt, feinfilzig-schuppig, fleischig, Rand im Alter geschweift.
Lamellen: ausgerandet angewachsen, rostbraun, Schneiden gleichfarbig oder heller, entfernt, sehr breit.
Stiel: 6–14/1–3 cm, anfangs oben lilafleischrötlich, abwärts fleischfarbenbräunlich, auch graubräunlich, später ockerbraun, rot- oder graubraun, Velum zinnoberrote Gürtel bildend.
Fleisch: gelbrötlichweiss bis blassbräunlich.
Sporen: Spp. zimtbraun, Sp. breitelliptisch bis mandelförmig, 7–12/(5)6–7(8) µ.
Chemische Reaktionen: Fl. mit KOH dunkelbraun, mit Guajactinktur in 10 Min. grün, mit $FeSO_4$ blassgrünlich, mit Phenol langsam schmutzigrot, mit Phenolanilin langsam rotbraun.
Anmerkung: Die var. luteoornatus Moser ist der obigen Art ähnlich, die Farbe ist etwas matter, das Velum bildet am Stiel gelbe bis gelbbraune Gürtel.

CORTINARIUS BULLIARDII (Fr.) Fries Moser: Seite 394

Feuerfüssiger Wasserkopf

Vorkommen: September–Oktober im Laub- und Nadelwald, besonders bei Buchen.
Hut: 4–8 cm, feucht kastanien- bis rotbraun, besonders in der Mitte, trocken heller ton- bis ockerbraun, glockig-kegelig, dann gewölbt, kaum gebuckelt, hygrophan, Rand etwas gerunzelt.
Lamellen: buchtig-angeheftet, jung dunkelviolettlichbraun, dann braunrötlich, Schneiden weisslich, etwas gekräuselt, fast entfernt, breit.
Stiel: 6–8/1–1,5 cm, an der Spitze anfangs violettlich, abwärts rostbraun, die Basis von zinnoberrotem Velum überzogen.
Fleisch: erst weisslich bis blasslila, im Stiel unten feuerrötlich oder zinnoberrötlich.
Sporen: Spp. hell ockerbräunlich, Sp. langelliptisch bis spindelig, feinwarzig, 8,5–10,5/5–6 μ.
Chemische Reaktion: mit KOH Fl. und Str. braun.

CORTINARIUS STROBILACEUS Moser

Moser: Seite 397

Strubbeliger Gürtelfuss

Vorkommen: im Laub- und Nadelwald.
Hut: 1–2,5 cm, ockerbräunlich, ockergelblich, gewölbt mit spitzem Buckel, trocken, dicht mit mehr oder weniger gleichfarbigen, fast körnigen Schüppchen besetzt.
Lamellen: mit Zahn herablaufend, milchkaffeebraun.
Stiel: 2–6 cm lang, sehr dünn, hutfarben, von gelbbraunem Velum flockig-wollig gegürtelt, mehr oder weniger gleichdick.
Fleisch: dünn, bräunlich, zur Stielbasis etwas dunkler.
Sporen: Spp. rostbraun, Sp. eiförmig-elliptisch, warzig, 7–9/5–5,5 μ.

CORTINARIUS LANIGER Fries

Moser: Seite 400

Zimtroter Gürtelfuss

ungeniessbar

Vorkommen: August–Oktober im Laub- und Nadelwald.
Hut: 4–10 cm, auffallend zimtrotbraun, jung weisslich überfasert, gewölbt bis glockig, ziemlich fleischig, Rand eingerollt.
Lamellen: fast frei, lebhaft zimtrotbraun, fast entfernt, breit.
Stiel: weisslich, oben bisweilen etwas violettlich behaucht, alt stärker bräunlich, mehrfach wollig gegürtelt-gestiefelt, Basis bisweilen derbkeulig-knollig.
Fleisch: hellbräunlich.
Sporen: Spp. bräunlich, Sp. 9–11/5–6 μ.

CORTINARIUS JUBARINUS Fries

Moser: Seite 403

giftverdächtig

Vorkommen: im Nadelwald.
Hut: 2,5–4 cm, feucht schön rotbraun fuchsig, Rand heller, lange weisseidig überfasert, gewölbt, stumpf oder spitz gebuckelt, Rand bisweilen etwas runzelig.
Lamellen: mehr oder weniger angewachsen, breit, entfernt, rostgelbbraun.

Stiel: 6–9 cm lang, blassbräunlich oder weisseidig überfasert, nicht wurzelnd, ausgestopft bis hohl.
Fleisch: bräunlich.
Sporen: Spp. rostbräunlich, Sp. 7–8/4–4,5 μ.

CORTINARIUS BICOLOR Cooke

Moser: Seite 404

ungeniessbar

Vorkommen: im Laub- und Nadelwald, besonders unter Rotbuchen.
Hut: 2–5 cm, jung dunkelrehbraun mit einem Anhauch von Fleischbraun, später aufhellend, gewölbt, sehr hygrophan, entwässert blass lilaweisslich, etwas seidig.
Lamellen: wässrig-zimtbraun, anfangs mit schwachem lila Beiton, breit, fast entfernt.
Stiel: 5–7/4–1 cm, blass, im Alter meist weiss mit geringem lila Schein, zylindrisch, ± wurzelnd, nur jung mit Cortina-Spuren, bald kahl.
Fleisch: weiss mit lila Schein, Geruch und Geschmack nach Rettich.
Sporen: Spp. bräunlich, Sp. eiförmig-elliptisch, 8–9/5 μ. (Text: H. Schwöbel)

CORTINARIUS HINNULEUS Fries

Moser: Seite 408

Erdigriechender Wasserkopf

ungeniessbar

Vorkommen: September–Oktober im Laubwald, besonders bei Eichen.
Hut: 2–6 cm, feucht dunkel gelbbraun, trocken ± ocker bis fuchsig, kegelig-glockig, dann auch gewölbt mit Buckel, glänzend, seidig, Rand herabgebogen, wulstig, wellig gekerbt, anfangs von weisslichen, seidigen, häutigen Velumresten behangen.
Lamellen: jung gerundet angewachsen, später gelöst oder strichförmig herabgezogen, zimtbraun, bisweilen am Grund aderig verbunden, auffallend entfernt stehend.
Stiel: 5–12/0,5–1 cm, hutfarben mit einem fast ringförmigen weissen Gürtel, unter diesem weiss überfasert, voll, später fast hohl.
Fleisch: fuchsig bis rostblass, Geruch und Geschmack stark erdig, staubartig.
Sporen: Spp. zimtbräunlich, Sp. elliptisch-mandelförmig, variabel, rauhlich, 6,5–9/4,5–6,5 µ.
Chemische Reaktionen: mit KOH Hh. dunkelbraun, mit Guajactinktur Fl. langsam grünlich.
Anmerkung: Die Einblendung zeigt die Variationsbreite der Erscheinungsform.

CORTINARIUS PALEIFERUS Svrček

Moser: Seite 411

ungeniessbar

Vorkommen: September–November im moosigen, feuchten Nadelwald, bei Erlen.
Hut: 1–3 cm, dunkel graubraun, dunkelbraun, zimtrostbraun, aufhellend bis zimtgelbbraun, kegelig-glokkig, spitz gebuckelt, dicht mit feinen, weisslichen Faserschüppchen bedeckt, ± verkahlend, mässig hygrophan, dünnfleischig, fast häutig.
Lamellen: violettlichbraun, schliesslich dunkel zimtbis rostbraun, mässig gedrängt bis fast entfernt.
Stiel: 5–7 cm lang, dunkelbraun mit violettlichem Ton, Spitze meist deutlich violett, schliesslich ± zimtrostbraun mit verschwindender violettlicher Tönung, mit weissem, fast ringförmigem Gürtel, darunter dicht weissflockig genattert, Basis durch Myzel violett beschuht.
Fleisch: Geruch angenehm obstartig, an Äpfel erinnernd, mit würziger Komponente nach Geranienblättern.
Sporen: Spp. dunkel rostbraun, Sp. elliptisch, warzig, 7,5–10/5–6 µ.
Anmerkung: Sehr ähnlich ist Cortinarius paleaceus Fries, bei dem jedoch Lamellen, Stielspitze und Basismyzel von Anfang an ohne violetten Farbton sind. (Text: H. Schwöbel)

CORTINARIUS HEMITRICHUS Fries

Moser: Seite 411

Weissflockiger Gürtelfuss

ungeniessbar

Vorkommen: September–November unter Birken (auch ausserhalb des Waldes unter einzelnen Birken), seltener im Nadelwald.
Hut: 2–4(6) cm, feucht dunkelbraun bis fast schwarzbraun, besonders in der Mitte, trocken grau- oder fuchsigbraun, halbkugelig bis spitzkegelig, oft sehr dicht fein weissschuppig, alt verkahlend, besonders nach dem Rand zu, hygrophan.
Lamellen: buchtig angewachsen, grau- bis rotbraun, schliesslich zimtbräunlich, fast entfernt, schmal.
Stiel: 2–7 cm lang, zuletzt ganz braun, mit dickem, wolligem bis fast häutigem Ring, darunter weissflokkig, jung auch ganz weissflockig überzogen und bisweilen mit schwach lila Ton, selten kahl, enghohl.
Fleisch: geruchlos.
Sporen: Spp. rostbräunlich, Sp. fast elliptisch, schwach rauh, (7,5)8–11/(3)4–5 μ.

CORTINARIUS RIGIDUS Fr. ss. Fr., Lange Moser: Seite 412

Vorkommen: bei Birken an moosigen Stellen, auch im Nadelmischwald.
Hut: 1,5–3,8 cm, kastanienbraun, umbra- bis schwarz-braun, stumpf- bis spitzkegelig oder gewölbtgebuckelt, Rand jung vom Velum überzogen.
Lamellen: angewachsen, milchkaffeebraun, schliesslich rostbräunlich, mehr oder weniger entfernt stehend.
Stiel: 4–8/bis 0,9 cm, dunkelbraun mit weissem Überzug oder mit Gürteln bis Flocken, mehr oder weniger steif.
Fleisch: Geruch sehr stark erdartig stinkend.
Sporen: Spp. bräunlich, Sp. 7,8-9,8/4,5–5,5 μ.
Anmerkung: Frisch aufgenommen hatten unsere Exemplare einen Geruch nach Pelargonium und Zitronenmelisse, bei jungen Pilzen war das Myzel an der Stielbasis bläulichlila.

CORTINARIUS OBTUSUS Fries

Moser: Seite 414

Jodoform-Wasserkopf

ungeniessbar

Vorkommen: September–November, besonders im Nadelwald.
Hut: 1–4(5) cm, feucht rötlichbraun, schmutzig rostbraun, Rand gerieft, trocken (orange-)ocker, falbblass bis schmutziggelblich und ungerieft, glanzlos, kegelig, dann glockig-gewölbt und stumpf bis spitz gebuckelt, sehr hygrophan, dünnfleischig, Rand bisweilen weisslich.
Lamellen: schwachbuchtig angeheftet, ockerbraun, dann zimtbraun, bauchig, fast entfernt, Schneide weiss bewimpert.
Stiel: 4–8 cm lang, feucht rostbräunlich, trocken blass gelb- oder orangeocker, blass seidig-faserig überkleidet, durch die weisse Cortina wollig uneben, bald hohl, oft spindelig ausspitzend.
Fleisch: blassockerlich, Geruch rettich- bis jodoformartig, Geschmack mild.
Sporen: Spp. rostbräunlich, Sp. elliptisch, schwach warzig, 8–10/4–5 μ.

LEUCOCORTINARIUS BULBIGER (Alb. & Schw. ex Fr.) Singer Moser: Seite 416

Knolliger Schleierritterling

essbar

Vorkommen: September–Oktober im Nadelwald.
Hut: 5–10(12) cm, rotbraun bis fleischrötlich, milchkaffeebraun, halbkugelig, dann gewölbt bis verflacht, bisweilen schwach gebuckelt, oft mit weissen Velumresten bedeckt, Rand jung eingerollt, lange blass, dann bräunlich.
Lamellen: ausgerandet, mit Zahn wenig herablaufend, reinweiss, später schmutzig mit bräunlichem Ton, ziemlich gedrängt, breit.
Stiel: 5–7/1,2–1,5 cm, reinweiss, später blasslehmfarben, unten bräunlich gefasert, mit gerandeter Knolle, Cortina weiss, derbfaserig, vergänglich.
Fleisch: blass, weich, gebrechlich.
Sporen: Spp. weiss oder fast weiss, Sp. spindelig bis elliptisch, glatt, 7–8/4–5 μ.
Chemische Reaktionen: mit KOH Fl. und Hh. bräunlich, Fl. mit Guajactinktur blau, mit Sulfoformol blaugrün, mit Sulfovanillin weinrot.

ROZITES CAPERATA (Pers. ex Fr.) Karsten Moser: Seite 416

Zigeuner, Reifpilz essbar

Vorkommen: Juli–Oktober im Nadelwald auf sauren Böden, seltener im Laubwald.
Hut: 6–12 cm, tonblass, tonbraun, durch Bereifung mit lilafarbenem Schein, kugelig, dann gewölbt, gegen den Rand meist grubig gerunzelt oder strahlig gerippt, Rand zuerst mit einem kurzen Hautsaum behangen.
Lamellen: ausgebuchtet, blass, dann tonbraun, gedrängt, breit, öfter krauswellig, Schneide weisslich, gekerbt.
Stiel: 5–10/1–2 cm, schmutzigweisslich, seidig, später feinfaserig gestreift, Ring blassgelblich, häutig, schmal, abstehend, dann hängend, Basis häufig mit undeutlichen weisslichen oder violettlichen Volvaresten.
Fleisch: weisslich, meist wässrig durchzogen, Geruch schwach, angenehm.
Sporen: Spp. rostgelb, Sp. mandelförmig, warzigrauh, 11–14/7–9 μ.
Chemische Reaktionen: Fl. mit KOH gelb, mit Sulfovanillin rot.

GALERINA PALUDOSA (Fr.) Kühner

Moser: Seite 419

Gesäumter Häubling

Vorkommen: Mai–Oktober an Torfmoosen, am häufigsten im Frühsommer.
Hut: 1–3 cm, schmutzigrehbraun, nach Verschwinden des Velums mehr honigocker, trocken ockerblass, kugelig, dann kegelig, schliesslich gewölbt, bisweilen gebuckelt, anfangs vom spinnwebfaserigen Velum ganz überzogen, schliesslich ± verkahlend, glänzend, durchscheinend gerieft, Rand weissflockig gesäumt.
Lamellen: breit angewachsen, fast ein wenig herablaufend, falb, dunkel bestäubt, dreieckig, fast entfernt.
Stiel: 4–12 cm lang, rötlichocker bis bräunlich, unter dem schmalen, oft undeutlichen Ring faserig bis flokkig.
Fleisch: rosa-ockerlich, Geschmack mehlartig.
Sporen: Spp. rostocker, Sp. fein warzig, 9,5–11/6–7 µ.
Anmerkung: wächst meist in Gesellschaft von Tephrocybe palustris (S. 191).

GALERINA PUMILA (Pers. ex Fr.) Lange ex Singer
(Syn.: G. mycenopsis ss. Ricken)

Moser: Seite 425

Gestiefelter Häubling

Vorkommen: September–Dezember zwischen Waldmoosen, auf moorigen Wiesen.
Hut: 0,5–1,5 cm, ockerbraun, honigbraun, fuchsigokker, trocken blassockergelblich, stets stumpfkegeliglockig, bis zur Scheibe gerieft, Rand jung zart weisseidig, schliesslich nackt.
Lamellen: angewachsen, blass, dann gelbocker, deutlich aderig verbunden, mit flaumiger Schneide.
Stiel: 2–5 cm lang, ockerbräunlich, Basis bisweilen gelblich, weich, röhrig, schlaff-verbogen, anfangs fast weisseidig gestiefelt durch flüchtige Velumfasern.
Fleisch: Geschmack etwas rettichartig.
Sporen: Spp. rostocker, Sp. elliptisch bis fast mandelförmig, glatt, 10–13(15)/5,5–7,5(8) µ.

RUSSULA DELICA Fries — Moser: Seite 429

Blaublättriger Weisstäubling — essbar

Vorkommen: Juli–Oktober im Laub- und Nadelwald, besonders auf Kalk.
Hut: bis 20 cm, weisslich bis schwach ockerbräunlich, geschlossen kugelig, dann vertieft und trichterig, matt, faserig rauh, alt oft felderig zerrissen, völlig trocken, Rand anfangs eingerollt.
Lamellen: meist angewachsen bis kurz herablaufend, blass-weisslich, um den Stiel bisweilen mit blaugrünlichem Schein, dicklich, entfernt, oft gabelig, am Grund queraderig verbunden, häufig stark tränend. Geschmack meist etwas scharf.
Stiel: 3–6/2–3 cm, weisslich, bisweilen etwas bräunend, Spitze mitunter bläulich schimmernd, hart.
Fleisch: Geruch frucht-, später heringsartig.
Sporen: Spp. weisslich, Sp. breit elliptisch, meist kurz stachelig, 8–11,5/6,5–8,5 μ.
Chemische Reaktionen: mit α-Naphthol Fl. schnell violett, mit Phenolanilin Exsikkat bald lachskupferrot, mit Guajactinktur Fl., Str. und L. sofort satt grün, mit Lactophenol Fl. violettbraun.
Anmerkung: Variable Art, in mehrere, schwer unterscheidbare Varietäten zerfallend; so die neuerdings als gute Art aufgefasste Russula chloroides Krombholz mit schmalen, dünnen und gedrängten Lamellen.

RUSSULA ANTHRACINA Romagnesi

Moser: Seite 429

Kohlentäubling

ungeniessbar

Vorkommen: im Nadelwald auf Kalkboden, sehr selten im Laubwald.
Hut: 5–12 cm, ganz jung weiss, bald fleckenweise rauchbraun, schliesslich einheitlich schwarzbraun, Mitte bisweilen etwas heller bleibend, halbkugelig, schliesslich schalig vertieft bis schwach trichterig und genabelt, anfangs klebrig, bald trocken, etwas glänzend bis glanzlos, Huthaut nur am Rand dünn abziehbar, unter der Lupe punktiert-rauhlich.
Lamellen: blass, strohgelbl., sehr wenig graulich, aus der Tiefe mit lachsrosa Schein, schliessl. rauchbraun, zuletzt braunschwarz, Schneiden können sich bei Trokkenheit schwarz verfärben, mässig gedrängt.
Stiel: 3–6/1,5–3 cm, weisslich, durch Anfassen rasch schwarzbraun verfärbend, glanzlos, unter der Lupe feinmehlig und ± bräunlich punktiert, in den Hut meist etwas erweitert.
Fleisch: weisslich, mit zunehmendem Alter graubraun marmoriert, zuletzt ziemlich dunkel schwarzbraun, nicht oder ganz wenig rötend, Geruch im Alter süsslich-faul.
Sporen: Spp. reinweiss, Sp. rundlich, feinwarzig bis punktiert, durch feine Grate ± vollkommen netzmaschig, 8–10,5/6,5–8,5 μ. (Text: H. Schwöbel)

RUSSULA DENSIFOLIA Secretan

Moser: Seite 429

Dichtblättriger Schwarztäubling

ungeniessbar

Vorkommen: Juli–Oktober im Nadel-, seltener im Laubwald, auf mehr oder weniger versauerten Böden, auch zwischen Torfmoosen.

Hut: 4,5–10(12) cm, anfangs ± zweifarbig: Mitte hellgraubraun, graurussig, olivlichgraubraun, fast immer mit auffallendem olivlichem Beiton, gegen den Rand aufhellend, eine breite Randzone bleibt lange graulichweiss, mit zunehmendem Alter nachdunkelnd, bisweilen bis ins Alter ohne klar bestimmte Farbtöne, z. B. fleckenweise gelblich, olivlich oder russig angehaucht, bald flach ausgebreitet mit ± tiefem Nabel, zuletzt nicht selten trichterig vertieft, feucht schleimig, sonst trocken und ± glanzlos.

Lamellen: weiss, gelblichweiss, etwas graulich getrübt, dünn, gedrängt, verletzt stets rötend, schliesslich ziemlich rasch und stark schwärzend, Geschmack leicht bis empfindlich scharf, pfeffrig-brennend.

Stiel: 3–8/0,7–2,5 cm weiss, auf Druck rötend, schliesslich bräunend, zuletzt schwärzlichbraun, glatt, fest, hart, kurz ausspitzend.

Fleisch: weiss, angebrochen rötend, erst nach längerer Zeit oder im Alter ± graulichschwarz, Geruch im Alter moderig-süsslich, Geschmack mild oder nur schwach schärflich.

Sporen: Spp. rein weiss, Sp. breitelliptisch-nullförmig, mit stumpflichen Punkten und Wärzchen, reihig bis (selten) unvollst. netzig verbunden, 6,5–8/5–6,5 µ.

Chemische Reaktion: Fl. mit $FeSO_4$ orangerot anlaufend, geschwärzte Stellen grünlich verfärbend.

(Text: H. Schwöbel)

RUSSULA ACRIFOLIA Romagnesi Moser: Seite 430

Scharfblättriger Schwarztäubling ungeniessbar

Vorkommen: Juli–Oktober im Laub- und Nadelwald.
Hut: 4–15(18) cm, umbra- bis sepiabraun, rötlichbraun, russigbraun, flach gewölbt, dann fast trichterförmig, glatt, sehr schmierig, trocken speckig glänzend, Rand eingerollt, dann flach, unregelmässig wellig.
Lamellen: angewachsen, fast herablaufend, elfenbein-cremeweisslich, auf Verletzung oder gedrückt rötend, alt schwärzend, gedrängt, sehr scharf schmekkend.
Stiel: 4–11/2–4 cm, weiss, dann grauschwärzlich, deutlich grubig, voll, hart, zylindrisch.
Fleisch: weiss, verletzt deutlich rötend, später dunkelgrau, Geschmack meist nur leicht scharf, selbst fast mild.
Sporen: Spp. weiss, Sp. oval, warzig-netzig, 7–9/7–7,5 μ.
Chemische Reaktion: Fl. mit $FeSO_4$ grünlich.
Anmerkung: Der Name Scharfblättriger Täubling bezieht sich auf die Eigenschaft der sehr, ja unerträglich scharf, pfeffrig brennend schmeckenden Lamellen, während Hut- und Stielfleisch weit weniger pfeffrig, selbst fast mild schmecken.

RUSSULA SUBFOETENS Smith

Moser: Seite 430

Vorkommen: im Laubwald.
Hut: 6,5–12 cm, ockergelblich bis semmelorange, Scheitel rotbräunlich, halbkugelig, dann ausgebreitet, in der Mitte genabelt, Oberhaut feucht gequollen, dick gelatinös durchsichtig, kaum abziehbar, trocken dünn, gummiartig, bis zur Hälfte abziehbar, lange glänzend, fein radial-faserig, Rand kammrandig höckerig gerippt, häutig, scharf.
Lamellen: abgerundet oder angeheftet, blass dann creme, oft etwas zitronengelb- bis goldgelbfleckig, gedrängt bis entfernt.
Stiel: 5–7/1,5–3,5 cm, weisslich, dann braunfleckig, bisweilen von Tränen beperlt, kammerig hohl.
Fleisch: weisslich, kann in der Stielrinde an der Luft sofort gilben, Geruchskomplex stinkend wie R. foetens mit fruchtartiger Beimischung, Geschmack scharf.
Sporen: Spp. creme, Sp. fein warzig, eiförmig bis elliptisch, 6,2–8,7/5–6,9 μ.
Chemische Reaktion: Fl. mit Lauge sofort lebhaft gelb (siehe Abbildung Stielverfärbung).

RUSSULA LAUROCERASI Melzer

Moser: Seite 430

Mandeltäubling

ungeniessbar

Vorkommen: Juli–Oktober im Laub- und Nadelwald.
Hut: 6–13 cm, dunkelockergelb bis blassumbrabraun, rotockerlich, gewölbt, in der Mitte etwas niedergedrückt, feucht schmierig, Huthaut nur am Rand abziehbar Rand fein eingerollt, deutlich gerieft.
Lamellen: hell, blass, mit braunroten oder braunvioletten Flecken, gedrängt, später entfernt, bauchig, untermischt.
Stiel: 6–15/1,5–3 cm, reinweiss, wenig rostrot werdend, doch auch stark rostbraunfleckig, anfangs bereift, fest, dann zellig hohl, nach oben und unten etwas verdickt.
Fleisch: weisslich, Geruch nach Bittermandeln, Geschmack scharf.
Sporen: Spp. creme, Sp. langelliptisch bis rundlich, derb gratig, 7,5–10/7,5–9,2 μ.
Chemische Reaktionen: mit Phenolanilin Exsikkat kupferrotschwarz, mit Guajactinktur Fl. blaugrün, mit Metol Fl. violettschwarz.

RUSSULA PECTINATOIDES Peck Moser: Seite 431

Kratzender Kammtäubling ungeniessbar

Vorkommen: Juni–Oktober im Laubwald, in Parkanlagen, auf mehr ärmeren, sandigen Böden.
Hut: 3–10 cm, hell umbrabraun, bronze-olivlich, braunocker, Randzone heller graugelblich, elfenbeingelblich, an verletzten oder gedrückten Stellen häufig ockerrostig fleckend, halbkugelig bis gewölbt, schliesslich schalig vertieft bis leicht trichterig. Rand breit kammartig gefurcht oder gerippt, die Rippen durch zahlreiche Höckerchen quergefurcht. Oberhaut frisch schmierig-gequollen und zäh, trocken ± glänzend und fein eingewachsen-radialfaserig.
Lamellen: weisslich, cremeweiss, etwas mit Grau getrübt, zuletzt rostig gesprenkelt, auch – besonders bei Trockenheit – mit bräunlich gerandeter Schneide, meistens stärker gegabelt, spröde.
Stiel: 2,5–5/1–2 cm, zylindrisch, fast gleichdick, weiss oder sehr wenig graulich oder bräunlich angehaucht, an der Basis oft (nicht konstant) mit kleinen kupferroten Fleckchen, an der Spitze etwas flaumig-mehlig, bald kahl und etwas glänzend.
Fleisch: weiss, unter der Huthaut etwas durchgefärbt, spröde-zerbrechlich, Geruch unangenehm bis widerlich (nicht obstartig), an Gummi oder Fisch erinnernd, (in Kryptogamenflora S. 431 ist der Geruch für R. pectinatoides irrtümlich süsslich, obstartig angegeben und der Name «Kratzender Kammtäubling» für eine andere Art verwendet), Geschmack mild bis minimal schärflich, widerlich bitter-kratzend, zusammenziehend.
Sporen: Spp. satt cremegelb, Sp. rundlich bis länglich, 7–9/6–7 μ, fast isoliert stachelig. (Text: H. Schwöbel)

RUSSULA AMOENOLENS Romagnesi
(Syn.: R. sororia sensu Schäffer)

Moser: Seite 431

Camembert-Täubling

ungeniessbar

Vorkommen: im Laub- und Mischwald, besonders bei Eichen, auf meist sandigen, kalkarmen Böden, oft auch in Parkanlagen.
Hut: 3–9(12) cm, graubraun, russigbraun, sepiabraun, seltener blasser pfeffergrau, lange gewölbt, dann plötzlich tief niedergedrückt, kahl, Oberhaut feucht schmierig, dick gequollen, gummiartig zäh, zur Hälfte abziehbar, Rand meist bald gerieft und breit höckerig gerippt, häutig auslaufend.
Lamellen: abgerundet bis angewachsen, weisslichgrau, dann graucreme, tränend, untermischt, im Grunde oft stark queraderig-faltig, etwas elastisch-brüchig.
Stiel: 2–6/1,5–2,2 cm, weisslich, meist mit graulichem Beiton, an der Basis selten schwach kupferrotbraun verfärbend, aber ohne rostroten Myzelfilz, zylindrisch oder ausspitzend.
Fleisch: bald ± bleigrau mit bräunlichem Schein, Geruch unangenehm an Camembert-Käse erinnernd, Geschmack nach wenigen Augenblicken anhaltend scharf, stark auf der Zungenspitze brennend.
Sporen: Spp. creme, Sp. rundlich bis länglich, 7,5–10/6,5–8 μ.
Chemische Reaktionen: Fl. mit Phenol satt indischrot, mit Sulfovanillin dunkelkarminrot bis blauschwarz, L. mit Anilin zitronengelb, bald trüb blaugrün durchschlagend.

RUSSULA FELLEA Fries

Moser: Seite 431

Gallentäubling

ungeniessbar

Vorkommen: September–November, besonders im Buchenwald.
Hut: 3–7 cm, einheitlich ockerfalb, ocker bis honigbräunlich, gegen den Rand heller, bis strohgelblich blass, halbkugelig, dann bald verflacht, bisweilen flachgebuckelt, schmierig, bald trocken, Huthaut nur am Rand abziehbar, Rand lange glatt, zuletzt stellenweise breit und höckerig gerieft.
Lamellen: angewachsen, blass, dann hellgelb-bräunlich-bleich, tränend, schmal, gedrängt, hinten zweispaltig.
Stiel: 3–6/1–2 cm, blass, dann rahmfarbig, fest, voll, dann ausgestopft.
Fleisch: blassweiss, dann blassgelblich. etwas spröde, Geruch süsslich, nach Pelargonium oder Senfsosse, Geschmack sehr scharf.
Sporen: Spp. blasscreme, Sp. rundlich bis länglich, mit gratig verbundenen Warzen, 8/7 μ, Zystiden verschieden geformt, oft keulig.
Chemische Reaktionen: Fl. mit $FeSO_4$ falb, mit Phenol sehr langsam bräunlich, mit α-Naphthol nach Stunden schwach bläulich, mit Phenolanilin weinrosa, dann violett, schliesslich purpurschwarz, mit Guajactinktur blassbräunlich, nur in der Stb. blassgrünlich, mit Anilin L. und Fl. nach Stunden fleisch- bis tief lachsrot, mit Sulfoformol L. langsam blau.

RUSSULA OCHROLEUCA (Pers.) Fries

Moser: Seite 431

Zitronentäubling, Ockertäubling

minderwertig

Vorkommen: August–November im Laub- und Nadelwald, häufig und verbreitet, auf ausgesprochenen Kalkböden fehlend.
Hut: 4–8 cm, ± lebhaft gelbocker, seltener grünlichokker, ausgebreitet oder niedergedrückt, schmierig, feucht glänzend, kahl, glatt, Oberhaut halb abziehbar, Rand lange glatt, bisweilen schwach gerieft.
Lamellen: ± abgerundet, weiss, hellcreme, alt mitunter etwas bräunend, fast gedrängt, aderig verbunden.
Stiel: 3–8/1,5–2,5 cm, weiss bis ockerlich, älter ± grauend, voll, schliesslich schwammig und dann runzelig
Fleisch: weiss, später graulich, Geruch obstartig, Geschmack kaum ganz mild, mässig scharf bis bitter.
Sporen: Spp. creme, Sp. rundlich bis länglich, warzignetzig, 8–8,5/7 μ, Zystiden pfriemlich.
Chemische Reaktionen: mit KOH Stb. ocker, Fl. mit $FeSO_4$ graurosa, mit Phenol indischrot, dann braun, mit α-Naphthol blau, mit Anilin erst zitronengelb, dann orangekupfer, mit Phenolanilin rot, dann schwarz, mit Guajactinktur blaugrün, mit Lactophenol rotbraun, L. mit Sulfoformol langsam bläulichgrün.

RUSSULA FLAVA (Rom.) Romell ap. Lindblad

Moser: Seite 432

Gelber Graustieltäubling

essbar

Vorkommen: Juli–Oktober auf moorig-torfigen Böden bei Birken.
Hut: 5–10 cm, goldgelb, chromgelb, halbkugelig, oft genabelt, dann ausgebreitet, schmierig, bald trocken, glanzlos, ziemlich fest, Huthaut nur am Rand abziehbar, Rand eingerollt, dann oft abstehend, ± stumpf, auch ungleichmässig breiter gerieft.
Lamellen: verschmälert paarig angewachsen bis buchtig frei, weiss, dann buttergelb, verletzt und im Alter grau, fast gedrängt.
Stiel: 3–6/1–2,2 cm, weiss, an äusserster Basis gelblich, später auffallend grau geadert, voll, fest, zuletzt schwammig weich.
Fleisch: weiss, im Stiel grauend, Geruch etwas obstartig, Geschmack jung bisweilen etwas schärflich, sonst mild.
Sporen: Spp. hellocker, Sp. elliptisch, Warzen zum Teil fein verbunden, 7–9/6–7 μ, Zystiden zylindrisch bis keulig oder lang zugespitzt, an Schneiden oft gedrängt und weit herausragend.
Chemische Reaktionen: mit $FeSO_4$ Fl. rötlichgrau, Hfl. später oft schmutzigoliv, mit Phenol Fl. braun bis schmutzigweinrot, mit α-Naphthol Fl. blau, mit Anilin Fl. nach 15 Min. schmutzignussrotbraun, mit Guajactinktur Fl. blaugrün, mit Sulfovanillin Str. eosinrot, Fl. schmutzigpurpurn.

RUSSULA DECOLORANS Fries

Moser: Seite 432

Orangeroter Graustieltäubling

essbar

Vorkommen: Juli–Oktober, besonders im Nadelwald mit Heidelbeeren.
Hut: 5–12 cm, orange bis ziegelrot, auch apfelrot, ausblassend, kugelig, bisweilen leicht genabelt, dann ausgebreitet, etwas schmierig, kahl, glatt, bald trocken, Huthaut halb abziehbar, Rand lange glatt.
Lamellen: hellgelblichweiss, dann buttergelb, zuletzt grau bis schwärzlich anlaufend, fast gedrängt, dünn.
Stiel: 5–12/1,2–2,5 cm, weiss, dann asch- bis schwärzlichgrau, oft dunkel gerunzelt, abwärts spindelig, voll, fest, zuletzt schwammig.
Fleisch: weiss, zuletzt grau, oft zuerst etwas rötend, Geruch nach längerem Liegen honigartig.
Sporen: Spp. hellocker, Sp. rundlich, isoliert grob warzig, 10–14/9–12 µ.
Chemische Reaktionen: mit $FeSO_4$ Fl., Str. und L. rötlichgrau, mit Phenol Fl. braun, mit α-Naphthol Fl. rasch blauschwarz, mit Anilin L. nach 10 Min. zitronengelb, später orange, das Röten des Fl. wird verstärkt, mit Phenolanilin Fl. und L. rot, dann schwarz, mit Guajactinktur Fl., Str. und L. blaugrün, mit Sulfovanillin Str. purpurn mit blauen Adern, mit Formol Str., L. und Fl. orangerot.

RUSSULA VIRESCENS (Schff. ex Zant.) Fries

Moser: Seite 432

Gefelderter Grüntäubling

essbar

Vorkommen: Juli–September im Laub- und Nadelwald, Parkanlagen, oft einzeln.
Hut: 5–15 cm, hell- bis dunkelgrünspanfarben, bisweilen weisslichockerlich ausbleichend, kugelig, dann ausgebreitet, fast ganze Oberfläche felderig-rissig, trocken, Rand körnig gerippt.
Lamellen: fast frei, weiss, dann blasscreme, an den Schneiden braunfleckig, fast entfernt, spröde, bröckelig, wenig untermischt.
Stiel: 3–6/2–3 cm, weiss, an der Basis bisweilen bräunlich, sehr hart.
Fleisch: etwas bräunlich verfärbend, hart.
Sporen: Spp. blass, Sp. rundlich bis länglich, Warzen niedrig, etwas verbunden, 6–10/5–7 µ, Zystiden meist schlank fädig bis spindelig-spitz.
Chemische Reaktionen: Fl mit $FeSO_4$ schwach orange, mit Phenol braun, mit α-Naphthol violett, mit Anilin gelblich, mit Resorcin sehr schwach und langsam roströtlich, nach Stunden noch nicht geschwärzt, mit Phenolanilin Exsikkat schwach terracotta bis lachsrot, mit Guajactinktur Fl. und L. blaugrün.

RUSSULA VESCA Fries

Moser: Seite 433

Speisetäubling

essbar

Vorkommen: Juli–Oktober im Laub- und Nadelwald, in Parkanlagen, häufig und verbreitet, doch nie in grösserer Zahl am Standort.
Hut: 5–10 cm, fleischrot, bräunlich, bisweilen Rand graugrünlich oder weisslich, gewölbt, verflacht, dann niedergedrückt, runzelig, nicht oder nur wenig klebrig, matt, Rand glatt, Huthaut ca. 1 mm vom Rand zurückgezogen.
Lamellen: angewachsen, weiss, Schneiden oft rostfleckig, schmal, weich, gedrängt, nur wenig gegabelt, am Hutrand etwas überstehend.
Stiel: 3–6/2–3 cm, weiss, oft rostfleckig, schwach netzig gerunzelt oder feingestreift, an der Basis ± zugespitzt.
Fleisch: weiss, nur in der Str. später öfter blassgrau, fest, Geschmack nussartig süss.
Sporen: Spp. weiss, Sp. rundlich bis länglich, fein warzig, 6–8,5/5–6,5 μ, Zystiden bauchig-zylindrisch, spitz oder stumpf.
Chemische Reaktionen: mit KOH Fl. und Hh. gelb, mit $FeSO_4$ Fl. fleischrosa bis fast indischrot, L. karottenrot, mit Phenol Fl. braun, mit α-Naphthol Fl. tintenblau, mit Anilin L. und Fl. zitronengelb, später auf den L. grünlich, im St. chromocker, nach 3 Std. rötlich, mit Phenolanilin Exsikkat lachsrot, mit Guajactinktur Fl. und L. blaugrün, mit Sulfovanillin Exsikkat schwarzbraun, mit H_2SO_4 Hh. und L. sienalachsrot, mit Resorcin Fl. lange nur schwach roströtlich, schliesslich schwarz.

RUSSULA CYANOXANTHA Schaeffer ex Fries

Moser: Seite 432

Frauentäubling

essbar

Vorkommen: Juli–Oktober im Laub- und Nadelwald, vorwiegend bei Buchen, häufig und verbreitet.
Hut: 4–15 cm, meist ziemlich satt violett, auch hellviolett, grauviolett oder mit grünen bis olivlichen Tönen ± stark vermischt, auch fast rein grün, flachgewölbt, schliesslich niedergedrückt bis ± flach genabelt, dunkel radialfaserig, lange schmierig, feucht glänzend, kahl, Rand scharf, schliesslich gerieft, Huthaut zu ⅓ abziehbar.
Lamellen: etwas herablaufend, weiss, ± gedrängt, ungleich lang, mit vielen gabeligen untermischt, sehr weich und biegsam.
Stiel: 5–10/1,5–2,5 cm, weiss oder leicht violettlich, walzenförmig, voll, fest, nach unten ausspitzend.
Fleisch: weiss, unter der Huthaut violettlichpurpurn, mürbe und krümelig.
Sporen: Spp. rein weiss, Sp. rund bis länglich, isoliert warzig, 6,5–10/5,5–6,5 μ, Zystiden spindelförmig, weniger zahlreich.
Chemische Reaktionen: Fl. mit $FeSO_4$ langsam schwach oliv bis gelbgrünlich oder Reaktion negativ, mit Phenol braun, mit α-Naphthol tintenblau, mit Phenolanilin rot, dann schwarz, mit KOH Hh. bräunlich, mit Guajactinktur Fl. und L. grün, mit Sulfovanillin L. violett, Fl. rot, mit H_2SO_4 Hh. fuchsigbräunlich bis grüngelblich, mit Resorcin Stb. in 5 Min. fleischrosa, lange so bleibend, schliesslich braun und schwarz.

RUSSULA CYANOXANTHA Schaeffer ex Fries Moser: Seite 432

Frauentäubling **essbar**

Beschreibung gegenüber, Seite 488.

Anmerkung: Die Abbildung der verschiedenfarbigen Fruchtkörper zeigt die grosse Variationsbreite dieser Art. Die gelbliche Form fanden wir immer bei Hainbuchen, die grünlichen im Hainbuchen-Eichenwald der Rheinebene. Die grünfarbigen gelten als fm. peltereaui Singer.

RUSSULA MUSTELINA Fries

Moser: Seite 433

Wieseltäubling

essbar

Vorkommen: Juli–September im Nadelwald, besonders im Gebirge.
Hut: 5–15(20) cm, gelbbraun, wiesel- oder zimtbraun, lehmfarbig, genabelt, verflacht oder trichterig, zuletzt flach, oft hellfleckig, schmierig, speckig glänzend, bald glanzlos und trocken, oft radialaderig, Rand ziemlich scharf, selten etwas höckerig gerieft.
Lamellen: ± buchtig mit Zahn angeheftet, weisslich bis gelblich, bräunlich fleckend, gedrängt, untermischt mit kürzeren und gegabelten, Rand abgerundet.
Stiel: 7–8/2–3 cm, weiss, bald ± bräunlich, sehr hart, zuletzt schwammig, an der Basis meist faltig zusammengezogen.
Fleisch: weiss, etwas bräunend, besonders fest und hart, Geschmack nussartig.
Sporen: Spp. creme, Sp. rundlich bis breit elliptisch, am Rand fein punktiert, 6–8/5–7 μ, Zystiden massenhaft, schlank pfriemlich, weit herausragend.
Chemische Reaktionen: mit $FeSO_4$ Fl. fleischrosa, L. fast karottenrot, mit Phenol Fl. indischrotbraun bis weinrot, mit α-Naphthol Fl. unter der Hh. sehr langsam blau, mit Anilin L. rasch zitronengelb, später bläulich, Fl. ähnlich, mit Guajactinktur Fl. und Str. blaugrün.

RUSSULA AERUGINEA Lindblad Moser: Seite 433

Grasgrüner Täubling essbar

Vorkommen: Juli–Oktober unter Birken, seltener unter Nadelbäumen (Fichten).
Hut: 4–10(12) cm, einfarbig grün, grasgrün, gelbgrün, bisweilen sehr hell, selten grünweisslich, manchmal mit rostbraunen Flecken, vertieft, lange schmierig oder klebrig, glänzend, kahl, glatt, aber eingewachsen radialaderig, Rand zuletzt zart gerieft, Huthaut zur Hälfte abziehbar.
Lamellen: verschmälert angeheftet, lange weisslich, dann gelblichweiss, zuletzt buttergelb, oft gegabelt, fast gedrängt.
Stiel: 5–8/1–2 cm, weiss, fest, voll, zartrunzelig.
Fleisch: weiss, bei jungen Exemplaren ziemlich starr und fest, bei älteren mürbe und krümelig, Geschmack in den Lamellen etwas scharf, sonst mild, etwas kratzend.
Sporen: Spp. satt creme, Sp. kugelig, warzig, Warzen teilweise verbunden, 6–10/5–6,7 μ.
Chemische Reaktionen: mit KOH Hh. falb ausblassend, mit $FeSO_4$ Fl. falb, Stfl. oft schmutzigolivlich, mit Phenol Fl. braun, mit α-Naphthol Fl. blau, mit Anilin L. spurweise zitronenblass, zuletzt schmutzigorange, Fl. sofort blassfalb, Str. schwärzlich angeflogen, mit Phenolanilin Fl. rot, dann schwarz, mit Guajactinktur Str. blaugrün, mit H_2SO_4 Hh. falb ausblassend, mit Sulfoformol L. blau.

RUSSULA PARAZUREA Schaeffer

Moser: Seite 434

Blaugrüner Reiftäubling

essbar

Vorkommen: Juni–September im Laub-, sehr selten auch im Nadelwald, in Parkanlagen bei Eichen, Lärchen und Esskastanien, auf sandigen Böden.
Hut: 3–6 cm, trüb blaugrün, bleigrau-schieferblau, heller oder dunkler, Mitte bisweilen fleischbräunlich, lange gewölbt, oft verbogen, Mitte genabelt, glanzlos, wie schimmelig bereift-schorfig, bei Regen rasch kahl und glatt, Rand meist glatt, fast scharf bis stumpf.
Lamellen: verschmälert angewachsen oder ausgebuchtet frei, blass, dann gelb, gabelig, am Grunde oft dicklich-wellig.
Stiel: 2–5/1–2 cm, weiss, später lederbraungelblich, zuletzt unten angebräunt, bald etwas aderig, dann schwammig hohl, häufig oben in den Hut erweitert.
Fleisch: weiss, unter der Huthaut ± in der Farbe des Hutes durchgefärbt, jedoch heller, nicht violett (wie R. ionochlora), Geruch im Alter nach Käse, Geschmack nur in den jungen Lamellen etwas schärflich.
Sporen: Spp. creme, Sp. rundlich oder länglich, warzig-netzig, 6–8,5/5–6,5 μ.
Chemische Reaktionen: mit KOH Hh. siegellackrot-fuchsig, mit Phenol Fl. fleischbraun bis weinrotpurpurschwarz, mit α-Naphthol Fl. gelegentlich lachsrötlich, dann langsam schwach blau (nicht vor 5 Std.), mit Anilin Fl. langsam und schwach lachsrötlich, mit Phenolanilin Exsikkat rot bis schwarz, mit H_2SO_4 Hh. orange.

RUSSULA TURCI Bresadola Moser: Seite 435

Jodoformtäubling essbar

Vorkommen: Juni–Oktober im Nadelwald (Fichte, Kiefer).
Hut: 3–6 cm, trüb lila, weinrot, weinviolett, dunkelrot, Mitte bisweilen entfärbend, bald niedergedrückt, selten gebuckelt, feucht sehr schleimig, bald trocken und glanzlos, Mitte ± durch weisse Flöckchen bereift, fast gepudert, Huthaut feucht völlig abziehbar, die L. ein wenig überdeckend, Rand lange glatt, später höckerig.
Lamellen: angeheftet oder frei, lange mandelweiss, dann ockerfarben, Schneiden bisweilen purpurn, ziemlich gedrängt, queraderig.
Stiel: 2–7/1–2 cm, weiss, bisweilen rosa angehaucht, unten kleieartig, zuletzt hohl und mürbe.
Fleisch: weiss, bald ± hellgelblich, mürbe, Geruch in der Stielbasis nach Jodoform, auch nach grünen Nussschalen.
Sporen: Spp. ocker, Sp. rundlich, stark gratig, 8–9,2/6–7,5 μ, Zystiden an den Schneiden gedrängt.
Chemische Reaktionen: mit KOH Hh. ausbleichend, mit $FeSO_4$ Fl. sehr schwach rötlich, mit Phenol Fl. braun, mit α-Naphthol Fl. sehr langsam schwach blau oder Reaktion negativ, mit Anilin L. sofort blass gelblich, Fl. später orange bis bräunlich, mit Phenolanilin Exsikkat purpurschwarz, mit Guajactinktur Fl. blaugrün.

RUSSULA AMETHYSTINA Quélet

Moser: Seite 435

Amethysttäubling

essbar

Vorkommen: Juli–Oktober unter Fichten und Tannen, seltener unter Kiefern.
Hut: 4–12 cm, lila, violett, weinrot, weinbraun, Mitte gelb bis dottergelb entfärbend, bald ausgebreitet, samtig, oft sehr schmierig, in der Mitte etwas uneben oder runzelig, Huthaut vollständig abziehbar, Rand lange eingerollt, später etwas kanneliert.
Lamellen: creme, dann hellgelblich, ziemlich entfernt.
Stiel: weiss, dann gelblich, mit Neigung zum Bräunen, bereift, glatt, weich, hohl.
Fleisch: Geruch schwach nach Jodoform an der Stielbasis.
Sporen: Spp. hellocker, Sp. rundlich, warzig-netzig, 7–9/5,5–8 μ.
Chemische Reaktionen: Fl. mit KOH gelblich, mit $FeSO_4$ blassrot, mit Phenolanilin rotbraun, dann rot, schliesslich schwarzrot, mit Guajactinktur Str. grünlichblau, Hh. durch Wassertropfen sofort oder nach Stunden gelb.
Anmerkung: Der Amethysttäubling unterscheidet sich vom Jodoformtäubling (R. turci, S. 493) nur geringfügig: z. B. durch die satt violette, wenig variable Hutfarbe, die durch Wassertropfen fleckenweise gelb entfärbt wird.

RUSSULA PSEUDOINTEGRA Arnould & Goris Moser: Seite 435

Ockerblättriger Zinnobertäubling ungeniessbar

Vorkommen: Juli–Oktober unter Eichen auf kalkreichen Böden.
Hut: 8–12(15) cm, zinnoberrot, scharlachrot, Mitte bisweilen nach Ockergelblich ausbleichend, wenig schmierig, trocken glanzlos, etwas samtigrauh, alt glatt und etwas glänzend, jung ziemlich hart, Rand abgerundet, oft wellig, kaum gerieft, Oberhaut halb abziehbar.
Lamellen: frei, lange blass, dann hellocker bis blassorange, gedrängt, gabelig, sehr brüchig, Schneiden etwas schartig-flockig.
Stiel: weiss, mit Neigung innen und aussen grau zu werden, schliesslich rauh und runzelig, voll, fest, dann schwammig porös, fein mehlig.
Fleisch: weiss, beim Vergehen leicht bräunend, Geruch obstartig, Geschmack bitter, später im Hals auch noch scharf-pfeffrig brennend.
Sporen: Spp. ockerfarben, Sp. breitelliptisch, fast kugelig, netzig-gratig, 8–9/7–8 µ, Zystiden zahlreich, flaschenförmig, stumpf verjüngt, inkrustiert.
Chemische Reaktionen: mit Phenolanilin Fl. terra cotta, mit Sulfovanillin Str. blass rosa, Fl. rot, später schwarz.

RUSSULA ROSEA Quélet Moser: Seite 435

Netzflockiger Rosatäubling, Morgenrottäubling essbar

Vorkommen: Juli–Sept. im Laub- und Nadelwald.
Hut: 4–9 cm, fleischrosa bis apfelrot, morgenrotrosa, oft am Rand oder in der Mitte blassrosa, besonders die Mitte orange bis zitronengelb verblassend, auch (fast) ganz weiss, etwas niedergedrückt, glanzlos bis samtig, Huthaut meist bis zur Hälfte abziehbar, Rand bisweilen weissflockig überstreut, stellenweise gerieft.
Lamellen: ± abgerundet, sehr blass, selten an den Schneiden rosa, sich schwach gelb gegen das Fl. abhebend, dünn, oft stark gabelig.
Stiel: 3,5–8/1,5–2,5 cm, weiss, oft auffallend netzflockig, feinporig schwammig werdend.
Fleisch: weiss, Geschmack nach längerem Kauen leicht bitterlich.
Sporen: Spp. creme , Sp. rundlich bis länglich, fein warzig-gratig, 6–8/5,2–6,5 μ.
Chemische Reaktionen: mit KOH Hh. gelb, mit $FeSO_4$ Fl. rötlichgrau, mit α-Naphthol Fl. sehr langsam, oft erst nach Stunden, schwach blau, mit Phenolanilin Exsikkat terracotta, mit Guajactinktur Fl. und L. blaugrün, mit Sulfovanillin Hh., Str., L. und Fl. eosinrot, selbst noch am Exsikkat, mit Formol und Lactophenol Fl. dunkelviolett, mit Sulfoformol Fl. und L. blau.

RUSSULA LUTEA (Huds. ex Fr.) Gray

Moser: Seite 436

Weicher Dottertäubling

essbar

Vorkommen: Juli–September im Laub- und Nadelwald, in Parkanlagen.
Hut: 2–4 cm, zitronen-, dotter- bis aprikosengelb, ± verblassend, kugelig, dann niedergedrückt, oft verbogen, feucht sehr schmierig, bald trocken und glanzlos, Rand lange glatt, später ± breit gerippt-höckerig.
Lamellen: verschmälert angeheftet oder frei, blass, dann orangedottergelb, Schneiden lange weisslich, meist gleichlang, oft faltig-queraderig.
Stiel: 2–6/bis 1,5 cm, weiss, ausnahmsweise etwas rosa, an der Basis ockerfleckig, ± seidig glänzend, bald hohl, gebrechlich.
Fleisch: weiss, bisweilen creme, mürbe, Geruch frisch obstartig, nach Essiggurken.
Sporen: Spp. dotterorange, Sp. rund bis länglich, isoliert warzig, 7–9/5,5–7,7 μ, Zystiden keulig mit stumpfer Spitze, wenig herausragend.
Chemische Reaktionen: mit $FeSO_4$ Fl. rötlichgrau, mit Phenol Fl. und Str. braun, mit α-Naphthol Fl. blau, mit Anilin Fl. langsam schwach orangegelb, mit Phenolanilin Fl. rot, dann schwarz, mit Guajactinktur Fl. blaugrün.

RUSSULA NITIDA Fries

Moser: Seite 437

Milder Glanztäubling

essbar

Vorkommen: Juli–Okt. bei Birken, oft in Parkanlagen.
Hut: 2–6 cm, purpurrot, violettrot, weinviolett, im Alter Mitte bisweilen olivlich, flach gewölbt, dann niedergedrückt, bisweilen gebuckelt, stark glänzend, lange klebrig, oft radial-runzelig-aderig, Oberhaut weit abziehbar, kaum durchgefärbt, Rand stark gerieft.
Lamellen: angeheftet, dann frei, weisslich, dann satt creme, schliesslich satt buttergelb, fast primelgelb, breit, gedrängt, im Grund queraderig-faltig, untermischt mit kürzeren und gabeligen.
Stiel: 3–8/1–1,5 cm, weiss, creme, Basis oft rötlich behaucht oder geflammt, leicht keulig verdickt, sehr mürbe, zuletzt hohl.
Fleisch: blass, locker, Geruch obstartig, beim Vergehen nach Honig.
Sporen: Spp. hellocker bis ocker, Sp. breitelliptisch, fein bis grob isoliert warzig, 7,5–11(13)/6,3–9 μ, Zystiden zylindrisch, zugespitzt, mehr oder weniger herausragend.
Chemische Reaktionen: mit $FeSO_4$ Fl. rasch fleischrosa, mit Phenol Fl. braun, mit α-Naphthol Fl. rasch blau, mit Anilin L. zitronengelb, nach Stunden orange mit leichtem Übergang zu Kupferrot, bisweilen etwas zu Seegrün getrübt, mit Phenolanilin L. und Fl. rot, dann schwarz, mit Guajactinktur Fl., L. und Str. blaugrün, mit Sulfovanillin L. schwarzviolett.

RUSSULA PUELLARIS Fries

Moser: Seite 438

Milder Wachstäubling

essbar

Vorkommen: Juli–Oktober im Nadel-, selten im Laubwald, verbreitet.
Hut: 3–7 cm, fleischviolett bis lachspurpurn, Mitte braun, bisweilen orangebräunlichgelb, bald niedergedrückt, lange schmierig, wenig fleischig, Oberhaut bis zur Hälfte abziehbar, Rand bald deutlich langhöckeriggerippt.
Lamellen: verschmälert-angeheftet bis frei, mandelweiss, dann satt creme, wachsgelb bis ocker gefleckt, meist gleichlang, fast gedrängt, gebrechlich, weich.
Stiel: 5–7/0,8–1,5 cm, weiss, bald ockerfleckig, sehr zerbrechlich.
Fleisch: weisslich, dann gelblich, oft über Nacht stark gilbend (ebenso St. und L.).
Sporen: Spp. creme, Sp. breitelliptisch, meist isoliert stachelig, 6,5–9,5/5,5–7 μ.
Chemische Reaktionen: mit KOH Hh. ocker, mit $FeSO_4$ Fl. blass fleischrosa, mit Phenol Fl. rot bis weinrotschwärzlich, nach dem Gilben sofort schmutzig schokoladenbraun, mit α-Naphthol Fl. blau, mit Anilin Fl. langsam lachsorange, dann dunkelseegrünblau anfliegendes Kupferrot, mit Phenolanilin Exsikkat rasch rotschwarz, mit Guajactinktur Fl. blaugrün, mit Metol Fl. violett, dann schwarz.

RUSSULA XERAMPELINA (Schff. ex Secr.) Fries

Moser: Seite 438

Roter Heringstäubling

essbar

Vorkommen: Juli–November im Nadelwald, meist auf saurem Boden.
Hut: 5–10 cm, intensiv dunkelweinrot, Rand dunkelkarminrot, Mitte oft schwarzrot, kugelig, dann ausgebreitet, sehr schmierig, bald trocken und glanzlos, oft etwas feinkörnig-warzig, jung derb, alt oft brüchig, Rand anfangs bisweilen fein grauflockig überstreut, stumpf, später ± gerieft.
Lamellen: buttergelb, auf Druck bräunend, Schneiden oft purpurlich, bauchig, gedrängt bis entfernt.
Stiel: 4–6(8)/1,5–3 cm, karminrosa, runzelig, bei Berührung schmutzigbräunlich anlaufend.
Fleisch: weiss, im Mark etwas bräunlich, an der Luft rasch bronzegelb bis schmutzigbraun anlaufend, derb, Geruch nach Heringslake.
Sporen: Spp. creme, Sp. elliptisch, grob stachelig, 7,5–10,5/7–8,5 μ, Zystiden lang bezipfelt oder zugespitzt.
Chemische Reaktion: frisches Fl. (Stielhaut) mit $FeSO_4$ olivgrün anlaufend.
Anmerkung: Sehr variable Art, von der es zahllose Varietäten gibt. Die oben beschriebene Form gilt als der Typus des Heringstäublings.

RUSSULA COERULEA Fries

Moser: Seite 439

Buckeltäubling

essbar

Vorkommen: Juni–Oktober im Kiefernwald.
Hut: 4–7 cm, dunkelpurpurviolett, kupfer- oder trüb weinrot, glockig gewölbt, dann ausgebreitet mit brustwarzenförmigem Buckel, glänzend, glatt, meist trokken, fleischig, Huthaut teilweise abziehbar, Rand glatt, dann bisweilen höckerig-breitgerieft.
Lamellen: angeheftet, später fast frei, gelblich, schliesslich schön ocker, gedrängt, dann etwas entfernt, fast alle gleich lang, am Ende aderig verbunden.
Stiel: 5–7(10)/1,2–3 cm, weiss, später auch gelblich, fast glänzend, zart längsstreifig, auch zart netzig gestreift, anfangs seidig-feinflockig, kaum fest, keulig.
Fleisch: weiss, später auch gelblich, Geruch obstartig, Geschmack bisweilen bitterlich (Huthaut).
Sporen: Spp. butter- bis ockergelb, Sp. breit elliptisch, derbstachelig oder -warzig, netzig-gratig, 7–9/7–8 μ, Zystiden zylindrisch, stumpfkeulig, auch spindelig.
Chemische Reaktionen: mit Anilin L. rasch stark zitronengelb, später orangebraun getrübt, Str. mit Sulfovanillin intensiv hellrot, dann blutrotpurpurn.

RUSSULA OLIVACEA (Schff. ex Secr.) Fries Moser: Seite 439

Rotstieliger Ledertäubling essbar

Vorkommen: Juli–Oktober im Buchen- und Fichtenwald auf besseren Böden.
Hut: 10–20 cm, sehr wechselfarbig, trübrot, weinrotpurpurn, grasgrünolivlich, Randzone weinrot und olivgrünlich in ± deutlichen konzentrischen Wellen abwechselnd, fast kugelig, dann gewölbt bis ausgebreitet, schliesslich fast niedergedrückt, oft fast rinnigkörnig, meist bald völlig trocken und felderig-rissig, glanzlos, Huthaut kaum oder nur am Rand abziehbar.
Lamellen: angewachsen bis buchtig, buttergelb, dann dottergelb, Schneiden vorn oft weinrötlich, meist flokkig gewimpert, dicklich, sehr brüchig, mässig gedrängt, gleichlang, gegabelt, queraderig-faltig.
Stiel: 6–7/2–4 cm, ± gänzlich karminrosa, weich, ausgestopft, dann schwammig.
Fleisch: bald zitronenledergelblich oder schmutzigolivblass, alt auch lederbraun, sehr trocken.
Sporen: Spp. ocker- bis dottergelb, Sp. breitelliptisch, lang stachelig, 8–12/7–9(10) µ, Zystiden massenhaft, auffallend weit herausragend, lanzettlich.
Chemische Reaktion: Fl. mit Phenol nach kurzer Zeit intensiv weinrotviolett anlaufend.

RUSSULA INTEGRA L. ex Fr. ss. Maire — Moser: Seite 440

Brauner Ledertäubling — essbar

Vorkommen: August–Oktober im Bergnadelwald (Fichte, Tanne).
Hut: 6–12 cm, purpurn, kupferrotbraun, rotbraun, olivgelbbraun, sehr wechselfarbig, oft etwas ockerfleckig, glockig gewölbt, später ausgebreitet oder niedergedrückt, glatt, lange glänzend, kahl, fleischig, Rand zuletzt höckerig-gefurcht.
Lamellen: fast frei, blass, dann satt ockergelb, gedrängt, oft stark bauchig, breit, am Grund queraderig.
Stiel: 3–9/1,2–3 cm, fast immer reinweiss, oft stark aderig, an der Basis mitunter mit kleinen, chromgelben Flecken.
Fleisch: reinweiss, alt schwammig.
Sporen: Spp. satt ocker, Sp. rundlich bis länglich, derb und isoliert spitzstachelig, 8,5–10,8/7–9,5 μ.
Chemische Reaktionen: mit KOH Hh. orange, mit $FeSO_4$ älteres Stfl. schmutzigolivlich, Str. graugelblich, mit Phenol Fl. schmutzigfleischbraun-schokoladenbraun, mit α-Naphthol Fl. tintenblau, mit Anilin L. rasch und lange zitronengelb, nach Stunden orange, etwas grünlich anlaufend, Stfl. nach Stunden leicht marmeladenrötlich, mit Phenolanilin Exsikkat pfirsichkernrot, mit Guajactinktur Fl. und Str. blaugrün, mit Sulfovanillin Fl. bläulichpurpurn, H_2O von Hh. gelborange.

RUSSULA CURTIPES Möller et Schaeffer — Moser: Seite 440

Kurzstieliger Ledertäubling

essbar

Vorkommen: Juli–Oktober im Laubwald, besonders bei Buchen, im allgemeinen auf sandig-kalkarmen Böden, ziemlich selten.
Hut: 5–14 cm, meist blassweinrosa bis indischrot mit ockerlicher Mitte, seltener purpurweinrot, flach gewölbt, Mitte bald niedergedrückt, bei Regenwetter klebrig, bald völlig trocken und glanzlos, in der Mitte bisweilen weissflockig bereift, Rand lange gewölbt, bei Trockenheit körnig-aderig, Huthaut dünn, nur am Rand etwas abziehbar.
Lamellen: kurz abgerundet und buchtig abgesetzt, lange blass, dann ockergelb, den Hutrand überragend, oft stark gegabelt, am Grunde queraderig bis wellig, fast entfernt.
Stiel: 3–7/1,5–3 cm, kürzer als der Hut breit ist, weiss, bisweilen mit gelblichem Schein, nie rot, manchmal teilweise hohl, an der Spitze meist in den Hut erweitert.
Fleisch: weiss, Geruch schwach, als Exsikkat käseartig oder beinahe baldrianartig riechend.
Sporen: Spp. satt ocker, Sp. rundlich, feinstachelig bis warzig, sehr unvollständig netzig-gratig, 7,2–9,5/6–7,5 μ.
Chemische Reaktionen: Fl. mit $FeSO_4$ graurötlich, mit Phenol schmutzigrotbraun bis schokoladenbraun, mit α-Naphthol schnell dunkelblau, mit Guajactinktur langsam grün, mit H_2SO_4 blassrot, Str. mit Sulfovanillin purpurrot.

RUSSULA PALUDOSA Britzelmayr

Moser: Seite 441

Apfeltäubling

essbar

Vorkommen: Juni–September in moorigen oder sauren Nadelwäldern.
Hut: 5–15 cm, apfelrosa bis apfelrot, auch mit schwärzlichroter Mitte, manchmal einfarbig orangegelbblass wie Russula decolorans (S. 485), mit gelbem Rand, glockig, dann gewölbt, bisweilen leicht gebukkelt, später flach niedergedrückt, glatt, lange schmierig und glänzend, elastisch fest, Oberhaut zu ⅔ abziehbar, Rand schliesslich ungleichmässig gerieft.
Lamellen: verschmälert angewachsen bis frei, mandelweiss, dann buttergelb, Schneiden bisweilen rot, gedrängt, gabelig.
Stiel: 6–10/1,5–3 cm, weiss oder rötlich geflammt, etwas glänzend, ± aderig bis gerieft, an der Basis vom Myzel bedeckt, leicht angegraut.
Fleisch: weiss, Geschmack mild-süsslich, mitunter junge L. leicht schärflich.
Sporen: Spp. buttergelb bis hellocker, Sp. länglichrund, 8–11/6,7–8,5 µ, Zystiden massenhaft, weit herausragend, keulig oder zylindrisch.
Chemische Reaktionen: Fl. mit $FeSO_4$ etwas graurosa, mit Phenol braun, mit α-Naphthol nach Stunden schwach blau, mit Phenolanilin rot, dann schwarz, mit Guajactinktur blaugrün, L. mit Anilin zitronengelb, dann satt orange, in der Tiefe wasserblau durchschlagend, Schneide trüb ultramarinblau angeflogen, mit Sulfoformol L. langsam braun, H_2SO_4 hellt Hh. auf.

RUSSULA AURATA (With.) ex Fries Moser: Seite 441

Goldtäubling essbar

Vorkommen: Juli–September im Laub- und Nadelwald, auf mehr oder weniger kalkhaltigem Boden.
Hut: 6–9 cm, freudig rot bis goldgelb, kugelig, dann gewölbt-verflacht, schliesslich scheibenförmig, lange schmierig glänzend, glatt oder etwas samtig-warzig mit spärlichen Reifflöckchen auf dem Rand oder in der Mitte, dann matt, Huthaut feucht halb abziehbar, Rand glatt, dann etwas gerieft.
Lamellen: ± abgerundet, lange blass, dann satt gelb, Schneiden zitronen- bis chromgelb, bröckelig, queraderig, fast gleichlang.
Stiel: 3–8/1,5–2,5 cm, weiss, dann zitronen- bis chromgelb, kahl, glänzend, fest, dann schwammig-weich und gekammert, nach unten ausspitzend.
Fleisch: weiss, unter der Huthaut zitronen- bis chromgelb, Geschmack mild.
Sporen: Spp. dottergelb, Sp. rundlich, gratig-netzig, 9–12/9–11 μ, Zystiden meist spindelig, an Schneiden oft gedrängt, herausragend.
Chemische Reaktionen: Fl. mit $FeSO_4$ blass-ockerrosa, mit Phenol purpurbraun, mit Guajactinktur olivbraun, Exsikkat mit Phenolanilin rotschwarz.

RUSSULA EMETICA Fries Moser: Seite 442

Kirschroter Speitäubling, Moorspeitäubling giftig

Vorkommen: Juli–November, besonders in Hochmooren und in torfmoosreichen Nadelwäldern.
Hut: 5–11 cm, lebhaft zinnober- bis kirschblutrot, im Alter ± aufhellend, bisweilen fleckenweise verblassend, gewölbt, dann ausgebreitet, schliesslich niedergedrückt, schmierig, glänzend, Huthaut gut abziehbar, hellrot durchgefärbt.
Lamellen: abgerundet frei, weiss bis cremeweiss, fast entfernt, gleichlang, selten gegabelt, Schneiden meist glatt.
Stiel: 2–7/1–2 cm, weiss, selten etwas rot überhaucht, bisweilen aderig-runzelig, voll, dann ausgestopft, schliesslich zellig-hohl, zerbrechlich.
Fleisch: weiss, unter der Huthaut rosarot, Geruch obstartig, Geschmack brennend scharf.
Sporen: Spp. weiss, Sp. rundlich bis länglich, etwas stumpfstachelig, Stacheln durch feine Grate verbunden, 8–11/7–8,5 μ. Zystiden zahlreich, gedrängt, lanzettlich, stumpf oder mit kleinen Anhängseln.
Chemische Reaktionen: mit Anilin L. langsam schwach zitronengelb, Stfl. nach Stunden rot, mit Sulfovanillin Stfl. oft schwarzblau, Stfl. mit Guajactinktur langsam und schwach reagierend, nach 10 Sek. meist noch unverändert.

RUSSULA EMETICA VAR. SILVESTRIS Singer

Moser: Seite 442

Kleiner Speitäubling

giftig

Vorkommen: Juli–September im Laub- und Nadelwald auf mehr oder weniger sandigen und versauerten Böden, besonders in Wäldern, in denen die Moose Polytrichum formosum und Leucobryum glaucum häufig vorkommen.
Hut: 2–4(5) cm, lebhaft kirschrosa, weniger intensiv als der Moorspeitäubling, ausbleichend bis fast farblos werdend, fast kugelig, dann ausgebreitet, in der Mitte meist eingedrückt, klebrig, glänzend, Rand lange abgerundet bleibend, bald ± lang kanneliert, Oberhaut gut abziehbar.
Lamellen: angewachsen oder leicht herablaufend, reinweiss, bald entfernt, wenig gegabelt, gerunzelt, Schneide ganzrandig.
Stiel: 3–6/bis 1,2 cm, rein weiss, zylindrisch, voll, allmählich hohl werdend, doch auch ausgestopft, oft abwärts verdickt.
Fleisch: weiss, auch unter der Huthaut nur bisweilen wenig rosa, brüchig, Geruch obstartig, Geschmack scharf.
Sporen: Spp. weiss, Sp. eiförmig, grob warzig, fein netzig, 8–10/6,5–8 μ, Zystiden spindelförmig, an der Spitze mit abgerundetem Anhängsel.

RUSSULA EMETICA VAR. BETULARUM (Hora) Romagnesi

Moser: Seite 442

Birkenspeitäubling

giftig

Vorkommen: Juli–September unter Birken, selten auch im Nadelwald, besonders an feuchten bis nassen Stellen.
Hut: 2–5 cm, weisslich, rosarot, wundrosa, Mitte jung dunkler, stark ausblassend bis zum Verschwinden der roten Farbe, bald ausgebreitet, in der Mitte eingedrückt, klebrig, glänzend, Rand abgerundet, stumpf, später wellig oder geschweift, Oberhaut gut abziehbar.
Lamellen: abgerundet frei, weiss, sehr bauchig, dünn, weitstehend, spröde, selten gegabelt.
Stiel: 3–6/bis 1 cm, weiss, später wenig zitronengelblich, oberflächlich stark gerunzelt, an der Basis länglich-keulig, sehr zerbrechlich.
Fleisch: weiss, auch unter der Huthaut, Geruch nicht immer wahrnehmbar, Geschmack scharf.
Sporen: Spp. weiss, Sp. eiförmig, grob warzig, fein netzig, 7,5–12,5/6,2–9,2 µ.
Chemische Reaktionen: Fl. mit $FeSO_4$ orangerot, mit Guajactinktur langsam etwas blaugrün.

RUSSULA EMETICA VAR. GRISEASCENS Bon et Gaugué Moser: –

Grauender Speitäubling ungeniessbar

Vorkommen: Juli–Oktober in torfmoosreichen Nadelwäldern, besonders an nassen Stellen.
Hut: 4–10 cm, hellrot, schliesslich mehr wundrosa, Mitte ± ockerlich entfärbend, schliesslich rote und ockerliche Farbe grau getrübt durch das zuletzt hellgraue Hutfleisch, früh verflachend, zuletzt niedergedrückt, kahl, glatt, schmierig-glänzend, Huthaut ⅔ bis fast ganz abziehbar, Rand anfangs glatt, dann hökkerig-gerieft.
Lamellen: etwas verschmälert angewachsen, weiss, graustichig werdend, weich, fast biegsam, mit ganzer Schneide.
Stiel: 3–8/1–2(3) cm, weiss, im Alter schon am Standort angegraut, durch Anfassen oder Liegenlassen deutlicher grau verfärbend, wässrig-weich, voll, schliesslich unregelmässig enghohl oder gekammerthohl, zart wässrig-längsaderig.
Fleisch: weiss, ± grauend, besonders im Stiel, Geruch obstartig, Geschmack sehr scharf.
Sporen: Spp. weiss, Sp. rundlich bis etwas länglich, stachelwarzig, durch feine Grate teilweise netzig, 8–9/6,5–7,5 μ.
(Text: H. Schwöbel)

RUSSULA MAIREI Singer

Moser: Seite 442

Buchenspeitäubling

ungeniessbar

Vorkommen: September–Oktober unter Buchen.
Hut: 4–8 cm, lebhaft rosa bis karminrot, kirschblutrot wie R. emetica (S. 507), Mitte bis weisslich ausblassend, gewölbt, dann verflacht, schwach klebrig, jung ± weisslich schorfig bereift, verkahlend, Rand glatt, höchstens im Alter etwas gefurcht, Oberhaut ⅓ bis ½ abziehbar, rot durchgefärbt.
Lamellen: bald ausgebuchtet, weiss, meist mit bläulichem Reflex, verletzt oder eingetrocknet stroh- bis zitronengelb fleckend, erst dichtstehend, später entfernter, gegabelt.
Stiel: 3–5/1–1,2 cm, weiss, zuletzt an der Basis meist grau, schwach runzelig, voll, fest.
Fleisch: weiss, unter der Huthaut rot, anfangs fest, zuletzt brüchig, Geruch obstartig, eintrocknend mehr und mehr kunsthonigartig, selbst noch am frischen Exsikkat, Geschmack sehr scharf.
Sporen: Spp. weiss, Sp. rundlich-länglich, weniger kräftig stachelwarzig als Russula emetica, 7–9/6–6,5 μ.
Chemische Reaktionen: Fl. mit KOH sofort hell braungelb, mit $FeSO_4$ schmutzig graurötlich bis gelbbraun, Fl. in der Stielspitze mit Guajactinktur nach 10 Sek. dunkeltintenblau.
Anmerkung: Die var. fageticola Melzer ist wahrscheinlich nur die längerstielige und weniger festhütige Form der feuchteren Standorte. (Text: H. Schwöbel)

RUSSULA ATROPURPUREA Krombholz

Moser: Seite 443

Purpurschwarzer Täubling

essbar

Vorkommen: Juni–Oktober im Laubwald, gilt als Eichenbegleiter.
Hut: 4–9 cm, violett- bis purpurschwarz, auch mit Abweichungen nach Violett, Grau, Lila, Olivlich, oft gelbbraun fleckig, kugelig, dann breit niedergedrückt, glänzend, glatt, schmierig, ziemlich fest, Huthaut nur am Rand abziehbar, Rand eingebogen, später wellig-buchtig.
Lamellen: ±abgerundet oder verschmälert-frei, weiss, bald etwas graulich oder strohgelblichblass, mässig dicht.
Stiel: 3–6/1–2 cm, weiss, dann von unten her graulich oder rostig werdend, starr, weniger brüchig.
Fleisch: weisslich, leicht graulich, Geruch schwach obstartig, Geschmack jung in den L. scharf, doch Schärfe bald vergehend.
Sporen: Spp. rein weiss, Sp. rundlich, stumpf warzig, fein netzig, 7–9/5,7–7 μ.
Chemische Reaktionen: mit KOH Str. ockerbraun, mit $FeSO_4$ Fl. und Str. rötlichgrau, mit Phenol Fl. braun, mit α-Naphthol Fl. grauviolett, mit Anilin L. orangebraun, mit Phenolanilin Str. und Fl. rot, dann schwarz, mit Resorcin Fl. rot, nach Stunden schwarz, mit Sulfoformol L. blau.

RUSSULA ATROROBENS Quélet ss. Lange Moser: Seite 443

ungeniessbar

Vorkommen: Juli–November im Nadelwald, auf kalkreichen Böden.
Hut: 4–8 cm, frisch leuchtend rot, glänzend, trocken trübrot, matt, Mitte dunkler, bis schwärzlich, einige gelbliche Flecken, Rand wenig gerieft, jung etwas eingebogen, aber bald flach, alte Hüte ungleich aufgeschlagen, dünn, Huthaut wenig abziehbar, Fleisch darunter stark gefärbt.
Lamellen: weisscremelich, etwas untermischt, dicht, etwas weich, Schneiden glatt.
Stiel: weiss, weich, aber nicht hohl.
Fleisch: weiss, ziemlich dünn, Geschmack sehr scharf, Geruch obstig.
Sporen: Spp. weiss (!), Sp. 6,5–8,5/5–6,5 μ.
Anmerkung: Sehr ähnlich ist R. olivaceoviolascens (S. 516), Spp. bei diesem jedoch hellcreme.

RUSSULA FRAGILIS (Pers. ex Fr.) Fries

Moser: Seite 444

Wechselfarbiger Speitäubling

ungeniessbar

Vorkommen: Juli–Oktober im Laub- und Nadelwald.
Hut: 2,5–7 cm, fleischrötlich, grünlichviolett, rosalila, bläulichviolett, Mitte grünlichgrau, oliv, ockerlich, bald niedergedrückt, schmierig glänzend, trocken glanzlos, in der Mitte oft warzig, auch feinflockig bereift, Rand glatt oder gerieft, dünn, fast durchsichtig.
Lamellen: verschmälert angewachsen, auch wenig herablaufend, weiss, Schneiden fast immer ± feinschartig, dichtstehend, dünn, brüchig, untermischt.
Stiel: 3–7/0,7–2 cm, weiss, später blassgelblich, voll, schliesslich schwammig bis kammerig-hohl, mürbe.
Fleisch: weiss, auch unter der Huthaut nicht durchgefärbt, Geruch süsslich, nach Kokosflocken, Amylazetat, Eisbonbon, Geschmack bald scharf brennend.
Sporen: Spp. weiss, Sp. rundlich bis länglich, stumpf warzig-netzig, 7–9(10)/6–7,5 μ.
Chemische Reaktion: Fl. mit Guajactinktur langsam und schwach grünblau anlaufend, nach 10 Sek. noch negativ, nach 30 Sek. ± blassgrünlichblau.
Anmerkung: Sehr ähnlich können sein Russula atrorubens (S. 513) und Russula olivaceoviolascens (S. 516): Lamellenschneiden nicht gesägt, Sporen kleiner, Reaktion mit Guajactinktur positiv, nach 15–20 Sek. dunkel tintenblau. (Text: H. Schwöbel)

RUSSULA CAVIPES Britzelmayr (ss. Heim) Moser: Seite 444

ungeniessbar

Vorkommen: August–November im Nadelwald (unter Weisstanne) auf kalkreichen Böden.
Hut: 3–8 cm, überwiegend rotviolett, blauviolett, bläulichgrün, blass lilarosa usw. ausblassend, halbkugelig, verflachend, zuletzt leicht vertieft, selten mit stumpfem Buckel, feucht glänzend, glasig aussehend, schleimig-schmierig, auch trocken und ± glanzlos, Huthaut ½ bis ⅔ abziehbar, Rand sehr dünn, erhaben gerieft.
Lamellen: breit angewachsen, häufig leicht bogig am Stiel herablaufend, blass, von Anfang an mit creme bis blasszitronengelblichem Schein, im Alter neapelgelblich-ocker, verletzt oder eintrocknend bisweilen gelb, ockerlich-chromgelb anlaufend, mässig gedrängt bis entfernt.
Stiel: 3–7/bis 1,8 cm, weiss, auch mit creme Schein, Basis oft ocker fleckend, faulende Stellen meist schmutzigocker- bis senfgelb, etwas längsaderig, kurz ausspitzend, schon bald gekammert-hohl.
Fleisch: weiss, Geruch ähnlich roher Wurstmasse mit süsslicher Komponente, Geschmack scharf pfeffrig brennend.
Sporen: Spp. creme, Sp. stachelig, teilweise durch feine Grate verbunden, 8,5–10,5/7–8 μ.
Chemische Reaktion: Fl. mit Ammoniak ganz oder wenigstens fleckenweise schön rosarot anlaufend.
(Text: H. Schwöbel)

RUSSULA OLIVACEOVIOLASCENS Gillet

Moser: Seite 444

ungeniessbar

Vorkommen: August–Oktober, besonders im Heidelbeer-Nadelwald auf versauerten Böden.
Hut: 4–9(10,5) cm, wechselfarbig, jung überwiegend purpur-blutrot-violettlich, einheitlich oder ± zweifarbig, Rand irgendwie rotviolettlich, Mitte olivgrün, häufiger rotviolette und olivgrüne Farben gemischt, selten auch purpurschwarz, faulende Stellen grünlich bis schmutzigrosaweisslich entfärbt, halbkugelig-gewölbt, verflachend, zuletzt flach schalig vertieft, klebrig-schmierig, glänzend bis hochglänzend, auch fast matt, Rand zuletzt kurz erhaben gerieft, sonst glatt und kahl, Huthaut zu ½ bis ¾ abziehbar.
Lamellen: weiss, bald cremegelblich, dünn, weich, fast biegsam, können eintrocknend oder verletzt schwach gelb anlaufen, gedrängt bis mässig gedrängt.
Stiel: 4–10/0,7–1,8 cm, weiss mit cremefarbigem Schein, nach längerem Liegen auch etwas gilbend, oft kurz ausspitzend, jung mehlig bereift, dann kahl, fein längsaderig.
Fleisch: weiss, weich, Geruch süsslich-obstartig, Geschmack scharf bis sehr scharf, im Hals kratzend.
Sporen: Spp. creme, Sp. eirundlich, ziemlich feinwarzig, ± vollständig durch feine Grate netzig verbunden, 6–8,5/5–6,5 µ.
Chemische Reaktion: Fl. in der Stielspitze mit Guajactinktur nach 15–20 Sek. tief tintenblau.
Anmerkung: Sehr ähnlich ist Russula atrorubens Quélet ss. Lange (S. 513); er ist jedoch meist kleiner, einheitlich violettrot; das Sporenpulver ist weiss.
(Text: H. Schwöbel)

RUSSULA VERSICOLOR Schaeffer

Moser: Seite 445

Vielfarbiger Täubling

ungeniessbar

Vorkommen: Juni–Oktober unter Birken.
Hut: 3–7 cm, fleischrot, violett, purpurn, einfarbig oder mit grünlicher Mitte, bald niedergedrückt, fast schmierig mit feuchtem Glanz, Huthaut halb bis fast zur Mitte abziehbar, Rand alt meist gewölbt und gerieft.
Lamellen: etwas buchtig verschmälert angeheftet, hellcreme bis satt buttergelb, stellenweise ockergelb anlaufend, gedrängt bis fast entfernt.
Stiel: 2–6/bis 1 cm, weiss, über Nacht gilbend, beinahe seidig glänzend, mitunter nach unten keulig verdickt.
Fleisch: reinweiss, Geruch schwach obstartig, Geschmack der jungen Lamellen ausgesprochen scharf, im Stiel nur schärflich, mitunter fast mild.
Sporen: Spp. creme, Sp. länglich, seltener nierenförmig, warzig-gratig, 6–8(9)/4,2–6(7) μ.
Chemische Reaktionen: Fl. mit $FeSO_4$ rasch fleischrosa, mit Phenol braun, mit α-Naphthol blau, mit Phenolanilin rot, dann schwarz, mit Guajactinktur blaugrün, L. mit Anilin gelb, dann orangebraun.

RUSSULA SANGUINEA (Bull. ex St. Am.) Fries

Moser: Seite 445

Bluttäubling

ungeniessbar

Vorkommen: Juli–Oktober, besonders im Kiefernwald, hauptsächlich auf kalkreichen Böden.
Hut: 6–10 cm, kirschrot, karminrot, blutrot, rosenrot, oft völlig entfärbend, etwas gemasert, gewölbt-verflacht, niedergedrückt, bisweilen in der Mitte kegelig-gebuckelt, rauhlich, meist nur schwach schmierig, trocken glanzlos, ziemlich festfleischig, Rand glatt, oft sehr unregelmässig verbogen, Huthaut nicht oder nur ganz kurz abziehbar.
Lamellen: gerade angewachsen oder deutlich bogig herablaufend, blassweisslich, dann grau-gelblich, bisweilen etwas zitronengelblich fleckend, mässig dicht.
Stiel: 3–7/0,8–2,5 cm, weisslich, dann meist rot oder zumindest rosa behaucht, bisweilen zitronengelblich fleckend, selten ganz glatt, voll, fest, Basis oft ausspitzend.
Fleisch: weisslich, unter der Huthaut häufig rötlich, Geruch schwach obstartig, Geschmack stets bitterer als scharf, im Stiel meist mild.
Sporen: Spp. creme, Sp. rundlich, stumpf stachelig, schwach gratig, 7,5–10/6,5–8,5 μ.
Chemische Reaktionen: mit KOH Str. und Fl. blassgelb, mit $FeSO_4$ Fl. fleischrosa, mit Phenol Fl. braun, mit α-Naphthol Fl. blau, mit Anilin Fl. nach Stunden lachsrot, mit Phenolanilin Fl. und L. weinrot, violett, schliesslich purpurschwarz, mit Sulfovanillin Stfl. blauschwarz, Hh. rosa, mit Sulfoformol Fl. und L. nach 20 bis 30 Min. indigoblau, mit H_2SO_4 L. schwarzbraun.

RUSSULA SARDONIA Fries em. Romell

Moser: Seite 446

Zitronenblättriger Täubling

ungeniessbar

Vorkommen: September–November im Nadelwald, besonders bei Kiefern, auf sauer-sandigen Böden.
Hut: 5–10 cm, trüb purpurrot, selten auch grüngelb, flachgewölbt, zuletzt etwas vertieft, meist glanzlos, seltener matt glänzend, jung klebrig, ziemlich hart, Rand glatt, dann kurzgestreift.
Lamellen: angewachsen, schon jung zitronengelblich, zuletzt buttergelb, gedrängt, dann ziemlich gedrängt, feucht stark tränend, am Grunde aderig verbunden.
Stiel: 3–8/1,5–2,5 cm, heller oder dunkler hutfarben, mit abwischbarer, flaumiger Bereifung, später kahl, zylindrisch, schwammig-voll.
Fleisch: weiss oder teilweise gelblichweiss, an Druckstellen gelblich, fest, starr, über Nacht safranrot anlaufend, Geruch obstartig, Geschmack rasch brennend scharf.
Sporen: Spp. creme bis hellocker, Sp. rundlich, warzig, mässig gratig, 7–9/6–7 μ.
Chemische Reaktionen: mit KOH Fl. und L. langsam lachsrot, aber erst in überreifem Zustand, mit $FeSO_4$ Fl. fleischrosa, mit Phenol Fl. braun, mit Anilin Fl. nach längerer Zeit kupferrot, mit Phenolanilin Exsikkat schwach terracotta, mit Guajactinktur Fl. und L. blaugrün, mit Sulfovanillin Fl. schnell purpurschwarz.

RUSSULA QUÉLETII Fries in Quélet

Moser: Seite 446

Stachelbeertäubling

ungeniessbar

Vorkommen: Juli–Oktober, besonders im Fichtenwald, auf kalkreichen Böden.
Hut: 5–8 cm, trüb weinrot, tief dunkelpurpurn, teilweise grün, häufig grüne und violette Farbe stark vermischt, stark entfärbend, gewölbt, dann flach bis niedergedrückt, etwas klebrig, lange feuchtglänzend, fleischig, Huthaut frisch zur Hälfte abziehbar, Rand glatt, alt kurz und breit gerieft.
Lamellen: blass, reif wachsgelb, verletzt oder eintrocknend oft grünlich fleckend, gedrängt, schwach tränend.
Stiel: 4–7/1,5–2 cm, karminrot, häufig abwärts verdickt, starr, spröde.
Fleisch: graulich, wässrig, Geruch süsslich, nach Stachelbeerkompott, Geschmack brennend scharf.
Sporen: Spp. cremegelb, Sp. fast rundlich, isoliert warzig, 8–10/7–9 μ, Zystiden an Flächen oft weit herausragend, meist $\pm$ lang zugespitzt, dicht gedrängt.
Chemische Reaktionen: mit KOH Hh. orangeocker, mit $FeSO_4$ Fl. rötlich, mit Phenol Fl. und L. braun, mit α-Naphthol Fl. langsam schwach blau (in ca. 5 Std.), mit Anilin Fl. nach 1 Std. lachsrot, mit Phenolanilin Fl. rot, dann schwarz, mit Guajactinktur Fl. und L. blaugrün, mit Sulfoformol Fl. und L. in 20–30 Min. indigoblau, mit Lactophenol Fl. und L. violettbraun.

RUSSULA BADIA Quélet

Moser: Seite 447

Zedernholztäubling

ungeniessbar

Vorkommen: Juni–November auf sauren Böden im Nadelwald.

Hut: 5–15 cm, blut- bis braunrot, fast schwarzpurpurn, kastanienrot, bisweilen mit hellen Flecken auf dunkelrotem Grund, gewölbt, dann niedergedrückt, in der Mitte oft genabelt, meist ± samtig-glanzlos, fest, starr, Huthaut feucht bis zu ⅔ abziehbar, Rand zuletzt etwas höckerig gerippt.

Lamellen: buchtig abgesetzt, mandelweiss, dann hellocker, ziemlich schmal, sehr dicht stehend, Schneiden oft rosa, ± kurz gegabelt.

Stiel: 4–10/1,2–3 cm, weiss, oft rot geflammt, sehr hart und fest, schwach mehlig-flaumig, bald kahl, glänzend, aderig-längsrunzelig.

Fleisch: weiss, Geruch der geriebenen Lamellen nach Zedernholz, Geschmack zunächst für einige Sekunden mild, dann unerträglich scharf.

Sporen: Spp. hellocker, Sp. rundlich bis länglich, warzig, fein gratig, 8–11/6,5–8 μ.

Chemische Reaktionen: mit $FeSO_4$ Fl. fleischrosa, L. karottenrot, mit Phenol Fl. indischrot, dann schokoladenbraun, mit Anilin L. zitronengelb bis trüborange, Stfl. nach 30 Min. satt lachs- bis korallenrot, aber zitronengelb durchschlagend, mit Phenolanilin Exsikkat lange lachsrot, mit Guajactinktur Fl., L. und Str. blaugrün, mit Sulfovanillin Fl. hellviolett bis dunkelblutpurpurn, mit Lactophenol Fl. schwarzbraun.

LACTARIUS VELLEREUS (Fr.) Fries

Moser: Seite 448

Wolliger Milchling

ungeniessbar

Vorkommen: ab Ende Juli im Laub- und Nadelwald.
Hut: 10–20 cm, weisslich, später mehr trübockergelblich, genabelt-gewölbt, dann ausgebreitet, niedergedrückt, bereift-flaumig, später kahler, trocken, sehr starr, zäh, derbfleischig, Rand dicht wollig-filzig, jung stark eingerollt.
Lamellen: etwas herablaufend, weissblass, dann schwach ockergelblich, eher entfernt, oft gegabelt, wenig breit, dick.
Milch: weiss, nur anfangs reichlich, etwas bitterlich kratzend.
Stiel: 2–6/2–5 cm, weiss bis schwach gelblich, bereift-flaumig, an Druckstellen hellockerfuchsig, an der Basis mit weisslichgrauem Myzel.
Fleisch: weisslich, derb, hart, krümelig-körnig.
Sporen: Spp. weisslich, Sp. rundlich bis breit-elliptisch, kleinwarzig, spärlich netzmaschig, 9–12/7,5–10 µ.
Chemische Reaktionen: mit $FeSO_4$ Fl. sofort fleischrosa, nach 10 Min. schmutzigkarminrosa mit graubraunen Tönen, mit Guajactinktur Fl., L. und Str. sofort bleibend grün, Hh. blasser graugrün, mit Guajacol Fl. sofort rosalila, dann weinrot bis purpurschwärzlich, Lackmuspapier wird von Mi. blau.
Anmerkung: Bei der var. velutinus Bert. ist die Milch mild, Sp. 7,5–9/7–8 µ.

LACTARIUS PIPERATUS (L. ex Fr.) Gray Moser: Seite 448

Pfeffermilchling

bedingt essbar

Vorkommen: Juli–Oktober im Laub- und Nadelwald.
Hut: 6–12(16) cm, weiss bis elfenbeinfarben, zuletzt teilweise grauweisslich, flach gewölbt bis verflacht, dann genabelt bis trichterig, ungezont, matt, nie schmierig, besonders am Rand etwas runzelig, dickfleischig, derb.
Lamellen: kurz herablaufend, weisslichblass, dann sahneweiss, verletzt braungelblich fleckend, sehr eng, schmal, dicklich, ungleich lang.
Milch: weiss, anfangs reichlich, brennend scharf.
Stiel: 5–9/1,5–3,5 cm, weiss, etwas bräunlich flekkend, kahl und glatt oder leicht grubig-uneben, derb, voll, oft etwas exzentrisch, Basis verjüngt.
Fleisch: weiss, beim Trocknen besonders am Stielgrund strohgelb, hart, fest.
Sporen: Spp. weisslich, Sp. länglichrund, rauhlich mit niedrigen Wärzchen, nie netzmaschig, verbunden, 8–9,5/5,5–7 μ.
Chemische Reaktionen: Fl. mit $FeSO_4$ schnell fleischrosa, mit Guajactinktur rasch blaugrün, mit Guajacol sofort rosalila, dann weinrotpurpurn, zuletzt schwärzlich, mit Formol nach einiger Zeit violett, mit Lactophenol langsam violettblau, mit Phenolanilin rasch purpurn.

LACTARIUS SCROBICULATUS (Scop. ex. Fr.) Fries Moser: Seite 449

Grubiger Milchling giftig

Vorkommen: Juli–Oktober im Nadelwald auf Kalkböden.

Hut: 10–20 cm, stroh-, zitronen- oder goldgelb, durch angeklebte Zotten dunkler gezont, halbkugelig, bald vertieft und trichterig, feucht schleimig-klebrig, trokken glänzend, Rand lange stark eingerollt, später eingebogen, zonenweise grob-bärtig, zottig-striegelhaarig.

Lamellen: etwas herablaufend, gelblich, bei Druck isabellfarben, gedrängt, schwach sichelig.

Milch: weiss, rasch schwefelgelb werdend, reichlich, brennend scharf.

Stiel: 3–6/1,5–3,5 cm, gelblichweiss, mit braunen, unregelmässigen Gruben, milchweiss bis schwefelgelb bereift, jung wasserhelle Tröpfchen absondernd, frühzeitig hohl.

Fleisch: blassgelb, starr, Geruch etwas obstartig, Geschmack scharf.

Sporen: Spp. hellocker, Sp. länglichrund, kleinwarzig, 8–9/7 µ.

Chemische Reaktionen: mit KOH Hh. und Fl. sofort gold- bis orangegelb, nach 10 Min. verblassend, Fl. mit Guajactinktur langsam graugrün, mit Phenol langsam orangegelb, dann fleckig violettschwarz, mit Lactophenol violettbraun, Fl. und L. mit H_2SO_4 langsam olivgrünlich, Hh. reiner gelb, L. mit Guajacol langsam lilakarmin, Cy. mit Sulfovanillin blau.

LACTARIUS REPRAESENTANEUS Britzelmayr Moser: Seite 449

Violettmilchender Zottenreizker giftig

Vorkommen: im Nadel- und Laubwald auf kalkarmem Boden, in Berglagen, selten und schonenswert.
Hut: 6–16 cm, hellchromgelb bis blasseigelb, ockerorange, honiggelb oder fahlbraun geschuppt, hochgewölbt, dann abgeflacht-gebuckelt, zuletzt schwach vertieft, feucht schmierig-klebrig, trocken matt bis gering glimmerig, Rand breit eingerollt, stark fransig.
Lamellen: angewachsen-herablaufend, blassahnegelb, durch die Milch braunviolett gefleckt, gedrängt, ziemlich schmal, ungleich lang.
Milch: weiss bis wässrigweisslich, violett verfärbend, reichlich, erst mild, später bitterlich.
Stiel: 5–10/1,5–3 cm, hell chromgelb, oben blasser, schmutziggoldgelb-grubig, feucht schmierig-klebrig und bisweilen Wassertropfen absondernd, Spitze flokkig bereift, Basis oft zugespitzt, frühzeitig hohl.
Fleisch: gelblichweiss, Geruch würzig-harzig.
Sporen: Spp. sahnegelb, Sp. länglichrund, mit niedrigen, durch Grate verbundenen Warzen, kaum netzmaschig, 9–11/7,5–9 μ.
Chemische Reaktionen: Fl. mit Guajactinktur langsam graugrün, mit Guajacol lilakarottenrot, dann lilakarminbraun, Cy. mit Sulfovanillin dunkelblau.

LACTARIUS ASPIDEUS Fries

Moser: Seite 449

Schildmilchling

ungeniessbar

Vorkommen: Juli–September in Gebüsch, Laubwald, oft in Mooren bei Weiden und Birken.
Hut: 3–5(9) cm, gelblich bis fast milchweiss, gewölbt, dann flach ausgebreitet-niedergedrückt, sehr schleimig, brüchig, dünnfleischig, nur am Rand mit vergänglicher Filzzone, bisweilen schwach gezont.
Lamellen: angewachsen-herablaufend, weissblass bis schwach gelblich, fast gedrängt, dünn.
Milch: wässrigweisslich, reichlich, anfangs mild, dann bitter, langsam und wenig lilalich verfärbend.
Stiel: 3–8/0,5–1,5 cm, gelblichweiss, glatt, zylindrisch, undeutlich grubig, schmierig.
Fleisch: milchweiss bis schwach gelblich, Geruch schwach nach Stachelbeerkompott.
Sporen: Spp. gelblich, Sp. 8,5–10/7,5–9 μ.

LACTARIUS NECATOR (Bull.em Pers.ex Fr.) Karsten Moser: Seite 450

Tannenreizker

Vorkommen: Juli–Oktober auf kalkarmen Böden bei Birke, Fichte, Zirbe.
Hut: 6–20 cm, dunkelolivgrün bis fast oliv-schwärzlich, oft dunkler fleckig, gewölbt, dann scheibenförmig flach, seltener trichterig, feucht klebrig-schleimig, schwach filzig, später trocken, fast kahl, oft rinniggefurcht, Rand jung gelbgrünflaumig-filzig-fransig.
Lamellen: wenig herablaufend, schmutziggelblichblass, alt braunfleckig, bei Feuchtigkeit tränend, gedrängt, dünn, schmal, meist gegabelt, untermischt, an beiden Enden verschmälert.
Milch: weiss bis wässrigweiss, graufleckend, reichlich, brennend scharf.
Stiel: 3–6/1–2,5 cm, grünlich, vom Grunde her bräunend bis schwärzend, mit zerstreuten, rundlichen Gruben, oben mit blasser, hell olivgrüngelber Zone, voll.
Fleisch: weisslich bis blassgelblich, später bräunlich, Geruch etwas harzartig.
Sporen: Spp. rahmgelb, Sp. länglichrund, kleinwarzig, oft unvollständig netzmaschig, 6–8/5,5–6,5 μ.
Chemische Reaktionen: mit KOH Hh., Str. und L.-Schneiden violett, Fl. schwach ockerblass, mit $FeSO_4$ Fl. sehr schwach blassocker, mit Guajactinktur Fl. nach 5 Min. hell graugrün, L. fleischrosa mit grünlicher Tönung, mit Guajacol Fl. nach 5 Min. trüb indischrot, mit H_2SO_4 und HNO_3 Fl. langsam olivgrau, mit NH_4OH Hh., Str. und L.-Schneiden violett, Fl. heller violett.

LACTARIUS TORMINOSUS (Schff. ex Fr.) Gray

Moser: Seite 450

Birkenreizker

ungeniessbar

Vorkommen: August–Oktober, besonders unter Birken auf saurem Boden, in mässig feuchten Wäldern.
Hut: 5–15 cm, fleischrosa bis fleischbräunlich, mit dunkleren Zonen, ausblassend, gewölbt-genabelt, dann flachtrichterig, Rand erst weisslich-schuppig, dann fransig-zottig.
Lamellen: herablaufend, blass fleischfarben, dann cremefleischrötlich, dünn, schmal, gedrängt, ungleich lang, nahe dem Stiel gegabelt.
Milch: weiss, nur anfangs reichlich, unveränderlich, sofort brennend scharf.
Stiel: 4–8/1–2 cm, hutfarben oder blasser, bei Druck rostig-fleischrosa, bald kahl, glatt oder flach grubig. gebrechlich.
Fleisch: blass, unter Huthaut rosa, in der Stielbasis langsam schiefergrau, Geruch schwach terpentinartig, Geschmack sehr scharf.
Sporen: Spp. hellgelblich, Sp. länglichrund, 7,5–10/6–8 μ.
Chemische Reaktionen: Fl. mit KOH nach 20 Min. hellgraugrünlich, mit $FeSO_4$ schwach gelblichrosa, mit Guajactinktur sofort graugrün, dann kräftig grün, mit Guajacol sofort fleischfarben orange, nach 5 Min. weinrotschwärzlich, mit Phenol braun, Zystiden mit Sulfovanillin blau.

LACTARIUS PUBESCENS Fries

Moser: Seite 450

Flaumiger Milchling

giftig

Vorkommen: August–Oktober unter Birken an grasigen Stellen, oft ausserhalb des Waldes.
Hut: 5–9(12) cm, weisslichblass, blass rosa-fleischbräunlich, fleischgelblich, gewölbt, bald mit niedergedrückter Mitte, schliesslich flach trichterig, ungezont, feucht etwas schmierig, trocken bisweilen glänzend, dünnfleischig, Rand anfangs deutlich eingerollt, später unregelmässig verbogen, fransig-zottig, mehr oder weniger verkahlend.
Lamellen: angeheftet bis kurz herablaufend, weiss bis fleischfarben, verletzt blass zimtfuchsig anlaufend, dichtstehend.
Milch: weiss, unveränderlich, sehr scharf.
Stiel: 2–4/0,4–1,2 cm, fleischrötlich bis weiss, oft mit schmutzigockerfuchsigen Flecken, an der Basis ockerblass, seidig bereift, später kahl werdend.
Fleisch: weiss, Geruch schwach geranienartig, Geschmack brennend scharf.
Sporen: Spp. sahnegelblich, Sp. länglichrund, 6,5–8,5/5,5–6,5 μ.
Chemische Reaktionen: Fl. mit KOH nach 20 Min. hellgraugrünlich, mit $FeSO_4$ graugelblich, mit Guajacol karottenrot, Fl. und L. mit Guajactinktur sofort graugrün.

LACTARIUS LIGNYOTUS Fries

Moser: Seite 450

Mohrenkopfmilchling

essbar

Vorkommen: August–Oktober im sauren Fichtenwald, besonders in Berglagen.
Hut: 2–6(8) cm, dunkelschwarzbraun, kegelig, dann bucklig-gewölbt, zuletzt ausgebreitet-gebuckelt, samtig, matt, vollkommen trocken, kraus-radial runzelig, dünnfleischig, Rand meist weiss, jung eingebogen.
Lamellen: angewachsen, alt weit herablaufend, weisslich, dann hellocker, verletzt lachsfarben bis roströtlich anlaufend, fast gedrängt, dünn, untermischt.
Milch: weiss, etwas wässrig, langsam rötlichbraun verfärbend, mild mit schwach bitterlichem Nachgeschmack.
Stiel: 5–9(12)/bis 1 cm, schwarzsamtig, Basis blasser bis reinweiss, nach oben allmählich verjüngt, Spitze runzelig, oft mit flachen Längsrinnen, nur im Alter bisweilen hohl.
Fleisch: weiss, verletzt hellrosa bis lachsrosa anlaufend, Geruch sehr schwach.
Sporen: Spp. hellockerlich, Sp. fast rund, 8–10 μ.
Chemische Reaktionen: Fl. mit $FeSO_4$ schwach grüngrau, mit Guajactinktur langsam graugrün, mit Guajacol in 10–30 Min. weinrot, mit Phenol rötlich, dann schokoladenbraun, dann dunkelviolett, mit Phenolanilin über Lilapurpurn zu Schwärzlichpurpurn, Hh. mit HNO_3 langsam rotbraun.

LACTARIUS PICINUS Fries

Moser: Seite 450

Pechschwarzer Milchling

ungeniessbar

Vorkommen: Juli–Oktober im Gebirgsnadelwald.
Hut: 5–8(12) cm, dunkelschwarzbraun bis schwarzgrau, ausblassend, flach gewölbt, dann etwas vertieft, bisweilen stumpfgebuckelt, samtig-staubig bereift, kahl werdend, Rand lange eingebogen, sahnegelblichflaumig, verkahlend.
Lamellen: angewachsen bis kurz herablaufend, hellgelblich bis hellocker, gedrängt, verletzt erst karottenrötlich, dann fuchsigfalb, ungleich lang.
Milch: weiss, reichlich, erst mild, dann aber scharf und brennend.
Stiel: 3–6/1–2,5 cm, hell- bis sepiabraun, an der Spitze meist blass, verletzt fuchsig fleckend, bereift, bisweilen längsrinnig, unten auch grob runzelig, Basis mit weissem Myzel.
Fleisch: weisslich, langsam über Blassrosa lachsfarben-fuchsig-ocker verfärbend, fast geruchlos.
Sporen: Spp. hellockerlich, Sp. fast rund, 8–10 µ.
Chemische Reaktionen: Fl. mit $FeSO_4$ blassolivgrau, mit Guajactinktur sofort dunkelgrün, mit Guajacol sofort fleischrot, in 5 Min. rotbraun und braunschwärzlich, mit Phenol in 10 Min. schmutzigfleischfarben, dann schokoladenbraun.

LACTARIUS PTEROSPORUS Romagnesi Moser: Seite 451

Flügelsporiger Milchling ungeniessbar

Vorkommen: Juli–Oktober unter Hainbuchen.
Hut: 4–10 cm, ± umbrabraun, ocker ausblassend, flach gewölbt mit niedergedrückter Mitte, bisweilen spitzbuckelig, matt, samtig-bereift, meist trocken, oft mit höckeriger, strahlig-runzeliger Mitte.
Lamellen: angewachsen-herablaufend, gelblich, dann fast orangerötlich, stark gedrängt, oft fuchsig-kleinfleckig, an der Schneide oft mit winzigen verhärteten Milchtröpfchen.
Milch: weiss, anfangs reichlich, unveränderlich, erst mild, bald sehr scharf.
Stiel: 4–8/0,5–1,8 cm, sahnegelblichblass, unten graubräunlich, zur Spitze ockerlich, bei Druck umbrabraun bis isabellfarben, unregelmässig aufgetrieben, Basis oft verschmälert.
Fleisch: weiss, an der Luft rasch und lebhaft rosa, Geschmack im Alter unangenehm nach Petroleum.
Sporen: Spp. dunkelocker, Sp. fast rund, mit flügeligen Graten, 6–8,5 µ.
Chemische Reaktionen: Fl. mit KOH in 10 Min. fleischocker, mit Guajactinktur sofort grün, mit Guajacol orange, dann rotbraun und in 5 Min. dunkelbraun, mit HNO_3 blassgoldgelb, mit Phenol in 5 Min. rosagrau.

LACTARIUS DELICIOSUS Fries Moser: Seite 451

Echter Reizker essbar

Vorkommen: Juli–Oktober unter Kiefern.
Hut: 3–12 cm, sehr hell orangeocker, orangefuchsig, fleischrötlich bereift, wenn trocken, dadurch das Orange fleischbraunrosa bis lachsfarben abgestumpft, mit 3–6 orangerostigen schmalen Zonenringen, nicht oder nur wenig grünlich verfärbend, am lebhaftesten an verletzten Stellen, gewölbt, bald niedergedrückt, dann flach trichterig, feucht schleimig, festfleischig, Rand breit eingerollt.
Lamellen: leicht herablaufend, blassorangegelb bis orangeocker, verletzt langsam dunkelgrün verfärbend, dann aber verblassend und nach einigen Stunden graugrün, untermischt, breit, dichtstehend.
Milch: karottenrot, rasch mennigorange werdend, zuletzt graugrün, kaum bitter.
Stiel: 3–4/1,5–2 cm, rötlichgelb bis ziegelrötlich, verletzt allmählich dunkelgrün verfärbend, mit flachen, eingesenkten, mohrrübenroten Flecken oder Gruben, voll, dann hohl, brüchig.
Fleisch: sahnegelblich, Geruch süsslich-obstartig.
Sporen: Spp. hellockergelb, Sp. länglichrund, warziggratig, 8,5–9/6,5–7 µ.
Chemische Reaktionen: Fl. mit $FeSO_4$ nach 20 Min. hell olivgrün, mit Guajactinktur sofort violettfuchsig, nach 20 Min. gelblichgraugrün, mit Phenolanilin braunviolett, Cy. mit Sulfovanillin dunkelblau.

LACTARIUS SALMONICOLOR Heim & Leclair

Moser: Seite 451

Lachsreizker

essbar

Vorkommen: Begleiter der Weisstanne, auf mehr oder weniger kalkreichen Böden, fast nur in Berglagen.
Hut: 5–15 cm, orangegelb von blass- bis lebhaftorange, ohne oder nur mit ganz schwachen grünen oder blaugrünen Flecken, schwach blassorangefuchsig gezont, gewölbt, bald vertieft bis flachtrichterig, Rand erst eingerollt, feinfilzig-flaumig, dann kahl, wellig-lappig.
Lamellen: angewachsen-herablaufend, hellocker mit orange Ton, untermischt, nahe dem Stiel spärlich gegabelt, weniger dichtstehend.
Milch: orangerot, rasch mennigrot, schliesslich (nach etwa 2 Std.) weinbraun verfärbend.
Stiel: 3–6,5/0,8–2,5 cm, hutfarben, Spitze bisweilen orangerot gegürtelt, meist aber weisslich, glatt, mit flachen, unauffälligen länglich-runden Gruben, eingewachsen-netzaderig.
Fleisch: ockerblass, auch im Stielmark, Geruch schwach obstartig.
Sporen: Spp. blassockerlich, Sp. länglichrund, mit unregelmässig netzmaschig verbundenen Warzen, 9–11/7–8 μ.
Chemische Reaktionen: Fl. mit Guajactinktur sofort grauweinrot, in 10 Min. graugrün, Zystiden mit Sulfovanillin dunkelblau.

LACTARIUS SALMONICOLOR Heim & Leclair
mit Befall von PECKIELLA DEFORMANS (Fr.) Maire

Moser: Seite 451

Lachsreizker mit Pilzbefall

essbar

Beschreibung des Lachsreizkers gegenüber, Seite 534.

Anmerkung: Durch den Befall mit dem parasitischen Pilz Peckiella deformans werden die Lamellen verformt beziehungsweise in ihrem Wachstum so gestört, dass die Hutunterseite fast glatt erscheint. In manchen Wäldern ist diese Erscheinung häufig zu beobachten. Der befallene Pilz soll trotzdem essbar sein.

LACTARIUS DETERRIMUS Gröger

Moser: Seite 452

Fichtenreizker

essbar

Vorkommen: August–November unter Fichten, der häufigste Edelreizker.
Hut: 3–10 cm, orangefleischrötlich, dann meist grünlich gezont, Druckstellen erst orangemennigrot, dann weinrot, zuletzt grün, gewölbt, bald niedergedrückt, dann flachtrichterig, feucht schleimig, Rand eingerollt, blassocker bereift, bald kahl werdend, Huthaut in der Randpartie abziehbar.
Lamellen: angewachsen-herablaufend, orangeocker, grün fleckend, ziemlich dichtstehend, untermischt.
Milch: orange, bald mennigorange, nach 10 Min. karminpurpurn, nach 15 Min. weinrot, erst mild, auf der Zunge sofort bitter, manchmal schwach brennend.
Stiel: 3–6,5/0,8–2,5 cm, orangefleischrötlich, eingewachsen netzaderig, Spitze orangeweinrot gegürtelt, Basis mit ockerblassem Myzel.
Fleisch: gelblichblass, im Stielmark weiss, unter der Huthaut und im Alter meist dunkelgrün, Geruch obstartig.
Sporen: Spp. hellocker, Sp. länglichrund, mit niedrigen, zumeist netzmaschig verbundenen Warzen, 7,5–10/6–7,5 μ.

LACTARIUS VIOLASCENS (Otto) Fries

Moser: Seite 452

Gezonter Violettmilchling

ungeniessbar

Vorkommen: Juli–Okt. im Laubwald, im Gebüsch.
Hut: 5–10(15) cm, violettbraun bis ockergraubraun, stets dunkler gezont, flach gewölbt, bald genabelt-vertieft, zuletzt flach becherförmig, bald trocken und dünn, blass bis ockerblass bereift, sich uneben rauh anfühlend durch winzige Höcker und Äderchen, Rand sogar im Alter noch etwas eingebogen.
Lamellen: angewachsen bis kurz herablaufend, blassocker, alt dunkler, oft rostfleckig, blass bestäubt, fast gedrängt, verschieden lang.
Milch: weisslich, reichlich, unveränderlich, mild, später kratzend und bitterlich, etwas scharf.
Stiel: 4–6/1–2,5 cm, blassockerbräunlich, zuletzt schmutzigbraun, bei Druck langsam rötlichviolett fleckend, trocken fein ockerblass bereift, an der Basis mit weisslichem Myzel.
Fleisch: weissblass mit gelblichem Ton, zerschnitten ziemlich langsam lilarotviolett verfärbend, Geruch schwach obstartig.
Sporen: Spp. gelblich, Sp. länglichrund, mit kräftigen, zerstreut stehenden Warzen und Stacheln, 7–8/6–7 μ.
Chemische Reaktionen: Fl. mit KOH schwach gelblichgrau, violettangelaufene Stellen werden sofort entfärbt, mit $FeSO_4$ in 30 Min. lilagrau, mit Guajactinktur sofort fleischrot, nach 30 Min. hellgraugrün, mit Guajacol nach 30 Min. schwach lilagrau, Mi. mit Phenol dickflüssig und rahmgelb.

LACTARIUS PORNINSIS Rolland

Moser: Seite 453

Lärchenreizker

ungeniessbar

Vorkommen: Juli–Oktober bei Lärchen.
Hut: 3–6(8) cm, orangerot, orangefuchsig bis ockerorange, gezont oder ungezont, gewölbt, bald verflacht mit niedergedrückter Mitte, bisweilen leicht genabelt, schliesslich flach trichterig, glatt, später bisweilen in der Mitte runzlig, bei Regen schmierig-schleimig, Rand anfangs schwach eingerollt, weisslich-feinfilzig, bald kahl und ausgestreckt.
Lamellen: angewachsen-herablaufend, satt ockergelb, im Alter bis orangegelb, schmal, kaum gegabelt, fast gedrängt stehend.
Milch: weiss, spärlich werdend, mild bis bitterlich.
Stiel: 3–7/1,5–2 cm, orangenblass mit ockergelben Flecken, Spitze meist heller und schwach bereift, markig gefüllt, später ± hohl.
Fleisch: blass, im Hut weisslich, im Stiel blassorange-ockerlich, nicht gelb verfärbend, Geruch apfelähnlich.
Sporen: Spp. ockergelblich, Sp. länglichrund, kaum netzmaschig, 7,5–9,5/5,5–7,5 μ.
Chemische Reaktionen: Fl. mit $FeSO_4$ in 5 Min. rosagelblich, mit Guajactinktur rasch graugrün, mit Guajacol rasch über Orange weinrotpurpurn.
Anmerkung: Die Pilze standen im Laubwald, in den wenige, einzelstehende Lärchen eingestreut waren, so dass wir den Begleitbaum zunächst übersehen haben. Daher das Herbstlaub im Foto. Bei einer späteren Standortüberprüfung sahen wir dann, dass neue Exemplare an der gleichen Stelle, nämlich direkt neben einer Lärche, wuchsen.

LACTARIUS PALLIDUS Persoon ex Fries — Moser: Seite 454

Fleischblasser Milchling — ungeniessbar

Vorkommen: Juli–Oktober im Laubwald, besonders bei Buchen.
Hut: 5–15 cm, lederfarbenfleischrosa bis fleischbraun, flach gewölbt, dann niedergedrückt, nie gezont, feucht sehr schleimig und klebrig, trocken glänzend, alt wenig unregelmässig grubig, fleischig, Hutrandsaum oft als schmales Häutchen über die Lamellen hinausragend.
Lamellen: angewachsen bis kurz herablaufend, blass, dann blassocker, blass rostfarben fleckend, fast gedrängt, kaum gabelig, ungleich lang.
Milch: weiss, unveränderlich, anfangs reichlich, bald versiegend, mild, kaum bitterlich, bald kratzend.
Stiel: 3–8/0,6–2 cm, blassgelblich, glatt, frühzeitig hohl, Basis verschmälert, filzig.
Fleisch: blassgelblich, elastisch, Geruch schwach obstartig.
Sporen: Spp. blassocker, Sp. länglichrund, stachelig, mit niedrigen Warzen, 6,5–8/6,5 µ.
Chemische Reaktionen: Fl. mit KOH langsam etwas ockergrau, mit $FeSO_4$ sofort hellgrüngrau, mit Guajactinktur nach 20 Min. gelbgrüngrau, mit Guajacol nach 10 Min. etwas lilagrau, mit Phenol weinrot, dann purpurbraun, mit Phenolanilin in 2 Min. rosa, dann rot.

LACTARIUS BLENNIUS Fries

Moser: Seite 453

Graugrüner Milchling

ungeniessbar

Vorkommen: Juli–Oktober im Buchenwald.
Hut: 3–7(10) cm, graugrün, auch heller, überwiegend mit dunkleren, leber- bis hornbraunen, in Zonen angeordneten Wasserflecken, hellere Fruchtkörper ohne solche, mitunter blassviolett überhaucht, gegen den Rand blasser, flach gewölbt, dann $\pm$ vertieft, zuletzt trichterig, schmierig glänzend, zuletzt trocken, am Rand schwach und vergänglich samtig, bisweilen strahlig runzelig.
Lamellen: angeheftet-herablaufend, weiss, dann sahnegelblich, schmutziggraugrün fleckend, dichtstehend, ziemlich dünn, ungleich lang.
Milch: bleibend weiss, trocken graugrün fleckend, zuerst mild, dann brennend scharf.
Stiel: 3–6/0,8–1,5 cm, mehr graugrün, an der Basis bisweilen ockerlich, bei Druck schmutziggrau bis wässrig rotbraun, etwas schmierig-klebrig, eingewachsen faserig, fast netzig.
Fleisch: weissblass, schwammigweich, an der Luft etwas grauend und schlaff, Geschmack für kurze Zeit mild, langsam schärflich werdend.
Sporen: Spp. gelblich, Sp. länglichrund, mit stumpfen Warzen, 7,5–8/6 µ.
Chemische Reaktionen: mit KOH Hh. sofort gelblich bis honiggelblich entfärbt, Fl. schwach ocker, mit Guajactinktur Fl. und L. rasch graugrün, mit Guajacol Fl. sehr langsam graulila, mit HCl und HNO_3 Fl. nach 1–2 Std. olivbraun bis schwärzlich, mit Phenol und Lactophenol Fl. violettbraun.

LACTARIUS BLENNIUS Fries

Moser: Seite 453

Graugrüner Milchling

ungeniessbar

Beschreibung gegenüber, Seite 540.

Anmerkung: Diese Form entspricht bei weitem nicht mehr dem deutschen Namen «Graugrüner» Milchling, zeigt jedoch die Variationsbreite. Wir fanden die Fruchtkörper im Hainbuchenwald und hielten sie lange für Lactarius fluens, bis Herr Schwöbel uns korrigierte.

LACTARIUS TRIVIALIS Fries

Moser: Seite 455

Blaureizker, Nordischer Reizker

ungeniessbar

Vorkommen: Juli–Oktober im Nadelwald, auch bei Birken.
Hut: 6–15 cm, violettbraun oder -grau, alt auch fleischbraun, ledergelb ausblassend, ohne dunklere Mitte, flach gewölbt, dann verflacht bis flach trichterig oder schüsselförmig, bei Druck dunkelbraun, stark schleimig-schmierig, trocken schwach glänzend mit silbergrauem Reif, Rand eingerollt mit milchweiss bereiftem, trockenem Saum, Oberhaut gut abziehbar.
Lamellen: angewachsen bis herablaufend, ockerblass, honiggelb getönt, verletzt graugrün fleckend, fast gedrängt, ungleich lang, dünn.
Milch: weiss, eingetrocknet schwefelgelblich, erst mild, dann brennend scharf, auch bitter.
Stiel: 4–10/1–3,5 cm, blassviolett bis lederfalb, schmierig, fein längsaderig oder rinnig, aufgeblasen hohl.
Fleisch: weisslich, unter Huthaut violettgraubräunlich, Geruch schwach obstartig, auch unangenehm.
Sporen: Spp. rahmgelblich, Sp. breitelliptisch, mit starken Warzen, meist unregelmässig netzmaschig, 8,5–10,5/7–8,5 μ.
Chemische Reaktionen: Fl. mit KOH blass ockergrau, mit $FeSO_4$ schwach graugrün, mit Guajactinktur in 5 Min. grünlichgrau, in 15 Min. hellgrün, mit Guajacol erst lachsrosa, nach 20 Min. weinrot, mit H_2SO_4 gelblicholiv, dann schokoladenfarben, mit HNO_3 sofort blass fleischfarben, L. mit Sulfoformol langsam blau.

LACTARIUS VIETUS Fries

Moser: Seite 455

Graufleckender Milchling

ungeniessbar

Vorkommen: September–Oktober bei Birken.
Hut: 3–10 cm, violettgrau, violettgraubraun, trocken grau, bisweilen Mitte violettbräunlich, gewölbt, seltener gebuckelt, dann bald niedergedrückt, oft verbogen, jung etwas klebrig-feucht, trocken schwach seidig glänzend, dann matt, glatt, feinnarbig-seidig.
Lamellen: angewachsen-herablaufend, blass, verletzt olivgrau fleckend.
Milch: zu graugrünen Tropfen eintrocknend, erst mild, bald brennend und kratzend.
Stiel: 3–8 cm, weisslich, trocken, schwach glänzend, zart gestreift, alt hohl.
Fleisch: cremebräunlich, dünn, brüchig, auffallend leicht, fast welk.
Sporen: Spp. gelblich, Sp. länglichrund, warzig-stachelig, 8–9,5/6,5–7,5 μ.
Chemische Reaktionen: mit KOH Hh. und Fl. schwach grauocker, mit Guajactinktur Fl., Hh. und L. langsam graugrün, in 20 Min. dunkelgrün, mit Guajacol Fl., Hh. und L. rosagrau, nach 15 Min. weinrotbräunlich, mit H_2SO_4 Fl. aschgrau, nach 10 Std. grauschwarz, mit Phenol Hh. und Fl. lilagrauoliv, dann über Falbweinrot und Bordeauxrot zuletzt violettschwarz, L. fleischrötlichgrau, mit Phenolanilin Hh., Fl. und L. lilapurpurn, dann schwarzviolett.

LACTARIUS CIRCELLATUS Fries

Moser: Seite 455

Gebänderter Milchling

ungeniessbar

Vorkommen: Juli–Oktober unter Hainbuchen.
Hut: 5–10 cm, graubraun, violettgrau, auch olivgrau, stets deutlich gezont, sehr flach gewölbt, dann bald Mitte niedergedrückt, wenig schmierig, meist trocken, matt, festfleischig, Rand an der Kante weisslich bis gelbgrau staubig bereift, oft kerbig eingeschnitten.
Lamellen: angewachsen, weisslichblass, dann trübocker, dicht gedrängt, immer mit vielen verhärteten, blassen Milchtropfen.
Milch: weiss bis schwach gelblich, ziemlich reichlich, erst mild, dann ± scharf.
Stiel: 3–6/0,8–2 cm, weisslich mit fleischfarbengraulichem Ton, bald kahl, bei Druck schmutzig ockerfuchsig fleckend, bisweilen exzentrisch.
Fleisch: weisslich mit eindringender Hutfarbe, fest, elastisch, starr, Geruch obstähnlich.
Sporen: Spp. ocker, Sp. länglichrund, mit niederen Warzen, 7–8/5–6,5 μ.
Chemische Reaktionen: KOH Mi. goldgelb, längere Zeit nach der Ernte keine Reaktion mehr, Fl. gilbend, Fl. mit $FeSO_4$ schwach rosagrau, mit Guajactinktur nach 30 Min. hellgrüngrau, mit Guajacol nach 30 Min. nur sehr wenig fleischrosa, fast negativ, mit HNO_3 langsam grau.

LACTARIUS PYROGALUS Bulliard ex Fries Moser: Seite 455

Beissender Milchling ungeniessbar

Vorkommen: August–Oktober bei Hasel.
Hut: 3–8 cm, dunkel bis hellockergrau, bisweilen mit olivlichem Ton, meist ungezont, flach gewölbt, bald vertieft, zuletzt flach trichterig, matt, durchfeuchtet etwas schlüpfrig, Rand anfangs graugelb bereift.
Lamellen: angewachsen bis kurz herablaufend, wachsgelb, dann fast orangegelb, auffallend entfernt, dick, untermischt, verletzt mit sahnegelben, verhärteten Milchtröpfchen.
Milch: weiss, reichlich, sehr scharf.
Stiel: 3–7/0,5–1,2 cm, blasser hutfarben, bald kahl, nackt, am Grunde gebogen aufsteigend, unten bald hohl.
Fleisch: weiss, an der Luft langsam blassgelblich, im Stiel blass fleischfarbenfuchsig anlaufend, Geruch schwach apfelähnlich.
Sporen: Spp. gelblich, Sp. mit stumpfen Warzen, 6,5–7,5/5,5 μ.
Chemische Reaktionen: mit KOH Mi. (nicht das Fl.) rasch goldgelb bis orangeocker, Fl. blassschwefelgelb, Fl. mit $FeSO_4$ sofort gelbrosa, mit Guajactinktur über Rosabräunlich langsam hellgrüngrau, mit Guajacol in 30 Min. blass fleischfarbenlila, mit Phenol braun, mit Sulfoformol bläulich, weisses Papier von Mi. nicht grau gefleckt.

LACTARIUS HELVUS Fries Moser: Seite 456

Maggipilz, Bruchreizker bedingt essbar

Vorkommen: Juli–Oktober im Moor, bei Birken und im feuchten Nadelwald.
Hut: 4–15 cm, gelbrötlich, fleischrötlichocker, ledergelb, flach gewölbt, dann flach niedergedrückt bis trichterig, filzig-schuppig aufreissend, matt, ungezont, trocken.
Lamellen: etwas herablaufend, blassgelblichweiss, dann rötlichockergelb, ziemlich eng, dünn.
Milch: wasserklar, spärlich, mild.
Stiel: 1–3 cm dick, blasser hutfarben, an Druckstellen rotbräunlich, mit hellem, abwischbarem Reif, an der Spitze flockig-rauh, an der Basis weisslich-filzig oder gelblich-zottig.
Fleisch: weisslichgelb bis blassrötlichocker, sehr brüchig, Geruch im Eintrocknen stark nach Maggiwürze oder Liebstöckel.
Sporen: Spp. gelblich, Sp. länglichrund, kleinwarzig, unvollständig netzmaschig, 6,5–9/5,5–6,5 μ.
Chemische Reaktionen: mit KOH Hh. etwas gelb, mit $FeSO_4$ Fl. langsam schwach fleischrosa, L. ähnlich, aber schwächer, Hh. und Str. ähnlich mit lila Tönung, Fl. mit Guajactinktur sofort dunkel graugrün, mit Guajacol sofort weinrot, nach 10 Min. weinrotbraun, mit H_2SO_4 sofort blassfleischrötlich, mit Phenolanilin über Kupferrot und Weinrot in 5 Min. purpurschwarz, mit Phenol Fl. nahe der Hh. und im St. über rötlich schmutzigschokoladenbraun, über den L. meist purpurschwarz, Hh. rotbraun mit violetter Tönung.

LACTARIUS LILACINUS (Lasch) Fries

Moser: Seite 456

Lila Milchling

essbar

Vorkommen: September–November bei Erlen, scharenweise, selten.
Hut: 5–8 cm, ± dunkel lilarosa bis -rot, alt fleischfarben ausblassend, bisweilen stumpf gebuckelt, trocken zartfilzig, schliesslich schuppig zerklüftet, glanzlos, Mitte flockig-kleinschuppig mit konzentrisch angeordneten, angedrückten Schüppchen.
Lamellen: angewachsen-herablaufend, schmutzigfleischgelb, zuletzt trübocker, verletzt blassocker bis graugrünfleckend, meist fast entfernt, untermischt, bisweilen gabelig.
Milch: weisslich, ziemlich spärlich, bei Verletzung zu graugrünen Tropfen verhärtend, fast mild, später etwas kratzend.
Stiel: 4–7/0,4–1,2 cm, fleischfarben-ocker, blass überreift, bei Druck fuchsig, Basis striegelig.
Fleisch: weisslich bis blasslila, im Stiel ockerblass Geruch getrocknet noch nach Jahren nach Zichorien, frisch nur schwach riechend.
Sporen: Spp. weiss, Sp. länglichrund, mit kleinen Warzen, 7,5–8,5(10)/6–7,5 μ.
Chemische Reaktionen: mit KOH Hh. sofort dunkel olivgrün, mit $FeSO_4$ Fl. schmutzigrötlich, Hh. ähnlich mit lila Ton, Fl. mit Guajactinktur sofort grün, mit Guajacol über Orangefleischfarben in 30 Min. schmutziglilarosa, mit H_2SO_4 schwach rötlich, mit Phenol und Phenolanilin Fl. rötlich, dann rotbraun, zuletzt violettschwärzlich, Hh. lilarotbraun.

LACTARIUS SPINOSULUS Quélet

Moser: Seite 456

Schüppchenmilchling

ungeniessbar

Vorkommen: August–Oktober unter Birken, Fichten, Erlen, selten.
Hut: 2–6 cm, lilakarminrosa, feucht auch dunkellilakarminrosa, sehr flach gewölbt, dann bald flach trichterig, bisweilen mit niedriger Papille, Rand jung kurz eingerollt, lange eingebogen bleibend, schon jung mit aufgerichteten Schüppchen besetzt.
Lamellen: angewachsen-herablaufend, ockerblass, dann trüb rötlichocker, gedrängt bis fast entfernt, schmal, untermischt.
Milch: weiss, bei Verletzung eingetrocknete Tröpfchen braungrün, erst mild, später etwas brennend.
Stiel: 3–5 cm lang, hutfarben oder blasser, an der Basis mit spärlichem, weisslichem oder strohfarbenem, anliegendem Myzel.
Fleisch: weisslich bis ockerblass.
Sporen: Spp. ockergelb, Sp. länglichrund, durch leistenförmige Grate zebraartig gestreift, 8–8,5/5,5–6,5 μ.
Chemische Reaktionen: mit KOH Hh. in 40 Min. olivgrau, mit $FeSO_4$ Fl. schwach graugrünockerblass, mit Gujactinktur Fl. allmählich graugrün, Hh. olivgrau, mit Gujacol Fl. sofort lilaorange, dann lilarosa, Hh. kräftig karminlila, nach 30 Min. schwarzviolett, mit Phenol Hh. und Fl. fleischfarben, dann langsam lilarotbraun, L. nach 5 Min. dunkelweinrötlich, mit Phenolanilin Fl. über Fleischfarben, Lila, Weinrot zu Violettschwarz.

LACTARIUS GLYCIOSMUS Fries

Moser: Seite 456

Kleiner Duftmilchling

ungeniessbar

Vorkommen: August–Oktober bei Birken.
Hut: 2–6 cm, jung lilagrau bis rosagrau, gelblichgrau mit fleischrosaroter Tönung, ausblassend graugelblich, weisslichgrau, flach gewölbt, bisweilen mit Buckel, dann flach ausgebreitet, bald flachtrichterig, durchfeuchtet mit schleimiger, etwas klebriger Oberhaut, alt bisweilen konzentrisch kleinschuppig aufbrechend, Rand bald gerade, kahl.
Lamellen: angewachsen-herablaufend, hellfleischfarben, dann blassocker, ziemlich gedrängt, untermischt, ungleich lang.
Milch: wässrigweiss, mild, später scharf.
Stiel: 1,5–7 cm lang, ockerlich, alt etwas gilbend, anfangs weisslich bereift, gebrechlich.
Fleisch: weisslich, sehr brüchig, Geruch nach Kokosflocken.
Sporen: Spp. ockerlich, Sp. länglichrund, mit kleinen Warzen, die durch dünne Grate netzmaschig verbunden sind, 7–8,5/5,5–7,5 μ.
Chemische Reaktionen: mit $FeSO_4$ Fl. und L. in 5 Min. fleischfarbenoliv, Hh. lilagrauoliv, Fl. mit Guajactinktur in 30 Min. schwach hellgraugrünlich, mit Guajacol nach 30 Min. leicht lilablass, mit H_2SO_4 Hh. schwach rötlichgrau, Fl. und L. fast negativ, mit Phenol Fl. langsam über Lachsfarbengraulich zu Schokoladenbraun, Hh. und L. langsam hellbräunlichweinrot, mit Phenolanilin Fl. rosa, weinrot, spät violettschwärzlich, Hh. langsam hell weinrotgraulich.

LACTARIUS FUSCUS Rolland
(Syn. L. mammosus Fries)

Moser: Seite 456

Dunkler Duftmilchling

ungeniessbar

Vorkommen: Aug.–Okt. im kalkarmen Nadelwald.
Hut: 4–8 cm, dunkelbraun, bis graubraun, oft mit violettem Ton, flach gewölbt und bisweilen mit breitem, spitzem Buckel, dann ausgebreitet bis vertieft, schuppig bis faserig, trocken, dünnfleischig, Rand anfangs eingerollt, bald gerade, stets ungerieft.
Lamellen: angewachsen bis herablaufend, blassgelb, dann kräftig ockergelb, in Aufsicht orange, fast gedrängt, untermischt.
Milch: weiss bis wässrigweiss, mild, später allmählich scharf.
Stiel: weisslich, etwas ocker getönt, an Druckstellen schmutzigockerfarben, anfangs weisslich bereift, trocken glimmerig glänzend, bisweilen flach rinnig, voll, fest, dann ausgestopft bis hohl, bald kahl werdend.
Fleisch: weisslich mit fleischfarbenen Tönen, brüchig, jung bisweilen geruchlos, im Alter Geruch nach Kokosflocken.
Sporen: Spp. satt ocker, Sp. länglichrund, mit ziemlich dichtstehenden, niedrigen Warzen, 6–10/5–8 μ.
Chemische Reaktionen: mit $FeSO_4$ Fl. olivrosagrau, Hh. tabakfarben, Fl. mit Guajactinktur über Bräunlichrosa in 10 Min. graugrün, mit Guajacol nach 30 Min. eine Spur rötlichgrau, mit Phenolanilin über Fleischrosa und Purpurn zu Schwarzviolett, mit Phenol Fl. und L. über Rosa zu Schwarzviolett.

LACTARIUS VOLEMUS Fries

Moser: Seite 457

Milchbrätling

essbar

Vorkommen: Juli–Oktober im Laub- und Nadelwald.
Hut: 6–20 cm, rotbraun, orange, gelblich, gewölbt, dann flach niedergedrückt-vertieft, ungezont, trocken, matt, feinsamtig, oft weisslich bereift, kahl werdend, meist glatt, ungebuckelt, derbfleischig, starr.
Lamellen: angewachsen oder herablaufend, blassgelb bis hellgelb, bei Druck und im Alter braunfleckig, mässig dicht, dicklich, starr, ungleich lang, leicht brechend.
Milch: weiss, beim Eintrocknen braun, sehr reichlich, klebrig, Nachgeschmack etwas bitterlich-harzig.
Stiel: 6–12/1–3 cm, heller hutfarben, an Druckstellen schmutzigbraun, glatt, bisweilen etwas bauchig, an der Spitze kurz gerieft, an der Basis mit spärlichem weisslichem oder ockerblassem, anliegendem Myzel.
Fleisch: weisslich, verletzt rostbraun bis dunkelbraun fleckend, später grauend, Geruch (besonders jung) nach Weissdorn- oder Ebereschenblüten, im Alter nach Heringslake.
Sporen: Spp. creme, Sp. fast rund, 7,5–10 μ.
Chemische Reaktionen: mit KOH Fl. und Hh. schmutzigchromgelb, mit $FeSO_4$ Fl. und Mi. rasch trübgraugrün, Fl. mit Guajactinktur in 5 Min. graugrün, später dunkelgrün, mit Guajacol in 10 Min. weinrotbraun, mit Sulfovanillin dunkelviolett.
Anmerkung: Bei der var. oedematopus Scop. ex Fr. ist der H. kleiner und dunkelrotbraun oder kupferrot, Sp. bis 10,5/10 μ.

LACTARIUS CREMOR Fries

Moser: Seite 457

Orangefuchsiger Zwergmilchling

ungeniessbar

Vorkommen: Juli–Oktober vorwiegend in Rotbuchenwäldern, am häufigsten auf besseren, lehmreichen Böden.
Hut: 1,5–4,5 cm, braunfuchsig, entwässert oder im Alter mehr orangefuchsig, bald flach gewölbt, Mitte etwas schalig vertieft mit spitzer kleiner Papille, jung glanzlos-bereift, bald nackt, zart runzelig-uneben, Rand im Alter ± unregelmässig geschweift, runzelig gerieft.
Lamellen: meist deutlich kurzbogig herablaufend, blassockerfuchsig, dann fleischfarben-kupferrötlich.
Milch: fast wasserhell, etwas weisslich getrübt, mild, fast süss, mit unangenehm harzig-bitterem Nachgeschmack.
Stiel: 1,5–4 cm lang, hutfarben, zuletzt von der Basis her schmutzigpurpurn nachdunkelnd, fein blass bereift, Basis durch ockerlich-lehmgelbes Myzel filzig.
Fleisch: schmutziggelblich, Geruch eigenartig kampferähnlich.
Sporen: Spp. gelblich, Sp. fast rund, mit kräftigen, netzmaschig verbundenen Warzen, 6,5–7,5/6–6,8 μ.
Anmerkung: Lactarius cremor wurde früher nicht von Lactarius camphoratus unterschieden, der besser kleiner Zichorienpilz heissen sollte, weil er gar nicht kampferartig riecht, sondern vielmehr nach gerösteter Zichorie oder auch nach Maggiwürze.
(Text: H. Schwöbel)

LACTARIUS ICHORATUS Batsch ex Fries
(im Sinne von Romagnesi, nicht Neuhoff-Moser)

Moser: –

Vorkommen: August–Oktober im Nadelwald (Fichten) auf kalkreichen Böden.
Hut: 4–10 cm, satt orangefuchsig mit kupfrigem oder weinrötlichem Beiton, Rand ± heller als die Mitte, schwach hygrophan, entwässert noch etwas deutlicher kupfrig, weinorangebraun, mittlere und Randpartie ± fein dunkler punktiert-höckerig, aber kaum ausgesprochen runzelig, manchmal undeutlich und verwaschen dunkler gezont, unter Lupe wie feinfilzig, flach gewölbt, dann flach, nicht oder nur undeutlich gebuckelt.
Lamellen: angewachsen bis leicht bogig herablaufend, mit kurzem Zahn, sichelig, mässig gedrängt, starrspröde, fleischgelblichblass mit fuchsigem Beiton, alt dunkler rotfuchsig fleckend, zuletzt ockerfuchsig.
Stiel: 3–7/0,7–2 cm, zylindrisch, kurz ausspitzend, jung fleischocker-blass, etwas silbrig überreift, zart längsadrig, Spitze meist etwas satter orange gefärbt, schliesslich orangefuchsig, alt ± schwarzpurpurn mit rostfuchsigem Myzelfilz.
Fleisch: blass fleischfarben, Stielrinde und unter Huthaut lebhafter orangefuchsig getönt, mild, ohne Milch kaum bitter, ein wenig kratzend im Hals.
Milch: weiss, mild, jung reichlich, allenfalls schwach bitter und zuletzt im Hals auch ± pfeffrig brennend.
Sporen: Spp. cremegelb, Sp. länglich-rund, 7,5–9,5/6–7 μ mit ± spitzen, überwiegend isoliert stehenden Stacheln. Zystiden an der Lamellenfläche grösser als die an der Lamellenschneide. (Text H. Schwöbel)

LACTARIUS MITISSIMUS Fries

Moser: Seite 458

Milder Milchling

minderwertig

Vorkommen: August–November im Nadelwald (Fichten).
Hut: 3–6(10) cm, einfarbig orangerot oder orangegelb, ungezont, breitkegelig bis gewölbt, dann fast eben ausgebreitet, alt flach vertieft, bisweilen klein gebuckelt, feucht etwas schmierig, starr, Rand schwach gekerbt.
Lamellen: etwas ausgebuchtet, blassocker bis orange, an der Schneide bisweilen rostrot gefleckt, ziemlich eng, ungleich lang, dünn.
Milch: reinweiss, unveränderlich, reichlich, angenehm mild.
Stiel: 3–8/ bis 1 cm, hutfarben, jung hellocker bereift, zart längsaderig, leicht zerbrechlich, alt enghohl, an der Basis mit weissem bis ockergelbem Myzel.
Fleisch: gelblichweiss bis blassorange, anfangs brüchig, starr, später locker-schwammig, fast geruchlos, Geschmack mild, fast nussartig.
Sporen: Spp. creme, Sp. länglichrund, mit verhältnismässig dichtstehenden Warzen, 8–9,5/6,5–7,5 μ.
Chemische Reaktionen: mit $FeSO_4$ Fl. und L. grauolivgrün, mit KOH Fl. nach 10 Min. hellockergrau, mit Guajactinktur Fl. in 10 Min. graugrün, mit Guajacol Fl. nach 3 Min. bleibend orangeocker, mit HNO_3 Str. sofort orange, später orangegrau, mit Phenol und Lactophenol Fl. rosagrau bis lilagrau.

LACTARIUS THEIOGALUS (Bull.) Fries

Moser: Seite 458

Flatterreizker

ungeniessbar

Vorkommen: Juni–Oktober an feuchten Stellen im Laub- und Nadelwald.
Hut: 2–6 cm, blass fuchsig, roströtlich, ockerbeige, hygrophan, trocken stark ausblassend, flach gewölbt, dann ausgebreitet bis vertieft, oft gebuckelt, feucht matt, trocken oft schwach glimmerig glänzend und ± runzelig, Rand lange eingebogen bleibend.
Lamellen: leicht herablaufend, blassfleischocker, etwas rostig fleckend, gedrängt, ungleich lang, dünn.
Milch: wässrigweiss, mild, langsam gilbend.
Stiel: 3–6 cm lang, blasszimtbraun, vom Grund her zimtrostrot nachdunkelnd, an der Basis oft mit zottigem, weissem bis rostbraunem Myzel.
Fleisch: blass mit eindringender Hutfarbe, im Schnitt schwefelgelb verfärbend, Geruch nicht angenehm.
Sporen: Spp. creme, Sp. länglichrund, Epikutis blasigzellig, 7,5–9,5/6–7 μ.
Chemische Reaktionen: Fl. mit KOH wachsgelb, mit $FeSO_4$ schwach gelblichgraugrün, mit Guajactinktur langsam graugrün, mit Guajacol lilakarmin, in 15 Min. weinrotkarmin, mit HNO_3 in 12 Std. olivbraun, mit Anilin sofort gelb.

LACTARIUS RUFUS (Scop.) Fries — Moser: Seite 458

Rotbrauner Milchling

bedingt essbar

Vorkommen: Juni–November im Nadelwald, besonders Kiefer, Zirbe, seltener auch bei Birken.
Hut: 3–8(10) cm, rotbraun, purpurrotbraun, flach gewölbt, dann trichterförmig, mit ± spitzem Buckel, matt, brüchig, Rand lange eingerollt bleibend, Huthaut nur ganz wenig abziehbar.
Lamellen: angewachsen, ein wenig herablaufend, fleischrötlichocker, eng, sehr untermischt, spröde.
Milch: weiss, unveränderlich, reichlich, bald brennend scharf.
Stiel: 4–8(12)/0,5–2 cm, hellrotbraun, weisslich, später blassrostrot bereift, glatt, an der Basis filzig, alt oft hohl, starr, brüchig.
Fleisch: blassrotbräunlich, fest, starr, Geruch auffallend nach harzigem Holz.
Sporen: Spp. weiss, Sp. länglichrund, kleinwarzig-stachelig, 8–9,5/6,5–7,5 μ.
Chemische Reaktionen: mit KOH Hh. schwach grau, Fl. wenig gelbgrau, mit $FeSO_4$ Fl. und L. schmutzigfleischfarben, dann blassgraugrünlich, Hh. dunkelbraunviolett, mit Guajactinktur Fl. und L. graugrün, mit Guajacol Fl. dunkelweinrot, mit H_2SO_4 Hh. etwas aufhellend, mit Phenol Fl. rötlichgrau, dann schokoladenbraun, zuletzt dunkelviolett, L. ähnlich, mit Phenolanilin Fl. über Lilapurpurn und Bordeauxviolett zu Schwärzlichpurpurn, L. ähnlich, Hh. schwach dunkler mit violettem Ton.

LACTARIUS CAMPHORATUS (Bull. ex Fr.) Fries

Moser: Seite 459

Kampfermilchling

Würzpilz

Vorkommen: Juli–November, besonders im Nadelwald.
Hut: 3–7 cm, rotbraun, oft weinrötlich, ausblassend, flach gewölbt, bald vertieft bis trichterig, oft stumpf gebuckelt, kahl, trocken, gegen den Rand mit Höckern und Runzeln, Rand anfangs fein-weissfilzig bereift, bald kahl, etwas gerieft, zuletzt scharf.
Lamellen: angewachsen, blassrotbräunlich, dann mattrotbraun, bei Druck braun fleckend, gedrängt.
Milch: wässrigweiss, molkenartig, mild mit leicht bitterem Nachgeschmack.
Stiel: 3–5(8) cm lang, ± hutfarben, anfangs feinfilzig bereift, an der Basis striegelig-filzig, oft gebogen oder gekrümmt.
Fleisch: blassrotbräunlich, Geruch beim Eintrocknen nach Maggiwürze oder Zichorie wie der Bruchreizker (L. helvus, S. 546).
Sporen: Spp. creme, Sp. fast rund, warzig, 7,5–8,5/6,5–7,5 μ.
Chemische Reaktionen: Fl. mit KOH sofort graubraunoliv, mit $FeSO_4$ in 5 Min. graugrünlich, mit Guajactinktur sofort rosabräunlich, in 5 Min. rotbraungrünlich, in 10 Min. dunkelbräunlichgrün, mit Guajacol sofort weinrotfuchsig, in 10 Min. weinrot, mit H_2SO_4 rötlich, mit Phenol und Phenolanilin über Rötlich zu Schokoladenbraun.

LACTARIUS QUIETUS Fries

Moser: Seite 459

Eichenmilchling

bedingt essbar

Vorkommen: Juni–Oktober unter Eichen.
Hut: 3–10 cm, fleischrotbraun, ausblassend rosafalb bis ledergelb, Mitte dunkler bleibend, flach gewölbt, bald niedergedrückt, dann trichterig, nur jung schleimig-klebrig, undeutlich gezont, Rand alt streckenweise höckerig gerieft.
Lamellen: angewachsen herablaufend, graurötlichweiss, dann ziegelrötlich bis blasszimtfarben, oft rostfleckig, ziemlich gedrängt bis schwach entfernt, bisweilen am Stiel gegabelt.
Milch: nicht reinweiss, von Anfang an mit gelblichem (sahnegelbem) Schein, mild mit etwas bitterem Nachgeschmack.
Stiel: 3–6/bis 1,2 cm, weinrötlich-blasszimtbräunlich, zur Basis dunkler, an Druckstellen schmutzigweinrotbraun, fest, voll.
Fleisch: blassziegelrötlich, Geruch nach Blattwanzen, Geschmack mild bis bitterlich.
Sporen: Spp. rahmgelblich, Sp. kurzelliptisch, kurzstachelig, Warzen netzig verbunden, 7,5–9/6,5–7,5 μ.
Chemische Reaktionen: Hh. mit KOH leicht olivbraun, mit $FeSO_4$ Fl. über Ockergelblich bald grau- bis olivgrün, L. sofort isabellfarben, dann ockeroliv, mit Guajactinktur Fl., L. und Hh. sofort graugrün, mit Guajacol Fl. dunkelweinrot, L. über Orangefleischfarben dunkelweinrot, mit H_2SO_4 Fl., L. und Hh. lachsrot, Fl. mit Phenol fleischrötlichgrau bis schokoladenbraun mit Violettstich und dunkelviolett, mit Phenolanilin weinrot, dann über Schokoladenfarben und Bordeauxrot schwarzviolett.

LACTARIUS SUBDULCIS Bulliard ex Fries

Moser: Seite 459

Süsslicher Milchling

minderwertig

Vorkommen: Juli–November, im Rotbuchenwald, scharenweise.
Hut: 3–7 cm, rotbraun, dann heller fleischbräunlich bis lederblass, Mitte meist etwas dunkler, kegelig-glockig, dann flach gewölbt, ± spitzgebuckelt, dann ausgebreitet-niedergedrückt, trocken, matt, glatt, Rand oft kleingekerbt, bald ausgebreitet.
Lamellen: unregelmässig weit herablaufend, lange blass, schliesslich zimtrötlich, stark weiss bestäubt, an der Schneide schmutzigroströtlich fleckend, fast gedrängt, ungleich lang.
Milch: weiss bis wässrigweiss, molkenartig, unveränderlich, mild, manchmal recht bitter.
Stiel: 3–7/bis 1 cm, fleischblass, ockerblass, rostrot striegelig-zottig, der Länge nach weisslich bereift, zuweilen alt hohl.
Fleisch: weisslich bis blassockerfuchsig, vom Stielgrund aus fleischfarbenroströtlich bis purpurbräunlich verfärbend, Geruch nach Blattwanzen.
Sporen: Spp. gelblich, Sp. länglichrund, mit ziemlich dicken Warzen, 7,5–9,5/6,5–8 μ.
Chemische Reaktionen: Fl. mit KOH hell olivgrau, mit $FeSO_4$ langsam graugrün, mit Guajactinktur sofort orangefuchsig, dann langsam ockergraugrün, mit Guajacol Fl. in 10 Min. fleischfarbenockergrau, nach 45 Min. weinrotlila, L. rasch lilarosa, Fl. mit H_2SO_4 grün, mit Phenol über Schmutzigweinrot zu Dunkelschokoladenbraun.

LACTARIUS BADIOSANGUINEUS Kühner & Romagnesi Moser: Seite 459

Orangeblättriger Milchling

Vorkommen: August–Oktober, besonders im Bergfichtenwald auf Kalk.
Hut:2–6 cm, kastanienrotbraun, Mitte dunkler bis fast schwarzpurpurn, kegelig-glockig, dann flach gewölbt, oft gebuckelt, etwas glänzend, glatt, Rand im Alter bisweilen stellenweise unregelmässig grob höckerig gerieft.
Lamellen: leicht herablaufend, blassocker, dann rötlichocker, in Aufsicht orange, fast gedrängt bis fast entfernt, wenig untermischt.
Milch: weiss, selten gilbend, mild, später etwas bitter.
Stiel: 4–6 cm lang, ± hutfarben, unregelmässig zylindrisch, meist etwas bauchig, alt hohl, an der Basis mit anliegendem, ockerfarbenem Myzel.
Fleisch: weiss, gegen die Ränder weinrötlich, Geruch schwach nach Blattwanzen.
Sporen: Spp. rahmgelblich, Sp. länglichrund, mit niedrigen Warzen, 7–8,5/6–7,5.
Chemische Reaktionen: Fl. mit KOH zuerst entfärbt, dann hell olivocker, mit Anilin schwefelgelb, dann goldgelb, Cy. mit Sulfovanillin blauschwarz.

LACTARIUS HEPATICUS Plowright in Boudier

Moser: Seite 459

Später Milchling

ungeniessbar

Vorkommen: Oktober–Dezember in moosigen Kiefernwäldern, auf sauren Böden.

Hut: 2–7 cm, kastanien- bis leberbraunrot, Rand blasser, Mitte dunkler, etwas hygrophan, entwässert lederfalb bis milchkaffeebraun, so besonders die Randzone, gewölbt, dann ausgebreitet, zuletzt flach trichterig, kahl, glatt, feucht etwas speckig glänzend, Rand kleingekerbt, manchmal streckenweise durchscheinend gerieft.

Lamellen: etwas herablaufend, fleischfarben bis ockergelb, stark fuchsigrötlichfleckend, durch die Sporen weisslich bestäubt.

Milch: weiss bis wässrigweiss, etwas gilbend (Fingernagel), bitter bis schärflich.

Stiel: 3–7 cm lang, zur Spitze ockerblass, zur Basis fuchsig, weinrot überlaufen und braunpurpurn verfärbend, lange ausgestopft, zuletzt hohl, brüchig.

Fleisch: im Hut ockerblass, im Stielgrund weinrötlich, nach oben fleischrötlich getönt, Geruch schwach.

Sporen: Spp. rahmgelblich, Sp. länglichrund, mit kräftigen Warzen, die durch ungleiche Grate unvollständig netzmaschig verbunden sind, 8–9/6–7 μ.

Chemische Reaktionen: Fl. mit KOH sofort olivgrauocker, nach 3 Min. olivbraun, mit $FeSO_4$ rasch olivbraun, bald ausblassend, mit Guajactinktur in 10 Min. über Gelbgrün zu Grün, mit Guajacol in 20 Min. rosaweinrot, mit HNO_3 eine Spur ocker, fast negativ.

LACTARIUS HYSGINUS Fries
Moser: Seite 454

Kuhroter Milchling ungeniessbar

Vorkommen: Juli–September bei Birken, besonders an grasigen Stellen, seltener im Nadelwald, nicht häufig.
Hut: 5–8 cm, rotbraun, leder- bis kartonbraun, mit fleischbraunem Ton, nicht oder wenig gezont, flach gewölbt, dann niedergedrückt-vertieft, sehr schmierig, glänzend, öfter feinrunzelig, Rand jung gelb bereift, Huthaut in grossen Teilen abziehbar.
Lamellen: angewachsen-herablaufend, creme bis hellocker, sehr gedrängt, verletzt olivgrau fleckend, dünn, untermischt.
Milch: weiss, unveränderlich, reichlich, sehr brennend.
Stiel: 3–5/1–2,5 cm, hellbräunlich, Basis weisslich, ockerlich, schmierig, oft grubig, schwach netzig-längsaderig, häufig breitgedrückt, an der Basis mit weisslichem Myzel.
Fleisch: weisslich, dann blassgelblich, langsam blassockergelblich anlaufend, Geruch etwas obstähnlich.
Sporen: Spp. ockerlich, Sp. länglichrund, mit stumpfen, dicken Warzen, (6)7–8,5/5,5–6 µ.
Chemische Reaktionen: mit KOH Hh. purpurrot, Fl., L. und Str. mit Guajactinktur langsam über Rosabräunlich zu Graugrün, mit Phenolanilin Fl. gelb, dann bräunlich.

LACTARIUS DECIPIENS Quélet
Moser: Seite 458

Schwefelmilchling ungeniessbar

Vorkommen: Juni, August–September im Laub- und Nadelwald, Parkanlagen.
Hut: 3–7 cm, fleischfarben-fuchsig, rosaledergelb ausblassend, mit hellerem Rand, gewölbt, dann abgeflacht-gebuckelt, zuletzt fast becherförmig, schwach flaumig, bald kahl, oft etwas runzelig oder höckerig, Rand meist auch im Alter eingebogen.
Lamellen: angewachsen-herablaufend, blassfleischgelblich, oft roströtlich fleckend, mässig gedrängt, stark untermischt.
Milch: weiss, bald schwefelgelb verfärbend, zuerst mild, aber bald bitter und brennend scharf.
Stiel: 3–8/ bis 1 cm, blass, Basis purpurbräunlich dunkelnd, Druckstellen meist schmutzigbräunlich, blass bereift, an der Basis weisslich-striegelig oder rostrotfilzig.
Fleisch: blass fleischfarben bis orangegelb, Geruch meist stark nach Pelargonienblättern.
Sporen: Spp. gelblich, Sp. länglichrund, mit mittelgrossen Warzen, 7,5–9/6,5–7,5 µ.
Chemische Reaktionen: mit KOH Fl. sofort olivgraubraun, Hh. fleischfarbenoliv, Fl. mit $FeSO_4$ blassgraugrün, mit Guajactinktur nach 10 Min. graugrün, mit Guajacol nach 30 Min. weinrotlila, mit HNO_3 sofort orangeocker, nach 3 Min. ockerbraun, nach 12 Min. olivbraun, mit Anilin und Phenolanilin gelb.

LACTARIUS OBSCURATUS (Lasch) Fries
Moser: Seite 460

Erlenmilchling

Vorkommen: Juni–November unter Erlen.
Hut: 0,8–4 cm, jung oliv, olivbraun, Rand orangebraun, älter auch schmutzigrotbraun, flach gewölbt, meist spitzgebuckelt, dann ausgebreitet bis vertieft, feucht schmierig, ausgetrocknet grau bereift, jung starr, später welk, Rand selten gerieft.
Lamellen: bogig angewachsen bis kurz herablaufend, beigegelblich, etwas blassfuchsig fleckig, fast gedrängt, untermischt.
Milch: weiss, etwas wässrig, unveränderlich, mild, im Alter völlig fehlend.
Stiel: 1,5–4 cm lang, orangebräunlich, abwärts mehr rotbraun, im Alter enghohl.
Fleisch: nur im Buckel blass, sonst hutfarben, fast geruchlos.
Sporen: Spp. gelblich, Sp. länglichrund, gratig, 8–9(10)/6,5–8µ.
Chemische Reaktionen: mit KOH Fl., Hh. und L. schwach oliv, mit $FeSO_4$ L. bald olivdunkelbraun, Fl. mit Guajactinktur sofort weinrot, mit Guajacol in 3 Min. purpurrotbraun, nach 5 Min. purpurschwarz, mit Phenol rasch schmutziggelblich-weinrötlich, nicht schokoladenbraun weiterverfärbend.

Moser: Seiten 454–460

Oben: Kuhroter Milchling (L. hysginus)
Unten: Schwefelmilchling (L. decipiens)

Unten: Erlenmilchling (L. obscuratus)

SCHIZOPHYLLUM COMMUNE Fries ex Fries Moser: Seite 461

Spaltblättling ungeniessbar

Vorkommen: das ganze Jahr über an lebendem und totem Laub- und Nadelholz.
Fruchtkörper: 1–3(4) cm, weissgrau, feucht schmutziggraubraun, muschel- oder fächerförmig, zäh, filzigwollig, undeutlich gezont, Rand wellig gekerbt, etwas eingebogen, zottig behaart.
Lamellen: von der Ansatzstelle des Hutes zum Rand fächerförmig ausstrahlend, rötlichgrau bis violettlichgrau mit längsgespaltener Schneide, wenig gedrängt, von verschiedener Länge und Breite.
Substanz: grau, lederartig, trocken hart, feucht elastisch, Geschmack mild.
Sporen: Spp. weiss bis rosa, Sp. zylindrisch, leicht gekrümmt, 3–4/1–1,5 μ.

LENTINELLUS COCHLEATUS (Pers. ex Fr.) Karsten Moser: Seite 461

Aniszähling

essbar

Vorkommen: Juli–Oktober auf Holz oder auf moderigen Holzresten.
Hut: 4–7 cm, ± falb- oder rötlichbraun, fleischbräunlich bis hell-ledergelb, trocken ausblassend, trichterig, oft exzentrisch halbiert, schwach runzelig-furchig, kahl, flatterig, Rand dünn, wellig, gelappt, häufig verbogen.
Lamellen: weit herablaufend, weisslich, dann fleischblass, zuletzt fast rotbräunlich, gesägt, engstehend.
Stiel: 2–6 cm lang, hutfarben, rippig-runzelig, abwärts verjüngt, voll, zäh, aber elastisch, exzentrisch oder lateral.
Fleisch: weisslich bis rötlichweiss, lederig, zäh, Geruch nach Anis, Geschmack eigenartig.
Sporen: Spp. weiss, Sp. fast rundlich bis kurzelliptisch, fein warzig, amyloid, 4–6/4 μ, Zystiden keulig.
Anmerkung: Die var. inolens hat dieselben Merkmale, nur der Anisgeruch fehlt.

TULOSTOMA FIMBRIATUM Fries Jülich

Gewimperter Stielbovist ungeniessbar

Vorkommen: das ganze Jahr über an sonnigen, sandigen Hängen.
Fruchtkörper: weisslich bis ockerlich, kugelförmig, Mündung am Scheitel grob eingerissen, gewimpertgezähnt.

Stiel: weisslich, rotbraun schuppig, im Alter rotbräunlich, etwas längsgefurcht, an der Basis leicht knollig.
Sporen: Spp. gelbbräunlich, Sp. rundlich, warzig, 4–6 μ, Capillitiumfäden septiert.

CALVATIA ESCIPULIFORMIS (Pers.) Perdeck
(Syn.: C. saccatum)

Jülich

Beutelstäubling

jung essbar

Vorkommen: Juli–November, überwiegend in Laubwäldern, zerstreut.
Fruchtkörper: 7–12(15) cm hoch, weisslich, später bräunlich, mit deutlich abgesetztem Kopf, Übergang meist faltig, feinkörnig-stachelig oder warzig, Aussenhülle dünn, gebrechlich, bei der Reife in unregelmässige Stücke zerfallend.
Stiel: 8–10/4–6 cm, walzenförmig, Aussenseite bisweilen grubig, bleibt oft lange erhalten.
Fruchtmasse: erst weiss und fest, später oliv- bis umbrabraun, breiartig, dann pulverig.
Sporen: Spp. olivbräunlich, Sp. kugelig, warzig, 4–6 μ.

CALVATIA UTRIFORMIS (Bull. ex Pers.) Jaap Jülich

Hasenstäubling, Hasenbovist jung essbar

Vorkommen: Juni–Oktober, besonders auf Weiden.
Fruchtkörper: 10–15(20) cm, weisslichgrau, alt ± goldgelb verfärbend, fast kreisel- oder birnenförmig, kegel-, oder breit-eiförmig, auch sackartig, oben verflacht, mit faltig zusammengezogenem unterem Ende, das durch dicke Myzelstränge im Boden befestigt ist, Hülle anfangs ziemlich glatt, feinfilzig oder körnig, bald rissig, felderig getäfelt bis felderig schuppig, nach der Reife zerfällt sie im oberen Teil in lappige Stücke.

Fruchtmasse: weiss und fest, dann grünlichgelb, zuletzt olivbraun, locker.
Sporen: Sp. kugelig, glatt, ungestielt, 4–5 μ.

LANGERMANNIA GIGANTEA (Pers.) Smarda
(Syn.: Calvatia maxima)

Jülich

Riesenbovist

jung essbar

Vorkommen: August–Oktober auf Wiesen und Weiden.
Fruchtkörper: 10–50 cm, weiss, weisslich, dann graugelb oder gelbbräunlich, kugelig, fast ganz glatt, handschuhlederartig, alt gefeldert, bröckelig, am Grund mit dicken, schnurartigen Myzelsträngen.
Fruchtmasse: erst weiss, festmarkig, dann locker, grüngelblich, feucht, breiartig, schliesslich olivbraun oder umbrabraun, trocken-pulverig.
Geruch: unangenehm, fast widerlich, bei der Reife harnartig.
Sporen: Spp. olivbraun, Sp. kugelig, fast glatt, kurz gestielt, 4–5 µ.
Chemische Reaktionen: Fl. mit $FeSO_4$ ockergelb, mit Formol nach einigen Minuten orangerot, mit Guajactinktur langsam grünlichgrau.

LYCOPERDON ECHINATUM Persoon ex Persoon Jülich

Igelstäubling

jung essbar

Vorkommen: Juli–September im Laub- und Nadelwald.
Fruchtkörper: 1,5–4 cm, rehbraun, ei- oder kreiselförmig, bisweilen niedergedrückt, mit fast warzenförmiger, kleiner, rundlicher Öffnung, jung dicht besetzt mit nicht abwischbaren, pyramidenförmigen, sich zusammenneigenden, dunkelrotbraunen Stacheln, alt oben kahl, netzartig gefeldert, sitzend oder mit kurzem, spitzem Stiel.

Fruchtmasse: jung weiss und fest, bei der Reife purpurbraun stäubend.
Sporen: Spp. lilagrau bis dunkelbraun, Sp. rundlich, warzig, 5–6 μ.

LYCOPERDON MAMMAEFORME Persoon

Jülich

jung essbar

Vorkommen: August–Oktober bei Laubbäumen, selten.
Fruchtkörper: bis 7 cm hoch, weisslich-cremefarben, bisweilen auch dunkler bis fast bräunlich, birnenförmig, von dickem, weissen Velum bedeckt, das beim reifen Fruchtkörper in flache, körnige Fetzen zerreisst und über dem Stiel fast einen kollarartigen Ring bildet.

Fruchtmasse: jung weisslich und fest, dann schokoladenbraun, breiig, zuletzt pulverig, sterile Basis gekammert.
Sporen: Spp. schokoladenbraun-graulich, Sp. kugelig, stachelig, 6–7 µ.

LYCOPERDON PERLATUM Persoon ex Persoon — Jülich

Flaschenstäubling, Flaschenbovist — jung essbar

Vorkommen: Juni–November in Wäldern, auf Heiden, Grasplätzen.
Fruchtkörper: 3–8 cm hoch, weisslich, alt graubraun, verkehrt flaschenförmig, mit gröberen Warzen und Stacheln, am Grunde etwas gefaltet, weichfleischig, bei der Reife entsteht am Scheitel eine kleine, rundliche Öffnung, aus der die Sporen entweichen.
Stiel: enthält ein jung weisses, zellig-fleischiges, später braungraues, schwammiges Geflecht.
Fruchtmasse: füllt den Innenraum des Kopfes aus, erst weiss, zart und markig, später gelblich, olivbraun, breiig und nass, zuletzt trocken und staubig-flockig.
Sporen: Spp. olivbraun, Sp. rundlich, schwach warzig, 3,5–4 μ.

LYCOPERDON PYRIFORME Schaeffer ex Pers. Jülich

Birnenstäubling, Birnenbovist

jung essbar

Vorkommen: August–November, besonders an Wurzeln und modrigen Strünken, gesellig bis büschelig.
Fruchtkörper: 3–5 cm hoch, jung ockerlich, alt bräunend, ei- oder birnenförmig, mit etwas erhabener Mündung, kleiig-körnig, derb.

Fruchtmasse: erst weiss und fest, dann gelbgrün-olivbraun und breiig bis pulverig, der untere, unfruchtbare Teil bleibt weiss.
Geruch: unangenehm, nach Leuchtgas.
Sporen: Spp. olivbraun, Sp. kugelig, fast glatt, 3–4,5 µ.

LYCOPERDON UMBRINUM Persoon ex Persoon Jülich

Bräunlicher Stäubling

jung essbar

Vorkommen: Juli–September im Fichtenwald, selten. **Fruchtkörper**: 2–4,5 cm hoch, birnenförmig, auch kugelig, Mündung etwas unregelmässig, fast ganz mit sehr kleinen, zuerst weisslichen, dann bald dunklen, braunen bis dunkelbraunen schlanken Stacheln oder Wärzchen bedeckt, Stielende bisweilen ausgeprägt, am Grund mit weissen, verzweigten Myzelfäden. **Fruchtmasse**: olivgelblich bis umbrabräunlich. **Sporen**: Spp. rotbräunlich, Sp. kugelig, fein warzig, mit kurzem Anhängsel, 3,5–4,5 μ.

USTILAGO MAYDIS (DC.) Corda

Jülich

Maisbeulenbrand

ungeniessbar

Vorkommen: an Maispflanzen.
Der Maisbeulenbrand parasitiert auf Maispflanzen, auf denen er Geschwülste von bis zu 10 cm Durchmesser bildet, die erst weisslich, dann violettlich und schliesslich schwarz sind und in einzellige, dickwandige Brandsporen zerfallen.
Sporen: rundlich braunolivlich, 10 µ. Diese Sporen sind mit den Wintersporen der Rostpilze vergleichbar. Wie diese überwintern sie im Boden und keimen im Frühjahr, wobei sie das Promyzel bilden, auf dem sich die Basidiosporen entwickeln. Diese können sich durch Knospung vermehren und auf jungen Maispflanzen neues Myzel bilden. In den Fruchtständen entwickelt sich das Myzel besonders schnell und bildet die Wucherungen und neue Brandsporen, wodurch der Zyklus von neuem beginnt. Im Gegensatz zu den Rostpilzen kann die Basidie nach dem Ausstoss der vier Basidiosporen weitere Serien von Sporen bilden, so dass es nicht nur vier sind, sondern ein Vielfaches davon.

CRUCIBULUM LAEVE (Huds. ex Relh.) Kambly
(Syn.: Crucibulum vulgare Tul.)

Jülich

Tiegelteuerling

ungeniessbar

Vorkommen: Juni–Oktober an morschem Holz, Holzabfällen, Zapfen.
Fruchtkörper: 0,5–1 cm hoch, aussen ockergelb bis blassgraugelb, feinfilzig, zuletzt braunschwarzrussig, innen blassgelblich, braungelblich bis graubräunlich, ziemlich glatt, kahl, fast kugelig, dann ± kurzzylindrisch, becher- oder tiegelförmig, jung durch einen flachgewölbten, häutigen, schuppig-filzigen, orangefarbigen Deckel geschlossen, der bei der Reife zerfällt.
Sporen: Sp. elliptisch, glatt, 7–10/3–5 μ, in linsenförmigen, blassgelblichen Sporenbehältern.

CYATHUS STRIATUS (Huds.) ex Persoon Jülich

Gestreifter Teuerling ungeniessbar

Vorkommen: Mai–November auf Holzresten, Erde usw., in Wäldern, Gärten, Ödland.
Fruchtkörper: 1–1,5 cm hoch, bis 1 cm breit, aussen meist braun, rostbraun, seltener mehr graufilzig, innen weisslich, gestreift-gefurcht, glänzend, eiförmig, dann umgekehrt kegel- bis kreiselförmig, Rand schwach nach aussen gebogen, zuerst durch eine weisse, dünne Haut verschlossen, über der ein brauner Filzdeckel liegt, später weit geöffnet, Rand dann scharf und mit aufrecht stehenden, zottigen Haaren besetzt.
Sporen: Sp. länglich-elliptisch, glatt, 14–18/9–12 μ, mit Fäden vermischt, je etwa 10–18 Sp. in einem Sporenbehälter, der frisch fast kreisrund und flach zusammengedrückt ist.

ANTHURUS ARCHERI (Berk.) Fischer — Jülich

Tintenfischpilz — ungeniessbar

Vorkommen: Juli–Oktober im Laub- und Nadelwald, auf Weiden in Waldnähe, sommerwärmeliebend.
Fruchtkörper: jung kugeliges oder birnenförmiges, weisslichgraues Ei. Bei der Reife platzt die Oberhaut am Scheitel, und ein bananenförmiger, blassroter Körper schiebt sich nach oben. Er teilt sich nach vollendeter Streckung in 4–6 rötliche Zungen, die sich allmählich nach aussen krümmen und zum Boden neigen. Eine Zunge ist 5–13 cm lang, innen fleischrot bis lebhaft karminrot, aussen rosaweisslich, die Innenseite ist von gelbgrüner, trocken schwärzlicher Fruchtmasse (Gleba) bedeckt, die netzig zerrissen ist.
Fleisch: Geruch der reifen Fruchtkörper aasartig.
Sporen: Sp. fast stäbchenförmig, glatt, 5,5–6/2–2,2 µ.

CLATHRUS RUBER Michael ex Persoon

Jülich

Gitterling

ungeniessbar

Vorkommen: in Laubwäldern Südeuropas, in Deutschland, Holland usw., sporadisch auftretend, besonders auf Friedhöfen und in Gärten.

Fruchtkörper: jung weisslich, rundlich-eiförmig, mit schwach rautenförmiger Felderung. Bei der Reife platzt die lederartige, dicke Hülle, und der eigentliche Fruchtkörper, ein hohles, kugelig-eiförmiges, apfelgrosses, gitterartiges Netz aus weiten, länglichen Maschen wölbt sich empor. Das Maschengitter besteht aus dicken, runden oder breitgedrückten Leisten, die aussen glänzend scharlachrot, bisweilen auch orange oder gelb, innen erst olivgrün, dann mehr grauschwärzlich, warzig und rauh sind. Die Leisten umschliessen die graugrünliche, später grauschwärzliche, schmierige Sporenmasse (Gleba).

Fleisch: Geruch des ganzen Fruchtkörpers im Reifezustand aasartig.

Sporen: Spp. hellbräunlich, Sp. elliptisch, 5–6/2 μ.

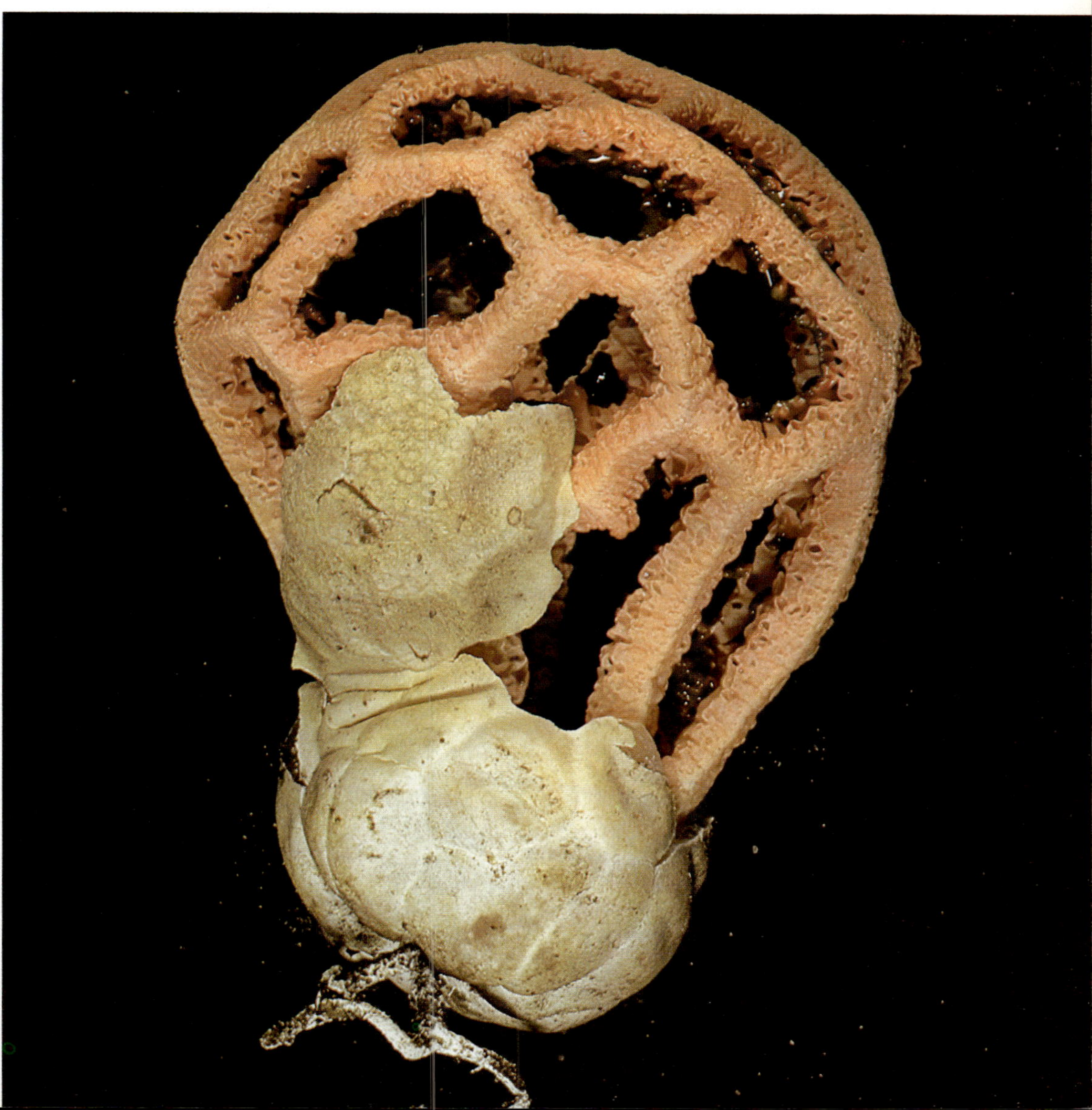

MUTINUS CANINUS (Huds. ex Pers.) Fries Jülich

Hundsrute ungeniessbar

Vorkommen: Juni–Oktober in Wäldern, auch an morschem Holz.
Fruchtkörper: jung eiförmig, taubeneigross, mit wurzelartigen, derben Anhängseln, bei der Reife zerreisst die weissliche oder gelbe Hülle oben unregelmässig lappig. Es entwickelt sich ein 8–12 cm langer blassrötlicher oder rötlichgelber Fruchtkörper, der oben in einer anfangs grünlichen, dann orangeroten Spitze endet.
Der rutenförmige Teil ist hohl, schlaff, oft niederliegend, aus kleinen, hohlen, dünnwandigen Kammern bestehend.
Die käppchenartige Spitze ist eichel- oder kegelförmig, nur wenig verdickt, schwach vom Stiel gelöst, warzig, uneben höckerig, von einer fast geruchlosen, olivgrünlichen, schmierig-schleimigen, abfliessenden Sporenmasse (Gleba) überzogen, zuletzt blassorange bis orangerot.
Sporen: Sp. elliptisch, 4–5/2–4 μ.

PHALLUS IMPUDICUS Linné ex Persoon

Jülich

Stinkmorchel

Hexenei essbar

Vorkommen: in Wäldern
Fruchtkörper: «Hexenei» hühnereigross, weisslich, weich, mit wurzelartigem Myzelstrang an der Basis. Beim Durchschneiden erkennt man die fertige Anlage des späteren Hutes, umgeben von einer weisslich-ockerlichen Gallertmasse, die wiederum von einer zähen weissen Aussenhaut gehalten wird.
Hut: 3 cm hoch, fingerhutförmig, auf dem Stielscheitel sitzend, frei und glockenförmig herabhängend, mit dunkelolivgrüner, schleimiger, zunächst dickbreiiger, dann dünnflüssiger und abtropfender Fruchtschicht (Gleba) bedeckt, zuletzt bleibt ein weisses, löcheriges Gerippe zurück.
Stiel: 10–20/2–4 cm, weiss, spindelförmig, hohl, löcherig-zellig, schwammig-porös, nach oben verjüngt, unten zugespitzt, mit der Basis in der scheidenartigen, wulstigen Eihülle sitzend.
Fleisch: Geruch aasartig.
Sporen: Sp. stäbchenförmig, 3–5/2 µ.

SCLERODERMA CITRINUM Persoon
(Syn.: Scleroderma aurantium)

Jülich

Dickschaliger Kartoffelbovist, Gemeiner Kartoffelbovist — ungeniessbar

Vorkommen: Juli–November in Nadel- und Mischwäldern, nur auf versauertem Substrat.
Fruchtkörper: 3–8 cm, weissgelblich bis ockerlich, länglichrund, Oberfläche felderig-rissig oder schuppig, stiellos, am Grund mit einem Schopf dicker, wurzelähnlicher Myzelstränge, Hülle derb, ziemlich hart, alt lederartig.
Fruchtmasse: gelblichweiss, später allmählich violettschwarz und weisslich geadert, dann trockener und schiefergrau, zuletzt pulverig-stäubend.
Geruch: Das Innere des Pilzes riecht widerlich, stechend, gummiartig.
Sporen: Sp. rundlich, in KOH netzig, 8–12 μ.

SCLERODERMA CITRINUM Persoon

Jülich

Dickschaliger Kartoffelbovist, Gemeiner Kartoffelbovist

ungeniessbar

Beschreibung gegenüber, Seite 582.

Anmerkung: Dieser weitverbreitete und auf versauerten Böden überall häufig auftretende Pilz wird auch noch in einer ziemlich glatten Erscheinungsform dargestellt. Diese Pilzart ist von Natur aus variabel in der Oberflächenstruktur und kann sich durch Witterungseinflüsse noch zusätzlich verändern.

BOLETOPSIS LEUCOMELAENA (Pers. ex Pers.) Fayod
(Syn.: Boletopsis subsquamosa [L. ex Fr.] sensu auct.)

Jülich

Russgrauer Porling

essbar

Vorkommen: September–November, besonders im sandigen Nadelwald.
Hut: 5–14 cm, jung blassgrau, dann oliv- oder graubräunlich, rauchgrau bis schwärzlich, gewölbt, dann flach ausgebreitet, runzelig-rissig, trocken schwach seidig, wellig verbogen und gelappt, dickfleischig, Rand jung eingebogen.
Poren: kurz herablaufend, weisslich, dann grau, sehr kurz, Mündungen weissgrau, ziemlich weit, ungleich.
Stiel: 5–8/1–3 cm, weisslichgrau, dann grauschwärzlich, feinfilzig, anfangs kurzknollig, dann walzenförmig, abwärts verjüngt.
Fleisch: weiss, Hutfleisch beim Durchschneiden etwas rosaviolettlich verfärbend, schliesslich rötlichgrau, Geschmack des Stielfleisches leicht bitter.
Sporen: Spp. blassgrau, Sp. fast kugelig, unregelmässig höckerig, 4,5–7/4–5 μ, in Jod blauend.
Chemische Reaktionen: Fl. mit KOH sofort braun, dann schwarz, mit Phenol braun.

CANTHARELLUS FRIESII Quélet Jülich

Samtiger Leistling, Samtpfifferling essbar

Vorkommen: Juli–Oktober in sandigen Laubwäldern, an Wegböschungen, nicht häufig, schonenswert.
Hut: 2–4 cm, orangegelb bis orangerötlich, gewölbt, schliesslich niedergedrückt bis trichterig, oft sehr unregelmässig, fast kahl oder schwach feinsamtig, Rand jung eingerollt, später geschweift bis gelappt, oft flatterig-kraus werdend, dünnfleischig.
Leisten: herablaufend, lachsfarben bis fleischrötlichgelb, gabelig, im Grunde aderig, dick, mit stumpfer Schneide, entfernt stehend.
Stiel: 2–3,5 cm lang, dünn, blassorange, nach unten gelblich, fest, zuletzt hohl.
Fleisch: im Hut schwach orangefarben, im Stiel gelblich bis weisslich, zart, Geruch ähnlich wie der Echte Pfifferling (S. 586), Geschmack säuerlich.
Sporen: Spp. strohgelblich, Sp. elliptisch, 8–10 (12)/4,5–6 µ.
Chemische Reaktion: Stfl. mit KOH orangegelb.

CANTHARELLUS CIBARIUS Fries

Jülich

Echter Pfifferling, Eierschwamm, Rehling

essbar

Vorkommen: Juni–November im Laub- und Nadelwald.
Hut: 3–5 cm, dottergelb, auch bräunlichgelb, anfangs mit eingerolltem, später wellig-buchtigem Rand, fleischig.
Leisten: am Stiel weit herablaufend, dottergelb, faltenförmig, wiederholt gabelig verästelt, meist aderig-netzig verbunden.
Stiel: 3–6/1–2 cm, hutfarben, zur Basis verjüngt, nach oben allmählich in den Hut verbreitert.
Fleisch: weisslichgelb, nach aussen gelblich, Geruch schwach pfirsichartig, Geschmack pfefferig.
Sporen: Spp. blass ockergelb, Sp. elliptisch, 7–9/4–5 μ.
Chemische Reaktionen: Fl. mit $FeSO_4$ blaugrau, dann bräunlich, mit Phenol violettgrau, mit Guajactinktur nach 5 Min. blau.

CANTHARELLUS CIBARIUS Fries Jülich

Echter Pfifferling, Eierschwamm, Rehling essbar

Beschreibung gegenüber, Seite 586.
Anmerkung: Das Foto zeigt die Form des Pfifferlings, die im Buchenwald wächst. Die Fruchtkörper sind heller in der Farbe und grösser im Habitus (die abgebildeten Exemplare waren 10 cm hoch, 7 cm Hutdurchmesser). Eine weitere Farbvariante mit lila Schüppchen ist die var. amethysteus Quélet.

CANTHARELLUS TUBAEFORMIS Fries Jülich

Trompetenpfifferling, Durchbohrter Leistling essbar

Vorkommen: Juli–November im Laub- und Nadelwald, auf mehr oder weniger sauren Böden.
Hut: 2–5 cm, feucht dunkelgraubraun bis gelblichgrau, trocken heller, gewölbt, zunächst in der Mitte nur genabelt, oft trichterförmig, dann durchbohrt, zartflokkig bis glatt, oft konzentrisch gefurcht, Rand im Alter umgeschlagen, fast häutig, kraus.
Leisten: herablaufend, graubräunlich bis schmutziggelb, dicklich, gegabelt, am Grunde oft queraderig, entferntstehend, durch die Sporen oft weisslich bereift.
Stiel: 2–6 cm lang, oben rauchgraugelblich, auch fast orangegelb, an der Basis gelblich, grubig bis breitgedrückt, bald röhrig-hohl, nach oben meist offen.
Fleisch: weisslich, Geschmack mild.
Sporen: Spp. blass gelblichweiss, Sp. elliptisch, glatt, 9–12/5–10 μ.

CANTHARELLUS TUBAEFORMIS VAR. LUTESCENS (Fr.) Gillet

Jülich

Gelber Trompetenpfifferling

essbar

Vorkommen: Juli–November im Laub- und Nadelwald.
Hut: 2–5 cm, rein gelb, gewölbt, oft trichterförmig, in der Mitte zunächst nur genabelt, dann durchbohrt, zartflockig bis glatt, im Alter dünnfleischig, Rand umgeschlagen, kraus, häutig.
Leisten: herablaufend, gelb, dicklich, gegabelt, am Grunde oft queraderig, entferntstehend.
Stiel: 2–6 cm lang, gelb, grubig bis breitgedrückt, bald röhrig-hohl, nach oben meist offen.
Fleisch: gelblichweiss, Geschmack mild.
Sporen: Spp. blassgelblich, Sp. elliptisch, glatt, 9–12/5–10 μ.

CANTHARELLUS LUTESCENS (Fr.) Kickx Jülich

Goldstieliger Pfifferling, Duftender Leistling essbar

Vorkommen: August–November in feuchten Gebirgswäldern, besonders auf Kalk.
Hut: 3–6 cm, rauchbraun bis braunschwärzlich, anfangs genabelt, bald durchbohrt, schliesslich ausgebreitet bis trichterförmig, feinflockig, später kahl, radial gestreift, dünnfleischig, Rand kraus und gelappt.
Unterseite: anfangs rosagelb, glatt, dann orangegelb und mit einigen wenig hervortretenden, gabelig verzweigten, entferntstehenden, herablaufenden Rippen.
Stiel: bis 4 cm lang, lebhaft orangegelb, oben trichterförmig erweitert, oft breitgedrückt, rinnig, bis zum Grunde röhrig-hohl.
Fleisch: weisslich, nach aussen gelblich, Geruch in der Jugend angenehm süsslich nach Mirabellen, im Alter fast widerlich.
Sporen: Spp. hellgelblich, Sp. elliptisch bis eiförmig, 9–12/6–8 μ.

CRATERELLUS CORNUCOPIOIDES (L. ex Fr.) Persoon

Jülich

Totentrompete, Herbsttrompete

essbar

Vorkommen: August–November im Laub- und Nadelwald.
Fruchtkörper: trompetenförmig, 5–12 cm hoch, 3–8 cm breit, Hutoberfläche russgrau oder graubraun, feinflockig, nach unten röhrig ausgezogen, bis zum Grunde hohl, Rand umgeschlagen, später wellig-verbogen und kraus. Aussenseite: aschgrau, graubräunlich, grauviolett, später durch die Sporen weisslich überhaucht, erst glatt, dann schwach runzelig-faltig, zuweilen auch zart aderig gerunzelt.

Fleisch: dünn, elastisch, häutig, Geruch und Geschmack mild.
Sporen: Spp. weiss, Sp. elliptisch, innen abgeflacht, 10–13/6–7 μ.
Chemische Reaktionen: Frk. mit KOH schwarz.

CLAVARIA ARGILLACEA Persoon ex Fries Jülich

Gelbstielige Keule, Heidekeule essbar

Vorkommen: Juli–November zwischen Moos und Gras, im Heidekraut, auf trockenen Waldwiesen.
Fruchtkörper: 3–7 cm hoch, weisslich bis blassgelblich, im Alter auch ockergelblich, oben ausblassend, unten glänzend, einfach, unverzweigt, voll, zylindrisch, meist keulenförmig verdickt, oben stumpf abgerundet und oft sehr verbreitert, zur Basis sehr schmal, bisweilen etwas verbogen, rund, abgeflacht, längsfurchig, fleischig.
Stiel: bis 1,5 cm lang, glänzend gelb, glatt, zylindrisch, Basis filzig.
Fleisch: weisslichgelblich, sehr zerbrechlich, mürbe, weich.
Sporen: Sp. elliptisch bis fast zylindrisch, glatt, 7–8/4–5 μ.

CLAVARIADELPHUS JUNCEUS (Alb. et Schw. ex Fr.) Corner Jülich

Binsenkeule

Vorkommen: Oktober–November in frischen Laubwäldern, vor allem Auwäldern.
Fruchtkörper: 5–12 cm hoch, jung blassgelblich, dann hellockerfarben, zuletzt ockerbräunlich, schlanke, fadenförmige, röhrige, glatte Keulen, von kriechender, verjüngter Basis aufsteigend, selten verzweigt.

Stiel: unterer, liegender Teil 1–5 cm lang, fädig, an der Basis wollig-faserig, nach oben etwas verbreitert, manchmal mit verkümmerten Zweigen.
Fleisch: elastisch, ziemlich zäh.
Sporen: Sp. zylindrisch-elliptisch bis eiförmig, glatt, 6–12/3,5–5,5 μ. Die Sporengrösse variiert sehr stark.

CLAVARIADELPHUS LIGULA (Schaeff. ex Fr.) Donk Jülich

Zungenkeule minderwertig

Vorkommen: August–November im Nadelwald, auf Grasplätzen, an Wegrändern, häufiger im Gebirge.
Fruchtkörper: 5–8 cm hoch, gelblichweiss oder rötlichgelb bis fleischbräunlich, mehr oder weniger keulen- bis zungenförmig, mit stumpfem Scheitel, bisweilen auch unregelmässig breitgedrückt oder kolbenartig angeschwollen, höckerig, innen hohl, unverzweigt, Oberhaut anfangs glatt, dann höckerig und grubig, runzelig, bisweilen auch gefurcht, Basis heller als der Fruchtkörper, etwas zottig, mit Myzel verwachsen.
Fleisch: weisslich, schwammig-weich, zart, frisch elastisch, trocken bröckelig.
Sporen: länglich-elliptisch, glatt, 11–15/3–5 μ.

CLAVARIADELPHUS PISTILLARIS (Fr.) Donk

Jülich

Herkuleskeule, Riesenkeule

minderwertig

Vorkommen: August–November im Laubwald.
Fruchtkörper: 8–25 cm hoch, oben 2–5 cm breit, jung hellgelblich bis ledergelb, später fleischbräunlich, rötlichbraun, auch graubraun, meist eiförmig-keulig, oben meist abgerundet oder stumpf abgestutzt, zur Basis stielförmig ausgezogen, Oberhaut jung glatt, später faltig-runzelig, mehr oder weniger gefurcht.
Fleisch: weiss, schwammig-weich, faserig, später trocken und zäh, Geschmack schon jung ziemlich bitter.

Sporen: Spp. weissgelblich, Sp. länglich-elliptisch, glatt, 10–15/6–10 μ.
Chemische Reaktionen: mit KOH Fl. sofort goldgelb, Frk. an der Spitze orange, Frk. mit $FeCl_3$ olivlich, mit H_2SO_4 sofort gelb, Fl. mit $FeSO_4$ graugrün, mit Phenol gelblich, dann rotbraun, mit Guajactinktur sofort blau, mit Phenolanilin sofort weinrot, dann braun.

CLAVARIADELPHUS TRUNCATUS (Quél.) Donk

Jülich

Abgestutzte Keule

essbar

Vorkommen: im Nadelwald, kalkliebend.
Fruchtkörper: 6–16 cm hoch, ockergelblich, einfach, aufrecht, keulenförmig, mit abgestutzter, scharfrandiger Spitze, unten stielförmig ausgezogen, Oberhaut im Alter stark gerunzelt bis gefurcht.

Fleisch: weisslich, Geruch angenehm, Geschmack süsslich, nie bitter.
Sporen: Spp. weissgelblich, Sp. zylindrisch 10–12,6 μ.
Chemische Reaktionen: Fl. mit $FeSO_4$ graugrün, mit Guajactinktur sofort blau, mit Phenolanilin bräunlich.

CLAVULINOPSIS FUSIFORMIS (Sow. ex Fr.) Corner

Jülich

Spindelförmige Keule

ungeniessbar

Vorkommen: September–Oktober an grasigen Stellen, in feuchten, schattigen Wäldern.
Fruchtkörper: 4–8(14) cm hoch, sattgelb, kanariengelb, schliesslich braungelblich, mit gleichfarbiger, verschmälerter Basis, Keulen einfach, seltener geteilt, fest, bald hohl, spindelförmig, oft zusammengedrückt, unverzweigt, zu mehreren in dichten Büscheln wachsend, Stiele an der Basis fast verwachsen.
Fleisch: gelblich, brüchig, Geruch unangenehm, Geschmack mehr oder weniger bitter.
Sporen: Spp. weisslich, Sp. breitelliptisch bis fast kugelig, glatt, 6–7(9)/4,5(–8) μ.

CLAVULINOPSIS HELVOLA (Fr.) Corner Jülich

Zitronengelbe Keule ungeniessbar

Vorkommen: September–Oktober, gern bei Laubwaldrändern auf feuchten Waldwiesen zwischen Moos und Gras, einzeln, gesellig bis herdenweise.
Fruchtkörper: 2–7 cm hoch, leuchtendgelb, hellzitronengelb, im Alter etwas dunkler, seltener orangegelb, rundlich oder etwas flachgedrückt, dann oben bis 4 mm breit, meist einfach, bisweilen oben mit einer Ausstülpung oder einem kurzen Seitenast, sehr selten gegabelt.
Stiel: undeutlich abgegrenzt und meist nur als schlanker, 1–2 mm dicker Basalteil des Fruchtkörpers erkennbar, in der Farbe des Fruchtkörpers, höchstens an der Basis etwas blasser bis ganz leicht weissfilzig.
Fleisch: gelblich, fast geruchlos, Geschmack meist leicht bitter, seltener mild.
Sporen: Spp. weisslich, Sp. mit unregelmässig angeordneten Höckern, in der Mitte mit einem grossen Tropfen, 4,8–7,2/4–5,7 µ.
Anmerkung: Kann mit fast gleich aussehenden Arten wie Clavulinopsis laeticolor (Ber. & Curtis) Petersen oder Clavulinopsis gracillima (Peck) Petersen verwechselt werden. Letztere haben jedoch glatte Sporen oder neigen mehr zu Gelbrötlich oder Orange. Ein Mikroskop und die nötige Literatur sind hier für eine sichere Bestimmung unerlässlich.
(Text: nach E. Schild)

CLAVULINA CRISTATA (Holmskj. ex Fr.) Schroeter

Jülich

Kammkoralle, Kammförmiger Ziegenbart

essbar

Vorkommen: August–Oktober im Laub- und Nadelwald.
Fruchtkörper: 2–6 cm hoch, reinweiss, später oben mehr weisslichgrau.
Zweige: weisslich, glatt, fleischig, plattgedrückt, unregelmässig, ± zerbrechlich, Enden gelb oder grau, mehrfach aufgeteilt, kammförmig eingeschnitten, mit scharfen, zackigen Spitzen.
Stamm: sehr kurz, weiss, Basis filzig.
Fleisch: weisslich, zäh, Geschmack mild, zuweilen etwas bitterlich-dumpfig.
Sporen: Spp. weiss, Sp. eiförmig-kugelig, 7–10/6–9 μ.
Anmerkung: Der Pilz kann sehr unterschiedlich erscheinen, so auch zahnartig gekämmt oder mit borstenartigen Enden, gabelförmig verzweigt oder oben abgestutzt, ohne Spitzen oder stark und dicht verwachsen.

MERULIUS TREMELLOSUS Schrader ex Fries Jülich

Gallertfleischiger Fältling

ungeniessbar

Vorkommen: September–Dezember an Laubholzstümpfen oder -stämmen, besonders an Buchen, Weiden, Pappeln und Birken, Obstbäumen.
Fruchtkörper: etwa 4 cm breit, aber oft mehrere zusammenfliessend, weisslich, alt gelblichgrau, unregelmässig muschel- oder ohrförmig, meist waagrecht abstehend, dünnfleischig, oft zu mehreren dachziegelartig übereinander.
Unterseite: mit gelblichen oder rötlichen, krausen, ± dicht stehenden Falten, die netzartig verbunden sind.
Fleisch: blass, gallertartig, zäh, trocken, knorpelig.
Sporen: Spp. weiss, bisweilen auch creme, Sp. zylindrisch, gekrümmt, 3–4/1–1,5 µ.
Chemische Reaktion: Fl. mit Guajactinktur blaugrün.

FISTULINA HEPATICA (Schaeff.) ex Fries Jülich

Ochsenzunge, Leberreischling — jung essbar

Vorkommen: August–Oktober an alten Eichen, selten auch an Rotbuchen.
Hut: 10–30 cm, 3–6 cm dick, jung orange, bald blutrot, dann braunrot-leberfarbig, zuletzt dunkelbraun, zungen- bis nierenförmig, auch lederartig gelappt, feucht dickschleimig, trocken etwas klebrig, fleischig-saftig.
Fruchtschicht: kurze, dichtgedrängte, fest mit dem Hutfleisch verwachsene Röhren, zunächst geschlossen, sich sternartig öffnend (Lupe), Röhren blassgelblich, im Alter und bei Druck rötlich oder bräunlich, sondern bisweilen rote, säuerlich schmeckende Tropfen ab.
Fleisch: zart, anfangs wässerig, beim Anbrechen tritt ein blutroter Saft aus, Geruch obstartig, Geschmack säuerlich.
Sporen: Spp. hellbräunlich, Sp. eiförmig, 4,5–5,5/3–3,5 µ.

GANODERMA LUCIDUM (Curt. ex Fr.) Karsten Jülich

Glänzender Lackporling ungeniessbar

Vorkommen: Juli–Oktober am Grund von Laubbäumen, auch auf Stümpfen, einjährig, nicht häufig.
Hut: 5–30 cm, jung gelblichweiss, dann bräunlichrot, auch purpurrot, zuletzt braunviolett, die noch wachsende Randzone gelblichweiss, mit stark glänzender, wie lackiert aussehender Kruste überzogen, halbkreis-, fächer- oder nierenförmig, fast flach, höckerig-runzelig, konzentrisch gefurcht, gegen den Stielansatz faltig.
Poren: vom Stiel scharf abgegrenzt, rostbraun, ungeschichtet.
Stiel: bis 8/2 cm, braunrot, lackiert glänzend wie der Hut, höckerig, unregelmässig, zylindrisch, fest, oben verbreitert in den Hut übergehend.
Substanz: hellbraun, im oberen Teil blasser, elastisch, korkartig-holzig, sehr zäh.
Sporen: Spp. braun, Sp. eiförmig, 9–12/6–8 μ.
Chemische Reaktionen: Po. mit H_2SO_4 schwarzbraun, mit Sulfovanillin schwarz.

GOMPHUS CLAVATUS (Pers. ex Fr.) Gray

Jülich

Schweinsohr

essbar

Vorkommen: August–Oktober im Misch- und Nadelwald, nur auf Kalk, vor allem in Berglagen.
Fruchtkörper: bis 9 cm hoch und 6 cm breit, Oberseite violettpurpurn, dann fleischfarben, zuletzt ockergrau, lehmfarben, auch grünlich, Aussenseite fleischfarben violett, dann gelblich überhaucht, kreiselförmig, abgestutzt keulig, fleischig.
Leisten: gabelig-verzweigt, aderig, durch Querleisten netzartig verbunden, ziehen sich bis an das Stielende hinab.
Fleisch: weiss, weich, zart.
Sporen: Spp. ocker- bis rostfarben, Sp. elliptisch-eiförmig, 10–12/4–5 μ.
Chemische Reaktion: Fl. mit Guajactinktur sofort dunkelblaugrün.

CREOLOPHUS CIRRHATUS (Pers. ex Fr.) Karsten
(Syn.: Hericium cirrhatum)

Jülich

Dorniger Stachelbart

jung essbar

Vorkommen: Juli–November an Laubholz.
Fruchtkörper: bis 15 cm breit, bildet zahlreiche weissliche, bisweilen gelbrötlich angehauchte, auch ockergelbliche, muschel- bis halbkreisförmige Hüte mit eingebogenem, bewimpertem Rand, oberseits mit zerstreut stehenden, niedergebogenen, sterilen, elastischen Stacheln besetzt, unterseits mit langen, weissrötlichen, zähen, krummen, zugespitzten Stacheln.
Fleisch: weisslich, dann fahlrötlich, weich, dick, Geruch angenehm pilzartig.
Sporen: Spp. weiss, Sp. kugelig-elliptisch, glatt, 3,5–4/2,7–3 μ.

HERICIUM ERINACEUM (Bull. ex Fr.) Persoon Jülich

Igel-Stachelbart, Knolliger Stachelbart jung essbar

Vorkommen: September–November an kranken Laubbäumen.
Fruchtkörper: bis 25 cm dick, weisslich, später gelblichgrau, rundlich-oval, im Alter herzförmig, oft stielig ausgezogen, fleischig, derb, mit herabhängenden, biegsamen, dichtstehenden Stacheln besetzt, auf der Oberseite faserig zerrissen.
Stacheln: weissgelblich, später graubraungelblich, bereift, 2–5 cm lang, an der Basis 1,5–2 mm dick.
Fleisch: weisslich, zäh, etwas faserig, derb und fest, Geruch stark pilzartig, Geschmack süsslich.
Sporen: Spp. gelblich, Sp. rundlich, 5–7/4,5–6 µ.

HYDNUM REPANDUM Linné ex Fries

Jülich

Semmelstoppelpilz

essbar

Vorkommen: Juli–November im Laub- und Nadelwald.
Hut: 5–12 cm, weissgelblich, dottergelb, isabellfarben, unregelmässig gestaltet, flach gewölbt, auch trichterförmig vertieft, glatt, fettig anzufühlen, meist geschweift.
Stacheln: meist etwas herablaufend, gelblich oder weisslich, ungleich lang, spitz, weich, gedrängt stehend, leicht zerbrechlich.
Stiel: 3–6 cm lang, blasser als der Hut, oft exzentrisch, ziemlich derb, voll.
Fleisch: gelblichweiss, ziemlich derb, brüchig, Geschmack erst mild, dann brennend, im Alter etwas bitter; der Fleischsaft färbt die Finger braun.
Sporen: Spp. weiss, Sp. rundlich, glatt, 8–10/6–7 μ.
Chemische Reaktionen: Fl. mit KOH sofort braungelb, mit $FeSO_4$ gelb, mit Phenol sofort orangerot, dann ziegelrot, mit Phenolanilin sofort goldgelb, dann braunrot.

HYDNUM RUFESCENS Fries Jülich

Rotgelber Semmelstoppelpilz essbar

Vorkommen: Juli–November, vorwiegend im Nadel-, aber auch im Laubwald.
Hut: 5–10 cm, rostgelb, später rostrot bis rostbräunlich, gewölbt, dann flach niedergedrückt, glatt, am Rand gelappt, wellig geschweift, flockig-filzig.
Stacheln: kaum herablaufend, rostrot, ungleich lang, leicht zerbrechlich.
Stiel: 2,5–6/1–3 cm, blass roströtlich, glatt, zylindrisch, voll, ziemlich derb, oft exzentrisch.
Fleisch: weissgelb, schwach rostbräunlich, brüchig, Geschmack höchstens im Alter etwas bitter.
Sporen: Spp. gelbroströtlich, Sp. fast elliptisch, eiförmig bis rundlich, am Grund zugespitzt, glatt, 8–10/6–7 μ.
Chemische Reaktion: Fl. mit KOH weisslich.

PHAEOLUS SCHWEINITZII (Fr.) Patouillard

Jülich

Kiefernporling

ungeniessbar

Vorkommen: Juni–November im Nadelwald, besonders am Grund von Kiefern, Fichten und Lärchen.
Fruchtkörper: 6–20(30) cm breit, gelbbraun, dann kastanienbraun, Rand heller, sehr verschieden gestaltet, kreisel- oder flach trichterförmig, auch halbkreisförmig, in der Mitte meist niedergedrückt, anfangs striegelig-filzig, dann höckerig-grubig, sich häufig dachziegelartig überdeckend.

Poren: am Stiel herablaufend, blassgelb, dann olivgrün, bei Berührung schwärzend, Mündungen blassgelblich bis olivgrün, ungleich, zuerst geschlitzt, schliesslich zerrissen.
Substanz: gelbbraun bis safranfarben, schliesslich rostbraun, weich und schwammig, sehr wasserhaltig, dann grob-faserig und korkig.
Sporen: Spp. gelblich, Sp. elliptisch, 5–7/4–4,5 μ.
Chemische Reaktion: Die Substanz färbt sich durch Laugen braun.

ALBATRELLUS CRISTATUS (Schaeff. ex Fr.) Kotl. et Pouz. Jülich
(Syn.: Scutiger cristatus)

Grüner Kammporling ungeniessbar

Vorkommen: August–Oktober im Laubwald, an Waldwegen, auf mehr oder weniger kalkreichen Böden.
Hut: bis 10 mm lang, bis 1 cm dick, schmutzig grünlichgelb bis braunoliv, zum Rand hellgrün, bisweilen braunrötlich überhaucht, sehr verschieden gestaltet, anfangs feinzottig, schuppig aufgerissen bis tief eingerissen, Rand unregelmässig, eingebuchtet, lappig, wellig verbogen, mehrere Hüte dachziegelartig übereinander.
Poren: weit bis fast zum Stielgrund herablaufend, weiss, kurz, Mündungen jung schneeweiss, dann gelblich, eng, unregelmässig eckig.
Stiel: weiss, unten oft gelblich bis oliv, kurz, strunkartig, meist exzentrisch, nach oben breit in den Hut übergehend.
Fleisch: weissgelblich, dann weisslichgrün, jung weich, dann zäh, trocken. Geruch und Geschmack im Alter widerlich und bitter.
Sporen: Spp. weiss, Sp. eiförmig-rundlich, glatt, 5–7/4,5–5 μ.
Chemische Reaktion: Fl. mit H_2SO_4 violett.

ALBATRELLUS OVINUS (Schff. ex Fr.) Kotlaba et Pouzar — Jülich

Schafporling — essbar

Vorkommen: Juli–Oktober im Nadelwald.
Hut: 5–12 cm, blassgelblich, graugelblich, blassbräunlich, wenn einzeln wachsend regelmässig und fast kreisrund, gedrängt wachsend verbogen und gelappt, glatt, später rissig bis felderig, fleischig.
Poren: am Stiel herablaufend, weiss, dann gelblich, oft mit grünlichem Schimmer, kurz, Mündungen weiss, dann gelblich, sehr fein, rundlich.
Stiel: 3–5/1–3 cm, weiss, glatt, voll, ziemlich brüchig, oft seitlich.
Fleisch: weiss, bei Druck bisweilen gelblich, Geruch und Geschmack pilzartig.
Sporen: Spp. weiss, Sp. rundlich, 4/3 μ.
Chemische Reaktionen: mit HNO_3 Fl. karotten- bis fleischrot, mit KOH Fl. gelb, Hh. und Str. braunrot, mit NH_4OH Fl. gelb, mit $FeSO_4$ Fl. grauschwarz, mit Phenolanilin Hh. und Str. eigelb.

ALBATRELLUS PES-CAPRAE (Pers. ex Fr.)Pouzar
(Syn.: Scutiger pes-caprae)

Jülich

Ziegenfussporling

essbar

Vorkommen: August–Oktober im Nadelwald, selten.
Hut: 7–12 cm, jung satt zimtbraun, auch kaffeebraun, dann schwarzbraun, unregelmässig, trocken, flockig, sparrig-schuppig, fleischig, etwas fest und elastisch, Rand geschweift oder durch Einschnitte rundlappig, fast scharf.
Poren: am Stiel herablaufend, weisslich, Mündungen weiss, später oder durch Berührung gelblich, sehr weit, eckig, zerrissen-gezähnt.
Stiel: 3–5/1,5–2,5 cm, weisslich, abwärts gelblich bis schmutzigbraungelb, zartschuppig-rauh, aufgedunsen, auch knollig, meist eingedrückt oder grubig, häufig exzentrisch oder seitlich.
Fleisch: weisslich bis schwach zitronengelb, Geschmack nussartig.
Sporen: Spp. weisslich, Sp. kurzelliptisch, glatt, 7–10/5–6,5 μ.

GRIFOLA UMBELLATA (Pers. ex Fr.) Pilat — Jülich

Eichhase, Ästiger Büschelporling — essbar

Vorkommen: Juli–Oktober im Laubwald, als Seltenheit zu schonen.
Fruchtkörper: Aus einem gemeinsamen, auf einem Baumstumpf aufsitzenden Strunk wachsen mehrfach verzweigte Äste, die fast regelmässige Hüte tragen.
Hut: 1–5 cm, blass gelbbraun, graubraun oder russfarbig, dann heller, gewölbt, später flach oder in der Mitte vertieft, angedrückt feinfädig schuppig, trocken unregelmässig geschlitzt, Rand geschweift, jung umgebogen.
Poren: weiss, sehr kurz, überziehen die Hutunterseite, Stiele und Äste, laufen an diesen als feine Grübchen herab, Mündungen rundlich, sehr eng, weiss.
Strunk: weisslich, schwarzbraun filzig, dick, kurz, derb.
Fleisch: weiss, jung weich, saftig, später derb, zäh, faserig, doch brüchig, Geruch zuletzt unangenehm, Geschmack mild, zuweilen mit herbem Nachgeschmack.
Sporen: Spp. weiss, Sp. eiförmig, 9–10/3–4 μ.

LAETIPORUS SULPHUREUS (Bull. ex Fr.) Murrill

Jülich

Schwefelporling

jung essbar

Vorkommen: Mai–September an lebenden und toten Laubbäumen, selten an Nadelbäumen.
Hüte: jung gelblichrot, dann hellgelb, schwefelgelb bis orangegelb, schliesslich verblassend, alt weisslich, flach, fächerartig ausgebreitet, waagrecht abstehend, auch keulen- oder polsterförmig.
Poren: schwefelgelb, kurz, Mündungen gleichfarbig, sehr fein, sondern jung gelbliche Tröpfchen ab.

Fleisch: lebhaft gelb, später blassgelblich bis weisslich, jung weich, mit gelbem Saft, dann hart, zäh, trokken und brüchig werdend, Geruch stark aromatisch, Geschmack herb-säuerlich.
Sporen: Sp. rundlich-elliptisch, 5–7/3,5–4,5 μ.
Chemische Reaktionen: Fl. mit KOH gelblich, mit Sulfovanillin flüchtig dunkelviolett.

MERIPILUS GIGANTEUS (Pers. ex Fr.) Karsten Jülich

Riesenporling ungeniessbar

Vorkommen: August–Oktober am Grund von Laubholzstümpfen, selten an Nadelhölzern.
Fruchtkörper: Teilstücke 6–20 cm breit, jung gelbbraun bis zimtfuchsig, dann dunkelbraun, Rand heller, undeutlich oder schwach gezont, blattartig langgestreckt oder zungenfächerförmig, samtig bereift, körnig oder faserschuppig, wenig fleischig, meist kommen aus einem Strunk viele häufig dachziegelartig übereinanderliegende Hüte, alt und verletzt ± schwärzend.
Poren: am Strunk herablaufend, weiss bis blassgelb, sehr kurz, am Hut angewachsen, Mündungen blassgelb, dann braun, fein, rundlich, bei Berührung schwärzend.
Stiel: graugelb, verästelt, knollig, seitlich.
Fleisch: weisslich, erst schwach rötlich, dann allmählich schwärzlich anlaufend, faserig, zäh, im Alter fast lederartig, Geschmack säuerlich-bitter.
Sporen: Spp. weiss, Sp. rundlich bis breitelliptisch, 5–6(8)/5–7 μ.
Chemische Reaktion: mit Formol Fl. und Po. nach einigen Minuten orangerot.

TYROMYCES CAESIUS (Schrad. ex Fr.) Murrill Jülich

Blauender Saftporling ungeniessbar

Vorkommen: das ganze Jahr hindurch an Stümpfen und alten Stämmen, an dickeren Ästen von Nadelhölzern.
Fruchtkörper: 1–3 cm breit, 3–6 cm lang, frisch weiss, oft stellenweise oder ganz blau gefärbt, dann schmutzig blau- bis graugrün, besonders bei Berührung und Verletzung, zuletzt grau, meist halbkreisförmig, flach ausgebreitet oder konsolenartig angewachsen, oberseits uneben, mit kurzen, zottigen oder anliegenden Fasern, seidig, seltener fast gestielt, Rand scharf.
Poren: weiss, bei Berührung blaufleckig, im Alter schmutziggrau oder schmutzigbläulich, Mündungen weiss, ungleichmässig, eng, gezähnt-flockig, zuletzt zerrissen.
Substanz: weiss, oft bläulich durchzogen, schwach gezont, weich, zuletzt etwas zäh und faserig.
Sporen: Spp. hell graubläulich, Sp. nierenförmig, 4–5/1–2 μ.
Chemische Reaktion: mit KOH Fl. und Hh. grünlich.

RAMARIA TESTACEO-FLAVA (Bres.) Corner

Jülich

ungeniessbar

Vorkommen: Juli–September, hauptsächlich in Bergnadelwäldern mit Fichte.
Fruchtköper: ausgewachsen 3–7 cm hoch, 1,5–6 cm breit, spärlich bis reich verästelt.
Äste: in jüngstem Zustand bleich ledergelblich, zimtgelblich, dann allmählich bleich zimtbräunlich, schliesslich rötlichzimtbraun, violettlichbraun bis schokoladenbraun, Astwinkel meist ± engbogig abgerundet, seltener etwas spitzig, unterhalb der Astwinkel ± gefurcht. Spitzen jung maisgelb, satt dottergelb, dann den Ästen allmählich gleichfarbig, spitzig bis stumpf. Geruch irgendwie muffig moosartig-erdig. Geschmack ± bitter bis etwas zusammenziehend.
Sporen: Spp. gelbocker, Sp. blassgelblicholiv, stark warzig, 9,5–15/3,8–6(6,4) μ, Hyphen mit Schnallen.
Chemische Reaktion: Mit $FeSo_4$ allmählich spangrünolivgrün, dann immer dunkler, zuletzt fast schwärzlichgrün. (Nach E. Schild)

RAMARIA FENNICA (Karst.) Ricken

Jülich

ungeniessbar

Vorkommen: August–September im Laub- und Nadelwald.
Fruchtkörper: 6–12 cm hoch, 4–6,5 cm breit, reich verzweigt, brüchig, Strunk unten weiss, aufwärts meist ± deutlich violett angehaucht.
Äste: schon jung ± satt bräunlichgrau-rauchgrau, dabei oft mit einem zarten Hauch Lila, an Legstellen oder auf Druck bisweilen etwas violettbraun anlaufend, besonders an den Enden, die stellenweise fast etwas rötlichviolett sein können, im Alter meist bis zu den Spitzen gleichfarbig rauchig-zimtbräunlich, von den darauf liegenden Sporen oft mit olivockerlichem, senffarbigem Ton.

Fleisch: milchweiss, unveränderlich, Geruch stechend erdartig-muffig, Geschmack erdartig-grasartig.
Sporen: Spp. intensiv ockergelb, Sp. warzig, 8–12,8/4–6(6,4) µ, Hyphen mit Schnallen.
Chemische Reaktion: Aussenseite mit KOH schnell orangeocker, dann langsam tintenrotbraun bis fast tintenrot-blutrot. (Nach E. Schild)

RAMARIA LARGENTII Marr & Stuntz Jülich

Vorkommen: August–September im Bergnadelwald.
Fruchtkörper: 8–16 cm hoch und oft ebenso breit werdend, sehr reich verästelt. Strunk unten weiss, oben ± intensiv zitronengelb, seltener ohne Gelb, aufwärts in die Farbe der Äste übergehend.
Äste: hell- bis sattgelborange, orange, cremegelborange, gewisse Standortformen bisweilen mehr cremeorangegelb, sehr selten fast nur gelb; bei orangefarbigen Pilzen sind die Spitzen am intensivsten orange, sonst gleichfarbig, im Alter sind die Äste von den Sporen cremeockergelb bestäubt. Druckstellen kaum veränderlich. Astenden mit zwei bis drei ± stumpfen Spitzen (neigt oft zu Missbildungen mit unregelmässig stumpfen Enden). Astgabeln unregelmässig; zum Teil stumpfspitzig, stellenweise aber auch ± eng abgerundet, unterhalb etwas längsgefurcht, ± runzelig.
Fleisch: feucht schmutzigweiss, unter dem Hymenium eventuell leicht durchgefärbt, schwach marmoriert, besonders im Strunk. Geruch ± deutlich an Pneugummi-Jod, Zahnarztpraxis erinnernd, speziell beim Eintrocknen (charakteristisch), Geschmack abwärts mild, an Holz oder den Rauchblättrigen Schwefelkopf (Hypholoma capnoides, S. 350) erinnernd, in den Spitzen etwas herb.
Sporen: Spp. ockergelb, Sp. stark warzig, (9,5) 10–16/(3,5)4–6,5(7) μ, die Basidien haben an der Basis Schnallen, während solche an den Hyphen nicht oder nur rar zu finden sind. (Nach E. Schild)

RAMARIA FLAVA (Schaeff. per Fr.) Quélet — Jülich

Schwefelgelbe Koralle — jung essbar

Vorkommen: Juli–September in Laub-, Nadel- und Mischwäldern, besonders bei Buchen und Fichten.
Fruchtkörper: 12–16 cm hoch und ebenso breit oder mehr, sehr reichlich verästelt. Strunk unten weiss, oben in die Farbe der Äste übergehend,
Äste: leuchtend hellprimelgelb, helldottergelb, jung über dem Strunk und an unteren Ästen oft mit einem Hauch Schwefelgelb, im Alter mit cremeockergelblichem Beiton, Druckstellen manchmal leicht gelbbräunlich-weinbräunlich anlaufend. Äste oben oft mit zwei stumpfen Spitzchen oder auch mit unregelmässig stumpfen, plumpen Enden.
Fleisch: feucht schmutzigweiss, besonders im Strunk marmoriert, eintrocknend nachher milchweiss, unveränderlich. Geruch meist herb, an Grünblättrigen Schwefelkopf (Hypholoma fasciculare, S. 353) erinnernd. Geschmack abwärts mild, alt in den Spitzen herbbitterlich.
Sporen: Spp. ockergelb, Sp. warzig (9,5)10,5–15 (15,5)/(3,2)4–6(6,5) μ, Hyphen mit Schnallen.
Anmerkung: In Mitteleuropa eine der grössten und häufigsten Arten. Kann mit ähnlichen gelben Arten verwechselt werden, die aber meist andere Sporenmasse oder Hyphen ohne Schnallen haben. (Nach E. Schild)

RAMARIA FORMOSA (Pers. per Fr.) Quélet

Jülich

Schöne Koralle, Dreifarbige Koralle

giftig

Vorkommen: August–September im Laubwald, besonders bei Buchen.
Fruchtkörper: 6–12(17) cm hoch, 4–12 cm breit, unregelmässig bis fast parallel aufrechtstrebend, reich verästelt, Strunkbasis weiss, aufwärts in die Farbe der Äste übergehend.
Äste: an jungen Pilzen ± hell lachsgelb, dann allmählich zartrosaorange, lachsorange, Spitzen junger Pilze bleichgelb, im Alter bis obenhin ± gleichfarbig lachsorange, zuletzt von den reifenden Sporen mit ockergelblichem Beiton. Astgabeln ± eng abgerundet, unterhalb etwas gefurcht, ± längsrunzelig. Enden mit unregelmässig zwei- bis dreiteiligen stumpfen Spitzchen (neigt oft zu Missbildungen).
Fleisch: feucht wässrig-schmutzigweiss, eintrocknend nahe milchweiss (an trockenen Pilzen kalkartig brüchig). Geruch schwach erd-staubartig-moosartig, schwer definierbar, Geschmack abwärts mild, dann mit ± deutlichen säuerlichen Beikomponenten, in den Spitzen herb.
Sporen: Spp. ockergelb, Sp. warzig, (7,7)8–14,5/4,2–6,4(6,7) μ, Hyphen mit Schnallen.
Anmerkung: Kann mit ähnlichen lachsorangegelben Arten verwechselt werden. (Nach E. Schild)

RAMARIA MAIREI Donk
(Syn.: Clavaria pallida Bres.)

Jülich

Blasse Koralle, Bauchwehkoralle

leicht giftig

Vorkommen: August–Oktober im Laub-, Nadel- und Mischwald.
Fruchtkörper: 10–16 cm hoch und ebenso breit oder mehr, meist sehr dicht verästelt. Strunkbasis weiss, oben in die Farbe der Äste übergehend.
Äste: hellgraugelblich, lederockerlich, bleich-milchkaffeebräunlich, manchmal leicht graulich-incarnat angehaucht oder nur die Spitzen leichtest incarnat, im Alter bis obenhin blassbräunlich-ockerlich, Druckstellen bisweilen schmutzig braunfleckend. Astgabeln fast überall mehr oder weniger runzelig, Enden meist mit mehreren stumpfen Spitzchen.
Fleisch: feucht schmutzigweiss, Geruch stechend-muffig-staubartig, beim Eintrocknen meist mit Maggiartigen Beikomponenten. Geschmack abwärts mild, gegen die Spitzen herb, bisweilen ganz schwach bitterlich.
Sporen: Spp. blassockergelblich, Sp. warzig, 8,8–13,5(14)/4,3–7,2 µ, Hyphen ohne Schnallen.
(Nach E. Schild)

SPARASSIS CRISPA Wulfen ex Fries

Jülich

Krause Glucke

essbar

Vorkommen: August–November am Grund von Kiefernstämmen, selten auch an anderen Nadelhölzern (Baumschädling).
Fruchtkörper: 20/30 cm, 2–5 kg schwer werdend, blumenkohlkopfähnlich, weisslich, dann gelblich, im Alter bräunlich.
Äste: zahlreich, flachgedrückt, gekröseartig gewunden, mit abgestutzten, wellig-krausen oder gelappten Enden.
Strunk: fleischig, dicken Kiefernwurzeln entspringend.
Fleisch: weiss, wachsartig, Geruch würzig, Geschmack nussartig.
Sporen: Spp. weissgelblich, Sp. kurz-elliptisch, 6–7/4–5 μ.

HYDNELLUM FERRUGINEUM (Fr. ex Fr.) Karsten Jülich

Rotbrauner Korkstacheling ungeniessbar

Vorkommen: August–Oktober im Nadelwald.
Hut: 5–11 cm, anfangs mit weissem Filz überzogen, auf dem sich blutrote Tropfen absondern, später in der Mitte fleischblutrot, mit weisslichem Rand, zuletzt rostbraun und faserig gestreift, jung kreiselförmig, oben flach ausgebreitet, dann trichterförmig, uneben, höckerig-runzelig, schwammig-korkig.
Stacheln: herablaufend, weisslichgrau, dann rostbräunlich mit helleren Spitzen.
Stiel: 3–4/1–2 cm, grau bis rostbraun, breitgedrückt oder gefurcht, schwachfilzig, unregelmässig, bisweilen geteilt.
Fleisch: anfangs weich, wässerig, dann korkig, mit fleischblutrotem, im Alter rostfarbenem Saft durchsetzt, zuletzt trocken, brüchig.
Sporen: Spp. gelbbräunlich, Sp. elliptisch, schwach eckig, warzig, etwas stachelig, 4–4,5/3–4 μ.

SARCODON IMBRICATUS (L. ex Fr.) Karsten Jülich

Habichtspilz jung essbar

Vorkommen: August–November im Nadelwald, nicht überall.
Hut: 6–20 cm, bräunlich bis umbrabraun, flach ausgebreitet, mit derben, dachziegeligen, schwarzbraunen, konzentrisch angeordneten dicken Schuppen, Rand anfangs eingerollt.
Stacheln: herablaufend, weissgrau, dann graubraun, dichtgedrängt, sehr brüchig, pfriemlich.
Stiel: 3–6/1–3 cm, weissgrau oder bräunlich, glatt, ungleich dick, derb, voll.
Fleisch: weisslich, später graubräunlich, fest, derb, Geruch würzig, Geschmack angenehm, alt ± brennend-unangenehm.
Sporen: Spp. braun, Sp. rundlich, höckerig-stachelig, 6–7/5–6 μ.
Chemische Reaktion: Fl. mit KOH bräunlich.

CALOCERA VISCOSA (Pers. ex Fr.) Fries Jülich

Klebriger Hörnling, Schönhorn

ungeniessbar

Vorkommen: das ganze Jahr hindurch an verfaulendem Nadelholz.
Fruchtkörper: bis 6 cm hoch, dottergelb, goldgelb, bis orangerot, korallen- oder geweihartig verzweigt, in der oberen Hälfte mehrfach gabelig geteilt, an der Basis mit strangartiger, wurzelförmiger Verlängerung, die bis zu 25 cm tief in das Holz eindringen kann.
Zweige: glatt, rundlich oder abgeflacht, aufrecht, durch einen gallertartigen Überzug klebrig-schlüpfrig, Enden meist zugespitzt oder zweiteilig.
Fleisch: elastisch-zäh, gallertig-knorpelig, trocken hornartig, unverdaulich.
Sporen: Spp. hellockergelblich, Sp. zylindrisch, leicht gekrümmt, glatt, 9–12/4–5 μ.
Anmerkung: Vom laienhaften Pilzsammler wird dieser Pilz gern als Ziegenbart bezeichnet, was aber der volkstümliche Name für mehrere Korallenarten ist. Trotz seiner Ähnlichkeit ist der Klebrige Hörnling mit den Korallen nicht verwandt.

PSEUDOHYDNUM GELATInosum (Scop. ex Fr.) Karsten Jülich

Gallertstacheling essbar

Vorkommen: Juli–November auf morschen Kiefernstümpfen.
Fruchtkörper: 5–8 cm breit, milchweiss bis lichtgrau, violettbräunlich, fast durchscheinend, gallertartig-zitterig, halbkreis- oder muschelförmig, seitlich ansitzend oder kurz und dick gestielt, häufig dachziegelig übereinander, Oberseite körnig-warzig, haarig, samtig.

Stacheln: weiss bis bläulich, hellgraublau, dichtstehend, pyramidal, stumpf oder spitz, weich, 2–4 mm lang.
Fleisch: wässerig, gallertartig, dick.
Sporen: Spp. weisslich, Sp. fast kugelig, glatt, 5–8/4–6 μ.

TREMISCUS HELVELLOIDES (DC. ex Pers.) Donk

Jülich

Rötlicher Gallerttrichter

essbar

Vorkommen: Juli–Oktober, besonders im Nadelwald auf Kalk gern neben Wegen, auf vergrabenen Holzstückchen.

Fruchtkörper: 5–10 cm hoch, 4–7 cm breit, orangerosa bis scharlachorange, zuletzt bis braunrötlich, durchscheinend, jung spatel- oder zungenförmig, dann trichterförmig, auf einer Seite gespalten, auf der anderen langausgezogen, veränderlich, Rand meist wellig, nach aussen umgeschlagen, gelappt oder kraus, oberseits erst glatt, später runzelig, aussen kahl, nach unten in einen breitgedrückten, kurzen, blassrötlichen, an der Basis weisslichen Stiel übergehend.

Fleisch: etwas heller als die Oberfläche, gelatinös, elastisch-fest, im Stiel knorpelig, Geruch pilzartig, Geschmack wässerig.

Sporen: Spp. weisslich, Sp. länglich-walzig, etwas gebogen, glatt, 9–12(16)/5–6 µ.

Chemische Reaktion: Frk. mit Melzers Reagenz langsam oliv.

CLAVICEPS PURPUREA (Fr.) Tulasne Moser: IIa, Seite 22

Mutterkorn giftig

Vorkommen: auf vielen Grasarten.
Von diesem Pilz bekommt man normalerweise nur das dunkelviolettblaue Sklerotium («Mutterkorn») zu sehen, welches sich besonders üppig an der Roggenähre entwickelt.
Die Sklerotien sind etwa 1–2,5 cm lang, aussen violettblau, innen weisslich und hart. Fallen sie auf den Boden, entspringen im kommenden Frühjahr auf diesen Sklerotien die eigentlichen Fruchtkörper. Auf fast fadendünnen, bis 1,5 cm langen, blasspurpurnen Stielchen sitzen etwa 2 mm breite, blasspurpurbraune Köpfchen, in denen die Sporen gebildet werden, welche wieder die Blütenstände der Gräser infizieren.
Sporen: fadenförmig, ca. 100/1 μ, nach dem Ausschleudern septiert.
(Text: H. Schwöbel)

CORDYCEPS CAPITATA (Holmsk. ex Fr.) Link

Moser: II a, Seite 22

Kopfige Kernkeule

ungeniessbar

Vorkommen: September–November auf Hirschtrüffeln.
Fruchtkörper: aus dickkopfiger Keule und Stiel bestehend.
Keule: ca. 1 cm breit, oben meist kugelig abgerundet, zum Stiel hin zusammengezogen, bräunlich bis rotbraun, fast glatt, durch die Perithezienmündungen punktiert.

Stiel: 3–9 cm hoch, lebhaft gelb, später olivbraun, graugrün bis schwärzlich, faserig, aus einer unterirdischen Hirschtrüffel herauswachsend, Myzel gelb.
Sporen: Sp. fadenförmig, noch im Ascus in stäbchenförmige Stücke zerfallend, 50–80/2 μ.

LEOTIA LUBRICA Persoon

Moser: II a, Seite 40

Gelbgrünes Gallertkäppchen, Schlüpfriger Kappenpilz

essbar

Vorkommen: Juli–Oktober im Laub- und Nadelwald, an Wegrändern, an lehmigen, moosigen Stellen.
Fruchtkörper: in Käppchen und Stiel unterteilt.
Käppchen: 1–2 cm breit, gelb, grünlichgelb bis olivbraun, trocken fast schwärzlich, fast kugelig, dann rundlich bis gewölbt, abgeflacht, niedergedrückt, kappenartig, uneben, gewellt, auch glatt, oberseits schleimig-schlüpfrig, unterseits glatt, Rand nach unten eingerollt, faltig.
Stiel: 3–6 cm lang, zitronen- bis goldgelb, später zimtbraun, körnig-rauh, zylindrisch oder etwas zusammengedrückt, mit flachen Rinnen, zuerst voll, dann mit Schleim gefüllt.
Fleisch: weissgelblich, gallertartig, Geschmack fade, modrig.
Sporen: Spp. weisslichgelblich, Sp. elliptisch-spindelförmig, etwas gebogen, an einer Seite abgeflacht, 18–25/5–6 µ.

LEOTIA LUBRICA VAR. AURANTIPES Persoon ex Fries

Moser

essbar

Beschreibung des Typus gegenüber, Seite 630.

Anmerkung: Die Variation unterscheidet sich vom Typus durch die schwärzliche Hutfarbe der völlig frischen Pilze und den gelborangefarbigen Stiel.

MITRULA PALUDOSA Fries Moser: II a, Seite 40

Sumpfhaubenpilz

Vorkommen: April–Juni auf im Wasser liegenden, abgefallenen Blättern und Fichtenzweigen.
Fruchtkörper: 2–4 cm hoch, orange, gelbrot oder honiggelb, mit weissflockig gesäumtem Rand, in Köpfchen und Stiel unterteilt.
Köpfchen: bis 1 cm lang, birnen- bis keulenförmig, meist etwas breitgedrückt oder im Scheitel etwas einspringend, hohl, glatt.
Stiel: 2–3 cm lang, weisslich, trocken gelblich, hohl, gebrechlich, an der Basis haarig.
Fleisch: weich, innen schwammig, Geschmack wässrig, fade.
Sporen: Sp. stumpf, spindelförmig, zuletzt manchmal zweizellig, 10–15/2,5–3 μ.

SPATHULARIA FLAVIDA Persoon ex Fries Moser: II a, Seite 41

Dottergelber Spateling, Gelber Spatelpilz essbar

Vorkommen: August–Oktober, besonders auf abgefallenen Nadeln.
Fruchtkörper: 3–5 cm hoch, goldgelb, orange, gelblichweiss, im Alter blasser, oberseits unregelmässig wulstig, spatelförmig verbreitert, flach zusammengedrückt, oft glatt, auch faltig, runzelig oder grubig, lappig, fleischig.
Stiel: 3–5/bis 2,5 cm, weisslich oder gelblich, etwas gebogen, glatt, oberer Teil vom Hut flach umschlossen, an der Basis keulig.
Fleisch: weich, Geruch und Geschmack angenehm.
Sporen: Sp. fadenförmig, oben breiter, mehrfach gebogen, septiert, 30–40/2–3 μ.
Anmerkung: Der Ledergelbe Spateling, S. neesii Bresadola, hat ein ocker- bis ledergelbes Köpfchen und nadelförmige, bis 80 μ lange Sporen.

CUDONIA CONFUSA Bresadola

Moser: IIa, Seite 42

Schlanker Kreisling

Vorkommen: Juli–Oktober im Nadelwald, gesellig.
Hut: bis 1,2 cm, blass zimtfarben-rötlich oder rötlichfleischfarben bis fleischbraun, halbkugelig, dann helmförmig und unregelmässig faltig-verbogen, die Fruchtschicht überzieht die gesamte Oberfläche des Hutes.
Stiel: 2-3 cm lang, hutfarben, hohl, bisweilen zusammengedrückt, an der Basis verdickt.
Fleisch: weisslichgelblich, weich, Geruch und Geschmack angenehm.
Sporen: 35–45/2 µ, später septiert.

BULGARIA INQUINANS Fries

Moser: II a, Seite 43

Schmutzbecherling

ungeniessbar

Vorkommen: April–November an am Boden liegenden Laubholzstämmen und -ästen, besonders an Eiche.

Fruchtkörper: 2–3 cm hoch, 1–3 cm breit, schwarz, aussen dunkelbraun, russbraun, kleiig, horizontal gerunzelt, gelatinös, trocken hornartig, kugelig, dann abgestutzt kreiselförmig, schliesslich tellerförmig mit leicht konkaver, zuletzt flacher Scheibe.

Sporen: Spp. dunkelbraun, Sp. etwas nierenförmig, einseitig abgeflacht, 11–14/6–7 µ, pro Ascus vier Sp. dunkelbraun und vier hyalin.

HELOTIUM CLAVUS (A. & S. ex Fr.) Gillet

Moser: II a, Seite 44

Wasserkreisling

Vorkommen: an faulenden Zweigen und Blättern, die im Wasser liegen, an feuchten, sumpfigen Stellen, am Rand von Waldbächen.
Hut: 0,4–1 cm, weisslich, grau, violettlich oder purpurlich angehaucht, trocken bräunlich, zunächst vertieft, bald gewölbt, Rand eingebogen.

Stiel: 0,5–2 cm lang, je nach Wassertiefe; weiss, Basis oft braun oder schwarz, zylindrisch, glatt.
Sporen: Sp. spindelförmig, einzellig, 10–17/3–5 µ.

CHLOROSPLENIUM AERUGINOSUM (Oeder ex Gray) de Notaris Moser: II a, Seite 49

Grünspanbecherling

Vorkommen: Juli–November auf modrigem Laub- und Nadelholz.
Fruchtkörper: bis 0,5 cm breit, jung weisslich, dann sehr bald spangrün, kugelig geschlossen, dann sich öffnend bis kreisel- oder becherförmig, schliesslich schüsselförmig, zart berandet, wellig, unregelmässig ausgebreitet, wachsartig fest.
Stiel: sehr kurz, grünlich, zylindrisch.
Sporen: Sp. zylindrisch oder länglich-spindelförmig, zweireihig im Ascus liegend, 9–15/1,5–2,5 μ.
Anmerkung: Der Pilz färbt Holzsubstrat grün. Die Aufnahme lässt das starke weisse Myzel am Holz gut erkennen.

RUTSTROEMIA BULGARIOIDES Karsten

Moser: IIa, Seite 49

Vorkommen: gleich nach der Schneeschmelze auf abgefallenen Fichtenzapfen.
Fruchtkörper: aussen graubraun bis schwärzlich, olivbraun, Fruchtschicht bisweilen mit olivlichem Einschlag, anfangs kugelig, dann kelchförmig, schliesslich flach schüsselförmig.
Stiel: 0,1–0,3 cm lang, zwischen den Schuppen des Fichtenzapfens hervorkommend.
Fleisch: fest-gallertartig, elastisch.
Sporen: hyalin, elliptisch, 7–10/4 μ, Ascusspitze mit Jod blau.

SCLEROTINIA TUBEROSA (Hedw. ex Fr.) Fuckel — Moser: IIa, Seite 54

Anemonenbecherling — essbar

Vorkommen: März–Mai zwischen Buschwindröschen, seltener bei anderen Anemonenarten, aus Sklerotien entspringend, die mit den Wurzelstöcken der Anemonen in Verbindung stehen.
Fruchtkörper: 1–3 cm breit, innen dunkelbraun, haselnussbraun, aussen ockergelblich oder hellbräunlich, kugelig bis flach schüsselförmig, glatt, kahl, bisweilen grubig-runzelig, ganzrandig, doch auch wellig-rissig-gekerbt.

Stiel: 3–10 cm langer wurzelähnlicher Strang, der bis zum tiefliegenden Sclerotium führt, an der Spitze hellbräunlich, abwärts schwärzlich, hohl, wellig verbogen, oben verdickt in den Becher übergehend, an der Basis mit feinem, braunem Wurzelfilz, weitgehend im Boden steckend, Sklerotium 1–3 cm lang, aussen schwarz, derb, innen weiss, weichfleischig.
Fleisch: dünn, wachsartig, trocken lederartig, geruchlos, Geschmack mild, süss.
Sporen: hyalin, ellipsoidisch, glatt, 12–17/6–9 μ.

MORCHELLA ESCULENTA Persoon ex St. Amans — Moser: II a, Seite 85

Speisemorchel — essbar

Vorkommen: April–Mai im Laubwald, im Gebüsch, in Parkanlagen, kalkliebend.
Hut: 6–12/4–8 cm, jung mehr oder weniger grau, grauocker, später mehr ockergelb, wachsgelb, gelbgrau, eiförmig bis mehr oder weniger stumpf kegelig, aussen mit zellenartigen, am Grunde faltigen Gruben mit unregelmässig verlaufenden Wänden, innen hohl, mit dem Stiel verwachsen.

Stiel: 4–8/1–2 cm, weisslich bis hellgelblich, grubig-faltig, kleiig-körnig, hohl, unten verdickt.
Fleisch: zart, wachsartig, sehr brüchig.
Sporen: elliptisch, glatt, (17)19–22(24)/11–15 μ.

MORCHELLA CONICA Persoon Moser: II a, Seite 86

Spitzmorchel essbar

Vorkommen: April–Mai in Wäldern, im Gebüsch, auf feuchten Waldwiesen, Holzplätzen.
Hut: 3–7/2–3 cm, grau- bis schwarzbraun, olivbraun, mehr oder weniger spitzkegelig, unten am Stiel angewachsen, mit langgezogenen, rechteckigen, in Längsrichtung verlaufenden, wabenartigen Gruben, Leisten angedeutet parallel, innen hohl.
Stiel: 3–6/1–1,5 cm, weisslich, glatt, zart-kleiig, hohl, grubig-faltig.
Fleisch: etwas zählich, brüchig, wächsern.
Sporen: elliptisch, 18–24/10–14 μ.

MORCHELLA CONICA VAR. DELICIOSA Persoon

Moser: II a, Seite 86

Köstliche Morchel

essbar

Vorkommen: April–Mai, meist im Nadelwald, an Wegböschungen.
Hut: 3–5 cm, caramelfarben, graubräunlich, abgestutzt spitzkegelig bis oval-eiförmig, abgerundet bis abgesetzt in den Stiel übergehend, Rippen mehr oder weniger parallel verlaufend, Längsrippen weniger stark ausgeprägt, hohl.
Stiel: 3–5/1,2–2 cm, schmutzigweisslich bis graugelblich, hohl stark runzelig-faltig, kleiig, unten etwas aufgetrieben.
Fleisch: weisslich, wachsartig, zart und gebrechlich.
Sporen: elliptisch, glatt, 18–24/10–14 μ.

MORCHELLA CONICA VAR. DELICIOSA (Fr.) Moser

Moser: IIa, Seite 86

Köstliche Morchel

essbar

Beschreibung gegenüber, Seite 642.

Anmerkung: Nach Dr. Benedix gehören auch die hier abgebildeten Exemplare zur Art. Parallele Längsrippen und Mikromerkmale sprechen dafür. Die veränderte Form ist auf Wachstumsbedingungen zurückzuführen.

MITROPHORA SEMILIBERA (DC ex Fr.) Léveillé Moser: IIa, Seite 86

Käppchenmorchel essbar

Vorkommen: April–Mai in feuchten Wäldern, Erlenauen, Gärten und Parkanlagen.
Hut: 2–3 cm hoch, bis 4 cm breit, gelbbraun bis olivbraun, dunkelbraun, meist ziemlich spitz kegelig, Längsrippen bald schwärzend, durch seitliche Querleisten verbunden, so dass unregelmässige, wabenartige Gruben entstehen, Rand frei abstehend.
Stiel: 4–7/1–1,5 cm, weisslich bis ockergelblich, strohgelblich, bisweilen an der Spitze oder an der Basis erweitert, besonders im Alter oben runzelig, hohl, glatt, mitunter am oberen Teil innen und aussen schwach mehlig bestäubt.
Fleisch: weiss, wachsartig, zerbrechlich, wässrig.
Sporen: Spp. ockergelb, Sp. elliptisch, 22–30/13–17 µ.

VERPA DIGITALIFORMIS Persoon

Moser: IIa, Seite 87

Glockenverpel

essbar

Vorkommen: im Mai in lichten Wäldern, auf Wiesen.
Hut: 2–4 cm, ockergelb bis olivbraun oder umbrabraun, unterseits blassockerlich, glockig-fingerhutförmig, frei von der Spitze herabhängend, Scheitel mehr oder weniger abgestumpft und eingedrückt, ganz fein runzelig.

Stiel: 5–15/1–2 cm, weisslich oder blass hellgelblich, querrunzelig-gewellt, zylindrisch, anfangs markig-voll, bald hohl, sehr gebrechlich, oft verbogen.
Fleisch: weich, wachsartig, wässrig.
Sporen: elliptisch, glatt, 20–24/12–14 μ.

HELVELLA LACUNOSA Afzelius ex Fries

Moser: II a, Seite 88

Grubenlorchel

minderwertig

Vorkommen: Juli–September in grasigen Wäldern, im Gebüsch.
Hut: 3–5 cm hoch, bläulichgrau oder schwärzlichgrau, bisweilen mit violettlichem Stich, unregelmässig aufgeblasen, glatt, sattelförmig, mit 2–3 umgeschlagenen, herabgebogenen, dünnen, freien oder angewachsenen welligen Lappen, Unterseite grau-russig.
Stiel: 3–8/2–3 cm, grau oder hellolivgrau, zylindrisch, kantig, tief längsfurchig, grubig-zellig, queraderig, innen zellig-hohl, nach unten verdickt und heller.
Fleisch: weiss bis grau, brüchig.
Sporen: elliptisch, mit zentralem Öltropfen, 17–20/11–13 μ.

HELVELLA CRISPA (Scop.) Fries — Moser: II a, Seite 88

Herbstlorchel — minderwertig

Vorkommen: August–November, bisweilen auch im Frühling im Laubwald, im Gebüsch, an Waldwegen.
Hut: 2–3 cm breit, weisslich, hellgelblich, trocken hellbräunlich, innen weissgelblich bis blassbräunlich, aufgeblasen-kraus, glatt, lappig-umgeschlagen, mit freien oder stellenweise an den Stiel angewachsenen Rändern.
Stiel: 4–7/1,5–3,5 cm, aussen und innen weisslich, abwärts bauchig verdickt, nach oben verjüngt, durch erhabene, mehr oder weniger parallele Rippen längsfurchig-längsgrubig, innen mehrfach röhrig.
Fleisch: brüchig, Geruch und Geschmack frisch, nicht unangenehm.
Sporen: Sp. elliptisch, mit einem grossen zentralen Öltropfen, 17–20/10–12 μ.
Chemische Reaktion: Hh. mit $FeCl_3$ sofort gelb.

LEPTOPODIA ELASTICA (Bull.) Boudier Moser: II a, Seite 88

Elastische Lorchel minderwertig

Vorkommen: Juli–Oktober im lichten Laub- und Nadelwald.
Hut: 1,5–3 cm breit, Oberseite gelbgrau, hellgrau, bräunlichgelb, Unterseite weisslich, auch fleischrötlich, sattelförmig, glatt, aufgeblasen, meist zweilappig-umgeschlagen.
Stiel: 3–6 cm lang, weisslich bis blassgelblich oder schwach fleischrötlich, zuletzt blassbräunlich, glatt oder zartflaumig, bisweilen verbogen oder zusammengedrückt, erst voll, dann röhrig, schmalgrubig, abwärts verdickt.
Fleisch: wachsartig, mürbe, im Stiel zäh und fest, Geruch angenehm.
Sporen: Sp. elliptisch, 19–20/11–12 μ.

LEPTOPODIA ELASTICA (Bull.) Boudier

Moser: IIa, Seite 88

Elastische Lorchel

minderwertig

Beschreibung gegenüber, Seite 648.

Anmerkung: Die Gegenüberstellung der beiden Abbildungen zeigt die Variationsbreite der Art in Form und Farbe.

CHOIROMYCES MAEANDRIFORMIS Vittadini Moser: IIa, Seite 81

Weissrüffel, Deutsche Trüffel essbar

Vorkommen: Juli–Oktober im Laubwald auf schweren Böden.
Fruchtkörper: 4–10(12) cm, weisslich-gelbbräunlich, lehmfarben, hell- bis rötlichbraun, unregelmässig kugelig, kartoffelähnlich, höckerig-faltig, fest, glatt, oft mit charakteristischen Rissen und Löchern, Hülle lederartig, Fruchtmasse weisslich, später weissgrau bis gelbbräunlich, lehmfarben, braun, mit vielen gewundenen, unregelmässigen Bändern und weissen Adern, geruchlos, reif aromatisch, überreif stark unangenehm riechend.
Sporen: kugelig, unregelmässig mit stumpfen Warzen besetzt, 16–22(26) µ.
Anmerkung: Wir finden diese Trüffel regelmässig im Fichtenwald auf Kalk.

DISCIOTIS VENOSA (Pers.) Boudier Moser: II a, Seite 87

Morchelbecherling essbar

Vorkommen: April–Mai in frischen Laubwäldern, vor allem Auwäldern.
Fruchtkörper: 3–15 cm, innen gelbbraun, dann graubraun bis dunkelrotbraun, radial runzelig gefurcht, aussen weisslich, dann graugelblich, feinkleiig oder filzig, durch aufsteigende Stielrippen aderig, erst halbkugelig, dann becher- bis schüsselförmig, Rand erst nach innen gekrümmt, dann nach aussen umgeschlagen, wellig und gelappt.

Stiel: kurz, blassgrau, gerippt, oft im Boden steckend.
Fleisch: weiss, wachsartig, Geruch nach Chlor.
Sporen: Sp. breit elliptisch, mit polaren Körnchen, 19–25/12–15 μ, Asci in Jod nicht blauend.

CYATHIPODIA MACROPUS (Pers. ex Fr.) Dennis — Moser: II a, Seite 90

Langgestielter Pokalbecherling

Vorkommen: Juli–Oktober auf dem Waldboden.
Fruchtkörper: 2–3 cm breit, aussen graubraun, weissgrau, dicht mehlig-filzig, innen graubraun bis braunschwarz, jung fast glänzend, halbkugelig, dann schüsselförmig, oft mit zerschlitztem Rand, dünnfleischig, gebrechlich.
Stiel: 3–5 cm lang, weissgrau, dicht mehlig-filzig, nicht oder nur ganz schwach gefurcht, unten meist dikker, zuletzt hohl, bisweilen flach zusammengedrückt.
Fleisch: weiss.
Sporen: Sp. elliptisch, glatt, 22–26(30)/12–14 µ.

PAXINA ACETABULUM (L. ex St. Amans) Kuntze Moser IIa, Seite 90

Pokalrippenbecherling essbar

Vorkommen: Mai–Juni auf nacktem Boden in und ausserhalb von Wäldern, an Wegrändern.
Fruchtkörper: 3–4 cm breit, innen graubraun, braunschwärzlich, dann olivbraun, trocken dunkler, aussen blasser, bereift-flaumig, halbkugelig, dann becher- bis schüsselförmig, wellig-lappig, mit Adern und Runzeln, die vom Stiel in den Becher übergehen.

Stiel: 1–2,5/bis 1 cm und mehr, weiss, tief grubig-gefurcht.
Fleisch: weiss, wachsartig spröde, Geschmack mild.
Sporen: elliptisch, glatt, 18–22/12–13 µ.

PAXINA LEUCOMELAS (Pers.) Kuntze

Moser: II a, Seite 90

Glatter Becherling

minderwertig

Vorkommen: Juli–August, besonders an Rändern von sandigen Waldwegen im Nadelwald.
Fruchtkörper: 2–4 cm, nicht oder nur unmittelbar am Stielansatz schwach gerippt, innen grauschwarz, aussen weisslich, gegen den Rand grau, dichtkörnig-rauh, erst geschlossen, später halbkugelig, schliesslich gleichmässig schüsselförmig, ± glattrandig, fleischig.
Stiel: 1–1,5 cm, weisslich, ein wenig gerippt.
Sporen: Sp. elliptisch, glatt, 20–23/11–13 μ.

PAXINA SULCATA (Pers.) Kuntze

Moser: II a Seite 90

Kurzgerippter Becherling

minderwertig

Vorkommen: Mai–Juni auf schattigem Waldboden.
Fruchtkörper: 2–5 cm, innen rauchgrau, graubräunlich, später verblassend, aussen heller grau bereift, erst halbkugelig, dann kelch- bis becherförmig, unregelmässig wellig, gekerbt und eingerissen, dünnfleischig, Rippen an der Basis noch etwas aufsteigend.

Stiel: 0,5–5/0,5–1,5 cm, weiss, tief furchig, voll, fest, mitunter zusammengedrückt.
Sporen: Sp. elliptisch, glatt, 18–24/12–14 μ, Asci mit Jod nicht blau.

GYROMITRA ESCULENTA (Pers.) Fries — Moser: II a, Seite 91

Frühjahrslorchel

giftig

Vorkommen: März–Mai, besonders im sandigen Kiefernwald, auf Kahlschlägen, in jungen Schonungen.
Hut: 2–10 cm, rotbraun, kaffeebraun bis schwarzbraun, rundlich oder dreieckig, hirnartig gewunden, zartfilzig, Wülste mit dem Stiel verwachsen, hohl, innen schmutzigweiss.
Stiel: 3–6/1,5–3 cm, grauweiss bis blassgelblichweiss, schwach filzig, faltig, höckerig, grubig, anfangs markig, später hohl und zellig.
Fleisch: wachsartig, sehr zerbrechlich, Geruch und Geschmack angenehm.
Sporen: Sp. elliptisch, mit zwei kleinen, polaren Öltropfen, 16–20/8–11 μ.
Anmerkung: Die Einblendung zeigt die ebenfalls giftige Riesenlorchel (Maublancomyces gigas [Krbh.] Herter). Sie ist meist heller und besitzt einen kürzeren Stiel, der manchmal gänzlich vom Hut überlappt wird.

RHIZINA UNDULATA Fries
(Syn.: Rhizina inflata)

Moser: II a, Seite 91

Wurzellorchel

ungeniessbar

Vorkommen: Juni–Oktober auf frischen Brandflächen.
Fruchtkörper: 2–6(8) cm breit, weinbraun bis schwarzbraun, Rand lange ockerlich oder gelblich, halbkugelig, dann ausgebreitet, welligfaltig verbogen, oft aufgeblasen, krustenartig dem Erdboden anliegend, ungestielt.
Unterseite: weisslich oder gelblichweiss, dann bräunlich, flockig-filzig, mit zahlreichen weisslichen bis gelblichen, wurzelähnlichen Strängen, die in den Boden eingesenkt sind.
Fleisch: ockerlich, zerbrechlich, anfangs schwammig, schliesslich korkig-zäh.
Sporen: Sp. schiffchenförmig, mit papillenförmigen Spitzen an beiden Enden, meist mit zwei Öltropfen, 35–40(43)/9–11 μ.

PUSTULARIA CATINUS (Holmsk. ex Fr.) Fuckel Moser: II a, Seite 92

Kerbrandiger Napfbecherling minderwertig

Vorkommen: Juni–September im Laubwald, besonders an Wegböschungen, auf lehmigen Böden.
Fruchtkörper: 1,5–5 cm breit, aussen weisslich bis ockerweisslich, weiss-mehlig-filzig, besonders gegen die Basis, innen creme bis ockerweisslich, kugelig, dann halbkugelig, schliesslich unregelmässig napfförmig, fleischig, brüchig, gestielt oder ungestielt, Rand etwas gekerbt.
Stiel: 1–1,5 cm lang, oft fehlend oder fast fehlend, hutfarben, schwach grubig.
Sporen: Sp. elliptisch, glatt, mit Öltropfen, 20–24/11–13 μ.

SOWERBYELLA RADICULATA (Sow. ex Fr.) Nannfeldt Moser: IIa, Seite 93

Wurzelbecherling

Vorkommen: im Nadel- und Laubwald, selten.
Fruchtkörper: 2–4 cm, zitronengelb bis rötlichgelbbraun, schalenförmig, mehr oder weniger flach schüsselförmig ausgebreitet, im Alter etwas runzelig felderig, zuletzt auch würfelig-rissig, Aussenseite cremeweisslich, mehlig bis filzig.
Stiel: bis 3 cm lang, weisslich-gelblich, filzig, zugespitzt, wurzelnd.
Sporen: breit elliptisch, grob warzig, mit zwei Öltropfen, 12–14(16)/7–8 µ.

CALOSCYPHA FULGENS (Pers.) Boudier

Moser: II a, Seite 93

Leuchtender Prachtbecher

minderwertig

Vorkommen: März–Mai im Fichtenwald, besonders im Alpengebiet und im Schwarzwald, auf kalkreichen Böden.
Fruchtkörper: 3–4 cm breit, aussen schmutzigolivlich, kleiig-filzig, gerunzelt, innen leuchtend orange, mennigrot, halbkugelig, dann schüsselförmig, dünnfleischig, bisweilen fast leicht gestielt.
Fleisch: wachsartig, brüchig, Geschmack nach Krebsen.
Sporen: Sp. rund, glatt, 5–6(8) μ.

OTIDEA LEPORINA (Batsch) Fuckel Moser: II a Seite 94

Bräunliches Hasenohr

essbar

Vorkommen: Juli–November im Nadelwald, besonders in Berglagen.
Fruchtkörper: 2–5/bis 3 cm, innen und aussen schön rostgelb, gelbbraun, zimtbraun, kahl, hasenohrförmig, Rand längs eingeschlagen oder umgeschlagen.

Stiel: kurz, weissfilzig, glatt oder etwas gerippt.
Fleisch: rostgelb bis zimtbraun, wachsartig, zerbrechlich.
Sporen: Sp. glatt, 12–15/6–8 µ, Asci in Jod nicht blau.

OTIDEA ONOTICA (Pers.) Fuckel Moser: II a, Seite 94

Eselsohr essbar

Vorkommen: Juli–November im Nadel-, seltener im Laubwald.
Fruchtkörper: 3–5/1,5–3 cm, innen orange, fast fleischrot, auch rötlich-ockergelb, aussen matter ocker bis ockerorange, kahl, ohrförmig, Rand längs eingerollt.
Stiel: kurz, weissfilzig, glatt oder wenig gerippt.
Fleisch: weisslich, wachsartig, zerbrechlich, Geschmack süsslich-mandelartig.
Sporen: Sp. elliptisch, 12–15/6–8 μ, Asci in Jod nicht blau.
Chemische Reaktion: Hymenium mit NH_4OH gelb.

SARCOSPAERA EXIMIA (Dur. et Lév.) Maire — Moser: II a, Seite 95

Kronenbecherling — giftig

Vorkommen: ab Mai, Juni im Laub- und Nadelwald.
Fruchtkörper: 5–15 cm, aussen schmutzigweisslich, blassrosa, innen jung blass, dann schön violett werdend, trocken, im Alter violettbräunlich bis bräunlich, kugelig geschlossen und in die Erde eingesenkt, dann aus der Erde hervorbrechend und sternförmig aufreissend, wobei 5–10 dreieckige Lappen entstehen, bisweilen ist der Fruchtkörper nach unten stielförmig ausgezogen.
Fleisch: weiss, knorpelig, zerbrechlich.
Sporen: Sp. elliptisch, 15–18/8–9 μ.
Anmerkung: Die var. nivea Moser bleibt in allen Teilen und die ganze Entwicklungszeit hindurch weiss. Vorkommen: im Nadelwald.

PEZIZA SUCCOSA Berkeley

Moser: IIa, Seite 96

Gelbmilchender Becherling

minderwertig

Vorkommen: auf feuchtem Waldboden, Laub- und Nadelwald.
Fruchtkörper: 2–5 cm breit, Scheibe erst bräunlich-violett, später graurussig, leicht olivlich getönt, krugförmig, dann schüsselförmig, sitzend, Rand eingerollt, Aussenseite graugelblich, trocken gelblich.

Fleisch: weiss, wässrig, bei Verletzung einen anfangs farblosen Saft absondernd, der an der Luft sofort weiss, dann bald lebhaft gelb wird.
Sporen: elliptisch, mit groben Warzen und kurzen Rippen, mit zwei Öltropfen, Asci in Jod blau, 17–22/9–12 µ.

PEZIZA VIOLACEA Persoon — Moser: IIa, Seite 97

Violetter Bläuling

Vorkommen: Mai–Oktober auf Brandflächen und Feuerstellen.
Fruchtkörper: 0,5–4(7) cm, anfangs blasslila, dann dunkelviolett, schliesslich rotbraun-violettlich oder braunpurpurn, bisweilen gelblichweiss ausblassend, Aussenseite blasser bläulichgrau, meist weisslich, jung schüsselförmig, sehr bald verflachend und verbogen, glatt, Rand bisweilen schwach kleiig, unten weissfilzig und verschmälert, sitzend oder sehr kurz gestielt.
Fleisch: wachsartig, brüchig.
Sporen: elliptisch, glatt, mit zwei Öltropfen, Asci mit Jod blau, (11)13–15/(6)7–9 μ.

PEZIZA MURALIS Sowerby

Moser: II a Seite 98

Mauerbecherling

minderwertig

Vorkommen: an feuchten Mauern in Häusern.
Fruchtkörper: 1–3 cm, weisslich, ockerlich, aussen filzig, schüsselförmig, stark verformt, Rand nach aussen umgeschlagen.
Fleisch: gelblich, wächsern, brüchig.

Stiel: fast fehlend bis gut entwickelt, weisslich, hohl.
Sporen: Sp. glatt, 13–15/8–9 μ, Ascusspitzen mit Jod blau.

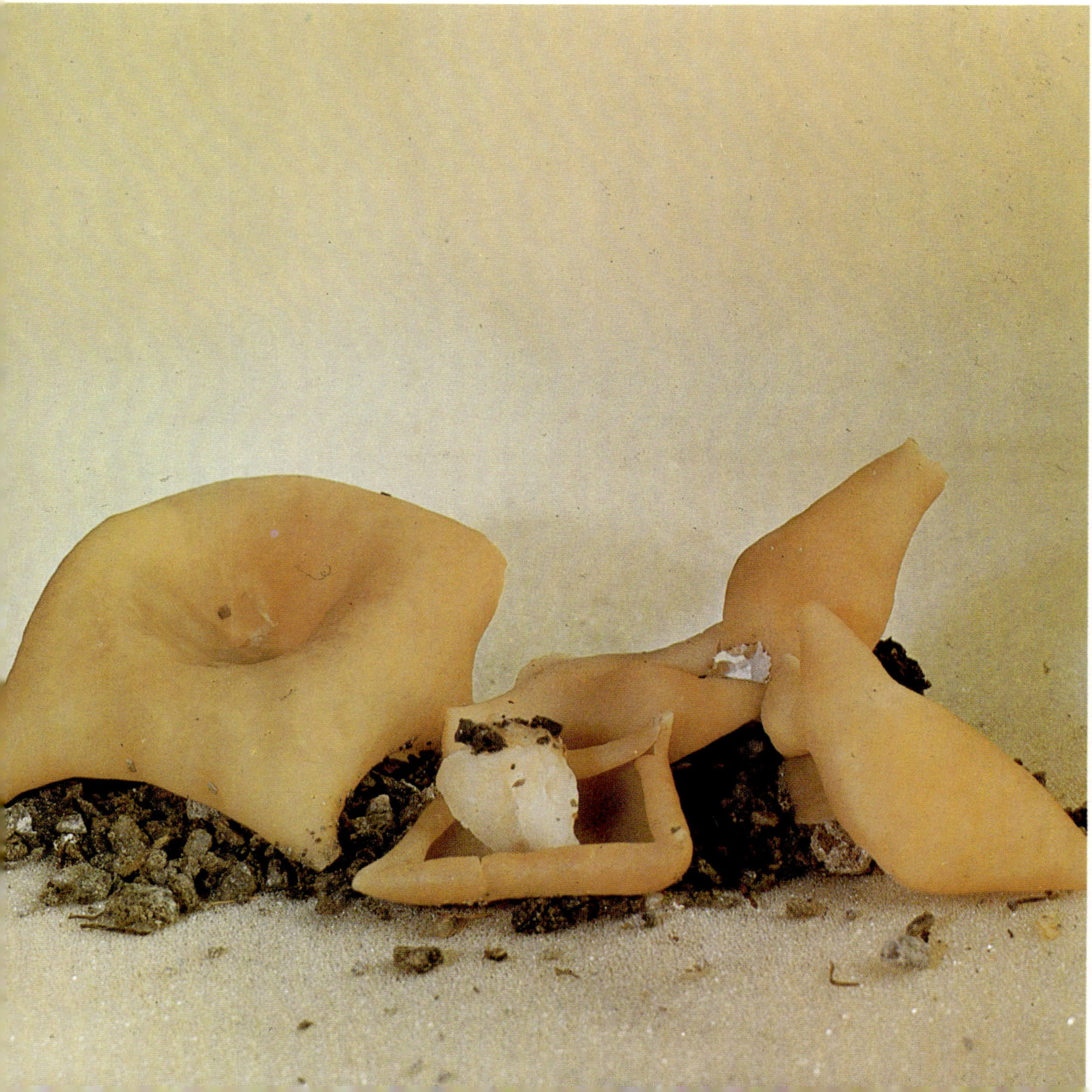

PEZIZA VESICULOSA Bulliard ex. St. Amans Moser: II a, Seite 99

Blasenförmiger Becherling essbar

Vorkommen: April–September auf alten Mist- und Komposthaufen, gedüngtem Boden, Champignonbeeten usw.
Fruchtkörper: 2–8 cm, innen schmutzig hellockergelblich oder ockerbräunlich, lehmfarbig, dunkelbräunlich, glatt, aussen heller, schmutzigweisslich bis blassbräunlich, feinflockig oder körnig, unten runzelig, jung kugelig und fast geschlossen, dann schüssel- bis blasenförmig, Rand schon früh ± verbogen, wellig gekerbt und unregelmässig gezackt oder tief eingerissen, am Grund stielartig verschmälert, zusammengezogen, flach aufsitzend.
Fleisch: wachsartig, sehr zerbrechlich, feucht fast durchscheinend.
Sporen: Sp. elliptisch, glatt, 20–24/11–14 μ, Ascusspitzen mit Jod blau.
Anmerkung: Unsere Aufnahme zeigt die Fruchtkörper büschelweise an der senkrechten Seite eines Strohballens, der über den Winter zu faulen begonnen hatte.

PEZIZA BADIA Persoon ex Fries

Moser: II a, Seite 101

Kastanienbrauner Becherling

essbar

Vorkommen: Mai–November auf sandig-lehmigen Waldböden.
Fruchtkörper: 3–8 cm, innen olivbraun, dunkelbraun, kastanienbraun, aussen blasser bräunlich mit rötlichen Tönen, kleiig, schliesslich schwach grubig, kugelig geschlossen, dann schüsselförmig bis unregelmässig verbogen, Rand meist gewunden, wellig verbogen und durch Einschnitte gelappt, Basis weissfilzig, zottig, bisweilen etwas verschmälert oder ganz kurz gestielt.
Fleisch: wachsartig, sehr brüchig.
Sporen: Spp. ockerfarben, Sp. elliptisch, körnig-rauh, netzig ornamentiert, 17–20/9–12 μ, Ascusspitzen mit Jod blau.

MELASTIZA CHATERI Boudier Moser: II a, Seite 108

Mennigfarbiger Borstling

Vorkommen: im Herbst auf feuchtem, lehmigem Boden, an Wegrändern, auf Äckern, Obsttrebern.
Fruchtkörper: bis 1,5 cm, innen mennigrot, orange- bis zinnoberrot, aussen blasser, gegen den Rand durch Büschel brauner Haare (unter dem Mikroskop septiert und mit stumpfer Spitze) punktiert, flach schüsselförmig, oft eingebogen berandet, sitzend, fleischig.
Sporen: Sp. elliptisch, regelmässig zellig, warzig, 17–19/9–11 µ.

ALEURIA AURANTIA (Fr.) Fuckel

Moser: II a, Seite 109

Gemeiner Orangebecherling

essbar

Vorkommen: Mai–Oktober auf Erde in Wäldern und an Wegrändern, auf frisch aufgeworfener Erde.
Fruchtkörper: 2–10 cm, innen orangerot, scharlachrot bis safrangelb, aussen blasser, weisslich-mehlig bereift, becherförmig, bisweilen einreissend, wellig gebogen bis gelappt, meist stiellos.

Fleisch: wachsartig, sehr brüchig.
Sporen: Sp. elliptisch, körnig-rauh, mit netziger Ornamentierung, 16–24/8–10 μ.

SARCOSCYPHA COCCINEA (Fr.) Lambotte — Moser: II a, Seite 120

Zinnoberroter Kelchbecherling

Vorkommen: Dezember–März an feuchten Orten, gleich nach der Schneeschmelze auf totem Laubholz.
Fruchtkörper: 1–3(4) cm breit, lebhaft karmin- bis scharlachrot, aussen schmutzigweisslichockerlich, kömig-flockig-haarig, schüsselförmig, wachsartig, fleischig, Rand gelblich, wellig.

Stiel: 1–3 cm lang, manchmal auch fehlend, schmutzigweisslich, fein borstig, ziemlich fest, manchmal ziemlich tief im Boden auf modrigem Holz wurzelnd.
Sporen: Sp. elliptisch, glatt, 25–40/10–12 μ.

Register

der lateinischen und deutschen Namen

A. Lateinische Namen

B. Deutsche Namen